U0120638

汉语音韵研究教程

（增订本）

刘晓南 著

上海教育出版社

图书在版编目（CIP）数据

汉语音韵研究教程 / 刘晓南著. — 增订本. — 上海：上海教育出版社，2023.8
ISBN 978-7-5720-2083-4

Ⅰ. ①汉… Ⅱ. ①刘… Ⅲ. ①汉语 - 音韵学 - 教材 Ⅳ. ①H11

中国国家版本馆CIP数据核字(2023)第129435号

责任编辑 周典富
封面设计 郑 艺

汉语音韵研究教程（增订本）
刘晓南 著

出版发行 上海教育出版社有限公司
官 网 www.seph.com.cn
地 址 上海市闵行区号景路159弄C座
邮 编 201101
印 刷 上海展强印刷有限公司
开 本 700×1000 1/16 印张 29.25 插页 2
字 数 459 千字
版 次 2023年8月第1版
印 次 2023年8月第1次印刷
书 号 ISBN 978-7-5720-2083-4/H·0067
定 价 108.00 元

目 录 | *CONTENTS*

第一编　音韵与音韵学

第二编 《切韵》音系

第一编

音韵与音韵学

第一章　音韵学的起源及发展

第一节　音韵学的性质、研究对象与目的

一、什么是音韵学

什么是音韵学？自20世纪初以来，有过许多定义，最近的权威性定义有两个。1998年出版的《中国大百科全书·语言文字（第二版）》说："汉语音韵学（Chinese historical phonology）也叫声韵学，在普通语言学里叫历史语音学，它是研究汉语史上语音情况和它的发展的学科。"[①]全国科学技术名词审定委员会公布的《语言学名词》中是这样说的："音韵学又称声韵学。研究汉语各个时期语音状况及其发展的学科。研究材料主要有韵书、等韵、反切、韵文、谐声、异文、读若和读如、声训、直音、对音、汉语方言和亲属语言等，研究内容包括汉语语音史、音韵学理论、音韵学史等。"[②]

综合上述两说略加补充，可以这样定义：音韵学（Chinese historical phonology）是以汉语的历史语音为研究对象，通过考证古汉语的字词读音，分析不同历史时期的语音表现并归纳其音系以解释历史语音现象，说明古今音变，进而论证汉语语音发展规律的学科。其内容主要有音韵学基础理论和研究法、《切韵》音系、汉语语音史等。

二、音韵学的研究对象、方法与目的

2.1　研究对象

音韵学研究古代汉语语音，而古代汉语是现代社会已经不再使用的语言，其口语形式早已消失，现代已经没有了古汉语的有声语音的存在。这就意味着现代学者进行音韵学的研究没有直接的研究资料，但有大量的间接研究资料，这就是历史

① 中国大百科全书出版社1998年第173页。
② 商务印书馆2011年第146页。

文献。历史上的汉语语音通过浩如烟海的文献得以记录而保留下来,后人能够通过它们来感知或了解古代语音的状况。因此历史文献中的语音资料是音韵学研究的主要对象。

凡记录有历史语音或保存历史语音遗迹的历史文献,都是音韵学研究的资料,其中,韵书、字书、经籍音释和诗文押韵等文献因比较集中地保留了古汉语语音而显得尤为重要。韵书作为专用于记录语音的历史文献,更是古代汉语语音研究的基础材料。在学术史上,韵书的萌生甚至可以作为音韵学成立的标志。但这并不是说古代语音仅存留于韵书或上述几类文献中,可以说,几乎所有的历史文献中都存留有历史语音的遗迹,只是相对上述几类而言数量较少,且比较分散,不易收集整理。但不能因其难以收集就弃之不顾,而应该加大调查力度,广泛发掘包含韵书在内的所有历史文献中的语音资料,以完善历史语音的研究。

除历史文献外,千姿百态的现代汉语方言语音也是音韵学需要关注甚至需要加以研究的。因为历史上古代汉语分布及发展的不平衡,很早就出现了方言的差异,正如北齐硕儒颜之推所说,"夫九州之人,言语不同,生民已来,固常然矣"①。九州之内人民的言语不同,主要就是汉语的地域方言不同,颜氏甚至断言,这个不同是跟汉语的使用者与生俱来的。历史上的通语(即民族共同语)与方言相互作用,演变到现代形成了现代汉语纷繁复杂的方言。无论如何,现代汉语方言都不同程度地保留了古代汉语的语音,现代方言空间上的差异,往往体现出汉语发展史上时代的不同。汉语发展史的这种时空关系告诉我们,必须重视现代汉语方言的语音研究,必须充分利用现代汉语方音与古代语音互证,以说明古代语音的状况及其发展。

2.2　基本方法

由于需要通过考证历史文献以获取古代语音,所以,传统的历史文献考证法是研究文献语音的主要方法。又由于要通过现代方言语音来证历史语音,所以,西方历史语言学的历史比较法也是音韵学研究中的重要方法。从方法论看,音韵学的基本研究法是:历史文献考证法与历史比较法的综合使用或称之为:历史文献考

---

① 语出《颜氏家训·音辞》篇,见王利器《颜氏家训集解》,上海古籍出版社 1980 年第 473 页。本书引述《颜氏家训》均取王利器集解本,仅注页码。

证与历史比较相结合的新二重证据法。

2.3 研究目的

音韵学是研究古代语音的,古代语音属于过去的社会,为什么在现代社会还要研究呢? 从语言学角度看,研究古代语音的目的是考证不同历史时期的通语与方言的语音,归纳其音系,描写其语音特点,总结发展演变规律,构建科学的汉语语音发展史,为建设中国特色的语言学理论添砖加瓦。从弘扬中华民族优秀传统文化的角度看,音韵学研究更是必不可少的。其一,音韵学是解读古代文献的有力工具;其二,音韵学是理解和梳通现代汉语复杂方音历史源流的有力工具。不懂音韵学,就会因为不了解古代语音而无法准确地解读古代文献,从而影响优秀传统文化的继承与发扬;不懂历史语音的演变,就无法理解现代汉语丰富多彩的方言及其历史源流,不能理解方音的来龙去脉,不利于现实社会的言语交际。

音韵学历史悠久,从东汉末年反切的诞生,以及三国曹魏(220—265)时中国第一部韵书李登《声类》的面世以迄于今,音韵学已延续了一千八百余年。久远的历史,产生了丰富的成果,陆续形成了四个各具特色的分支学科。在进入音韵学的学习与研究之前,有必要简略了解音韵学及其分支学科的起源及发展。

第二节　汉语音节的分析

韵书是音韵学的主体,也是音韵学成立的标志,而韵书的产生又以汉语语音的音节分析为前提。汉语音韵学是从分析汉语音节开始的。通常一个汉字代表一个汉语音节,对汉语音节的分析,理论上讲应当就是指对组合成汉字读音的音素进行切分。历史上音韵学对汉语音节的分析始于反切,反切是最早的汉语音节分析形式,后来又出现了一些新的分析形式,将汉语音节分析到了最小的语音单位。

音节分析到最小语音单位的过程大约持续了数百年之久。最初在东汉末年,人们为了识字注音的需要,以反切的形式把汉语音节分析为声、韵、调三部分,并在这个基础上产生了可以归纳韵部系统的韵书,音韵学初具雏形。约中唐以后,在古印度梵文悉昙书影响下兴起的宋元切韵学,将这种分析进一步深化,汉语的声、韵、调系统归纳完成。到元明清时代,随着新的外族拼音文字诸如八思巴文以及西方拉丁文被引入记写汉字音节，对汉语音节的分析进入到音素分析层面，并且可以从中归纳汉语音节结构的类型。

一、音节三要素——声、韵、调

三要素是传统的音节分析单位。清末音韵学家劳乃宣说："凡音之生，发于母，收于韵，属于四声。母也，韵也，四声也，是为三大纲。"[①]罗常培说："汉语音韵学即辨析汉字声、韵、调之发音及类别，并推迹其古今流变者也。"[②]二人都把声、韵、调看作音韵学研究的核心内容。

1.1　韵(final or rhyme)

从音节分析的角度看，将一个音节切分为首、尾两个部分，尾音的部分就叫作韵(final)。诗歌就是巧妙地利用诗歌句末音节的尾音使句与句的末位字音达到和谐，形成旋律，所以音节尾音被定义为押韵的韵(rhyme)。

韵是音韵学最早分析出来的音节成分，"韵"这个词语也是最早出现的音韵学术语。上古叠韵构词、诗歌押韵等都要充分利用音节的尾音部分。直到汉末时期反切出现，古人才逐渐把汉语音节的收尾之音通过反切下字分离出来，反切下字就是最早的"韵"的实体。

在音韵学中，"韵"的含义比较复杂，跟我们现在所说的"韵母"不是一回事。

1.2　声(initial)

"声"是音节的起始部分，它是与韵的分析同步进行的，当从音节中分出韵的时候，客观上也分出来了声。与韵不同，"声"的内涵相当单纯，与今天的"声母"相同。

1.3　调(tone)

调即声调，汉语音节的声调主要是指附着于音节响音之上的可以区别语义的超音段音位。声调可能不是汉语原生的，但可以肯定在先秦时代已经出现。《诗经》中同声调押韵约占80%，这绝不是偶然，足以说明声调已经产生。虽然对《诗经》时代的声调是不是"平、上、去、入"四声，目前尚存争议，但至少可以说已经接

---

① 语见劳乃宣《等韵一得》"内篇"。

② 语见罗常培《汉语音韵学导论》，中华书局1949/1956年第19页。

近中古四声的格局了。《诗经》时代之后不久，四声应当即已成形，但发现声调这种语音特征并创立一套术语来指称，则是南北朝时的事。

二、音节三要素的二维结构

音节三要素组合在一起构成一个汉语音节。汉语是声调语言，在一个汉语音节的结构中，三要素的组合方式与非声调语言相比有很大的不同，就是说三要素在时空上不是单纯的线性排列。在发音上，声、韵、调三者在一个音节中是处于不同层面的。具体说，声与韵是一种线性结构，它们的音素按时间先后逐个接续发音，写下来就是按空间先后排列的线性音素串，即音段组织。但声调是附着于整个音节乐音部分的音高，也就是说它伴随音节的可感知乐音开始，也同它一起结束，声调是凌驾于音节的所有音素之上的音位，被称为超音段音位。这样的话，汉语音节的三要素的结构形式就是一种二维空间形式，可简表如下：

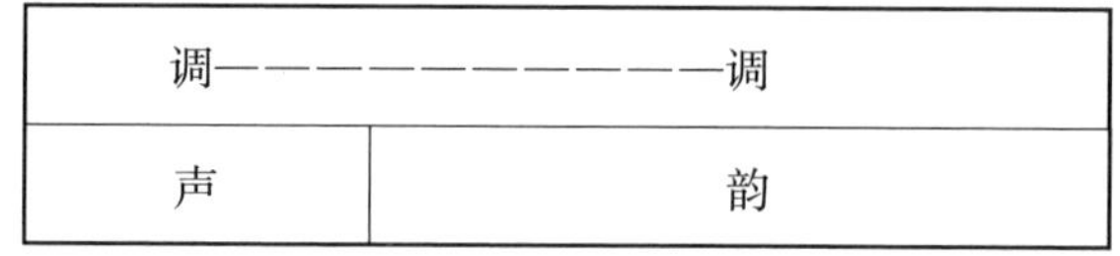

调————————————调	
声	韵

三、汉语音节的音素组合

3.1 音节结构层次的探索

3.1.1 概说

声、韵、调的三分对汉语音节的分析还没有达到音素的层次，我们还不能直接从声或韵的切分中获知音节中的元音、辅音等音素，尚无法通过音素归纳音位。从音素的角度来看，声、韵之中，声的情况比较简明，通常由辅音充当，但也有零声母和半元音的声母。韵则颇为复杂，有少数韵是由一个元音构成，大多数韵是由若干个元音或元音加辅音组成。韵母的结构复杂，其所含的音素有多有少，超过一个以上音素组成的韵母可以说是一个音素丛。这就意味着，如果要精确地描写并归纳音位系统，光有声、韵、调的分析还不行，还必须再进行音节的音素层次分析。

尽管音韵学对汉语音节的分析有悠久的历史，但对汉语音节音素层次的分析出现得比较晚。大概在唐宋产生的切韵学(明清称等韵学,又将二者统称为等韵学。等韵学的具体内容详本章第四节)对汉语的语音系统分析得非常细致,虽无音位其名,但有音位之实,所以,切韵学又被称为中国古典音系学。

等韵学关注音节的拼读,在长期的发展中逐渐揭示出汉语音节结构不同层面的拼合规则,有二拼、三拼、四拼,又叫二合、三合、四合,或二反、三反、四反等,"反"字又可写作"翻"或"番"。宋吴聿《观林诗话》云:"反语其来远矣,晋宋间尤尚,今都下有三番四番语亦此类。"①所说三番、四番是不是类似八思巴字的三合、四合或劳乃宣的三反、四反(详下),已难明了。以今所见文献显示,历史上第一个突破音节三分而进入音素层面的音节拼读方案是元代八思巴字拼音体系,后来又有拉丁字拼写方案,这都使得汉语音节的拼写落实到了音素层面并不断得到完善。

3.1.2 八思巴字方案

八思巴(1235—1280),藏族,本名罗追坚赞,藏传佛教萨迦派第五祖,八思巴是藏语' phags-pa"圣者"的音译。八思巴是元世祖忽必烈的国师,奉元世祖之命创制蒙古新字,至元六年(1269 年)颁行天下。元人称之为蒙古字、国字等,后人称之为八思巴字。其书写符号脱胎于古藏文,是一种方体文字,又称为"方体字"。八思巴字是音素文字,是最早从音素的层面来拼写汉语音节的文字。《元史》卷二百二《八思巴传》云:"其字仅千余,其母凡四十有一。其相关纽而成字者,则有韵关之法;其以二合、三合、四合而成字者,则有语韵之法;而大要则以谐声为宗也。"②这段话中有几个关键点,一是"其字仅千余"是说八思巴字拼写了一千多个音节;二是"其母凡四十有一",是说八思巴字有 41 个基本符号;三是所谓"二合、三合、四合"就是指用几个基本符号拼写一个音节,按音素拼合音节,有的音节拼写用两个符号(二合)、有的用三个符号(三合)、有的用四个符号(四合)。如东韵的"弓"字,拼写为"gėuŋ 平"(此为拉丁文转写),这就是四合。但八思巴文字是"译写一切文字"的,并非专为汉语制定,拼写汉语还要进行"去三增四"的修改(即去掉汉语不用的 3 个符号,增加 4 个汉语独用的符号,共 42 个符号)。此外,其拼写汉语的拼写法即基本规则也没有说明,还看不到介音、韵腹等术语,且没有声调的符号,

---

① 语见丁福保《历代诗话续编》上册,中华书局 1983 年第 133 页。

② 语见《元史》第十五册,中华书局 1976 年标点本第 4518 页。

这个方案是不齐备的。

关于八思巴字的字母表及其说明的原始文献,见于元代色目人盛熙明(? —1363)《法书考》(元至正四年,1344 年)和陶宗仪(1316—1403 后)《书史会要》(成书于明洪武年间)。用八思巴字拼写汉语的文献,流传至今的主要有《蒙古字韵》和《蒙古字百家姓》,前者是一本八思巴字注音的韵书,后者即采用八思巴字注音的蒙学字书“百家姓”,附于元明两代增订重刊的南宋人陈元靓编的民间日用杂书《事林广记》中。

3.1.3 拉丁字方案

明代西方传教士进入中国后,采用罗马字注汉字语音,汉语拼音史上开始出现了对汉语音节音素拼写的比较完备的拼音文字方案。意大利传教士利玛窦(Matteo Ricci, 1552—1610)首创用罗马拼音文字记录汉语音节,传教士郭居静(Lazzaro Cattaneo, 1560—1640)运用音乐的高低旋律说明声调,他们采用音标上加线条标记声调,创立了五拼法。后来比利时传教士金尼阁(Nicolas Trigault, 1577—1628)以此为依据,编写韵书《西儒耳目资》,于明天启六年(1626 年)在杭州出版。其拼音系统大意是用自鸣字母(单元音)5 个,累加拼合为 50 个不同层次的韵母,分“元母、子母、孙母、曾孙母”4 个层次:(1) 元母即单元音韵母;(2) 子母即二合韵母,包含复元音和单元音加辅音韵尾的韵母;(3) 孙母即三合韵母即三合元音和复元音加辅音韵尾的韵母;(4) 曾孙母即四合韵母(按,曾孙母只有一个“远iuen”,该母由 4 个拉丁符号组成,但并无 4 个音素,这其实是拼音字母写法造成的假象)。韵母再加同鸣字父(辅音)20 个,加声调 5 个,拼写汉语语音。这是专为汉语设计的方案。不过,设立该方案的目的是给西方人学汉语用的。当时中国人除个别学者对此感兴趣外,一般读书人并不遵用。但它毕竟让中国学者首次通过音标符号直观地看到汉语音节中最小的语音单位,也看到了音节的基本音位结构,给中国学者拼合音节提供了有益的借鉴。

此后,许多来自西方的传教士继续沿袭利玛窦、金尼阁的做法,制定了很多拉丁字拼音方案以记录当时的汉语语音。对清末民国时期的汉语拼音化运动产生了积极的影响。

3.1.4　明清学者的音节分析

明代的曲学家从度曲须字正腔圆的角度，悟出字音可以在反切二分基础上进一步分析。据罗常培的介绍，明代曲学家沈宠绥（？—约 1645）曾对汉语音节有“头腹尾”三分的做法。罗常培引述沈氏云：“予尝考字于头腹尾音，乃恍然知与切字之理相通也。”罗常培解释说，沈氏的意思是，一个字音可以分析为头腹尾，以头腹尾相拼则更为圆稳简捷。关于头腹尾，沈宠绥举例说“试以‘西鏖呜’三字连诵口中，则听者但闻徐吟一‘萧’字；又以‘几哀噫’三字连诵口中，则听者但闻徐吟一‘皆’字”。今按，若将沈氏“徐吟”的两个字，写成反切形式，则为：

萧，西鏖呜切

皆，几哀噫切

罗常培先生由此判断“沈氏由度曲悟出字音应分头腹尾三部分，已经懂得怎样分析音素了”①。从沈氏的实例看，他说的头腹尾与今天我们的音节结构认识还是有差别的，除了“尾”即指韵尾外，其“头”应当是声母和介音，“腹”也不专为韵腹，还纠缠有韵尾的音素在其中。但沈氏提出了“头腹尾”的名称，对汉语音节的分析比反切的二分进了一步②。

清乾隆年间，贾存仁（1724—1784）进一步提出了“头项腹尾”四个部分。贾氏在其《等韵精要》音部总论第 17 条曰：“曲家尝言一字有头腹尾三音，其说似乎至精。及细审之，不惟一字实有头项腹尾四音，而且腹尾之音，可以不辨，项音必不可以不辨，何也？即如萧字，其头腹尾，则西鏖乌矣，而西之下，鏖之上，尚有一夭字之音。但使此音不讹，则鏖乌二音虽欲讹焉而有不可得者，乃所谓项音也。”③贾氏的“萧”音可写作如下反切：

萧，西夭鏖乌切

在头、腹之间，增入“项”（“项”即“颈”的意思）音，类似今天的介音，但其所举的例字又将“项”音混同于切下字，可见贾氏说的“项”虽有可能指向介音，但其所

① 语见《音韵学不是绝学》，载《罗常培语言学论文集》，商务印书馆 2004 年第 491 页。所引沈宠绥语见《度曲须知·字母堪删》。

② 参刘复《明沈宠绥在语音学上的贡献》一文，《国学季刊》1930 年第二卷第三期。

③ 语见《续修四库全书·经部·小学类》，上海古籍出版社 2002 年，第 258 册，第 550 页下栏。

指很含糊。

清末劳乃宣(1843—1921)《等韵一得》称声母为“母”,称介音为“等”或“等呼”(开、齐、合、撮四等呼,即零介音、-i-介音、-u-介音和-y-介音),称主元音为“韵”(共分阴 o,阳 a,下 i、u、y 三类五韵),称韵尾为“摄”(分六部:直喉[-Ø]、展辅[-i]、敛唇[-u]、抵颚[-n]、穿鼻[-ŋ]、闭口[-m]),在“母呼韵摄”的基础上,提出反切的二合、三合、四合、五合(按,他的五合拼读不对,此略)拼读法,如:

枵,希幺切(二合),此即传统二分法,反切即取此法。

枵,希伊鏖切(三合),此即传统三分法的声+介+腹尾,后来的注音字母即取此法。

枵,希伊阿乌切(四合),此即音素分析法的声+介+腹+尾,后来汉语拼音取此法。

到“四合”这一步,相拼的四个汉字,每字原本也只代表一个音素,4 个音素合成一个音节,实际就是音素拼读,其中介音是非常清晰的。但由于汉字本身的表音缺陷,这种拼写很难做到完全准确,因为汉字之中没有读为纯辅音的字,对于辅音声母和鼻音韵尾都没有单独的汉字标示。从上引的二合、三合、四合的例中可见,凡声母字在拼读中其实都是“辅音+介音”的组合,如:希 = ç+i,并非单纯的辅音。同样,韵母中的鼻韵尾也没有对应的字可以标举,例如,如果要拼四合的“香”音,大概可以写作:

香,希伊阿昂切

在这个四合切语中,尾音“昂”实际上仍含有元音,与其前的“阿”音重合。所以,用汉字作拼音表现音节的音素显然不合适,音素拼写法最合适的字符当然就是拼音文字。

四合法对音节的分析,其线性结构部分已到了最小单位,就差声调。后来在民国时期,刘复(1891—1934)在前人基础之上,将音节三要素扩展为五要素①,从而提出了完整的音素层面上的音节分析方案:五分,即:头颈腹尾神,后来叫声介腹尾调。

① 刘复原文分六个部分:头面颈腹尾神。“头、面”实分别指辅音的发音部位与发音方法,若单指音首辅音则不必如此两分,故此省去“面”,将“面”的内容并入头,统指声母。刘复六分见其论文《北平方音析数表》(国立北京大学《国学季刊》1932 年 9 月第三卷第三号)。

3.2　头颈腹尾神的音节结构

头颈腹尾神是汉语音节分析到音素层面的五个单位，现在叫声（initial）、介（medial）、腹（vowel）、尾（ending）、调（tone）。相对于声、韵、调三分来说，声介腹尾调是对音节的五分。五分法就是在声韵调层面之上对音节结构作进一步的分析，即音素的分析。具体就是将声和调分别看作一个音位，将韵看作一个音丛，再作分析。穷尽归纳韵中可能出现的各种音素组合，抽象出所有可能组合的音段位次，最多有三个，它们依次为：介音、韵腹、韵尾。罗常培说："构成汉字之音素曰声、曰韵、曰调。声者，专指字首之辅音；韵者兼赅介音、元音及尾音；调者则谓全字之高低或升降。"[1]说的就是五分出来的音节结构。

以 T 代表声调，I 代表声，M 代表介音，V 代表韵腹，E 代表韵尾的话，现代汉语音节结构可以简单图示为：

$$\frac{T\text{———}T}{I+M+V+E}$$

但在现代汉语的音节中，这五项内容并非都是必出现的，可以有零位。比如，有的音节可以是零声母，即不出现"I"，有的可以是后响复韵母，即不出现"E"，有的可以是开口韵母，即不出现"M"。而 E 位置上可以是元音，也可以是辅音。所以，上述音节结构图还不足以详尽反映汉语音节的音位结构模式，现在用加括号方式表示该位置音位在音节中可以出现也可以不出现，如（V），表示在这个位置为元音，可以出现也可以不出现。用 C 表示辅音，V 表示元音，"C/V"表示这个位置上可以是辅音也可以是元音，将上图改写成下面的样式：

$$\frac{T\text{————————}T}{(C)+(V)+V+(C/V)}$$

从图中可知，现代汉语音节的必要条件是声调和韵腹，这也是最简单的音节，在这个基础之上可以有增加声母或介音或韵尾的扩展，因此这个结构图可以扩展至 8 种结构。[2]

① 语见《汉语音韵学导论》第 19 页。

② 汉语的音节结构参杨耐思《近代汉语音论》，商务印书馆 1997 年第 194 页。

以上是对汉语音节分析历史进程的静态考察,从音韵学发展史的角度来看,对汉语音节的分析与归纳其实是一个动态的历史过程,它跟音韵学的起源与发展密切相关。

第三节　韵部与反切

一、韵部

音节分析是汉语音韵学的基础。有了这个基础,韵书的编制及其音系的归纳才有可能。韵书是最早出现的、在整个音韵学研究历史中一直沿用的原始而全面的音系归纳的文献。韵部是韵书的基本组成部分,不论何时编的韵书,都立有韵部,但“韵部”作为一个音韵学名词,大约到清代才出现,出现得很晚。之前的经典韵书《切韵》《广韵》以及元明清许多韵书中的韵部都叫“韵”,这个术语跟音节分析的“韵”有关,但它最初是来自诗歌创作的用韵或押韵。因此,讲韵书离不了讲韵部,讲韵部离不了讲诗歌押韵。

1.1　韵与韵基

上古已经有了诗歌用韵,但还没有形成“韵”的概念与术语,故《说文解字》中没有“韵”字。大徐本《说文》第三篇“音部”后新附“韵”字乃后人所加。不过,人们设想《说文》以前的古人作诗用韵总得有个称呼,所以段玉裁大概是认为《说文》中的“均”字就是古“韵”字,才把“六书音韵表”写作“六书音均表”。段氏解释《说文》“均,平徧也”说:“平徧者,平而帀也,言无所不平也。”①推测段氏的意思是,“均”的本义是“均平圆调”,语音的均平圆调也叫“均”,故可认定“均”即“韵”字之初文。其实这也不是段氏的创见,他是前有所承的,因为早在宋代郑樵就说了:“名之曰韵者,盖取均声也。”②

顾炎武曰:“今考自汉魏以上之书并无言韵者,知此字必起于晋宋以下也。”③稍后戴震以现存文献考之,认为“文人言韵始见于陆机《文赋》”④,陆机《文赋》出

① 语见《说文解字注》,上海古籍出版社1981年缩印经韵楼本,十三篇下,第683页上栏。

② 语见《七音略·序》。又,“均”与“韵”古通用,古籍中多见。详顾炎武《音论》卷上。史书中也有“均言韵也,古无韵字”之类的记载,见《新唐书·杨收传》。

③ 《音学五书·音论》上,见音韵学丛书《音学五书》,中华书局1982年第14页。本书引述均取该本。

④ 《声韵考》卷四,渭南严氏音韵学丛书本,四川人民出版社1957年影印本。本书引述均取之。

现了两个“韵”字，但仔细玩味，它们都不是音韵的意思。原文：“收百世之阙文，采千载之遗韵。……或托言于短韵，对穷迹而孤兴。”李善注：“短韵，小文也。”[①]“遗韵”虽无注，其义当与此同。而陆机《文赋》中讲到音韵或韵律的地方，却没用“韵”字，如：“其会意也尚巧，其遣言也贵妍。暨音声之迭代，若五色之相宣。”（241 页）从“音韵”义的角度使用“韵”字当始于谁？从现有文献看，陆机的弟弟陆云可能最早使用音韵义的“韵”字。《陆云集》卷八《与兄平原书》屡屡提及“某与某韵”，如“‘彻’与‘察’皆不与‘日’韵”，又如“李氏云‘雪’与‘列’韵”[②]等等，这也说明，最早出现的与音韵相关的“韵”字是动词，“某与某韵”之语义就是“某字与某字押韵”。后来齐梁间刘勰《文心雕龙·声律》篇所云：“异声相从谓之和，同声相应谓之韵。”[③]“韵”也是“押韵”的意思。《说文》音部后的“新附”之中收入“韻，和也。从音，員声。裴光远云：古与均同，未知其审”[④]，应该是六朝之后的事了。

“韵”的初义是语音的“均声”或“同声相应”，这个韵就是押韵的韵。何为押韵？在诗文中，上下两句相对位置（主要是句末），使用收声尾音相同的字，造成语音的回环往复的韵律美感，这就是押韵。可见押韵的韵只关心音节的收声的部分。那么，一个汉语音节的收声部分该有多大才叫韵？根据前文分析的汉语音节结构，除声调外，汉语音节去掉声母，剩下的介音、韵腹、韵尾都可能是收声部分，押韵的韵可能是韵尾，也可能是韵腹加韵尾，也可能是介音加韵腹加韵尾。从古代诗人大量的用韵实例中可以得知，唐宋经典的近体诗用韵取韵腹、韵尾加声调的方式。举一首七绝为例：

泊秦淮

杜　牧

烟笼寒水月笼沙，夜泊秦淮近酒家。

商女不解亡国恨，隔江犹唱后庭花。

---

① 《文选》中华书局 1977 年缩印胡刻本，两个韵字所在分别为该本第 240 页、242 页，前韵字李氏未注。

② 引例分别见《陆云集》黄葵点校本，中华书局 1988 年第 141 页、145 页。

③ 语见王利器《文心雕龙校证》，上海古籍出版社 1980 年第 212 页。

④ 见中华书局影印大徐陈昌治本第 58 页。

以现代音读之,该诗押"沙 shā、家 jiā、花 huā"三字,其韵腹、韵尾和声调的读音相同,介音不同。当然,现代音不能等同于中古音,查这三个韵脚字的中古音也同样只是介音有不同,主元音、韵尾和声调都相同。用这个标准核查唐宋诗歌的押韵,绝大部分是吻合的。所以,我们可以得出如下看法:从唐宋近体诗的角度来看,押韵的必要条件是韵脚字的主元音和韵尾还有声调相同,至于其介音是否相同,不在要求之列。但这条规则仅适合近体、古体诗,却不能适用中国历史上所有的韵文用韵,如宋词可以上去同押,元曲则四声可通押,所以从广泛的立场看,押韵的"韵"最基本的要求是"韵腹与韵尾"相同。因此,"韵腹加韵尾"既是文学上押韵的重要内容,同样也成为音韵学分析语音的一个基础语音单位,为了便于称呼,近年来音韵学家给它取一个专名,叫韵基①。

传统韵书所说的"韵",就是押韵的"韵",其基本要求与"韵基"相同。如前所论,不同体裁的韵文用韵,均要求押韵的字之间韵基相同,但对声调的要求不同,与之相应,在不同的韵书中,"韵"的内涵也有不同,差别在于是否区别声调。经典韵书《切韵》(或《广韵》)的"韵"是区别声调的,所以该书不同声调的字无论其声母、韵母是如何相同都不算同韵,如"东"与"董""冻"等字声母韵母都相同,但声调不同,绝对不能通押。有的韵书中韵不区别声调,如《中原音韵》,该书中"东董冻"几个字完全同韵,可以通押。可见,在音韵学史上"韵"曾经有过不同的含义。由此看来,要给"韵"下一个涵盖周全的定义是困难的。当然,我们可以加以限定,以区别声调者为"韵",如《切韵》《广韵》《集韵》的韵以及用作诗歌押韵工具的《礼部韵》《平水韵》等都属于区别声调者;以不区别声调者为"韵部",如《中原音韵》之韵。如果这样的话,则"韵"之内涵与"韵基"相同。这样做可能符合术语规范化的要求,但与古代韵书中"韵"的实际情况不能密合。我们认为,与其艰难地给"韵"下一个难以周全的定义,还不如把握住"韵基",再根据实际情况说明不同的韵。

1.2 韵部(group of rhymes)

弄清楚了什么叫"韵",对于什么叫"韵部"也就思过半矣。在传统韵书中,"韵"和"韵部"实际是一个问题的两个方面,用逻辑学的术语来说,"韵"是指内涵,

① 韵基一词目前两说:一是薛凤生认为韵基是主元音加韵尾(薛凤生《汉语音韵史十讲》,华语教学出版社 1999 年第 5 页)。二是杨耐思认为主元音、韵尾加声调为韵基(杨耐思《近代汉语音论》,商务印书馆 1997 年第 194 页)。我们取前说。

"韵部"是指外延。简言之,"韵"指字与字之间具有韵基(或韵基加声调)相同的关系,而"韵部"则是指一组具有这种关系的可以押韵的字。事实上,在相当长时间里,"韵"和"韵部"其实是同义的,区分这两者可能是清代的事。从顾炎武开始,研究古音系就以"部"名之。顾氏古音十部、江氏十三部、段氏十七部等,以与《切韵》等书的韵相区别。如段玉裁在《说文解字注》中分别使用了"韵"与"部"两个术语。如:

《说文解字》四篇下《玄部》:兹,黑也,从二玄。

段氏注曰:"胡涓切,十二部。今本子之切,非也。按《左传》何故使吾水兹。释文曰:兹音玄。此相传古音,在十二部也。又曰,本亦作滋,子丝反,此俗加水作滋,因误认为滋益字,而入之之韵也。"①

"十二部"(真部)是段氏所分古音韵部之一,不区分声调。"之韵"是《广韵》的韵部,区分声调。如果在这种情况下使用"韵"与"韵部"的概念,两者是不同的。本书在没有特别说明的情况下,"韵部"是表示一组能押韵的字的组合的意思,"韵"则除了有"韵部"的意思外,还兼有"韵腹、韵尾(即韵基)加声调"的意思。

二、反切

反切是用两个汉字给一个汉字注音的方法。反切是音韵学独有的术语,没有相对应的英文名词,若译成英文可用其汉字拼音:*Fanqie*。

在形式上,反切分别将两个字的首音、尾音(按,并其声调),合成为一个新的音节,以此给汉字注音,可见这种拼合是在对音节首尾两分的基础之上进行的,正如李荣(1982,27页)所说:"能够使用反切,就表示能够正确地分析字音。"因此,反切的出现意味着对汉语音节进行了首音、尾音两分的分析,且尾音的分析中隐含有对字音声调的分析。有了反切对音节的分析作基础,音韵学对汉语音系声、韵、调的分析、归纳、研究才有可能,所以,反切在音韵学的发生与发展中地位非常重要。

2.1　反切的产生

反切是一种给汉字注音的方法,但汉语研究史上给汉字注音的方法并不是只

① 《说文解字注》四篇下,第159页下栏。

有反切一种,在反切之前、反切之后都曾出现过多种注音方法。反切之前的注音法,颜之推《颜氏家训·音辞》篇有一段名言,曰:“夫九州之人,言语不同,生民以来,固常然矣。自《春秋》标齐言之传,《离骚》目《楚词》之经,此盖其较明之初也。后有扬雄著《方言》,其言大备,然皆考名物之同异,不显声读之是非也。逮郑玄注《六经》,高诱解《吕览》《淮南》,许慎造《说文》,刘熹制《释名》,始有譬况、假借以证音字耳。而古语与今殊别,其间轻重清浊,犹未可晓,加以内言外言、急言徐言、读若之类,益使人疑。孙叔言创《尔雅音义》,是汉末人独知反语。”(473 页)这段话中关于注音大概有两个意思:一是注音开始于东汉诸经师的解经释文。二是当时有过三种注音法,即:譬况证音、假借证音、反切等三种注音法。其一“譬况证音”是通过描摹字音来注音,比如“内言外言、急言徐言”等等都是对字音的描摹;其二“假借证音”不知具体所指,可能有用同音字注音的意思,如果是这样,则“假借证音”即为“直音”;其三就是反切。颜氏这里可能是随意举例,并未穷尽,因为汉末以前注音的方法实际比这多。后人从现有的先秦两汉文献中至少归纳出五种注音方法:(1) 加注声符,(2) 譬况描摹,(3) 读若[①],(4) 直音即注同音字,(5) 反切等。反切出现之后又产生了一些新的注音法,如:纽四声、标声调等等。但无论有多少种注音法,最为方便实用、最为常见也最为合理的还是反切。正如清儒陈澧所说:“古人音书,但曰读若某、读与某同,然或无同音之字,则其法穷;虽有同音之字,而隐僻难识,则其法又穷。孙叔然始为反语,以二字为一字之音,而其用不穷,此古人所不及也。”[②](按,“孙叔然始为反语”之说不确,详下文。)

反切拼音法产生于东汉末,其发明者已无可考。见诸文献记载的最早使用者是东汉末年的应劭、服虔(生卒年不详),大量使用的是郑玄的学生孙炎。孙炎即颜之推所说的“孙叔言创《尔雅音义》,是汉末人独知反语”的孙叔言,他姓孙,名炎,字叔言,一作叔然。但颜氏话中的“创”字曾引起后人误会,如陆德明《经典释文·条例》云:“古人音书,止为譬况之说,孙炎始为反语,魏朝以降渐繁。”[③]陆氏以为是孙炎创立反切,其实颜氏是说孙炎创作了《尔雅音义》,而不是创立了反切。

① 颜氏将“读若”排在内言、外言之列,当作譬况之一种,然“读若”自与其他譬况不同,包含“读若”“读如”和“读曰”三种方式,应当独列一例。

② 语见《切韵考》卷六《通论》,罗伟豪点校本,广东高等教育出版社 2004 年第 156 页。

③ 语见《经典释文》,中华书局 1983 年影印徐乾学通志堂本第 2 页。

孙炎在《尔雅音义》中使用了反切，表明汉末人知道使用反语，孙炎只是反切的早期使用者之一。颜氏又说"郑玄以前，全不解反语"（436页）。不知他所说的"郑玄以前"有没有包括郑玄本人，假定包含郑玄，则作为老师的郑玄（127—200）不解反语，作为学生的孙炎（生卒不详）知反语、用反语，颜氏的话大概点明了反切出现的时间，即郑玄与孙炎之间，具体是什么时候由什么人创立的，颜氏的话并不清楚。宋人沈括（1031—1095）《梦溪笔谈》卷十五《艺文二》云："汉人训字止曰读如某字，未用反切。然古语已有二声合为一字者。如不可为叵，何不为盍，如是为尔，而已为耳，之乎为诸之类。似[①]西域二合之音，盖切字之原也。如輭字文从而犬，亦切音也。殆与声俱生，莫知从来。"说到"反切"，沈括这段话告诉我们类似西域二合之音的现象，古语早已有了，所以反切是"与声俱生"的。但我们认为沈括这里所说的"合声"是一种词汇现象，其中蕴含反切拼音的原理，但它没有给汉字注音，不符合反切的基本功用，所以还不是反切。只有利用二合拼读来给汉字注音，这才是反切。

反切出现的时间，据现有文献材料，我们可以大致定其为东汉末。当时佛教已传入中国，佛经梵文的拼音文字也有进入，反切的产生当受到梵文拼音的影响。后人从《汉书》颜师古注中看到一些应劭、服虔作的反切注音，这是现在能见到的最早的反切，是不是创于应、服呢，也无确凿史料可以说明。唐人武玄之《韵诠》"条例"中的"反音例"云："服虔始作反音，亦不诘定。"[②]我们就把它看作东汉末音韵学家的集体创作吧。

2.2　反切的格式

反切是在对汉语音节二分的基础之上，采用两个汉字给一个汉字注音的注音法。唐武玄之《韵诠》云："反音者，呼连两字成一音。"[③]这是目前可见的最早对反切的定义。宋毛晃《增修互注礼部韵略》云："音韵展转相协谓之反，亦作翻，两字相摩以成声韵谓之切，其实一也。"[④]解释"反切"两字之义，说明"反（翻）"和"切"

---

① 元刊《梦溪笔谈》茶陵东山书院刊行本，卷十五一页。"似"，取胡道静校证本，原本作"以"。

② 此引文出自《悉昙藏》卷一，同书卷二引《韵诠》作"诰定"，不词，当据卷一所引为正。又周祖谟先生《唐五代韵书集存》下册，第985页引作"诘定"，是也。

③ 引文见《悉昙藏》卷二。

④ 《增修互注礼部韵略》，影印文渊阁四库本第237分册，第562页。

两个字都是同一个意思的术语。其格式为:某某反(翻)或某某切,如《广韵》东韵排在前面的两个反切“东,德红切”“同,徒红切”,写作下面任何一个反切都是合格的:

东,德红切、或德红反、或德红翻

同,徒红切、或徒红反、或徒红翻

反切两个用于注音的汉字,一个在前(或在上)一个在后(或在下),在前的称为“切语上字”,在后的称为“切语下字”,上下字之后缀一个“切(反、翻)”,作为拼合的术语,表示用它之前或之上的两个字的读音去拼合一个新的字音,这就是反切。反切上字代表被切字的声,反切下字代表被切字的韵和调,所以实施了对被切字音节声韵调的分析。

反切的拼合,切语上字取声母(即该字之首音),切语下字取韵母和声调(即尾音),由于反切上字、下字本身也是一个声韵调的结合体,所以在拼读中必须首先进行分解取舍然后才能拼合成新的音节。如:夸,苦瓜切。“苦瓜”两字拼成一个“夸”字的音,图示如下,括号中的音表示在拼读时必须舍去的部分:

切语上字		切语下字		被切字
苦	+	瓜	=	夸
k(ǔ)	+	(g)uā	=	kuā

很显然,只有将反切上下字音节中的某个部分去掉,即去掉切语上字的韵母和声调、切语下字的声母,把剩下的部分拼合方能正确拼出被拼读音节。

这里说的仅仅是拼读的基本原理,古往今来反切甚多,其拼读也非常复杂。古人为了顺利将反切拼出正确的读音,设置了切韵法、门法以帮助拼读。切韵法和门法都是切韵学的内容,涉及的问题很多,非常复杂。但其要点就是通过各种折合,将反切拼出正确的读音,今人拼读反切必须要了解古今音变(详后文)。我们今天有拼音字母作为辅助,又对古今音变有了了解,利用反切拼读字音时已经可以不必采用这些古法了。

2.3 双声叠韵法与声类、韵类

2.3.1 反切与双声(alliterated disyllables)、叠韵(rhymed disyllables)

反切对于汉语音韵学非常重要,可以这么说,反切是韵书音系的基础,没有反切就无所谓韵书音系,也就无所谓音韵学。清儒戴震说:“未有韵书先有反切,反切散见于经传古籍,论韵者博考以成其书。反切在前,韵谱在后也。”(戴震 1957,2 页)陈澧也说:“盖有反语,则类聚之,即成韵书,此自然之势也。”(陈澧 2004,157 页)所说“博考”“类聚”究竟何意?

现代学者曾运乾云:“(汉末至隋)诸家所著之切语,其切纽用字,虽或互有参差;而声类系统则仍有条不紊。故隋陆法言得斟酌采取,而成有条理之完善韵书。”[①]魏建功说:“先有了反切,后生出韵书。汉晋以下的人写韵书的风气最盛。写韵者最初但为反切之综合排比。”[②]现代学者也都只是含糊地说“采取”“排比”,没有具体的说明。

为什么可以博考反切、类聚排比就可以编成有完整语音体系的韵书呢?这就需要了解双声叠韵法了。双声叠韵原本是汉语的一种构词方式,所构之词称为连绵词(又称謰语、连绵字),这是训诂学上的术语。从训诂学或词汇学的角度来看连绵词的语音构成,连绵词的两音节之间无论是双声的还是叠韵的,对其声母或韵母的音类要求不是很严格。也就是说,双声、叠韵连绵词可以取近似之音。如(下面词例用汉语拼音注其声、韵母):

双声:缤纷(b-f-),枯槁(k-g-)

叠韵:徘徊(-ai-uai),徬徨(-ang-uang)

但音韵学家从反切中归纳出双声叠韵法就是严格意义上的双声叠韵。今本《玉篇》末附沙门神珙《四声五音九弄反纽图序》云:“聿兴文字,反切为初,一字有讹,余音皆失。”这是说一条反切中,对于正确拼出被切字音来说,切语上下字非常重要,不能有错。南宋董南一云:“同归一母则为双声和会切会,同出一韵则为叠韵商量切商。”[③]就是说,上字必须与被切字声母相同方为双声,下字必与被切字同归一韵(即韵母和声调相同)方为叠韵,否则无法拼出正确之音。这种双声叠韵的要求严格,即切语上字与被切字必须声母完全相同,如“和会”两字声母全同;切语下字与被切字必韵母与声调全同,如“商量”,两个字的韵与调完全相同(按,“商、量”两字的韵母

① 语见曾运乾《音韵学讲义》,郭晋稀整理本,中华书局 1996 年第 111 页。

② 语见《古音系研究》,中华书局 1996 年第 4 页。

③ 语见《宋本切韵指掌图》卷末董南一书。严式诲刻音韵学丛书本则董文被置于卷首,标为《原序》。

现代音不同,古音相同)。在《宋本广韵》(北京市中国书店 1982 年影印张士俊泽存堂本。按,本书引用取此本)末尾附有《双声叠韵法》,举出八个字为例,第一字为“章”字,转引如下(按,原文竖排引文改为横排):

平章灼良切 先双声 章灼良略是双声 正纽入声为首 倒纽平声为首
声　章略切 后叠韵 灼略章良是叠韵 双声是平声为首 叠韵是入声为首(527 页)

“章”字下小字夹注里面出现“双声、叠韵,正纽、倒纽”几个术语。其双声、叠韵正是说切语上下字与被切字之间的语音关系。要搞清楚这里双声、叠韵的含义,首先要知道正纽、倒纽。顾炎武《音学五书·音论下》:“南北朝人作反语,多是双反。韵家谓之正纽、倒纽。”(52 页)“纽”与“反”同意,用现代话来说就是“拼读”,“双反”就是拼读两次,一为“正纽”一为“倒纽”。“正纽”即切语上、下字顺拼,上字取声、下字取韵调;“倒纽”与正纽相反,则是倒着拼,下字取声、上字取韵调,两者是相对而拼。反切,顺拼为正纽,逆向相拼即为倒纽。如:

章,灼良切

略,良灼切

“灼良切”拼为“章”字音,此为正纽,则“良灼切”拼为“略”字音,此为倒纽。上两个反切,还可以组成如下两个正纽、倒纽:

灼,章略切

良,略章切

将所有可能的正纽、倒纽拼完,可以拼出“章略灼良”四个字音,组成一个四边图形:

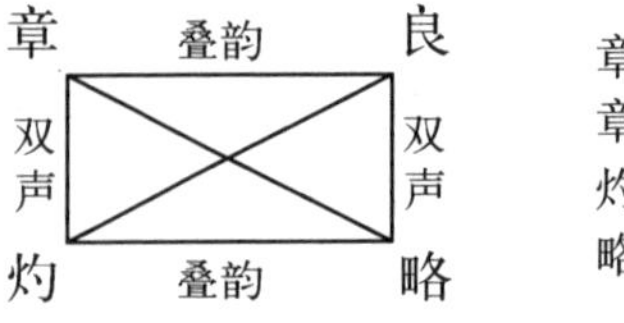

章良(-iang 平声)叠韵
章灼(zh-)双声
灼略(-* iok 入声)①叠韵
略良(l-)双声

图中斜线表示拼切关系,从左至右,“章略”拼出“灼”字之音,“灼良”拼出“章”字之音;从右至左,“良灼”拼出“略”字之音,“略章”拼出“良”字之音,它们互为正纽、倒纽。图中横线即表叠韵关系,“章良”“灼略”均为叠韵;竖线即表双声关系,

① “灼略”二字的韵母,现代汉语读音不同,此采用中古拟音,故左上方标注星号以示之。

“章灼”“良略”均为双声。凡叠韵则韵母、声调相同,凡双声则声母相同。

2.3.2　韵类(rhyme category)

据反切叠韵关系可以类聚一组字音,例(下面字例的反切全取自《广韵》):

东,德红切,东红叠韵

红,户公切,红公叠韵

公,古红切,公红叠韵

此外,空:苦红切,同:徒红切,蒙:莫红切,笼:卢红切,翁:乌红切,匆:仓红切,通:他红切,葼:子红切,蓬:薄红切,这些反切中切语下字与被切字均为叠韵。上列反切的被切字和切下字“东红公空同蒙笼翁匆通葼蓬”全是叠韵关系,它们之间“韵母加声调”全同,仅声母不同,根据反切叠韵关系类聚的一组字叫“韵类”(rhyme category)。音韵学所说“叠韵”的“韵”是指“韵类”,同韵类的字之间韵母与声调相同。

2.3.3　声类(initial category)

根据反切双声关系可以类聚一组字音,如:

公,古红切,公古双声

古,公户切,古公双声

此外,过:古卧切,各:古落切,格:古伯切,兼:古甜切,姑:古胡切,佳:古膎切,“公古过克格兼姑佳”全是双声,它们之间声母全同,根据双声关系类聚的一组字叫“声类”(initial category)。同声类的字之间声母相同。

2.4　韵书的成型

现在我们来检验叠韵法中的韵(即韵类)与押韵的韵是不是一回事?可以略作比较:

诗文押韵之韵:腹+尾+调

反切叠韵之韵:介+腹+尾+调

可见两者不同,押韵的韵只管音节的韵腹、韵尾加声调,不管介音;叠韵之“韵”管“韵母”加上声调,要管介音,也就是说,如果两个字的韵基声调相同而介音不同就不能算叠韵。由于反切叠韵的“韵”跟一般押韵的“韵”不同,故称为“韵类”。“韵类”对字的语音划分比押韵的“韵”要严细。

由此可见,所谓根据反切“类聚之”而为韵书,“类聚”并不是指韵书的收字归韵而言,韵书对反切的类聚实际是通过韵部进行的。可以这样假设,韵书首先根据音节间的押韵关系来类聚韵字形成韵部,每个韵部里所收的字都具有相同的“韵基与声调”,都是可以押韵的字。编列韵部的作用是为了指导诗文用韵。这是韵书的一个重要功能,陆法言《切韵序》中称“欲广文路,自可清浊皆通”(见《广韵》卷首),这话可以理解为在押韵的时候,韵书可以告诉人们哪些字同韵部而可以押韵,哪些不能押韵,而不必计较“清与浊”等细微差别。“清浊”的内涵比较模糊,但其所指当是声母与介音的特征。

那么反切在韵书中起什么作用?陆法言《切韵序》继续说,“若赏知音,即须轻重有异”,这说明了韵书的第二个重要功能,即细致区别字音,帮助人们学习汉字、辨析语音。我们可以进一步推断,韵书编者为了细致辨别字音的异同,将同韵部所收字中的同音字排在一起形成一组字(称为小韵),注上反切以标明读音,每个反切代表一个音节,同一韵部中属于不同音节的字之间反切用字不同,就能看出其差异。通过反切辨析不同音节的差异,这大概就是“赏知音”的意思。“轻重有异”的“轻重”也是一个含糊的说法,大概就是指把同一个韵部中所有的字,不管是同音还是不同音,纤微毕至都表现出来。这第二个功能只有反切才能担当。从这个意义上说,根据反切的叠韵关系,区别同一韵部中“韵类”的同异(即在区别主元音与韵尾的基础上再区别介音);再根据反切的双声关系,区别同一韵部中声母的同异(即在区别韵类的基础上,再区别音节的声母)。只有如此了解音节的细微差异,方可准确归纳声、韵系统。黄侃说:“自汉以前,无完全严格之韵书(原注:严格者,分类清晰,完全者,整个之韵书)。反切出而后始有。孙炎作《尔雅音义》,音韵学从此可言,声有声类可归,韵有韵类可归,而后始有韵书矣。”[①]可见,反切的双声、叠韵是韵书音系构建的基础。

根据音节间押韵关系,把所有具有押韵关系的韵字类聚成为韵部,再在韵部的

---

① 语见黄侃述、黄焯编《文字声韵训诂笔记》,上海古籍出版社 1983 年第 117 页。

范围内根据双声、叠韵关系，把所有同韵部字类聚为同音字组（小韵），以纤微毕现地显示不同音节之间的语音差异。然后把所有的韵部按一定的顺序排列，就形成了记录语音系统的韵书。

第四节　音韵学的分支学科

一、韵书及其流变

1.1　两种类型的韵书

通常认为，韵书是分韵编排的字书。既然讲到“字书”，严格地说，这个解释只适合于在韵部下列出每一音节同音字、在字下加注反切、字义的韵书，不能包括只有音节表而不列出同音字和音训的韵图。所以，韵书应当有广义和狭义的区分。广义的韵书应当是指归纳某一时期汉语语音系统的书，无论它是否具有同音字表、字下是不是有音训，只要归纳、描写了语音系统都是韵书。狭义的韵书就是指分韵编排的字书。如果把分韵编排的字书看作韵书，那么不列出同音字的韵书就可以称为韵图，前者可以《广韵》（北京市中国书店 1982 年影印张士俊泽存堂本）为代表，后者可以《韵镜》（古籍出版社 1955 年影印古逸丛书本。按，本书引用取此本）为代表。

1.2　韵书之流变

从魏李登的《声类》算起，至清末民国时期的近 1 600 年间，历朝历代都有韵书问世。韵书的编纂绵延不绝，形成了韵书发展的历史，约而言之，可别为三个阶段。

1.2.1　草创阶段

从三国至南北朝末是第一阶段，这是韵书草创的时期。从现有文献记载来看，中国历史上最早的韵书是三国时魏国李登的《声类》，见于《隋书·经籍志·经部·小学》著录：

《声类》十卷，魏左校令李登撰。

李登其人，史无记载，其书，在隋唐史志中有一些简单的记载。如《隋书》卷七十六《潘徽传》云：“《说文》《字林》之属，唯别体形。至于寻声推韵，良为疑混，酌古会今，未臻功要。末有李登《声类》、吕静《韵集》，始判清浊，才分宫羽，而全无引据,过伤浅局,诗赋所须,卒难为用。”[①]从这里我们知道它“始判清浊,才分宫羽”,不能用作押韵工具。唐封演《封氏闻见记》:“魏时有李登者,撰《声类》十卷,凡一万一千五百二十字。以五声命字,不立诸部。”[②]“不立诸部”可能是指没有分出韵部[③],那么《声类》似乎是按一种比较宽泛“五声”的方式排列汉字,究竟规制如何已难知晓。不过,从颜之推批评“李登《声类》,以系音羿”(《颜氏家训集解》487 页),可见它是注音的。该书唐人多有引述,宋代则不见称道,可能佚于晚唐五代。从经传注释的引文看,所引《声类》多见词义训释的内容。如《尚书·虞书·益稷谟》:“帝曰:来!禹,汝亦昌言。”“昌言”,孔传释为“当言”。《释文》云:“当,丁浪反。本亦作谠,当阳反,李登《声类》云:谠言,善言也。”[④]

李登《声类》之后,韵书逐渐增加,至南北朝时,颜之推说:“自兹厥后,音韵锋出,各有土风,递相非笑。”(《颜氏家训》529 页)“锋出”应就是蜂出的意思。据《隋书·经籍志》和新旧《唐书》著录魏晋南北朝期间所出韵书约有数十种。比如《隋书·经籍志》在李登《声类》之前后记有下列韵书:

《声韵》四十一卷　周研撰

《韵集》六卷　晋安复令吕静撰

《韵略》一卷　阳休之撰

《修续音韵决疑》十四卷　李概撰

《四声韵略》十三卷　夏侯詠撰

《音谱》四卷　李概撰(944 页)

上述诸家都是陆法言《切韵》重点参考对象,陆氏序中所提六种韵书中,仅杜台卿《韵略》隋《志》与唐《志》均不见著录。杜台卿,《隋书》卷五十八有传,又《北齐书》卷二十四、《北史》卷五十五的《杜弼传》后均附台卿传,所记略同。诸传均未见有《韵略》之记。《隋书》台卿本传载:“开皇初,被征入朝。……十四年,上表请致仕,敕以本官还第,数载,终于家。”(1421 页)在开皇十四年(594 年)致仕归家之后有数载闲居,很可能《韵略》之作就在这几年间,书成不久即去世,未上于官,故

① 语见《隋书》第六册,中华书局 1973 年点校本第 1745 页。后文所引《隋书》均取此本,仅注页码。

② 《封氏闻见记校注》卷二,赵贞信校注,中华书局 2005 年第 7 页。

③ 一说“部”与《说文》部首的部同义,参何九盈《中国古代语言学史》,商务印书馆 2013 年第 215—216 页。

④ 《十三经注疏》中华书局 1980 年影印本第 141 页。

官录不载，仅在民间流传。

照颜之推的说法，这些韵书的共同缺点就是没有记录当时通语（或民族共同语）的标准音，所谓满纸“土风”，不为典要。此外可能还有这样那样的毛病，如颜之推说：“李季节著《音韵决疑》，时有错失。阳休之造《切韵》，殊为疏野。”（530页）但比李登《声类》进步的是，这个时代的韵书普遍已经设立了韵部，如颜之推说“《韵集》以成仍宏登，合成两韵，为奇益石，分作四章”（545 页），这应是批评《韵集》分韵不精，如果没有分出韵部，怎会有分得精还是不精的问题呢？虽然有许多毛病，但这些韵书在当时还是起过积极作用的，比如被颜之推斥为“殊为疏野”的阳休之《韵略》，就曾被当时读书人奉为取韵的准则而被称道，隋刘善经《四声指归》曰：“齐仆射阳休之，当世之文匠也，乃以音有楚夏，韵有讹切，辞人代用，今古不同，遂辨其尤相涉者五十六韵，科以四声，名曰《韵略》。制作之士咸取则焉，后生晚学，所赖多矣。”①这恐怕也是陆法言编写《切韵》要重点参考的原因吧。总之，这个时期的韵书尽管很多，但由于存在着这样那样的问题，不能通行全国，没有一本公认的能作为标准音的韵书。

1.2.2　通语正音韵书阶段

从隋到宋末是第二阶段，以描写通语即民族共同语的正音为主要对象。这个阶段韵书渐多，韵图亦已产生，韵书形制初步完备。

1.2.2.1　经典韵书《切韵》及《切韵》系列韵书

陆法言《切韵》五卷，著者陆法言，名词，又作慈，“法言”是其字，以字行。因陆氏名“词（慈）”，故该书在目录中又著录作：陆词（或陆慈）《切韵》。

《切韵》是隋朝陆法言在隋文帝仁寿元年（601 年）编的一本全面记录汉语共同语的中古标准音的语音系统的韵书。根据《切韵序》提供的史料，我们知道该书的基本框架是在隋文帝开皇初年②，由当时著名学者、诗人和音韵学家颜之推、萧该、卢思道、薛道衡、刘臻、魏澹、辛得源、李若八人加上陆爽以及陆爽的儿子陆法言一共十人，集体讨论确定的。后人称这次集体讨论为“长安论韵”，它确定了《切韵》一书的“纲纪”。当时由陆法言记录下来，约二十年之后，陆法言以这个纲纪为基

① 语见《文镜秘府论》天卷所引，王利器《文镜秘府论校注》，中国社会科学出版社 1983 年第 104 页。

② 具体哪一年史籍缺载，现代学者对此研究有开皇二年说、开皇六年说和开皇九年说诸说，目前尚无定论。

础,广泛参考了当时流行的重要的韵书,如吕静《韵集》、阳休之《韵略》、李季节《音谱》、杜台卿《韵略》和夏侯该《韵略》等,综汇诸家,编成一部能够分辨"南北是非,古今通塞"的记述当时汉语通语标准音系的韵书:《切韵》五卷。

《切韵》采取以调统韵的方式编排,即首先将所有的韵字按声调分卷,平声字多,分为上下两卷,上声、去声、入声各为一卷,共五卷。卷下再分韵,计 193 韵,韵下再聚合同音字为小韵。每个小韵都有注音。《切韵》是当时学术精英集体创作,集当时韵书之大成,学术水平达到当时的最高境界。清人陈澧说:"《切韵》之书,合八人之论难而成,陆氏复为之剖别,故长孙讷言以为无以加也。"(陈澧 2004,159 页)所以《切韵》一出即风行天下,成为当时读书人作诗的依据,并被后来科举考试定为用韵规范。

私家著述成为官方范本及作诗用韵的工具书,可以想象在科举的强大推动下,读书人人手一册是不奇怪的。大家根据书中的韵部押韵,久之自然会发生一些问题。一是该书收字有限,据唐人封演《封氏闻见记》记载,《切韵》收字 12 158 字。而唐代实用汉字远不止这个数,如果诗人用韵时超出了这一万多字之外,那就不知道该怎么押韵了。另一问题是,隋朝人的分韵,到了唐朝,随时间推移,又有所变化,唐人口音并不完全与《切韵》相同。还有一点,就是陆法言毕竟所见有限,论音归字亦可能有错。所以为了使这本工具书更好用,几乎整个有唐一代近三百年间,对《切韵》的修订就没有停止过,其余风一直延续到宋。

修订主要包括三项内容:一是补其缺收之字,将陆法言编书时缺收的字或唐代后起字按当时的读音收入相关的韵部。二是刊其误,纠正陆氏一些错误。三是根据当时实际语音,确定《切韵》某些音近或韵已经相同的韵部能够同用。这些修订本以各种面貌出现,有的变更原本某些内容,更多的是增加内容,有的甚至内容大大增加连书名也换了,因而形成了一系列修订重编本,后人统称之为《切韵》系列韵书。其中著名的有长孙讷言修订本(仪凤二年,667 年),王仁昫《刊谬补缺切韵》(神龙二年,706 年),孙愐《唐韵》(天宝十载,751 年),李舟《切韵》等,约几十种。它们尽管都以《切韵》为基础,毕竟各人所增不同,部分亦异,难免混乱。到了北宋初年,韵书的不统一更加严重,"旧本既讹,学者多误",为了"期后学之无疑,俾永代而作则"(《广韵》卷首敕牒),宋真宗下令由陈彭年等人加以重新修订,大中祥符元年(1008 年)书成,改名为《大宋重修广韵》,简称《广韵》。《广韵》是《切韵》系列韵书的集大成者。《广韵》一出,《切韵》前代各种本子遂逐渐退出历史舞台,大多数失传,今天能看到的只有故宫所藏唐写本王仁昫《刊谬补缺切韵》一种是全本,其余都是残卷,主要为敦煌藏经洞所藏,原件大多由外人劫走,现分藏英法美诸国。民国以来,中国学者陆续影抄照相找回一些,编成各种残卷集子,其中周祖谟先生《唐五代韵书集存》(中华书局 1983 年)最为全面,且考证详备,可备参考。

下面是《切韵》系韵书中五种重要韵书的基本数据:

书　　名	分卷	分韵	收字	成书年代	编写或改编者
切韵	5	193	12 158	601 年	陆法言
刊谬补缺切韵	5	195	16 955	706 年	王仁昫
唐韵(天宝本)	5	204	约 15 000	751 年	孙　愐
李舟切韵	10	调整各卷韵序使四声相承合理			李　舟
广韵	5	206	26 194	1008 年	陈彭年、丘雍等

《切韵》系列韵书的编纂在《广韵》之后还没有断绝,其余波直至宋末。这个余波分两个流向:一是继续仿《广韵》新编大型韵书,编成《集韵》。《集韵》的特点是保持《广韵》韵部框架,旧瓶装新酒,适当地表现当时实际语音。另一流向是官方科举用韵工具书《礼部韵》的编定发行,由此又衍生一个礼部韵以及平水韵的韵书系列。宋末元初的重要韵书《古今韵会举要》却是表面上保持《礼部韵》的框架,自身另有一套所谓“字母韵”的韵系。①

1.2.2.2　秦音系列韵书

唐代韵书主流是《切韵》系列韵书,但唐代还有另一系韵书,也应引起注意。这就是秦音系列韵书。所谓秦音是指以唐代首都关中长安音为代表的西北音。由于首都的政治、经济、文化中心地位的影响,长安音在唐代一度成为通语的基础方音。描写长安音或秦音的韵书也就应运而生,这些书是:武玄之《韵诠》、元庭坚

① 详参宁忌浮《古今韵会举要及相关韵书》,中华书局 1997 年。

《韵英》、张戬《考声切韵》等。王国维曰:"陆韵者,六朝之音也。《韵英》与《考声切韵》者,唐音也。六朝旧音多存于江左,故唐人谓之吴音,而以关中之音为秦音。故由唐人言之则陆韵者,吴音也,《韵英》一派,秦音也。"王国维接着说:"《唐书·艺文志》有武玄之《韵铨》十五卷,亦《韵英》一派也。"①周祖谟先生考《韵英》作于玄宗天宝年间,作者元庭坚里贯虽无考,但唐之元氏郡望大多为河南洛阳,则可推其为北方人;张戬可考知为武周时山东武城人,两人都是北人②。他们所著韵书虽然今已亡佚,但我们可以从古人对它们的记述与征引中知道一些情况。唐人景审《一切经音义序》云:"近有元庭坚《韵英》及张戬《考声切韵》,今之所音取则于此。"所谓"今之所音取则于此",即指慧琳音义中广引二书之音,如《一切经音义》开卷所述:"覆载,上敷务反,见《韵英》,秦音也。诸字书音为敷救反,吴楚之音也。"③以《韵英》一书之音对比"诸字书"之音,其"取则"之意味明显。当时河南或山东人编韵书均用秦音,亦可见时行秦音不是偏处一隅之方音,当属通语音之基础矣。

1.2.2.3　韵图

以上所说的是按韵编排同音字、字下作注的韵书,广义的韵书中另一类只排列汉语音节成为音节表的韵图也是唐代产生的。但唐代的韵图没有流传下来,现在我们能看到的最早的韵图都是宋代重刊或重编的。看不到唐代韵图,仍有三个证据可以证明韵图产生于唐代。

其一,敦煌文献中有一个今人称为"守温韵学残卷"(P.2012)的卷子,内面列出汉语三十字母系统,又写了若干组轻重清浊四等音节表,其排列方式跟后代韵图《韵镜》的归图列等全同,显然是从某种成型的韵图摘录下来的。这应是《韵镜》一系韵图的前身。

其二,日本宽平年间(889—898)藤原佐世编《日本国见在书目录》,著录有《切韵图》一卷。"宽平"是平安时代宇多天皇的年号,时代相当于晚唐昭宗龙纪、光化年间。这个时代的目录书中出现《切韵图》,且又是日本国当时"见在"的书,若此一

① 语分别见《观堂集林》卷八《天宝〈韵英〉陈廷坚〈韵英〉张戬〈考声切韵〉武玄之〈韵诠〉分部考》,中华书局1959年第二册第388页、390页。
② 详《切韵与吴音》,《周祖谟学术论著自选集》,北京师范学院出版社1993年第295—296页。
③ 景审《序》语见《正续一切经音义》第4页,"覆"字条引文见卷一,上海古籍出版社1986年第1页。

卷《切韵图》是一种韵图,则其时代必在公元9世纪或9世纪以前,至迟也在晚唐之时。

其三,现代所能见到的最早的韵图是南宋三山张麟之重刊的《韵镜》。张氏在重刊时写的《韵镜序》(序作于嘉泰三年,1203年)题目下小字夹注:“旧以翼祖讳敬,故为《韵鉴》。今迁祧庙,复从本名。”(3页)这话告诉我们,张氏重刊所据底本名叫《韵鉴》,但张麟之说该书原名《韵镜》,因为避宋太祖赵匡胤祖父赵敬的名讳,与“敬”同音的字“镜”字也在规避之列,所以就改为《韵鉴》。现在“今迁祧庙”,也就是说“镜”字避讳的有效期已过,可以不避其字,所以张麟之重刊该书时就复归本名。宋太祖是北宋开国之君,他祖父的名讳应当是属宋代最早规避的字,由此可推定张氏所据的底本是北宋早期的刊本,这本韵图因避讳改名叫《韵鉴》,而《韵鉴》的底本叫《韵镜》。其源流简示于下:

时　代	宋　前	北 宋 重 刊	南宋张麟之重刊
书　名	原名《韵镜》	避讳改名《韵鉴》	改回原名《韵镜》

可见北宋之前,《韵镜》早已流传并不断重刊。所以我们可以肯定韵图出现于唐代。

现在我们所能见到的最早的韵图是宋代的《韵镜》,加上宋元流传下来的另外四种韵图,合称宋元五种,即:宋代韵图《韵镜》《通志·七音略》《切韵指掌图》《四声等子》[①]和元刘鉴编《经史正音切韵指南》。这些韵图中,《韵镜》和《通志·七音略》是一个系列,所表现的语音体系是《广韵》音系,与《切韵》关系密切。因而又被称为《广韵》系列韵图。其余三种采用归并《广韵》韵部和入声兼配阴阳的方式编图,不同程度表现宋代实际语音。

除宋元五种之外,还有两种新发现的切韵学著作有必要加以介绍。一是《卢宗迈切韵法》。20世纪末鲁国尧先生在日本发现了《卢宗迈切韵法》,经考证这是一种中国本土失传了的宋代韵图的文字说明部分。从这些文字说明可以推知,卢宗迈切韵法所配合的韵图有四十四图,其所表现的音系是《集韵》音系,故此宋代韵图中还有一个《集韵》音系韵图系列。[②] 二是《解释歌义》,这是一本20世纪初由沙

---

① 《四声等子》是否出于宋代,有争议,姑暂取宋代一说。

② 详参鲁国尧《〈卢宗迈切韵法〉述评》,原连载《中国语文》1992年第6期和1993年第1期。

俄探险家在黑水城遗址获得的西夏时代切韵学的门法专著,现藏于俄罗斯科学院东方研究所圣彼得堡分所,世所难见。1993 年,中俄合作整理黑水城文献,随着西夏文献中汉文部分六大册《俄藏黑水城文献》(上海古籍出版社 1996 年)的出版,《解释歌义》(收入第五册)这一切韵学要籍得以重见人世。我们还要指出,在与南宋对峙的金代,出现了一种所谓"等韵化"的韵书《五音集韵》,这种韵书以韵图方式在每韵之下按声韵拼合顺序排列小韵,并列出小韵的等位,每小韵又依普通韵书注音释义,综合了韵图与普通韵书的特点,所以称为等韵化的韵书。《五音集韵》开启了明清时代等韵化韵书的先河,在韵书史和音韵学史上有重要意义。

总之,韵图在唐代兴起,宋代发展,到明清时大量产生,成为一个音韵学分支学科,即宋元称切韵学,明以后称等韵学,现代学者将其通称为等韵学。

1.2.3 多样化发展阶段

从蒙元到清末民国是韵书多样化发展与繁荣的阶段。

元明清三代无论是韵书还是韵图都进入了多样化发展与繁荣时期。多样化发展是指唐宋以来《切韵》系列韵书"以调统韵"206 韵的编排模式被打破,出现了许多按不同目的编制而成的不同程度反映当时实际语音的韵书。开风气之先的是元代为作曲而编的韵书《中原音韵》。

《中原音韵》是元代中期江西高安人周德清(1277—1365)所编的一部曲韵。周氏为该书作的序写于元泰定帝泰定元年甲子(1324 年),故将此年目为《中原音韵》成书的时间。《中原音韵》打破《切韵》系列韵书的模式,可从两个方面来谈。

其一,打破《切韵》系列韵书多年来逐渐形成的保守传统,根据实际语音大开大合重建韵部、重新排列小韵,完全根据当时实际语音编写韵书。至于该书根据的实际语音是什么,周德清名之曰"中原之音"。周德清在"自序"中说:"言语一科,欲作乐府,必正言语,欲正言语,必宗中原之音。"看来他所说的中原音是"正言语"之音,是正宗之音,也就是说是当时汉语的标准语音,所以书名叫《中原音韵》。不过"中原"具体指什么地方,周氏没有明言,也就是说在周德清以及当时人心目中汉语的标准语音当以哪个地方的方音为基础,周氏并没有给我们留下准确资料。时至今日,《中原音韵》的语音基础仍是一个众说纷纭的问题,但该书所描写的是当时北方语音,这一点大家都同意,故被目为北音之祖。

其二,在编排体例上打破“以调统韵”的传统韵书体例,不按《广韵》206 韵框架,而是以韵统调,根据实际语音将全书所收字编为 19 韵部,韵下分排四声,声调之下分列同音字组(每组以空“○”领起,一空相当于一个小韵),韵字之下不加注释,小韵不设反切等等。《中原音韵》在韵书制作上直接影响后来的曲韵,开曲韵、词韵之先河。后代《中州音韵》《词林正韵》等都受其影响。而周德清打破传统束缚,描写实际语音的精神对后世影响很大,明清两代,再现“音韵锋出”“各有土风”盛况,百花齐放,万紫千红,形成一个韵书繁荣局面。

这种革新精神同样影响了韵图的编写。明清时代韵图的制作基本改变了宋元以切韵音系为图解对象,仅作局部修订曲折表现实际语音的做法,大多数直接描写或图解当时的实际语音,涌现了一大批描写通语实际语音与时行方音的韵图。描写当时实际语音的韵图或韵图化的韵书的大量涌现,成为明清韵书的一大特色。

明清韵书到底有多少,据耿振生(1992)《明清等韵学通论》的统计,明清时代韵图或等韵化的韵书有 167 种。但这个统计还不完备,比方说耿氏书中没收录《训诂谐音》,这是一本反映清末湘方言文读系统的等韵化韵书。近年明清等韵书屡有新的发现,孤本、珍本、写本、抄本等时时有见,合耿振生所记之数,粗粗计之已有三百余种。况且还有曲韵、诗韵、词韵等实用的系列韵书也有相当的数目,可见明清韵书数量之大。虽然明清韵书数目甚大,但耿氏书中所收录的 167 种等韵或等韵化的韵书,应当是明清两代音韵学家最富创新精神的书,能够代表明清两代音韵学的水平,同时也是语音史上考察实际语音最有价值的史料。根据耿振生的研究,这些韵书所记录的语音性质,大致分为三个系列:一是反映或倾向于反映当时实际语音的;二是反映古音的;三是混合型的,每类下又可再分小类。

(1) 反映时音。如:

官话:《洪武正韵》(七十六韵本 1375 年、宁继福又发现八十韵本 1379 年)、兰茂《韵略易通》(1442 年)、徐孝《重订司马温公等韵图经》(1602 年)、金尼阁《西儒耳目资》(1626 年)、毕拱辰《韵略汇通》(1642 年)、赵绍箕《拙庵韵悟》(1674 年)、李汝珍《李氏音鉴》(1805 年)、徐鉴《音泭》(1817 年)、胡垣《古今中外音韵通例》(1886 年)等。

吴方言:王应电《声韵会通》(1547 年)等。

闽方言:《戚林八音》(1795 年)、林端才《建州八音》(1745 年?)、黄谦《汇音妙悟》(1800年)等。

实际情况可能比这个划分要复杂得多。因为各地人们编写韵书都不可避免地受自己方言的影响,都会或多或少羼入自己的方音,形成各自不同的特色,从中可以考见近代各地语音的发展变化,作某方音一百年或几百来变化的研究,具有很高的语音史价值。

要指出的是,近代传教士进入中国后,他们为方便传教而学汉语,为了学汉语而编写一些学习汉语的教材或词典,客观上对汉语的研究与学习作出了一定的贡献。罗常培有《耶稣会士在音韵学上的贡献》(1930/2004)一文,可以参看。编写汉语注音读本之类的工作,最早进入中国的利玛窦就开始了,第一本由传教士写成的拉丁字注音的韵书是金尼阁的《西儒耳目资》。一直到清末民国初,传教士留下了大量的明清汉语的语音史料,尤为宝贵的是有很多方音语料,对于近代汉语方音史研究有重要意义。

(2) 反映古音。这是清代学者研究上古音和中古音、按上古音或中古音的韵系编的韵图与韵表。上古音的,如:江永《古韵标准》、戴震《声类表》等。中古音的,有:陈澧《切韵考》、梁僧宝《四声韵谱》等。

(3) 混合型的:是指以通古今南北、记录天下之音、归纳所有可能的语音为目的的韵书,其思想基础是"天下正音"的正音观,由正音推广至于通天下之音。这种书里往往有许多语音理论的阐述。如明袁子让《字学元元》(1603年)、清江永《音学辨微》、劳乃宣《等韵一得》(内外篇1883年,补篇1913年)等。

到民国,现代语言学的方言调查,普通话语音系统(或国语正音)的描写,以及新诗创作的用韵,旧韵书的一套模式均已不适用了。关于诗韵,民国政府曾于1941年颁布由黎锦熙等人编《中华新韵》18部,规范新诗用韵,但响应者稀少。其后虽仍有类似韵书编纂,大多没有什么影响。可见时代变迁,韵书实际上已经结束了其历史使命。但前代韵书留给我们宝贵的历史语音文献,是我们借以探讨中古、近代语音的重要依据,对这部分文献语料的研究还有待深入。

二、音韵学的分支学科与语音史分期

音韵学曾有"绝学"与"玄学"两个不雅的称呼。这样说主要是因为旧音韵学术语不一，理论庞杂，加之又有一些音韵学家喜欢比附阴阳五行象数之说，许多学理带上神秘色彩，给学者平添学习负担而不得要领。在20世纪初西方语言学理论引入中国之后，一部分具有革新精神的先驱，如罗常培、赵元任等先生运用西方语言学理论与方法指导，对音韵学进行了现代科学意义上的改革。改革主要是运用实验语音学和历史语言学的原理解释旧音韵学的名词术语与理论体系，归纳并说明汉语语音系统与语音演变，运用国际音标描写语音，把音韵学从神秘的外衣中解脱出来，剔除其玄学的成分，变得明白晓畅，符合科学精神。改革曾遭到守旧音韵学者的反对，由此引发一场新旧音韵学之争，然音韵学的革新乃时代潮流，争论的结果是新音韵学取得胜利①。现在我们已经不再按照旧的模式讲述音韵学了，但是中国音韵学有着近2 000年的研究传统，各种极有价值的著作汗牛充栋，这却是一笔祖先留给我们的必须继承的丰厚遗产。批判传统并不等于全盘否定并抛弃传统，而是为了更好地继承优秀传统，发扬光大优秀传统文化。而且不同时代的音韵学著作往往又是当时汉语语音的实录，在今天汉语语音史的研究中这是不可或缺的资料。所以在我们讲述现代意义上的音韵学时，不可避免地要涉及传统，吸收传统论著中的合理部分以丰富我们的知识。

近2 000年的音韵学研究，丰富多彩，形成了各具特色的研究领域。清代编的《四库全书总目》具有“考镜源流、辨章学术”的特点，该书在《经部四十二・小学类三》总结韵书一类书籍时，说：“韵书为小学之一类，而一类之中又自分三类：曰今韵，曰古韵，曰等韵也，本各自一家之学。”②这是把音韵学区分三个分支学科：今音学，古音学，等韵学。这个划分符合音韵学的传统，因而是传统音韵学的经典划分。20世纪初，随着《中原音韵》的语音价值被发现，围绕《中原音韵》的北音研究迅速崛起，形成研究现代汉语语音起源的被称为“北音学”的分支学科。钱玄同在他的《文字学音篇》（1918/1988）中以《中原音韵》为界，为语音史划出元明清时期。罗常培在《汉语音韵学导论》（1949/1956）中沿用这个划分，改称元明清时期为“北音

---

① 严学宭《八十自述》（《语言研究》1993年增刊第9页）说：王力先生曾对罗先生有个评价。他说罗先生是“继往开来”的学者。“我认为‘继往’不难，难在‘开来’。他的成就是划时代的。用语言理论指导语言研究以他为最早，当时这是新的道路。因此有些老一代的人对他不满意，说他是‘国际音标派’。这样说时带有贬义。我们今天还可以这样说，但应该具有褒义。罗先生培养了大批人才，‘国际音标派’满天下。”

② 《四库全书总目》卷四十二，中华书局1965年影印本第369页。

时期”。研究近代语音史的“北音学”作为一个新的分支学科正式产生,但“北音学”术语概括面不广,故现代学者多用“近代语音学”的名称。这样一来,音韵学共有四个分支学科:古音学(old Chinese phonology)、今音学(middle Chinese phonology)、近代语音学(north Chinese phonology or Modern Chinese phonology)和等韵学(study of rhyme tables)。音韵学四个分支学科与汉语语音发展史密切相关,通过了解音韵学的分支学科,可以了解汉语语音史的历史分期。

2.1 今音学与中古音

周祖谟先生指出,《四库全书总目》所分的“今韵”,“指的是研究前代的一些韵书的声韵系统”①。正如魏建功先生所说:“历来讲‘音韵沿革’的习惯,以《切韵》而后的音称为‘今音’,《切韵》以上没有依音排列成书的叫古音。”②故早期的“今音学”研究对象比较宽泛,其时限从《切韵》至清末,即有韵书以后之音韵研究均属今音学。自近代语音研究(旧称北音学)兴起之后,现在音韵学界对今音学研究对象有了一个比较严格的界定,即今音学是研究以《切韵》为代表的中古汉语语音系统的学问。今音的“今”字,跟今体诗(近体诗)的今字意思一样,是指的中古。因为《切韵》之书是中古时人编纂的描写中古语音系统的韵书,也就是说,是当时的人研究当时的语音,所以叫今音学。今音学相对古音学而言,指的是中古语音,不能望文生义地理解为现代语音。

中古是汉语语音史的一个发展阶段,指魏晋南北朝隋唐时代,大约公元 3 世纪至 8~9 世纪的 600 余年。晚唐五代是中古向近代过渡时期。

今音学的研究对象是中古音(middle Chinese sounds)。中古音的研究有着悠久的历史,如果以《切韵》一书的问世作为起始,绵延至今,达 1 400 多年。今音学是汉语音韵学中研究历史最久的一个分支。其发展历史又可简略区分为三个阶段。

2.1.1 对中古音的记录与描写阶段

这主要是隋唐宋三代。隋仁寿元年(601 年),陆法言编的《切韵》记录汉语通语的中古时代标准语音系统,汉语标准音第一次有了韵部系统的记录。经过唐五

① 语见《周祖谟文字音韵训诂讲义》,天津古籍出版社 2004 年第 87 页。
② 语见魏建功《古音系研究》,中华书局 1996 年第 1 页。

代近400年的修订,产生了一大批《切韵》的修订本,形成了《切韵》系列韵书,北宋重修《广韵》集其成,《切韵》系韵书终于有了一个集诸修订本之大成的定本。唐宋时代切韵学兴起,《广韵》音系韵图直观地展示了中古音系的音节结构与音位系统。

2.1.2　对中古音系的考证归纳与语音重建阶段

这是从清代音韵学家陈澧开始的。我们知道,《切韵》分韵193部,但韵部是不是就等于韵母呢? 这需要考证。又《切韵》对当时的声母系统没有进行归纳,究竟中古音有多少个声母并不明白。传统等韵学有36个声母,这能不能代表《切韵》声母系统,也是需要论证的。清代音韵学家陈澧首次做了这个工作,他根据双声叠韵的原理,发明了系联法,利用系联法首次对《切韵》一书的声、韵系统进行了客观而科学的归纳,写出了名著《切韵考》。考出《切韵》音系声类40,韵类311(平声90、上声80、去声88、入声53)。他直接认为声类就是声母,韵类就是韵母,但从现代语音学的角度来看,声类、韵类跟声母、韵母是有区别的(详第二编),但二者相当接近,可以说由声类、韵类进而归纳声母、韵母系统仅一步之遥。

有一点需要说明,《切韵》原书在《广韵》问世之后就已亡佚,陈澧并没有见到《切韵》。他认为《切韵》存于《广韵》之中,因而根据《广韵》来考《切韵》。后来王国维据敦煌《切韵》残卷考出《切韵》与《广韵》之间有很多不同,他说:"先儒以《广韵》出于陆韵,遂谓陆韵部目及其次序与《广韵》不殊,此大误也。"①所说"陆韵"即《切韵》。现在来看,《广韵》与《切韵》确有很多不同,如分韵、收字和小韵数目,反切用字等等均有不同。但《广韵》的语音框架与《切韵》并无二致,是传世韵书中最接近《切韵》音系的韵书,用它来考《切韵》音系可能有些不同,但还不致大误。

陈澧之后还有许多学者运用系联法和统计法等对《切韵》的声类、韵类进行了归纳,数目各不相同,详后文"《切韵》音系"部分。

对《切韵》的声母、韵母进行古音重建(reconstruction,又译为构拟)是从瑞典汉学家高本汉(Klas Bernhard Johannes Karlgren, 1889—1978)开始的。他引进西方历史比较语言学的方法,利用33种所谓汉语方言语音材料,来推测《切韵》的声母、韵母的中古音读,第一次构拟了《切韵》音系中声母、韵母的音值。他的著作是《中

① 语出《观堂集林》卷八《书巴黎国民图书馆所藏唐写本切韵后》,中华书局1959年第357页。

国音韵学研究》（*Etudes sur la Phonologie Chinoise* 1916—1926，原文法文，1940 年由赵元任等译成中文）。他的研究原则与方法，很快就被中国学者接受，但他的构拟结论中有许多受到中国学者的批评。高本汉之后，陆志韦、李荣、邵荣芬、周法高以及西方汉学家蒲立本（Edwin G. Pulleyblank，1922—2013）、马丁（Samuel E. Martin）等都有构拟。

2.1.3 对中古音发展演变的研究阶段

《切韵》音系是中古音的代表，从语音发展的历史长河来看，它本身却只能代表中古时代的一个具体时点。而中古音是一个历史时代，从语音史的角度研究中古音，就有必要把中古音 600 余年当作一个历史过程来研究，大概从 20 世纪开始。随着中古音史的研究的深入，研究的领域得到扩展。主要有四个领域。

（1）中古韵书研究。对《切韵》（按，主要是《王韵》及唐五代《切韵》系列韵书残卷）《广韵》《集韵》的研究。

（2）对音研究。历史上汉语与外族语互为注音可以统称为对音，在中古时代主要有梵汉对音、藏汉对音及其他民族语与汉语的对音。利用对音资料研究中古音，涵盖汉末魏晋直至隋唐时代的语音。

（3）音释研究。对中古音释的研究主要集中于对《经典释文》的反切，以及佛经音义，如玄应《一切经音义》、慧琳《一切经音义》和其他唐代音释文献的研究。

（4）诗歌用韵研究。自汉赋、汉乐府、魏晋六朝以至隋唐诗歌用韵的研究，都属于中古诗歌用韵研究。

2.2 古音学与上古音

古音学的研究对象是上古音（old Chinese sounds）。传统音韵学的古音学通常是指研究以《诗经》《楚辞》用韵、《说文》谐声为代表的周秦时代汉语语音系统的学问。随着研究的深入，人们看到上古其实没那么简单，完整的上古时代，往上应当包括甲金文时代以及甲金文以前的史前时代，往下还应当包括两汉，是一个非常漫长的时代。所以，现代音韵学又将“上古”划分为“远古时代”“谐声时代”“《诗经》时代”“两汉时代”等四个时代（详第三编），传统的周秦时代略等于《诗经》时代，东汉是上古到中古的过渡期。

迄今为止，古音学研究历程可以概括为三句话：萌于唐宋，兴于明清，发展于现代。

2.2.1 萌于唐宋

清谢启昆《小学考》卷三十二云："诗考古音亦自才老始。"[①]说考古音从宋人吴棫开始，则宋代才有古音学。其实发现《诗经》古音的问题是南北朝时期的事。六朝时人用当时语音读《诗经》感到不押韵，他们采用"协韵（叶韵）"的办法来调和古韵，使之读来谐协。以今所见，最早运用协韵的办法梳通古韵的人是梁陈间人沈重（500—583）。沈重精于诗学，著《毛诗音》（佚）。大概沈重在《毛诗音》中，给《诗经》中某些用当时语音读来不谐韵的字加注协音，使之读来谐协。沈氏原书虽佚，幸陆德明《经典释文》之《毛诗音义》引述了沈氏两条叶音，使我们今天仍可窥其概貌。陆德明引述沈氏原文时杂有自己的意见，下面是陆氏两条材料全文，均见于《邶风·燕燕》篇释文：

"于野，如字，协韵羊汝反。沈云协句宜音时预反。"

"于南，如字。沈云协句宜乃林反。今谓古人韵缓，不烦改字。"[②]

上文可以看出，陆德明引述沈重协音时，还表述了自己的两点意见：一是不认可沈氏所协之音，而是自注正音或叶音，可见他引述沈氏叶音大概也就是"广异闻"而已；二是反对沈氏的"协句"方法，认为"今谓古人韵缓，不烦改字"。他不赞同沈氏的协句之法，提出"韵缓说"来解释这些时音诵之不谐的现象。不过，既然不赞成协音，为什么自己又注协音呢？如"野"字下不认可沈氏的"协时预反"，可自己又注"协韵羊汝反"。这招致后人的质疑，如早在宋代项安世就指出过这一点。据不完全统计，陆氏《经典释文》中自制或引述他人叶音约 30 余例（参张文轩 1983、刘晓南 2021A）。经考证，释文中这些协韵音大都有时音之根据，很难说是真正的古音考察。

此外，唐人注疏古籍偶然会提及古音，如颜师古关于《汉书》中"泜水"一词中"泜"字的音注即是。"泜水"是北方一条河的名字，在今河北南部。《汉书》卷三十二《张耳陈余传》："汉遣耳与韩信击破赵井陉，斩余泜水上。"师古注："苏林曰：'泜音祇也。'晋灼曰：'问其方人音柢。'师古曰：苏、晋二说皆是也。苏音祇敬之祇，音

① 语见《续修四库全书》，上海古籍出版社 2002 年第 922 册第 415 页。

② 两条释文均见中华书局影印通志堂本《经典释文》第 57 页下左栏。

执夷反,古音如是。晋音根柢之柢,音丁计反,今其土俗呼水则然。"[①]师古说"泜"字相传的两读中,"执夷反"一读是古音,"丁计反"一读是土音。查《广韵》"泜",作直尼切,又旨夷切,并无丁计反,后者见于《集韵》,当为后人补收。从韵书音来看,"执夷反"应当是今音,"丁计反"虽然土俗,从其将舌上音读为舌头音看,更像是古音遗迹。可见唐人所说古音、今音可能还不太准确。由此可知隋唐时代的古音研究大概是偶然或个别现象。隋唐时代虽开始有人议论古音,但均偶然一提并无成体系的古音研究。附带提一下,戴震早已指出偶然提一下古音的现象,以文献所记,最早见于郑玄。

到宋代,由吴棫(约1100—1154)、朱熹(1130—1200)等人提倡,通过古韵例考求古音的叶(协)音逐渐占统治地位。吴棫著《毛诗补音》《韵补》,朱熹著《诗集传》《楚辞集注》等,都大量使用了叶音以疏通古韵。吴棫有古音学(参周祖谟1945/1966、赖江基1986),学术界没有异议,但朱熹有没有古音学,却少有人说。近年来,关于朱熹的古音学,才有研究论著刊发(参陈鸿儒2012、汪业全2009、刘晓南2020),朱熹的古音学轮廓大致廓清。主要可概括为三点。其一,朱熹借鉴了吴棫叶音及宋代其他学者的古音学说,形成了自己的古音学体系。其二,朱熹古音学有理论阐述,也有方法,尤其是"方音暗合古音"的理论方法,发前人所未发,有重要的意义。其三,朱熹所作叶音大多并非乱改字音以谐韵,而是有其语音根据的。只是由于其中有些叶音来源复杂,迥异于常态,很难理解,故遭后人批评,断为不要根据地乱改字音。有研究显示,这个批评可能有所偏颇。改变字音以梳通古韵达到诵读和谐是叶音的目的,但他并不是不要根据地乱改一通。他的叶音绝大多数都有其语音根据,而且其中有相当多的叶音是符合上古音的(参刘晓南2003)。

宋代有建树的古音学家还有程迥、郑庠。程迥(?—1189)对古音进行了音理的研究,提出"四声互用""切响通用"两条古音原理(详刘晓南2016、2020)。郑庠,南宋人,生卒不详,著《古音辨》,他对古音的韵部系统有研究,分古韵为六部,其书已佚,今天已不知其详,学者们仅根据后人著作中的引述知其大概。

关于古韵部问题。吴棫《韵补》是今天可见的最早的古音学著作,但关于古音

① 见《汉书》第七册,中华书局标点本第1839页。

分部问题，书中没有明言。后人如清人胡秉虔《古韵论》以至现代学者周祖谟（1945）、赖江基（1986）等均据吴棫《韵补》中的“通”与“转”，合并今音韵部而为古韵九部（或十部），以发明吴氏古韵系统。但九部之说其实早已见于宋人。南宋学者魏了翁《重校鹤山大全》（四部丛刊本）第一百零九卷《师友雅言》记曰：“李肩吾云：九经互考出古无四声韵，只共有九韵。‘大东小东，杼轴其空’，吴才老以为阳字韵。不必如此，东字两韵叶，阳字韵各叶，它皆然。”李肩吾即李从周，著《字通》，是宋代著名的文字学家。他明确指出通过“九经互考”而考出古音没有四声的区别、只分九个韵部。无论此说为李肩吾的归纳，或竟是吴棫自己的佚说，均使古音学史上古韵系统研究的内容大大丰富，时代大大提前。至于朱熹的叶音中明面上没有设立古韵部的痕迹，但根据其叶音的语音取向可以探知古韵归属的倾向，借以推测其古韵部的雏形（参刘晓南 2021B）。总之，宋代的古音学说内容丰富，还有必要进行总结。

2.2.2 兴于明清

明代学者陈第、焦竑等对“叶音”说进行了批判，从而开始了根据《诗经》《楚辞》等先秦文献语料系统地考证古音，古音学进入全新的发展时期。陈第提出“时有古今，地有南北，字有更革，音有转移，亦势所必至”①的观点，廓清了唐宋以来叶音说的一些含糊或不清晰之处，明确了古今音是不断演变的，古音与今音是系统的不同，《诗经》音用今音读来不叶，不是个别字的调整读音的问题，而是古音体系本来就和今音系统不同。在这种思想指导下，陈第作《毛诗古音考》《屈宋古音义》两书。方法论上，开创古音学考古的研究传统，后来清儒又引入等韵学音理考求古音，提出“阴阳对转”学说，形成古音学审音的研究传统。

到了清代，古音学得到了长足的发展，顾炎武、江永、段玉裁、戴震、钱大昕、孔广森、王念孙、江有诰等，直到民国章太炎、黄侃、曾运乾等，后来的高本汉、王力、陆志韦、董同龢、李方桂、周法高等数代学者的努力，古音学代有建树，古韵部的研究已成规模，初有定论。明清时代古音学研究材料的扩展，《说文》谐声系统纳入古音研究领域，开拓了上古声母系统的研究。运用谐声以及通假、异文等材料考证上

① 语见《毛诗古音考》自序，康瑞琮点校本，中华书局 2008 年第 10 页。后文引述取此本。

古声母,有诸多发现。

在清代学者上古音研究的基础上,黄侃集其考古与审音之大成,为古韵28部、古声19纽说。古韵28部系统,使古韵分部大局已定,此后分部还有新的发展,然只有幽、觉分部和王力先生从脂部分出微部获得公认。此外,古音学从解释《诗经》一些特殊用韵、古音通假等出发,取用清儒“阴阳对转”说,确立了阴声韵、阳声韵和入声韵互转说。

2.2.3 发展于现代

现代古音学当以引入西方语言学理论与方法为开始,1926年瑞典汉学家高本汉《中国音韵学研究》出版,标志现代语言学指导下的音韵学的开始。由于引进西方语音学和历史语言学的理论与方法,古音学在现代有了新的发展。可以概括为三个方面:

(1) 古音构拟。对以《诗经》用韵和《说文》谐声系统为代表的上古音进行音值的构拟。著名的有高本汉、王力、董同龢、李方桂诸家。

(2) 复辅音说。根据一些特殊的谐声、异文、声训等材料,以汉藏语的民族语文作旁证,推测上古音声母系统中存在着复辅音声母。此说首发自英国汉学家艾约瑟(Joseph Edkins, 1823—1905)①,得到高本汉及中国学者林语堂、陈独秀、严学窘、李方桂、周法高等人的响应②。百余年来,学者们就复辅音问题的各个方面都作了比较深入的讨论,发掘了许多语言事实,复辅音说显示出了其生命力。但要使之成为定论,目前尚欠完整与周密。

(3) 研究领域的拓展。较之传统上古音研究聚焦于周秦时代,现代上古音研究将上古时代往前延伸至古文字及史前时代,往后顺延至两汉时代。因而形成了“汉藏语比较研究”“古文字语音研究”等两个新的研究领域。

汉藏语是仿西方印欧语提出的一个东亚亲属语言系属假说,该假说认为汉语与周边的藏缅语、侗台语、苗瑶语等民族语有着共同的来源。汉藏语比较研究设想利用汉与藏缅等民族语及古民族语进行历史比较研究,揭示其间的同源关系,并构

---

① 见艾约瑟的著作 *The State of the Chinese Language at the Time of Invention of Writing*《文字产生之初的汉语状况》1874, *Introduction to the study of the Chinese Characters*《汉字入门》1876。

② 参赵秉璇、竺家宁编《古汉语复声母论文集》,北京语言文化大学出版社1998年。

拟汉藏语的共同母语：原始汉藏语。这个领域尽管非常吸引人，但研究难度很大。目前已有许多成果，都是可贵的探索。

古文字并非限于古文字形体，而是主要指两汉以上的出土古文献材料，古文字语音研究是针对包括甲金文和战国文字等古文字文献材料中的古韵语、古通假、异文等项语料中的语音的研究。通过这些文献将上古音研究拓展至文字创立之初甚至史前，考证华夏语音的原始状态，同时对传统的周秦语音研究作出补充。

2.3　等韵学与古典音系学

2.3.1　等韵释名

等韵学是以韵图加上检例和相关说明文字为主要方式的研究汉语历史语音的音节结构和理论体系的学问。宋元称作"切韵学"，明以后称为等韵学，现代合称为等韵学。等韵学的出现比今音学要晚，大概萌发于中唐，成熟于宋代，兴盛于明清。

关于萌发于中唐。我们前文已经指出韵图大约产生于中唐时代，这应当与佛教的密教流行有关。大约在盛唐开元年间得到发展的佛教密教，讲究念诵陀罗尼，以通经为大悟，通音为小悟，特重练习念诵悉昙书以通梵音，因而悉昙书盛行一时。正是在悉昙书音节图表的影响或启发下，催生了图解汉语语音的切韵图。

密教初入中国大约在东汉末，经过长期的传播与酝酿，到盛唐开元间得到发展，可能到了中唐时代，唐人借鉴悉昙书的格局，制定了供汉人练习诵读汉语语音的切韵图。《四库全书总目》云："考声韵之学，实肇于西域，自汉明帝时与佛书同入中国，以文字互异，故中国不行。……唐贞观中，吐蕃宰相阿努始以西蕃字译天竺五十字母，亦自行于彼土。自沙门神珙作《四声五音九弄反纽图》，收于《大广益会玉篇》之末，始流入儒书。自郑樵得西域僧《七音韵鉴》，始大行于中国。"[①]戴震考沙门神珙为唐宪宗元和时人，则已是中唐时代，照《四库全书总目》的意见，在沙门神珙之后，仿于西域天竺书之韵图方流入中国儒书之中，其时代约在中唐或中唐之后。

为什么当初称为切韵学？这与该学问萌发之初的意图有关。切韵学的初始意

① 引文见《四库全书总目》卷四十二小学《钦定同文韵统》提要，第 366 页中栏。

图用古人的话来说,“实《广韵》羽翼也”[①],“羽翼”是辅助的意思,“羽翼《广韵》”就是帮助人们有效利用《广韵》的反切来拼音识字的意思。他们将反切又称为切韵:“夫切韵者,盖以上切下韵,合而翻之,因号以为名。”[②]大概定其名为切韵学的缘由是该门学问本为反切拼读之学。反切之上字称为“切”,下字称为“韵”,反切上下字合称“切韵”,以此为学,则号为切韵学。

为了有效帮助人们利用韵书,掌握韵书体系,早期切韵学家借鉴悉昙书的格局和原理,制订了一个语音图表框架,填入韵书的全部音节,形成一整套直接展示韵书音系的声、韵拼合音节表,以帮助人们有效利用韵书的反切来查询音读,是为韵图。由于韵图中的格子古人称为“等”,“等”体现了韵的特征,故后来切韵学又被称为等韵学。

2.3.2 等韵原理

“等韵”中的“等”,其原始意义是图表的“格子”。采用表格形式表现语音系统,形成的音节图表被称为“等韵图”或“韵图”。一般韵图都附有一些说明文字介绍韵图的编纂体例与使用方法,这些说明文字可统称为“检例”。所以,等韵学才被称为是以韵图和检例为主要形式的研究历史语音的音位系统与音节结构的学问。

韵图为何会与“音位”挂上钩呢?这要从韵图的编纂方式来谈。简言之,韵图就是将一个音系以音节为单位、按一定的顺序编排而形成的音节图表。图的编排方式通常是,页面之上端排声母,左边排韵,声韵相交之处即为音节。音系中实有此音节者即填上相应的文字(可称为韵字),称为有音有字,音系中没有音节的相交位填入小圆圈或空出,表示此位有音无字,若韵出现空缺而没有相交位者则为无音无字。所有的韵字与圆圈或空格汇合起来,即形成音节图表。

以《韵镜》为例,该书有图四十三幅,一幅图称为一“转”,每转上端列声母,自右向左按唇舌牙齿喉半舌半齿七音顺序排列,每一个声母占一竖列,可称为列,每图共 23 列。右端列本图的标目。左端排韵,按平上去入四声分四栏,每声又分四

---

① 语出明邵光祖《切韵指掌图·跋》。

② 语出《至元庚寅重刊改并五音集韵序》,见《校订五音集韵》,中华书局 1992 年第 2 页。

格（四等），排入一个至四个韵不等，一格占一横行，每一行都是一个等，每一声调内排四行，总称为四等，四声之中每声四等，共十六个等。每“转”的行与列相交得23×16＝368个相交位，这就是排列声韵相拼音节的地方。下面是《韵镜》第一图，标目为“内转第一开”：

内轉第一開

	脣音清	脣音次清	脣音濁	脣音清濁	舌音清	舌音次清	舌音濁	舌音清濁	牙音清	牙音次清	牙音濁	牙音清濁	齒音清	齒音次清	齒音濁	齒音清	齒音濁	喉音清	喉音清	喉音濁	喉音清濁	舌音清濁	齒清濁
東	○	○	蓬	蒙	東	通	同	○	公	空	○	[illegible]	嵏	怱	藂	檧	○	翁	烘	洪	○	蘢	○
	○	○	○	○	○	○	○	○	○	○	○	○	○	○	崇	○	○	○	○	○	○	○	○
	風	豐	馮	瞢	中	忡	蟲	○	弓	穹	窮	[illegible]	終	充	○	○	○	○	○	雄	肜	隆	戎
	○	○	○	○	○	○	○	○	○	○	○	○	○	○	○	嵩	○	○	○	○	融	○	○
董	琫	○	菶	蠓	董	桶	動	[illegible]	○	孔	○	○	總	○	○	敵	○	蓊	嗊	澒	○	曨	○
	○	○	○	○	○	○	○	○	○	○	○	○	○	○	○	○	○	○	○	○	○	○	○
	○	○	○	○	○	○	○	○	○	○	○	○	○	○	○	○	○	○	○	○	○	○	○
	○	○	○	○	○	○	○	○	○	○	○	○	○	○	○	○	○	○	○	○	○	○	○
送	○	○	槰	夢	凍	痛	洞	齈	貢	控	○	○	糉	謥	[illegible]	送	○	甕	烘	閧	○	弄	○
	○	○	○	○	○	○	○	○	○	○	○	○	○	○	[illegible]	○	○	○	○	○	○	○	○
	諷	賵	鳳	懞	中	○	仲	○	○	焪	○	○	衆	銃	○	○	○	○	[illegible]	○	○	○	○
	○	○	○	○	○	○	○	○	○	○	○	○	○	[illegible]	○	○	○	○	○	○	○	○	○
屋	卜	扑	暴	木	豰	禿	獨	○	穀	哭	○	○	鏃	瘯	族	速	○	屋	熇	縠	○	祿	○
	○	○	○	○	○	○	○	○	○	○	○	○	縬	珿	○	縮	○	○	○	○	○	○	○
	福	蝮	伏	目	竹	蓄	逐	朒	菊	麴	驧	砡	粥	俶	○	叔	塾	郁	畜	○	囿	六	肉
	○	○	○	○	○	○	○	○	○	○	○	○	蹙	鼀	歜	肅	○	○	○	○	育	○	○

该图依四声之序自上而下分别列入东、董、送、屋四个平、上、去、入相配合的一组韵，与韵对应的横排诸格子即该韵跟上列声母相拼的音节位，表明东董送屋四韵中的某一韵母与某一声母相拼的音节，在声、韵相交位置填入一个汉字，表示此处有一个具体的声母与韵母相拼的音节，所谓有音有字；如果没有相拼音节就填一个小圆圈，即有音无字。全图横看，同一横行的字即同等的字，韵母和声调相同但声母不同，竖看同一列的字，同声母（或同声母大类）但韵与调不同，纵横交错，可以一目了然地看出声韵组合的体系以及不同音节之间的关系。通过图上不同位置，有效地区别音系中不同的音。图中的任一音节，与其周边紧邻的任一个音节的不同，都是音韵特征的不同，大多数类似于现代音位学的最小区别特征。尽管古人没有造出类似于今天音位学的相关名词术语，但实质上，可以毫不夸张地说，宋元等

韵图对当时音系的图解,就体现了音位层次的分析,所以,等韵学可以看作中国古典音系学。

韵图相当抽象复杂,古人花那么多功夫把它们编出来作什么用?根据《韵镜》等书的序与检例,可以归纳出几点用途。

(1) 全面展示汉语音系已有的音节和可能出现的音节。《韵镜》卷首张麟之“识语”云:“不出四十三转,而天下无遗音。”(1页)这是说《韵镜》的四十三张韵图,把全中国(古人心目中的全中国就是天下)所有的语音都包含在内了。也就是说,汉语已有的音节和可能出现的音节都可以在这四十三图上找到,都在四十三张韵图上有其位置。

(2) 帮助学者根据反切准确拼音。具体做法是据切语上字找到其声母位,再据切语下字找到其韵所在图,图中声韵相交之处就是反切所拼之音。这个过程被称为“归字”。

(3) 帮助学者练习发音。这个过程被称为“横呼”“转读”,即取过每张韵图,按横行自右至左、自上至下依次每字读过,将同一韵母与三十六字母相拼的音节连续念过,练习发音准确与流畅,借以分辨语音细微差别。

可见,韵书、韵图各有特色,在收字注音释义方面,韵书详备,但其排列音节无序,不便检索,韵图排音简明有法,体现音系之内在结构与细微差别,但不详备,二者在内容详略、排列有序无序两个方面互为补充,相得益彰。然假若二者分离开来,在使用上就有诸多不便。于是就有人将两者的优点综合起来编成韵书。即:将韵书的每个韵部中的小韵按韵图的顺序排列,有时还注明声母与韵母特征,所谓“每韵目录,以领音之字逐一布定音切声号”,这样就使韵书的音系比较明晰,在使用韵书的时候就方便查检了。赵荫棠《等韵源流》把这种韵书看成“与等韵相关的书”[①],耿振生则称之为“等韵化”的韵书[②]。前文已有说明,从现有的材料来看,最早的等韵化韵书当推金朝韩道昭编的《五音集韵》。明清时代的韵书中,等韵化韵书非常多,研究时要充分注意。

---

① 详赵荫棠《等韵源流》,商务印书馆1957年第139页。

② 参耿振生《明清等韵学通论》,语文出版社1992年。

2.3.3　切韵学与等韵学之异同

等韵学在宋元时代称为切韵学，以今所见文献考之，宋元人未见称为等韵学者，只见称为“切韵之学”或“切韵学”，可知宋元之间尚无等韵学之名，当时学者均称其为切韵学。按照“名从主人”的原则，宋元时代的等韵学当称之为切韵学，明清时代方有等韵学之名。

切韵学和等韵学的异同，首先表现为同一学问不同时代的不同称谓。但两者之间绝不仅仅只是称谓不同而已，概而言之，除时代称谓不同之外至少还有如下两点不同。

（1）描写对象不同。韵图有描写语音系统的传统。宋元切韵学所描写的语音系统主要是中古音的标准音《切韵》的语音系统，但随着时间的推移，中古音系在唐宋有所变化，韵图相应地也呈现一些不同的表现，因而出现了不同系列的韵图，可概述为三种系列。

其一，《广韵》系列韵图。43 图，每图 23 列 16 行，代表韵图为《韵镜》《七音略》。

其二，《集韵》系列韵图。描写《集韵》音系的韵图，今均佚，仅知有 44 图，代表韵图为杨倓《韵谱》、卢宗迈切韵法所配之韵图。

其三，据唐宋时音简化音系的系列韵图。所谓简化，主要表现为合并韵部，简少韵摄，入声兼配阴阳等等，韵图数量为 24 或 20，每图 36 列或 23 列，16 行，代表韵图为《四声等子》《切韵指掌图》《经史正音切韵指南》等。

与宋元切韵学不同的是，明清等韵学所描写的语音对象有了很大的变化。虽然还有古音（含上古音和中古音两大系统）系的韵图，但其主流则有两大发展：一是描写时音，即成为当时通语和各种方言语音的韵图；二是描写理想之音，即所谓通天下之音的韵图。各种韵图描写的对象不同，其韵图的格局与术语体系也会有不同。

（2）语音理论及术语不同。宋元切韵学时代的语音理论，概而言之可分为“韵摄关联”“开合四等”“五音清浊”等三大块。“韵摄关联”指图中根据 206 韵 61 韵系的音近程度建立十六摄，建立了以摄统韵，韵与摄互相关联的语音格局；“开合四等”用于描写韵母介音或主元音的语音性质，“五音清浊”用于描写声母的语音性质。

明清等韵学时代,由于对语音原理认识的深化以及明清实际语音的简化,导致音理大为变化。原十六摄韵,均缩减为十三摄或十二摄;原开合四等的体系也完全被打破,变为了等韵学时代的开、齐、合、撮四呼;原声母的五音清浊已大为不同,五音也不统称为"唇舌牙齿喉",有的称为"宫商角徵羽",有的称为"喉颚齿牙唇"等等,清浊之分已被打破,有的称为发、送、收,有的称为戛、透、捺,声母系统一般都减至二十到二十三左右。此外,还有声调之名亦有变化,虽大多数韵图仍保留四声,但其内涵已大为不同,如阴平、阳平、上声、去声,或平、上、去、如等等。

此外,在形式上,图表框架或格局也有很大的不同,如有横图、直图等。

可见,切韵学与等韵学的不同并非仅仅是不同时代的异名,其实各有其内涵,是一个学科的两个连续的不同发展阶段,各有其研究价值。

2.4 近代语音学与近代语音史

2.4.1 近代语音学

近代语音学是研究以《中原音韵》为代表的近代汉语通语语音系统以及由不同韵书韵图所记录的近代方音系统,并说明其发展变化的学问。

前文说过,近代语音学是20世纪出现的一个分支,因为早期研究的核心就是《中原音韵》所描述的近代北方语音,所以称为北音学。随着研究的深入,北音学这个名称逐渐出现局限。北音是近代汉语的标准语音的基础方言,其地位重要,但整个近代汉语的语音状况是非常复杂的,北音一系并不能概括其全貌。这有两个原因:其一,北音本身就是一个比较模糊的方位概念,与上古、中古等不相称,且北音之北并无确指,北方语音非常复杂,里面的方音众多,并非一系。其二,近代语音中南方语音也非常重要,对于语音史和现代汉语方言学意义重大,不可遗漏。而北音学一名不足以概称南音,故"北音学"一语后来改称为近代语音学。

近代所指的时代,目前主要有两说:一说指宋元明清,此说王力所主;一说指晚唐五代至清,此说吕叔湘所主。我们认为,从总体上来看,汉语语音的演变,晚唐即已多与《切韵》音系相异,而接近《中原音韵》音系,可以下划入近代,而将晚唐五代宋作为近代前期,或称近古,元明清为近代。同样,晚清之音与现代非常接近,亦可目为现代前期。如此，则整个近代语音史从公元9世纪至19世纪，前后约一千年。

近代语音学以《中原音韵》为代表，也有两个原因。其一，《中原音韵》出现的元代(1279—1368)，大致时当14世纪，正是处于近代语音发展史的中心时代，也就是说处于近代这个历史阶段的核心，其语音足以代表近代的典型状态。其二，产生于1324年的《中原音韵》是一部如实记录当时中原语音系统的韵书，它提供了近代核心时期的标准语音系。

2.4.2　近代语音学的研究领域

近代语音学若以研究对象而定，其研究领域可以分韵书研究、诗词用韵研究、音释研究、对音研究等领域。比较重要的是韵书研究与诗词用韵研究两个领域。

第二章　音韵学的基础理论与术语体系

千百年来,历代音韵学人在对汉语历史语音的分析与研究中,逐渐积累了一整套描写、说明语音现象的基础理论与术语体系。掌握这套理论体系是学习与研究音韵学必不可少的入门初阶。当然,由于历史与学科发展的局限,不同时代不同学者的学术造诣不一,指导思想与学术背景的差异,都会影响各自学理阐述的准确性与合理性。从整个音韵学的历史来看,学者们各自阐述的学理往往良莠不齐,术语鱼龙混杂,甚至有的互相抵捂,庬杂含混,而音韵学合理的内核就包含于这芜杂之中。罗常培说:“夫名实日淆则学理日晦,凡百皆然,而以资乎口耳之韵学为尤甚。倘能综汇众说,从事正名,于异名同实及同名异实者,逐一甚究疏证之,使后之学者,顾名识义,无复眩惑之苦,盖亦董理韵学者之急务也。”①钱玄同《文字学音篇》(1918)、罗常培《汉语音韵学导论》(1949/1956)、王力《汉语音韵学》(1935/1956)等都是导夫先路的表率。我们参考以往诸家音韵学著作与教材,核对自《切韵》以来传统音韵学文献所述之学理,去粗取精,辨伪存真,归纳出一套音韵学分析声、韵、调的术语,运用现代语音学理论加以解释,以期学者循序渐进地了解和掌握音韵学的基本原理及术语体系。

下面从韵、声、调三个方面述之。先作一个说明,前文为了论述音韵学的起源与发展,我们已经介绍了声、韵、调、声类、韵类、韵基等音韵学的基础知识和术语。这些术语非常重要,我们在本章还会提及,但为了避免重复,不再对它们作重点论述。

第一节　韵 的 分 析

一、韵目表及相关知识

1.1　韵部、韵目、韵目表、小韵、又音

音韵学中跟韵有关的术语最重要的就是韵部。韵部(rhyme group)是构成韵

① 语见《释轻重》,《罗常培语言学论文集》第 110 页。

书的基础，它们都是由汉语文字体系中所有能够押韵的字组成的，因此，凡同韵部的字之间韵基（主元音+韵尾）与声调相同。前文已述，对韵的认识首先来自诗文用韵。韵书，可能最初就是为了方便诗文用韵而归纳韵字、加注音读形成韵部，然后排比韵部而形成的。经典韵书《切韵》采取“以调统韵”的方式编排韵部，组合成书，经过唐代学者的诸多修订，到北宋《广韵》集其大成。《广韵》全书 5 卷，由 206 韵组成，分为三个层次：

以调分卷：卷一上平声，卷二下平声，卷三上声，卷四去声，卷五入声；

卷下分韵：上平 28 部，下平 29 部，上声 55 部，去声 60 部，入声 34 部；

韵下分小韵：每韵之下聚集同音字形成小韵，小韵首字之下注音，计有 3 873 个小韵。

每韵都有一个名称，称为韵目。韵目（rhyme heading）就是韵部的代表字。《广韵》的韵目习惯上取本韵部排第一的字充当，如“东”韵排第一位的字是“东”字，故该韵就称为“东韵”，各韵皆然。韵目在称呼上代表本韵部，在语音上则可以代表本韵部的“韵基+声调”。因为归纳韵部的原则是能押韵，凡能押韵的字均有“韵基+声调”相同的语音关系，因此，可以确定韵目能够标示本韵的韵基（主元音+韵尾）与声调。

将韵目依其所表韵部在韵书中的先后顺序依次排列在一起就形成了韵目表，韵目表（list of rhyme heading）是韵书的大纲。韵目表由序号加韵目构成，在韵目字下附有切语。《广韵》每卷之首都有一个韵目表，按照本卷韵部的先后顺序排列韵目，是为本卷的大纲。由于韵部在各卷的序号是固定的，所以习惯上称呼韵目字时带上序号以示区别，如：上平声卷之一的韵目表：一东、二冬、三钟、四江……。但《广韵》只有分列于各卷之首的韵目表，没有一个统贯全书的总韵目表。缺失总韵目表，不但不能据其目录了解全书韵目总数，也难以看出各卷之间韵部的关系。因此，清儒戴震作《考定广韵独用同用四声表》，将各卷之韵目依其内在语音关系汇合成四声相承的韵目表，从这个表可以看到各卷韵部之间声韵对应的配合关系，其中蕴含了《切韵》系韵书对汉语音节韵的分析的丰富内容，是了解音韵学有关韵的语音分析的基础。

构成韵部的必要语音条件既然是“韵基+声调”，那么一个韵部收录的韵字并非都是同音字,其间必然有的同音,有的不同音,将同音之字归拢于一起形成的同音字组,这就是小韵。大凡韵书分出韵部之后,韵部下再根据是否同音而分小韵:每小韵就是一个同音字组。小韵是组成韵部的基础,同韵部的任何小韵之间必然相同的部分只是韵基与声调,可以说,韵部就是由一个一个韵基和声调相同的小韵组成的。《广韵》有 3 800 多小韵,也就是有 3 800 多个同音字组。《广韵》的每个小韵前都以小圆圈“○”领起。小韵第一字称为小韵首字,默认为该小韵的代表字,在小韵首字下注有三项内容:一是标注反切,即本小韵的读音。二是注释字义。三是注上本小韵所收字的数目;小韵代表字之外的其他韵字主要注其字义,一般不注音切。如下图即《宋本广韵》上平声一东韵的首页及第二页。

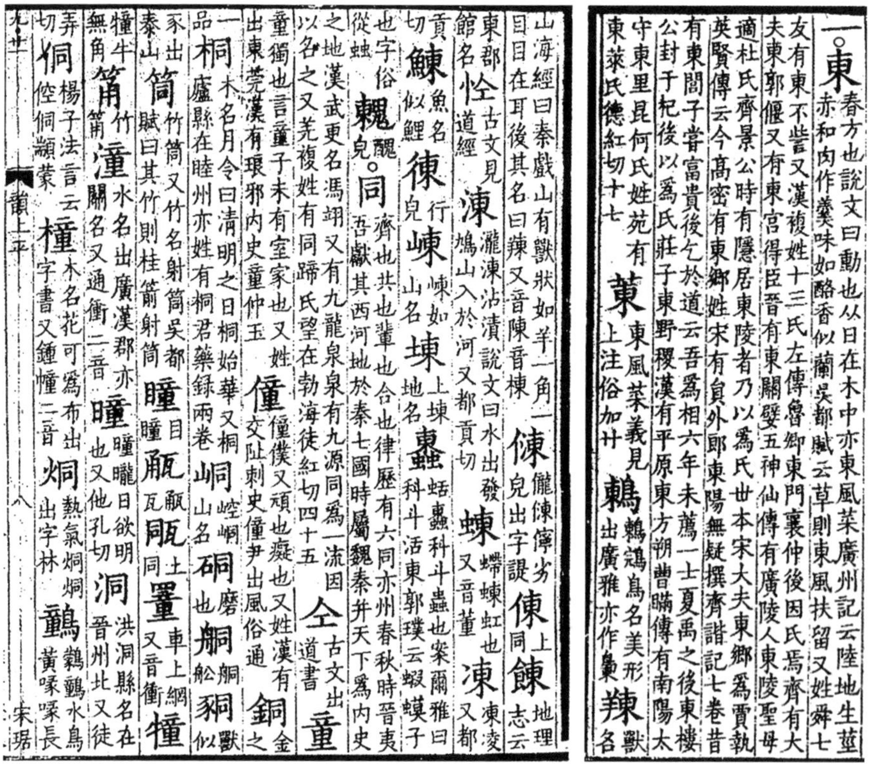
一○東 春方也說文曰動也从日在木中亦東風菜廣州記云陸地生莖赤和肉作羹味如酪香似蘭吳都賦云草則東風扶留又姓舜七友有東不訾又漢複姓十三氏左傳魯卿東門襄仲後因氏焉齊有大夫東郭偃又有東宮得臣晉有東關嬖五神仙傳有廣陵人東陵聖母適杜氏齊景公時有隱居東陵者乃以爲氏世本宋大夫東鄉爲賈執英賢傳云今高密有東鄉姓宋有貟外郎東陽無疑撰齊諧記七卷昔有東閭子嘗富貴後乞於道云吾爲相六年未薦一士夏禹之後東樓公封于杞後以爲氏莊子東野稷漢有平原東方朔曹瞞傳有南陽太守東里昆何氏姓苑有東萊氏德紅切十七 菄 東風菜義見上注俗加艹 鶇 鶇鵍鳥名美形出廣雅亦作[illegible] 𩐈 獸名

山海經曰泰戲山有獸狀如羊一角一目目在耳後其名曰𩐈又音陳音棟 倲 儱倲儜劣皃出字諟 倲 同上 [illegible] 地理志云東郡館名 [illegible] 古文見道經 涷 瀧涷沾漬說文曰水出發鳩山入於河又都貢切 蝀 螮蝀虹也又音董 凍 凍凌又都貢切 鯟 魚名似鯉 倲 行皃 崠 崠如山名 埬 上埬地名 𧓕 蛞蝁科斗蟲也案爾雅曰科斗活東郭璞云蝦蟆子也字俗從蚰 𩴺 醜皃 ○同 齊也共也輩也合也律歷有六同亦州春秋時晉夷吾獻其西河地於秦七國時屬魏秦并天下爲內史之地漢武更名馮翊又有九龍泉泉有九源同爲一流因以名之又羌複姓有同蹄氏望在勃海徒紅切四十五 仝 古文出道書 童 童獨也言童子未有室家也又姓出東莞漢有琅邪內史童仲玉 僮 僮僕又頑也癡也又姓漢有交阯刺史僮尹出風俗通 銅 金之一品 桐 木名月令曰清明之日桐始華又桐廬縣在睦州亦姓有桐君藥録兩卷 峒 崆峒山名 硐 磨也 舸 舸船 狪 獸似豕出泰山 筒 竹筒又竹名射筒吳都賦曰其竹則桂箭射筒 瞳 目瞳 甋 甋瓦 㼧 土同 罿 車上網又音衝 犝 犝牛無角 筩 竹筩 潼 水名出廣漢郡亦關名又通衝二音 曈 曈曨日欲明也又他孔切 洞 洪洞縣名在晉州北又徒弄切 侗 揚子法言云倥侗顢蒙 橦 木名花可爲布出字書又鍾幢二音 烔 熱氣烔烔出字林 鶅 鸏鶅水鳥黃喙喙長

九十二 韻上平 八 宋琚

该页面可以看到上平声一东韵的前两个小韵:“东”小韵全部、“同”小韵 45 个字的前 24 字。东小韵首字“东”下夹行小注共五行半,200 多字,除最后 5 个字外,全都是字义或字用的注释。末 5 个字的前三个字“德红切”为本小韵的注音,后两字“十七”为本小韵的同音字数，即本小韵共有17个同音字。上引韵书首二页中可以清晰地看到东小韵全部内容，从首字“东”到末字“䰤”，一共17个字及其注文。注音方面，虽然小韵首字注音为本小韵的注音，其他韵字不再注音，但如果小韵中有多音字，大都以“又……切”或“又……音”等方式重复注出该字的不同读音，这些音切就叫又音或异读。如东小韵的第4字“䍶”，该字下就注有两个又音：

○东德紅切。东方也。《说文》动也。亦东风菜，《吴都赋》云：草則东风扶留。又姓，舜七友有东不訾。又汉复姓东方朔，《何氏姓苑》有东莱氏。十七。……䍶䍶，獸名，狀如羊，一角一目，目在耳後，其名曰䍶。又音陳。音楝

“䍶”字之下末尾注曰：“……又音陈、音栋”，是注出该字的两个异读。

1.2　同用、独用，寄韵、独立去声韵

1.2.1　《广韵》韵目表

我们根据戴震的考证，列出《广韵》韵目及其同用、独用表，再逐项说明包含于其中的有关韵的知识和语音内容。

上平	上声	去声	入声
一东独用	一董独用	一送独用	一屋独用
二冬钟同用	湩鳿字附见肿韵	二宋用同用	二沃烛同用
三钟	二肿	三用	三烛
四江独用	三讲独用	四绛独用	四觉独用
五支脂之同用	四纸旨止同用	五寘至志同用	
六脂	五旨	六至	
七之	六止	七志	
八微独用	七尾独用	八未独用	
九鱼独用	八语独用	九御独用	
十虞模同用	九麌姥同用	十遇暮同用	
十一模	十姥	十一暮	
十二齐独用	十一荠独用	十二霁祭同用	
		十三祭	
		十四泰独用	
十三佳皆同用	十二蟹骇同用	十五卦骇同用	

十四皆	十三骇	十六怪	
		十七夬	
十五灰咍同用	十四贿海同用	十八队代同用	
十六咍	十五海	十九代	
		二十废独用	
十七真谆臻同用	十六轸准同用	二十一震稕同用	五质术栉同用
十八谆	十七准	二十二稕	六术
十九臻	觨齔字附见隐韵	齔字附见焮韵	七栉
二十文独用	十八吻独用	二十三问独用	八物独用
二十一欣独用	十九隐独用	二十四焮独用	九迄独用
二十二元魂痕同用	二十阮混很同用	二十五愿慁恨同用	十月没同用
二十三魂	二十一混	二十六慁	十一没
二十四痕	二十二很	二十七恨	
二十五寒桓同用	二十三旱缓同用	二十八翰换同用	十二曷末同用
二十六桓	二十四缓	二十九换	十三末
二十七删山同用	二十五潸产同用	三十谏裥同用	十四黠鎋同用
二十八山	二十六产	三十一裥	十五鎋

下平声

一先仙同用	二十七铣狝同用	三十二霰线同用	十六屑薛同用
二仙	二十八狝	三十三线	十七薛
三萧宵同用	二十九篠小同用	三十四啸笑同用	
四宵	三十小	三十五笑	
五肴独用	三十一巧独用	三十六效独用	
六豪独用	三十二皓独用	三十七号独用	
七歌戈同用	三十三哿果同用	三十八个过同用	
八戈	三十四果	三十九过	
九麻独用	三十五马独用	四十祃独用	

十阳唐同用	三十六养荡同用	四十一漾宕同用	十八药铎同用
十一唐	三十七荡	四十二宕	十九铎
十二庚耕清同用	三十八梗耿静同用	四十三映诤劲同用	二十陌麦昔同用
十三耕	三十九耿	四十四诤	二十一麦
十四清	四十静	四十五劲	二十二昔
十五青独用	四十一迥独用	四十六径独用	二十三锡独用
十六蒸登同用	四十二拯等同用	四十七证嶝同用	二十四职德同用
十七登	四十三等	四十八嶝	二十五德
十八尤侯幽同用	四十四有厚黝同用	四十九宥候幼同用	
十九侯	四十五厚	五十候	
二十幽	四十六黝	五十一幼	
二十一侵独用	四十七寝独用	五十二沁独用	二十六缉独用
二十二覃谈同用	四十八感敢同用	五十三勘阚同用	二十七合盍同用
二十三谈	四十九敢	五十四阚	二十八盍
二十四盐添同用	五十琰忝同用	五十五艳㮇同用	二十九叶帖同用
二十五添	五十一忝	五十六㮇	三十帖
二十六咸衔同用	五十二豏槛同用	五十七陷鉴同用	三十一洽狎同用
二十七衔	五十三槛	五十八鉴	三十二狎
二十八严凡同用	五十四俨范同用	五十九酽梵同用	三十三业乏同用
二十九凡	五十五范	六十梵	三十四乏

说明：戴氏所考之表，针对《广韵》各卷首之韵目表及其“同用”安排，作了两个调整。

1. 上平声二十文与二十一欣、上声十八吻与十九隐，张氏泽存堂本《广韵》原注均“同用”，与相承之去、入声注“独用”不对应，钜宋本、元本、明本《广韵》均注四韵各独用。戴氏据诸本将平上两声中的“同用”改注为“独用”。

2.《宋本广韵》上声五十琰韵下原注“忝俨同用”，去声五十五艳原注“㮇酽同用”，上声五十三豏下原注“槛范同用”，去声五十八陷原注“鉴梵同用”，此两处上、去声韵均与相承之平声、入声诸韵之间不相配。戴震调其次序，重新安排同用，达到与平声、入声四声相配。

1.2.2　同用、独用

表中许多韵目下面都有小号字标示“独用”或“某同用”字样。这是对诗文用韵中韵部通用与否的规定。唐人封演《封氏闻见记》卷二：“隋朝陆法言与颜魏诸公定南北音，撰为《切韵》，凡一万二千一百五十八字，以为文楷式。而先仙、删山之类，分为别韵，属文之士共苦其苛细。国初许敬宗等详议，以其韵窄，奏合而用之。法言所谓：欲广文路，自可清浊皆通者也。”①封氏的意思，先与仙、删与山这样的韵，押韵没有什么差别，《切韵》不应该将其分开立韵，应当通用。核对《广韵》，上平声二十七删下注“山同用”，下平声一先下注“仙同用”，其同用与封氏所述相合，由此而推《广韵》韵目下注之同用、独用，当由唐人所定，但有资料记载，“同用”并非全都定于唐人，宋人亦有所定。王应麟《玉海》卷四十五“景德新定韵略”云：“初，说书贾昌朝言《韵略》多无训释，疑混声，重叠字，举人误用。诏度等刊定窄韵十三，许附近通用。”②戴震也说：“宋许观《东斋记事》曰：‘景祐四年（按，1037 年），诏国子监以翰林学士丁度所修《礼部韵略》颁行，其韵窄者凡十三处，许令附近通用。’”（戴震 1957，卷二 9 页）而“礼部韵”之同用、独用实与《广韵》所载大同。所以，现在一般认为《广韵》韵目下规定的“同用、独用”，包含了宋人核定的十三个韵在内，因此，韵书中同用、独用体系实际是唐宋两代对诗文用韵作的规定。

韵目下标明“独用”的，表示在诗文用韵中该部不能与别的韵部通押。标明“……同用”者，表示该韵可以与这些韵通押，如二冬下标“钟同用”，意思就是“冬钟二韵可以通用”。平水韵就是合并“同用”形成的韵系。

1.2.3　*四声相承、寄韵、独立去声韵*

由表中可见，四声之间韵目排列的顺序有定，同一韵基但声调不同的韵部在不同的卷之间遥相对应，这个配合关系被称为四声相承或四声相配，即各卷相应位置上的韵，采取声韵对应的方式排列，互相呼应，使得这些韵之间形成“韵基相同（或相近），声调不同”的关系。韵目表上一个横排的韵之间就是四声相承的韵。然而，表中有的四声相承的地方出现了空缺，意思是这地方应当有一个韵部而在书中出缺。但这些空缺要作两种解释：一是寄韵，二是缺韵。

关于寄韵。寄韵是指该处本有一个韵，但这个韵收字太少，对于诗文用韵没有意义，故而不必单独列出，而寄入相邻近的韵中。一个典型的例子就是戴氏考定的二冬上声位的湩部。在戴氏韵目表中，与二冬相配的上声位没有韵目，戴氏小字注

---

① 《封氏闻见记校注》，赵贞信校注，中华书局 2005 年第 13 页。

② 语见《玉海》，广陵书社影印光绪九年浙江书局本，第二册第 848 页。

曰“湩䳬字附见肿韵”，其意思是说，这个位置原本有“湩都䳬切”“䳬莫湩切”两个小韵共 3 个韵字，因为字少，《广韵》没有给它们单独列一个韵部，而是寄收在上声肿韵里面。《广韵》在上声二肿韵“湩”字下注曰：“此是冬字上声”，这个注就告诉我们，上声二肿韵不是与平声二冬韵相配的上声韵，与二冬韵相配的上声是“湩”等字，本来应当排出一个“二湩”韵，现在的“二肿”本当排三肿，因为“湩”韵字太少而寄于肿韵。二湩韵取消而出缺，故三肿就上推为二肿，其实二肿是与平声三钟相配的上声韵。表中属于寄韵的除“湩”外，还有三处，即平声十九臻的上声“𧤛龀”等字，寄于上声十九隐韵；去声“龀”等字，戴震注“附见焮韵”，不知所据何种版本的《广韵》，张氏泽存堂本《广韵》“龀”小韵寄于去声二十一震韵。二十四痕的入声位置，戴氏表空缺，其实这里也有一个寄韵，即“麧”韵，《广韵》寄于入声十一没韵。

关于缺韵。除了寄韵之外，表中其他空位均为缺韵。其去声十三祭、十四泰、十七夬、二十废四韵没有平声、上声位置相配的韵，只有去声韵，故而习惯上称“祭泰夬废”四韵为独立去声韵。

寄韵与缺韵都造成韵目排序表中的空缺，前面出缺，后面的韵就往上推，因而使四声相承的韵序出现参差，戴震韵目表将出缺之处空出，后人习惯在空位补上圆圈，这就恢复了四声相承的配列顺序。

1.3　四声相承的语音性质：韵系、韵尾与阴声韵、阳声韵、入声韵

1.3.1　韵系（rhyme set）

韵目表的四声相承直观上是以表上一个横排为一个单位，一个横排所包含的韵合成一个单位就叫作韵系。因此，韵系就是一组四声相承的韵的组合。《广韵》206 韵部共归结为 61 个韵系。每个韵系习惯以平声韵目为代表字，如“东韵系”指“东董送屋”四韵，仅四个独立去声韵的韵目字既是韵部的代表字又是韵系的代表字。

从表中可以看到所谓四声相配的韵系，除独立去声韵之外，全都可以分为两种情况：一种是一个横列排了平上去入四声的韵，这种韵系除因寄韵的出缺外，其四声是齐全的，是四声齐全的四声相承。另一种只排平上去三声的韵，这种韵系没有入声相配，是平上去三声相承。四声相承、三声相承的两种韵系的语音性质是不同的。要了解这两种韵系的语音性质，先要了解音韵学对于韵尾的看法。

1.3.2　韵尾(rhyme ending)

前文讨论汉语音节时说过,汉语音节的韵尾可以是辅音,如 an、eng 的-n、-ng,这是鼻音韵尾。也可以是元音韵尾,如 ai、au 的-i、-u。又,a、ua、ia 等韵母是零韵尾,零韵尾的性质与元音韵尾相同。这是指现代汉语音节的结构,古代汉语的辅音韵尾还有塞音尾和双唇鼻音韵尾,正如粤方言的-t、-k、-p、-m 诸尾。综合而言,古代汉语韵母的韵尾可以归为三种:元音韵尾(含零韵尾)、鼻音韵尾、塞音韵尾。

韵尾只是韵的一个组成部分,音韵学对古代语音这三种韵尾所组成的韵,分别有不同称呼,这就是阴声韵、阳声韵、入声韵。阴声韵、阳声韵、入声韵是音韵学的描写汉语音系韵尾的重要名词术语。

阴声韵(rhyme with an open ending)。以元音为韵尾(包含零韵尾)的韵为阴声韵。既然阴声韵是指以元音结尾的韵,也就是说,元音韵尾或零韵尾都是阴声韵尾,如现代汉语的-i、-u 两尾和零韵尾,零韵尾习惯单独标写为-Ø(即用斜杠划去一个零)。

阳声韵(rhyme with a nasal ending)。阳声韵是指以鼻辅音收尾的韵,也就是说,鼻音韵尾称为阳声韵尾,如现代汉语的-n、-ŋ,闽粤方言的-m。

入声韵(rhyme with a stop ending)。入声韵是指以塞音收尾的韵,也就是说,塞音韵尾为入声韵尾,如闽粤方言的-t、-k、-p。

三种韵尾中阳声韵尾与入声韵尾有对应关系,从发音部位来看,可以分成三组,如:

	舌尖	双唇	舌根
阳声韵:	-n	-m	-ŋ
入声韵:	-t	-p	-k

三组韵尾间,每组发音部位相同,发音方法有鼻音与塞音的不同,对应非常严整。

1.3.3　四声相承的语音性质:阳入相配

从韵尾角度来看,一个四声相承的韵系,实际上就是三个韵基相同的阳声韵与一个入声韵之间的相配,阳声韵与入声韵之间主元音相同,韵尾则为相同发音部位的鼻音与塞音相配。具体配合关系是前鼻音韵尾与舌尖塞音尾相配:-n/-t,后鼻音韵尾与舌根塞音相配：-ŋ/-k，双唇音鼻音与唇塞音韵尾相配：-m/-p。早在相当于明朝正德时代的朝鲜李朝时的崔世珍（约1473—1524）《四声通解》（1517）就这样表述汉语三种韵系的四声相配关系，他用朝鲜的拼音文字谚文给四声相配的韵系标注了音值，使得配合关系相当明晰。下面以东韵系、真韵系、侵韵系为例（原谚文现转写为国际音标，其所谓“中声”即指韵母的元音部分，韵尾被称为“终声”，列于相关韵目之后）：

韵$^{\text{中声}}_{\text{u、iu}}$东$^{\text{平}}_{\text{声}}$董$^{\text{上}}_{\text{声}}$送$^{\text{去}}_{\text{声}}$ŋ 屋$^{\text{入}}_{\text{声}}$k

韵$^{\text{中}}_{\text{声 i}}$真$^{\text{平}}_{\text{声}}$轸$^{\text{上}}_{\text{声}}$震$^{\text{去}}_{\text{声}}$n 质$^{\text{入}}_{\text{声}}$t①

韵$^{\text{中声}}_{\text{ə、i}}$侵$^{\text{平}}_{\text{声}}$寝$^{\text{上}}_{\text{声}}$沁$^{\text{去}}_{\text{声}}$m 缉$^{\text{入}}_{\text{声}}$p

上表第一行表示东韵系的四声相配关系，东韵系记有两个中声：u、iu，表明该韵的韵母有两种元音组合，在“东、董、送”三韵目之后列出其“终声”后鼻韵尾：ŋ，在入声韵“屋”后注出“终声”舌根塞音韵尾-k。后鼻音-ŋ 表示前面“东董送”三韵每个都有后鼻音韵尾，三韵的韵母元音（中声）和韵尾都相同，换句话说，“东董送”三韵之间仅仅是声调不同。舌根塞音-k 仅注在入声屋韵下，则表示屋韵与东董送三韵之间仅元音部分相同，韵尾则发音部位相同、发音方法不同。举例说，“东”字读“tuŋ”音，相配的入声屋韵的“督”字读“tuk”。在《广韵》61 韵系中，取舌根音-ŋ/-k 相配的有：东、冬、钟、江、阳、唐、庚、耕、清、青、蒸、登十二韵系。

第二行所标“真轸震”-n 与“质”-t，是舌尖音韵尾间的阳入相配。《广韵》61 韵系中-n/-t 相配的有：真、谆、臻、文、欣、元、魂、痕、寒、桓、删、山、先、仙十四韵系。

第三行所标“侵寝沁”-m 与“缉”-p，是双唇音的阳入相配。《广韵》61 韵系中-m/-p 相配的有：侵、覃、谈、盐、添、咸、衔、严、凡九韵系。

1.3.4　三声相承的语音性质

韵目表中三声相配的韵系内部都是阴声韵。如鱼韵系的“鱼语御”。三声相承的三个韵部都是阴声韵，这三个韵的韵尾相同，主元音也相同。所以，阴声韵同

---

①《四声通解》韵目下原注为“-l”，这是朝鲜汉字音的注音。该书附申叔舟《四声通考》凡例第八云：“本韵之作并同析异，而入声诸韵牙、舌、唇终声皆别而不杂，今以-k、-t、-p 为终声。”“本韵”当指《洪武正韵》，就是说，朝鲜学者从《洪武正韵》所得正音的入声是-k、-t、-p 三种塞尾。故-l 径改为-t。

韵系之间各韵的韵基相同。

可见,韵目表的排序是由四声相配的方式编排,它反映了对韵基语音性质的认识。具体说,四声相配与三声相配实际上反映了两种不同的语音性质,四声相配的是阳入相配的韵系,阳入相配的韵系,其韵基主元音相同、韵尾相同或相对(按,“相对”指发音部位相同发音方法不同)。三声相配是阴声韵系,而阴声韵系内部各韵的韵基相同。

二、韵在韵图上的表现

韵目表显示韵书全体韵部的排列顺序及四声之间的配合关系,从中可以探得一些语音信息。但四声相承并没有展示语音系统中各韵部内在的语音信息,如有多少声母、多少韵母等均无法了然,其声母、韵母等信息隐含于繁杂的韵部与反切之中,从韵目表是无法得知的。

中唐以后,随着切韵学的兴起,韵图的出现,开始利用表格形式展示汉语音系的音节全貌。韵图“以声为经,以韵为纬,把《切韵》的音系总摄成若干转图”,使得音系“经纬交贯,声韵赖以分析”[①],最初的韵图往往力图表现《切韵》(宋图则主要为《广韵》)的音系,正如南宋张麟之说:“其制以韵书自一东以下,各集四声,列为定位,实以《广韵》《玉篇》之字,配以五音清浊之属。”(《韵镜·识语》,1页)由此可见早期韵图之旨趣所在,但宋元韵图在晚于《切韵》数百年之后出现,其时之语音已与《切韵》有所不同。我们将会看到,这时的韵图虽然努力保留《切韵》语音及其音系框架,但还是会多多少少表现当时实际语音,出现某些与《切韵》音不同或不协调的语音表现。

2.1 韵图与四等

从现在可见的《广韵》系列韵图《韵镜》《七音略》中,可以看出韵图的基本格局,大概是以韵系为单位,将音近的韵系组合列图,一图列一个到四个韵系不等,共列四十三图。每图设计平、上、去、入四栏,分别填入同一韵系的几个韵部。为了便于比较发音相近的韵系,恰当地表现它们的同异,韵图在平、上、去、入每栏之下又

---

① 引文出自罗常培《汉语音韵学的外来影响》,见《罗常培语言学论文集》,商务印书馆2004年第361页。

分列四行格子，把同声调、音近的韵类列入同一个韵图的不同格子，显示各韵类之间语音的同异或远近。这些显示韵类异同的格子就是通常所说的“等”。“等”本来的含义是“格子”，既然每一图四声各栏都列有四行格子，自然就有所谓的“四等”。将音近的韵类分别列入各等，同一等的字“韵类”相同，同处一图之中的同声调不同等的字主元音略异或介音不同，这样就可以通过等的不同，表现韵类的主元音或介音的音值异同。

用等的方式比较音近韵类之间的元音异同，为何只排四行？其原因古人没有说明，今天已难考核。有一种解释，认为“等韵之‘等’是以一个四音位的元音音系为基础而形成的”。按照这种解释，“等韵图是根据实际语言设计出来的，是有它本身的独立的生命的”。[①] 也就是说，等韵图的音系，是等韵时代（约中晚唐）当时的实际音系，并不是《切韵》音系。这种看法，早在清末陈澧就已有表述，他说：“字母四等者，宋元之音，不可以论唐宋以前音韵之学也。”（陈澧 2004，328 页）不同的是，陈澧把韵图音系看作宋元之音，时代略后于中晚唐。如此看来，是韵图设计者利用后代的语音框架去装填《切韵》音系，所以出现许多不适应的地方。这一解释很有道理，可备一说。

我们今天所见到的宋元韵图全都只列四等，这已成为一个定型。拿这个框架去表现《广韵》音系，的确出现一些不能适应的地方。因为《广韵》61 韵系中，有的韵系与之相近的韵不多，少于四个甚至并无相近韵类，孤身一人而已，这就造成韵图的四个等中出现许多空白，而有的韵系与之音近的韵比较多，超过了四个，四等就不够用。这些都是受四等的制约出现的矛盾，韵图编者只得采取一些特殊措施，如重韵、重纽、假某等（详后），进行补救。当然，上面所述，是早期韵图即宋元韵图的排列方式，明清的韵图形式与这里有同有异，不可一概而论。

2.2　摄与转

2.2.1　摄（rhyme groups）

韵图要比较韵系之间语音的异同，势必就要将音近的韵系归为一组，这种因音近而归纳的韵系组合就叫摄。罗常培（1949/1956）说：“所谓摄者，盖即聚集尾音

① 两段引文分别见薛凤生《汉语音韵史十讲》，华语教学出版社 1999 年第 31 页、26 页。

相同,元音相近之各韵为一类也。”[①]这个界说指明了要点,但略嫌笼统。从古人留下的韵图来看,摄是在韵系基础上形成的,也就是说,摄是以韵系为单位,大致取邻韵音近的条件归纳而成的。由于韵系的四声相承,其阳声韵与入声韵的韵尾并不相同,而是发音部位相同,发音方法有塞音与鼻音的差异,我们可以称这种韵尾关系为“同部位对应”,简称“对应”。所以,摄可以定义为:聚集韵尾相同(或相对应)、元音相近的韵系为一类的组合。

韵图中的“摄”作为术语,见于《四声等子》《切韵指掌图》等书,出现较晚。但摄的精神早见于《韵镜》等早期韵图。宋人郑樵《通志·七音略》(中华书局 1987年影印万有文库十通本)云:“今作谐声图,所以明古人制字通七音之妙,又述内外转图,所以明胡僧立韵得经纬之全。”(513 页)这段话中的“内外转图”四字,张麟之《韵镜·调韵指微》引作“内外十六转图”(6 页),显然“十六转图”是指十六摄。金泰和戊辰(1208 年)韩道昭《改并五音集韵》目录后列十六摄细目,其内容与《四声等子》所列大同。只是“摄”字写作“㢠”,宁忌浮认为“《五音集韵》可能是十六摄出现的最早纪录”。[②] 十六摄是切韵学对《广韵》61 韵系的经典归纳,其名目和内容为(括号列出该摄所包含的韵系):

通(东冬钟)

江(江)

止(支脂之微)

遇(鱼虞模)

蟹(佳皆灰咍齐祭泰夬废)

臻(真谆臻文欣魂痕)

山(寒桓山删仙先元)

效(萧宵肴豪)

果(歌戈)

假(麻)

---

① 语见《汉语音韵学导论》第 69 页。

② 语见宁忌浮《校订五音集韵·前言》,中华书局 1992 年第 7 页。

宕（阳唐）

梗（庚耕清青）

曾（蒸登）

流（尤侯幽）

深（侵）

咸（覃谈盐添咸衔严凡）

韵图是在摄的框架下依韵母远近之序编排音节图表的，所以，摄是韵图立图的基本依据。韵图在摄的范围内将韵尾相同（或相对）、韵腹相近的韵类排入四等中不同的“等”，以表现音近的韵类之间的细微差别。每摄最少排一图，如江摄；最多排七图，如止摄。

2.2.2　转（a table in earlier rhyme tables）

早期切韵图《韵镜》《七音略》不将韵图称为图，而称之为“转”。在每图的题首均标明“内（或外）转第几开（或合）”。称图为“转”，可能有两个来源。

其一来自以练习发音为目的的“横呼转读”，《韵镜·横呼韵》云：“人皆知一字纽四声，而不知有十六声存焉。盖十六声，是将平上去入各横转故也。”又云：“但将一二韵只随平声五音相续横呼，至于调熟，或遇他韵，或侧声韵，竟能选音，读之无不中的。”（12 页）他举二冬韵所在图的平声第三横行格子（三等）所列字为例：

封峯逢蒙 ㊥傭重醲 恭銎蛩颙 钟衝慵舂鳙 邕匈雄容 聋茸（12—13 页）

这是摘引自《韵镜》“内转第二开合”冬钟韵列于平声三等的字，其中外加圆圈的字原图没有，摘引者认为应当有而补入，故外加圈区别。从“封”读到“茸”，就将该图的三等韵与七音声母在第三行格子相拼的所有音节全部读过，这就是所谓“横呼”，读完平声一行然后转读上声、去声、入声等，即为横转，全部读完即成一转。读得纯熟，语音顺利，达到练音的目的。

其二来自以检字为目的的“横转归字”，《韵镜·归字例》云：“归释音字，一如检礼部韵。且如得芳弓反，先就十阳韵求‘芳’字，知属唇音次清第三位。却归一东韵寻下‘弓’字，便就唇音次清第三位取之，乃知为‘豐’字。盖‘芳’字是同音之定位，‘弓’字是同韵之对映，归字之诀，大概如是。”（10 页）又云：“凡归难字，横音,即就所属音四声内任意取一易字横转便得之矣。”(11页)说的就是利用韵图帮助反切检音。《归字例》举了很多例子说明横转之法。我们举一个简单的,如“涷,德红切”,查考《韵镜》,上字“德”属于三十六母“端母”,舌头全清,根据切语下字,查到“红”字即排于“内转第一开”东韵第一等匣母位的“洪”,喉音全浊。根据反切叠韵原则,切下字“红(洪)”与被切字“涷”叠韵,它们仅声母不同,而“涷”的声母是端母,舌头音,就由匣母“洪”横转(右转)至舌音端母下,找到舌头音全清位的音是“东”,就可以知道“德红切”切出的音就是“东”音,由此得“涷”字的读音是“东”。见下图:

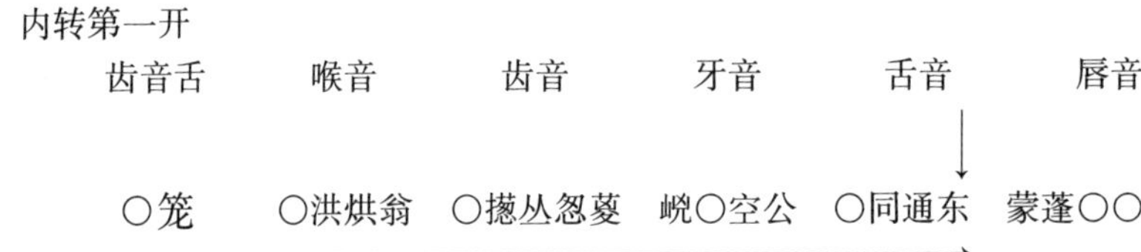

这样在韵图上查反切的字音就是“归字”。简言之,就是根据切下字的所在位置,再据切上字的指示转到同等该字母下,就可以得该切语所切之音了。所谓上字同音(声母)之定位,下字同韵之映对,就是这个意思。

无论练音还是检字,都要横转,所以就用“转”字来指称之。一图就是一转,整个《韵镜》四十三转,张麟之《韵镜·识语》云:“不出四十三转,而天下无遗音。”就是说,《韵镜》四十三图所排列之音节,可以概括全天下人(按古人的“天下”实指全中国)所能发出的语音。

2.2.3 等(division)呼(articulation)

前文说过,“等”是安排韵类的一行格子,韵图用并列相连的四行格子表现同摄的韵类之间语音的接近程度,“呼”亦与韵类相关。我们知道,“韵类”的音素包含“介音+韵腹+韵尾+声调”四部分,“等、呼”主要表现其中哪个部分呢?首先排除“声调”,因为声调在韵图中另有排列。“韵尾”亦当排除,因为同摄的韵之间韵尾一定相同(或阳入相对),同摄异呼或同图异等的差异都不可能指韵尾不同。那么,对于韵类来说,同摄之中等或呼的不同,只可能是主元音或介音的不同了。所以,“等”和“呼”在韵图中被赋予的独特含义就是:描写介音或主元音,准确地说,主要描写介音,若介音为零(即所谓零介音)时,则描写主元音。可见,“等”和“呼”描写的对象其实是聚焦于韵母的第一个元音之上的。因此,也可以说,“等、呼”是描写韵母的起首元音的术语。

2.2.3.1 呼与开合

呼是分析音系中介音或主元音发音时唇形的圆展的术语。唇形圆的就称为合口(rounded articulation),唇形展的就称为开口(unrounded articulation)。简言之,合口韵有-u-介音(或主元音为u),开口韵没有-u-介音(或主元音不为u)。早期韵图称呼开口、合口的术语还有“重”与“轻”。具体说,《韵镜》用“开”“合”,《七音略》用“重”“轻”,后者具体有四种标记:“重中重”“重中轻”“轻中轻”“轻中重”,把所标重轻与《韵镜》的开合比对,很明显“重”为开口,“轻”为合口,至于为何要在“重”“轻”之后再接“中重”“中轻”字样,则目前尚无的解。

韵图表现开口、合口的原则就是:开合分图,即同一摄中,其中韵类有开、合之分的话,开口、合口就分别列图。所以,韵图中任一图只可能有一种“呼”,要么开口,要么合口。这个内容被标记于韵图标目之上,如“内转第一开”“内转第五合”等。

由于开合对列图很重要,所以古代的等韵学家对韵摄之内所包含的开口、合口特别注意,他们把摄分为两种,一种叫独韵(a rhyme group with exclusively rounded or unrounded finals),一种叫开合韵(a rhyme group with both rounded or unrounded finals)。独韵、开合韵的称呼早见于宋代《切韵指掌图》。明代等韵学家袁子让《字学元元·读开合声法辩上》作出说明,云:“开合之音,总是一摄,特口分辟翕尔。以其分者视之,开自开,合自合。以其共同者视之,则开者即合之开,合者即开之合也。”所谓开自开、合自合,是说如果一摄之中只有开口或合口,如通摄一摄尽合口,效摄一摄全开口,这两种韵称为独韵,通摄为合口独韵,效摄为开口独韵。袁氏所说“共同者”是指一摄之中既有开口韵又有合口韵,这种情况下,就可以看作“开者即合之开,合者即开之合”,袁氏举例说:“根干”为开,则“根干”的合口为“昆官”,“恩安”为开,则其合口为“温湾”。总之,同一音,张口读之,便是开,合口读之,便是翕。袁氏所举例子,其韵头对应关系如下(用现代汉语拼音注其韵母):

开口:根恩,-en　　干安,-an

合口:昆温,-uen　　官湾,-uan

试将袁氏所列的字例分析其音色,即可知所谓“同一音”张口、合口读之,实际就是指同韵基的韵母前面是否加带圆唇介音,如韵基-an,加圆唇介音:uan,两韵母就形成开合对立。同一摄中如果存在着开合对立的韵就称为“开合韵”。十六摄中独韵与开合韵的情况如下:

开口独韵:江、效、流、深、咸

合口独韵:通、遇

开合韵:止、蟹、臻、山、果、假、宕、梗、曾

由于韵图开合分图,《韵镜》每张韵图上都标明“开”“合”字样,据此我们可以推知图中韵母介音(或韵腹)的唇形圆展。(按,上述十六摄开合状况是切韵学一般的设定,跟《韵镜》《七音略》大部相同,但并非每图都吻合,详后文“切韵音系”韵母音类部分。)

2.2.3.2　等与洪细

等是分析音系中主元音与介音的舌位高低前后、开口度大小的术语。罗常培说:“分等之义,江慎修辨之最精。其言曰:‘一等洪大,二等次大,三四皆细,而四尤细。’……如以今语释之,则一二等皆无[i]介音,故其音‘大’,三四等皆有[i]介音,故其音细。同属‘大’音,而一等之元音略后略低,故有‘洪大’与‘次大’之别,……同属‘细’音,而三等之元音较四等之元音略后略低。……然则四等之洪细,盖指发元音时,口腔共鸣间隙之大小言也。”[①]罗常培此说,大致为音韵学家所接受,仅于四等元音有没有[i]介音、其主元音是不是比三等要高等方面略有不同意见(详后文“《切韵》音系”介音构拟)。

由等又衍生出洪、细的分别,一、二等没有[i]介音,舌位较低,开口度较大,被称为洪音(或写作宏音、鸿音,big aperture);三、四等有[i]介音,或主元音舌位较高,开口度较小,被称为细音(small aperture)。

① 语见《〈通志·七音略〉研究》,《罗常培语言学论文集》,商务印书馆2004年第145页。

韵图排列韵类的基本原则是,同摄(韵尾相同或相对)、同呼(开合相同)、洪细不同(介音不同或主元音略异)的韵类,排于同一图不同的等列中。在一组主元音接近、韵尾相同或相对的韵中,主元音舌位相对后而低的排一等,主元音舌位相对前而低的列二等,排三等的一定有[i]介音,排四等的韵主元音相对一、二等高而前。以山摄为例(仅举见母平声四等所列字,括号中是拟音):

	山摄开口见母	山摄合口见母
平声一等	干(kɑn)	官(kuɑn)
平声二等	姦(kan)	关(kuan)
平声三等	甄(kiæn)	勬(kiuæn)
平声四等	坚(kɛn)	涓(kuɛn)

从韵图的开合洪细可以大致看出,中古音系的介音是二呼四等的系统。我们都知道,现代汉语的介音系统是开齐合撮四呼。这是古今音不同的表现。

2.2.4　重韵

在摄的框架内,以等和呼来描写韵尾相同的韵之间的接近程度,原则上应当是同一摄之中韵类(不计声调)的差异最多只可能有 8 种,即:

开口一等、二等、三等、四等

合口一等、二等、三等、四等

也就是说,摄之下的开合二图各列四个等位,最多只有八个等位可以填韵,这就要求一摄之中最多可以有 8 种韵类,否则超出 8 种韵类的话,韵图之等位与韵类之间就会出现冲突。但以十六摄衡之,等位与韵类的确没有密合无间,姑不论韵类少于二呼四等的韵摄,而韵类数超出二呼四等格局的摄并不少,有的是摄内所含韵系就超出 8 种,如蟹摄有 9 个韵系;有的韵系虽然没有超过 8 个,但摄内的各韵系算上开合,韵类也远超 8 种,如臻山两摄各有 7 个韵系,各韵系又都有开合之异;还有一种情况却是摄内韵系并不算多,但韵与韵之间因为主元音太为接近以至于可以目为性质相同而需要列为同等,如此种种均使得同一摄中出现了同呼同等的两个或两个以上韵类,如同属于山摄的删、山两韵的开口与合口,都排入二等韵类,使山摄出现了两个二等韵;又如同属于蟹摄,其一等韵位出现了灰咍与泰两组韵,其二等位出现了佳、皆与夬三组韵等。也就是说，在同一等位出现了重复的韵类，这种同摄同呼同等的韵类就叫重韵（rhymes with common features but under different headings）。

从韵图看来，重韵是不合理的，与韵图设计的表现方式相矛盾。根据前所引述"韵图时代音系"的观点，可以提供一种解释：这种矛盾的根源，在于韵图是中唐以后的产物，《切韵》是隋朝人编写的表现隋以前的中古语音，两者不是同时代的产物。陆法言时代的一些有区别的韵在唐代以后就没有区别了，使得韵图与《切韵》音系出现了不能一一切合的矛盾。

在《韵镜》《七音略》两种韵图上，凡重韵都另起一图。核对整个体系，重韵出现于一等、二等、三等，仅四等没有重韵。

《切韵》音系中的重韵共有16组，具体分布如下：

一等重韵三组：通摄东一冬，蟹摄灰咍泰，咸摄覃谈。

二等重韵四组：蟹摄佳皆夬，山摄删山，梗摄庚二耕，咸摄咸衔。

三等重韵九组：通摄东三钟，止摄支脂之微，遇摄鱼虞，蟹摄祭废，臻摄欣文与真谆，山摄仙元，梗摄庚三清，流摄尤幽，咸摄盐严凡。

三等重韵是指同摄同呼的三等位置重出的韵，数目非常多，但从韵图上的排列看来，其声韵相拼合的关系并不完全相同，反映了各自内部的语音结构有较大的差异性（详后文"《切韵》音系"），可见三等的重韵并不简单，与一、二等重韵性质不同，不能等同看待，故此，音韵学家通常讨论重韵问题时，不把三等纳入。

第二节　声的分析

一、声母、声类

1.1　声、声母、字母、纽

声、声母、字母、纽，都是声母的同实异名的名称。声是汉语音节的起首之音素，现代汉语称之为声母，"声母"是定称。宋代切韵学的韵图上称之为"字母"，如"三十字母""三十六字母"即是。清末以来，许多学者认为"字母"一名，来自梵文悉昙的译名，不是华文原有。章太炎在《国故论衡》（中华现代学术名著丛书本，商务印书馆2010年。按,后文引述时注其页码)中说:“旧云双声,《唐韵》云纽,晚世谓之字母。三十六母虽依拟梵书,要以中夏为准。”(5页)在太炎先生的倡导下,20世纪前期一段时间,学者多称声母为“纽”,如黄侃古音十九纽即是。所谓“《唐韵》云纽”,是指《广韵》卷首所存《唐韵》序之末尾一段话中“又纽其唇齿喉舌牙部,作而次之”的“纽”,章氏认为这个纽字,指说声母的发音部位,故可以用来称呼声母。纽字还有一个含义,指一个音节,表现为一个反切或一个小韵代表字,如“东纽”,即指一东韵的“德红切”这个音节。纽的这两个含义,在韵书或音韵学论文中的上下文中是可以区分的,一般不会混淆。

1.2 声类

清末另一位对《广韵》音系有独到研究的音韵学家陈澧,也同样以为“字母”之称呼取自梵文翻译,用于汉语的声母不合适,应当改定。与太炎先生不同,他把声母称为“声类”。换句话说,陈澧把“声类”看作声母。但陈氏的“声类”是有自己特定内涵的。陈澧创“反切系联法”考证《广韵》的声母与韵母,得40声类。从来源上看,“声类”乃从切语上字系联而来,是指根据反切的双声关系系联而来的一组反切上字。如前文所论,具有双声关系的反切上字,其声母一定相同,所以同一声类的字肯定声母相同,但问题是通过系联所得的不同声类之间是不是声母就一定不同?也就是说,有没有可能存在根据反切双声关系系联不上但仍同声母的切上字组?事实证明这是完全可能的,所以“声类”还不能完全当作声母的代名词,作为一个音韵学术语,它的基本义还是:根据反切的双声关系系联而得的一组反切上字。

二、五音、七音、清浊,附戛、透、轹、捺

五音、七音和清浊是切韵学分析声母发音部位与发音方法的术语。

2.1 五音(five initial categories)

通常以“唇舌牙齿喉”为五音,但不同的韵图五音排列的顺序有不同,我们取《守温韵学残卷》和《韵镜》的排列。五音为五个口腔器官名称,颇似对辅音的发音部位的描述。是否如此,还须看实例。

现在所知最早的字母系统,有敦煌文书《守温韵学残卷》(伯2021)和《归三十

字母例》(斯 0512)两种[①],其中《归三十字母例》的字母已有残损,且未出现五音分类名号,《守温韵学残卷》的声母系统没有残缺而且有完整的五音分类,今依《守温韵学残卷》列出五音字母如下。

唇音　不芳並明

舌音　端透定泥是舌头音

　　　知彻澄日是舌上音

牙音　见君溪群来疑等字是也

齿音　精清从是齿头音

　　　审穿禅照是正齿音

喉音　心邪晓是喉中音　　清

　　　匣喻影亦是喉中音　浊

这个字母表,唇舌牙齿喉五音共列举三十一个字母,但其中牙音“君”字属于见母,已出现了“见”又列入“君”,重复出现,可能是衍文。去掉“君”字则为三十字母。这三十字母跟《归三十字母例》(斯 0512)所列全同。但与宋人三十六母相比,归类略有不同,如“来”母归牙音,“心邪”母归喉音均不合三十六母归类;又较三十六母缺“帮滂奉微娘床”六母。明人吕维祺《音韵日月灯·同文铎》云:“大唐舍利创字母三十,后温守座益以娘床帮滂微奉六母,是为三十六母。”[②]这里“温守座”如果是指守温的话,则不符合《守温韵学残卷》,因为残卷并没有说守温在三十字母之上又增加了“娘床帮滂微奉”六母,吕氏此说不知何据。可以肯定的是,吕维祺没有见过《守温韵学残卷》,发生这个错误也可以理解,但他所说的大唐舍利创字母三十,认为在三十六字母之前还有过一个产生于唐代的三十字母,却没有错。周祖谟也认为《归三十字母例》“为唐人所作,但确切的年代不可知”[③]。可见五音三十字母出于唐人之手,早有成说。

2.2　七音(seven initial categories)

七音见于宋代韵图,在韵图上的排列顺序从右至左:

---

① 见周祖谟《唐五代韵书集存》下册,第 795—796 页。

② 《续修四库全书》第 252 册第 60 页。

③ 《唐五代韵书集存》下册,第 955 页。

半齿　半舌　喉音　齿音　牙音　舌音　唇音

显然,七音是在五音基础之上增加"半舌、半齿"二音而来。从守温残卷可知,三十字母归为五音,并无七音之说。大概宋人扩展至三十六母之后,方有七音之说,郑樵《七音略》序曰:"四声为经,七音为纬。……七音之韵,起自西域,流入诸夏,梵僧欲以其教传之天下,故为此书,……华僧从而定之以三十六为之母,重轻清浊,不失其伦。"(513 页)这里所说的七音三十六母,当为宋人所定之系统。郑樵《通志·艺文略》著录僧守温《三十六字母图》一卷,王应麟《玉海》亦录《三十六字母图》一卷,僧守温撰。宋代著录的守温字母为三十六母,跟敦煌文书的三十字母不同。综合出土文献和传世文献的记载,可以确认唐人所定声母为三十母,宋人增六母成三十六母,虽增成三十六字母,撰作者之名仍沿其旧,故署名为僧守温撰。

七音是不是标示发音部位呢?从七音所列字母来看,有的纯表发音部位,如唇音。有的以表发音部位为主,涉及发音方法,如牙音是指舌根音,喉音中的晓匣两母也是舌根音,它们之间的区别就是塞音与擦音的区别,是发音方法不同。又如舌音与齿音,两类的主要区别也是发音方法。所以,七音是以发音部位为主,兼及发音方法的分类。详情请看下文字母表的说明。

2.3　清(voiceless)浊(voiced)

"清浊"是切韵学描写声母发音方法的术语,主要指气流性质而言。从韵图对三十六字母的分类可以推知,凡发音振动声带的为浊,不振动声带的为清。但由于汉语声母之中又有送气与不送气的分别,浊音中又有塞音、塞擦音、擦音与鼻音、边音、半元音等不同。韵图都在清、浊之下又各自细分两类,清音中将不送气音与送气音分开,前者称为全清,后者称为次清。浊音中将塞音、塞擦音、擦音与鼻音、边音、半元音分开,前者称为"全浊",后者称为"次浊",共为四类。这是就一般情况而言,不同韵图的分类与命名有时略有不同。如《四声等子》和《切韵指掌图》四类之外,又分出"半清半浊",清代音韵学家江永《音学辨微》于次清外分出"又次清",次浊外分出"又次浊"等等。全清(unaspirated voiceless initials)、次清(aspirated voiceless initials)、全浊(voiced obstruent)、次浊(voiced sonorant)四类,是罗常培根据《韵镜》的分类,参酌诸家异名而确定的,罗先生说:“分类虽嫌稍疏,而讨论旧音,颇便称举。”按照罗先生的说明:“全清者,即不送气不带音之塞声、擦声及塞擦声也;次清者,即送气不带音之塞声、塞擦声及不带音之擦声也;全浊者,即送气带音之塞声、塞擦声及带音之擦声也;次浊者,即带音之鼻声、边声及喻纽也。”①这个说明有两点要作补充说明:其一,罗先生将不带音擦音既列为全清,又列于次清,似乎矛盾,其实不然。从他所整理出来的三十六字母表看,他是分别将清擦音“心审”列于全清,“晓”列于次清。关于“晓”母该归何种的小类,有的学者认为“晓”与“匣”母成清浊相对,既然列“匣”于全浊,则与之相对的“晓”母亦当列于全清,此可备一说。其二,罗先生将全浊声母定为送气,此乃从高本汉说,经李荣先生等辩正,古全浊声母当为不送气音,今从之。

附:戛、透、轹、捺。“戛透轹捺”是清末民初音韵学家劳乃宣对汉语声母发音方法的分类,具体内容为:

不送气塞音、塞擦音声母无论清浊均为戛类,如三十六母中之端定、知澄、帮並、见群等。

送气的塞音、塞擦音声母无论清浊均为透类,三十六母中只有清而无浊的透类。

擦音无论清浊均为轹类。

鼻音边音半元音为捺类。

按照劳氏的看法,三十六字母是不全的,透类有清无浊,捺类有浊无清,如果补全当为58类。戛透的分类很方便称呼送气与不送气,所以至今还有人使用这一对术语。

三、三十六字母及其在韵图上的分布

3.1　三十六字母表

了解了七音清浊,我们就可以列出三十六字母表。下表为等韵三十六字母七音清浊表,字母右旁附上的国际音标为中古音值构拟。

---

① 语见《释清浊》,《罗常培语言学论文集》,商务印书馆2004年第137页。

		清		浊	
		全清	次清	全浊	次浊
唇音	重唇音	帮 p	滂 p‘	並 b	明 m
	轻唇音	非 pf	敷 pf‘	奉 bv	微 ɱ
舌音	舌头音	端 t	透 t‘	定 d	泥 n
	舌上音	知 ȶ	彻 ȶ‘	澄 ȡ	娘 ȵ
牙音		见 k	溪 k‘	群 g	疑 ŋ
齿音	齿头音	精 ts	清 ts‘	从 dz	
		心 s		邪 z	
	正齿音	照 tɕ	穿 tɕ‘	床 dʑ	
		审 ɕ		禅 ʑ	
喉音		影 ʔ	晓 x	匣 ɣ	喻 j
半舌					来 l
半齿					日 ȵʑ

从拟音可以看到，唇音的两类，重唇乃双唇音，轻唇为唇齿音。舌齿音两类，舌头音为舌尖中音，齿头为舌尖前音，但舌上音与正齿音都是舌面前音，区别在于，舌上音是塞音（包括鼻塞音），正齿音是塞擦音和擦音。牙音和喉音的“晓匣”两母也都是舌面后音，区别在于牙音是舌面后塞音，喉音的晓匣两母是舌面后擦音。喉音的“影”母是声门塞音，喻母是半元音。半舌音来母是舌尖边音，半齿音日母是舌面前鼻塞擦音。

3.2　三十六字母在韵图上的分布

三十六字母在韵图上的排列是以七音为单位的，在不同的书上七音排列有不同的顺序，如《韵镜》《七音略》以“唇舌牙齿喉半舌半齿”为序，《四声等子》以“牙舌唇齿喉半舌半齿”的次序排列，这一差别可以表现韵图的编制方式不同，但对于韵图的语音结构影响不大。然而早期韵图在三十六字母的排列上却有一个共同的特点，有必要弄清。这就是字母排列的位置与字母数目不对等。

前面说过,韵图是在图表上端排列声母,既然有三十六个声母,就应当有三十六个位置来排它们。但现存宋元五种韵图却有两种排列:一种仅排二十三个位置,可排入二十三母,将另十三母重叠地放置于二十三位之下,因而可称为"折叠式"排列;另一种排列是设立三十六个位置,将三十六母一一展开,排入三十六位中,因而这种方式又可称为"展开式"排列。宋元五种韵图中仅《切韵指掌图》列三十六位,属于展开式排列,其余四种韵图都只列二十三位,作折叠式排列。展开式一目了然,无须多说。在折叠式韵图中则有其讲究,七音的安排分别为唇音四位,舌音四位,牙音四位,齿音五位,喉音四位,半舌半齿各一位,共二十三位。七音二十三位,要排入36个字母,必有十三位要排入两个字母。具体说,唇音和舌音各四位但均须排入8个字母,齿音五位排入10个字母,都要每位排入两个字母。为什么在唇舌齿三类十三个位置每位可以排入两个字母呢?原来这十三个位置上的清浊各个声母在韵图的四等中处于互补的状态。具体情况如下:

唇音。唇音八组中,重唇帮滂並明四组四等齐全,轻唇非敷奉微四母只出现三等韵的十个韵类:东三、钟、微、虞、废、文、元、阳、尤、凡(举平以赅上去入),这十韵中没有重唇音,故称为轻唇十韵,其余韵里全部都只有重唇帮滂並明而没有轻唇音。整个音系中重唇出现则无轻唇,轻唇出现则无重唇,轻与重唇音完全互补。所以,唇音位四个位置,排入八个声母,落实到图中的等位上不会冲突。

舌音。舌音的舌头音只出现于一、四等韵中,舌上音只出现于二、三等韵中,互补。

齿音。齿音中的齿头音在韵图上也只排列于一、四等韵位置,正齿音只排列于二、三等韵位置,互补。下表是《韵镜》的图中七音三十六母各音在等上的分布。

	唇音	舌音	牙音	齿音	喉音	半舌	半齿
一等	帮滂並明	端透定泥	见溪○疑	精清从心○	影晓匣○	来	○
二等	帮滂並明	知彻澄娘	见溪○疑	照穿床审○	影晓匣○	来	○
三等	帮滂並明 非敷奉微	知彻澄娘	见溪群疑	照穿床审禅	影晓○喻	来	日
四等	帮滂並明	端透定泥	见溪○疑	精清从心邪	影晓匣喻	来	○

可见唇舌喉三组音的26个字母，各自两两相对在韵图上均处于互补状态，因而可以两个字母共一位置。这种互补的分布大致反映了中古音里声母与韵母相拼的特征，比方说，轻唇音声母只拼10个三等韵，舌头音只拼一等、四等韵，齿音则照穿床审禅只出现在二、三等，精清从心邪仅见于一、四等，等等，但其深层次的原因是古音同源（详后文）。

《切韵指掌图》中有一首《辨分韵等第歌》，专门说这个排列框架，歌云：

见溪群疑四等连，端透定泥居两边。
知彻澄娘中心纳，帮滂四等亦俱全。
更有非敷三等数，中间照审义幽玄。
精清两头为真的，影晓双飞亦四全。
来居四等都收后，日应三上是根源。

第三节　调的分析

一、四声及其性质

1.1　四声的发现

汉语是有声调语言，但声调是不是华夏语言与生俱来的呢？远古时代已难知其详，周秦时代的声调状况，目前学术界有不同的看法，有的说上古音只有平、入两声，有的说上古无去声，有的说上古无入声等等，但对于周秦时代已具备声调，这一点没有异议。《诗经》中的押韵大多数韵脚字声调相同，说明当时诗人已能利用声调来造成诗歌押韵的音律美感。

从周秦至今，汉语的声调至少已存在了三千年以上，但历史上对于声调的认识、归纳与命名却是南北朝时候的事。这与文学史上形式主义的永明体有关。永明是南朝齐武帝萧赜的年号，始于公元483年，终于493年，共11年。《南齐书·陆厥传》载："永明末，盛为文章。吴兴沈约、陈郡谢朓、琅邪王融以气类相推毂。汝南周颙善识声韵。约等为文皆用宫商，以平上去入为四声，以此制韵，不可增减，世呼为永明体。”①这是今所见历史文献中有关“四声”的最早记载之一,同样的记载亦见于《南史》。

1.2 四声的系统性

南朝文人发现了汉语的声调,并把它们归为四声,命名为:平(level tone)、上(rising tone)、去(falling tone)、入(entering tone or abrupt tone)。史载沈约和周颙都写过有关四声的著作。《梁书·沈约传》:“(约)又撰《四声谱》,以为在昔词人,累千载而不悟,而独得胸衿,穷其妙旨,自谓入神之作。”②周颙所写《四声切韵》见于《南史·周颙传》。可惜这些著作都已亡佚。唐代日本留唐僧空海《文镜秘府论》(王利器《文镜秘府论校注》本,中国社会科学出版社1983年)引述了一段名为《调四声谱》的有关四声的材料:

调四声谱

平上去入配四方:

东方平声平伻病别　　南方上声常上尚杓

西方去声祛麩去刻　　北方入声壬衽任入

凡四字一纽。(23页)

通常认为这段文章出自沈约的《四声谱》一书,然而空海的引文并未明确其作者与书名,我们现在还没有确切的证据证明该段文字的作者就是沈约。所谓“凡四字一纽”是指“东方平声”等四句后面小字夹注的四个字。这四个四字组,分别是平上去入四个音节的四声转读:“平伻病别”是“平”字的四声转读,“常上尚杓”是“上”字的四声转读,“祛麩去刻”是“去”字的四声转读,“壬衽任入”是“入”字的四声转读。每组转读的四字之间,声母相同,声调由平依次到入。这种一个音节依次由平到入的转读,古人称为纽四声,一个纽四声的组合,古人称为一纽,此即“四字一纽”之意。

① 《南齐书》卷五十二,中华书局标点本1972年第898页。

② 《梁书》卷十三,中华书局标点本1973年第243页。

一字纽四声显示了古人对声调体系的音理把握，试将调四声谱中列举的“平、上、去、入”纽四声的四个字与韵书、韵图的四声相承作一对比，见下表：

	调四声谱	广韵	韵镜	七音略
平梗摄庚韵系並母	平伻病别	平○病檸	平○病檸	平○病檸
上宕摄阳韵系禅母	常上尚杓	常上尚妁	常上尚杓	常上尚妁
去遇摄鱼韵系溪母	祛魼去刻	虚去欶○	墟去去○	墟去去○
入深摄侵韵系日母	壬衽任入	任荏妊入	任荏絍入	壬荏妊入

表中《广韵》的四声代表字均取相对应小韵的首字，又“欶”小韵《广韵》（泽存堂本）原作“近倨切”，周祖谟校改作“丘倨切”，今据周校。

看上表，调四声谱所调之四声跟韵书、韵图的一个显著区别，就在于调四声谱任一音节的四声都是全的，而韵书韵图则四声不全，时有空缺出现。因为韵书是实际语音的实录，有其音则录，没有则缺，而调四声谱则是对任一音节的声调作音理的推阐，无论在实际使用中某音节是不是四声齐全，据音理都可调出其四声，大概空海所谓“夫四声者，无响不到，无言不摄”（80 页），就是这个意思。所以，调四声谱是对汉语声调的一种音理的推演，音理推演讲究系统的完备，这当然与实际中的使用情况并非一回事，完全可以从调四声谱的推演中看出古人对声调现象具备了系统的观念，它的重要性是不言而喻的。

1.3　四声的语音性质

从前引《梁书》史料可见，沈约对发现四声之事颇为得意，以为发千年之秘。他们用“平上去入”四字给四声命名，这个名字一直流传到今天。但四声的性质是什么？换句话说，什么叫声调？沈约、周颙都没有给出解释。当时梁武帝问周颙的儿子周捨“何为四声？”，这位号称“音韵清辩”的周捨却答不上来，只得回答“天子圣哲是也”。[①] 可见发现四声是一回事，怎么解释又是一回事。

现在所能看见的古人对四声的解释，最早当推唐代元和间僧人处忠的《元和韵谱》，该谱已佚，但附载于《宋本玉篇》的沙门神珙所撰《四声五音九弄反纽图》序文中引述了处忠的说四声的话，云：“平声者哀而安，上声者厉

① 事见《梁书》卷十三《沈约传》，中华书局标点本 1973 年第 243 页。

而举,去声者清而远,入声者直而促。”这个解释对于“入声”的意思比较明晰,“平上去”三声则不知所云。明代释真空有一首关于声调的歌诀:“平声平道莫低昂,上声高呼猛烈强。去声分明哀远道,入声短促急收藏”①,也是一样不清晰。

明代音韵学家袁子让曾提出以音乐的方法来辨声调,他说:“大概平声铿锵,上声苍老,去声脆嫩,入声直朴。说者谓平声似钟,上声似鼓,去声似磬,入声似柷,其理近是。尝试以琴声验之,从中弦鼓便作平声,从老弦舒迟者鼓,便作上声,从子弦急动者鼓,便作去声,从老弦、中弦之间鼓,便作入声。岂非平中、老上、去嫩而入急乎！四声之分,当以此为定论矣。”②用琴弦鼓动产生的旋律来比方声调,其方法基本正确,可惜其所描写同样过于含糊。又据《利玛窦札记》记载,明代来中国传教的外国传教士郭居静也曾从音乐的角度研究过声调,但不见其著述,具体内容不明。

直到20世纪20年代,刘复利用浪纹计对北京、南京、武昌等十二个点方音的声调进行实验之后,得出“我认定四声是高低造成的”,但在某些入声中也有“音长”的因素的看法③,首次从物理特性角度说清了声调的性质。今天我们对现代汉语的声调的解释主要取“音高”说。从语音学角度来看,音高是由声波振动的频率高低决定的,就像唱歌的旋律,它是附着于音节的音素之上,被看作语言中的超音质音位。但古汉语的声调中有入声的存在,比现代汉语要复杂一些,因为入声的声调短促,使得音长的因素也有很重要的作用,而入声韵则是由于塞音韵尾的存在而形成的。

二、四声的二分

清儒夏燮《述韵》卷五云:“平上去入分为四声,四声之中又分两类。昔人谓上去入为仄声,与平声为两类。燮谓平上去一类,入声一类。平上去三声以同音谐,入声之于平上去以转声谐。”④何谓转声谐?夏氏举例曰“之引而为止,又引而为

---

① 明释真空《新编篇韵贯珠集》之《类聚杂法歌决第八》第49页《讶四声》,明弘治戊午本。

② 语见《五先堂字学元元》卷一《一百一十二声平上去入》,《续修四库全书》第255册第181页。

③ 语见刘复《四声实验录》,中华书局1951年第49页。

④ 语见《续修四库全书》第249册第36页。

志，然后由志而转入于职”，“之止志-职”，这个四声间的转读，在“之”音节从其平上去到入之间不仅仅是声调（或音高）的不同，从中古音的角度看，还含有韵尾的不同，平上去与入之间并非同其声韵，所以要称作“转声”。

夏燮所说的四声分为两类，其实就是四声在不同的使用场合又可以分别分为两个部分的意思。一是在文学创作中，分为平仄两个部分；二是在音韵的研究中，可以被分为舒促两个部分。

2.1　平仄二分

四声最初是为了诗文创作的需要而被归纳出来的，六朝文人利用声调的高低与缓促，进行参差的安排，使文句产生抑扬顿挫的效果，形成诗律。到唐代，诗律逐渐成熟，诗律对于声调的安排成为定式。这就是将四声分为“平仄”两部分，即：“平声”为平，“上去入”三声为仄，此分类主要区别声调的高低抑扬，以形成诗词格律模式。

2.2　舒促二分

从音韵学研究的角度看，入声与平上去声的差别很大。在平上去入四声相承的韵中，平上去三声的韵母相同，所以夏燮说“平上去三声以同音谐”；而入声与平上去三声的转读则声韵有所不同。如前所述，一个音节，读其平上去三声时，声韵相同仅声调不同，而转读到入声则除声调不同外，还有韵尾的不同，所以夏燮说“入声之于平上去以转声谐”。故而为了研究音韵学的方便，学者常将四声分舒促两类，即“平上去”三声为舒声，“入声”为促声，此种区分主要便于分析韵母，它可以提示我们，同一个韵母，当其读入声时与其读舒声时，不但声调不同，韵尾亦往往不同。这是从事音韵学研究时必须注意的。

套用陆法言《切韵序》中的话，平仄二分是为了“广文路”，舒促二分是为了“赏知音”。

三、清浊与阴阳

声调与声母的清浊也有关联。中古以来，一般情况下，声母的清浊因其有无振动声带的作用，对声调的实际发音会产生连带的影响，通常是同一声调中，读清声母的音节声调相对略显高亢明亮，浊声母的音节相对略显低沉暗涩。以至四声之中,因其声母清浊不同,使得各声调内部实际音高略异,而形成一声有清浊(或阴阳)两调的差异,四声即出现阴阳八调。阴阳八调最初可能只是由声母的清浊附带产生的声调音高略有差异的变体,但就是这个变体,随着中古至近代全浊清化的音变而逐渐成为从中古到近代声调变化的起因。

第二编

《切韵》音系

由陆法言于隋文帝仁寿元年(601 年)编成的《切韵》,是中国历史上第一部记录汉语共同语标准音的韵书。这部基于当时学术精英集体讨论的成果、吸收时行韵书之精华汇编而成的韵书,所记之音是汉语中古阶段的通语语音。《切韵》以其遍注于逐韵所辖小韵之下的众多反切,细致而全面地记录了中古汉语通语音系的全部音节。在这些纷繁复杂的反切当中蕴含了当时汉语通语语音的全部声母、韵母和声调,全面地反映了汉语语音史中古时代的代表音系。这部拥有详尽的音节注音的经典韵书,凭借其翔实的中古汉语代表语音,在悠久的汉语语音发展史上确立了一个完备的、时空定位准确的历史音系坐标,通过它向上可以回溯上古语音,向下可以探求近现代语音,其历史地位举足轻重。

从学理上看,《切韵》还与汉语音韵学的基础理论和术语体系的萌生及成型密切相关。毫不夸张地说,传统音韵学早期的基础理论及名词术语,都是在对《切韵》和《切韵》音系的研究中逐步形成的,因此,要有效地掌握并理解音韵学的基础理论和术语体系,就必须了解和掌握《切韵》音系。

综上可知,在音韵学的学科体系中,《切韵》绝不仅仅是一本韵书这么简单,它其实同时具有奠定音韵学的学理基础、确立语音史的历史坐标的重大理论意义和学术价值,因此,无论从音韵学的基础理论还是语音史来看,《切韵》音系都是举足轻重的。这一切都毫无疑问地使得《切韵》音系成为音韵学学习与研究的重点。

第一章 研究方法及相关问题

第一节 《切韵》音系的研究概况

一、音系研究的必要性

《切韵》是韵书，其立卷、分韵和小韵注音完备地展现了所记音系的声调和韵部(韵基)及其音节系统，但分韵及音节排列并不等于分出了声母和韵母。也就是说，《切韵》的立卷和分韵除了可以告诉我们它的声调有多少，可以大致得知各卷之下韵基的基本情况外，并不能告诉我们它的声母、韵母的具体状况，其数目有多少，其结构或相互关系如何等内容。

同样，在《切韵》音系基础上编成的《韵镜》与《七音略》等切韵学著作，采用图表形式展现《广韵》的音节系统，将韵尾相同、主元音接近的字音排入同一韵图，在同一韵图中又将韵母和声调完全相同的音节依声母的七音顺序排入同一个等位，这种有序的层级排列，虽然充分展示了汉语音节之间在最小区别特征层面的细微差异，体现了音系的基础结构与组织特征，但并未告诉我们三十六字母是否就是《广韵》的声母系统，同样也无法一目了然地直接从四十三张韵图的等位中看到《广韵》的韵母系统。韵图本身没有给我们归纳出《广韵》音系的声母系统和高本汉所宣称的"真韵母"系统。

《切韵》的声母、韵母系统其实就蕴藏在纷繁复杂的反切之中。在《切韵》的反切体系中，切上字代表被切字的声母，切下字代表被切字的韵母和声调。据统计，《广韵》共有反切 3 873 个，当然就会有同样数量的反切上下字，其中有许多字是重复出现的，去掉重复，计有切上字 471 个，切下字 1 191 个[①]，如此庞大的数目显然不可能是中古音的实际声母和韵母。因而《切韵》的声母和韵母究竟有多少，必须要有研究与考定。

① 各家统计数据并不完全相同，此据杨耐思《音韵学的研究方法》(《近代汉语音论》，商务印书馆 1997 年第 197 页)一文提供的数字，罗常培提供的数字是，上字 452 个，下字 1 195 个。

研究《切韵》音系主要解决两个问题，一是音类问题，二是音值问题。音类就是弄清楚《切韵》音系的声、韵、调系统，即有多少个声母、韵母和声调，这些声、韵、调内在结构关系如何。音值是指这些声母、韵母和声调在中古的可能音值，即推测它们当时怎么发音。

二、已有的研究

《切韵》虽然已佚，但《切韵》音系在其流传至今的两个修订本王仁昫《刊谬补缺切韵》（简称《王韵》）、《大宋重修广韵》（简称《广韵》）中，都完整地保留下来了。后人是通过对《王韵》或《广韵》反切的整理来研究《切韵》的音系的。

最早对《切韵》音系作系统研究的是清末学者陈澧。他认为"《切韵》虽亡而存于《广韵》"（陈澧 2004，2 页），因而他从《广韵》来考《切韵》的语音系统。他将自己的著作命名为《切韵考》，就是通过《广韵》考《切韵》的意思。陈澧的研究是音类的研究。

陈澧之后，由于故宫旧藏写本唐王仁昫《刊谬补缺切韵》全本（又称故宫本王韵或宋跋本、王三等）被发现，李荣改以《王韵》为对象来研究《切韵》音系，此后学者考求《切韵》音系多以王仁昫《刊谬补缺切韵》为依据。

对《切韵》音系的研究，自陈澧之后，黄侃、钱玄同（1918/1988）、王力（1957）、陆志韦（1947/1985）、曾运乾（1996）、李荣（1945/1956）、邵荣芬（1982）、黄笑山（1995）以及海外汉学家高本汉、马丁①、蒲立本②、桥本万太郎③等都有过系统研究。高本汉以后的研究大多在音类研究的基础上，进行音值的研究，即构拟《切韵》音系的声母、韵母的音值。在一大批中外学者共同努力下，《切韵》的音系基本研究清楚了。

学习和研究《切韵》音系，首先要了解《切韵》音系的研究法。本章简介《切韵》音系的研究法，先介绍音类研究法，再介绍音值研究法。

---

① 马丁（Samuel E. Martin 1953）*The Phonemes of the Ancient Chinese*, Supplement to the Journal of American Oriental, Vol.16.

② 蒲立本（1984）*Middle Chinese: A Study in Historical Phonology*, University of British Cloumbia Press Vancouver.

③ 桥本万太郎 1978，*Phonology of Ancient Chinese*。

第二节 音类的研究：系联法及其他

虽然反切上下字并不就是《切韵》的声母、韵母，但要知道《切韵》的声母、韵母，却必须从反切上下字中考求。清儒陈澧首创系联法，根据“双声叠韵”的原理，通过反切上下字的系联来考证其声母和韵母，获得了巨大成功。尽管在具体运用中出现了不少问题，后人从各个方面对它进行了补充修正，但迄今系联法仍是研究《切韵》音系的主要方法。

陈澧(1810—1882)，字兰甫，号东塾。广东番禺(今广东)人。著《切韵考》六卷、外篇三卷。在《切韵考》中，陈氏创立系联法(interconnection method of fanqie)，通过双声叠韵关系排比、系联《广韵》的反切上下字，比较客观地考出《广韵》书中所含的《切韵》音系的声类、韵类系统。

一、系联的原理与原则

陈澧在《切韵考·序》中综述清儒嘉定钱大昕、休宁戴震两人学说时，概括出“字母即双声，等子即叠韵，实齐梁以来之旧法也”(2004，2页)的观点。就是说，在反切中，声母(即所谓“字母”)是通过双声关系表现的，韵母(所谓“等子”)是通过叠韵关系表现的，可见小小反切的上下字之间已具体而微地包含了声母、韵母之原型。陈澧这一打着前贤旗号提出的猜想，其实是一条自齐梁时代韵书面世之时就已实施的反切原则。我们前文已介绍过“双声叠韵法”的基本原理，这个原理早在敦煌遗书中就已有所涉及，如有一个名为《韵关辩清浊明镜》(伯5006)的残卷云：“……得与‘丹’字为切。凡有是双声字皆互为其切。‘滩’字得与‘丹’字为韵。凡是叠韵字皆互为韵。诸欲反切，例皆如此也。”[①]尽管该卷前部已残，还是可以透过其存留部分看到所述“切韵原理”的内容，所谓“双声字互为切”，这个“切”应当就是切韵学所谓“上切下韵”的“切”，指切语上字，就是说反切要使用双声字作切上字，反切中凡“互为切”的字均属双声；所谓“叠韵字互为韵”，这个“韵”指切下字，

① 周祖谟《唐五代韵书集存》下册，第955页。

反切中凡“互为韵”的字均为叠韵。这个精神与陈澧所述切语的原理是相通的,可见陈氏的猜想没有错。

陈澧继续说:“切语之法,以二字为一字之音:上字与所切之字双声,下字与所切之字叠韵;上字定其清浊,下字定其平上去入。”(3 页)那么,将凡双声之字系联为一组就可以得到一个声类,将凡叠韵之字系联成一组就可以得到一个韵类。他说:“乃取《广韵》切语上字系联之为双声四十类;又取切语下字系联之,每韵或一类或二类或三类四类。是为陆氏旧法。”(2 页)

为了使自己的考证不受现代语音的干扰,陈氏给自己定下了这样的原则:“惟以考据为准,不以口耳为凭,必使信而有征,故宁拙而勿巧。”(2 页)这是一种历史主义的原则,坚持这个原则,就可以最大限度地保证考证的客观可靠。

二、系联的操作:正例与变例

2.1 正例

正例是指在正常情况下的操作程式。陈澧确立了一个在正常情况下系联切语上下字的操作程式,按照这个程式,就可以将能够系联的切语上下字联成一组,同时区分不同类的切语上下字。正例包含了“求其同”与“别其异”两个部分。

2.1.1 求同法

陈澧这样讲述其所设立的求同程式:“切语上字与所切之字为双声,则切语上字同用者、互用者、递用者,声必同类也。同用者如冬,都宗切;当,都郎切:同用都字也。互用者如当,都郎切;都,当孤切:都当二字互用也。递用者如冬,都宗切;都,当孤切:冬字用都字,都字用当字也。……切语下字与所切之字为叠韵,则切语下字同用者、互用者、递用者,韵必同类也。同用者如东,德红切;公,古红切:同用红字也。互用者如公,古红切;红,户公切:红公二字互用也。递用者如东,德红切;红,户公切:东字用红字,红字用公字也。”(3 页)可以简示如下:

上字系联例:“冬、当、都”三切语之间具有下列双声关系:

同用:冬、都宗切,当、都郎切;

“冬当”同用“都”作切上字,“冬当都”声同互用：当、都郎切，都、当孤切；

"都当"互为切上字，"都当"声同

递用：冬、都宗切，都、当孤切；

"冬都当"递相为切上字，"冬都当"声同

结论："冬当都"是同一声类

下字系联例："东、公、红"三切语之间具有下列叠韵关系：

同用：东、德红切，公、古红切；

"东公"同用"红"作切下字，"东公红"韵同

互用：公、古红切，红、户公切；

"红公"互为切下字，"红公"韵同

递用：东、德红切，红、户公切；

"东红公"递相为切下字，"东红公"韵同

结论："东红公"是同一韵类

2.1.2　别异法

系联可以知道哪些切语上下字是同类，这是求其同之例，但如果要知道哪些切语上、下字不属于同一音类，还有一个比较简便的方法来断定。这就是根据不同切语的上下字是否对立来判断声类或韵类的异同。陈澧说："《广韵》同音之字不分两切语，此必陆氏旧例也。其两切语下字同类者，则上字必不同类，如：红，户公切；烘，呼东切：公东韵同类，则户呼声不同类。今分析切语上字不同类者，据此定之也。上字同类者，下字必不同类。如公，古红切；弓，居戎切：古居声同类，则红戎韵不同类。今分析每韵二类、三类、四类者，据此定之也。"(4 页)这个操作程式也可以作如下图解：

判断两切语下字不同类的例子，如"公""弓"的两个小韵反切

语料：公，古　红切

弓，居　戎切

前提：已经确认两切语的上字"古、居"同声类

结论：切下字"红、戎"是两个不同韵类

判断两切语上字不同类的例子,如“红”“烘”两个小韵的反切:

语料:红,户　公切

　　烘,呼　东切

前提:已经确认两切语的下字“公东”同韵类

结论:切上字“户、呼”是两个不同声类

这两个例子还很好地体现了“惟以考据为准,不以口耳为凭”的原则。以“公、弓”两切语为例,被注字“公”“弓”现代汉语读音相同,而两切语的反切用现代音来读,表现为上字不同类、下字同类。但考据的结果却是上字“古、居”为同类,下字“红、戎”不同类,那就只能依考据来确定其同异,确定“公”“弓”两字在《切韵》时代是韵母不同。

陈氏所举两例是比较典型的例子,用于比较的反切都出于同一个韵部“一东”之中,其实既然凡同音字都不分立两切语,那么《广韵》中任意两个小韵的反切都是不同音的,两切语之间的不同就有三种可能:

一是上字不同,此即仅声类不同,如上述之例“红户公切”“烘呼东切”两切语,仅上字“户”“呼”不同声类。

二是下字不同,此即仅韵类不同,如上述之例“公古红切”“弓居戎切”两切语,仅下字“红”“戎”不同韵类。

三是上下字都不同音类,如“烘呼公切”“碚户冬切”,其上字“呼”“户”不同声类,下字“公”“冬”不同韵类。当然,切语之间上下字如果都不同,是无法系联的,对于采用系联法确定是否同音类的价值不大。

2.2　变例

变例指在特殊情况下使用的程式。这里的特殊情况特指那些本属同类而又无法系联的反切上下字。陈澧说:“切语上字既系联为同类矣,然有实同类而不能系联者,以其切上字两两互用故也。如多得都当四字,声本用类:‘多’得何切,‘得’多则切,‘都’当孤切,‘当’都郎切,多与得,都与当,两两互用,遂不能四字系联矣。”(4页)从所举实例可见,同属一个声母的“多得都当”四个切语中,其切上字“多得”互用,“都当”互用,分为两组各不相联。同样情况在切下字中也有,“切语下字既系联为同类矣，然亦有实同类而不能系联者，以其切语下字两两互用故也。如朱俱无夫四字，韵本同类。‘朱’章俱切，‘俱’举朱切，‘无’武夫切，‘夫’甫无切，朱与俱，无与夫，两两互用，遂不能四字系联矣。”（4 页）这就是本来同类当联而不能系联的现象。

为救此蔽，陈澧又定出变例。变例包含两条：一是通过一字异读两写来系联声类，二是通过四声相承的关系来推定韵类的同异。

2.2.1 上字系联的变例

多音字的多个音读，在《广韵》中经常互注切语，而在不同的场合重复出现，这就是一字异读两写。陈澧说：“今考《广韵》一字两音者互注切语，其同一音之两切语上二字声必同类。如一东‘涷德红切，又都贡切’，一送‘涷，多贡切’，‘都贡’‘多贡’同一音，则‘都’‘多’二字实同一类也。今于切语上字不系联而实同类者，据此以定之。”（4 页）他发现《广韵》对于多音字，其不同的读音在不同地方出现时往往互注。这样就出现一个音节可能会采用两个或多个反切标注的可能。如，“涷”字有平、去两个读音，一个在平声东韵，一个在去声送韵。《广韵》平声东韵里“涷”字下注读音“德红切”，又注明它有去声的读音“都贡切”，这个去声读音在送韵中注的音是“多贡切”，显然去声送韵所注的“多贡切”与平声的又音“都贡切”是同一个音的不同写法，即可以有如下推理：

因为，多贡切=都贡切，

所以，多=都

这样“多得”与“都当”就联拢来了。

2.2.2 下字系联的变例

此即通过四声相承来推断韵类的异同。陈澧说：“今考平上去入四声相承者，其每韵分类亦多相承。切语下字既不系联，而相承之韵又分类，乃据以定其分类。否则虽不系联，实同类耳。”（4 页）如平声虞韵“朱俱无夫”4 个切下字“朱俱”“无夫”两两不能系联，可是与之相配的去声遇韵共有“注戍孺句遇树”6 个切下字，均可系联，如：

注之戍切 戍伤遇切	“注戍遇”递用
孺而遇切 句俱遇切	“戍孺句树”同用“遇”字
树殊遇切 遇虞树切	“树遇”互用

虞麌遇平上去相承，其去声完全系联为一类，以去声推平声，则“朱俱无夫”四个下字当属为同韵类。

陈澧运用系联法获取《切韵》的声类 40，韵类 311。他直接认为“声类”就是声母，因而他以为《切韵》音系的声母为 40 个。我们前面指出过，根据反切的双声关系，声类是系联所得的一组反切上字，同声类的字声母一定相同，但声类是不是声母，还要通过一定方式的验证（详后）。韵类也不能直接就认定是韵母，因为韵类是根据反切的叠韵关系系联所得的一组反切下字，其韵母与声调相同，还需要去掉韵类所含的声调音素，才可以得到韵母。所以，陈澧系联的结果是首次归纳了《切韵》音的声类、韵类系统，尽管还没有得出《切韵》的声母、韵母系统，但离这个目标仅一步之遥了。可以说，对《切韵》音系的研究，系联是基础。没有客观而科学的系联，要从纷繁的反切中得到《切韵》的声母、韵母系统，是非常困难的。

三、存在的问题及相关的探讨

系联法的原理和操作规则是客观的、科学的，但它同样也要求所有反切上下字的用字是单纯的、内部统一的，能够实现全面的有效系联。但《切韵》尤其是《广韵》的所有反切用字满足不了这个要求，因为前人编写韵书、制定切语时可能还想不到要对上下字的取用及标注方式作通盘规划，这就使得上下字的使用带有很大的随意性，加以《广韵》一书实乃《切韵》系列韵书的集大成者，经历四百余年的修订增补，更加重了切语用字的庞厖芜杂，这都与系联对语料的要求发生矛盾。陈澧在系联的具体操作中，经常遇到用正、变例都无法决定其分合的现象。为了解决这些困难，陈澧从校勘、参考韵图以及其他资料等方面找答案，作了一些解释。但有些问题陈澧的处理不一定妥当，还有些问题陈澧可能没有注意到，也可能有意回避了，而没有作出说明。这些问题的存在，引起后来学者的批评，促使学者们进行深入的探讨，从而有了新的发现。

3.1 变例与类隔

3.1.1 变例之窘

前文已说，在上字的系联中，有一些本应是同类的上字，可是用“同用、互用、递用”的办法联拢不来，这时陈澧就采用变例，即利用一字两音的同音异写来系联。用这个办法，除了联拢端母的“多类”与“都类”之外，他还成功地将见母的“古类”与“居类”、溪母的“苦类”与“去类”、影母的“乌类”与“於类”、晓母的“呼类”与“许类”、来母的“卢类”与“力类”、清母的“仓类”与“七类”、从母的“才类”与“疾类”等系联成一类。

比方说，齿音“从”母在《广韵》共出现 14 个切上字，按正例系联是两类：

才类：才昨哉徂昨胡在昨宰前昨先藏昨郎昨酢在各

疾类：疾秦悉秦匠邻匠疾亮慈疾之自疾二情疾盈渐慈染

陈澧据其中某些字的又音异写将两类联为一类。比如“从”字，在《广韵》有三读：一读平声钟韵从母、一读平声钟韵清母、一读去声用韵从母。平声从母的读音，在平声钟韵里记作“疾容切”，在去声用韵“从”字之下，记其平声从母的又音为“才容切”，于是“疾容切”等于“才容切”，疾=才，两类系联为一类。

但陈澧对变例的使用，却没有贯彻到底。就是说，在某些通过变例应当联拢的地方，他并没有使用变例去系联。如，陈澧的四十声类中，舌上音知、彻、澄、娘与舌头音端、透、定、泥分立两类，重唇音帮、滂、並与轻唇音非、敷、奉也分立两类，罗常培指出，这两类之分立，是据正例得出的，若据变例，则舌上与舌头、重唇与轻唇不当分立。下面舌音与唇音各举一例。

舌音例：“长”在平声阳韵音“直良切，又丁丈切”，又音切上字用端母“丁”字，但这个又音在上声养韵写作“知丈切”，因此“丁丈切”=“知丈切”，“丁知”可联。这是舌音两类变例可联的例子。

唇音例：“妃”在去声队韵音“滂佩切，又匹非切”，又音上字用滂母，但这个又音在平声微韵却写作“芳非切”，芳字属轻唇敷母，因此“匹非切”=“芳非切”，“匹芳”可联,唇音的轻、重两类变例也可以相联。

罗常培因而批评说:“陈氏于其所欲合者,则用变例以联之;于其所欲分者,则用正例以别之,未免自乱其例。”[①]王力先生在《汉语音韵学》中也说:“陈澧虽则立下了很好的原则,可惜他自己往往不能遵守。若完全依然照正例,那么不止四十声类,若兼据变例,那么一定不到四十。”(190 页)王先生指出,若依他的正例,就有 47 类(按,其实有 51 类,关于系联声类具体数目,详本编下文第二章),彻底依变例,就只有 33 类。现在陈澧所分 40 类,他用变例合并了 11 类,但另外还有 7 类,据变例也当合并,他不合并。这就有自乱其例之嫌了。问题出在哪里?是条例没立好或没执行好,还是反切语料有问题?罗常培认为是反切出了问题,他说:“《广韵》反切大体沿用法言以下诸家,而于声音递变者,间亦改从时音,以主和协。其有改之未尽者,即所谓‘类隔’切也。”(出处同上)指出问题出在“类隔”切之上,因而有必要弄清什么叫类隔。

3.1.2 类隔与音和

要弄清“类隔”必须联系“音和”来说。类隔、音和都是等韵门法,两者的语义内涵是对立的。我们知道,韵图七音三十六字母中舌音和唇音各有两个小类,舌音分舌头、舌上两小类,唇音分重唇、轻唇两小类,不同小类的声母不同。类隔,就是说在反切中,舌音或唇音的被切字与其切语上字,同大类而不同小类。即,如果被切字属舌头音,而其切上字却用了一个舌上音,或被切字是重唇音,而其切上字却用了一个轻唇音等等,切语上字与被切字之间隔了小类,因而叫类隔。与类隔相对的是“音和”,在这里音和就是指反切上字与被切字声母完全相同。

在《广韵》前四卷的末尾,都附有一个“新添类隔今更音和切”条目,条目之下列举若干《广韵》正文中为类隔的小韵在此改注为音和的反切作为示例。如:

上平声卷末“新添类隔今更音和切”:悲,卜眉切

“悲”在《广韵》上平声六脂韵里面反切为“府眉切”。很清楚,“悲”字属帮母,重唇音,而“府眉切”的切上字却属“非母”,轻唇音,这是类隔。于是在卷末“今更音和”下注明“悲,卜眉切”,将切上字换成“帮”母重唇音的“卜”,其意思就是说,六

① 引文见王力《汉语音韵学》第 198—203 页所引罗常培《清华大学中国音韵沿革讲义》。

脂韵中“悲，府眉切”这个反切正确的拼读应当是“卜眉切”，用帮母字作其上字才可以拼出正确的读音。

又如：

上声卷末“新添类隔今更音和切”：贮，知吕切

“贮”字在三十六母中属知母，“知吕切”的“知”为舌上音，与舌上音“贮”字是音和；而在《广韵》上声八语韵中，“贮”字的切语却是“丁吕切”。“丁”属端母，舌头音，“丁吕切”是用端母切知母，隔了小类，是“类隔”，所以有必要改为“知吕切”才能正确切出其音。《广韵》各卷末所举类隔实例只有唇音、舌音，其实类隔还有齿音的齿头与正齿音的例子，只是在《广韵》出现很少，一般不提。

3.1.3 类隔的本质

我们不禁要问，好好一个反切注音，为什么不直接注一个与被切字声母相同的上字，偏要隔小类注一个不同声母的上字呢？根据前所引罗常培的解释，这个问题要从古音来源上加以说明。根据清代学者的研究，古汉语声母中唇音的轻唇、重唇，舌音的舌头、舌上在上古音中本属同类，即所谓“古无轻唇音”“古无舌上音”（详第三编第二章）。就是说，上古音中“非敷奉微”归属于“帮滂並明”，“知彻澄娘”归属于“端透定泥”，一直延续到两汉魏晋。反切出现于汉末，所以，早期音韵学家按当时的语音作反切，自然不会区别轻唇重唇、舌头舌上。“悲”注“府眉切”，“府”字在当时还是重唇，当时语音中“悲”与“府”完全同声母。“贮”字注“丁吕切”，当时“贮”还是舌头音，“丁”与“贮”声母相同，总之，当时这样注音是音和的。但经过六朝隋唐的演变，轻唇与重唇分化，舌上与舌头分化，上古的“音和”到唐宋就成了“类隔”。从韵书发展的历史来看，《切韵》本是魏晋六朝韵书之集大成者，其反切多有取于前代，编写之初所面对的前人反切一定有许多不分轻唇重唇、不分舌头舌上者，当这些音在后代分离之后，这批早期的反切就成了所谓类隔。

清末音韵学家许桂林说：“反切安得有类隔？类隔之说，起于宋世。彼于古人反切读之而合者，则曰音和，其不合者，则曰类隔。不知古人反切随意取两字为之，各用其方音，故后人多所不合。古人岂有所谓类隔之法，而依以制反切哉！”[①]古人

① 语出许桂林《李氏音鉴后序》，见《续修四库全书》本《李氏音鉴》卷末，第496页。

制反切当然不会故意去类隔,其所以如此,必有原因。不过,许桂林从方音差异的角度讲类隔形成的原因,并没有说到点子上。"类隔"切,或有方音差异的表现,但说到底是一个历史语音现象,其根源在于古今语音演变的不平衡。因此,类隔现象的本质是反映了历时语音的差异。而据《切韵》(《广韵》)的切语上下字考中古音系则属于共时语音研究,两者性质不同,所以在系联中恰当地区别两种不同性质的反切,有利于《切韵》音系研究的准确性。关键是如何把握一个合适的"度"。后文我们将会看到,由于对这批类隔反切存在着不同的看法,对《切韵》声类研究的结果也就不同。

3.2 同韵类重出小韵:重纽

3.2.1 问题的提出

前面讲到,陈澧系联法辨别异类的原则是"同音之字不分立两切语",根据这条原则,分立两切语的小韵一定不同音,这种不同音可以表现为切上字不同类、切下字不同类或上下字均不同类。但是在对《广韵》的实际系联中,却出现了在同一个韵中两个分立的小韵反切、其上字系联同类下字系联也同类的现象,好像是同一个音分立两个反切,成了同韵类重复出现的两切语。如平声五支:

麾,许为切

隓,许规切

两个小韵的反切上字完全相同,而下字可以系联,如:"规居隋切,隋旬为切","规隋为"递用同类。典型的重复小韵例子是,两个小韵用的切语上下字都相同,如平声六脂:

葵,渠追切

逵,渠追切

这种同音类对立反切,在《广韵》中还不少,由于它们像是两个重复出现的小韵反切,故简称为"重纽"(redundant syllable in rhyme tables)。最早涉及重纽现象的可能是清代音韵学家江永(1681—1762)。江永在《古韵标准》例言中说:"若一部之中,同韵异等如公宫,同母异呼如饥龟,同音异字如岐奇,皆别其音切,不令淆混。"(7页)所说"同音异字"的"字"应当是"小韵"之意,就是指的重出小韵。陈澧在系联中提出了许多重纽现象，他相对作了一些处理，这可能是最早的重纽问题研究。随着研究的深入，人们发现所谓“重纽”中有一部分的分布很有规律，它们表现了《切韵》音系的一个很重要的音韵现象。

3.2.2　陈澧的处理

重纽现象是通过系联得到凸显的。从这一点来看，陈澧是最早接触并揭示重纽问题的音韵学家。但陈澧并没有提出有关重纽的学说，他只是从系联韵类的角度，对重复出现的反切大致作了三种不同处理：一是认为两个小韵中，有一个是后人增加，不是《切韵》原有，应当删去一个。二是认为两个对立反切实为一音，不当分为两切。三是应当分立两个韵类，至于下字之可以系联是有原因可说的。

（1）增加字的例子，如五支韵两个小韵：

騒，子垂切

剂，遵为切

两个切语的上字“子、遵”系联同属“精”类，下字同为五支合口三等，两个切语的上、下字都同类，如果按反切拼读，两个小韵同音。陈澧仔细观察了这两个小韵在五支韵中的排列，发现“騒”小韵排于五支尾部，且整个小韵仅此一字，而“剂”小韵位置靠前，且整个小韵收 6 个字。由于“騒”小韵位置靠后字又少，陈氏断定是后人修订《切韵》时所加，本非《切韵》所有，称之为“增加字”，在系联时将它们删除了。

（2）不当分两类的例子，如上声六止的两个小韵：

士，鉏里切

俟，床史切

陈氏说：“‘鉏里’‘床史’音又同，此亦误分两切也。《尔雅·释诂》释文：竢音仕，字又作俟，……音同。是此数字同一音之证。《玉篇》士涘并事几切，亦可证《广韵》分两切之误。”（43 页）既然是误分，那么在系联中就应当合并。

（3）应当分立两类的例子。许多重复小韵不能用“增加字”来解释，也找不到误分的证据，下面两对是典型的例子：

六脂合口群母重纽：逵渠追、葵渠追

质韵开口明母重纽：密美毕、蜜弥毕

以清张士俊泽存堂本《宋本广韵》为依据，六脂共计小韵42组，“葵”小韵排于脂韵第18位，收字8个，“逵”小韵排26位收字19个；入声五质共计小韵37组，“蜜”小韵排21位收字9个，“密”小韵排28位收字10个，都不符合后人增加字的特征，不可以看作后人增加字。两对切语所用上字同类、下字甚至相同，上下字都同类，照道理切出来是同音字，却分立两个切语，与“同音不分立两切语”的原则矛盾。

关于“逵、葵”，陈澧说：“此韵已有逵字渠追切，葵字不当又渠追切也。《玉篇》《类篇》《集韵》逵葵皆不同音，则非传写误分，实以葵字无同类之韵，故切语借用不同类之追字耳。”(39页)将下字相同的原因定为“借用”，故将“逵”“葵”看作不同的音类，然后根据韵图将“逵”列合口三等，“葵”列合口四等。

关于“密、蜜”，陈氏依《玉篇》《说文篆韵谱》认定《广韵》的“密”作“美毕切”乃下字讹误，当为“美笔切”。将两个小韵分立，“密”列开口三等，“蜜”列开口四等。至于上文提到五支的：縻许为切，隓许规切，这一对重纽，陈澧的解说是，既然“许为切”与“许规切”对立，就应当确定“为”与“规”不同韵类，“为”与“规”之所以能系联，问题一定出在“隋旬为切”这个反切身上，他说：“‘隋’字切语用‘为’字，亦其疏也。”(36页)“疏”是“疏漏”的意思，是说陆法言的这个反切没作好。

从前面的分析，可以看出陈澧总是立足于韵类，尽量将下字能够系联的重纽作出不同类的说明，像“逵葵”“密蜜”两对重纽，通过一定的途径，将它们完全相同的下字，说成本不同类，然后据韵图断定其中一个属三等、一个属四等，归为两个不同的韵类。要是反切下字系联不同类，那么，尽管韵图排在同一等，陈澧也要将它们分属两类，如：

五支唇音：陂彼为、铍敷羁、皮符羁、縻靡为

上列四个小韵，《韵镜》列于“内转第四开合”三等、《七音略》列于“内转第四重中轻”(即开口)三等，都属于同韵类，但《广韵》该四个小韵的切下字在整个五支韵中的系联却是两类：“羁”与“奇宜”为一类，“为”与“危垂”为一类，两类不能系联，

陈氏就据下字,径将“铍皮”列为开口三等,“陂縻”列为合口三等,四个小韵不同一类。可见陈澧并没认识到重纽是一个特殊语音现象,还是完全以系联的韵字来定其归属。总之,陈澧在系联中对重纽已经有所接触,但并没有意识到这是《切韵》的一类特殊的音。

3.2.3　后人的看法

后人对于重纽问题有截然不同的两种说法,一说否认重纽现象,一说确认重纽现象。

(1)否认重纽说。陈澧立足于系联,对重纽作出不同的处理,采用了“借用下字”“误用下字”“偶疏”等办法,很是勉强,难以令人信服。于是有一派学者,认为重出的小韵没有什么深意,实在是《切韵》切语承自前人、不能划一而产生的内部矛盾。章太炎《国故论衡》上卷《音理论》云:“《唐韵》分纽,本有不可执者。”他列举质、支等韵中的重纽切语来证成己说,如质韵“壹於悉切、乙於笔切”,“必卑吉切、笔鄙密切”,“密弥毕切,蜜美毕切”等三对小韵切语,均两两成对,上下字同类,章氏因而断言:“夫其开阖未殊而建类相隔者,其殆《切韵》所承《声类》《韵集》诸书,荦岳不齐,未定一统故也。因是析之,其违于名实益远矣。”(章太炎 2010,24页)章氏的意思是,这些重出小韵实乃因收集历史上不同来源的切语,兼收并蓄,没有作统一的编排而造成的人为分隔,有违于名实,应当将它们看作同音字,也就是说,它们需要归属于同一韵类。黄侃、高本汉、王力等均不论重纽。

(2)确认重纽说。20 世纪 30 年代,两位著名音韵学家董同龢、周法高通过各自的研究发现重纽现象的非同一般之处,因而确认重纽为《切韵》音系中的一个重要而独特的语音现象。

董同龢(1911—1963)以研究上古音而著称,其代表作为《上古音韵表稿》(1948A)。关于重纽问题,他著有《广韵重纽试释》(1948B)。在这篇论文中,他指出从上古音的角度来看,同一韵中分立两类的重纽,大多各有不同的上古音来源。他从重纽的上古来源论证其合理性。

周法高(1915—1994)在抗战期间进入西南联大北京大学文科研究所研读,在罗常培先生的指导下研究唐初玄应《一切经音义》(简称《玄应音义》)的反切,撰写硕士论文《玄应音研究》。他的研究对象《玄应音义》成书于唐太宗贞观末年(约

650 年），书中音注本为人们诵读佛经而设，立足于实用，故能反映当时实际语音。周法高研究的结果，其音类分合百分之九十都与《切韵》相同。周法高进一步说："最能引起我们兴趣的，就是：在《广韵》有重纽切语下字也分作两类的几韵（支、真、仙），在玄应的书里，也有同样的分别。"[①]周法高（1948B）因作《广韵重纽研究》一文，力辩重纽为当时实际语音。的确，玄应的书既为释经而作，讲求实用，经中文字当时怎样读他就怎样注音，其重纽的区别跟《广韵》大部分相同，可见重纽应当是中古音中实际存在的语音现象。

董、周二位分别从上古音来源、从唐代玄应反切所反映的实际语音这样一古一今的两个角度，以充足的证据，无可辩驳地证明了重纽的客观存在。至此，重纽之确认为《切韵》音系中的不同音类，已成定谳。

后来的学者更从唐宋韵书看到，重纽不但在《切韵》《广韵》中存在着，在宋人编的《集韵》以及宋末元初的《古今韵会举要》中都有其踪迹。重纽作为中古音的实际语音，延续到唐宋语音中仍不同程度地存在着。可以举一个宋代笔记小说的例子，王辟之《渑水燕谈录》卷九："杨行密之据淮阳，淮人避其名，以'蜜'为'蜂糖'，尤见淮浙之音讹也。……以蜜为密，良可哈也。"[②]"密"与"蜜"是质韵重纽，宋初淮浙之音混同，故淮人因杨行密的名而避"蜜"之讳，称"蜜"为"蜂糖"。王辟之（1031—?），字圣涂，北宋临淄人。宋英宗治平四年（1067 年）进士。当过一任忠州知州，此后致仕回乡，隐居淄渑之间，"仕不出乎州县，身不脱乎饥寒"，以所见所闻，写《渑水燕谈录》十卷。这位山东人嘲笑淮浙人不能分辨"蜜"与"密"两音，斥之为"音讹"，言下之意，王辟之的口音可以分辨，不讹。从王氏所记可知，北宋时山东临淄一带语音仍可分辨重纽。

3.2.4 重纽的分布

表面上看，重纽是同一韵类同声母分立两切语的重复小韵，但作为一个语音现象，在《切韵》音系中，它们究竟有多少，其表现如何，其性质如何，董同龢、周法高二位通过全面考察，对重纽的分布得出了相同的看法，董同龢（1948B，1 页）说："（重纽）绝大多数都是在几个三等韵里。并且，除去几个特殊的例子，又完全集结

---

① 语出周法高（1948B）《广韵重纽研究》，见《历史语言研究所集刊》第十三册，1948 年第 50 页。

② 《渑水燕谈录　归田录》（唐宋史料笔记丛刊），吕友仁点校本，中华书局 1981 年第 119 页。

于唇牙喉音。”周法高（1848B，54 页）进一步说，把《广韵》所有的重纽都找出来，则可以分三种：一种大多数可以认为是后来增加的，这些重纽“没有什么语音上的分别”。另两种是有语音分别的，它们之所以可以分两种，是因为其中除切语上下字都可以系联为同类属于重出的外，还有一种是切下字不能系联而分立两类的，如五支牙音开口群母的重纽：

奇渠羈、祇巨支

上引两个反切的切下字“羈”与“支”不能系联，分为两类，陈澧处理为两个韵类，并根据韵图，将“奇”定为开口三等，“祇”为开口四等。周法高及后来音韵学家都认为这两类亦属于重纽。这就意味着，重纽必须根据声韵的分布与结构来确定，而不能完全凭系联是否同类而分立两切语来确定。其分布特征是：“支脂祭真（谆）仙宵侵盐”八个韵系中的牙喉唇的“见溪群疑晓影帮滂並明”十个声母的范围之内，存在开合相同的对立小韵。八个韵系中“真、谆”两个韵系因其互为开合，故看作一个韵系。重纽韵的结构特征是：这些韵类通通都是三等韵，但在韵图上，其中一类被排入三等，另一类被排入四等。可见，重纽是三等韵内部的再分类。因此，对重纽的两类称呼就与一般不同，董同龢与周法高两位先生都将排入四等的称为 A 类，排入三等的称为 B 类。习惯上称 A 类为重四，B 类为重三。A（重四）、B（重三）两类同属于三等韵，但它们不是同一韵类。周法高等还讨论了重纽 A、B 两类的语音性质与音值构拟。这些问题，留待讲韵母系统时再说。

3.3　方法的新探索：审音与统计

我们已经看到，陈澧系联法在具体操作中，运用正、变例有一定的随意性，遭到“未免自乱其例”的批评。但试想如果不乱其例，又会如何呢？如果只用正例，上字中连“多得”与“都当”都不能相连，显然不行。如果彻底用变例，那就不但要把“非敷奉”并入“帮滂並”，就连“知彻澄娘”都要并入“端透定泥”。在这里，系联陷入了若要合理取舍就会违背原则的二难境地。为了避免这种尴尬，学者们试图利用不同方法或选择不同的角度来研究《切韵》音系。“审洪细弇侈”的“审音”与“统计”的研究就是有益的尝试。

3.3.1　审洪细弇侈

民国初年，音韵学家曾运乾（1884—1945）批评陈澧：“（同是符合变例）一证其合,一任其分,此其为例之不纯者也。盖由不知声音鸿细之例,故于切语之不系联者,无法以处之,不得已而取互注切语为证。"(曾运乾 1996,124 页)指责陈澧"所分声类,不循条理,囿于方音,拘于系联"(121 页)。那么什么是"条理"?曾氏认为:"各类之别,本不过弇侈鸿细之间。……分类之法,不当以小异害大同,即审声之理,亦不宜以音和淆类隔也。"(121 页)曾氏之意,反切的用字讲究上下字配合,声母(上字)的洪细与韵母(下字)的弇侈相应,故洪细声类应当分立,如此看来,牙音见母的"居""古",溪母的"丘""苦",齿音清母的"仓""此",从母的"才""疾"等不但不能据变例相联,就是正例能系联的疑、精、心等声类也要据声音的鸿细弇侈一分为二,职是之故,曾氏分析的《广韵》声类达五十一类之数,其中鸿音十九组,细音三十二组。曾氏的论文《切韵五声五十一声纽考》发表于 1927 年《东北大学季刊》第一卷第一期。

3.3.2　统计法

最早使用统计法研究《切韵》音系的是白涤洲。白涤洲(1900—1934)于 1931 年在《女师大学术季刊》第二卷第一期发表论文《广韵声纽韵类之统计》。在文中,白氏指出反切有两病:一是因为有的音同类字太少,反切随便借用相似的别类字作切。二是古人作切中,偶然疏忽,误用近似而非同类的字作切。这都造成反切用字的混乱。就是说在反切系联中,除了有实同类而偶然不能系联(陈氏以变例联之)外,还存在着实非同类而偶一借用或误用上下字而可以系联的现象。这偶误字数虽少却极大地影响系联的准确。白涤洲因而认为,系联中必须除去这些偶然因素,方可得出正确的结论。他说:"把《广韵》一书所用的反切上下字在全书中出现的次数,一一数过,看看哪些字出现的次数多,哪些字出现的次数少,哪几个字简直可以认为例外,然后再参考前人已用过的方法,斟酌分析,很可以把《广韵》中的声纽、韵类,另成一个系统。"(白涤洲 1931/2011,203 页)这种简单地一个一个统计使用次数,计其比率的算法,用于判断使用中可能的偶然现象,姑且称之为算术统计法。他利用算术统计法,剔除例外现象后,将陈澧据变例已合并了的五类重新分立,即:见母的"古类"与"居类"、溪母的"苦类"与"去类"、影母的"乌类"与"於类"、晓母的"呼类"与"许类"、来母的"卢类"与"力类"等重新分立,且又将据正例本系联为一类的牙音疑母分立"吾类"与"鱼类",唇音的明母分立"莫类"与"武类”,得出《广韵》声类当分四十七类的观点。而精组的“精清从心”四类,曾运乾已据洪细分立为八类者,白氏仍然认为当合并。这个统计,完全根据统计的字频确定是否属于偶然现象,可是频率多大方可确定为偶然,仍缺少一个客观的标准,因而难以做到真正的准确。

陆志韦(1894—1970)于1939年在《燕京学报》第25期发表《证〈广韵〉五十一声类》一文,与白涤洲不同的是,陆氏运用数理统计法,统计反切上字出现的概率,采用“几遇率”作为检验标准,来判断某些切语上字是偶然相遇还是确有联系。几遇率是随机相逢概率在样本空间中理论上的实现值。“凡相逢之数远超乎几率所应得者,因两声类之协合者也。凡远不及几率所应得者,因两声类之冲突也。”(15页)运用数理统计,陆志韦不但同意白涤洲所分之七类应当分,而且还把白涤洲没有分的“仓类”与“七类”、“才类”与“疾类”分开,更进一步,把正例能够联系的精母13个切上字、心母17个切上字,分立为“臧类”与“子类”、“桑类”与“私类”。这样就在47类之上再加4类,得51声类。曾运乾审音之洪细弇侈,陆志韦据概率分布之统计,得到结论一样,也可以说是殊途同归了。

在这里,我们看到了不同的方法与思路,对切语上下字的系联的作用不同,判断是否连为一类的处理标准也不同,得到《广韵》声类的结果不同。各家都认为自己所得《广韵》声类是合理的,但有如此巨大的差别,《切韵》的声母恐怕不会有如此多样化的表现。直观上我们也可以看出,他们所得的声类实际上只是一组同声母的反切上字,仅此而已。可见《切韵》究竟有多少个声母与韵母,还不仅仅是系联或统计可以解决的。要断定它们是不是代表某一声母,还有必要从音位的角度进行验证。验证的方法与结果,我们将在后文讨论。

第三节　音值的研究:历史比较与梵汉对音

一、历史比较

陈澧等音韵学家运用系联法等方法,考明了《切韵》有多少个声类、多少个韵类,运用音位学原理进行检验,声母、韵母的音类研究可以完成,但这些声母、韵母在当时怎么发音,却没有涉及。就是说,“系联”等研究没有解决音值的问题。《切韵》时代的发音,不可能有录音设备记录下来,千年之后的我们无法仅据其声、韵母归类而确切得知当时的发音。

但《切韵》音是公元6世纪以前的中古汉语标准音,千有余年绵延至今,虽有很大的变化,也一定有不变的遗存。通过一定的途径找到演变的脉络、归纳不变的痕迹,完全有可能比较合理地推演出中古语音的音位系统。历史语言学将这种推演称为构拟或重建(reconstruction)。首次运用历史语言学的历史比较法研究《切韵》音系,并构拟出《切韵》音系音值的是瑞典学者高本汉。

高本汉,瑞典汉学家,他于1907—1912年间到中国调查方言,1915年以博士论文《中国音韵学研究》获乌普萨拉(Uppsala)大学博士学位。从1915年到1926年分四卷陆续发表他的巨著《中国音韵学研究》(*Études sur la phonologie chinoise*),原文为法文。1940年赵元任、罗常培、李方桂三位先生将该书译为中文,中译本作了一些必要的修订与补充,内容较原书更加丰富而准确。

在这部巨著中,高本汉运用历史语言学的方法,利用他自己在中国调查所得的以及他当时条件下能够找到并加以利用的汉语方言(其中包含日、韩、越南汉字音)资料共33种,通过历史比较,推测《切韵》的声母和韵母在中古的实际读音,首次构拟了《切韵》的声母、韵母的音值。

他假定《切韵》音是除闽方言之外的现代汉语诸方言的共同来源,那么现代诸方言中声母、韵母纷繁复杂的读音中一定会不同程度地保留了《切韵》时代的语音特征。通过比较对照这些不同的读音,可以判断现代方言中哪些读音是早期的遗迹,或者哪些现代方言的语音特征应当在什么样的音变规则下从一个共同的读音演变而成,从而推断并构拟出《切韵》音系的音值。

其操作大致可概述为四个步骤:

(1) 排比方言读音。将《切韵》音系中任何一个音类——声母或韵母,取其若干所属字作代表,排比它们在所有三十余种方言中的读音,找出其异同。

(2) 分析方言读音。在此基础上分析方言读音分歧的原因,建立各方言之间的语音对应关系,推断它们可能的来源与发展途径。

(3) 构拟共同来源。在照顾整个语音系统的合理结构的前提下,确定一个个具体音类的音值。这些构拟出来的音,被看作就是现代方言纷繁复杂读音的来源。

（4）解释音系及其演变。用这个构拟出来的系统来解释《切韵》音的音节结构和系统特征，比方说重韵的区别、三等与四等的区别等。同时从音理的角度解释并勾勒从中古到现代方言的发展演变规律，比方说二等开口牙喉音的腭化等。

下面声母、韵母各举一例，简介高本汉的方法。表中所引述的方言材料主要取自高本汉的著作，为了简明及更有代表性，作了适当删补，如增加了长沙方音材料等。表中“日吴”指日本汉字音吴音，“日汉”指日本汉字音汉音。朝鲜、越南均指其汉字音。方言中有文白读的话，以“/”隔开，斜线前面为白读，后面为文读。

声母例：见母（取山摄见母开口合口各等字作代表）——k

	北京	汉口	长沙	苏州	南昌	广州	福州	日吴	日汉	朝鲜	越南
干	kan	kan	kan	kø	kɔn	kɔn	kaŋ	kan	kan	kan	kaɳ
官	kuan	kuan	kõ	kuø	kuɔn	kun	kuaŋ	kuan	kuan	kuan	kuaɳ
关	kuan	kuan	kuan	kuE̜	kuan	kuan	kuaŋ	ken	kuan	kuan	kuaɳ
间	tɕian	tɕian	kan/tɕian	kᴇ/tɕɪ	kan	kaːn	kaŋ	ken	kan	kan	ʑaɳ
建	tɕian	tɕian	tɕian	tɕɪ	tɕian	kin	kyɔŋ	kuan	kan	kən	kieɳ
见	tɕian	tɕian	tɕian	tɕɪ	tɕian	kin	kieŋ	ken	ken	kien	kieɳ
卷	tɕyan	tsuan	tɕyẽ	tɕiø	tɕyɔn	kyn	kuɔŋ	kuan	ken	kuən	kyeɳ

上表显示中古见母字在现代方言中主要有k-、tɕ-、ʑ-三种读音。读ʑ-见于域外方音汉越语，是清塞音在汉越语中的浊化演变，其演变规律大致是：k ⟶ ɟ ⟶ ʑ，与汉语本土音变无关，可以不论。

去掉ʑ，见母在上述现代方言或域外语料中只有两种读音：k-、tɕ-。这两种读音中，从音理来分析，k-应当是见母早期的读音。因为舌根音k-在前高元音前常腭化成舌面音tɕ-，这是汉语和各国语音都有的一条普遍规律，而罕见有腭化的舌面音演变成舌根音的现象。况且长沙、苏州的二等字文白二读中，读k-者为白读，读tɕ-者为文读，也可以说明k-是早期的读音。那么，中古见母的发音应当为k，为舌面后清塞音。知道了见母的音值，中古声母系统中与见母同类的牙音就可以确定其发音部位了。

韵母例：果摄歌韵开口一等（取若干牙喉舌齿音字作代表）——ɑ

	北京	汉口	长沙	苏州	南昌	广州	福州	日吴	日汉	朝鲜	越南
歌	kɤ	ko	ko	kəu	kɔ	kɔ	kɔ	ka	ka	ka	ka
可	k'ɤ	k'o	k'o	k'əu	k'ɔ	hɔ	k'ɔ	ka	ka	ka	k'a
何	xɤ	xo	xo	ɦəu	hɔ	hɔ	xɔ	ga	ka	ha	ha
我	uo	ŋo	ŋo	ŋəu	ŋɔ	ŋɔ	ŋɔ/ŋuai	ga	ga	a	ŋa
多	tuo	to	to	təu	tɔ	tɔ	tɔ	ta	ta	ta	ta
左	tsuo	tso	tso	tsəu	tsɔ	tsɔ	tsɔ	sa	sa	tsua	da
他	t'a	t'a	t'a	t'ɑ	t'a	t'a	t'a	ta	ta	t'a	t'a
罗	luo	no	lo	ləu	lɔ	lɔ	lɔ	ra	ra	na	la

表中显示中古歌韵开口一等在现代方言中有 ɤ、o、uo、a、ɑ、əu、ua、uai 等读音,以 o、ɔ、a 为多,其次为 ɤ、ɑ,再就是复元音 uo、əu、ua 等。这些纷繁复杂的读音互相关联,可以推测它们之间有共同的历史来源。其中后低元音 ɑ 成为诸种读音的共同来源的可能性最大。如果以"ɑ"为《切韵》果摄开口一等韵母的本始音,其他读音的变化大致可以从舌位的前移或高化两个方向来说明。从 ɑ 到 a 是舌位前移,此为一个变化趋向,比较简明。另一个演变方向为舌位高化,在不同的演变节点上又生出一些复杂的变化。从 ɑ 到 ɔ、o 表现为由低到半低、半高的逐层高化,从 o 到 ɤ 是圆唇的展开,从 o 到吴语苏州的 əu 韵母,应当是 o 在吴语中进一步高化到端点 u 之后(比如现代温州、上海话中有许多果摄字的韵母为 u),再从 u 裂变为 əu。北京的部分读 uo,是开口演变为合口,可称为合口化。合口化的演变是果摄近古以来的音变,从《集韵》将"多罗"等《广韵》开口歌韵的字转收入合口戈韵,就已显露端倪。至于"我"字福州白读 uai 可能有上古音的遗迹,"左"在朝鲜汉字音读 ua,可能是域外汉字音的特殊现象,均可存而不论。上述从 ɑ 元音生发出的各种不同读音的演变途径,可以用下图简示。据此,可以确定歌韵的主元音在《切韵》时代当为后低不圆唇元音"ɑ"。歌韵的韵基确立,歌戈二韵的其他韵母就都可以构拟了。

高本汉运用这个方法首次给《切韵》音系构拟了整套的元音与辅音的系统,描写了《切韵》音系声母、韵母的音值。尽管他的结论很多在后来被修正,但他确立的历史比较的基本原则却一直是构拟中古音值的依据。

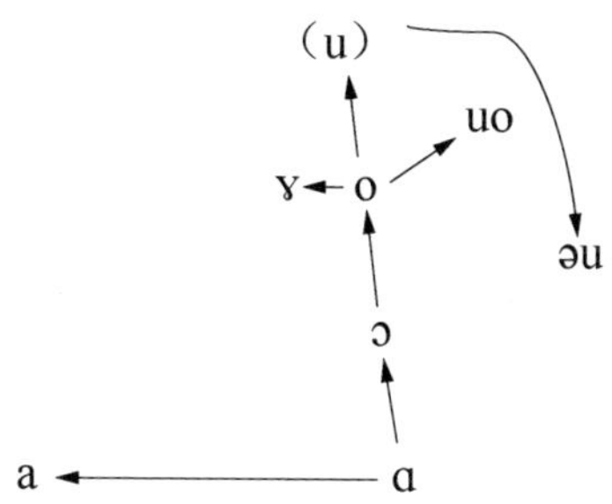

二、梵汉对音

对音(transcriptions between languages)是指历史上不同民族语言文字之间的互相注音。汉语言文字与非汉语之间曾经有过很多对音,如梵汉对音、藏汉对音、西夏语与汉语对音等等,都包括用汉字给非汉语词语注音和用非汉语文字给汉字注音两个方面。中古时代最为常见的是梵汉对音(Chinese transcription of the Sanskrit words),主要指汉译佛经中用汉字给古印度梵语的特别词语和咒语注音。

对高本汉研究方法的补正,最重要的就是引入中古时代的梵汉对音语料来推测《切韵》音系的音值。关于梵汉对音,其历史要上溯到汉代。大概东汉以来随着佛教传入而出现的佛经汉译,对佛经中的专用名词及一些哲学范畴术语采取了音译,后来随着唐代密教的兴盛,对密咒的翻译必须音译,因而中古汉译佛经文献中留下了一大批利用当时汉字读音注梵语的梵汉对音语料。梵文是拼音文字,其读音是确定的,用汉字给梵文注音,站在汉字的立场上看,无疑就是给汉字加注了梵文的拼音,且所拼注的音是唐代或唐代以前的语音。这些音正是《切韵》同时或稍早、稍迟时代的汉语语音。因而从汉译佛经中归纳梵汉对音语料,可以提供考证《切韵》音系音值的直观历史资料。

这个方面的研究,有一些学者作了有益的尝试。如罗常培(1931/2004)《知彻澄娘音值考》运用梵汉对音语料考证《切韵》声母“知彻澄娘”的音值是舌尖后音,俞敏利用汉魏时代的梵汉对音语料研究汉魏语音等。近年来有一些学者利用唐代的汉译密咒研究隋唐语音,亦有诸多建树。但毋庸讳言,梵汉对音语料还是存在诸多缺陷的,比方说它们零散、来源复杂、两种语言之间互有一些对方没有之音,不但所译之音常有折合变样而难以密合,而且还可能造成对音资料的残缺等。尽管如此,梵汉对音语料仍是构拟《切韵》音系音值的最重要的参考文献语料。我们在后面还要提及并利用这方面的一些重要成果。

第二章 《切韵》的声母系统

第一节 音类研究

一、诸家异同

陈澧系联《广韵》反切上字，正例51类，他运用变例合并了11类，成40声类。之后黄侃从他的唇音“明类”分出“微类”，为41类。后来诸家又采用不同的方法，作出新的分类。具体说，高本汉、白涤洲从牙喉音和半舌音中分出7类，为47类，曾运乾、陆志韦都分为51类，越分越细，越分越多。反之，李荣、邵荣芬都在系联的基础之上，针对系联所得的复杂声类作音位的验证，所得数目李荣36母、邵荣芬37母，均大大少于上述诸家。可见有关声类的研究，情况相当复杂。

为了对诸家研究有个全面的了解，我们将按唇舌牙齿喉（半舌归舌、半齿归齿）的顺序，对照韵图36字母，简介从40声类到51声类的基本内容和立论依据。暂不在此介绍李荣、邵荣芬两家之说，是因为李、邵二家在系联之上实施了音位验证，所得结论的性质异于之前诸家，我们将在后面“音位验证”中再作介绍。

我们将穷搜《广韵》的各个声母之下所有的切语，穷尽显示其切上字间的同用、互用、递用的系联状况以及诸家所立之声类异同。系联时全面显示正例的结果，凡系联所成一类之字暂以列首之字为其代表，凡同一类因两两互注不能系联者，以斜线“/”隔开。

1.1 唇音

唇音，韵图36母中有重唇4母、轻唇4母，共8母。《广韵》唇音切上字的系联，正例共9类，其中重唇5类，轻唇4类。

博(补各)补(博古)北(博墨)巴(博加)伯百(博陌)布(博故)边(布玄)

滂(普郎)普(滂古)/匹(譬吉)譬(匹赐)

部(裴古)裴(薄回)捕步(薄故)蒲(薄胡)薄(傍各)白(傍陌)傍(蒲浪)

莫慕各慕莫故母莫厚模谟摸莫胡

分府文并府盈卑府移必卑吉畀必至封府容方府良鄙方美笔鄙密府甫方矩兵甫明彼甫委陂彼为

芳敷方抚芳武妃芳非孚敷芳无拂敷勿丕敷悲披敷羁峰敷容

浮缚谋缚符钁符苻扶防无房防符方便房建毗房脂冯房戎弼房密婢便俾附符遇皮符羁平符兵父扶雨

望巫放巫武夫眉武悲绵武延弥武移明武兵亡武方无武夫武文甫靡文彼文无分美无鄙

陈澧用变例联拢“滂、匹”成为滂类、联拢“莫、望”成为明类，总7类：博滂部莫，分芳浮，对应36母的“帮滂並明，非敷奉”7组。黄侃认为“莫、望”两类不当联，当依正例分立，分开后，“莫”类对应明母，“望”类对应微母。黄侃唇音8类：博滂部莫、分芳浮望。唇音8类，诸家无异词。

高本汉将唇音中切三等的“分芳浮望”这组上字设为所谓“喻化的”（即腭化，又称软音）声类，切一二四等的设为“单纯的”声类，其语音性质的设定颇有特色，其分类跟陈、黄的8类相同。

要特别说明的是，高本汉认为《切韵》整个反切体系中，拼一二四等的切上字与拼三等的切上字有“清晰的”分组，所以将一二四等切上字归属于硬音一类，即单纯的辅音声母，拼切三等的上字归为“喻化”（软音）的声母。他的喻化理论是体系化的，在五音中都存在，但其中对声类数量发生影响的仅有舌、牙、喉音，下文涉及时再作介绍。

1.2 舌音

舌音，韵图36母中有舌头4母、舌上4母，另加半舌1母，共9母。《广韵》舌音切上字系联，正例12类，舌头音5类，舌上音4类，半舌音3类。

多得何得德多则/丁当经都当孤当都郎冬都宗

他讬何讬他各土吐他鲁通他红天他前台土来汤吐郎

徒同都同徒红特徒得度徒故杜徒古唐堂徒郎陀徒河田徒年

奴乃都乃奴亥诺奴各内奴对妳奴蟹那诺何

知陟离张陟良猪陟鱼徵陟陵中陟弓追陟隹陟竹力卓竹角竹张六

抽丑鸠痴丑之楮褚丑吕丑敕久耻敕里敕耻力

除直鱼场直良池驰直离治直吏持直之迟直尼伫直吕柱直主丈直两直除力宅场伯

尼女夷拏女加秾女容女尼吕

来落哀卢落胡赖落迈落洛卢各勒卢则/郎鲁当鲁郎古练郎甸/力林直林力寻吕力举良吕张离吕支里良士

陈澧用变例联拢“多”类、“丁”类,对应端母,联拢“来”类、“郎”类、“力”类,对应来母,共得9类：多他徒奴、知抽除尼、来,分别对应舌头、舌上和半舌音9母。

高本汉认为来母的正例3类中,“力”类为喻化声类,应当分立,则高氏舌音对应来母的有“来、力”两类,其舌音分立较陈氏多出一类,为10类。曾、白、陆三家均同。

1.3 牙音

牙音,韵图36母中有4母。《广韵》牙音系联正例6类。

古公户公古红过古卧各古落格古伯兼古甜姑古胡佳古膎诡过委乖古怀/居九鱼九举有俱举朱举居许规居随吉居质纪居里几居履

康苦冈枯苦胡牵苦坚空苦红谦苦兼口苦后楷苦骇客苦格恪苦各苦康杜/去丘据卿去京丘去鸠曲丘玉墟祛去鱼诘去吉弃诘利窥去随羌去羊钦去金倾去营起墟里绮墟彼豈祛豨区驱岂俱

渠强鱼强巨良求巨鸠巨其吕具其遇臼其久衢其俱其巨之奇渠羁暨具冀狂巨王

五疑古俄五何吾吴五乎鱼语居疑语其牛语求语鱼巨宜鱼羁拟鱼纪危鱼为玉鱼欲研五坚遇牛具虞愚遇俱

陈澧利用变例分别将“古、居”“康、去”4类两两相联,成为2类,共得4类,分别对应韵图36母的牙音四母。

高本汉认为正例中对应见母的“古类、居类”与对应溪母的“康类、去类”内部都有单纯的、喻化的声母之别,不应合并,不但这几类不能合并,而且对应疑母的“五类”也应当以单纯的、喻化为条件分立为“五”“鱼”两类。对应群母的“渠类”没有单纯的辅音,则当归属喻化声类。高氏的牙音共分7类：古康五、居去渠鱼。

曾运乾从审音的角度,白涤洲、陆志韦从统计的角度也得出了牙音当分7类的结论。

1.4 齿音

齿音,韵图36母有齿头音5母,正齿音5母,半齿音1母,共11母。《广韵》齿音系联正例17类。

祖则古臧则郎作则落将即良子即里资即夷即子力则子德借子夜兹子之醉将遂姊将几遵将伦

仓苍七冈亲七人迁七然取七庚七亲吉青仓经采仓宰醋仓故麤麁仓胡千苍先/此雌氏雌此移

才昨哉徂昨胡在昨宰前昨先藏昨郎昨酢在各/疾秦悉秦匠邻匠疾亮慈疾之自疾二情疾盈渐慈染

苏素姑素桑故速桑谷桑息郎相息良悉息七思司息兹斯息移私息夷虽息遗辛息邻息相即须相俞胥相居先苏前写悉姐

徐似鱼祥详似羊辞辞似兹似详里旬辞遵寺祥吏夕祥易随旬为

庄侧羊争侧茎阻侧吕邹侧鸠簪侧吟侧仄阻力

初楚居楚创举创疮初良测初力叉初牙厕初吏刍测隅

床士庄锄鉏士鱼豺士皆崱士力士仕鉏里崇锄弓查锄加雏仕于俟床史助床据

山所间疏疎所葅沙砂所加生所庚色所力数色句所疏举史疏士

章诸良之止而止诸市征诸盈诸章鱼煮章与支章移职之翼正之盛旨职雉占职廉脂旨夷

昌尺良尺赤昌石充昌终处昌据叱昌栗

神食邻实神质乘实证食乘力

书舒伤鱼伤商式羊施式支失式质矢式视试式吏式赏职赏书两诗书之识赏职释施只始诗止

常尝市羊时市之殊市朱蜀市玉市时止植殖寔常职署常恕臣植邻承署陵是氏承纸视承矢成是征

如人诸汝人渚儒人朱人如邻而如之仍如乘儿汝移耳而止

陈澧利用变例将齿头音“仓、此”“才、疾”各自联拢为2类，总15类。其中齿头音5类，对应齿头音5母；正齿音分为两组，9类；半齿音1类。

曾运乾审其洪细弇侈，认定精组的“仓、此”“才、疾”各为洪、细不同之声类，当分，不但正例不联的“仓、此”“才、疾”当分，而且，正例能联的“祖类”“苏类”，也应当依其洪、细各分为两类，“祖类”当分为“祖”“将”两类，“苏类”当分为“苏”“相”两类，陆志韦用数理统计亦得出相同的结论。这样一来，齿音最多共计19类，可分三组：

齿头音9类：祖仓才苏、将此疾相徐，

正齿音9类：庄初床山、章昌神书常，

半齿音1类：如。

所分声类，比正例系联的还要多。

1.5 喉音

喉音,韵图 36 母中有 4 个喉音声母,系联正例 7 类。

乌哀都哀乌开安乌寒烟乌前鹥乌溪爱乌代/於央居委於诡央於良忆於力伊於脂依衣於希忧於求一於悉乙於笔握於角谒於歇纡忆俱挹伊入

呼荒乌花呼瓜荒呼光馨呼刑火呼果海呼改虎呼古呵虎何/香许良朽许久羲许羁休许尤况许访许虚吕兴虚陵喜虚里虚朽居

胡乎户吴获胡麦怀户乖侯户钩户侯古下胡驾黄胡光何胡歌

云雲王分羽王矩雨王遇王雨方于羽俱韦雨非薳韦委永于憬有云久荣永兵为薳支洧荣美筠为赟

余馀以诸予余吕夷以脂以羊己羊与章弋翼与职与羊洳营余倾移弋支悦弋雪

陈澧利用变例,将“乌、於”两类联拢,对应韵图 36 母的影母,将“呼、香”两类联拢,对应韵图 36 母的晓母,陈氏喉音总 5 类,其中“乌”“呼”“胡”对应 36 母的“影”“晓”“匣”,“云”“余”两类对应于韵图 36 母的“喻”母,亦即曰,陈澧将喻母分为 2 类。

高本汉认为影母的“乌、於”、晓母的“呼、香”两类,前者是单纯的声类、后者是喻化的声类,应当要分立。但喻化类中的“於”字在实用中还可作一二四等的切上字,为了消除“於”字既拼一二四等,又拼三等的跨类行为,高氏特地指明“於”字在韵书中有洪细两读,认定作一二四等的切上字的“於”当读洪音“哀都切”,作三等切上字时读细音“央居切”,他利用“於”的洪细异读,来维系其喻化说。但后来他又认为“影母在全部四个等列中都出现,因此它全是用一组反切上字来切的(最常用“於”字),没有纯粹和腭化的区别”①。此外,高氏还将喻母的“云类”(即所谓喻三)也归属于喻化声母,“余类”(喻四)属于单纯声母。这样一来,高本汉的喉音最终结论是 6 类,其中单纯的 4 类:乌、呼、胡、余,喻化的 2 类:香、云。曾运乾、白涤洲、陆志韦的分类较高氏多喉音影母细音“於”类,其余均同。

1.6 诸家异同比较

上述诸家声类的情况复杂,为不至于太过繁冗,现略依各家结论之远近,归为三组列表示其异同。所归三组:黄侃与陈澧大致相同,归为一组,为 41 声类②;高本汉、白涤洲二家结论基本相同,归为一组,为 47 声类;陆志韦、曾运乾二家结论相

---

① 语见高本汉《中上古汉语音韵学纲要》,聂鸿音译本,第 25 页。

② 实际情况是陈分 40 类、黄分 41 类,但二家思路相同,仅差 1 类,故分为一组,忽略其异。

同，归为一组，为51声类。表中以五音唇、舌、牙、齿、喉为序，半舌归舌音、半齿归齿音。诸声类的称呼取上述系联字组之首字为代表。诸家声类异同略如下表。

<table>
<tr><th colspan="2"></th><th>陈澧、黄侃41声类</th><th>高本汉、白涤洲47声类</th><th>曾运乾、陆志韦51声类</th></tr>
<tr><td rowspan="2">唇</td><td>重唇</td><td>博滂部莫</td><td>博滂部莫</td><td>博滂部莫</td></tr>
<tr><td>轻唇</td><td>分芳浮望</td><td>分芳浮望</td><td>分芳浮望</td></tr>
<tr><td rowspan="4">舌</td><td>舌头</td><td>多他徒奴</td><td>多他徒奴</td><td>多他徒奴</td></tr>
<tr><td>舌上</td><td>知抽除尼</td><td>知抽除尼</td><td>知抽除尼</td></tr>
<tr><td rowspan="2">半舌</td><td rowspan="2">来</td><td>来</td><td>来</td></tr>
<tr><td>力</td><td>力</td></tr>
<tr><td rowspan="2">牙</td><td rowspan="2"></td><td rowspan="2">古康渠五</td><td>古康　五</td><td>古康　五</td></tr>
<tr><td>居去渠鱼</td><td>居去渠鱼</td></tr>
<tr><td rowspan="5">齿</td><td rowspan="2">齿头</td><td rowspan="2">祖仓才苏徐</td><td rowspan="2">祖仓才苏徐</td><td>祖仓才苏</td></tr>
<tr><td>将此疾相徐</td></tr>
<tr><td rowspan="2">正齿</td><td>庄初床山</td><td>庄初床山</td><td>庄初床山</td></tr>
<tr><td>章昌神书常</td><td>章昌神书常</td><td>章昌神书常</td></tr>
<tr><td>半齿</td><td>如</td><td>如</td><td>如</td></tr>
<tr><td rowspan="2">喉</td><td rowspan="2"></td><td rowspan="2">於呼胡云余</td><td>乌呼胡余</td><td>乌呼胡余</td></tr>
<tr><td>於香　云</td><td>於香　云</td></tr>
</table>

仔细比勘表中诸家的分类与数量之异同，其实就是音类洪细不同的差异，各家所分大致都有其内在的对应规则。

陈、黄组是在传统三十六字母之上，将正齿音5母分为两组9类，多出4类，将喉音喻母分为2类，合计较三十六母共多出5类，为41类。

高本汉根据反切上字在使用中一二四等多用洪音切上字、三等多用细音切上字这个分组的倾向，作出单纯的、喻化的声母的区分，在系联的基础上，据切上字的洪、细音分组，析出一类喻化声类，较陈澧、黄侃多分出6类喻化声类：牙音“居去鱼”、喉音“於许”和半舌音“力”,故 47 类。后来高氏取消了影母细音声类,为 46 类。白涤洲所分与高氏早期同,是为 47 类。

曾运乾和陆志韦一样,又比高本汉、白涤洲多分出齿头音细音声类“子此慈思”,故 51 类。

诸家越分越细,不同程度地表现了不同声类间的细微差异,但显然它们都不足以作为中古语音的声母。作为一个声母,代表的是汉语音节首音的音位(phoneme),必得内含有所谓辨字的功能,而诸家分列的声类中有一些却看不明白是否含有区别字义的最小语音特征在内,因此,还有必要对诸家声类进行音位验证。也就是说,上述诸家的分类从音位的角度来看,还应当作出一些必要的更改和调整,方可使之成为真正的声母。

二、音位验证的思路

从现代音系学的角度来看,《切韵》的声母系统实质上就是《切韵》音系中能区别语义的处于音节首位的最小语音成分,即音节首音音位系统。前文我们已经看见,要全面获取音节首音的音位,仅仅作反切系联或切语上字的统计是不够的。而前述诸家声类之所以言多殊异,恐怕也都跟仅据切语上字间的双声关联、分布及其使用频率等得出结论,而没有考虑它们各自的区别特征有关。

李荣、邵荣芬的研究则跟上述诸家大不相同,在系联的复杂声类基础上,进一步引入音位原则来验证、判断哪些声类应当确认为声母,哪些声类不应当确认为声母而需要合并等等。其具体做法是,如果遇见“实同类而不能系联”之类的问题,“就看被切字出现的机会是互补的,还是有对立,再参照韵图,来决定是否同类”(李荣 1945/1956,88 页)。在他们的实际操作中,除了检验声类出现的对立、互补关系外,还大量征引了古文献语音资料和现代方音作为旁证,堪称是一次针对中古声母的全方位考察。今据其论证过程与结果,结合音位学原理和我们的理解,概述其音位验证的方法,要点有三。

其一,语音对立。这是归纳音位的必要条件,即不同的音类在相同的语音环境下区分字义,构成语音对立者,当分立为两个音位。如:

逋,博孤切——铺,普胡切

上述两个反切的下字同韵类，均属于遇摄模韵一等合口平声，这可看作两个音节的尾音（ending）相同或韵母与声调相同，亦即曰其所设定的“音韵环境”相同。在相同的音韵环境下，其首音是“博”得到的是“逋”字的读音，换了“普”就变成“铺”字的音，可见在相同的韵调组合中，由于首音“博”与“普”的差异而产生不同的词语。同为唇音的“博”“普”在同样的语音环境里区别了语义，因而可以断定“博”“普”是不同的声母音位。

其二，语音互补。如果不同的声类只出现在不同的语音环境里，而绝不在同一语音环境形成对立，它们出现的机会是互补的，那么就可以考虑参考其他条件将其归纳为同一音位。如《切韵》切上字的牙音三等“居去疑”声类与一二四等“古康五”声类的合并（详下文3.1），就是因为它们之间绝无对立，即在同一个韵类中不会同时存在既有“古”类字作切上字、又有“居”类字作切上字的音节，“古类”“居类”之间是完全的互补关系。这种纯粹的互补，就可以参考它的语音性质和来源等条件，把它们归入同一音位。

其三，旁证文献与方言。这是从共时和历时两个方面寻求其音位特征的证据。共时的特征是指与《切韵》同时或稍前或后的语音文献反映出来的某些声类的发音部位和发音方法的特征，如《守温韵学残卷》中唇音只有“不芳並明”4个，轻重归为一类，可旁证轻、重唇音尚未分立。历时的特征可以参照它们上古音来源，如喻三来自上古匣母，喻四在上古与舌头音有密切接触等；也可下探近现代语音中它们的表现，特别是在现代方音中的表现等。

三、《切韵》三十六声母

我们将根据音位验证的原则，分别依五音顺序，针对诸家的声类进行音位验证，以确定《切韵》音系的声母系统。验证主要参考李荣（1945/1956）、邵荣芬（1982）两家学说，适当调整增删。

3.1 牙音

陈澧系联的结果，认定牙音为一组4声类。高本汉认定系联的诸类中有喻化、单纯的分别，于是牙音分成了两组7类，“居、去、群、鱼”为喻化（腭化）声类，“古、康、五”为单纯的声类。

考察这7类声母,它们切上字出现的机会是互补的,没有对立,即:

一二四等:古　康　　　五
　　三等:居　去　渠　鱼

考前文列举的牙音切上字使用的情况,“古康五”3类本身都是一二四等切上字(仅一“诡”字例外),其作切亦多出现于一二四等韵中,很少出现于三等韵中;而本身是三等字的“居去渠鱼”4类也多出切三等韵,而很少出现在一二四等。如果居、古两组字属于不同的音位的话,那么就应该有音位对立的存在,现在的情况却是在一二四等的语音环境下,出现“古组”的反切,在三等的语音环境下,出现“居组”反切,并无任何对立。准确地说,是在同一语音环境下若有古组字出切则绝无居组,若有居组出切则绝无古组。古、居两组切上字,绝不在同一音韵环境之下同时出现。毫无疑问,牙音两组只是因等位不同而形成的互补分布,并不反映语音对立。通常认为《切韵》音系的一二四等无-i-介音,三等有-i-介音。如此说来,两组声类的等位分布不同,应当与声母后接介音不同有关,就是说,一二四等被切字用一二四等切上字作切、三等被切字用三等字切上字作切,实乃是为了上下字之间拼读的介音和谐,并不构成区别语义的区别性特征。可以目为音位的变体,不宜看作不同的音位。

况且,各个三等声类与一二四等声类的切上字并非像高本汉说的那样完全“清晰的”分组,李荣(1945/1956)提供了详细的反切上字在不同等中的分布表,从中可以看到“一二四等字也有拿三等字作反切上字的,三等字也有拿一二四等字作反切上字的”(109页)情况,说明这种区分只是一种为了保持介音趋向和谐的倾向性区别,并非音位区别。

其他同期或稍后的语音材料也显示牙音只有一组,如敦煌文书《守温韵学残卷》中牙音只有一类,即“见(君)溪群疑”(按,“君”为衍文)。源于唐、修订并重刻于宋的《韵镜》及其他韵图如《七音略》《四声等子》等,牙音都是一组。现代汉语方言中也找不到区分所谓喻化与单纯舌根音的声母系统。所以高本汉等人的牙音洪细二分的7类,除“群”类原只拼三等韵,保持独立之外,“居去鱼”应当并入“古康五”。

结论是《切韵》音系的牙音声母只有一组4母，同于韵图三十六母，可以使用韵图的声母代表字：

见溪群疑

3.2 舌音

诸家舌音都是两组8类，分别对应于舌头音、舌上音。

3.2.1 系联的问题

从系联来看，两组声类的正例不能系联，变例有少数可联，前文已经指明，这是由于“类隔”造成的。根据汉语语音史，远早于《切韵》音的上古音中并无舌上、舌头之分（所谓“古无舌上音”，详第三编上古声母部分），一直延续到汉魏。可以想见，汉魏人制作反切，舌头可以切舌上，舌上也可以切舌头，自不必区别。大概从南北朝到《切韵》时代，舌头、舌上音已经逐渐分开，这样一来，旧有的不分别反切就成了类隔。《广韵》舌音类隔反切在系联正例中不见，大概是《切韵》的编者包括其后的修订者根据当时舌头、舌上已分的现状，一再对这些明显不符时音的类隔反切作出改订，有效地清除了各小韵中的类隔切语的结果。陆法言编《切韵》时如何修改前人舌音字，我们已无法推测，但唐五代人修订《切韵》系列韵书时对舌音类隔的改订还是有蛛丝马迹可寻的，如下列5例见于《王韵》的舌音类隔反切，在《广韵》中都变为了音和，应当就是出于修订者之手：

王韵：戇丁降切，鮎都陷切，斫丁角切，羺女沟切，女乃据切

广韵：戇陟降切，鮎陟陷切，斫竹角切，羺奴钩切，女尼据切

《广韵》正例残存的舌音类隔小韵，如：“尴，丁全切”，“貯，丁吕切”，也在各自卷末的“新添类隔今更音和切”之下改成了知组切上字，“尴”改为“中全切”，“貯”改为“知吕切”。为什么正文中没改？当然有可能是“改之不尽”的遗漏，但还有一个可能就是常读端母的“丁”字在《广韵》中其实有“端”“知”两读，一见青韵“丁，当经切”，一见耕韵“丁，中茎切”，如果按其异读来拼反切，那么“丁全切”何尝又不是“中全切”，“丁吕切”何尝又不是“知吕切”呢？

较多的“改之未尽者”就是残存于又音异读之中的那小部分。正是这小部分，造成了舌音在又音上的类隔。这应当就是为什么舌音的两类正例可分、变例有混

的原因。但这种类隔切是发生于《切韵》时代之前的历史语音的遗迹,不能作为《切韵》时代合并两组的证据。

3.2.2 是否对立

从是否区别字义来看,舌音8类的两组在《广韵》中存在着对立,有如下四对反切:

梗摄梗韵上声开口二等:打,德冷切——盯,张梗切,

假摄马韵上声开口二等:觰,都下切——縿,竹下切,

曾摄职韵入声开口三等:㔁,丁力切——陟,竹力切,

以上三对为端-知对立。

止摄至韵去声开口三等:地,徒四切——致,直利切,

以上一对为定-澄对立。

四对对立反切涉及了端、知、定、澄四母,虽然对立例证较少,但已可以证明确实存在对立,符合音位的区别性特征。且"端透定"与"知彻澄"在《守温韵学残卷》分别厘然,在之后的宋元韵图中及后来的发展都是完全分立的,直到现代仍然如此,所以应当分立。

仅"泥、娘"两组在《切韵》中完全互补,且《守温韵学残卷》中也没立娘母,要不要分,有不同意见。

李荣主张其合,理由是泥娘不但在《切韵》,而且在韵图中都是互补的,泥分布于一四等,娘分布于二三等,从历时角度看,它们有共同的来源(所谓"古音娘归泥"),更重要的是现代方言泥娘也无分别。

邵荣芬主张其分,邵氏通过归纳隋唐音义诸如曹宪《博雅音》、何超《晋书音义》、颜师古《汉书注》以及某些佛经音义书中的反切表现,指明在隋唐音中"泥、娘"是对立的,因而断言《切韵》音中也应当分立。邵氏的证据充分,我们取其分的观点。

那么《切韵》的舌音声母有两组8母:

端透定泥,

知彻澄娘。

3.3 唇音

3.3.1 诸家唇音差异

唇音声类,诸家共有三说。

一是李荣、邵荣芬的唇音都只有四组,不分轻重唇。

二是陈澧的两组7声类:帮、滂、並、明,非、敷、奉。他的系联正例是9类,他不但据变例将两两互用不能系联的"滂"类、"匹"类合并,而且将对应于微母的"望"类并入对应于明母的"莫"类,所以有7类。

三是黄侃的8声类。黄侃批评陈澧合并"望""莫"两类不对,仍将两类分开,以对应36母的"明""微"两母,所以得8类两组,分别轻重,对应重唇帮、滂、並、明,轻唇的非、敷、奉、微八母。唇音分两组8类,高、曾、白、陆等人均无异词。高本汉还把非组4类定为喻化的声类。

3.3.2 音位验证两组当合

仔细观察,这里两组的所谓轻、重唇在使用中的分布,其实也跟牙音的"古"组、"居"组一样,是完全互补的:

一二四等: 博滂部莫

三等: 分芳浮望

这也是为什么高本汉要把"分芳浮望"定为喻化声类的原因。两组之中,所谓重唇4个声类只切一二四等韵,所谓轻唇4类只切三等韵,从不在同一韵类里面同时出现,不构成任何语音对立。这种完全互补的状态,只能说明它们之间没有音位对立,符合并为一组的条件。

3.3.3 合并的其他证据

首先,"分芳浮望"4个声类虽然对应于韵图三十六母的轻唇,但跟韵图轻唇音的内涵并不相同。前文已介绍了韵图三十六母中真正的轻唇音的分布,即:真正的轻唇音只出现于"东三、钟、微、虞、废、文、元、阳、尤、凡(举平以赅上去入)"等10个三等韵系,即"轻唇十韵"中。轻唇十韵之外的三等韵中的唇音全都是重唇。现在的情况是,系联所得的所谓轻唇各类所辖切上字几乎涵盖了所有的三等韵,大大超出"轻唇十韵"的范围,与韵图三十六母中的轻唇大相径庭。陈澧也看到了这一点,他说韵图“其帮滂並非敷奉六类,亦与《广韵》切语上字分合不同”(陈澧 2004,175 页)。比方说,系联所得的《广韵》非类切上字有如下 14 个:

分府文方府良卑府移并府盈封府容府甫方矩鄙方美必卑吉彼甫委兵甫明笔鄙密陂彼为畀必至

显然,14 个切上字中,只有归属于“阳、钟、文、虞”等轻唇十韵之中的“方封分府甫”5 个字是轻唇音声母“非母”所属字,而另外“卑并鄙必彼兵笔陂畀”等 9 字都不属于轻唇十韵中之字,在韵图中归属于重唇帮母。其他系联所得的所谓轻唇声类都有这种超越轻唇十韵范围、涵盖全体三等韵、所辖字轻重混合的现象。如此严重的混合辖字,只有轻重唇未分才能解释。

其次,宋人也不认定这些系联的所谓轻唇字全部都属于轻唇声母。以上述“非类”14 个切上字中“卑”等 9 字为例,当这 9 个字在《广韵》中被真正的轻唇音字作切时,宋人就会毫不犹豫地将其确定为唇音类隔。如《广韵》上平声五支的“卑,府移切”这条切语,在本卷末尾的“新添类隔今更音和切”下面就被改作“卑,必移切”。这充分说明《广韵》的编者认为“卑,府移切”是以轻唇切重唇的类隔,得换成“必移切”才是音和。言下之意,“必”与“府”是分属轻唇、重唇的异类。但从系联看,“必”与“府”正例能联,却是同类。可见,从系联的角度看,这些宋人所谓的唇音类隔,在《切韵》音中其实并不是类隔,而是音和的。轻、重唇的类隔应当是《切韵》之后才形成的。

由此可知,在《切韵》音中唇音类隔并未形成,只有舌音类隔才是真正的类隔,唇音类隔与舌音类隔在语音发展史中所处的时代不同。舌音分立舌头、舌上两组在《切韵》中已经完成,所以舌音两组的混切才会成为类隔。舌音的类隔混切既然是早于《切韵》时代的历史遗迹,所以就不能用作《切韵》音中两类相联的证据。唇音类隔则出现于《切韵》之后,陆法言时代轻重未分,并无类隔,只是从宋人的立场看,才认定为类隔。这是陆法言之后人们眼中的类隔,并非《切韵》中的类隔,在《切韵》音中并无轻重唇分立,当时它们的所谓混切是音和的。所以,《广韵》中轻重唇如果有混切的变例,是可以证明两组之合的。

最后,系联的所谓轻重两组声类中,变例能联的例子很多。根据罗常培提供的资料,除了“明”“微”两类陈澧已据变例合并之外,《广韵》中“帮滂並”与“非敷奉”

轻重唇混切的变例多达 15 例,其中帮-非 6 例,滂-敷 7 例,並-奉 2 例。下面各举一例:

帮-非:废韵:茷符废切,又方大切。又音在去声泰韵作:博盖切,“方”“博”同切。

滂-敷:队韵:妃滂佩切,又匹非切。又音在平声微韵作:芳非切,“匹”“芳”同切。

並-奉:先韵:軿部田切,又房丁切。又音在平声青韵作:薄经切,“房”“薄”同切。

这些系联的变例均可以作为帮、非两组能联的证据。

从语音史的角度看,上古音没有轻唇音,《切韵》音中的唇音状况进一步告诉我们,古无轻唇音现象一直延续到了隋唐时代。敦煌遗书《守温韵学残卷》所述五音中,唇音也只有一组:“不芳並明”,仍不见分轻、重唇。大概轻、重唇之分,发生于唐代中期(详第三编)。不同方言中变化的速度不同,直到现代方言中还有轻重不分的现象,如闽方言没有 f-这个音,凡是普通话念 f-的,闽音文读一般读 h-或 x-,白读则读 p-或 ph-。当今学者普遍认为这正是古无轻唇音的反映。在其他方言中也多少保留了轻重相混的遗迹,亦足资旁证。

唇音的音位验证结果是《切韵》音系中,唇音不分轻重,只有一组:

帮滂並明。

3.4 齿音

齿音比较复杂,可以分“齿头音”“正齿音”“俟母”“日母”四个问题来谈。

3.4.1 齿头音的分合

齿头音一般都只分 5 类,对应“精清从心邪”五组,仅曾运乾、陆志韦分两组 9 类:臧仓藏桑、子此慈思邪。这两组实际上表现了齿头音的洪细差异,“臧组”是洪音,“子组”是细音。它们出现的机会互补,没有对立。即:

一四等:臧仓藏桑

三等:子此慈思邪

从系联来看,两组中“臧”和“子”、“桑”和“思”都可以通过正例系联。“仓”类和“此”类,“藏”类和“慈”类都据变例可联。两组间可联的力道强劲,不联更像是偶然现象。

从历时的角度看,臧组、子组上古没有分组,唐以后的韵图也不见分列,直到现代方言中都不见分立两组音位（近代后期精组细音腭化是另一回事），所以“臧”“子”两组不当分立，齿头音一组5母：精清从心邪。

3.4.2　正齿音的分合

正齿音系联正例分两组9声类：庄初崇山、章昌神书常。稍后于《切韵》的宋代韵图，正齿音却只有一组5母“照穿床审禅”，那这两组在《切韵》音中该不该分呢？有下面几个理由当分：

其一，无论正例变例，系联都分为“庄”“章”两组，分列非常清楚，没有瓜葛。

其二，两组声组在《广韵》中存在着成体系的对立，两组各组对举一例如下：

流摄尤韵开口三等：邹，侧鸠切——周，职流切

遇摄虞韵合口三等：芻，测愚切——枢，昌朱切

曾摄职韵开口三等：崱，士力切——食，乘力切

止摄脂韵开口三等：师，疏脂切——尸，式脂切

“邹芻崱师”属庄组，“周枢食尸”属章组，在同一个三等韵中出现，完全是对立的。

其三，韵图三十六母将庄章二组声母合并为照穿床审禅一组，虽然没有分立庄、章二组声母，但实际上是将庄、章二组分别排入不同的等位，以示区别。韵图中被排入齿音二三等的正齿音“照穿床审禅”5母，实际上排列于二等位的只有庄组声母，通常简称为“照二”，排入三等位的只有章组声母，通常简称为“照三”，丝毫不紊。

其四，从历时的角度看，通常认为庄组上古来源于精组或与精组关系密切，与章组本不同源，所以现代方言还有许多庄、章二组读音有别，如果方言中庄章两组发音不同的话，大都表现为庄组读舌尖音与精组相混，章组读舌面音或舌叶音。

综而言之，《切韵》正齿音应当分两组9母，大不同于韵图三十六母的一组5母：

庄组：庄初崇山

章组：章昌神书常。

庄组因韵图排入二等俗称照二，章组因其排入三等俗称照三。

3.4.3　关于俟母

李荣将正齿音庄组从全浊“崇”母分出一个“俟”母，这是有根据且可以成立的。首先，用王仁昫《刊谬补缺切韵》系联，“俟”与“崇”分立。

崇母：士仕鉏里鉏助鱼助鉏据

俟母：漦俟淄俟漦史

其次，《广韵》系韵图，如《韵镜》内转第八开的七之韵图中也将“俟”母置于照二擦音全浊的位置而与崇母分立，这使得照二的第二个全浊位的空缺得到填充，与照三达到了完全对应：

照二：庄初崇山俟

照三：章昌神书禅

也就是说，如果设立俟母，那么照二、照三组的清浊对应就达到了完整。

俟母的分立理由充足，但“庄”组的“俟”母与“崇”母的分立，略微显出某种诡异，恰如邵荣芬所说，崇、俟二组之分立，在“《切韵》同时或前后的一些反切材料里竟找不到十分可靠的旁证”（邵荣芬 1982，39 页）。邵氏仅在李贤《后汉书注》和何超《晋书音义》找到三条俟母独立的音注，旁证如此之少，可见，俟母这个声母所处的尴尬境况。历史语音文献似乎显示出来一种倾向，即“俟”母主要在韵书，而且只在《切韵》系列韵书的早期韵书中存在。在《王三》中跟士组不联的“漦”“俟”两个切上字，在《广韵》中有“漦，俟甾切”，“俟，床史切”，“床，士庄切”的“漦俟床士”递用，已跟“士”类系联成了一类，可知俟母到了《广韵》中就消失了。可见，“俟”母的实际存在时间很短。而且，在《切韵》系列韵书中“俟”“崇”的对立也只出现在止摄七之韵系之中，与“崇母”对立的“俟母”小韵仅两个，其所辖字也很少。独立存在的时间短，辖字又少，况且《广韵》中“俟”“崇”已经可以系联，故而我们这里从众，还是取消俟母独立，将俟类并入崇母。

3.4.4 半齿音

《广韵》中与半齿音日母相对应的 8 个切上字完全独立，不与其他声母发生联系。所以《切韵》声母的半齿音只有一个：日。

整合上述论述，《切韵》音系齿音声母共分三组 14 个声母，外加半齿音 1 个声母，共 15 母：

齿头音：精清从心邪

正齿音:庄初崇山

章昌神书禅

半齿音:日

3.5 喉音

陈澧、黄侃分一组5类,高本汉、白涤洲等都分两组7类。究竟哪些类可以确认为喉音的声母,可以分两个问题来谈。

3.5.1 影、晓不当分

对应于影母的"乌、於"、对应于晓母的"呼、许"两组应当合并。理由是,与牙音的"古""居"两类一样,喉音的"乌"和"於"、"呼"和"许"之间不构成音位对立,"乌呼"分布于一二四等,"於许"三等,这是完全的互补,没有音位对立。况且,《守温韵学残卷》和唐宋韵图都不分。

3.5.2 "喻"当分两类

对应于喻母的"余、于"两类当分开。有如下理由。

首先,系联的结果"余""于"是完全分开的,两组之间没有瓜葛。

其次,尽管韵图三十六字母中"余""于"合为一个喻母,但在具体列字时是分开的,"于"类排三等位,"余"类排四等位。所以"于"类又被称为"喻三","余"类又被称为"喻四"。

再次,更重要的是,在《切韵》中,"余""于"两类是成体系对立的,以遇摄虞韵系为例:

遇摄虞韵合口三等平声:于,羽俱切——逾,羊朱切

遇摄麌韵合口三等上声:羽,于矩切——庾,以主切

遇摄遇韵合口三等去声:芋,羽遇切——裕,羊孺切

最后,谐声、通假、方音等资料也可以证明,"于"曾与匣同母,"以"曾与舌头同类,与定邪音近,可知两个声类的古音来源有异,这也是在《切韵》中两类仍存差异的原因。

谐声、通假的例子,略以各声类系联所得之字为例,如:

"于"类:"于"谐吁又通乎,"羽"谐诩栩珝翊等字均喉音,"有"谐贿,"为"谐撝等均为"于"类谐喉音。

"以"类:"以"谐似,"羊"谐详祥,"余"谐涂塗途,"夷"谐弟,"弋"谐忒,"饴怡"谐台声,"移"从多声,"悦"从兑声等等,都与定母(或端透)和邪母相谐。

方言方面,以号称古音活化石的现代闽方音为例,有"于"类字读喉音,"以"类字读舌尖音的特殊读音或白读:

		厦门	潮州	福州	建瓯
于类	雨王矩切	文 u、 白 hɔ	文 u、 白 hou	文 y、 白 xuɔ	文 y、 白 xy
	雲王分切	文 un、白 hun	huŋ	xuŋ	œyŋ
	远雲阮切	文 uan、白 hŋ̍	文 ieŋ、白 hŋ̍	文 uɔŋ、白 xuɔŋ	yiŋ
	园雨元切	文 uan、白 hŋ̍	hŋ̍	xuoŋ	xyiŋ
以类	蝇余陵切	文 ɪŋ、 白 siŋ	siŋ	siŋ	saiŋ
	盐余廉切	文 iam、白 sĩ	iəm	sieŋ	iɪŋ
	翼与职切	文 ɪk、 白 sit	文 ek、 白 sik	文 eiʔ、白 siʔ	文 i、 白 siɛ

综上,"于""余"两类当分,但"于""余"是否应当分立为两个声母呢?

李荣将"于"归并到匣母中去,不把"于"类当作一个独立的声母,这有两点根据:

其一,"于"与"匣"在上古同纽(即上古音中"于"归"匣"),本属同源,互相亲近。喻三与匣母的这种关系,宋代切韵家即有认识。宋本《切韵指掌图·辨匣喻二字母切字歌》有云:"匣阙三四喻中觅,喻亏一二匣中穷。上古释音多具载,当今篇韵少相逢。"(11 页)举的例子是:"户归切帏、于古切户",匣母一等"户"字作喻三"帏"字的切上字,喻三的"于"又作匣母一等"户"的切上字,喻三与匣母互为上字,故"上古释音多具载"。但其首句"匣阙三四喻中觅"中的"三四",可能是说"三"连带而及"四"吧,"三四"应当作"三等"。

其二,更重要的是,《切韵》音中"于"类与"匣"母互补而不对立。在稍后于《切韵》的《韵镜》中匣母三等无字,而于母只有三等,同属喉音完全互补,两者合则匣母四等全。所以我们取李荣说,将"于"类并入匣纽,"余"类独立为一个声母,李荣仍名为喻母,但为了区别传统三十六母的喻母,我们略作变动,把余类叫作"以母”。那么《切韵》的喉音一组 4 纽：

影晓匣于以

“于”用小号字附于匣旁边，示意并入匣纽。

3.6 《切韵》的声母系统

3.6.1 《切韵》声母表

综合上述音位验证的结果，我们确认《切韵》音系的声母共 36 母，现依牙舌唇齿喉半舌半齿七音之序，分别其清浊，排列于下。

清浊 七音		清		浊		清	浊
		全清	次清	全浊	次浊		
牙音		见	溪	群	疑		
舌音	舌头音	端	透	定	泥		
	舌上音	知	彻	澄	娘		
唇音		帮	滂	並	明		
齿音	齿头音	精	清	从		心	邪
	正齿音	庄	初	崇		山	
		章	昌	神		书	禅
喉音		影	晓	匣	以		
半舌音					来		
半齿音					日		

上表的清浊中，唯齿音的塞擦音与擦音各有清浊，分别排列，但其擦音没有送气与否的分别，所以表中亦不列其全清、次清之别。这符合《韵镜》卷首的《五音清浊》条所云“(齿音)清浊声各二，将居前者为第一清、第一浊，居后者为第二清、第二浊”的意思。若要纳入全、次清浊体系，可将“邪、禅”归属全浊，“心、山、书”归属全清①。

① 此据罗常培，见《汉语音韵学导论》第 44 页。亦有归次清者，本书不取。

3.6.2 《切韵》三十六母与韵图三十六母的异同

对《切韵》声类进行音位验证的结果，得到《切韵》三十六母。数字虽然仍是三十六母，但跟传统韵图上的三十六母不是一回事，它们之间既有声母不同，又有分类的差异，可概述为三点。

一是唇音不分轻重。韵图三十六母分立轻唇、重唇，总计二组 8 纽，《切韵》音系唇音只有重唇一组 4 纽，不分轻重，凡韵图轻唇音，在《切韵》音系均归于重唇。

二是正齿音分两组。韵图三十六母正齿音只有一组：照穿床审禅，而《切韵》音系的正齿音分立两组，一组可称为“庄组”，含“庄初崇山”4 母；一组可称为“章组”，含“章昌神书禅”5 母。韵图对这两组的区分，将“庄初崇山”4 组排于正齿音二等的位置，而将另外 5 个正齿音声母“章昌船书禅”排于三等位置。这样，习惯上就将“庄初崇山”合称照二，“章昌船书禅”合称照三。

韵图三十六母的照组五组与《切韵》音系的庄、章两组的关系如下：

庄　组：	庄	初	崇	山	
照二组：	照二	穿二	床二	审二	
章　组：	章	昌	神	书	禅
照三组：	照三	穿三	床三	审三	禅

据上表，庄母单独称呼也可以称为照二，初母也可以称为穿二，其余各母以此类推。

三是喉音的全浊次浊内涵不同。《切韵》喉音的全浊匣母、次浊余母，与传统三十六母的喉音全浊匣母、次浊喻母辖字不同。传统三十六母的喻母，在《切韵》音系中分为两类，陈澧称之为“于”“以”两类。我们采用李荣的观点，将“于”类并入匣母，“以”类独立为一个声母。而在韵图上，于、以两类也是有区别的。《韵镜》《七音略》分别将“于”类排于喉音喻母下面三等的位置，将“以”类排于喻母下面四等的位置。因而，习惯上就将“于”类称喻三，“以”类称“喻四”。我们既然将“于”类并入匣母，那么，喻三就不能独立成为声母，仅喻四是一个独立的声母，我们称为以母。

3.6.3 《切韵》三十六母在韵图上的分布

《切韵》三十六母较之韵图三十六母有三点不同，必然导致在韵图上相应位置所排声母有所不同，如下页图所示（不同之处以黑体字标之）。

	唇音	舌音	牙音	齿音	喉音	半舌	半齿
一等	帮滂並明	端透定泥	见溪○疑	精清从心○	影晓匣○	来	○
二等	帮滂並明	知彻澄娘	见溪○疑	**庄初崇山**○	影晓匣○	来	○
三等	**帮滂並明**	知彻澄娘	见溪群疑	**章昌神书禅**	影晓**匣**○	来	日
四等	帮滂並明	端透定泥	见溪○疑	精清从心邪	影晓匣**以**	来	○

图中三点不同:一是唇音三等位原有重、轻两组 8 母,现只有一组 4 母。二是齿音的正齿音所在的二、三等,原来均为照组声母,二等为"照穿床审",现在二等位为"庄初崇山";三等原为"照穿床审禅",现为"章昌神书禅"。三是喉音三等位的次浊"于(即喻三)"并入匣母,则三等次浊位的喻母消失,变为三等全浊的匣母,喻母四等位的声母换成了"以"母。

第二节 音值研究

解决了音类问题后,接下来要做的是构拟音值。我们先简介高本汉的构拟体系,再参考李荣及其他先生的意见,提出《切韵》三十六字母的音值构拟。

一、高本汉的声母构拟

《切韵》声母的音值构拟,高本汉的学说可以作为我们的参考。高本汉在《中国音韵学研究》中对《切韵》声母有详细的考证与构拟,但并未给出一个声母表。李荣(1945/1956,104 页)曾根据该书的系联及"喻化"理论,列举高氏 46 声母表及其构拟。

自 1940 年《中国音韵学研究》被译为中文后,高氏学说中"喻化说"受到批评尤多,以至于他在后来总结性的著作《中上古汉语音韵纲要》(1954 年,聂鸿音译,齐鲁书社 1987 年)中,并不像早期那样特别强调"喻化"与"单纯"声类的差异,而仅仅将前者描写为一种"轻微的变异(slightly different)"。如在讨论见组、帮组的所谓喻化时,他说"三等韵中紧跟在声母后面的i̯以某种方式改变了这个声母,使它产生了轻微的变异",可谓是将原来比较看重的"喻化"轻描淡写地一句带过了。

在这个基础上他继续说:“一旦确认了这一事实,我们就有理由省略掉软化符号,以大量减少印刷上的麻烦(简写成 ki̯a、k‘i̯a 等)。”(译本 17 页)其实,印刷上标为喻化音 kji-之类,并不见得比仅标 ki̯-、k‘i̯-之类增加多少麻烦,所谓的“简写(writing simply)”,恐怕还是要突出三等韵介音在所谓喻化中的作用,以削弱辅音声母的喻化程度,强调喻化声类与单纯声类作为声首辅音所具有的共性吧。这个意思在讨论晓母时说得更明白:“晓母有用于一二四等韵(/a/型)的一组反切上字(恰与见组相同,见上文),和用于三等韵的(/i̯a/型)的另一组反切上字,因此我们就得像对待见组声母那样,也把晓母分成两个变体(按,原文为 two varieties):xa 和 xji̯a(后者简写成 xi̯a,其中的 i̯ 指示声母的软化)。”(译本 24 页)当xji̯a 简写成 xi̯a 后,其声首辅音 x-,与 xa 的 x-几乎没有区别了。类似的话又出现在讨论喻三喻四的分别中,他说(喻母)“虽然它一律只出现在带有软化音的三等(/i̯a/型)中,我们可能因此而期望它总是软化声母,但是事实上它却分成了用不同反切上字区别开的两个变体(two varieties)”(译本 26 页),虽然高氏努力避开音位变体(allophone)这样音位学的术语,但通过一而再提示两者之间仅存某种轻微变异,并且不在书写中作出区分(即所谓“简写”),显然是要强调所谓“喻化”声母与单纯声母之间的共同性的意思。这一切都充分说明,所谓声母“喻化”说,在受到批评之后,观点还是有所变化的。

在《中上古汉语音韵纲要》中,高氏明确地给出了他的《切韵》声母的数量:“《切韵》的声母和书中的反切分为三十二类。”(译本 11 页)这其实就是去掉所谓喻化类声母并将庄、章两组声母均对应于照组之后所形成的数目,意思就是他的《切韵》声母相对韵图三十六母而言,去掉了轻唇 4 母,只有三十二母。他将“三十二类”依韵图牙舌唇齿喉半舌半齿的顺序,以数字代表三十二母名称,列出各母的音值,形成字母表(原书 20 页)。下面引入高氏原表,表中第 22 至第 26 是正齿音,以大括号列出两组音值,实为庄组 4 母和章组 5 母。32 母加入正齿音 4 母,高氏《切韵》音系的声母实际是 36 母。

32	31	30	29	28	27	21	20	19	18	17	16	15	14	13	8	7	6	5	4	3	2	1
ńź	l	'	·	γ	χ	z	s	dz'	ts'	ts	m	b'	p'	p	n	d'	t'	t	ng	g'	k'	k
							ṣ	dẓ'	tṣ'	tṣ												
						ź	ś	dź'	tś'	tś					ń	d̂'	t̂'	t̂				
						26	25	24	23	22					12	11	10	9				

今将数字改为汉字声母,正齿音两组复原,音标符号改为国际音标,依五音顺序重新排列,成高氏《切韵》三十六声母表于下。

牙音		见 k	溪 k‘	群 g‘	疑 ŋ		
舌音	舌头音	端 t	透 t‘	定 d‘	泥 n		
	舌上音	知 ȶ	彻 ȶ‘	澄 ȡ‘	娘 ȵ		
唇音		帮 p	滂 p‘	並 b‘	明 m		
齿音	齿头音	精 ts	清 ts‘	从 dz‘		心 s	邪 z
	正齿音	庄 tʂ	初 tʂ‘	崇 dʐ‘		山 ʂ	
		章 tɕ	昌 tɕ‘	神 dʑ‘		书 ɕ	禅 ʑ
喉音		影 ʔ	晓 x	匣 ɣ	喻〇		
半舌音					来 l		
半齿音					日 ȵʑ		

对比早期《中国音韵学研究》中所述的声母系统,这个声母表最大的变化就是“简化”了喻化声母,其他并无变化。表中通过音标显示出七音的发音部位与发音方法:

牙音为舌根塞音和鼻音。

舌音中的舌头音为舌尖中塞音和鼻音,舌上音为舌面前塞音和鼻音。

唇音为双唇塞音和鼻音。

齿音中的齿头音为舌尖前塞擦音和擦音,正齿音庄组为舌尖后塞擦音和擦音,章组为舌面前塞擦音和擦音。

喉音分别拟作喉塞音、舌根擦音以及零声母。要注意的是,喻母的喻三、喻四,高氏并未作音位区分,只当作喻母的“两个变体”。喻母的拟音为零声母,但具体到喻三时需要标出半元音 j-,而喻四则不须标,其模式如后:喻四等 i̯a,喻三等 ji̯a(译本 26 页)。

半舌音来母为舌尖边音。

半齿音日母拟为舌面前鼻塞擦音。

此外,所有的全浊塞音和塞擦音声母都拟作为送气音。

二、对高本汉声母学说的批评及修订

中国学者对高本汉声母的构拟提出不少批评与修订。除"喻化说"外，主要还有如下几条。

一是舌上音，高本汉拟作舌面前音，罗常培根据梵汉对音定为舌尖后音。

二是正齿音，庄组高本汉拟作舌尖后塞擦音和擦音，李荣认为应当拟为舌叶音。

三是日母，高本汉拟为舌面前鼻塞擦音，李荣则拟作为舌面前鼻音。

四是全浊声母的送气改订为不送气。高本汉将全浊声母拟作为送气音，他列举了许多证据，如：现代方言吴语有浊送气音，认为这是古音的遗存。又如，如果中古全浊读不送气浊音，则在后来清化以后，方音中有的读不送气，如：g>k，有的读送气，如：g>k'，如果拟为不送气浊音，则清化后的送气从何而来不便解释，等等。许多中国学者对此都不赞同，他们认为高氏的理由都难以成立。比如说，现代方言中中古全浊声母的情况非常复杂，客赣语送气，湘语不送气，此外各种方言有的部分送气部分不送气，何种音色保留古音实乃不易定夺。至于浊不送气音清化后能否读为送气音，李荣列举中外语音中许多事例，说明浊不送气清化后是可以变读为送气音的。将全浊塞、塞擦音拟为不送气，最为有力的证据是早期梵汉对音材料。李荣列举从西晋竺法护到隋阇那崛多的对音，梵语的不送气浊音大多直接用全浊声母对音，而梵语的浊送气音则不能直接用全浊声母对音，而是有的采用切语，有的另造新字，有的加上说明，这个对音倾向足以说明当时全浊声母读为不送气音。

三、《切韵》声母的音值构拟

对于高氏所定的声母构拟诸多批评和修订中，全浊送气改为不送气，后人没有异议。有异议的主要就是知组、庄组和日母上面。

知庄两组声母，在《切韵》音系中与其他声母不同之处就在于它们既可拼二等韵又可拼三等韵。通常认为二等韵是洪音，没有-i-介音，三等韵是细音，有-i-介音，那么知组和庄组就应当既能拼洪音又能拼细音。高氏所拟的知、庄两组中，知组舌面前塞音可以拼洪音也可以拼细音，可以接受。庄组高本汉拟为舌尖后音（卷舌音）却不大合适，因为舌尖后音比较便于拼读洪音，不利于拼细音。李荣改拟为舌叶音,比较符合庄组的拼音特征,可以接受。

至于日母,李荣拟作舌面前鼻音,大概有两个原因:其一,梵汉对音中,日母字多对梵语舌面前鼻音。其二,李氏的声母系统中没有娘母,所以知组舌面前音位置上的鼻音就空出来可以拿来给日母拟音了。由于我们接受邵荣芬的意见,认为《切韵》音系中应当有娘母,所以跟知彻澄发音部位相同的娘母必须拟作舌面前鼻音。那么日母就只得回到鼻塞擦音位置。

还有一条变动。高氏的喻母包含喻三、喻四两类,将二者当作所谓“两个变异体”,虽然确认在构拟时要有所区别,但不作音位区分。我们取李荣说,将喻三归并入匣母,成为匣母的三等,写作 ɣ$_{j-}$,喻四独立为一个声母,我们称之为以母,拟为半元音 j。

综上所述,《切韵》三十六字母的构拟,表之于下:

七音＼清浊		清		浊	
		全清	次清	全浊	次浊
牙音		见 k	溪 k‘	群 g	疑 ŋ
舌音	舌头音	端 t	透 t‘	定 d	泥 n
	舌上音	知 ȶ	彻 ȶ‘	澄 ȡ	娘 ȵ
唇音		帮 p	滂 p‘	並 b	明 m
齿音	齿头音	精 ts	清 ts‘	从 dz	
		心 s		邪 z	
	正齿音	庄 tʃ	初 tʃ‘	崇 dʒ	
		山 ʃ			
		章 tɕ	昌 tɕ‘	船 dʑ	
		书 ɕ		常 ʑ	
喉音		影 ʔ	晓 x	匣 ɣ	以 j
半舌音					来 l
半齿音					日 ȵʑ

第三章 《切韵》的韵母与声调系统

第一节 音类研究(上):韵母的确立

一、据《切韵》韵类折合韵母

现代语言学的韵母与古人所说的韵是不同的,《切韵》的韵区别声调,声调不同的音节即算韵母相同也都不能算同韵,所以在韵部的范围内,根据《切韵》的切下字系联只能得到韵类(韵母+声调),而不是韵母。从陈澧以来研究《切韵》韵类的诸家,由于依据的研究对象(如《广韵》或《王三》)不同、使用的方法以及对某些问题(如重纽)的看法不同,所得韵类也往往不同。如陈澧系联韵类是311,高本汉283,李荣335,邵荣芬326,可见差异很大。因此,需要在系联的基础上对韵类进行审核,再将韵类折合为韵母。

折合韵类成为韵母的关键,就是要利用四声相承的关联,在韵系的范围内,去除不同韵类中的声调音素,以获取韵母。具体做法有两个:一是阴声韵平上去相配的韵类忽略声调得到一个阴声韵母;二是平上去入四声全的阳入相配的韵类,忽略声调差别后得到两个韵母,一个是阳声韵母,一个是入声韵母。这一组韵母之间的关系是介音主元音相同,韵尾的发音部位相同、发音方法不同。

以通摄为例。通摄东冬钟三个韵系的切下字系联情况如下,两两互用不能系联者用“/”隔开:

系联东韵系得7个韵类:

平声东韵两个韵类:公古红东德红红户公空苦红,中陟弓弓宫居戎戎如融融以戎终职戎

上声董韵一个韵类:孔康董董多动动徒揔揔作孔蠓莫孔

去声送韵两个韵类:贡古送冻多贡送苏弄弄卢贡,仲直众众之仲/凤冯贡

入声屋韵两个韵类:谷古禄禄卢谷/木莫卜卜博木,竹张六六力竹福方六匊菊居六逐直六宿息逐

系联冬韵系得4个韵类:

平声冬韵一个韵类：冬都宗宗作冬

上声肿韵一个韵类：湩都鵊鵊莫湩

去声宋韵一个韵类：宋苏统统他综综子宋

入声沃韵一个韵类：沃乌酷酷苦沃毒徒沃笃冬沃

系联钟韵系得 4 个韵类：

平声钟韵一个韵类：钟职容容庸余封封府容凶许容恭九容

上声肿韵一个韵类：踵之陇陇力踵奉扶陇冗而陇勇余陇冢知陇/悚息拱拱居悚

去声用韵一个韵类：用余颂颂似用

入声烛韵一个韵类：欲余蜀蜀市玉録力玉足即玉曲丘玉玉鱼欲

通摄三个韵系系联共得 15 个韵类，以四声相承关系简列于下：

东韵系两类：公孔贡谷，忽略声调可得“公/谷”两个韵母

中〇仲竹，忽略声调可得“中/竹”两个韵母

冬韵系一类：冬湩宋沃，忽略声调可得“冬/沃”两个韵母

钟韵系一类：钟踵用欲，忽略声调可得“钟/欲”两个韵母

忽略声调得到四组 8 个韵母：东韵系：公/谷，中/竹

冬韵系：冬/沃

钟韵系：钟/欲

先系联再折合涉及材料非常多，操作繁琐，简明的方法是通过韵图的等位确立韵母。

二、据韵图确立切韵韵母

2.1　韵母、韵类与韵图等位的对应

《切韵》的韵母与早期韵图《韵镜》《七音略》的等位是相吻合的。以上面通摄为例。将通摄四组 8 韵母及其所含音节，逐一与韵图对勘，可以看到，每个韵母及其四声相承的韵类的所有音节都按照一定的规则，分别排入一个确定的图中的固定等位之中。以《韵镜》为例，《韵镜》设立两个图排列通摄各韵母的音节，其一为“内转第一开”，排入东韵系的“公/谷”“中/竹”两组韵母的所有音节；其二为“内转

第二开合”,排入冬韵系的“冬/沃”和钟韵系的“钟/欲”两组韵母的所有音节。

下面是“内转第一开”图,该图将通摄东韵系的“公/谷”组韵母及其四个韵类的所有音节排入一等,“中/竹”组韵母及其四个韵类的所有音节排入三等:

内轉第一開

	脣音清	脣音次清	脣音濁	脣音清濁	舌音清	舌音次清	舌音濁	舌音清濁	牙音清	牙音次清	牙音濁	牙音清濁	齒音清	齒音次清	齒音濁	齒音清	齒音濁	喉音清	喉音清	喉音濁	喉音清濁	舌音清濁	齒音清濁
東	○	○	蓬	蒙	東	通	同	○	公	空	○	岘	葼	怱	叢	檧	○	翁	烘	洪	○	籠	○
	○	○	○	○	○	○	○	○	○	○	○	○	○	○	崇	○	○	○	○	○	○	○	○
	風	豐	馮	瞢	中	忡	蟲	○	弓	穹	窮	[illegible]	終	充	○	○	○	○	○	雄	肜	隆	戎
	○	○	○	○	○	○	○	○	○	○	○	○	○	○	○	嵩	○	○	○	○	融	○	○
董	琫	○	菶	蠓	董	桶	動	[illegible]	○	孔	○	○	總	○	○	[illegible]	○	蓊	嗊	[illegible]	○	曨	○
	○	○	○	○	○	○	○	○	○	○	○	○	○	○	○	○	○	○	○	○	○	○	○
	○	○	○	○	○	○	○	○	○	○	○	○	○	○	○	○	○	○	○	○	○	○	○
	○	○	○	○	○	○	○	○	○	○	○	○	○	○	○	○	○	○	○	○	○	○	○
送	○	○	[illegible]	夢	凍	痛	洞	齈	貢	控	○	○	糉	謥	[illegible]	送	○	甕	烘	閧	○	弄	○
	○	○	○	○	○	○	○	○	○	○	○	○	○	○	剬	○	○	○	○	○	○	○	○
	諷	賵	鳳	幪	中	○	仲	○	○	焪	○	○	衆	銃	○	○	○	○	[illegible]	○	○	○	○
	○	○	○	○	○	○	○	○	○	○	○	○	○	[illegible]	○	○	○	○	○	○	○	○	○
屋	卜	扑	暴	木	豰	禿	獨	○	穀	哭	○	○	鏃	瘯	族	速	○	屋	熇	縠	○	祿	○
	○	○	○	○	○	○	○	○	○	○	○	○	縬	珿	○	縮	○	○	○	○	○	○	○
	福	蝮	伏	目	竹	蓄	逐	朒	菊	麴	驧	砡	粥	俶	○	叔	塾	郁	畜	○	囿	六	肉
	○	○	○	○	○	○	○	○	○	○	○	○	蹙	鼀	[illegible]	肅	○	○	○	○	育	○	○

我们将两组韵类的代表字圈示出来,可以看见凡“公/谷”韵母的“公、孔、贡、縠”4个四声相承的韵类统一被排入了一等位,该组韵母的任何一个音节都可以在一等位找到,“中/竹”韵母的“中、仲、竹”(缺上声)三个四声相承的韵类被统一排入了三等位,本组韵母的任何一个音节都可以在三等位找到。这种排列非常明确地显示了“公”“中”两组韵母之间是同韵基洪细不同的一、三等韵母。其中排三等的“中/竹”韵母在齿音和喉音有一些溢出三等位的音节,此属受韵图框架制约的特殊处置(详下文“假二、假四、喻四”节),并非内含有不同的韵母。

由此可见,在我们系联之前,《切韵》的任一韵母及其韵类都早已被古人排入韵图的某一特定的等位之中,除特殊情况外,韵图的等位实际上已经与系联的韵类一一对应了。既然韵图的等位完全吻合韵书的韵母及其韵类,进行韵类折合韵母的工作,就完全可以跳过系联的步骤,直接在韵图上进行。

2.2 确立韵母的原则

为了直接而顺利地在韵图上完成韵母的折合,我们设立如下几条原则。

第一,凡韵图上一个完整的等位对应于一个系联韵类,这是确立韵母的基础。

第二,凡同一韵图中列于同一等位的四声相承的一组韵类确立为一个或一组韵母,具体为:阴声韵三声相承的韵类确立为一个韵母;阳入声韵四声相承的一组韵类确立为两个韵母,其中一个为阳声韵母,一个为入声韵母。

第三,重纽区别韵母。“支脂祭真(谆)仙宵侵盐”八韵系中的牙喉唇音“见溪群疑影晓帮滂並明”十个声母之下的三、四等重纽确立为不同的韵母。其分类取李荣的“寅A、寅B”说(详下文)。但无论是A类,还是B类,其语音性质都是三等韵,A、B两类是在三等韵内部的再分类。

第四,某些特殊的洪细音混切的反切,主要据其韵摄之中是否有体系性的洪细音对立来决定是否为细音的韵母。如东韵去声“凤,冯贡切”,切上字为三等细音,下字为一等洪音,如何定其韵属?查东韵本为一、三等洪细对立的韵部,其唇音的一、三等对立自成体系,如平声一等“蓬,薄红切”、三等“冯,房戎切”的对立,且“凤,冯贡切”音节韵图列于三等,因而可据其细音切上字确立为三等韵母。非体系性对立的洪细混切则据其切下字定其韵母,如咍韵上声“茝,昌改切”,该条反切下字为一等洪音,上字为昌母三等细音,“茝”音节韵图亦列于三等,李荣据以定为三等韵母,给一等咍韵系增加了一个细音韵母。考咍韵系本属一等韵,并无一、三等的体系性对立,出现一两个章组小韵是为偶然,乃非体系性的对立,因此我们不把它看作细音韵母,只是看作一个以三等上字切一等下字的特殊的小韵。

第五,韵类的开合主要参考《韵镜》,若《韵镜》有不清晰之处再参考《切韵指掌图》。

2.3 韵母的称呼

我们利用韵图等位与系联韵类的严整对应关系,忽略四声相承韵类的声调,区别重纽,获得《切韵》的韵母,计154个。但韵图并没有给出具体韵母代表字,对这些韵母,就有一个如何称呼的问题。如上文通摄的8个韵母,该怎么称呼呢?上文是采用了8个代表字来称呼通摄的韵母,然而用代表字有一定的随意性,并且不易显示韵母的语音特征,有其局限性。要恰当地表现韵母的语音特征,比较可行的办法是启用韵图对韵类的处理方式称之。

清代音韵学家江永有云:“凡分韵之类有三,一以开口、合口分;一以等分;一以古今音分。”[①]这段话中除“以古今音分”是论古音之外,所谓“以开口、合口分”,“以等分”之说,直指韵母的语音性质,涉及了怎样利用韵图框架给《切韵》韵母命名的问题。韵图的结构框架,前文已有所提示,唐宋韵图中的《韵镜》《七音略》都在摄的范围内,采用等、呼的方式排列《广韵》韵类,凡开合不同的韵母分图排列,凡开合相同且四声相承的韵类排入同图的同一种等位。这就是所谓韵图上的“等”基本上对应于《切韵》音系的韵母的由来。我们还要指出,“等”不但与韵母对应,而且还细致地指示了音近韵母之间的差异。出于这两层考虑,参考宋元韵图对韵母的处置,描述韵母居于韵图上的何摄、何韵、何呼、何等、何调等 5 项内容,就可以将任何一个韵母准确地表述出来,并有效地与其他韵母相区别。任何一个韵母在韵图上都有且只有一个等位,抓住了等位就抓住了韵母的本质,所以,通过描写韵母的“摄、韵、呼、等、调”的办法来称呼韵母是最佳的选择。具体操作,首先看韵母是属十六摄的哪一摄,再看它属于该摄的哪一个韵系,再据韵图有关开合的安排确定它是排入开口图还是合口图,再看排在几等,属于哪一个声调(举平以赅上去)。标明这五个要素,就完整地称呼了这个韵母。

韵母称呼中的声调为什么要强调“举平以赅上去”?是因为韵系的四声相承之中又可分为舒、入两类,同一韵系的舒声平上去三声相承韵类之间的韵母相同,可以用平声代表平上去三声,但舒声与入声之间不仅仅是调的不同,还有韵尾的差异,因而平声不能代表入声,所以“调”的方面必须标明“平”“入”两种。如前所列通摄的 4 个韵母:

“公”韵母可称为:“通摄东韵系合口一等平声”,简称为“通东合一平”

“中”韵母可称为:“通摄东韵系合口三等平声”,简称为“通东合三平”

“谷”韵母称为:“通摄屋韵合口一等入声”,简称为“通屋合一入”

“竹”韵母称为:“通摄屋韵合口三等入声”,简称为“通屋合三入”

这是标注韵母之法,若要更细致、更准确地标示字音,则需要标出字音的所属

① 语出江永《四声切韵表》凡例。

韵类。标示韵类的办法就是将5项内容中“韵系”项,换成“韵类”,即在标写中区别声调。操作上只需要将原来“韵系”项改为被标注字音所属的韵部,并标明其本身的声调。如“董”字,属于上声董韵,标示其韵类就可以称之为:通摄董韵合口一等上声。若要准确标示一个字音,必得标出其所属韵类。

第二节 音类研究(下):韵母在韵图上的特殊表现

一、某等与某等韵

1.1 韵的等位分布

《切韵》的韵母在韵图上都被排入特定的等位,所以,“等”就成为韵母的重要标志。通常将排入一等的韵母叫一等韵,排入二等的叫二等韵,排入三等的叫三等韵,排入四等的叫四等韵。清代音韵学家江永解释“等”说:“一等洪大,二等次大,三四皆细,而四尤细。”[①]可见同一等位的韵母往往有某种共同的语音性质,这是据等确立韵母的依据。

我们要特别指出,这里所说的“某等韵”是指韵母,并不是韵书所分的韵部。《切韵》的各个韵部所含韵母是多少不一的,有的韵部只含一个韵母,有的含有两个或两个以上的韵母。如果一个韵部只含有一个韵母,这个韵的全部音节就一定只排入某一个等中,某韵就会等于某等韵,但如果韵部含有多个韵母,相应地就会排入不同的图或不同的等位,这时某韵(韵部)就不一定只是某等韵了。韵图是据韵母列等而不是据韵部列等的。

从韵书的角度看,韵部在韵图上的等位分布有两种表现:一是一个韵部的韵母只列入一个等位,习惯上把这种只排入某一个等的韵称为某等韵,如冬韵只排一等,就可以称为一等韵;二是一个韵部的韵母被排入两个等位,就会把这种归入两个等的韵称为“某某等合韵”,如东韵分别被排入一等和三等,就叫“一三等合韵”。

《广韵》206韵的61韵系在韵图中等的分布如下:

一等韵:冬模灰咍泰魂痕寒豪歌唐登侯覃谈

---

① 语见《音学辨微》之“八辨等列”,丛书集成初编本第37页。

二等韵：江夬佳皆删山肴耕咸衔

三等韵：钟支脂之微祭废鱼虞真（臻）谆文欣元仙宵阳清蒸尤（幽）侵盐严凡

四等韵：齐先萧青添

一、三等合韵：东戈

二、三等合韵：麻庚

三等韵中的"臻、幽"两韵系被打上了括号，需要略作说明。臻韵系在韵图上排于二等位，表面看是一个二等韵，但其语音性质是三等韵，且与真韵系关系密切，故用括号形式排于"真"旁。幽韵系的性质是三等韵，但韵图将它排在尤韵系韵图中的四等位，根据其性质当改为三等韵，具体情况详下文"分摄构拟"。

1.2 某等与某等韵的区别

臻、幽两韵系的特殊排列，在某种程度上给韵图的"某等"与《切韵》韵母的"某等韵"之间带来了一种特别且又有限的"分离"，即韵图上出现了某些语音性质是三等韵，却分别排入了二等或四等位的现象，或者说是出现了排二等的非二等韵、排四等的非四等韵现象。这种等与韵的分离足以提示我们，从韵图的整体结构看，图上排入"某等"的音节还不能简单地一概认作"某等韵"。在韵图的实际排列中，"某等"与"某等韵"并未完全对应，有必要区分"某等"与"某等韵"两个概念。准确地说，"某等"是指韵图上排列于某横行位置的一行格子，该行格子可以排入韵书中某一韵母的音节。"某等韵"则指韵书上具有某种语音性质而排入某一等位的韵母及其音节。要之，"某等"着重其在韵图上的位置，"某等韵"着重其在某一等位上所具有的语音性质。

实际上，韵图中排在二等位而非二等韵、排在四等位而非四等韵等特殊现象并非只有上述两个，这种等与韵之间的参差其实还有许多。要了解"某等"与"某等韵"之间的参差，得从《切韵》的声母与韵母的拼合关系及韵图框架对声韵拼合关系的制约入手。

二、韵图显示的声韵拼合关系

2.1 拼合关系在韵图上的表现

《切韵》声母与韵图列于不同等的韵母之间往往有不同的拼合关系，略如下表所示。表中最左边“等位”栏下分别列出一至四等韵，等位栏的右边分七栏列出声母的七音，七音栏下列出能拼该等韵母的所有声母，“○”表示该位缺声母。图中可见，各等韵的可拼声母数目并不相同，一二四等韵都最多可拼 19 母，但各等的 19 母并不完全相同，三等最多可拼 32 母。

等位	唇音	舌音	牙音	齿音	喉音	半舌	半齿
一等韵	帮滂並明	端透定泥	见溪○疑	精清从心○	影晓匣○	来	○
二等韵	帮滂並明	知彻澄娘	见溪○疑	庄初崇山○	影晓匣○	来	○
三等韵	帮滂並明	知彻澄娘	见溪群疑	精清从心邪 庄初崇山○ 章昌船书禅	影晓匣于以	来	日
四等韵	帮滂並明	端透定泥	见溪○疑	精清从心○	影晓匣○	来	○

表中声、韵的拼合关系，可以分别从“声母”“等位”两个角度观察，同时对照韵图三十六母的分布论其拼合特点。

2.2　声母的等位分布

如果立足于《切韵》三十六母，从声母出现于何等韵的角度来看，《切韵》三十六母与各等韵母的拼合关系及其跟韵图三十六母的异同，大致可以概述为如下五种情况：

一是四等齐全。《切韵》音系中有 11 个声母四等齐全，它们分别是唇音“帮滂並明”，牙音“见溪疑”，喉音“影晓匣”，半舌音“来”。四等齐全就意味着 11 个声母在《切韵》音系中可以与任何性质的韵母相拼。对比韵图三十六母，这 11 个声母的分布有两点不同：一为唇音三等韵所拼读的对象不同。这是因为韵图三十六母唇音分轻唇、重唇两组，轻唇音只拼轻唇十韵，重唇音只拼轻唇十韵之外的其他韵。二为匣母三等位不同。《切韵》三十六母的匣母有三等（即“于”类），韵图三十六母将《切韵》的匣母三等转归喻母成为喻母三等，成为喻三之后，匣母三等位出现空缺。

二是只拼一、三、四等。《切韵》声母齿音中的齿头音“精清从心”4 母只拼一、三、四等韵，绝不拼二等韵。对比韵图三十六母，齿头音被分列于一、四等位，除了不拼二等韵外，还不见有列于三等位者。但实际上韵图的精组 4 母同样也可拼三等韵,韵图不将它们列入三等位而将它们4母与"邪"母一起列入了四等位,这纯粹是受韵图框架制约的结果(具详下文)。

三是只拼一、四等。《切韵》声母的舌上音"端透定泥"4母只拼一、四等韵。需要说明的是,《切韵》音中端组4母并非不能拼二、三等,实际上《切韵》中端组有少数拼二、三等韵的音节存在,是为特殊现象。从总体上看,端组不拼二、三等,可以认为是出缺,而非不能。韵图三十六母的舌头音4母也是只列于一、四等位,与《切韵》声母的分布相同。

四是只拼二、三等。《切韵》声母的舌上音"知彻澄娘"和正齿音庄组的"庄初崇山"都只能拼二、三等韵。这种分布,与韵图三十六母有同有异。同者为舌上音知组,异者为正齿音庄组。同者全同,异者亦异中有同。齿音之异乃《切韵》的庄组"庄初崇山"4母,韵图将它们归入照组的"照穿床审"4母之中,人为安排于韵图齿音二等的位置,简称为照二。《切韵》音系的"庄组",韵图三十六母变成了"照二",两种称呼不同,但所指对象却是相同的。

五是只拼三等韵。《切韵》音系中有9个声母只拼三等韵,它们是"群,邪,章昌船书禅,以,日"。只拼三等韵,照理应当都排入三等韵位,但实际情况并非完全如此。只有"章昌船书禅"和"群"母、"日"母等7个声母的音节被排入三等位,其中"群"母属于牙音,在牙音"见溪群疑"4母中,"群"母只拼三等,其他3母都四等齐全。另有"邪""以"2母被排入四等之中。这9个《切韵》三等声母若与韵图三十六母相较,不同之处有三:一是《切韵》的章组,在韵图三十六母中与庄组合并为一组"照穿床审禅",原章组音节被排入三等,成为照组声母的三等,即所谓照三,与成为"照二"的原庄组声母形成齿音位的二、三等对立。二是《切韵》的齿头音"邪"母虽然只拼三等韵,但韵图并未将它置于三等位置,而是与其他精组声母一起置于四等位。三是《切韵》的喉音"以"母,在韵图中与匣母三等(即"于"类)合并为喻母。韵图将来自中古匣母三等的音节列于喻母三等位,号称喻三,而将来自中古以母的音节置于喻母四等位,号称喻四。

2.3　等位的声母分布

如果从等位的视角来看,《切韵》声母与韵图声母在每一等位上的出现也是有同有异。

一是一等位上，《切韵》能够拼入的声母最多有 19 个：见溪疑、端透定泥、帮滂並明、精清从心，影晓匣，来。这与韵图三十六母的拼入声母完全相同。

二是二等位上，《切韵》声母最多也是 19 个：见溪疑、知彻澄娘、帮滂並明、庄初崇山、影晓匣，来。虽然与一等韵同为 19 个声母，但舌、齿音与一等韵不同。与韵图三十六母相较，齿音有所不同。《切韵》的排二等位齿音是“庄初崇山”4 母，韵图的二等位齿音却是“照穿床审”4 母。这种不同反映了《切韵》音系的声母与韵图音系的声母在齿音二等位的语音内涵不同，但其所指对象是相同的。

三是三等位，《切韵》声母在三等位最多可拼入 32 个声母：见溪群疑、知彻澄娘、帮滂並明、精清从心邪、庄初崇山、章昌船书禅、影晓匣以、来日。而韵图三十六母在三等位上最多只排入 26 母：唇音 8 母、舌牙音各 4、齿音 5 母、喉音 3 母、半舌半齿 2 母，总数比《切韵》少 6 母，其中唇音 8 母是轻、重唇的互补关系，若不计互补，则 22 母。其差异可以概括为三点：一为唇音。《切韵》声母唇音只有重唇一组 4 母，较韵图轻唇、重唇分立的二组 8 母少轻唇 4 母。二为齿音。《切韵》齿音三组 14 母都拼入三等，较韵图三等位只列出“照穿床审禅”5 母多出 9 母。三为喉音。《切韵》喉音“匣、以”两母，都可拼三等韵，而韵图的匣母不含喻三（“于”类），这样一来，韵图的匣母就没有了三等韵。从性质上看，唇音、喉音方面的差异是拼读关系不同，因为《切韵》声母的唇音和喉音与韵图不同。齿音则既有拼合关系不同，又有韵图的格局制约的影响。（详下文“假二、假四、喻四”节）

四是四等位上，《切韵》声母最多可拼入 19 母：见溪疑、端透定泥、帮滂並明、精清从心，影晓匣、来，跟一等位的情况相同。而韵图三十六母则在四等位排入了 21 个声母，比 19 母多出齿音“邪”母、喉音“喻”母。其实列于四等位的“邪”“喻”两母所拼的韵母都是三等韵，两个声母被置于四等同样是受韵图格局制约而产生的特殊现象。

三、韵图对三等韵的特殊处置

综观《切韵》音系的声母、韵母拼合关系及其在韵图上的表现，我们屡屡看到所拼之“韵”与所排入之“等”之间有参差，问题全部出在三等韵之上。除臻、幽两个韵系的特殊排列外，《切韵》音系中的三等韵在韵图上还有两个非常显著的特点，一是能够与之相拼的声母特别多，二是三等韵内部又有重纽分别，因此，三等韵之音节数已大大超越韵图的一排格子 23 个位置的容受极限。韵图为了把这么多的复杂内容填入表格，不得不采取一些特殊措施，因而出现了假二等、假四等、喻四、重纽四等这些虽排入二等或四等，但其语音性质是三等的现象。下面分别讨论。

3.1 假二等、假四等

我们谈《切韵》声母与韵母的拼合关系时说过，《切韵》齿音的“精”“庄”“章”三组 14 个声母都可以拼读三等韵，最多会拼读出三组齿音的 14 个三等韵音节，而韵图在齿音三等位只设立一个横排 5 个格子的位置，最多只能排入一组 5 个音节，无法容纳下三组 14 个音节。这就好比客栈只有一套客房却来了三家房客，安置他们出现了严重的冲突。韵图的处理就是“以组为单位强行分流”以避免冲突：凡章组声母均作为本等列于三等位，凡庄组声母所拼的三等韵音节均上移至齿音二等位安置，凡精组声母所拼的三等韵音节均下移至齿音四等位安置。结果就出现了庄组拼三等韵的音节被强行移置于二等格子中，成为所谓身在二等而非二等韵的假二等；精组拼三等韵的音节被强行移置于四等格子中，成为所谓身在四等而非四等韵的假四等。所谓假二等就是排在二等位但其韵的性质属于三等，假四等就是排在四等位但其韵的性质属于三等。显然，是在韵图框架的制约下，庄组只能排入二等位置，精组只能排入一、四等位置，才有了假二等、假四等的。

下面以九鱼韵的平声齿音为例，看其在韵图上的排列：

	齿音 次 清清浊清浊
一等	○○○○○
二等	葅初鉏疏○
三等	诸○○书蜍
四等	苴疽○胥徐

三等韵鱼韵的齿音拼合音节在韵图上分别排入了二、三、四等之中，但它们都是三等韵，这可以从系联得知。上图中本排三等的“诸”等音节是章组声母拼合的音节，韵图排入三等位，是其本等。“诸”在《广韵》的切语“章鱼切”，其切下字

"鱼"韵图排于牙音清浊位的三等,此乃以三等下字切三等韵,音和。再看齿音排二、四等的音节。排二等的"菹初钼疏"是庄组声母拼合的音节,其切下字与三等完全系联,如"菹,侧鱼切"与章母"诸,章鱼切"同用"鱼"字,下字系联,韵属同类。排四等的"苴疽胥徐"是精组拼合的音节,其切下字与三等也完全系联,如"苴子鱼切",也与"诸"同用"鱼"字,韵同类。在这个图上,"菹初钼疏"四个小韵就是假二等,"苴疽胥徐"四个小韵就是假四等,凡是假二等、假四等,其韵类都属于三等韵,所以是真三等。也就是说,只有当庄组四个声母与三等韵相拼时,才会在韵图上出现假二等;只有当精组五个声母与三等韵相拼时,才会在韵图上出现假四等。

如果庄组是跟真正的二等韵相拼,精组是跟真正的四等韵相拼,就不存在假二等、假四等了。下面是《韵镜》"外转第二十五开"效摄平声齿音四等的音节图,这里就没有假二等、假四等。

	齿　音 次 清清浊清浊
一等豪韵	糟操曹骚○
二等肴韵	䜈𪁐巢梢○
三等宵韵	昭弨○烧韶
四等萧韵	○○○萧○

这里精组一等拼的是真正的一等豪韵,庄组二等拼的是真正的二等肴韵,章组三等拼的是三等宵韵,同样精组四等拼的是真正的四等萧韵,庄组二等、精组四等跟章组三等三者各归其韵类,绝不系联,这个图没有所谓假二等、假四等。

为何要称为"假"某等?是因为该等位同时又有真的本等音节存在,有真才会有假。具体说,庄组声母既可以拼二等韵,又可拼三等韵,虽然两者都置于韵图二等位,但拼二等韵时为真二等,拼三等韵时则为假二等,形成了真、假二等并存的局面;同样,精组既可拼四等韵(不含邪母),又可拼三等韵(邪母只能拼三等韵),虽然两者都置于韵图四等位,但前者为真四等,后者为假四等,就形成了真、假四等并存的局面。那么,二、四等位的真、假并存有没有冲突呢?据观察,庄组在图中为真二等时,很少见有假二等音节,庄组的真、假二等位罕见有冲突者。精组在四等位时,真、假之间有少量冲突,这时韵图就会给其假四等另开一图,以规避其冲突。

由此可见，所谓的假二等、假四等，纯粹是齿音声母的复杂拼合关系在韵图框架的制约之下形成的。假二等、假四等是《切韵》声母的齿音拼三等韵时在韵图分布上的一个重大特点，下面我们还会看到，它们还引发韵图的内转、外转的设置。

3.2 喻四

所谓喻四，是取自韵图的术语，在《切韵》音系则称为“以母”。

《切韵》声母中没有喻母，传统三十六母中喻母所辖的字，在《切韵》声母中原分为两类，一为“于”类，属于匣母三等，一为“以”母，二者分用划然，绝不相混，其声母是不同的。可是，大约经过几百年的发展，到宋代韵图三十六母中，匣母三等（于类）已经脱离匣母转与“以母”合并为一个声母：喻母。但韵图对喻母的来自“于”类、“以”类的所有音节均予以保留，并未作任何舍弃或合并。既然原匣母三等的于类与原以母现在已经是同一个声母“喻母”了，原“于”类、“以”类的音节就得要列于喻母位下方妥，于是，喻母三等位就有了两个不同来源的音节，这里又出现了一个三等位要排入两类音节的冲突。韵图就只好又来一次“强行分流”，将来自匣母三等的“于”类音节作为本等排入喻母下三等位，将来自“以”母三等的音节下移排入喻母四等位，习惯上就称“于”类为喻三，“以”类为喻四，因而又出现了一处排于四等的三等韵字。

3.3 重纽三等、重纽四等

3.3.1 重纽概况

前文已介绍了重纽韵：支脂祭真（谆）仙宵侵盐，这八个韵系的性质都是三等韵。但其中牙喉唇音“见溪群疑影晓帮滂並明”十个声纽下出现了开合相同的两套反切，因而形成重纽。重纽是有语音区别的韵类。

照道理，韵图应当把它们都列入三等，然后再作区分。但韵图的框架是牙喉唇音下三等各自都只有一排格子，排不下重纽的两套音节。韵图于是根据其语音性质，把其中一部分排于三等，另一部分排于四等，这样就出现了所谓重纽三等和重纽四等之分，前者可以简称“重三”，后者简称“重四”。重四虽排在四等，但其韵是三等韵。周法高等学者将重三称为B类，重四称为A类。

3.3.2　重纽韵母

虽然都是三等韵,但毕竟分为两类,A 类、B 类各成一类互不相同,就会出现两个不同的三等韵母。然而还不止于此,这八个含有重纽的韵系全都是牙喉舌齿唇五音齐全的韵。牙喉唇音出现两套小韵对立,可舌齿音却只有一套,从韵的角度来看,牙喉唇两套是两个不同的韵类,舌齿音一套的韵类又如何呢?也就是说,重纽韵的韵母到底有几个呢?

重纽韵部中的舌齿音的韵母与重纽 A、B 类的关系,至少有四种可能:

一是舌齿音是独立的韵类,与重纽 A 类、重纽 B 类各自独立,则重纽韵有三个韵母;

二是舌齿音与 A 类同韵母,重 B 类独立,全韵有两个韵母;

三是舌齿音与 B 类同韵母,重 A 类独立,全韵有两个韵母;

四是舌齿音中一部分同于重三,一部分同于重四。全重纽韵有两个韵母。

四种可能中,通常认为舌齿音自成一系韵母的可能性不大,可能性一可以排除。舌齿音跟重三同韵母还是跟重四同韵母倒是有不同的看法。上述四种可能中,李荣取二、邵荣芬取三、陆志韦取四,我们取李荣《切韵音系》的说法,把舌齿音和重四看作同韵母,重三单独为一系韵母。李荣将重纽韵称为三等韵中的寅类韵(三等子、丑、寅类详下文),因此,寅类韵中的舌齿音和重四的韵母就被称为寅 A 类,重三的韵母就被称为寅 B 类。

四、三等韵的结构特点

假二等、假四等、喻四、重纽 A 类、B 类,这些来自韵图的特殊安排都说明三等韵有着非常复杂的结构,可以概括为三个类型。

4.1　纯三等韵或子类韵

所谓纯三等韵就是指在韵图中,三等韵的所有音节都只出现于三等的位置,绝不外溢至任何一个非三等位。三等韵的所有音节都只出现于三等位,所以称为纯三等韵。从声韵拼合关系看,纯三等韵只有牙喉唇音,没有舌齿音。李荣称之为子类韵,邵荣芬称之为三 A 类,等等。《切韵》音系中纯三等韵共有 8 个韵系,它们是:微废文欣元庚三严凡 8 韵系。

4.2 混合三等韵或丑类韵

混合三等韵，这个类型三等韵的内部声韵拼合关系是五音齐全，其中牙、舌、唇音居三等位，齿音和喉音有溢出三等位的音节，具体为齿音庄组三等韵的音节被置于二等、齿音精组三等韵的音节和喉音喻母中来自原“以母”的音节都被置于四等位。也就是说，该韵以排入三等位为主，但有少数溢出三等而排入了二、四等，成为假二等、假四等和喻四，所以称为混合三等韵。李荣将这个类型的三等韵称为丑类韵，邵荣芬称为三 B 类。

在《切韵》音系中混合三等韵有：东三钟之虞鱼戈三麻三阳清蒸尤幽等 12 个韵系。其中两个韵系有点特别：一是幽韵系韵图原排入四等位，大概可以以韵图从权处置来解释。二是清韵系除齿音有溢出三等位外，又有唇音牙音喉音溢出至四等位的音节，但又不形成所谓重三重四的对立，其原因尚不明。

4.3 重纽三等韵或寅类韵

重纽三等韵是：脂支祭真（谆）仙宵侵盐 8 个韵系。与混合三等韵相较，它们比混合三等韵多出一组牙喉唇音重纽，两组牙喉唇音分别被排入三等、四等位。其中排入三等的重纽简称为重三，又被称为 B 类，排入四等的重纽简称为重四，又被称为 A 类。

李荣将重纽三等韵称之为寅类韵。照李荣的归类，重纽三等韵中的牙喉音之外的舌齿音韵类与 A 类即重四归为同类，统称之为寅 A 类，剩下的重纽三等牙喉音单独为一类，称之为寅 B 类。邵荣芬则将重纽三、四的韵分开称之，将重三与舌齿音合为一组称为三 C 类，将重四单独为一组，称为三 D 类。我们取李荣的说法，将重三独立，将重四与舌齿音合并，前者称为寅 B 类，后者称为寅 A 类。

在韵图中，寅 A 类与寅 B 类同处一图的有支、脂、真（谆）、侵 4 个韵系 7 图。

寅 A 类与寅 B 类不同处一图的有祭、仙、宵、盐 4 个韵系 12 图。

五、内转、外转

传统切韵学早就关注到齿音庄组拼二、三等韵在韵图上的特殊排列，以及该种排列给整个韵图功能带来的影响，因而设立了“内（内转）、外（外转）”这一对术语来统一标示这种影响。

5.1 内转切三、外转切二

5.1.1 内、外转的内涵

“内(内转)、外(外转)”这一对术语虽然在《韵镜》和《七音略》的使用中表现得非常成熟,但这两部早期韵图都没有解释其含义。关于“内转、外转”之内涵,目前能看到的最早的解释是宋代韵图《切韵指掌图》《四声等子》。《切韵指掌图·辨内外转门例》云:“内转者,取唇舌牙喉四音更无第二等字,唯齿音方具足。外转者,五音四等都具足。旧图以通止遇果宕流深曾八字括内转六十七韵,江蟹臻山效假咸梗八字括外转一百三十九韵。”(11 页)《四声等子》亦同。元刘鉴《经史正音切韵指南》后附《门法玉钥匙》将其列入十三门法,其解说也与前述大同小异。可知“内、外转”是基于韵图正齿音真假二等的特殊排位而立的条例。

5.1.2 内、外转的得名

“内、外”是个方位词,韵图是在二、三、四等这三个都有可能排入三等韵的等位范围内使用它们的。若只看二、三、四等三个等位,其位置以三等为中心,相对于三等来说,二、四等就是“外”,相对于二、四等韵来说,三等就是“内”。如果这时齿音二等的庄组字是假二等的话,它拼读的是三等韵,从韵类来看,这个排于二等的音节就属于在内的三等的韵,故要“内转”。《切韵指掌图》所说“唇舌牙喉四音更无第二等字,唯齿音方具足”,是从假二等出现时的韵图的特殊排列来说的。在韵图中,只有齿音庄组二等有字,其他唇舌牙喉二等位均没有字时,庄组一定是假二等,所拼韵一定是三等韵,一定要内转入三等方可找到其同类。所以,“内转”的语音内涵是庄组二等“内转切三”,在假二等的情况下其韵类属于三等。

与内转相对,外转就是指庄组二等拼真正的二等韵时的韵类排列。由于是与真正的二等韵相拼,所以五音中“牙喉舌齿唇”的二等位都会有字,这时齿音庄组所拼之字的韵类与本图牙舌唇喉二等的韵类相同,也就是说,要找庄组所拼字的同韵类,必须到本图二等位去找,绝不能到三等位去找。二等相对三等来说是“外”,庄组所拼是真二等韵时,一定要外转到二等韵方可找到其同韵类,故“外转切二”。

5.2 内外转的功用:转读与检字

前文已说,韵图有“练音”“检音”等实用功能,练音有“横呼转读”,检音有“横转归字”,都涉及转。内、外转,也含有指示“练音”“检字”的意思。

5.2.1 练音转读的内外

练音的内转是指只有齿音二等有字，齿音之外二等无字可"转读"，读完二等庄组字之后，必须往内转而入三等。练音的外转是指齿音二等之外还有字可转，要继续外转读其他的二等字。

5.2.2 拼音检字的内外

利用韵图针对反切进行拼音的检字，也有内外转的差异，如要在韵图上查"古双切"这个音。切上字为牙音见母，切下字"双"在《韵镜》属于"外转第三开"江韵山母二等，江韵图二等唇舌牙齿喉均有音，故查"古双"之音，须直从齿音二等山母位"双"字平转牙音见母下二等，得"江"字，而不要内转入三等位，故称为外转。"古双"切出来的音是"江"，仍属二等的音，这就是所谓"外转切二"。如下图（为求醒目，只列出二等，○表示该位无字）：

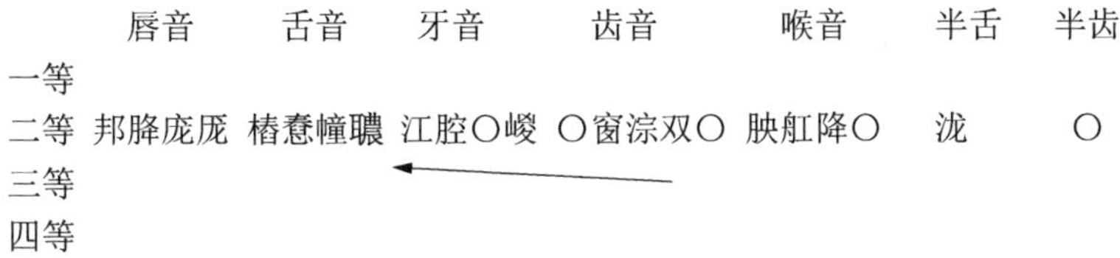

	唇音	舌音	牙音	齿音	喉音	半舌	半齿
一等							
二等	邦胮庞厖	椿惷幢鬞	江腔○峻	○窗淙双○	胦舡降○	泷	○
三等							
四等							

若查"良士切"这个音，切上字"良"为来母，从《韵镜》查出切下字"士"在内转第八开图，属于上声止韵齿音二等，可是查"良士切"却不能直接从齿音二等平转到半舌音来母二等（因该等位无字），而是要内转入三等的来母下，得"里"字，才是该切语之音。这就是内转切三。如下图（图中为眉目清爽，只列出齿音与半舌音的字，二等位除齿音外其他音无字，以○识之）：

	唇音	舌音	牙音	齿音	喉音	半舌	半齿
一等				○○○○○		○	
二等	○○○○	○○○○	○○○○	滓剩士史俟	○○○○	○	○
三等				止齿○始市		里	
四等				子○○枲似		○	

5.3 内、外转的体系化

从传统的解释来看，"内转、外转"最初只是对于正齿音庄组字分别与二等韵、三等韵相拼时，在韵图上作的特殊处理。照常理，凡出现真假二等的韵图才会有外转、内转的处置，如果韵图中没有真、假二等出现，就不必归入内外转之中。可是

《切韵指掌图》却说“今以深曾止宕果遇流通括内转六十七韵,江山梗假效蟹咸臻括外转一百三十九韵”(11页),这是对十六摄内、外分布的概括。其意思就是,内、外转的设置是贯穿整个十六摄,没有死角的。其中有真二等韵的韵摄是:“江山梗假效蟹咸臻”八摄,没有真二等韵只有假二等的是:“深曾止宕果遇流通”八摄。然而,十六摄的内外设置有两处有问题。

其一,果摄没有二等韵,也绝无齿音的三等韵,这意味着既无真二等韵也没有假二等,仅牙喉音有几个三等的小韵,照《切韵指掌图》的解释,既不属于内转,也不属于外转。韵图将它归入内转类,却与内转的定义不合。果摄跟内转唯一能够相应的地方,就在于平声有几个牙喉音三等小韵而已。无论如何,仅仅根据果摄牙喉音几个三等小韵这一特点,设定为内转是非常勉强的。

其二,臻摄归外转,是因为臻摄的臻韵系韵图排于二等,整个韵系全排入二等,看起来是个真二等韵,故入外转。但这个二等的臻韵系内部只有庄组字音节,此外牙喉舌唇均无音,完全符合“唇舌牙喉四音更无第二等字,唯齿音方具足”的内转性质,应当归入内转。

可见,内外转的问题,并不那么简单。[①] 韵图努力要将整个音系纳入内、外转体系,不愿意留下死角,其真实意图目前尚有所不知,但从其实际操作可以看到,在韵图的编者看来,内外转的设置是一个完整的体系,是贯通整个音系的。

由于“内、外”涉及问题比较复杂,加以中古音二等韵非常特别,与假二等在韵图上呈互补分布,其中一定有隐藏的语音性质,故而引起音韵学家研究的兴趣。有不少学者著文讨论了内外转的性质。著名的有罗常培、薛凤生等。这些论著都有新见,给人启发。但“内、外”转语音性质问题,目前仍无统一的看法。

第三节　音值研究(上):据韵图音理推测

当我们根据韵图的等位排列,逐一确立十六摄六十一韵系的154个韵母,并掌握了这些韵母在韵图上的特殊表现之后,我们就基本上完成了对《切韵》韵母的音

① 参董同龢《等韵门法通释》,见《历史语言研究所集刊》第十四卷。

类研究。接下来要做的就是音值研究，即构拟《切韵》音系韵母的音值。学术史上第一个完成此项研究的是瑞典汉学家高本汉。高本汉在他的著作《中国音韵学研究》中对《切韵》韵母的音值做了全面细致的构拟。今天看来，这个构拟系统虽然不无繁芜琐碎，甚至还有不合语言事实之处，但他的这次破天荒的音值拟测还是取得了很大成功，尤其是他所依据的历史语言学以及语音学的理论与方法对学术界的影响很大。后来者几乎都依据历史语言学以及音系学、语音学等基本原理，从汉语的历史与现状入手，检验、批评高氏体系，在高氏体系的基础上重新构拟《切韵》音系，如陆志韦（1947/1985）、李荣（1945/1956）、邵荣芬（1982）等等，整个《切韵》韵母的构拟日趋完善。

我们这里主要介绍李荣的构拟体系，必要时参考诸家学说以及我们的理解，略作补充与修订。

我们的韵母构拟将分两步进行：

一是根据韵图提供的语音信息，推测并拟定韵母中的某些音素，如介音、韵尾等。

二是利用历史语音文献以及现代方言语音等资料，进行韵母音值的推定和拟测。

本节进行第一步工作，根据韵图提供的语音信息并参考其他资料推断、构拟韵母的介音、韵尾和四等韵的主元音。至于那些不能直接从韵图获知语音信息、需要借助历史语音文献和现代方言语音资料作出推测的部分，我们将在下一节讨论。

一、介音系统

前文已经介绍，切韵学家设立“等、呼”两个术语分别从舌位和唇形两个方面描写韵母的起首元音（即介音，若介音为零则指韵腹）的语音性质，以便能够在摄的背景下，将韵母依介音或主元音的语音性质，有序地排入图中。可见韵母的介音与韵图的“等”“呼”密切相关。可以说，当韵图将全部韵母一个不落地归入特定的等、呼之中的时候，已经在某种程度上提供了韵母介音的语音信息。我们完全可以利用韵母的“等、呼”来推测并构拟《切韵》韵母系统中的介音。

1.1 合口:圆唇介音

1.1.1 圆唇介音的成立

前文已经介绍,切韵学设立两个“呼”:一为开口、一为合口,用来描写并区分韵图中音节的介音或主元音的圆唇与否。

以现今能见到最早的韵图《韵镜》为例。《韵镜》的全体韵图非开则合,无一例外,标“开”字者为开口图,标“合”字者为合口图。《切韵》的每一个韵母及其所有音节均纳入此类标明开、合的韵图之中。试以现代汉语的语音分别诵读开、合图中诸音节,凡合口图中的音节,全部或大多都具有-u-介音或主元音为u,凡开口图中的音节,全部或大多不具有-u-介音或主元音不是u。清晰地显示有无圆唇介音-u-,是能否归入合口的关键,虽因古今音变,现代音已难以做到全部标“合”图中每一音节都有-u-介音或主元音为u,但其绝大多数都有-u-介音这一特点,足以说明韵图标为“合口”是因为图中诸音节都有一个-u-介音或主元音为u。这样一来,通过韵图所设的“合口”,我们可以给《切韵》音系的韵母确立一个圆唇介音:

-u-

韵图标为“合”的图中,原则上应当拟一个-u-介音,但是,通观整个韵图,情况并不如此简单,存在两个问题需要特别讨论:一是少数韵图的开合标注有参差,二是唇音音节的开合无对立。

1.1.2 标注的参差

标注的参差可以概括为两点。

(1)“开合”同标。《韵镜》有4个图(含5个韵系)的标目既不是“开”,也不是“合”,而是标“开合”两字,这与切韵学十六摄所定开合迥异。下面列出4图的标目,后接括号注明该图所含的韵系及十六摄设定的开合:

内转第二开合(冬钟韵系,十六摄系统定为合口)

外转第三开合(江韵系,十六摄系统定为开口)

内转第四开合(支韵系,十六摄系统定为开口)

内转第十二开合(模虞韵系,十六摄系统定为合口)

我们知道,韵图开、合分图排列,同一个韵图中不应该既标“开”又标“合”。

“开合”同标，除非是这个图中真的既有开口韵母、又有合口韵母。元代切韵学家刘鉴曾认定其中的“江韵系”是开合同图，他在《经史正音切韵指南》“江摄外一”图下注明“见帮晓喻属开，知照来日属合”字样。从刘鉴所处时代来看，江摄图中的音节的确有的读开口、有的读合口。但这是距离《切韵》约六百年之后的语音，并非《切韵》之音。何况《韵镜》同标“开合”的韵图共有 4 个，就算一个江韵系图的“开合”如刘鉴所言，也无法证明另外三个图同标“开合”之不误。从开合设置的体例来看，《韵镜》并无开合同图之例。4 个图“开合”同标不符韵图之例，“开合”两字中必有一个衍文。在后面的韵母构拟中，我们将主要按照十六摄的开合框架来确定这 4 图的开、合，并去除衍文。

(2) 韵图所标“开”或“合”与十六摄开合不同，涉及 6 个图 9 个韵系，它们是：

内转第一开(东韵系，十六摄设定为合口)

内转第十一开(鱼韵系，十六摄设定为合口)

外转第二十六合(宵韵系，十六摄设定为开口)

内转第二十七合(歌韵系，十六摄设定为开口)

内转第三十八合(侵韵系，十六摄设定为开口)

外转第四十合(谈衔严盐韵系，十六摄设定为开口)

上列 6 图中，前 2 图的两个韵系中的东韵系属通摄，鱼韵系归遇摄，十六摄都定为合口独韵，同摄之中没有开合对立，应当其主元音就是合口元音“u”，但《韵镜》却标为“开”，《七音略》标为“重中重”，也是开口。这两个早期的、表现《广韵》音系的韵图一致确认为开口，或许东、鱼两个韵系与开口有某种关联，应当引起注意。其主元音该怎么确定，我们在分摄构拟时再作讨论。

后 4 图，宵韵系、歌韵系、侵韵系、谈衔严盐韵系，分别属于效摄、果摄、深摄、咸摄。其中效、深、咸三摄在十六摄中都属于开口独韵，而属于果摄的歌韵系也是开口，都不应当标为合口。查《七音略》宵、歌、侵、谈等都被标注为“重中重”，属开口。所以，这几个韵系《韵镜》标为合口，显然是误标，应当以十六摄所定为正(具详下文分摄构拟)。

1.1.3 关于唇音的开合

整个《切韵》音系中，唇音无论在十六摄的独韵还是开合韵中都普遍存在，虽然在“开合韵”中存在,但唇音却无开合对立,表现为无论哪一摄,基本上唇音若在开口图中,则对应的合口图中必无,反之亦然。整个《切韵》系统中,仅蟹摄灰、哈两韵有少数几个唇音出现开、合对立。然邵荣芬(1982)考察《经典释文》以下十余种唐代音释,发现其中灰哈两系唇音字“所用的切下字竟然都没有开合上的限制”,用开用合很是随意,其实就是没有开、合对立,此可证明《切韵》音系中“灰、哈两韵系唇音不对立”。邵氏由此认定“[u]介音不适用于唇音字”,“开合韵”摄中的唇音韵母应当统一拟为开口(117页),就是说,除合口独韵外,唇音一律要拟作开口。

我们同意唇音音节没有开、合对立,但考虑到唇音后续的发展,还是认定唇音中应当有合口音节存在,或者说给唇音拟定一部分合口韵母可能较好。这是因为三等韵的唇音中有一部分大概在中唐以后发生了轻唇化的音变,这是中古音的一个重要变化,变化的结果是一部分三等唇音声母逐渐脱离重唇,变成了轻唇音,造成了所谓“轻唇十韵(东三、钟、微、废、虞、文、元、阳、尤、凡)”与其他三等韵的唇音分流。这十个韵中的唇音能变为轻唇,与其他三等韵的唇音分道扬镳,说明与其他三等韵唇音必有不同。查宋元各种韵图,轻唇十韵的唇音大多排入合口,恰与其他三等唇音大多排入开口不同。请看下表宋元五种韵图有关轻唇十韵中唇音所在韵图的开合设定,为统一体例,原图标为“重、轻”者一律改为“开、合”:

	东三	钟	微	废	虞	文	元	阳	尤	凡	合口小计
韵镜	开	开合	合	合	开合	合	合	开	开	合	5
七音略	开	合	合	合	合	合	合	开	开	合	7
四声等子	开?	开?	合	合	合	合	合	开	开	合	6
切韵指掌图	合	合	合	合	合	合	合	合	开	开	8
切韵指南	合	合	合	合	合	合	合	开	开	合	8

通、遇两摄为合口独韵,但《四声等子》通摄标“重多轻少”,开、合如何暂不明确,故加问号,遇摄则标为“重少轻多”,姑且认为合口。

十韵中,尤韵最为特殊,因为流摄为开口独韵,故尤韵所有韵图都标为开。但唐宋诗词用韵显示,尤韵唇音由重唇变轻唇是伴随着韵母从流摄变入遇摄,即从所谓尤侯部变到鱼模部进行的。流摄是开口独韵，遇摄是合口独韵，可知尤韵三等唇音轻唇化时，实际上其韵母也从开口变为了合口。这个音变，声母伴随韵母主元音的变化，跨摄演变，虽然与其他九韵在本摄之内变动明显不同，但同样是在成为合口之后的变化。

除流摄尤韵之外，通、遇两摄为合口独韵，其他诸摄都属于开、合韵，它们的唇音在诸图之中绝大多数归入合口。可见，轻唇音之声韵拼合关系当以合口为主。高本汉曾据此提出《切韵》音系中唇音三等的轻唇化音变的条件就是："三等合口"。亦即曰，三等唇音字以开、合为条件发生分流，合口变成了轻唇音，开口保持重唇没有变。这个观点提示我们，唇音字虽然没有开合的直接对立，但还是有开、合之分异。目前来看，高氏此说尚有瑕疵，还无法涵盖全部轻唇十韵，但若考虑到流摄尤韵演变的特殊性，则高氏的观点对于轻唇音的变化仍有一定的解释力，因此，我们暂将轻唇十韵除尤韵之外的九韵唇音拟为合口音。

1.2 等：洪细介音、复合介音

1.2.1 三四等与细音介音

关于"等"的语音性质，前文已指明是描写介音及主元音舌位高低前后的术语。韵图一共列有四个等，四个等又可以按舌位高低前后略分为洪细二类，一、二等是洪音，三、四等属细音。洪音开口度大，舌位较低，不会有-i-介音，细音开口度小，舌位较高，可以有-i-介音。问题是三等、四等向来都被归诸细音，是不是都有-i-介音？

高本汉认为三、四等都有-i-介音，其区别在于三等介音属于辅音性的弱介音，写作-i̯-，四等介音属于元音性的强介音，写作-i-。这样设立介音至少要面对两个困难。

困难一是不能解释《切韵》反切上字的用字中一二四等与三等分组的倾向。前文已介绍，所谓分组，是指《切韵》音系的声韵拼合关系中，四等齐全的声母唇（帮滂並明）、牙（见溪疑）、喉（影晓匣）和半舌音（来）等 11 母，当它们用于注音时，有根据被切字的等位分组的倾向：一二四等字为一组，三等字单独为一组。就是说，被切字为一二四等字时，切上字用一二四等字，被切字是三等字时，切上字用三等字。为了清晰了解该分组情况，下面唇、牙、喉、半舌音各取一母，看其在《切韵》中对不同等的被切字是如何作切的。资料取自李荣《切韵音系》第三章的几个反切上字表,字下数字表示出切次数,一次则不标。为有效区分洪细,三等、四等切上字用"/"号领起。

被切字	唇音帮母	牙音见母	喉音影母	半舌音来母
一等	博 15 布 3 北 2 波/方 3	古 55 公 2 各 2 姑	乌 44 阿 2 安 2 爱哀/於 4 一	卢 27 落 12 郎 6 勒 2 鲁 2 洛路
二等	博 9 北 3 布 3 补百伯/方 2 甫 2	古 52 姑孤公加格	乌 23/於 9 乙 4 一 2	鲁/力 2 吕 2
三等	补逋 3/方 21 府 13 甫 6 必 6 卑 6 彼 5 笔 2 鄙 2 并封非匪分兵 2	/居 71 举 10 基纪 2 几 4 诡癸轨君吉驹俱九 2 久 2	/於 88 伊纡 3 乙 3 应 2 央英 2 依忧忆谒	/力 50 吕 6 良 4 李 2 里理离羸六
四等	博 2 补 2 布北/方	古 25/居纪	乌 10/於 8 一	卢 4 落 3 鲁路勒郎/力 4 闾/练

上表清晰显示,一、二、四等被切字的切上字绝大多数用一、二等洪音,很少用三等切上字。三等被切字则绝大多数用三等切上字,仅唇音三等出现 2 字 4 次用一等上字作切,其余均三等。切上字与被切字配合的洪细分组趋势非常清晰。问题在于,为什么四等韵被切字作为传统认定的细音也多用洪音切上字?如果四等韵与三等韵一样有类似的-i-介音,为什么反切用字却与三等不类,反而与洪音的一、二等用字相同?

困难二是正齿音章组是《切韵》三十六母中只能拼读三等韵的声母,如果三、四等都是细音,为什么章组绝不拼读四等韵?据前文声母的拟音,可知章组实际上是腭化的舌面前塞擦音或擦音 tɕ-,与三等韵的所谓弱介音-i̯-拼读和谐,毫无障碍,如果四等韵也与三等一样有-i-介音,而且还是强元音介音,为什么章组反而不能拼呢?

如此种种,恐怕只能以四等韵没有-i-介音来解释。

现代方言也可以提供四等韵无-i-介音的证据。下面将 5 个四等韵与同摄三等韵各取一字,核查其在闽、粤方言中的读音差异,若有文白读,则于白读下画双线[①],看下表:

① 方音取自《汉语方音字汇》第二版重排本,语文出版社 2003 年。

	荠四	祭三	先四	仙三	添四	盐三	青四	清三	篠四	小三
	礼	例	莲	连	念	廉	青	睛	了	燎
广州	lɐi	lɐi	lin	lin	nim	lim	tʃ'ɪŋ、tʃ'ɛŋ	tʃɪŋ	liu	liu
阳江	lɐi	lɐi	lin	lin	nim	lim	tʃ'ɪŋ	tʃɪŋ	liu	liu
厦门	le	le	liɛn、nãĩ	liɛn	liam	liam	ts'ɪŋ、ts'ĩ	tsɪŋ	liau	liau
福州	lɛ	lie	lieŋ、leiŋ	lieŋ	nieŋ、naiŋ	lieŋ	ts'iŋ、ts'aŋ	tsiŋ	lieu、lau	lieu
建瓯	li、lai	li	liɪŋ、laiŋ	liɪŋ	niɪŋ、naŋ	liɪŋ	ts'eiŋ、ts'aŋ	tseiŋ	liau、lau	liau

表中显示,三等字无文白异读,绝大多数都有-i-介音或主元音为 i,这应当反映了中古三等韵有-i-介音的状况。四等字则大不相同,有仅一个读音者,有文白两读者。整体来看,每个字在方言中都有文白异读,尤以闽方言为多。核其实际读音,只有一读者和文白异读中的文读绝大多数都有-i-介音或主元音为 i,与同摄三等韵的韵母相同;白读则全然不同,除厦门"青"字外概无-i-介音或 i 类主元音,四等白读的主元音舌位也都比 i 低,如 a、ɛ、e 等等。而且这种差异绝非偶一出现,其数量之多足以自成体系,形成与文读层相对的白读层。简言之,文读层面四等与三等合流,白读层面四等与三等有别。与《切韵》音相较,白读层与《切韵》音系的三、四等分韵相符,文读层不符《切韵》,却与《切韵》之后唐宋诗押韵以及宋人编的韵图如《切韵指掌图》《四声等子》等表现出来的三、四等混合相符。文白异读层的时代差异,给我们提供了有力的证据,来推测并确认闽、粤方言四等字白读残存了《切韵》时代的遗迹。这些遗迹反映了当时三、四等韵之间的一个重大差异,即:三等韵有-i-介音,四等韵没有这个介音。亦即曰,《切韵》音系中细音介音只存在于三等韵中。《切韵》音系其实只有一个-i-介音,高本汉所说的强、弱差异并不存在。

1.2.2 洪细、开合介音

李荣根据一二四等与三等切上字的分组倾向,认定四等韵不应该有-i-介音,方言中的文白异读,也可证明《切韵》音系中四等韵母不具有-i-介音,四等韵无-i-介音当可定谳。这样一来,《切韵》韵母的四个等,其洪细介音实应分为两个部分:一是一二四等韵,没有-i-介音;二是三等韵,有-i-介音。再纳入开、合因素,四等介音可

以如下拟就:

开口一、二、四等为零介音,开口三等为-i-介音

合口一、二、四等为-u-介音,合口三等为-iu-介音

其中合口三等介音最为复杂,因为该等位既为合口则必有 u,又属于三等则必有 i,合起来就成了-iu-介音,这个介音又可以称为复合介音。

1.2.3 重纽的介音

至此,我们不要忘记了三等韵还有重纽。前文我们已经介绍了重纽 A、B 类都属于三等韵,但其韵母有别。究竟音值有何差异,或重纽 A、B 类之间有何不同,却众说纷纭,大概有声母异、介音异、主元音异、韵尾异等多种说法。我们认为,重纽 A、B 类既然都归入同一个韵中,根据同一韵部字音的韵基必须相同的立韵原则,则 A、B 两类的语音不应当是主元音或韵尾不同,否则就不能归入同一韵部之中;也不应当是声母不同,因为重纽并未引起牙、喉、唇音声母的分化。所以,最有可能的是介音不同,但介音究竟如何不同,却难以找到确切的材料证明。李荣因此仅将 A、B 类作一个类的区别,即重 A 类(重纽四等)与其同韵舌齿音归为同类,其介音写作 -i-;重 B 类(重纽三等)单独为一类,其介音写作-j-,以示区别。这样一来,重纽韵又增加了两个介音,一是重纽三等或寅 B 类开口:-j-,二是重纽三等或寅 B 类合口:-ju-。

1.3 《切韵》的介音系统

综合上文,《切韵》音系的介音共计 6 个,其中开口三个,合口三个:

一二四等开口:零介音;三等开口:-i-;重纽三等开口:-j-

一二四等合口:-u-; 三等合口:-iu-;重纽三等合口:-ju-

二、韵尾系统

2.1 转、摄与韵尾

前文已经介绍,切韵学的摄是由一组韵尾相同、主元音相近的韵系所组成的。摄包含了韵尾相同的语音特征,同摄则必同韵尾。因此,韵尾可由摄来推定。《韵镜》虽然没有“摄”的名目,但其四十三图的排列顺序,隐然对应十六摄,请看:

通摄 2 图:内转第一开(东)、外转第二开合(冬钟)

江摄1图：外转第三开合（江）

止摄7图：内转第四开合（支）、内转第五合（支）、内转第六开（脂）、内转第七合（脂）、内转第八开（之）、内转第九开（微、废寄）、内转第十合（微、废寄）

遇摄2图：内转第十一开（鱼）、内转第十二开合（模虞）

蟹摄4图：外转第十三开（咍皆夬祭齐）、外转第十四合（灰皆夬祭齐）、外转第十五开（泰佳祭）、外转第十六合（泰佳祭）

臻摄4图：外转第十七开（痕臻真）、外转第十八合（魂谆）、外转第十九开（欣）、外转第二十合（文）

山摄4图：外转第二十一开（山元仙）、外转第二十二合（山元仙）、外转第二十三开（寒删仙先）、外转第二十四合（桓删仙先）

效摄2图：外转第二十五开（豪肴宵萧）、外转第二十六合（宵）

果摄2图：内转第二十七合（歌）、内转第二十八合（戈）

假摄2图：外转第二十九开（麻）、外转第三十合（麻）

宕摄2图：内转三十一开（唐阳）、内转第三十二合（唐阳）

梗摄4图：外转第三十三开（庚清）、外转第三十四合（庚清）、外转第三十五开（耕清青）、外转第三十六合（耕青）

流摄1图：内转第三十七开（侯尤幽）

深摄1图：内转第三十八合（侵）

咸摄3图：外转第三十九开（覃咸盐添）、外转第四十合（谈衔严盐）、外转第四十一合（凡）

曾摄2图：内转第四十二开（登蒸）、内转第四十三合（登职）

各转排列的顺序，凡同摄的韵系要么排入一图之中，要么紧邻排列，自然形成一组，丝毫不紊，十六摄的界限清晰可见。

同摄的韵系之间要么韵尾相同（阴声韵），要么韵尾相同或相对应（阳声韵与入声韵的韵尾，发音部位相同，发音方法则鼻音与塞音对应）。

前文已经引述朝鲜李朝时汉学家崔世珍在《四声通解》（1517年）中给阳声、入声相配韵部注的谚文注音资料，介绍了阳声、入声韵之间三组韵尾，及各种韵尾所

含的韵系:

舌尖尾:-n/-t,有"真谆臻文欣元魂痕寒桓删山先仙"14 韵系,此属臻山二摄。

舌根尾:-ŋ/-k,有"东冬钟江阳唐庚耕清青蒸登"12 韵系,此属通江宕梗曾五摄。

双唇尾:-m/-p,有"侵覃谈盐添咸衔严凡"9 韵系,此属深咸二摄。

崔世珍是朝鲜李朝时代的汉学家,时当中国的明代后期,其时已非宋元时代,但我们相信,崔氏对阳、入声韵尾的描写,绝非师心作古,一定是传承自宋元切韵学。阴声韵尾的情况又如何呢?崔世珍对阴声韵尾也有描写,但其中羼杂时音,关于阴声韵摄的韵尾音值,难以从《四声通解》觅其的解。

2.2 郑庠古韵与阴阳六尾

2.2.1 郑庠古韵六种韵尾

根据朝鲜学者所传三种阳、入声韵尾,可以确知十六摄中 9 个阳-入声韵摄的韵尾。十六摄中还有阴声韵 7 摄,它们的韵尾情况如何?由于今所传宋元韵图没有明确的说明,我们还不能直接从韵图获取韵尾音值的资料,但有一个间接资料,可以提供准确的韵尾信息,此即宋人郑庠的古韵六部。

宋代古音学家郑庠著《古音辨》,这是古音学史上第一部有明确的古韵分部的古音著作,分古韵部为六部。该书已佚,具体内容今已难知其详。元代学者熊朋来在其著作《经说》卷二"论易诗书古韵"条中曾对郑氏之说作出批评,无意中记下了郑庠所分古韵部的梗概,后来戴震整理为下面的详目(见戴氏《声韵考》卷三):

阳部:东冬钟江阳唐庚耕清青蒸登(按,此即通江宕梗曾五摄)

支部:支脂之微齐佳皆灰咍(按,此即止蟹两摄)

先部:真谆臻文殷元魂痕寒桓删山仙先(按,此即臻山两摄)

虞部:鱼虞模歌戈麻(按,此即遇果假三摄)

尤部:萧宵肴豪尤侯幽(按,此即效流两摄)

覃部:侵覃谈盐添咸衔严凡(按,此即深咸两摄)

六部所含内容完全覆盖十六摄,阳、先、覃三部实际就是由三种"阳-入"韵尾的韵摄组成的韵部,支、虞、尤则属于阴声韵尾的韵部。可见郑庠的古韵六部,其实就是据中古音系的韵尾立部，三种阳-入声韵尾的韵系与三种阴声韵尾的韵系，共六种韵尾，各自立为一个上古音的韵部。郑庠没有离析唐韵以求古韵，只是以韵尾为条件合并韵部，这当然不是真正的古音韵部。作者虽未言明其所传承，但由这种韵尾格局与韵摄的分合密合无间看来，应当来自宋元切韵学。可以说，郑庠所立上古韵部虽然不准确，但却给我们留下了宋元切韵学关于《切韵》音系的韵尾的资料。

2.2.2 戈载的六尾描述

关于六种韵尾的语音表现，清代词学家戈载有精彩的描述。戈载在其所著《词林正韵》中，指出宋代词学名家对韵尾有“住字”“杀声”或“结声”等称谓，戈氏因言诸种称谓“名虽异而实不殊”，“此第言收音也”[①]。他统一采用“收音”指称之，“收音”即韵尾。他进而详述诸“收音”之要六条，其实就是对六种韵尾命名并述其分布、描写其音读，下面撮述戈氏的命名及描述，以见传统的六种韵尾语音音值描述：

“穿鼻”韵：东冬钟江阳唐庚耕清青蒸登，其字必止喉间反入穿鼻而出作收韵。

“抵颚”韵：真谆臻文欣魂痕元寒桓删山先仙，其字将终之际以舌抵着上颚作收韵。

“闭口”韵：侵覃谈盐沾严咸衔凡，其字闭其口以作收韵。

“展辅”韵：支脂之微齐灰佳半皆咍，其字出口之后，必展两辅如笑状作收韵。

“敛唇”韵：鱼虞模萧宵爻豪尤侯幽，其字在口半启半闭，敛其唇以作收韵。

“直喉”韵：歌戈佳半麻，其字直出本音，如此作收韵。

戈氏对韵尾发音的描写不但准确而且易于理解，令人叹服，说达到当时审音水平的高峰似不为过，甚至于实验语音学之描述亦不遑多让。所说“穿鼻”音“止喉间、反穿鼻而出”，即韵母收音于舌根从鼻孔出，其所描写即语音学之后鼻音无疑，“抵颚”以舌抵上颚则属舌尖音，“闭口”显然是双唇音韵尾。可见，穿鼻、抵颚、闭口三种尾音实指三种阳声韵尾。他又补充说，其入声“可以类推”，即“以屋沃烛为东钟之入声，觉药铎为江阳之入声，质术栉为真文之入声，勿迄月没曷末黠鎋屑薛叶帖为寒删之入声，陌麦昔职德为庚青之入声，缉为侵之入声，合盍业洽狎乏为覃谈盐之入声”[②]，实际上就是说，穿鼻、抵颚、闭口不但有阳声韵尾，还各有入声尾。

---

① 引文见《词林正韵》，上海古籍出版社 1981 年第 15 页。

② 《词林正韵》第 21 页。

三名之中唯有“穿鼻”似难兼指舌根塞音尾,因而又有人提拟另立一名“碍喉”[①]来指舌根塞尾。不过,名无固宜,约定俗成以为宜,如果约定“穿鼻”一名可兼表同部位入声塞音,则亦无不可。总之,虽然当时口语已没有了与阳声相配的入声韵尾,但戈氏是知道阳声韵尾之鼻尾当配入声韵之塞尾的。

展辅、敛唇、直喉三种尾音则为阴声韵尾,据其描述特征,可以得知其展辅为舌面前高元音韵尾,敛唇为圆唇元音韵尾,直喉为零韵尾。

将戈氏的六尾与郑庠的六部对照,可以形成如下对应关系:

阳部:穿鼻尾,-ŋ/-k(通江宕梗曾五摄)

覃部:闭口尾,-m/-p(深咸两摄)

先部:抵颚尾,-n/-t(臻山两摄)

支部:展辅尾,-i(止蟹两摄)

尤部:敛唇尾,-u(遇效流三摄)

虞部:直喉尾,-Ø(果假两摄)

这应当就是宋元切韵学关于十六摄所有韵尾的归纳与描写,这个韵尾体系与《切韵》音系的韵尾是相当接近的。

2.3 《切韵》的六种韵尾及其构拟

我们通过郑庠的古音韵部及戈载的音值描写间接地了解了宋元切韵学关于中古阴声韵、阳声韵和入声韵的韵尾分布及语音性质,全面地获取了十六摄系统的韵尾语音信息,原则上可以用于《切韵》韵母的构拟之中。但在具体运用中,阴声韵与阳-入声韵当有所区别。

2.3.1 阳声、入声韵尾

阳-入声韵尾分为舌根尾、舌尖尾和双唇尾三组,每组有若干摄,从宋元切韵学一直到明清时代,其基本结构是稳定的,因此我们可以认定这种稳定的结构应当自《切韵》时代即已如此,可以确认,在《切韵》音系的阳声、入声韵中,存在三种鼻、塞音韵尾:

---

① 详罗常培《汉语音韵学导论》第69页。

闭口尾：-m/-p；深咸二摄

抵颚尾：-n/-t；臻山二摄

穿鼻尾：-ŋ/-k；通江宕梗曾五摄

2.3.2 阴声韵尾

阴声韵的韵尾可能没有阳-入声韵尾那么整齐，宋元切韵学所确立的-i（展辅尾）、-u（敛唇尾）、-Ø（直喉尾），虽然整体格局至今未变，但其内部的韵摄分布却代有参差。看清人戈载的描述，他将佳韵系分作两半，一半归入展辅、一半归入直喉，就已经显示出该系统与十六摄有不同之处，其实戈氏的时代，实际差别可能更大。由此上推，很可能十六摄系统之阴声尾音也不一定全都符合《切韵》音系。《切韵》音系的阴声韵若要依摄定尾恐有所龃龉。我们从李荣先生的《切韵》韵母的构拟中看到，阴声韵尾虽然仍是三个，但其分布却与宋元切韵学不同：

直喉尾：-Ø；果假遇止支之蟹佳

展辅尾：-i；止脂微蟹除佳之外

敛唇尾：-u；效流

在李荣的构拟体系中，虽然整体格局仍是直喉、展辅、敛唇三尾，但内部构成不同。一是遇摄并未归入敛唇尾-u，而被归入直喉尾-Ø。二是止蟹两摄也不全是展辅尾-i，而是与直喉尾互有参差。这可能是《切韵》时代的韵尾，跟宋元时代十六摄的差异吧。这表明阴声韵尾的构拟，不能完全以摄为单位确认哪几摄为哪一种韵尾，三个韵尾之间都有韵摄的参差，我们留待分摄构拟时再具体述评。

三、四等韵的主元音

汉语韵母的语音结构包含三个要素，一为介音，二为主元音，三为韵尾。上文已构拟了介音和韵尾，只差主元音。主元音即韵母之韵腹，乃韵母三要素之核心。在十六摄中，一二三等韵的韵腹相当复杂，其主元音难以据等位推定，唯有四等韵最为简明，可以单独通过韵图提供的语音信息，参考其他材料进行推测和构拟。

3.1 一、二、三等韵主元音复杂的原因

前文已经说明，韵图的等主要用于描写表现介音的语音性质，但也与主元音舌

位高低前后有关。反过来看,无论同摄还是异摄,凡同处一个等位的韵母,其主元音应该也有舌位相同或相近的特质。能否像介音那样,通过等位的排列获取主元音的准确信息呢?答案是否定的,因为存在两种复杂现象,使"等"所提供的主元音信息无法具体确认。

一是重韵。前文已说明,四个等中一、二、三等韵都有多组重韵,重韵是同摄同呼同等的不同韵部。既然是同摄同呼同等,就一定介音、韵尾相同,它们不被归为同一个韵只可能是主元音不同。虽然它们之间的主元音语音性质可能比较接近,但绝不相同,究竟有何不同,自然无法仅凭韵图来推测。

二是异摄但同呼同等同韵尾的韵系。前文已说明,《切韵》音系被归为十六摄,但全体韵母的韵尾却只有六组,摄数大大超过尾数。这就意味着不同的摄之间,必有韵尾相同者。这些同韵尾的摄之间,也必然会有同呼同等的韵系。这种同韵尾并且同呼同等的不同韵系,也与重韵一样,无法据韵图提供的信息来推测其主元音。如同为舌根韵尾(-ŋ/-k)的通江宕梗曾5摄,内部有很多同等的韵系:

一等韵4个:东一、冬、唐、登,

二等韵3个:江、耕、庚二,

三等韵6个:东三、钟、阳、庚三、清、蒸。

三组同等的韵之间各有同呼的,如一等"唐"与"登"都有开有合,二等"江"与"耕、庚二"都有开,三等"阳""庚三""清"都有开有合等等。它们都属于韵尾相同又同呼同等,虽没有重韵之名,但仍有类似于重韵的同介音、同韵尾特征,它们之间不被归为同一个韵,肯定也是主元音不同。主元音不具有同一性,是它们不能据韵图推其音值的主要原因。

3.2　四等韵主元音的同一性

四个等的韵中,唯有四等韵的主元音具有同一性。

韵图上排于四等位的纯四等韵只有"齐、先、萧、青、添"5个韵系,它们在《切韵》系统分属蟹、山、效、梗、咸5摄。其分布有两个特点。其一,分布单一,没有重韵。即一个四等韵只归于一摄,且一摄之内只有一个四等韵,没有同摄同呼同等的纠结。其二,韵尾分布均匀、诸韵平行。这是说四等韵在《切韵》的韵尾体系里也

没有重出,即5个四等韵系中的每一个都只居一个韵尾:

齐韵系为展辅尾,-i

先韵系为抵颚尾,-n/t

萧韵系为敛唇尾,-u

青韵系为穿鼻尾,-ŋ/k

添韵系为闭口尾,-m/p

5个四等韵系分别归属5个韵尾,互相之间可以凭韵尾区分,而成为所谓“平行韵”(parallel rhymes)。这就意味着它们不但不需要不同的主元音来相互区分,更有可能根本就是通过拥有同一个主元音来体现四等韵的语音性质。因为在介音和主元音之间,四等韵的介音与一二等韵相同,介音不可能是将它们归入四等的主要原因。去掉介音因素,它们之所以同归于四等,就只有一个可能,即它们具有一个共同的、且与一二等韵不同的主元音。由此我们可以推知,四等韵的主元音具有高度的同一性,应当给所有的四等韵构拟一个共同的主元音。

3.3 梵汉对音的表现

我们可以确认,四等韵具有共同的主元音,这是一个什么元音呢?清代音韵学家江永说“三四皆细,而四尤细”,“尤细”之音,似乎是一个舌位较高的元音。但这个推论其实并不严密,亦未加以论证。李荣根据中古的梵汉对音材料中四等字多对梵音e元音现象,认为四等韵的主元音为前半高元音:e。他有两个证据,都与梵汉对音有关。

一是圆明字轮梵文汉译和《大般涅槃经》文字品及其他文字品、字母品等等汉译梵字,从东晋的法显(约337—约422)到日本留唐僧空海(774—835)几百年间,有14家对译文献显示,梵语悉昙字12元音中的“ᐁ(e)”,诸家大都以四等韵影母字对译,李荣列举如下对音的汉字:

咽,乌前、乌见二反(按,此属先韵四等)

哩,《集韵》咽或作哩(按,此属先韵四等)

堅,乌鸡、於计二反(按,此属齐韵四等)

黳,乌鸡反,原注乌奚反(按,此属齐韵四等)

翳,乌鸡、於计二反(按,此属齐韵四等)

此外我们还可以补充一些跟𑖊(e)元音相拼的音节,如:

"低""底""帝"等对音节𑖝𑖸(te)

"洗""细"等对音节𑖭𑖸(se)

"礼""隶""隸"等对音节𑖨𑖸(re)或𑖩𑖸(le)

"铭"对音节𑖦𑖸(me)

"宁""聹"等对音节𑖡𑖸(ne)

"见引捺啰二合"对𑖎𑖸𑖡𑖿𑖟𑖿𑖨(kendra),"见"对"ken"部分

上述含有元音 e 的音节,都采用四等韵的字对译,说明四等韵的主元音语音性质当与之趋同。

二是唐初高僧玄奘对梵语"观自在"的对音:

《大唐西域记》卷三"阿缚卢枳低湿伐罗菩萨像"注云:"唐言观自在,合字连声,梵语如上。分文散音,即阿缚卢枳多,译曰观。伊湿伐罗,译曰自在。"

这里说的是名词"观自在"在梵语中的分词与连读两种读法及其对音,分词为:"观""自在"两个词,后附拉丁转写:

观:avalokita,玄奘对音:阿缚卢枳多。

自在:īśvara[①],玄奘对音:伊湿伐罗。

两词成一名,合声连读,则为:

观自在:avalokiteśvara,玄奘对音:阿缚卢枳低湿伐罗

两个词连读,avalokita+īśvara=avalokiteśvara,注意下画双线的 te 音节,来自 ta+ī。因为梵语有 a+ī=e 的连读音变规则,所以原词"观"的末音节 ta,连读"自在"一词的首音节 ī,ta+ī=te。玄奘用齐韵四等的"低"对译此音。李荣(1945/1956)认为玄奘特地指明 te 应当对音为"低",体现了齐韵四等的主元音为 e,"这证据是强有力的"(114 页)。

3.4　系统的调整

我们已经看到,四等韵的主元音以梵汉对音的证据可拟为 e,这应当是前半高

① 李荣原写作:iśvara。据《梵和大辞典》(235 页,新文丰出版 1979 年)、《梵英词典》(Sanskrit-English Dictionary,171 页,中西书局 2013 年)改写为 īśvara。

不圆唇元音。但如果把四等主元音定为较闭的 e,就会给整个拟音系统带来一个困难。因为,臻摄的真韵,流摄的幽韵,这两个三等韵主元音当以 e 为宜。如果将 e 定为四等韵主元音,将会出现臻摄的真韵三等与山摄的先韵四等,流摄的幽韵三等与效摄的萧韵四等,这两组异摄的三、四等韵的韵母主元音冲突的格局:

三等:真 ien,幽 ieu

四等:先 en,萧 eu

先韵与真韵、萧韵与幽韵两组不同摄的韵反而变得韵基相同,成为洪细相配的一对韵母了。这不但不符合古人分摄的处置,更不符合隋唐以来诗歌押韵中先韵基本不押真韵、幽韵基本不押萧韵的事实。

高本汉为了消除这个冲突,将真韵拟为 iĕn,幽韵拟为 iĕu,以元音的长短音区别真、幽三等与先、萧四等,其实这样区别也是很勉强的,且不论整个音系中仅有一个短音音位是否具有合理性,仅就 iĕn(真)与 en(先)、iĕu(幽)与 eu(萧)来看,二者的韵基还是非常接近,恐怕也难以说明二者之间为什么做不到音近通押。

陆志韦据广州话齐韵系字的读音拟四等齐韵主元音为 ε,邵荣芬取之。我们在上文讨论四等韵介音时已经列闽、粤方言中的文白异读表,指出表中四等韵字的白读层中不但没有介音,而且主元音也相对较低,有 a、ε、e 等等。前面讲介音时,我们看到了闽语福州音中有四等齐韵"礼 lε"的音,其实四等字主元音较低在闽音中是比较多的。不妨多看几个四等韵的字音:

	西	溪	犁	蹄	前	青	叠	踢	节
福州	sε	k‘ε	lε	tε	sεiŋ	ts‘aŋ	t‘aʔ	t‘εiʔ	tsaiʔ
厦门	sai	k‘ue	lue	tue	tsãĩ	ts‘ĩ	t‘aʔ	t‘at	tsat
建瓯	sai	k‘ai	lai	tai	ts‘iŋ	ts‘aŋ	t‘a	t‘ε	tsai

可见闽音尤其是福州音,主元音为 ε 的还真不少,可以支持陆、邵二位的改定。

邵氏还提出一个理由,梵汉对音中,四等齐韵并非只对译 e,如隋唐之前的昙无谶、慧严、谢灵运、僧伽婆罗等曾都有用"鬘""翳"对译 āi,由此可见,《切韵》时代四等字的主元音可能比 e 要开,舌位较之要低,有可能是前半低不圆唇的元音。但还有一个问题,如果四等韵主元音改拟为 ε,真幽等韵拟为 e,既然有以 e 为主元音的音节,当时的译经者为何要大量选用 ε 为主元音的音节对译 e 音节呢? 似可这样解释: 主元音拟为 e 的三等韵的韵母元音其实是 ie,并无零介音的 e 元音音节,对译 e 音,可能只有 ie 与 ε 两种选择,两者之中选 ε 则比较近似。

据上,四等韵主元音拟为 ε 也是有根据的。若将四等韵主元音拟为 ε,则与真、幽二韵主元音的音位不同,不会出现韵基相同的情况,而高本汉所加的短音符号就可以取消了。邵荣芬(1982,126 页)说:“如果把先韵系写作[εn],萧韵系写作[εu],那么真韵系就可以写作[ien],幽韵系就可以写作[ieu],短音符号就用不着了。这样做不仅是省一个附加符号的问题,也是系统上一致所必需的。”因此,我们接受陆、邵二位的拟音,将四等韵的主元音调整为前半低不圆唇元音 ε。相应地,李荣主元音原拟为 ε 的地方,也接受邵荣芬的意见,统一调整为 æ,具详分摄构拟。

第四节　音值研究(下):分摄构拟

分摄构拟是以摄为单位运用各种古今语音材料推测每摄所辖韵母的音值的综合性构拟。这个过程大概要分两步进行: 一是确认每摄有多少个韵母,及各韵母之间的关系;二是考证并研判各韵母主元音的语音性质与音值,再参考韵图的开合和等位等信息,加入相应的介音和韵尾,以完成韵母的全部拟测。

两步中第一步是基础,有两项任务: 一是确认每摄有多少个韵母,二是了解各韵母之间的关系。确认每摄多少韵母的任务相对简明,前文已作讨论。所谓韵母之间的语音关系,是指在确定摄中的韵母之后,根据韵母所处的内外转图或开合等位的信息,分析并判断同摄各韵母之间有哪些音素相同,哪些不同? 确认诸韵母主元音各有什么样的语音性质,是否洪细相配或开合相配等等。大致可以概括为四个观察点。

其一,同图洪细相配。韵图将同摄开合相同、主元音相近的韵母排入同一张图的不同等,不同等之间要么介音不同,要么主元音舌位高低前后略有不同。这就告诉我们,同一图不同等的韵母之间大致是洪细相配的关系,其主元音可能相同或比较接近。由此得到一条主元音构拟参考原则,即：排入同一图不同等的韵母之间,其主元音或相同,或比较接近。

其二,同摄开合分图。韵图将开合对立的韵母分图排列,如山摄的寒韵排入开口,桓韵排入合口,寒桓两韵系是开合对立的一等韵,它们之间的关系是有无圆唇介音的不同,主元音相同。由此得到第二条构拟参考原则,即同摄同等开合对立的韵母之间主元音相同。

关于开合问题,有一点需要说明,由于唇音无开合对立,对唇音音节的开口、合口介音的拟定要有所约定,我们确定采用两种方式处置唇音音节的开合,一是“轻唇十韵”的唇音除尤韵系外全拟为合口介音,二是前述 9 个轻唇韵系之外的韵系无论是否开合韵,唇音一律都拟为开口介音。

其三,同摄重韵分图。同摄同呼同等的韵,韵图必分别列入不同的图。如咸摄覃谈两韵系,都是一等开口韵,韵图分列两图。它们之间韵尾和介音相同,只可能是主元音不同,又因其同摄同等,主元音之间的差异不会太大。由此得到第三条构拟参考原则,即同摄同等同呼的韵系之间主元音不同但相对接近。

其四,内外转模式的提示。宋元切韵学的内、外转体系化设置,已将每个摄都纳入内转或外转的体系之中,形成内、外两种不同的结构模式。两大模式的差异,从所排入的韵来看,内转模式每图必排入三等韵,必不排入二等韵、四等韵,一等韵则可有可无。外转模式每图必排入二等韵,一、三、四等韵则可有可无;虽然四等韵不会在每个外转图中都排入,但 5 个四等韵却是全都排入外转图。下面以“■”表示必排入韵系,“○”表示必不排入韵系,“□”表示排入韵系可有可无,简示内转、外转的等位结构模式：

内转模式	外转模式
一等：□	一等：□
二等：○	二等：■
三等：■	三等：□
四等：○	四等：□

两种模式的最少排入数相同,都只排入一个韵系,其最多排入数则大异。仅看最多排入数,内转模式的图中,最多只排入两个韵系,一个一等韵洪音,一个三等韵细音,四个等缺俩。外转模式最多能排入四个韵系,四等可达饱满,若四个韵母同处一图之中,其主元音复杂程度远超内转模式。两种模式的韵母排列,其实反映主元音之间的配合特点。

内转模式最多只列入一、三等韵,凸显其所关联韵母之间的主要区别就是介音位置上的洪细对立。前文构拟的介音系统,已确认一等音洪大,其介音开口为零介音、合口为-u-介音,三等属细音,其介音为-i-,以“v”代表主元音,即内转图中两个韵母的关系就是:

	开口	合口
一等	v	uv
三等	iv	iuv

也就是说,内转模式图中,无论是一个韵母还是两个韵母,其主元音都只有一个。

外转模式最多排入四个韵系,满排就有四个韵母。四个韵母之间的不同并不是介音的洪细差异那么简单。粗略言之,四等之间,无法用介音区别的韵母至少有一、二等之间的差异,三、四等之间的差异,此外还可能有一二、三等之间的差异,一二、四等之间的差异等情况。这些差异都不是介音可以解决的。表明在外转图中除个别现象外,仅构拟一个主元音是不够的,需要构拟两个或两个以上主元音方够表现其韵母的差异。由此可见,韵图的内外模式对构拟主元音的重要意义,在于内转图只需要构拟一个主元音即可,外转图除特殊情况外,一般需要构拟两个或两个以上的主元音。

完成第一步工作,确认了摄内韵母及其相互之间语音关系之后,第二步韵母构拟的工作就水到渠成了。第二步要做的就是在已知韵母及其语音关系的基础上,参考现代方音、历史语音文献推测每个韵母的主元音,加入介音和韵尾,完成韵母的构拟。

我们主要根据李荣(1945/1956)《切韵音系》的拟音系统介绍韵母的构

拟，李氏前后有多家构拟，意见互有异同，必要时参考其他诸家及自己的意见，对某些拟音作出适当调整和修订。李荣是在高本汉拟音系统基础之上作出新的构拟的，对高氏的重大修改也说明了理由，对高氏的沿用或不作大的变动之处则没有论证。为了更好地帮助读者了解如此构拟的原理，我们将试着对他的构拟依据作出一些参考说明，尽可能讲明这样构拟的理由及存在的问题，正所谓“他人有心，予忖度之”，这些地方个人意见较多，仅供参考。

一、通摄

1.1 韵母概况：四组 8 个韵母

通摄包含东、冬、钟三个韵系，《韵镜》排两个图，内转。

內轉第一開

韻	脣音 清	脣音 次清	脣音 濁	脣音 清濁	舌音 清	舌音 次清	舌音 濁	舌音 清濁	牙音 清	牙音 次清	牙音 濁	牙音 清濁	齒音 清	齒音 次清	齒音 濁	齒音 清	齒音 濁	喉音 清	喉音 清	喉音 濁	喉音 清濁	舌音 清濁	齒音 清濁
東	○	○	蓬	蒙	東	通	同	○	公	空	○	岘	嵏	怱	叢	檧	○	翁	烘	洪	○	籠	○
	○	○	○	○	○	○	○	○	○	○	○	○	○	○	崇	○	○	○	○	○	○	○	○
	風	豐	馮	瞢	中	忡	蟲	○	弓	穹	窮	豣	終	充	○	○	○	○	○	雄	彤	隆	戎
	○	○	○	○	○	○	○	○	○	○	○	○	○	○	○	嵩	○	○	○	○	融	○	○
董	琫	○	菶	蠓	董	桶	動	䉫	○	孔	○	○	總	○	○	敵	○	蓊	嗊	澒	○	曨	○
	○	○	○	○	○	○	○	○	○	○	○	○	○	○	○	○	○	○	○	○	○	○	○
	○	○	○	○	○	○	○	○	○	○	○	○	○	○	○	○	○	○	○	○	○	○	○
	○	○	○	○	○	○	○	○	○	○	○	○	○	○	○	○	○	○	○	○	○	○	○
送	○	○	㨶	夢	凍	痛	洞	齈	貢	控	○	○	糉	謥	𢾝	送	○	甕	烘	閧	○	弄	○
	○	○	○	○	○	○	○	○	○	○	○	○	○	○	𠝤	○	○	○	○	○	○	○	○
	諷	賵	鳳	幪	中	○	仲	○	○	焪	○	○	眾	銃	○	○	○	○	趬	○	○	○	○
	○	○	○	○	○	○	○	○	○	○	○	○	○	趥	○	○	○	○	○	○	○	○	○
屋	卜	扑	暴	木	𣪊	禿	獨	○	穀	哭	○	○	鏃	瘯	族	速	○	屋	熇	縠	○	祿	○
	○	○	○	○	○	○	○	○	○	○	○	○	縬	珿	○	縮	○	○	○	○	○	○	○
	福	蝮	伏	目	竹	蓄	逐	朒	菊	麴	驧	砡	粥	俶	○	叔	塾	郁	畜	○	囿	六	肉
	○	○	○	○	○	○	○	○	○	○	○	○	蹙	鼀	歒	肅	○	○	○	○	育	○	○

内轉第二開合

	脣音				舌音				牙音				齒音					喉音				舌音齒	
	清	次清	濁	清濁	清	次清	濁	清濁	清	次清	濁	清濁	清	次清	濁	清	濁	清	清	濁	清濁	清濁	清濁
冬	○	○	○	○	冬	炵	彤	農	攻	○	○	○	宗	驄	賨	鬆	○	○	○	碚	○	𨺚	○
	○	○	○	○	○	○	○	○	○	○	○	○	○	○	○	○	○	○	○	○	○	○	○
鍾	封	峯	逢	○	○	傭	重	醲	恭	銎	蛩	顒	鍾	衝	○	舂	鱅	邕	匈	○	容	龍	茸
	○	○	○	○	○	○	○	○	○	○	○	○	縱	樅	從	淞	松	○	○	○	庸	○	○
	○	○	○	○	○	○	○	○	○	○	○	○	○	○	○	○	○	○	○	○	○	○	○
	○	○	○	○	○	○	○	○	○	○	○	○	○	○	○	○	○	○	○	○	○	○	○
腫	覂	捧	奉	○	冢	寵	重	○	拱	恐	拲	○	腫	𨾴	○	○	褈	擁	○	○	○	隴	宂
	○	○	○	○	○	○	○	○	○	○	○	○	縱	㩳	○	悚	○	○	○	○	勇	○	○
宋	○	○	○	雺	湩	統	○	○	○	○	○	○	綜	○	○	宋	○	○	○	碚	○	○	○
	○	○	○	○	○	○	○	○	○	○	○	○	○	○	○	○	○	○	○	○	○	○	○
用	葑	○	俸	○	○	蹱	重	拔	供	恐	共	○	種	○	○	○	○	○	○	○	○	贚	䩗
	○	○	○	○	○	○	○	○	○	○	○	○	縱	○	從	○	頌	○	○	○	用	○	○
沃	襆	蓴	僕	瑁	篤	○	毒	褥	梏	酷	○	擢	傶	○	○	洬	○	沃	熇	鵠	○	濼	○
	○	○	○	○	○	○	○	○	○	○	○	○	○	倲	[illegible]	○	○	○	○	○	○	○	○
燭	轐	○	幞	媢	瘃	悚	躅	○	輂	曲	局	玉	燭	觸	贖	束	蜀	郁	旭	○	欲	録	辱
	○	○	○	○	○	○	○	○	○	○	○	○	足	促	○	粟	續	○	○	○	○	○	○

通摄在宋元切韵学十六摄中定为合口独韵,但《韵镜》将第一图定为“开”,第二图定为“开合”。所谓“开合”,据合口独韵之规则,“开”字当为衍文,此当为“合”。至于第一图标为开,与十六摄所定不同,此姑依后者定为合口。在下面的讨论中,凡对开合的改定将以括号加于本图标目之后。

通摄两个图中,“内转第一开(合)”排入东韵系,图内再分一、三等。“内转第二开合(合)”排入冬、钟韵系,冬排一等,钟排三等。两图中排在齿音二等、四等位置上的是假二等和假四等,喻母四等位的是喻四,其音都属于三等韵(按,后文凡假二、假四等和喻四这些不在三等而属于三等韵字,没有必要时不再说明)。据韵图的排列,两图各有一个一等韵母和一个三等韵母,合计有四组韵母,因其为阳入相配的韵母,所以四组共 8 个韵母。

通摄为内转,每图只有一个主元音,但两图都是合口一、三等洪细相配,同等同呼,是为重韵,据重韵分图、其主元音不同的原则,通摄拟音的关键是两图各需要确定不同的主元音,但两个主元音的语音性质相近。

1.2　主元音:东:u,冬钟:o

冬钟韵与东韵同属一摄,又是重韵,它们之间主元音接近而又不同,在现代汉语中能区别其语音的方言很少。高本汉找到一些吴方言、日本汉字音的汉音和朝鲜汉字音的语料,区别两韵的主元音。如(下面的注音依高氏原文):

	弓——恭		中——钟		风——封	
日汉	kiu	ki-yo-u	chiu	shi-yo-u	fu-u	hou
高丽	kuŋ	koŋ	čuŋ	čoŋ	p‘uŋ	poŋ
温州	tɕiuŋ	tɕyo	tɕiuŋ	tɕyo	fuŋ	fuŋ

“弓中风”属于东韵三等,“恭钟封”属于钟韵三等,在日本汉字音、高丽汉字音和温州方音中大致前者的主元音为 u,后者的主元音为 o。据此可以确定,中古音东一东三的主元音为 u,冬一钟三的主元音为 o。

1.3 韵母构拟

作为合口独韵通摄的两个主元音中,东韵系为 u,符合合口要求,冬钟韵系为 o,不符合一般意义上合口主元音的要求。高本汉在韵腹 o 前加-u-(-w-)介音,将冬韵一等构拟为 uoŋ/uok,钟韵三等构拟为 iwoŋ/iwok。李荣认为通遇两摄都是合口独韵,他说“独韵的‘合口’不是[uV],而是[V],不过这个[V]可能是[u]或其他圆唇度较高的元音”(李荣 1945/1956,132 页),意思是合口独韵不当有合口介音,现代合口独韵都是以 u 为主元音的韵母,没有合口介音。为了解决合口独韵摄中的重韵主元音问题,李荣认定可以将古汉语的合口独韵主元音放宽,除 u 外其他圆唇度较高的元音,也可以作合口独韵的主元音。他又说“对于方言的演变,[uoŋ],[iwoŋ],[uo],[iwo]能解释的,[oŋ],[ioŋ],[o],[io]都能解释”(132 页)。因此,舌位略低于 u 的 o 元音也是舌位较高的圆唇元音,可以在合口独韵中表示合口。李氏据此将高本汉构拟的通摄合口介音取消,直接用后半高圆唇元音充当主元音。这个修订维持了合口独韵的结构统一,简化了介音,但在后面江摄与遇摄的构拟中又引发了一个矛盾(详后文遇摄的说明)。

确认了主元音,即可根据等位确认介音和韵尾,构拟通摄每个韵母的音值。为统一体例,下面各摄的构拟,我们将根据韵图排列的顺序,依次列举各摄的韵母,每个韵母首列序号、次列其称谓、再列代表字,然后以韵组为单位列举所拟之音值。

通摄四组 8 个韵母的构拟如下：

① 东韵合口一等,如东公,② 屋韵合口一等,如屋谷,uŋ/uk

③ 东韵合口三等,如终弓,④ 屋韵合口三等,如六竹,iuŋ/iuk

⑤ 冬韵合口一等,如冬宗,⑥ 沃韵合口一等,如沃笃,oŋ/ok

⑦ 钟韵合口三等,如钟容,⑧ 烛韵合口三等,如烛足,ioŋ/iok

二、江摄

2.1 韵母概况：一组 2 个韵母

江摄,仅有一个韵系：江韵系。韵图单立一图,列为二等,外转。

《韵镜》将江韵系标为“外转第三开合(开)”,《七音略》列为“重中重”,当归于开口,宋元切韵学设定为开口独韵,因此“开合”两字之中“合”字当为衍文,该图当为开。

江韵系仅一组四声相承的韵类,忽略声调为阳-入相配的一组 2 个韵母。

內 外轉第三開合

	舌音齒		喉音				齒音					牙音				舌音				唇音			
	清濁	清濁	清濁	濁	清	清	濁	清	濁	次清	清	清濁	濁	次清	清	清濁	濁	次清	清	清濁	濁	次清	清
江	○	○	○	○	○	○	○	○	○	○	○	○	○	○	○	○	○	○	○	○	○	○	○
	○	瀧	○	降	舡	胦	○	雙	淙	牕	○	岘	○	腔	江	䑋	幢	惷	椿	厖	龐	胮	邦
	○	○	○	○	○	○	○	○	○	○	○	○	○	○	○	○	○	○	○	○	○	○	○
	○	○	○	○	○	○	○	○	○	○	○	○	○	○	○	○	○	○	○	○	○	○	○
講	○	○	○	○	○	○	○	○	○	○	○	○	○	○	○	○	○	○	○	○	○	○	○
	○	○	○	項	傋	㶜	○	○	○	○	○	○	○	○	講	○	○	○	○	佬	棒	○	䋣
	○	○	○	○	○	○	○	○	○	○	○	○	○	○	○	○	○	○	○	○	○	○	○
	○	○	○	○	○	○	○	○	○	○	○	○	○	○	○	○	○	○	○	○	○	○	○
絳	○	○	○	○	○	○	○	○	○	○	○	○	○	○	○	○	○	○	○	○	○	○	○
	○	○	○	巷	○	○	○	淙	漴	糉	○	○	○	○	絳	○	幢	憃	戇	䏵	○	肨	○
	○	○	○	○	○	○	○	○	○	○	○	○	○	○	○	○	○	○	○	○	○	○	○
	○	○	○	○	○	○	○	○	○	○	○	○	○	○	○	○	○	○	○	○	○	○	○
覺	○	○	○	○	○	○	○	○	○	○	○	○	○	○	○	○	○	○	○	○	○	○	○
	○	犖	○	學	○	渥	○	朔	浞	娖	捉	岳	○	㱿	覺	搦	濁	逴	斵	邈	雹	璞	剝
	○	○	○	○	○	○	○	○	○	○	○	○	○	○	○	○	○	○	○	○	○	○	○
	○	○	○	○	○	○	○	○	○	○	○	○	○	○	○	○	○	○	○	○	○	○	○

2.2 主元音：ɔ

江摄虽为外转，但全图仅一个二等韵，它只可能有一个主元音，这是外转中韵母最少的一个图。江摄字在现代汉语中普遍与宕摄合并，无法分别。现代方言无法提供江摄主元音的信息。

可以从上古来源推断其主元音。戴震说："东冬钟一类也，江则古音同东冬一类，今音同阳唐一类。"（戴震 1957，卷二 15 页）在上古音中，江摄舒声属于东部，《诗经》中《切韵》江韵字只与东韵字相押，如：《郑风·丰》一章叶"丰巷送"，《齐风·南山》二章叶"双庸庸从"，《小雅·节南山》十章叶"诵讻邦"，《小雅·瞻彼洛矣》三章叶"同邦"等等。江韵系的"巷双邦"等成批地押东钟。还可从谐声偏旁看出其痕迹，如"江腔舡"等字都从"工"得声。

假设上古音它们的韵基为 uŋ，宋代以后变为 ɑŋ，那么在《切韵》时代它已经从东韵分离出来，又还没有并入阳唐韵，其主元音应当处于 u、ɑ 之间。在后元音 u、ɑ 之间，只有 o 和 ɔ 两个元音，既然 o 已经作冬韵的主元音，那么江韵的主元音就只有一个选择：ɔ。

2.3 韵母构拟

江韵系两个韵母构拟：

① 江韵开口二等，如江双，② 觉韵开口二等，如觉学，ɔŋ/ɔk

三、止摄

3.1 韵母概况：11 个韵母

止摄，包含支脂之微四个韵系，韵图全排于三等，有 7 个韵图，内转。虽然都是三等韵，但各韵系之间结构差异很大，涵盖了三等韵的三种结构。其中支、脂两韵系是重纽三等韵，即李荣所谓三等寅类韵；之韵系是混合三等韵，即李荣所谓三等丑类韵；微韵系是纯三等韵，即李荣所谓三等子类韵。结构不同，所含韵母也有不同，因此我们需要分三组来看其韵图，并确定其韵母。

第一组是重纽韵（寅类韵），支、脂两韵系，各有开合二图，共 4 图，8 个韵母。

内轉第四開合

韻	唇音清	唇音次清	唇音濁	唇音清濁	舌音清	舌音次清	舌音濁	舌音清濁	牙音清	牙音次清	牙音濁	牙音清濁	齒音清	齒音次清	齒音濁	齒音清	齒音濁	喉音清	喉音清	喉音濁	喉音清濁	舌音齒清濁	舌音齒清濁
支	○	○	○	○	○	○	○	○	○	○	○	○	○	○	○	○	○	○	○	○	○	○	○
	○	○	○	○	○	○	○	○	○	○	○	○	齜	差	齹	釃	○	○	○	○	○	○	○
	陂	鈹	皮	縻	知	摛	馳	○	羇	攲	奇	宜	支	眵	疵	絁	匙	猗	犧	○	○	離	兒
	卑	披	陴	彌	○	○	○	○	○	○	衹	○	貲	雌	○	斯	○	○	○	○	移	○	○
紙	○	○	○	○	○	○	○	○	○	○	○	○	○	○	○	○	○	○	○	○	○	○	○
	○	○	○	○	○	○	○	○	○	○	○	○	批	○	○	躧	○	○	○	○	○	○	○
	彼	破	被	靡	撽	褫	豸	掜	掎	綺	技	螘	紙	侈	舐	弛	氏	倚	○	○	○	邐	爾
	俾	諀	婢	弭	○	○	○	○	踦	企	○	○	紫	此	○	徙	○	○	○	○	酏	○	○
寘	○	○	○	○	○	○	○	○	○	○	○	○	○	○	○	○	○	○	○	○	○	○	○
	○	○	○	○	○	○	○	○	○	○	○	○	柴	○	○	屣	○	○	○	○	○	○	○
	賁	帔	髲	○	智	○	○	○	寄	椅	芰	義	寘	卶	○	翅	豉	倚	戲	○	○	詈	○
	○	○	○	○	○	○	○	○	馶	企	○	○	積	刺	漬	賜	○	○	○	○	易	○	○
	○	○	○	○	○	○	○	○	○	○	○	○	○	○	○	○	○	○	○	○	○	○	○
	○	○	○	○	○	○	○	○	○	○	○	○	○	○	○	○	○	○	○	○	○	○	○
	○	○	○	○	○	○	○	○	○	○	○	○	○	○	○	○	○	○	○	○	○	○	○
	○	○	○	○	○	○	○	○	○	○	○	○	○	○	○	○	○	○	○	○	○	○	○

内轉第五合

韻	唇音清	唇音次清	唇音濁	唇音清濁	舌音清	舌音次清	舌音濁	舌音清濁	牙音清	牙音次清	牙音濁	牙音清濁	齒音清	齒音次清	齒音濁	齒音清	齒音濁	喉音清	喉音清	喉音濁	喉音清濁	舌音齒清濁	舌音齒清濁
支	○	○	○	○	○	○	○	○	○	○	○	○	○	○	○	○	○	○	○	○	○	○	○
	○	○	○	○	○	○	○	○	○	○	○	○	○	○	○	○	○	○	○	○	○	○	○
	○	○	○	○	腄	○	鬌	○	嬀	虧	趍	危	[illegible]	吹	○	○	垂	逶	麾	○	爲	羸	痿
	○	○	○	○	[illegible]	○	錘	○	規	闚	○	○	劑	○	○	眭	隨	○	隳	○	蠵	○	○
紙	○	○	○	○	○	○	○	○	○	○	○	○	○	○	○	○	○	○	○	○	○	○	○
	○	○	○	○	○	○	○	○	○	○	○	○	○	○	○	○	○	○	○	○	○	○	○
	○	○	○	○	○	○	○	○	詭	○	跪	硊	捶	揣	○	○	菙	委	毀	○	蔿	絫	蘂
	○	○	○	○	○	○	○	○	○	跬	○	○	觜	○	惢	髓	[illegible]	○	○	○	[illegible]	○	○
寘	○	○	○	○	○	○	○	○	○	○	○	○	○	○	○	○	○	○	○	○	○	○	○
	○	○	○	○	○	○	○	○	○	○	○	○	○	○	○	○	○	○	○	○	○	○	○
	○	○	○	○	娷	○	縋	諉	鵙	○	○	僞	惴	吹	○	○	睡	餧	毀	○	爲	累	枘
	○	○	○	○	○	○	○	○	瞡	觖	○	○	○	○	○	[illegible]	○	恚	孈	○	瓗	○	○
	○	○	○	○	○	○	○	○	○	○	○	○	○	○	○	○	○	○	○	○	○	○	○
	○	○	○	○	○	○	○	○	○	○	○	○	○	○	○	○	○	○	○	○	○	○	○
	○	○	○	○	○	○	○	○	○	○	○	○	○	○	○	○	○	○	○	○	○	○	○
	○	○	○	○	○	○	○	○	○	○	○	○	○	○	○	○	○	○	○	○	○	○	○

內轉第六開

	脣音清	脣音次清	脣音濁	脣音清濁	舌音清	舌音次清	舌音濁	舌音清濁	牙音清	牙音次清	牙音濁	牙音清濁	齒音清	齒音次清	齒音濁	齒音清	齒音濁	喉音清	喉音清	喉音濁	喉音清濁	舌音清濁	齒音清濁
脂	○	○	○	○	○	○	○	○	○	○	○	○	○	○	○	○	○	○	○	○	○	○	○
	○	○	○	○	○	○	○	○	○	○	○	○	○	○	○	師	○	○	○	○	○	○	○
	悲	丕	邳	眉	胝	絺	墀	尼	飢	○	耆	狋	脂	鴟	○	尸	○	○	○	○	○	梨	○
	○	紕	毗	○	○	○	○	○	○	○	○	○	咨	郪	茨	私	○	伊	夷	○	姨	○	○
旨	○	○	○	○	○	○	○	○	○	○	○	○	○	○	○	○	○	○	○	○	○	○	○
	○	○	○	○	○	○	○	○	○	○	○	○	○	○	○	○	○	○	○	○	○	○	○
	鄙	嚭	否	美	黹	[illegible]	雉	[illegible]	几	○	跽	○	旨	○	○	矢	視	歖	○	○	○	履	○
	匕	○	牝	○	○	○	○	○	○	○	○	○	姊	○	○	死	兕	○	○	○	○	○	○
至	○	○	○	○	○	○	○	○	○	○	○	○	○	○	○	○	○	○	○	○	○	○	○
	○	○	○	○	○	○	○	○	○	○	○	○	○	○	○	○	○	○	○	○	○	○	○
	祕	濞	備	郿	致	○	緻	膩	冀	器	臮	劓	至	痓	示	屍	嗜	懿	齂	○	○	利	二
	痹	屁	鼻	寐	○	○	地	○	○	弃	○	○	恣	次	自	四	○	○	呬	系	肄	○	○
	○	○	○	○	○	○	○	○	○	○	○	○	○	○	○	○	○	○	○	○	○	○	○
	○	○	○	○	○	○	○	○	○	○	○	○	○	○	○	○	○	○	○	○	○	○	○
	○	○	○	○	○	○	○	○	○	○	○	○	○	○	○	○	○	○	○	○	○	○	○
	○	○	○	○	○	○	○	○	○	○	○	○	○	○	○	○	○	○	○	○	○	○	○

內轉第七合

	脣音清	脣音次清	脣音濁	脣音清濁	舌音清	舌音次清	舌音濁	舌音清濁	牙音清	牙音次清	牙音濁	牙音清濁	齒音清	齒音次清	齒音濁	齒音清	齒音濁	喉音清	喉音清	喉音濁	喉音清濁	舌音清濁	齒音清濁
脂	○	○	○	○	○	○	○	○	○	○	○	○	○	○	○	○	○	○	○	○	○	○	○
	○	○	○	○	○	○	○	○	○	○	○	○	○	○	○	衰	○	○	○	○	○	○	○
	○	○	○	○	追	○	鎚	○	龜	巋	逵	○	錐	推	○	○	誰	○	○	○	○	纍	蕤
	○	○	○	○	○	○	○	○	○	○	葵	○	嗺	○	○	綏	○	○	○	○	惟	○	○
旨	○	○	○	○	○	○	○	○	○	○	○	○	○	○	○	○	○	○	○	○	○	○	○
	○	○	○	○	○	○	○	○	○	○	○	○	○	○	○	○	○	○	○	○	○	○	○
	○	○	○	○	○	○	○	○	軌	巋	[illegible]	○	[illegible]	○	○	水	○	○	[illegible]	○	洧	壘	蕊
	○	○	○	○	○	○	○	○	癸	○	揆	○	濢	趡	[illegible]	○	○	○	○	○	唯	○	○
至	○	○	○	○	○	○	○	○	○	○	○	○	○	○	○	○	○	○	○	○	○	○	○
	○	○	○	○	○	○	○	○	○	○	○	○	○	○	○	○	○	○	○	○	○	○	○
	○	○	○	○	轛	○	墜	○	媿	喟	匱	○	○	出	○	[illegible]	○	○	○	○	位	類	○
	○	○	○	○	○	○	○	○	季	○	悸	○	醉	翠	萃	邃	遂	○	侐	○	遺	○	○
	○	○	○	○	○	○	○	○	○	○	○	○	○	○	○	○	○	○	○	○	○	○	○
	○	○	○	○	○	○	○	○	○	○	○	○	○	○	○	○	○	○	○	○	○	○	○
	○	○	○	○	○	○	○	○	○	○	○	○	○	○	○	○	○	○	○	○	○	○	○
	○	○	○	○	○	○	○	○	○	○	○	○	○	○	○	○	○	○	○	○	○	○	○

上面4个韵图,“内转第四开合(开)”的“开合”二字中,“合”为衍文,该图属开。4图都清晰显示唇、牙、喉音的重纽,因此每图韵母都分A、B两类,加上开合口的分别,支、脂两个韵系各有“开三A、开三B,合三A、合三B”等4个韵母,共8个韵母。

脂韵系开口去声有两个特殊音节。一是至韵舌音全浊四等位“地”字,该字《广韵》“徒四切”,切上字为定母,《韵镜》将其列于舌音全浊四等位,但该音节的切下字“四”是假四等,属于三等韵,是以四等上字拼三等下字,突破了舌头音不拼三等韵的规则,但舌头音声母切三等韵仅此一例,一般当作例外看待。二是匣母四等位列一“系”字,该字不见于《广韵》至韵,《集韵》至韵末尾有“系,兮肆切”一组一字,与此相当,该音切上字“兮”属匣母四等,下字属三等至韵,与《广韵》音系匣母三等即喻三不合,所以图中转列于四等。该纽似为后人据《集韵》所增,当删。

第二组是混合三等韵(丑类韵),之韵系,仅开口一图,1个韵母。

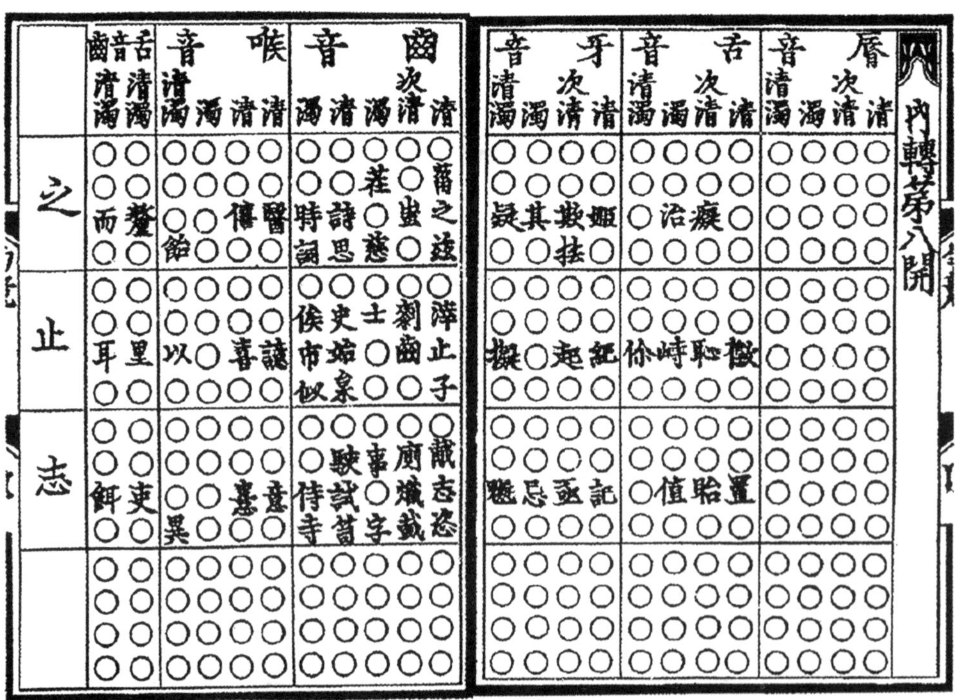

内轉第八開

	唇音清	唇音次清	唇音濁	唇音清濁	舌音清	舌音次清	舌音濁	舌音清濁	牙音清	牙音次清	牙音濁	牙音清濁	齒音清	齒音次清	齒音濁	齒音清	齒音濁	喉音清	喉音清	喉音濁	喉音清濁	舌音清濁	齒音清濁
之	○	○	○	○	○	○	○	○	○	○	○	○	○	○	○	○	○	○	○	○	○	○	○
	○	○	○	○	○	○	○	○	○	○	○	○	菑	○	茬	○	○	○	○	○	○	○	○
	○	○	○	○	○	癡	治	○	姬	欺	其	疑	之	蚩	○	詩	時	醫	僖	○	○	釐	而
	○	○	○	○	○	○	○	○	○	抾	○	○	兹	○	慈	思	詞	○	○	○	飴	○	○
止	○	○	○	○	○	○	○	○	○	○	○	○	○	○	○	○	○	○	○	○	○	○	○
	○	○	○	○	○	○	○	○	○	○	○	○	滓	剗	士	史	俟	○	○	○	○	○	○
	○	○	○	○	徵	恥	峙	伱	紀	起	○	擬	止	齒	○	始	市	譩	喜	○	以	里	耳
	○	○	○	○	○	○	○	○	○	○	○	○	子	○	○	枲	似	○	○	○	○	○	○
志	○	○	○	○	○	○	○	○	○	○	○	○	○	○	○	○	○	○	○	○	○	○	○
	○	○	○	○	○	○	○	○	○	○	○	○	胾	廁	事	駛	○	○	○	○	○	○	○
	○	○	○	○	置	眙	值	○	記	亟	忌	[illegible]	志	熾	○	試	侍	意	憙	○	○	吏	餌
	○	○	○	○	○	○	○	○	○	○	○	○	恣	載	字	笥	寺	○	○	○	異	○	○
	○	○	○	○	○	○	○	○	○	○	○	○	○	○	○	○	○	○	○	○	○	○	○
	○	○	○	○	○	○	○	○	○	○	○	○	○	○	○	○	○	○	○	○	○	○	○
	○	○	○	○	○	○	○	○	○	○	○	○	○	○	○	○	○	○	○	○	○	○	○
	○	○	○	○	○	○	○	○	○	○	○	○	○	○	○	○	○	○	○	○	○	○	○

之韵系没有重纽,且没有合口,亦无唇音,其韵母只有一个开口三等。

第三组是纯三等韵(子类韵),微韵系,开合二图,2个韵母。

內轉第九開

去聲寄此

	脣音				舌音				牙音				齒音					喉音				舌音齒	
	清	次清	濁	清濁	清	次清	濁	清濁	清	次清	濁	清濁	清	次清	濁	清	濁	清	清	濁	清濁	清濁	清濁
微	○	○	○	○	○	○	○	○	○	○	○	○	○	○	○	○	○	○	○	○	○	○	○
	○	○	○	○	○	○	○	○	○	○	○	○	○	○	○	○	○	○	○	○	○	○	○
	○	○	○	○	○	○	○	○	機	○	祈	沂	○	○	○	○	○	依	希	○	○	○	○
	○	○	○	○	○	○	○	○	○	○	○	○	○	○	○	○	○	○	○	○	○	○	○
尾	○	○	○	○	○	○	○	○	○	○	○	○	○	○	○	○	○	○	○	○	○	○	○
	○	○	○	○	○	○	○	○	○	○	○	○	○	○	○	○	○	○	○	○	○	○	○
	○	○	○	○	○	○	○	○	蟣	豈	○	顗	○	○	○	○	○	扆	狶	○	○	○	○
	○	○	○	○	○	○	○	○	○	○	○	○	○	○	○	○	○	○	○	○	○	○	○
未	○	○	○	○	○	○	○	○	○	○	○	○	○	○	○	○	○	○	○	○	○	○	○
	○	○	○	○	○	○	○	○	○	○	○	○	○	○	○	○	○	○	○	○	○	○	○
	○	○	○	○	○	○	○	○	旣	氣	𩚁	毅	○	○	○	○	○	○	欷	○	○	○	○
	○	○	○	○	○	○	○	○	○	○	○	○	○	○	○	○	○	○	○	○	○	○	○
廢	○	○	○	○	○	○	○	○	○	○	○	○	○	○	○	○	○	○	○	○	○	○	○
	○	○	○	○	○	○	○	○	○	○	○	○	○	○	○	○	○	○	○	○	○	○	○
	廢	○	○	○	○	○	○	○	計	○	○	刈	○	○	○	○	○	○	○	○	○	○	○
	○	○	○	○	○	○	○	○	○	○	○	○	○	○	○	○	○	○	○	○	○	○	○

內轉第十合

去聲寄此

	脣音				舌音				牙音				齒音					喉音				舌音齒	
	清	次清	濁	清濁	清	次清	濁	清濁	清	次清	濁	清濁	清	次清	濁	清	濁	清	清	濁	清濁	清濁	清濁
微	○	○	○	○	○	○	○	○	○	○	○	○	○	○	○	○	○	○	○	○	○	○	○
	○	○	○	○	○	○	○	○	○	○	○	○	○	○	○	○	○	○	○	○	○	○	○
	非	菲	肥	微	○	○	○	○	歸	巋	頎	巍	○	○	○	○	○	威	揮	○	韋	○	○
	○	○	○	○	○	○	○	○	○	○	○	○	○	○	○	○	○	○	○	○	○	○	○
尾	○	○	○	○	○	○	○	○	○	○	○	○	○	○	○	○	○	○	○	○	○	○	○
	○	○	○	○	○	○	○	○	○	○	○	○	○	○	○	○	○	○	○	○	○	○	○
	匪	斐	膹	尾	○	○	○	○	鬼	○	○	○	○	○	○	○	○	磈	虺	○	韙	○	○
	○	○	○	○	○	○	○	○	○	○	○	○	○	○	○	○	○	○	○	○	○	○	○
未	○	○	○	○	○	○	○	○	○	○	○	○	○	○	○	○	○	○	○	○	○	○	○
	○	○	○	○	○	○	○	○	○	○	○	○	○	○	○	○	○	○	○	○	○	○	○
	沸	費	剕	未	○	○	○	○	貴	緊	鞼	魏	○	○	○	○	○	尉	諱	○	胃	○	○
	○	○	○	○	○	○	○	○	○	○	○	○	○	○	○	○	○	○	○	○	○	○	○
廢	○	○	○	○	○	○	○	○	○	○	○	○	○	○	○	○	○	○	○	○	○	○	○
	○	○	○	○	○	○	○	○	○	○	○	○	○	○	○	○	○	○	○	○	○	○	○
	廢	○	吠	○	○	○	○	○	○	捲	衛	猭	○	○	○	○	○	穢	喙	○	○	○	○
	○	○	○	○	○	○	○	○	○	○	○	○	○	○	○	○	○	○	○	○	○	○	○

微韵系开合二图的入声部分,列入废韵开合三等韵,旁注“去声寄此”。废韵属于蟹摄三等独立去声韵,无平上相配,因蟹摄韵系太多,故将其中的独立去声废韵外寄于止摄微韵系图的入声框内,其韵母当计入蟹摄。又,废韵是纯三等韵(子类韵),与微韵系的结构相同,这可能也是寄于此图的原因。

止摄支脂之微四个韵系,《韵镜》从内转第四到内转第十,共排7个图,除去声至韵有两个例外音节外,所有的韵母及其音节主排三等,少部分溢出三等但仍属三等性质,全是三等韵,据韵图开合等位可以确立止摄有11个韵母。

3.2 主元音:支:e,脂:i,之微:ə

支脂之微四个韵系,都是三等韵,互不相配,这就意味着要给每一韵系构拟一个主元音。而现代汉语方言中,这四个韵系严重混合,很难找到其间区别的条理。

高本汉发现闽方言中支韵字多读ie,脂之韵字多读i,如:

福州音中支韵系:支꜀tsie、紫꜂tsie、施꜀sie、翅ts‘ie꜄,主元音均为e,

福州音中脂之韵系:持꜁ti、之꜀tsi(之)、旨꜂tsi、迟꜁ti(脂),主元音为i。

高氏据此定支韵主元音为e,加上三等介音则当为ie,但他写作jiĕ,主元音为短音。至于脂之两韵,他无法分别,一同定为i。微韵系,高本汉根据方言多读uei或ui、ei,认为应当有个-i尾,故拟为jĕi。后来又改订为i̯əi。

高氏脂之不分,不合《切韵》音系的实际。罗杰瑞(Jerry Norman, 1988)从闽北政和方言中发现,“政和话中止摄字如念-y,一定是之韵字,不可能是支或脂”,由此得出政和方言犹存之、脂分别痕迹。但罗杰瑞的材料只能证明之、脂有别,无法指明脂、之当如何分别拟音。

李荣接受支韵系主元音e,认为支韵主要来自上古支部*ieg,到中古-g尾脱落成ie,他也接受脂韵系主元音i和后来改订的微韵主元音ə。之韵的主元音,李荣同样从上古到中古进行类推,之韵的上古音为*iəg,假定它与支部一样演变到中古,塞音韵尾脱落,就变成iə。这样一来,止摄四个韵系的主元音为:

支:e,脂:i,之微:ə

3.3 韵母构拟

止摄4个韵系的主元音既定如上,其韵母的构拟即可实施。从介音来看,它们都是三等韵,都得有-i-介音。但脂韵主元音为i,再加介音i,则与主元音重出,可以去除重复简写为一个i。从韵尾来看,止摄在宋元切韵学十六摄中设定为i尾摄。但构拟中,仅给微韵拟了一个-i尾。这是因为之微两韵系同用一个主元音,其区别是微有-i尾,之属零尾。支韵没有拟-i尾,其原因主要是闽音中支韵字只有读ie韵母者,没有读iei韵母者,没有方音的支持。这样一来,李荣构拟止摄四个韵系的韵尾可两分:支之为零韵尾,脂微为-i韵尾。脂韵本属零韵尾,但该韵母以i结束,可以认定有-i韵尾。

脂韵合口三A的韵母,李荣《切韵音系》(143页)原写作ui,合口三等的介音信息似未全,因此略作调整,改写为iui。

止摄11个韵母构拟如下:

① 支韵开口三A,如支知,② 支韵合口三A,如吹垂,ie/iue

③ 支韵开口三B,如皮宜,④ 支韵合口三B,如妫麾,je/jue

⑤ 脂韵开口三A,如脂尼,⑥ 脂韵合口三A,如追谁,i/iui

⑦ 脂韵开口三B,如眉丕,⑧ 脂韵合口三B,如逵轨,ji/jui

⑨ 之韵开口三等,如之诗, iə

⑩ 微韵开口三等,如希衣,⑪ 微韵合口三等,如微归,iəi/iuəi

微韵系属于轻唇十韵,其唇音当拟为合口。

这个构拟较高本汉要细致,但也存在拟音与摄的概念不相应的矛盾。摄是同韵尾的一组韵,各韵系韵尾应当相同,可是这个构拟既有i韵尾,又有零韵尾,与同摄同韵尾不相称。

四、遇摄

4.1 韵母概况:3个韵母

遇摄含鱼虞模三韵系,宋元切韵学定为合口独韵,韵图列为2图,内转。

内转第十一开(合):鱼韵系。列于三等,是为三等韵,有韵母1个。该图标为"开",不符合十六摄合口独韵的设定,此依十六摄定为合。

内转第十二开合(合):模、虞韵系,模排一等,虞排三等,是为一、三等韵洪细相配,有韵母2个。

两图共有韵母3个。

内轉第十一開

唇音 清	唇音 次清	唇音 濁	唇音 清濁	舌音 清	舌音 次清	舌音 濁	舌音 清濁	牙音 清	牙音 次清	牙音 濁	牙音 清濁	齒音 清	齒音 次清	齒音 濁	齒音 清	齒音 濁	喉音 清	喉音 清	喉音 濁	喉音 清濁	舌音 清濁	齒音 清濁	
○	○	○	○	○	○	○	○	○	○	○	○	○	○	○	○	○	○	○	○	○	○	○	魚
○	○	○	○	○	○	○	○	○	○	○	○	葅	初	鉏	疎	○	○	○	○	○	○	○	
○	○	○	○	豬	攄	除	袽	居	墟	渠	魚	諸	○	○	書	蜍	於	虛	○	余	臚	如	
○	○	○	○	○	○	○	○	○	○	○	○	苴	疽	○	胥	徐	○	○	○	○	○	○	
○	○	○	○	○	○	○	○	○	○	○	○	○	○	○	○	○	○	○	○	○	○	○	語
○	○	○	○	○	○	○	○	○	○	○	○	阻	楚	齟	所	○	○	○	○	○	○	○	
○	○	○	○	貯	楮	佇	女	舉	去	巨	語	鬻	杵	紓	暑	野	扵	許	○	○	呂	汝	
○	○	○	○	○	○	○	○	○	○	○	○	苴	[illegible]	咀	諝	敘	○	○	○	與	○	○	
○	○	○	○	○	○	○	○	○	○	○	○	○	○	○	○	○	○	○	○	○	○	○	御
○	○	○	○	○	○	○	○	○	○	○	○	詛	儊	助	疏	○	○	○	○	○	○	○	
○	○	○	○	著	絮	箸	女	據	去	遽	御	翥	處	○	恕	署	飫	嘘	○	○	慮	洳	
○	○	○	○	○	○	○	○	○	○	○	○	怚	覷	○	絮	屐	○	○	○	豫	○	○	
○	○	○	○	○	○	○	○	○	○	○	○	○	○	○	○	○	○	○	○	○	○	○	
○	○	○	○	○	○	○	○	○	○	○	○	○	○	○	○	○	○	○	○	○	○	○	
○	○	○	○	○	○	○	○	○	○	○	○	○	○	○	○	○	○	○	○	○	○	○	
○	○	○	○	○	○	○	○	○	○	○	○	○	○	○	○	○	○	○	○	○	○	○	

内轉第十二開合

唇音 清	唇音 次清	唇音 濁	唇音 清濁	舌音 清	舌音 次清	舌音 濁	舌音 清濁	牙音 清	牙音 次清	牙音 濁	牙音 清濁	齒音 清	齒音 次清	齒音 濁	齒音 清	齒音 濁	喉音 清	喉音 清	喉音 濁	喉音 清濁	舌音 清濁	齒音 清濁	
逋	鋪	蒲	模	都	瑹	徒	奴	孤	枯	○	吾	租	麤	徂	蘇	○	烏	呼	胡	○	盧	○	模
○	○	○	○	○	○	○	○	○	○	○	○	㑳	芻	雛	毹	○	○	○	○	○	○	○	
膚	敷	符	無	株	貙	廚	○	拘	區	劬	虞	朱	樞	○	輸	殊	紆	訏	○	于	樓	儒	虞
○	○	○	○	○	○	○	○	○	○	○	○	諏	趨	○	須	○	○	○	○	逾	○	○	
補	普	簿	姥	覩	土	杜	努	古	苦	○	五	祖	蔖	粗	○	○	隝	虎	戶	○	魯	○	姥
○	○	○	○	○	○	○	○	○	○	○	○	○	○	麆	數	○	○	○	○	○	○	○	
甫	撫	父	武	拄	○	柱	○	矩	齲	窶	麌	主	○	[illegible]	○	豎	傴	詡	○	羽	縷	乳	麌
○	○	○	○	○	○	○	○	○	○	○	○	○	取	聚	[illegible]	○	○	○	○	庾	○	○	
布	怖	捕	暮	妒	兔	渡	笯	顧	袴	○	誤	做	厝	祚	訴	○	汙	謼	護	○	路	○	暮
○	○	○	○	○	○	○	○	○	○	○	○	○	菆	○	捒	○	○	○	○	○	○	○	
付	赴	附	務	駐	閏	住	○	○	驅	懼	遇	注	○	○	戍	樹	嫗	呴	○	芋	屢	孺	遇
○	○	○	○	○	○	○	○	○	○	○	○	緅	娶	聚	[illegible]	○	○	○	○	裕	○	○	
○	○	○	○	○	○	○	○	○	○	○	○	○	○	○	○	○	○	○	○	○	○	○	
○	○	○	○	○	○	○	○	○	○	○	○	○	○	○	○	○	○	○	○	○	○	○	
○	○	○	○	○	○	○	○	○	○	○	○	○	○	○	○	○	○	○	○	○	○	○	
○	○	○	○	○	○	○	○	○	○	○	○	○	○	○	○	○	○	○	○	○	○	○	

4.2 主元音：鱼：ɔ，虞模：o

遇摄三个韵母，鱼韵当有一个主元音，模虞两韵洪细相配，共用一个主元音，两个三等韵，需要区别其主元音。

遇摄两个三等韵鱼与虞的主元音区别在哪？高本汉据现代方言和日本、朝鲜、越南汉字音，断定主元音为 鱼：o，虞：u。

李荣据梵汉对音材料作出修改。梵文字母元音：u、ū、o，魏晋六朝时代的译经，从法显（417 年）到阇那崛多（591 年），基本上用流摄尤韵系字对音 u，遇摄模韵字对音 o，这种现象到唐人玄应才发生转变，才以模虞韵字对音 u 等。可见六朝至隋代模虞的主元音当为 o。

李荣还提出玄奘在《大唐西域记》中纠正前人旧译的例子，很有说服力。

《大唐西域记》卷一：北拘卢洲，旧曰鬱单越，又曰鸠楼，讹也。（所对音 Kuru）

同上：信度河，旧曰辛头河，讹也。（所对音 Sindhu）

《大唐西域记》卷二：戍陀罗，旧曰首陀，讹也。（所对音 śūdra）

《大唐西域记》卷四：罗怙罗，旧曰罗睺罗，又曰罗云，皆讹也。（所对音 Rāhula）

《大唐西域记》卷九：邬波索迦，唐言近事男，旧曰伊蒱塞，又曰优波塞，又曰优婆塞，皆讹也。（所对音 Upāsaka）（李荣 1945/1956，145—146 页）

这批魏晋六朝旧译，都是以流摄字对译 u 或 ū，如：ku 鸠，dhu 头，śū 首，hu 睺，u 优等，玄奘通通改为遇摄字，“鸠”改为“拘”，“头”改为“度”，“首”改为“戍”，“优”改为“邬”。这说明魏晋六朝流摄主元音为 u，到唐代则变成遇摄，主元音为 u。

遇摄主元音当为 o，对音也可提供例证，如：

samyakṣaṃbodhi　三藐三菩提

vairocana　毘卢遮那

visphoṭa　毘萨普吒

kokila　俱积罗

菩对 bo，卢对 ro，普对 pho，俱对 ko，都是用模虞韵的字对 o 元音。可见，六朝至隋代，陆法言编《切韵》时，遇摄的主元音还不是 u。模虞的主元音应当是 o。

那么三等重韵鱼韵该有什么主元音?李荣继续说:“鱼部字见于梵汉对音的不多,就方言看,鱼的圆唇程度,舌位高度不如虞,所以定为[iȧ]。”(148 页)[iȧ]改写为国际音标即[iɔ],亦即曰,鱼韵的主元音为 ɔ。

4.3 韵母构拟

遇摄三个韵母构拟如下:

① 鱼韵合口三等,如鱼居, iɔ

② 虞韵合口三等,如虞雨,③ 模韵合口一等,如模图,io/o

前文讨论通摄时介绍了李荣关于合口独韵取消合口介音以圆唇元音充当合口的主张,故同为合口独韵的遇摄三个韵母也没有合口介音。但是鱼韵的构拟引出了一个矛盾,即:鱼韵的主元音为“ɔ”,以圆唇而为合口,但其舌位并不高,并不符合李荣所定的“较高”的标准。更为困难的是,江摄是开口独韵,其主元音亦为“ɔ”。同一个[ɔ]元音,在江摄中为开口,在遇摄中为合口,这恐怕有自相矛盾之处。如果取《韵镜》所标,定鱼韵为“开”,可以免除此矛盾,但又出现了遇摄内部开、合不统一的情况。成为没有开合对立的开合韵,这也是不合摄的制定的。

五、蟹摄

5.1 韵母概况:18 个韵母

蟹摄含“佳皆灰咍齐祭泰夬废”九韵系,其中祭韵有重纽,《韵镜》定为外转,4 个图,分两个系列排列。

以下开合两图为第一个系列:

外转第十三开:咍开一等,皆开二等,祭开三 A、B,齐开四等,5 个韵母。

夬韵开口二等寄于此图入声空位,1 个韵母。

外转第十四合:灰合一等,皆合二等,祭合三 A、B,齐合四等,5 个韵母。

夬韵合口二等寄于此图入声空位,1 个韵母。

为什么开合两图只有四个等，却出现了 5 个韵母？原因是祭韵为重纽韵，其重三与重四分属不同的韵母，开口合口图中的牙、喉音都有重三，重三归于 B 类，与重四和舌齿音三等 A 类不为同韵母，故上图中祭韵的舌齿音加重四为一个韵母（A

类),重三为一个韵母(B 类),祭韵 A、B 有 2 个韵母,韵图就成了 5 个韵母。两图共 12 个韵母。

“外转第十三开”图中一等咍韵系和四等齐韵系有 4 个特殊小韵,需要说明。一等咍韵系有 3 个列于齿音三等位的韵字:犆、茝、灑。“灑”字《广韵》咍韵系中不收,见收于蟹韵二等,且《七音略》中本图也不收该字,本图中“灑”字当删。另两字见收于《广韵》咍韵系平、上声:“犆,昌来切”“茝,昌绐切”,看其切下字均为一等,其切上字为三等章组字,所以韵图据切上字将它们排入三等位。四等齐韵系有一个日母音节“臡,人兮切”,《广韵》收于四等齐韵,但其切上字是日母三等,《韵镜》却又将其列于日母齐韵四等位,将三等日母的“臡”依其切下字排入四等位,且外加圈以示区别。可见韵图据切上字的排列有一定随意性,我们认为这些反切都只是偶然现象,并不反映本韵系中存在韵母体系性对立,因此看作一、四等韵的特例,并非咍韵和齐韵分别有三等韵的韵母。

以下为第二系列:

外转第十五开:泰开一等,佳开二等,(祭开假四、喻四、重四)2 个韵母。

外转第十六合:泰合一等,佳合二等,(祭合假四、喻四、重四)2 个韵母。

外轉第十五開

	脣音 清	脣音 次清	脣音 濁	脣音 清濁	舌音 清	舌音 次清	舌音 濁	舌音 清濁	牙音 清	牙音 次清	牙音 濁	牙音 清濁	齒音 清	齒音 次清	齒音 濁	齒音 清	齒音 濁	喉音 清	喉音 清	喉音 濁	喉音 清濁	舌音 清濁	齒音 清濁
佳	○	○	○	○	○	○	○	○	○	○	○	○	○	○	○	○	○	○	○	○	○	○	○
	○	○	牌	䁣	○	扠	○	覭	佳	狐	○	崖	○	釵	柴	崽	○	娃	喈	膎	○	○	○
	○	○	○	○	○	○	○	○	○	○	○	○	○	○	○	○	○	○	○	○	○	○	○
	○	○	○	○	○	○	○	○	○	○	○	○	○	○	○	○	○	○	○	○	○	○	○
蟹	○	○	○	○	○	○	○	○	○	○	○	○	○	○	○	○	○	○	○	○	○	○	○
	擺	○	罷	買	○	○	廌	嬭	解	芐	[illegible]	○	○	○	○	○	○	矮	○	蟹	○	○	○
	○	○	○	○	○	○	○	○	○	○	○	○	○	○	○	○	○	○	○	○	○	○	○
	○	○	○	○	○	○	○	○	○	○	○	○	○	○	○	○	○	○	○	○	○	○	○
泰	貝	霈	旆	眛	帶	太	大	柰	蓋	磕	○	艾	○	蔡	○	○	○	藹	餀	害	○	賴	○
卦	薜	○	○	○	○	○	○	○	懈	嫛	○	睚	債	差	瘵	曬	○	隘	譮	邂	○	○	○
	○	○	○	○	○	○	○	○	○	○	○	○	○	○	○	○	○	○	○	○	○	○	○
祭	蔽	潎	弊	袂	○	○	○	○	○	○	○	藝	○	○	○	○	○	緆	○	○	曳	○	○
	○	○	○	○	○	○	○	○	○	○	○	○	○	○	○	○	○	○	○	○	○	○	○
	○	○	○	○	○	○	○	○	○	○	○	○	○	○	○	○	○	○	○	○	○	○	○
	○	○	○	○	○	○	○	○	○	○	○	○	○	○	○	○	○	○	○	○	○	○	○
	○	○	○	○	○	○	○	○	○	○	○	○	○	○	○	○	○	○	○	○	○	○	○

外轉第十六合

韻	脣音清	脣音次清	脣音濁	脣音清濁	舌音清	舌音次清	舌音濁	舌音清濁	牙音清	牙音次清	牙音濁	牙音清濁	齒音清	齒音次清	齒音濁	齒音清	齒音濁	喉音清	喉音清	喉音濁	喉音清濁	舌音清濁	齒音清濁
佳	○	○	○	○	○	○	○	○	○	○	○	○	○	○	○	○	○	○	○	○	○	○	○
	○	○	○	○	○	○	○	○	緺	喎	○	○	○	○	○	○	○	蛙	諣	[illegible]	○	○	○
	○	○	○	○	○	○	○	○	○	○	○	○	○	○	○	○	○	○	○	○	○	○	○
	○	○	○	○	○	○	○	○	○	○	○	○	○	○	○	○	○	○	○	○	○	○	○
蟹	○	○	○	○	○	○	○	○	○	○	○	○	○	○	○	○	○	○	○	○	○	○	○
	○	○	○	○	○	○	○	○	艼	○	○	○	○	○	○	○	○	廥	扮	夥	○	○	○
	○	○	○	○	○	○	○	○	○	○	○	○	○	○	○	○	○	○	○	○	○	○	○
	○	○	○	○	○	○	○	○	○	○	○	○	○	○	○	○	○	○	○	○	○	○	○
泰	○	○	○	○	祋	娧	兊	○	儈	○	○	外	最	襊	蕞	[illegible]	○	懀	[illegible]	會	[illegible]	酹	○
卦	庍	派	粺	賣	膪	○	○	○	卦	○	○	○	○	○	○	○	○	○	○	○	○	○	○
	○	○	○	○	○	○	○	○	○	○	○	○	○	○	○	○	○	○	○	○	○	○	○
祭	○	○	○	○	○	○	○	○	瀱	○	○	○	蕝	膬	○	歲	彗	○	○	○	銳	○	○
	○	○	○	○	○	○	○	○	○	○	○	○	○	○	○	○	○	○	○	○	○	○	○
	○	○	○	○	○	○	○	○	○	○	○	○	○	○	○	○	○	○	○	○	○	○	○
	○	○	○	○	○	○	○	○	○	○	○	○	○	○	○	○	○	○	○	○	○	○	○
	○	○	○	○	○	○	○	○	○	○	○	○	○	○	○	○	○	○	○	○	○	○	○

祭韵是三等韵，本排于上一系列外转第十三、第十四两图的三等，但该韵的重纽四等(寅A类)与假四等、喻四均寄在本两图中，都属于三等A类，虽增加音节但并不增加韵母，加括号以示区别，所以每图只有2个韵母，两图共4个韵母。

此外，蟹摄还有一个废韵，寄入止摄微韵开合图中，因此还得加上废韵2个韵母。合计整个蟹摄18个韵母。

5.2 主元音：泰：ɑ，灰咍：ᴀ，夬：a，佳皆祭：æ，废：ɐ，齐：ɛ

蟹摄的韵系特多，后代方言的读音显示一二等洪音读ai、ɔi、ei、a、ia、ᴇ、ie等音，三四等细音分别读ei、əi、i及舌尖元音。洪细之别还是清晰的，但无法看出重韵之间及一二等之间的主元音差异。两个韵图的洪细安排也相当紊乱，尤其是将上古同源的四个独立去声韵“泰夬祭废”分拆开来，不成系统，又多寄韵，所以两个韵图的洪细相配不甚可靠。

根据一等洪大、二等次大，可以确定它们洪音之间是主元音舌位高低前后之别。李荣所定一等舌位最低较后，故主元音泰：ɑ，灰咍：ᴀ；二等较低较前，故主元音夬：a，佳皆则据高本汉定为：ɛ。三等废韵字很少，与三等祭韵在方言中很难区别,高本汉定废韵主元音: ɐ,因与二等夬韵洪细相配,加上高本汉祭韵主元音: ɛ,李氏均沿用不改。四等齐韵主元音李荣原定为: e,我们接受陆志韦和邵荣芬的意见,调整为: ɛ。这样一来,二等佳皆和三等祭三个韵,李氏原定的 ɛ 都有不妥,全部改为邵荣芬的构拟: æ。三个韵之间二等的佳与皆同主元音,两者的区别取李荣的构拟以皆有韵尾-i、佳无韵尾相区别,二等佳皆与三等祭同主元音,以二等零介音,三等有-i-介音相区别。

从这个主元音安排来看,蟹摄九个韵系相配关系可以理解为:

泰一等 ɑ	夬二等 a	废三等 ɐ	○
灰咍一等 ᴀ	佳皆二等 æ	祭三等 æ	齐四等 ɛ

这个配合,照顾了上古同源的独立去声韵洪细互配。一等重韵以舌位前、央相别,其他重韵以舌位高低相配,都比较有条理。

5.3 韵母构拟

蟹摄 18 个韵母拟音如下:

① 泰韵开口一等,如泰盖,② 泰韵合口一等,如外会,ɑi/uɑi
③ 咍韵开口一等,如咍开,④ 灰韵合口一等,如灰回,ᴀi/uᴀi
⑤ 佳韵开口二等,如佳柴,⑥ 佳韵合口二等,如蛙卦,æ/uæ
⑦ 皆韵开口二等,如皆谐,⑧ 皆韵合口二等,如乖怀,æi/uæi
⑨ 夬韵开口二等,如喝寨,⑩ 夬韵合口二等,如夬快,ai/uai
⑪ 祭韵开口三 A,如祭世,⑫ 祭韵合口三 A,如缀芮,iæi/iuæi
⑬ 祭韵开口三 B,如憩猘,⑭ 祭韵合口三 B,如剡卫,jæi/juæi
⑮ 废韵开口三等,如忩刈,⑯ 废韵合口三等,如吠秽,iɐi/iuɐi
⑰ 齐韵开口四等,如齐鸡,⑱ 齐韵合口四等,如圭携,ɛi/uɛi

蟹摄在十六摄中同样是带-i 尾的摄,这个构拟表中佳韵没有-i 尾。李荣(1945/1956)有一个说明,根据王力考证魏晋南北朝诗人用韵的情况,支佳通用比较多,中古时期支、佳音近,既然支韵拟为无-i 尾,那么佳韵无-i 就比较合适了。李先生说:"不过这么一来,蟹摄的字就不会收[i]了。"(142 页)

此外,李荣根据三等位的犆、茝,在海韵增加一个三等韵母 iᴀi,根据齐韵日组小韵齹，在齐韵增加一个 iei 韵母。我们上文已经说明，咍、齐韵没有一、三等韵的体系对立，仅出现几个三等上字出切的音节，当属特殊现象，不代表有三等韵母，故而在韵母系统中不设这两个韵母。但给这几个特例拟音时，可以补上三等章组声母需要的介音，如：犕 tɕ'iʌi。

六、臻摄

6.1 韵母概况：八组 16 个韵母

臻摄含真谆臻文欣魂痕七个韵系，真谆有重纽。韵图分两个系列，4 个韵图。

4 个图的两个系列非常清晰，现列于下：

第一个系列：外转第十七开：痕开一、臻开二、真开三，6 个韵母。

外转第十八合：魂合一、　　谆合三，6 个韵母。

第二个系列：外转第十九开：欣开三，　　　　2 个韵母。

外转第二十合：文合三，　　　　2 个韵母。

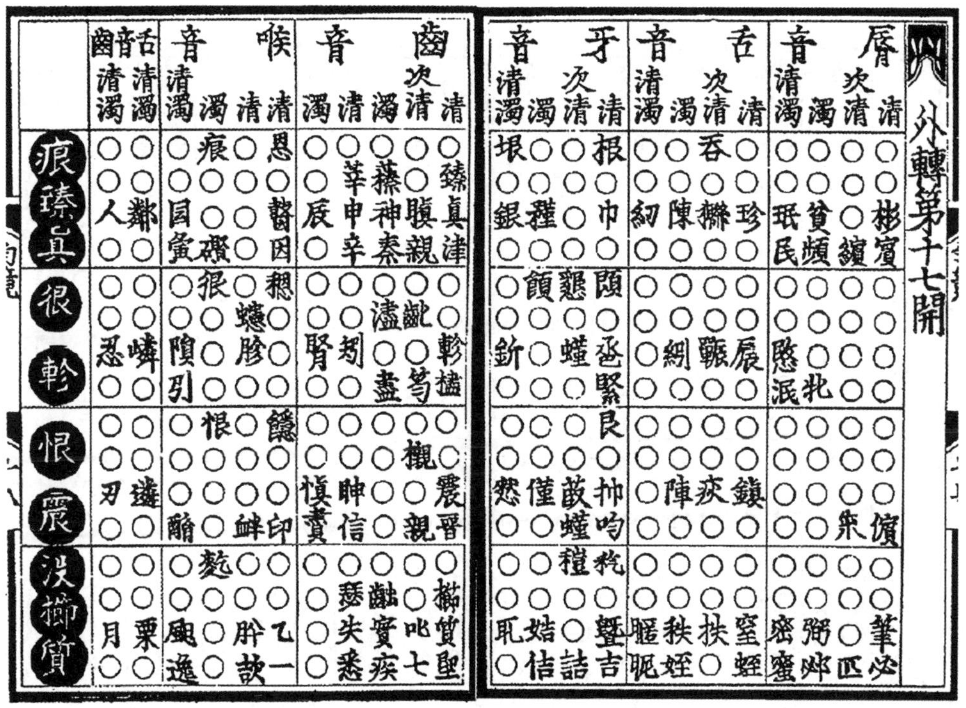

外轉第十七開

	齒 清濁	舌 清濁	喉 清濁	喉 濁	喉 清	喉 清	齒 濁	齒 清	齒 濁	齒 次清	齒 清	牙 清濁	牙 濁	牙 次清	牙 清	舌 清濁	舌 濁	舌 次清	舌 清	脣 清濁	脣 濁	脣 次清	脣 清
痕	○	○	○	痕	○	恩	○	○	○	○	○	垠	○	○	根	○	○	吞	○	○	○	○	○
臻	○	○	○	○	○	○	○	莘	蓁	○	臻	○	○	○	○	○	○	○	○	○	○	○	○
真	人	鄰	囙	○	○	䃡	辰	申	神	瞋	真	銀	𡳞	○	巾	紉	陳	𤎐	珍	珉	貧	○	彬
	○	○	寅	礥	○	因	○	辛	秦	親	津	○	○	○	○	○	○	○	○	民	頻	繽	賓
很	○	○	○	很	○	[illegible]	○	○	○	○	○	○	[illegible]	懇	頣	○	○	○	○	○	○	○	○
	○	○	○	○	[illegible]	○	○	○	濜	齔	○	○	○	○	○	○	○	○	○	○	○	○	○
軫	忍	嶙	隕	○	脪	○	腎	矧	○	○	軫	釿	○	螼	巹	○	紖	辴	屒	愍	○	○	○
	○	○	引	○	○	○	○	○	盡	笉	[illegible]	○	○	○	緊	○	○	○	○	泯	牝	○	○
恨	○	○	○	恨	○	[illegible]	○	○	○	○	○	○	○	○	艮	○	○	○	○	○	○	○	○
	○	○	○	○	○	○	○	○	○	櫬	○	○	○	○	○	○	○	○	○	○	○	○	○
震	刃	遴	○	○	○	○	慎	胂	○	○	震	憖	僅	菣	[illegible]	○	陣	疢	鎮	○	○	○	○
	○	○	酳	○	衅	印	𧶠	信	○	親	晉	○	○	螼	吟	○	○	○	○	○	○	[illegible]	儐
没	○	○	○	麧	○	○	○	○	○	○	○	○	○	[illegible]	[illegible]	○	○	○	○	○	○	○	○
櫛	○	○	○	○	○	○	○	瑟	齜	○	櫛	○	○	○	○	○	○	○	○	○	○	○	○
質	日	栗	[illegible]	○	肸	乙	○	失	實	叱	質	耴	姞	○	[illegible]	暱	秩	抶	窒	密	弼	○	筆
	○	○	逸	○	欯	一	○	悉	疾	七	堲	○	佶	詰	吉	昵	姪	○	蛭	蜜	邲	匹	必

外轉第十八合

脣音 清	脣音 次清	脣音 濁	脣音 清濁	舌音 清	舌音 次清	舌音 濁	舌音 清濁	牙音 清	牙音 次清	牙音 濁	牙音 清濁	齒音 清	齒音 次清	齒音 濁	齒音 清	齒音 濁	喉音 清	喉音 清	喉音 濁	喉音 清濁	舌音 清濁	齒音 清濁	
奔	歕	盆	門	敦	暾	屯	黁	昆	坤	○	僤	尊	村	存	孫	○	溫	昏	䰟	○	論	○	魂
○	○	○	○	○	○	○	○	○	○	○	○	○	○	○	○	○	○	○	○	○	○	○	
○	磧	○	○	迍	椿	䞞	○	麏	囷	○	○	諄	春	脣	蝽	純	贇	○	○	筠	倫	犉	諄
○	○	○	○	○	○	○	○	均	○	憌	○	遵	逡	鷷	荀	旬	奫	○	○	勻	○	○	
本	翉	獖	懣	○	畽	囤	炳	鯀	閫	○	○	剸	忖	鱒	損	○	穩	總	混	○	恕	○	混
○	○	○	○	○	○	○	○	○	○	○	○	○	○	○	○	○	○	○	○	○	○	○	
○	○	○	○	○	偆	○	○	○	稛	窘	○	準	蠢	盾	賰	○	○	○	○	○	輪	犉	準
○	○	○	○	○	○	○	○	○	○	○	○	○	○	○	筍	揗	○	○	○	尹	○	蝡	
奔	噴	坌	悶	頓	黗	鈍	嫩	睔	困	○	顐	焌	寸	鐏	巽	○	搵	惛	慁	○	論	○	慁
○	○	○	○	○	○	○	○	○	○	○	○	○	○	○	○	○	○	○	○	○	○	○	
○	○	○	○	○	○	○	○	○	○	○	○	稕	○	○	舜	順	○	○	○	○	○	閏	稕
○	○	○	○	○	○	○	○	昀	○	○	○	儁	○	○	峻	殉	○	○	○	○	○	○	
○	䪥	勃	沒	咄	宊	突	訥	骨	窟	○	兀	卒	猝	捽	窣	○	頞	忽	搰	○	䫂	○	沒
○	○	○	○	○	○	○	○	○	○	○	○	䶵	○	○	率	○	○	○	○	○	○	○	
○	○	○	○	怵	黜	术	○	○	○	崛	○	[illegible]	出	術	○	○	○	○	○	○	律	○	術
○	○	○	○	○	○	○	○	橘	○	遹	○	卒	焌	崒	恤	○	○	獝	○	聿	○	○	

外轉第十九開

脣音 清	脣音 次清	脣音 濁	脣音 清濁	舌音 清	舌音 次清	舌音 濁	舌音 清濁	牙音 清	牙音 次清	牙音 濁	牙音 清濁	齒音 清	齒音 次清	齒音 濁	齒音 清	齒音 濁	喉音 清	喉音 清	喉音 濁	喉音 清濁	舌音 清濁	齒音 清濁	
○	○	○	○	○	○	○	○	○	○	○	○	○	○	○	○	○	○	○	○	○	○	○	
○	○	○	○	○	○	○	○	○	○	○	○	○	○	○	○	○	○	○	○	○	○	○	
○	○	○	○	○	○	○	○	斤	○	勤	䖐	○	○	○	○	○	殷	欣	○	○	○	○	欣
○	○	○	○	○	○	○	○	○	○	○	○	○	○	○	○	○	○	○	○	○	○	○	
○	○	○	○	○	○	○	○	○	○	○	○	○	○	○	○	○	○	○	○	○	○	○	
○	○	○	○	○	○	○	○	○	○	○	○	○	○	○	○	○	○	○	○	○	○	○	
○	○	○	○	○	○	○	○	謹	赾	近	听	○	○	○	○	○	隱	蟪	○	○	○	○	隱
○	○	○	○	○	○	○	○	○	○	○	○	○	○	○	○	○	○	○	○	○	○	○	
○	○	○	○	○	○	○	○	○	○	○	○	○	○	○	○	○	○	○	○	○	○	○	
○	○	○	○	○	○	○	○	○	○	○	○	○	○	○	○	○	○	○	○	○	○	○	
○	○	○	○	○	○	○	○	靳	○	近	垽	○	○	○	○	○	㥯	焮	○	○	○	○	焮
○	○	○	○	○	○	○	○	○	○	○	○	○	○	○	○	○	○	○	○	○	○	○	
○	○	○	○	○	○	○	○	○	○	○	○	○	○	○	○	○	○	○	○	○	○	○	
○	○	○	○	○	○	○	○	○	○	○	○	○	○	○	○	○	○	○	○	○	○	○	
○	○	○	○	○	○	○	○	訖	乞	趌	疙	○	○	○	○	○	○	迄	○	○	○	○	迄
○	○	○	○	○	○	○	○	○	○	○	○	○	○	○	○	○	○	○	○	○	○	○	

外轉第二十合

	脣音 清	脣音 次清	脣音 濁	脣音 清濁	舌音 清	舌音 次清	舌音 濁	舌音 清濁	牙音 清	牙音 次清	牙音 濁	牙音 清濁	齒音 清	齒音 次清	齒音 濁	齒音 清	齒音 濁	喉音 清	喉音 清	喉音 濁	喉音 清濁	舌音 清濁	齒 清濁
文	○	○	○	○	○	○	○	○	○	○	○	○	○	○	○	○	○	○	○	○	○	○	○
	○	○	○	○	○	○	○	○	○	○	○	○	○	○	○	○	○	○	○	○	○	○	○
	分	芬	汾	文	○	○	○	○	君	○	群	○	○	○	○	○	○	煴	熏	○	雲	○	○
	○	○	○	○	○	○	○	○	○	○	○	○	○	○	○	○	○	○	○	○	○	○	○
吻	○	○	○	○	○	○	○	○	○	○	○	○	○	○	○	○	○	○	○	○	○	○	○
	○	○	○	○	○	○	○	○	○	○	○	○	○	○	○	○	○	○	○	○	○	○	○
	粉	忿	憤	吻	○	○	○	○	攟	趜	○	齳	○	○	○	○	○	惲	○	○	抎	○	○
	○	○	○	○	○	○	○	○	○	○	○	○	○	○	○	○	○	○	○	○	○	○	○
問	○	○	○	○	○	○	○	○	○	○	○	○	○	○	○	○	○	○	○	○	○	○	○
	○	○	○	○	○	○	○	○	○	○	○	○	○	○	○	○	○	○	○	○	○	○	○
	糞	○	分	問	○	○	○	○	攈	○	郡	○	○	○	○	○	○	醞	訓	○	運	○	○
	○	○	○	○	○	○	○	○	○	○	○	○	○	○	○	○	○	○	○	○	○	○	○
物	○	○	○	○	○	○	○	○	○	○	○	○	○	○	○	○	○	○	○	○	○	○	○
	○	○	○	○	○	○	○	○	○	○	○	○	○	○	○	○	○	○	○	○	○	○	○
	弗	拂	佛	物	○	○	○	○	亥	屈	倔	崛	○	○	○	○	○	欝	颮	○	颹	○	○
	○	○	○	○	○	○	○	○	○	○	○	○	○	○	○	○	○	○	○	○	○	○	○

臻摄有几个韵母，需要简单讨论一下。

第一，臻韵二等是否独立。《广韵》臻韵系只有庄组字，韵图列于二等，与三等真韵系相配，也就是说，臻韵所在韵图的内部拼合关系是“唇舌牙喉四音更无第二等字，唯齿音方具足”，符合假二等的条件，如此说来，臻韵系在韵图上与真韵系互补，当与真韵系合并。邵荣芬在《切韵研究》中进一步指出，在《经典释文》里，用真韵系的字“巾、乙、笔、密”等作臻韵系的切下字，可见臻、真二韵系同类，臻韵应当并入真韵系。《广韵》中臻韵系只有平声、入声韵，而韵图中其上声、去声二等位上有字，这在《广韵》里是寄韵，上声“龀”等字寄于隐韵，去声“榇”等字寄于去声震韵。但上声喉音清二等位排入了一个“螼”字，此字《广韵》收于隐韵“休谨切”，属于晓母字，并非臻韵上声的寄韵字，不当列此，当删。

第二，既然臻韵是三等韵，排在二等是假二等，那么臻摄就应当是内转，韵图作外转欠妥。

经过上述调整，将臻韵系并入真韵系之后，臻摄的韵母：

魂痕开合一等阳-入相配二组 4 个韵母，真(臻)谆三等开合重纽 A、B 类阳-入相配四组 8 个韵母。欣文开合三等阳-入相配二组 4 个韵母。

臻摄共阳-入相配八组16个韵母。

6.2 主元音:真(臻)谆:e,魂痕欣文:ə

韵图将真(臻)谆与魂痕洪细相配,欣文三等单列,这个配合可能有问题。高本汉根据欣文与真谆在方言里的表现,认为“三等欣文韵可以看出是拿ə当作主要元音,事实上跟一等类似可以一望而知”,又说“至于真谆韵,主要元音更偏前了,我们已经拟为短的ĕ”①。按照这个拟测,臻摄的洪细相配就跟韵图不同,即:

魂痕一等,欣文三等　洪细相配,高氏拟其主元音ə

真(臻)谆三等单列,高氏拟其主元音ĕ

李荣接受这个构拟,除了高本汉的理由,还有一个理由,在隋代诗歌用韵中“痕、魂和殷、文押韵的较多;真、谆和其他两类押韵的较少”②。但高本汉给真谆系拟的主元音为ĕ,是短的e,不妥,李荣接受它,主要是因为e元音被用为了四等韵的主元音,以避免冲突的权宜之计。我们既然将四等韵的主元音调整为ɛ,则这里的短音不必了。所以,臻摄的主元音:真臻谆:e,魂痕欣文:ə。

6.3 韵母构拟

臻摄16个韵母构拟如下:

① 痕韵开口一等,如痕根,② 魂韵合口一等,如魂昆,ən/uən

③ 没韵开口一等,如麧纥,④ 没韵合口一等,如没骨,ət/uət

⑤ 欣韵开口三等,如欣斤,⑥ 文韵合口三等,如文军,iən/iuən

⑦ 迄韵开口三等,如迄乞,⑧ 物韵合口三等,如物弗,iət/iuət

⑨ 真臻韵开口三A,如真臻,⑩ 谆韵合口三A,如谆春,ien/iuen

⑪ 真韵开口三B,如彬贫,⑫ 谆韵合口三B,如麏赟,jen/juen

⑬ 质栉韵开口三A,如质实,⑭ 术韵合口三A,如术出,iet/iuet

⑮ 质韵开口三B,如笔乙,⑯ 术韵合口三B,如屈茁,jet/juet

术韵合口三B类,《广韵》未见有字,《韵镜》仅列一个“屈”,乃据《集韵》质韵其述切小韵的“屈”收入,又李新魁从《集韵》质韵厥律切小韵补入“茁”字,今据增。③

---

① 《中国音韵学研究》中译本第503页。

② 语见《隋韵谱》,《音韵存稿》,商务印书馆1982年第177页。

③ 详李新魁《韵镜校证》,中华书局1982年第199页。

七、山摄

7.1 韵母概况：十四组28个韵母

山摄含寒桓山删仙元先七个韵系，仙韵系有重纽。韵图分4图，外转。

4个图，分为两个系列洪细相配。

第一系列：

外转第二十一开：山开二，元开三，（仙韵重纽四等、假四等、喻四的开），4个韵母。

外转第二十二合：山合二，元合三，（仙韵重纽四等、假四等、喻四的合），4个韵母。

开合共四组8个韵母。由于仙韵寄于此图的部分不增加韵母，故加括号。

第二系列：

外转第二十三开：寒开一，删开二，仙开三A、B，先开四，10个韵母。

外转第二十四合：桓合一，删合二，仙合三A、B，先合四，10个韵母。

开合共十组20个韵母。

山摄两个系列共十四组，28个韵母。

外轉第二十一開

	脣音				舌音				牙音				齒音					喉音				舌音	齒音
	清	次清	濁	清濁	清	次清	濁	清濁	清	次清	濁	清濁	清	次清	濁	清	濁	清	清	濁	清濁	清濁	清濁
山	〇	〇	〇	〇	〇	〇	〇	〇	〇	〇	〇	〇	〇	〇	〇	〇	〇	〇	〇	〇	〇	〇	〇
元	編	〇	〇	〇	譠	〇	擹	嘫	閒	慳	〇	訮	〇	𢷥	虥	山	〇	[illegible]	羴	閑	〇	斕	〇
仙	〇	〇	〇	〇	〇	〇	〇	〇	揵	攑	𩜁	言	〇	〇	〇	〇	〇	蔫	軒	〇	〇	〇	〇
	鞭	篇	楩	綿	〇	〇	〇	〇	甄	〇	〇	〇	煎	遷	錢	仙	涎	〇	〇	〇	延	〇	〇
產	〇	〇	〇	〇	〇	〇	〇	〇	〇	〇	〇	〇	〇	〇	〇	〇	〇	〇	〇	〇	〇	〇	〇
阮	版	眅	阪	[illegible]	〇	〇	〇	〇	簡	[illegible]	〇	眼	醆	剗	棧	產	〇	〇	〇	限	〇	〇	〇
獮	〇	〇	〇	〇	〇	〇	〇	〇	揵	寋	蹇	言	〇	〇	〇	〇	〇	堰	幰	〇	〇	〇	〇
	褊	〇	楩	緬	〇	〇	〇	〇	蹇	遣	〇	〇	翦	淺	踐	獮	[illegible]	〇	〇	〇	演	〇	〇
襇	〇	〇	〇	〇	〇	〇	〇	〇	〇	〇	〇	〇	〇	〇	〇	〇	〇	〇	〇	〇	〇	〇	〇
願	扮	盼	辦	蔄	〇	〇	袓	〇	襇	〇	〇	〇	〇	〇	〇	〇	〇	〇	〇	莧	〇	〇	〇
線	〇	〇	〇	〇	〇	〇	〇	〇	建	〇	健	〇	〇	〇	〇	〇	〇	堰	憲	〇	〇	〇	〇
	徧	騗	便	面	〇	〇	〇	〇	〇	譴	〇	巘	箭	〇	賤	線	羨	〇	〇	〇	衍	〇	〇
鎋	〇	〇	〇	〇	〇	〇	〇	〇	〇	〇	〇	〇	〇	〇	〇	〇	〇	〇	〇	〇	〇	〇	〇
月	捌	〇	〇	礣	哳	獺	〇	痆	鶷	楬	〇	聐	鐁	刹	〇	殺	〇	鶡	瞎	鎋	〇	〇	[illegible]
薛	〇	〇	〇	〇	〇	〇	〇	〇	訐	[illegible]	揭	〇	〇	〇	〇	〇	〇	〇	歇	〇	〇	〇	〇
	鷩	瞥	嫳	滅	〇	〇	〇	〇	孑	〇	〇	〇	[illegible]	竊	〇	薛	〇	焆	〇	〇	抴	列	熱

外轉第二十二合

韻	唇音清	唇音次清	唇音濁	唇音清濁	舌音清	舌音次清	舌音濁	舌音清濁	牙音清	牙音次清	牙音濁	牙音清濁	齒音清	齒音次清	齒音濁	齒音清	齒音濁	喉音清	喉音清	喉音濁	喉音清濁	舌音清濁	齒音清濁
山元仙	○	○	○	○	○	○	○	○	○	○	○	○	○	○	○	○	○	○	○	○	○	○	○
	○	○	○	○	○	○	窀	○	鰥	○	權	頑	○	恮	○	拴	○	嬽	○	湲	○	[illegible]	○
	蕃	翻	煩	樠	○	○	○	○	○	○	○	元	○	○	○	○	○	鴛	○	○	袁	○	○
	○	○	○	○	[illegible]	○	○	○	○	○	○	○	鐫	詮	全	宣	旋	娟	翾	○	沿	○	○
產阮獮	○	○	○	○	○	○	○	○	○	○	○	○	○	○	○	○	○	○	○	○	○	○	○
	○	○	○	○	○	○	○	○	○	○	○	○	○	○	○	○	○	○	○	○	○	○	○
	反	○	飯	晚	○	○	○	○	卷	綣	圈	阮	○	○	○	○	○	婉	[illegible]	○	遠	○	○
	○	○	○	○	○	○	○	○	○	○	嬽	○	臇	○	雋	選	○	○	蠉	○	兖	○	輭
襉願線	○	○	○	○	○	○	○	○	○	○	○	○	○	○	○	○	○	○	○	○	○	○	○
	○	○	○	○	○	○	○	○	鰥	○	○	○	○	○	○	○	○	○	○	幻	○	○	○
	販	嬎	飰	万	○	○	○	○	絭	劵	圈	願	○	○	○	○	○	怨	楦	○	遠	○	○
	○	○	○	○	○	○	○	○	絹	○	○	○	○	○	○	選	旋	○	○	○	掾	○	○
鎋月薛	○	○	○	○	○	○	○	○	○	○	○	○	○	○	○	○	○	○	○	○	○	○	○
	○	○	○	○	[illegible]	[illegible]	○	妠	刮	○	○	刖	茁	篡	○	刷	○	○	○	頢	○	○	○
	髮	怖	伐	韈	○	[illegible]	○	○	厥	闕	橛	月	○	○	○	○	○	嬖	颰	○	越	○	○
	○	○	○	○	○	○	○	○	○	鈌	○	○	蕝	膬	絶	雪	[illegible]	妜	[illegible]	○	悅	劣	○

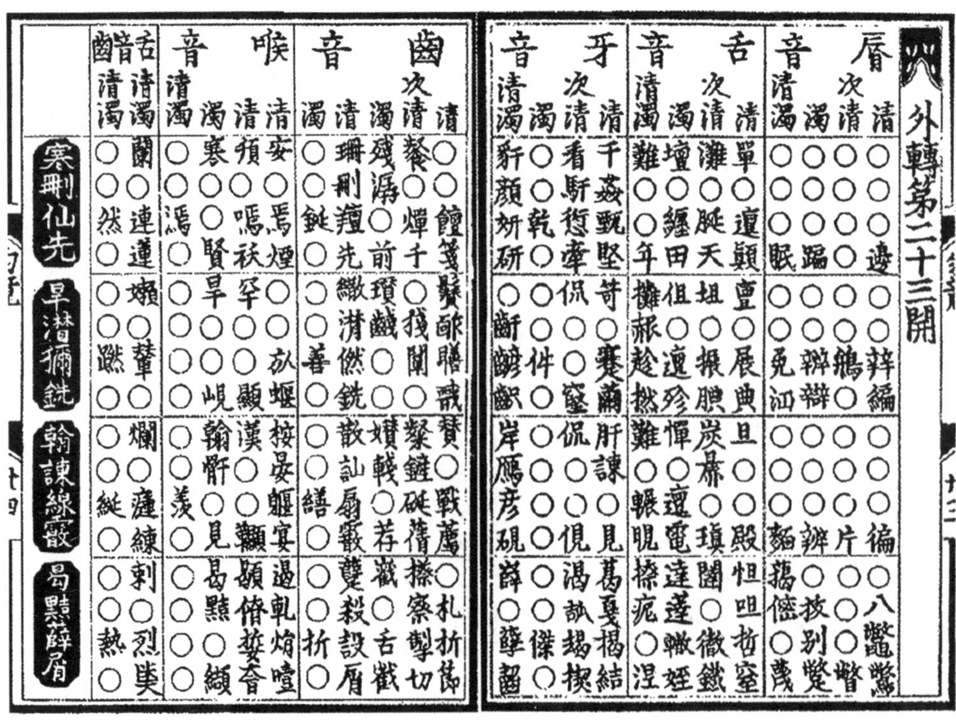

外轉第二十三開

韻	唇音清	唇音次清	唇音濁	唇音清濁	舌音清	舌音次清	舌音濁	舌音清濁	牙音清	牙音次清	牙音濁	牙音清濁	齒音清	齒音次清	齒音濁	齒音清	齒音濁	喉音清	喉音清	喉音濁	喉音清濁	舌音清濁	齒音清濁
寒删仙先	○	○	○	○	單	灘	壇	難	干	看	○	豻	○	餐	殘	珊	○	安	頇	寒	○	蘭	○
	○	○	○	○	○	○	○	○	姦	馯	○	顏	○	○	潺	删	○	○	○	○	○	○	○
	○	○	○	○	邅	脠	纏	○	甄	愆	乾	妍	饘	燀	○	羶	鋋	焉	嘕	○	漹	連	然
	邊	○	蹁	眠	顛	天	田	年	堅	牽	○	研	箋	千	前	先	○	煙	祆	賢	○	蓮	○
旱潸獮銑	○	○	○	○	亶	坦	但	攤	笴	侃	○	○	[illegible]	○	瓚	繖	○	○	罕	旱	○	嬾	○
	○	○	○	○	○	○	○	赧	○	○	○	齗	醆	剗	[illegible]	潸	○	○	○	○	○	○	○
	辡	鴘	辯	免	展	搌	邅	趁	蹇	○	件	齴	膳	闡	○	燃	善	㫃	○	○	○	輦	蹨
	褊	○	辮	沔	典	腆	殄	撚	繭	[illegible]	○	齞	戩	○	○	銑	○	蝘	顯	峴	○	○	○
翰諫線霰	○	○	○	○	旦	炭	憚	難	旰	侃	○	岸	贊	粲	攢	散	○	按	漢	翰	○	爛	○
	○	○	○	○	○	[illegible]	○	○	諫	○	○	鴈	○	鏟	輚	訕	○	晏	○	骭	○	○	○
	○	○	○	○	○	○	邅	輾	○	○	○	彥	戰	硟	○	扇	繕	躽	○	○	羨	𨏷	綖
	徧	片	辨	麪	殿	瑱	電	晛	見	俔	○	硯	薦	蒨	荐	霰	○	宴	韅	見	○	練	○
曷黠薛屑	○	○	○	[illegible]	怛	闥	達	捺	葛	渴	○	嶭	○	攃	巀	躠	○	遏	[illegible]	曷	○	剌	○
	八	○	拔	[illegible]	呾	○	達	痆	戛	[illegible]	○	○	札	察	○	殺	○	軋	傄	黠	○	○	○
	鷩	○	別	○	哲	徹	轍	○	楬	朅	傑	孽	折	掣	舌	設	折	焆	娎	○	○	列	熱
	鷩	瞥	蹩	蔑	窒	鐵	姪	涅	結	楔	○	齧	節	切	截	屑	○	噎	[illegible]	纈	○	奊	○

外轉第二十四合

	唇音清	唇音次清	唇音濁	唇音清濁	舌音清	舌音次清	舌音濁	舌音清濁	牙音清	牙音次清	牙音濁	牙音清濁	齒音清	齒音次清	齒音濁	齒音清	齒音濁	喉音清	喉音清	喉音濁	喉音清濁	舌音齒清濁	舌音齒清濁
桓	䬌	潘	盤	瞞	端	湍	團	○	官	寬	○	岏	鑽	○	欑	酸	○	剜	歡	桓	○	鑾	○
刪	班	攀	○	蠻	○	○	○	奻	關	○	○	[illegible]	跧	○	[illegible]	○	○	彎	○	還	○	○	○
仙	○	○	○	○	○	○	○	○	勬	棬	權	○	專	穿	船	○	遄	○	嬛	○	員	攣	堧
先	邊	○	○	○	○	○	○	○	涓	○	○	○	○	○	○	○	○	淵	儇	玄	○	○	○
緩	[illegible]	坢	伴	滿	短	疃	斷	暖	管	款	○	輐	纂	○	[illegible]	算	○	捥	[illegible]	緩	○	卵	○
潸	版	眅	阪	矕	○	○	○	○	○	○	○	○	○	[illegible]	撰	○	○	綰	○	睆	○	○	○
獮	○	○	○	○	轉	○	篆	○	卷	○	圈	○	剸	舛	○	膞	○	[illegible]	○	○	○	臠	[illegible]
銑	○	○	○	○	○	○	○	○	畎	犬	○	○	○	○	○	旋	○	蜎	○	泫	○	○	○
換	半	判	畔	縵	鍛	彖	段	偄	貫	鏉	○	玩	穳	竄	攢	筭	○	惋	喚	換	○	亂	○
諫	○	襻	○	慢	○	○	○	奻	慣	○	[illegible]	薍	○	篡	饌	[illegible]	○	綰	○	患	○	○	○
線	變	○	卞	○	囀	掾	傳	○	眷	[illegible]	倦	○	剸	釧	○	○	[illegible]	○	○	縣	瑗	戀	[illegible]
霰	○	○	○	○	○	○	○	○	睊	○	○	○	○	○	○	○	○	[illegible]	絢	○	○	○	○
末	撥	潑	跋	末	掇	侻	奪	○	括	闊	○	枂	繓	撮	拙	[illegible]	○	斡	豁	活	○	捋	○
黠	八	汃	拔	[illegible]	窡	○	○	貀	刮	䯤	○	[illegible]	茁	○	○	刷	○	○	傄	滑	○	○	○
薛	○	○	○	○	輟	[illegible]	○	呐	蹶	○	○	○	拙	歠	○	說	○	噦	[illegible]	○	○	劣	爇
屑	○	○	○	○	○	○	○	○	玦	闋	○	○	○	○	○	○	○	抉	血	穴	○	○	○

7.2 主元音：寒桓：ɑ，删：a，山仙：æ，元：ɐ，先：ε

山摄为抵颚尾的侈音系列，外转，有二等重韵山删、三等重韵仙元，三等仙韵还有重纽，从韵图的配列可以看出是两个系列配其洪细：

寒桓一等、删二等、仙三等、先四等

山二等、元三等

高本汉定一等主元音 ɑ，山删二等主元音为 a，重韵以长短元音相区别，删韵为长元音，山韵为短元音，三等仙为 ε，元为 ɐ。从主元音上看不出仙、元两韵与山删两韵之间的洪细相配。李荣改二等山韵主元音为 ε，这样一来，整摄的洪细相配就变为：

寒桓一等，删二等，元三等，先四等

山二等，仙三等

这实际就是将“仙元”二韵对换一个位置，将韵图的“山元”洪细相配，变成“山仙”洪细相配，山仙两韵共用一个主元音 ε，以介音相区别。这样做符合古音来源，比较合理。但由于我们将 ε 调整为四等主元音，所以，原拟为 ε 元音的三等韵据邵

荣芬调整为 æ。

山摄的主元音：寒桓：ɑ，删：a，山仙：æ，元：ɐ，先：ɛ。

7.3 韵母构拟

山摄七个韵系，28 个韵母，构拟如下：

① 寒韵开口一等，如寒干，② 桓韵合口一等，如桓官，ɑn/uɑn

③ 曷韵开口一等，如曷葛，④ 末韵合口一等，如末阔，ɑt/uɑt

⑤ 删韵开口二等，如删颜，⑥ 删韵合口二等，如关还，an/uan

⑦ 鎋韵开口二等，如鎋獭，⑧ 鎋韵合口二等，如刮刖，at/uat

⑨ 山韵开口二等，如山间，⑩ 山韵合口二等，如栓顽，æn/uæn

⑪ 黠韵开口二等，如黠札，⑫ 黠韵合口二等，如滑嗗，æt/uæt

⑬ 仙韵开口三 A，如仙煎，⑭ 仙韵合口三 A，如宣全，iæn/iuæn

⑮ 仙韵开口三 B，如乾焉，⑯ 仙韵合口三 B，如权嬛，jæn/juæn

⑰ 薛韵开口三 A，如薛舌，⑱ 薛韵合口三 A，如绝劣，iæt/iuæt

⑲ 薛韵开口三 B，如别焆，⑳ 薛韵合口三 B，如蹶哕，jæt/juæt

㉑ 元韵开口三等，如言轩，㉒ 元韵合口三等，如元翻，iɐn/iuɐn

㉓ 月韵开口三等，如揭歇，㉔ 月韵合口三等，如月发，iɐt/iuɐt

㉕ 先韵开口四等，如先前，㉖ 先韵合口四等，如涓玄，ɛn/uɛn

㉗ 屑韵开口四等，如屑结，㉘ 屑韵合口四等，如玦穴，ɛt/uɛt

《广韵》入声二等鎋韵配山韵，黠韵配删韵，董同龢据谐声关系将鎋改配删韵，黠改配山韵，今从之。又，元韵系属轻唇十韵，其唇音当拟为合口。

八、效摄

8.1 韵母概况：5 个韵母

效摄萧宵肴豪四韵系，外转，韵图 2 图。

两图：

外转第二十五开：豪开一，肴开二，宵开三 A、B，萧开四，5 个韵母。

外转第二十六合（开）：（四等位列宵韵系重四、假四、喻四）。

第二图实际上是由于三等宵韵存在着重纽等溢出三等的音节另开设的图，全

图都是宵韵重纽四等、假四等、喻四，并未有新的韵母。本图标为合口更是无理，当与上一图同为开。

效摄四个韵系，但三等宵韵有重纽，故本摄 5 个韵母。

外轉第二十五開

韻	脣音清	脣音次清	脣音濁	脣音清濁	舌音清	舌音次清	舌音濁	舌音清濁	牙音清	牙音次清	牙音濁	牙音清濁	齒音清	齒音次清	齒音濁	齒音清	齒音濁	喉音清	喉音清	喉音濁	喉音清濁	舌音清濁	齒音清濁
豪	褒	橐	袍	毛	刀	饕	陶	猱	高	尻	○	敖	糟	操	曹	騷	○	鏖	蒿	豪	○	勞	○
肴	包	胞	庖	茅	啁	颭	桃	鐃	交	敲	○	聱	[illegible]	䜈	巢	梢	○	顤	虓	肴	○	顟	○
宵	鑣	藨	○	苗	朝	超	晁	○	驕	蹻	喬	堯	昭	怊	○	燒	韶	妖	囂	○	鴞	燎	饒
蕭	○	○	○	○	貂	祧	迢	○	驍	鄡	○	嶢	○	○	○	蕭	○	幺	膮	○	○	聊	○
晧	寶	犥	抱	蓩	倒	討	道	腦	暠	考	○	積	早	草	皁	嫂	○	襖	好	晧	○	老	○
巧	飽	○	鮑	卯	獠	○	○	獿	絞	巧	○	齩	爪	煼	[illegible]	[illegible]	○	拗	○	㚠	○	○	○
小	表	麃	藨	○	○	巐	趙	○	蟜	○	髜	○	沼	麨	○	少	紹	殀	○	○	○	繚	擾
篠	○	○	○	○	鳥	朓	窕	嬲	皎	磽	○	○	湫	○	○	篠	○	杳	曉	皛	○	了	○
號	報	○	暴	帽	到	○	導	臑	誥	鎬	○	傲	竈	操	漕	喿	○	奧	秏	號	○	嫪	○
效	豹	奅	皰	貌	罩	趠	棹	橈	教	敲	○	樂	抓	抄	巢	稍	○	靿	孝	效	○	○	○
笑	○	○	○	廟	○	朓	召	○	驕	○	嶠	○	照	○	○	少	邵	○	○	○	○	療	饒
嘯	○	○	○	○	弔	糶	藋	尿	叫	竅	○	顤	○	○	○	嘯	○	窔	歗	○	○	顟	○
	○	○	○	○	○	○	○	○	○	○	○	○	○	○	○	○	○	○	○	○	○	○	○
	○	○	○	○	○	○	○	○	○	○	○	○	○	○	○	○	○	○	○	○	○	○	○
	○	○	○	○	○	○	○	○	○	○	○	○	○	○	○	○	○	○	○	○	○	○	○
	○	○	○	○	○	○	○	○	○	○	○	○	○	○	○	○	○	○	○	○	○	○	○

外轉第二十六合

韻	脣音清	脣音次清	脣音濁	脣音清濁	舌音清	舌音次清	舌音濁	舌音清濁	牙音清	牙音次清	牙音濁	牙音清濁	齒音清	齒音次清	齒音濁	齒音清	齒音濁	喉音清	喉音清	喉音濁	喉音清濁	舌音清濁	齒音清濁
	○	○	○	○	○	○	○	○	○	○	○	○	○	○	○	○	○	○	○	○	○	○	○
	○	○	○	○	○	○	○	○	○	○	○	○	○	○	○	○	○	○	○	○	○	○	○
	○	○	○	○	○	○	○	○	○	○	○	○	○	○	○	○	○	○	○	○	○	○	○
宵	飆	漂	瓢	蜱	○	○	○	○	○	蹻	翹	○	焦	鍫	樵	宵	○	葽	○	○	遙	○	○
	○	○	○	○	○	○	○	○	○	○	○	○	○	○	○	○	○	○	○	○	○	○	○
	○	○	○	○	○	○	○	○	○	○	○	○	○	○	○	○	○	○	○	○	○	○	○
	○	○	○	○	○	○	○	○	○	○	○	○	○	○	○	○	○	○	○	○	○	○	○
小	褾	縹	摽	眇	○	○	○	○	[illegible]	○	○	○	劋	悄	潐	小	○	闄	○	○	鷕	○	○
	○	○	○	○	○	○	○	○	○	○	○	○	○	○	○	○	○	○	○	○	○	○	○
	○	○	○	○	○	○	○	○	○	○	○	○	○	○	○	○	○	○	○	○	○	○	○
	○	○	○	○	○	○	○	○	○	○	○	○	○	○	○	○	○	○	○	○	○	○	○
笑	○	剽	驃	妙	○	○	○	○	○	虈	翹	趬	醮	陗	噍	笑	○	要	○	○	燿	○	○
	○	○	○	○	○	○	○	○	○	○	○	○	○	○	○	○	○	○	○	○	○	○	○
	○	○	○	○	○	○	○	○	○	○	○	○	○	○	○	○	○	○	○	○	○	○	○
	○	○	○	○	○	○	○	○	○	○	○	○	○	○	○	○	○	○	○	○	○	○	○
	○	○	○	○	○	○	○	○	○	○	○	○	○	○	○	○	○	○	○	○	○	○	○

8.2　主元音：豪：ɑ，肴：a，宵：æ，萧：ε

效摄的4个韵四个等中各占一等，其韵母主元音最为符合“等”的设定。4个韵在现代音中大概一分为二，一二等为洪音ɑu，三四等为细音iau。据一、二等的洪大、次大性质，可以推测一等主元音为后低元音、二等为前低元音。现代方言三四等难以区别，但四等韵的主元音已经通过梵汉对音拟为ε，故此四韵系的主元音确定为：

一等豪韵：ɑ，二等肴韵：a，三等宵韵：æ，四等萧韵：ε。

8.3　韵母构拟

效摄5个韵母，构拟如下：

① 豪韵开口一等，如豪高，ɑu

② 肴韵开口二等，如肴交，au

③ 宵韵开口三A，如宵昭，iæu

④ 宵韵开口三B，如苗乔，jæu

⑤ 萧韵开口四等，如萧迢，εu

九、果摄

9.1　韵母概况：4个韵母

果摄含歌戈两个韵系，韵图列开合两图，内转。“内转”是因为有三等韵的缘故。但歌戈的三等韵只在平声才有，不成系统。且齿音更无三等韵，此摄列内转，是为勉强。

两图：

内转第二十七合(开)：歌开一，(戈开三)。2个韵母。

内转第二十八合：戈合一，戈合三等。2个韵母。

本摄韵图有两个问题：一是，“内转第二十七合”歌韵系图原标为“合”，杨军(2007，297页)据宝生寺本、宽永五年本等校定本转为开，《七音略》本转标为“重中重”，亦为开。是知各本作“合”均误，歌韵当属开。

内轉第二十七合

	脣音清	脣音次清	脣音濁	脣音清濁	舌音清	舌音次清	舌音濁	舌音清濁	牙音清	牙音次清	牙音濁	牙音清濁	齒音清	齒音次清	齒音濁	齒音清	齒音濁	喉音清	喉音清	喉音濁	喉音清濁	舌音齒清濁	舌音齒清濁
歌	○	○	○	○	多	他	駝	那	歌	珂	○	莪	○	蹉	醝	娑	○	阿	訶	何	○	羅	○
	○	○	○	○	○	○	○	○	○	○	○	○	○	○	○	○	○	○	○	○	○	○	○
	○	○	○	○	○	○	○	○	○	○	○	○	○	○	○	○	○	○	○	○	○	○	○
	○	○	○	○	○	○	○	○	○	○	○	○	○	○	○	○	○	○	○	○	○	○	○
哿	○	○	○	○	癉	○	[illegible]	橠	哿	可	○	我	左	瑳	○	縒	○	閜	吹	荷	○	砢	○
	○	○	○	○	○	○	○	○	○	○	○	○	○	○	○	○	○	○	○	○	○	○	○
	○	○	○	○	○	○	○	○	○	○	○	○	○	○	○	○	○	○	○	○	○	○	○
	○	○	○	○	○	○	○	○	○	○	○	○	○	○	○	○	○	○	○	○	○	○	○
箇	○	○	○	○	路	拖	馱	奈	箇	坷	○	餓	佐	磋	○	些	○	○	呵	賀	○	邏	○
	○	○	○	○	○	○	○	○	○	○	○	○	○	○	○	○	○	○	○	○	○	○	○
	○	○	○	○	○	○	○	○	○	○	○	○	○	○	○	○	○	○	○	○	○	○	○
	○	○	○	○	○	○	○	○	○	○	○	○	○	○	○	○	○	○	○	○	○	○	○
	○	○	○	○	○	○	○	○	○	○	○	○	○	○	○	○	○	○	○	○	○	○	○
	○	○	○	○	○	○	○	○	○	○	○	○	○	○	○	○	○	○	○	○	○	○	○
	○	○	○	○	○	○	○	○	○	○	○	○	○	○	○	○	○	○	○	○	○	○	○
	○	○	○	○	○	○	○	○	○	○	○	○	○	○	○	○	○	○	○	○	○	○	○

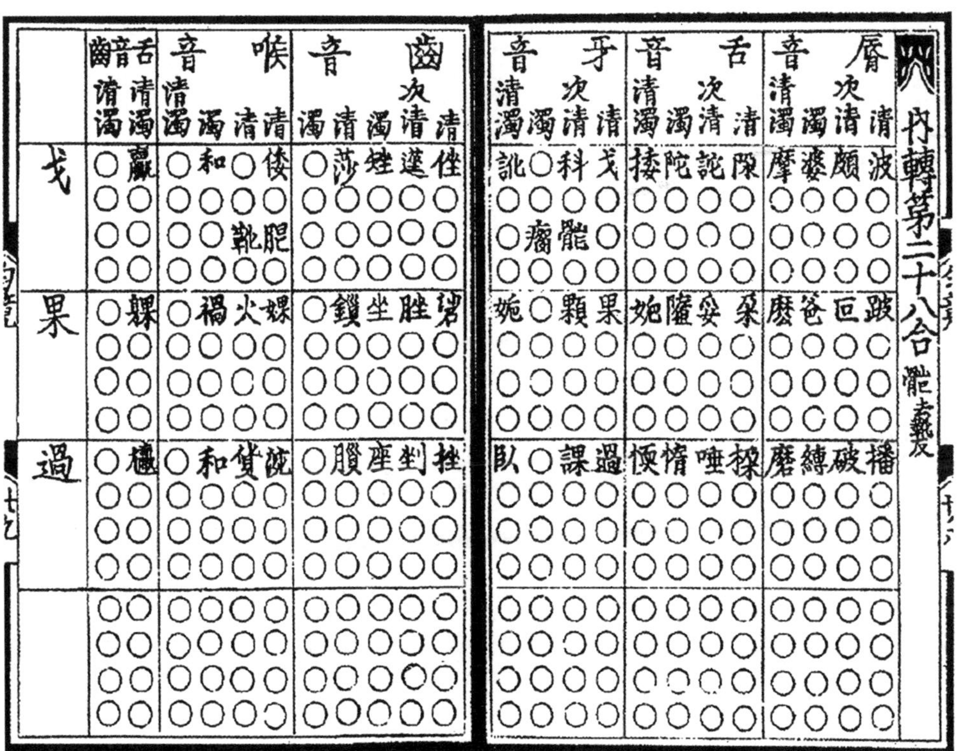

内轉第二十八合 䯿[illegible]

	脣音清	脣音次清	脣音濁	脣音清濁	舌音清	舌音次清	舌音濁	舌音清濁	牙音清	牙音次清	牙音濁	牙音清濁	齒音清	齒音次清	齒音濁	齒音清	齒音濁	喉音清	喉音清	喉音濁	喉音清濁	舌音齒清濁	舌音齒清濁
戈	波	頗	婆	摩	除	詑	陀	捼	戈	科	○	訛	侳	遳	矬	莎	○	倭	○	和	○	贏	○
	○	○	○	○	○	○	○	○	○	○	○	○	○	○	○	○	○	○	○	○	○	○	○
	○	○	○	○	○	○	○	○	○	䯿	瘸	○	○	○	○	○	○	肥	鞾	○	○	○	○
	○	○	○	○	○	○	○	○	○	○	○	○	○	○	○	○	○	○	○	○	○	○	○
果	跛	叵	爸	麽	朶	妥	墮	[illegible]	果	顆	○	姽	[illegible]	脞	坐	鎖	○	婐	火	禍	○	躶	○
	○	○	○	○	○	○	○	○	○	○	○	○	○	○	○	○	○	○	○	○	○	○	○
	○	○	○	○	○	○	○	○	○	○	○	○	○	○	○	○	○	○	○	○	○	○	○
	○	○	○	○	○	○	○	○	○	○	○	○	○	○	○	○	○	○	○	○	○	○	○
過	播	破	縛	磨	探	唾	惰	愞	過	課	○	臥	挫	剉	座	膹	○	涴	貨	和	○	欏	○
	○	○	○	○	○	○	○	○	○	○	○	○	○	○	○	○	○	○	○	○	○	○	○
	○	○	○	○	○	○	○	○	○	○	○	○	○	○	○	○	○	○	○	○	○	○	○
	○	○	○	○	○	○	○	○	○	○	○	○	○	○	○	○	○	○	○	○	○	○	○
	○	○	○	○	○	○	○	○	○	○	○	○	○	○	○	○	○	○	○	○	○	○	○
	○	○	○	○	○	○	○	○	○	○	○	○	○	○	○	○	○	○	○	○	○	○	○
	○	○	○	○	○	○	○	○	○	○	○	○	○	○	○	○	○	○	○	○	○	○	○
	○	○	○	○	○	○	○	○	○	○	○	○	○	○	○	○	○	○	○	○	○	○	○

二是,“内转第二十八合”图中列戈韵系一、三等韵。但《广韵》下平声八戈韵中还有一组3个开口牙音小韵,它们是“迦居伽切、佉丘伽切,伽求迦切”,它们不可能是合口一等,也不可能是合口三等,因为合口一、三等都有字,从后代音来看,它们只可能是开口三等,应当补入“内转第二十七(开)”图之牙音见、溪、群母下三等位。

这样一来,果摄开口有一、三等韵,合口也有一、三等韵,有4个韵母。

9.2　主元音:歌戈:ɑ

最早论定歌韵中古音主元音当为a的是汪荣宝(1923),他的根据是梵汉对音语料。高本汉据果摄在方言中多读后元音,且有不少方言读后低元音,推测其中古音主元音当为:ɑ。这个构拟被广泛地接受。

9.3　韵母构拟

歌韵系四个韵母的构拟为:

① 歌韵开口一等,如歌多,② 戈韵合口一等,如戈禾,ɑ/uɑ

③ 戈韵开口三等,如迦伽,④ 戈韵合口三等,如靴瘸,iɑ/iuɑ

十、假摄

10.1　韵母概况:3个韵母

假摄就一个麻韵系,韵图列开合二图,一内一外。

内(外)转第二十九开:麻开二、麻开三,2个韵母。

外转第三十合:麻合二,1个韵母。

假摄共3个韵母。

本摄两图所标内外杂出,显然有误。看“内转第二十九开”图中,既有二等,又有三等,而且麻二等在图上明晰地显示唇舌牙齿喉五音二等都具足,是个真二等,绝非假二等,完全符合二等韵“五音四等都具足”的外转条件,应当是外转。况且假摄的另一图列麻、马、祃韵二等合口字,也标为“外转”。杨军《韵镜校笺》(310页)据宝生寺本、宽永五年本、开奁等本子第二十九图标作外转,《七音略》亦作外转等校定该转当为外转,所校是也。

内轉第二十九開

	脣音清	脣音次清	脣音濁	脣音清濁	舌音清	舌音次清	舌音濁	舌音清濁	牙音清	牙音次清	牙音濁	牙音清濁	齒音清	齒音次清	齒音濁	齒音清	齒音濁	喉音清	喉音清	喉音濁	喉音清濁	舌音清濁	齒音清濁
麻	〇	〇	〇	〇	〇	〇	〇	〇	〇	〇	〇	〇	〇	〇	〇	〇	〇	〇	〇	〇	〇	〇	〇
	巴	葩	爬	麻	奓	侘	茶	拏	嘉	齖	〇	牙	樝	叉	楂	鯊	〇	鵶	煆	遐	〇	〇	〇
	〇	〇	〇	〇	〇	〇	〇	〇	〇	〇	〇	〇	遮	車	蛇	奢	闍	〇	〇	〇	〇	儸	若
	〇	〇	〇	〇	爹	〇	〇	〇	〇	〇	〇	〇	嗟	〇	查	些	邪	〇	〇	〇	耶	〇	〇
馬	〇	〇	〇	〇	〇	〇	〇	〇	〇	〇	〇	〇	〇	〇	〇	〇	〇	〇	〇	〇	〇	〇	〇
	把	〇	跁	馬	觰	姹	〇	絮	賈	跒	〇	雅	鮓	〇	搓	灑	〇	啞	閜	下	〇	藞	〇
[illegible]反	〇	〇	〇	〇	〇	〇	〇	〇	〇	〇	〇	〇	者	奲	〇	捨	社	〇	〇	〇	〇	〇	若
	〇	〇	〇	〇	〇	〇	〇	〇	〇	〇	〇	〇	姐	且	担	寫	灺	〇	〇	〇	野	〇	〇
禡	〇	〇	〇	〇	〇	〇	〇	〇	〇	〇	〇	〇	〇	〇	〇	〇	〇	〇	〇	〇	〇	〇	〇
	霸	怕	杷	禡	吒	詫	蛇	䏧	駕	髂	〇	迓	詐	〇	乍	嗄	〇	亞	嚇	暇	〇	〇	〇
	〇	〇	〇	〇	〇	〇	〇	〇	〇	〇	〇	〇	柘	䞣	射	舍	〇	〇	〇	〇	〇	〇	偌
	〇	〇	〇	〇	〇	〇	〇	〇	〇	歌	〇	〇	唶	笡	褯	蝑	謝	〇	〇	〇	夜	〇	〇
	〇	〇	〇	〇	〇	〇	〇	〇	〇	〇	〇	〇	〇	〇	〇	〇	〇	〇	〇	〇	〇	〇	〇
	〇	〇	〇	〇	〇	〇	〇	〇	〇	〇	〇	〇	〇	〇	〇	〇	〇	〇	〇	〇	〇	〇	〇
	〇	〇	〇	〇	〇	〇	〇	〇	〇	〇	〇	〇	〇	〇	〇	〇	〇	〇	〇	〇	〇	〇	〇
	〇	〇	〇	〇	〇	〇	〇	〇	〇	〇	〇	〇	〇	〇	〇	〇	〇	〇	〇	〇	〇	〇	〇

外轉第三十合

	脣音清	脣音次清	脣音濁	脣音清濁	舌音清	舌音次清	舌音濁	舌音清濁	牙音清	牙音次清	牙音濁	牙音清濁	齒音清	齒音次清	齒音濁	齒音清	齒音濁	喉音清	喉音清	喉音濁	喉音清濁	舌音清濁	齒音清濁
麻	〇	〇	〇	〇	〇	〇	〇	〇	〇	〇	〇	〇	〇	〇	〇	〇	〇	〇	〇	〇	〇	〇	〇
	〇	〇	〇	〇	檛	〇	〇	〇	瓜	誇	〇	伙	髽	〇	〇	〇	〇	窊	花	華	〇	〇	〇
	〇	〇	〇	〇	〇	〇	〇	〇	〇	〇	〇	〇	〇	〇	〇	〇	〇	〇	〇	〇	〇	〇	〇
	〇	〇	〇	〇	〇	〇	〇	〇	〇	〇	〇	〇	〇	〇	〇	〇	〇	〇	〇	〇	〇	〇	〇
馬	〇	〇	〇	〇	〇	〇	〇	〇	〇	〇	〇	〇	〇	〇	〇	〇	〇	〇	〇	〇	〇	〇	〇
	〇	〇	〇	〇	觰	[illegible]	〇	〇	寡	髁	〇	瓦	[illegible]	[illegible]	葰	〇	〇	搲	〇	踝	〇	〇	〇
	〇	〇	〇	〇	〇	〇	〇	〇	〇	〇	〇	〇	〇	〇	〇	〇	〇	〇	〇	〇	〇	〇	〇
	〇	〇	〇	〇	〇	〇	〇	〇	〇	〇	〇	〇	〇	〇	〇	〇	〇	〇	〇	〇	〇	〇	〇
禡	〇	〇	〇	〇	〇	〇	〇	〇	〇	〇	〇	〇	〇	〇	〇	〇	〇	〇	〇	〇	〇	〇	〇
	〇	〇	〇	〇	〇	〇	〇	〇	坬	跨	〇	瓦	〇	〇	〇	誜	〇	搲	化	吴	〇	〇	〇
	〇	〇	〇	〇	〇	〇	〇	〇	〇	〇	〇	〇	〇	〇	〇	〇	〇	〇	〇	〇	〇	〇	〇
	〇	〇	〇	〇	〇	〇	〇	〇	〇	〇	〇	〇	〇	〇	〇	〇	〇	〇	〇	〇	〇	〇	〇
	〇	〇	〇	〇	〇	〇	〇	〇	〇	〇	〇	〇	〇	〇	〇	〇	〇	〇	〇	〇	〇	〇	〇
	〇	〇	〇	〇	〇	〇	〇	〇	〇	〇	〇	〇	〇	〇	〇	〇	〇	〇	〇	〇	〇	〇	〇
	〇	〇	〇	〇	〇	〇	〇	〇	〇	〇	〇	〇	〇	〇	〇	〇	〇	〇	〇	〇	〇	〇	〇
	〇	〇	〇	〇	〇	〇	〇	〇	〇	〇	〇	〇	〇	〇	〇	〇	〇	〇	〇	〇	〇	〇	〇

10.2 主元音：麻：a

麻韵二等在现代方言普遍读 a 或 ia，三等在官话中读 ɛ 或 iɛ，在南方方言中主要读 ia。因此可以断定中古音麻韵主元音为 a。

10.3 韵母构拟

假摄三个韵母构拟为：

① 麻韵开口二等，如麻家，② 麻韵合口二等，如花瓜，a/ua

③ 麻韵开口三等，如车姐， ia

十一、宕摄

11.1 韵母概况：四组 8 个韵母

宕摄含阳唐两个韵系。韵图列开合两图，每图均排列一、三等，没有二等韵，是为内转。

开合两图均有一、三等韵，全摄阳入相配四组 8 个韵母。

内轉第三十一開

	脣音 清	脣音 次清	脣音 濁	脣音 清濁	舌音 清	舌音 次清	舌音 濁	舌音 清濁	牙音 清	牙音 次清	牙音 濁	牙音 清濁	齒音 清	齒音 次清	齒音 濁	齒音 清	齒音 濁	喉音 清	喉音 清	喉音 濁	喉音 清濁	舌音齒 清濁	舌音齒 清濁
唐陽	幫	滂	傍	茫	當	湯	堂	囊	剛	糠	○	卬	臧	倉	藏	桑	○	鴦	炕	航	○	郎	○
	○	○	○	○	○	○	○	○	○	○	○	○	莊	瘡	牀	霜	○	○	○	○	○	○	○
	方	芳	房	亡	張	倀	長	孃	薑	羌	強	○	章	昌	○	商	常	央	香	○	羊	良	穰
	○	○	○	○	○	○	○	○	○	○	○	○	將	鏘	牆	相	詳	○	○	○	陽	○	○
蕩養	榜	髈	○	莽	黨	儻	蕩	曩	骯	慷	○	䭺	駔	蒼	○	顙	○	坱	汻	沆	○	朗	○
	○	○	○	○	○	○	○	○	○	○	○	○	○	磢	○	爽	○	○	○	○	○	○	○
	昉	髣	○	罔	長	昶	丈	○	繈	○	勥	仰	掌	敞	○	賞	上	鞅	響	○	○	兩	壤
	○	○	○	○	○	○	○	○	○	○	○	○	獎	搶	○	想	像	○	○	○	養	○	○
宕漾	螃	○	傍	漭	譡	儻	宕	儾	鋼	抗	○	枊	葬	稍	藏	喪	○	盎	○	吭	○	浪	○
	○	○	○	○	○	○	○	○	○	○	○	○	壯	刱	狀	○	○	○	○	○	○	○	○
	放	訪	防	妄	帳	暢	仗	釀	彊	唴	強	軮	障	唱	○	餉	尚	怏	向	○	○	亮	讓
	○	○	○	○	○	○	○	○	○	○	○	○	醬	蹡	匠	相	○	○	○	○	漾	○	○
鐸藥	博	䪙	泊	莫	○	託	鐸	諾	各	恪	○	愕	作	錯	昨	索	○	惡	臛	涸	○	落	○
	○	○	○	○	○	○	○	○	○	○	○	○	斮	○	○	○	○	○	○	○	○	○	○
	轉	礴	縛	○	芍	辵	著	逽	脚	却	噱	虐	灼	綽	○	鑠	杓	約	謔	○	○	略	弱
	○	○	○	○	○	○	○	○	○	○	○	○	爵	鵲	嚼	削	○	○	○	○	藥	○	○

内轉第三十二合

	齒音舌		音			喉	音			齒		音			牙	音			舌	音			脣
	清濁	清濁	清濁	濁	清	清	濁	清	濁	次清	清	清濁	濁	次清	清	清濁	濁	次清	清	清濁	濁	次清	清
唐陽	○	○	○	黃	荒	汪	○	○	○	○	○	○	○	觥	光	○	○	○	○	○	○	○	○
	○	○	○	○	○	○	○	○	○	○	○	○	○	○	○	○	○	○	○	○	○	○	○
	○	○	王	○	○	○	○	○	○	○	○	○	狂	匡	○	○	○	○	○	○	○	○	○
	○	○	○	○	○	○	○	○	○	○	○	○	○	○	○	○	○	○	○	○	○	○	○
蕩養	○	○	○	晃	慌	㳹	○	○	○	○	○	○	○	懭	廣	○	○	○	○	○	○	○	○
	○	○	○	○	○	○	○	○	○	○	○	○	俇	○	臩	○	○	○	○	○	○	○	○
	○	○	往	○	怳	枉	○	○	○	○	○	○	○	○	○	○	○	○	○	○	○	○	○
	○	○	○	○	○	○	○	○	○	○	○	○	○	○	○	○	○	○	○	○	○	○	○
宕漾	○	○	○	潢	荒	汪	○	○	○	○	○	○	○	曠	桄	○	○	○	○	○	○	○	○
	○	○	○	○	○	○	○	○	○	○	○	○	○	○	○	○	○	○	○	○	○	○	○
	○	○	暀	○	況	○	○	○	○	○	○	○	誑	○	○	○	○	○	○	○	○	○	○
	○	○	○	○	○	○	○	○	○	○	○	○	○	○	○	○	○	○	○	○	○	○	○
鐸藥	○	○	○	穫	霍	臒	○	○	○	○	○	䨼	○	廓	郭	○	○	○	○	○	○	○	○
	○	○	○	○	○	○	○	○	○	○	○	○	○	○	○	○	○	○	○	○	○	○	○
	○	○	籰	○	矆	嬳	○	○	○	○	○	○	戄	躩	玃	○	○	○	○	○	○	○	○
	○	○	○	○	○	○	○	○	○	○	○	○	○	○	○	○	○	○	○	○	○	○	○

11.2 主元音：ɑ

宕摄在方言中多读为：ɑŋ、iaŋ、uaŋ 等音，中古主元音当为 ɑ。

11.3 韵母构拟

故宕摄开合一、三等 8 个韵母构拟如下：

① 唐韵开口一等，如唐堂，② 唐韵合口一等，如光广，ɑŋ/uɑŋ

③ 铎韵开口一等，如铎各，④ 铎韵合口一等，如郭廓，ɑk/uɑk

⑤ 阳韵开口三等，如阳张，⑥ 阳韵合口三等，如王匡，iaŋ/iuaŋ

⑦ 药韵开口三等，如药略，⑧ 药韵合口三等，如玃躩，iak/iuak

十二、梗摄

12.1 韵母概况：十组 20 个韵母

梗摄含庚耕清青四韵系，韵图分两个系列，列 4 图。由于庚、耕两韵都有五音具足的二等韵，故本摄为外转。4 图开合各 2 图，成两个系列的洪细配合，其配合关系于下：

第一系列两图：

外转第三十三开：庚二开、庚三开、（清韵唇牙喉，假四等、喻四），4 个韵母。

外转第三十四合：庚二合、庚三合、（清韵唇牙喉，假四等、喻四），4 个韵母。

该两图乃庚韵系内部开合二、三等洪细相配，四组 8 个韵母。清韵系的唇牙喉和假四等、喻四等音节寄入本两图，不增加韵母，所以用括号标注。

第二系列两图：

外转第三十五开：耕二开，清三开，青四开，6 个韵母。

外转第三十六合：耕二合，清三合，青四合，6 个韵母。

两图乃耕清青三韵系开合洪细之相配，六组 12 个韵母。

梗摄四个韵系共计十组 20 个韵母。

外轉第三十三開

	脣音 清	脣音 次清	脣音 濁	脣音 清濁	舌音 清	舌音 次清	舌音 濁	舌音 清濁	牙音 清	牙音 次清	牙音 濁	牙音 清濁	齒音 清	齒音 次清	齒音 濁	齒音 清	齒音 濁	喉音 清	喉音 清	喉音 濁	喉音 清濁	舌音 清濁	齒 清濁
庚	○	○	○	○	○	○	○	○	○	○	○	○	○	○	○	○	○	○	○	○	○	○	○
	閍	磅	彭	盲	趟	瞠	棖	儜	庚	坑	○	○	○	鎗	傖	生	○	○	亨	行	○	○	○
清	兵	○	平	明	○	○	○	○	京	卿	擎	○	○	○	○	○	○	英	○	○	○	○	○
	幷	○	○	名	○	○	○	○	○	輕	頸	迎	精	清	情	騂	餳	嬰	○	○	盈	○	○
梗	○	○	○	○	○	○	○	○	○	○	○	○	○	○	○	○	○	○	○	○	○	○	○
	浜	○	鮩	猛	盯	○	瑒	擰	梗	○	○	○	○	○	○	省	○	[illegible]	○	杏	○	冷	○
靜	丙	○	○	皿	○	○	○	○	○	○	○	○	○	○	○	○	○	影	○	○	○	○	○
	餅	○	○	眳	○	○	○	○	頸	○	○	○	井	請	靜	省	○	癭	○	○	○	○	○
敬	○	○	○	○	○	○	○	○	○	○	○	○	○	○	○	○	○	○	○	○	○	○	○
	搒	烹	膨	孟	倀	牚	鋥	○	更	○	○	硬	○	○	○	○	○	○	○	行	○	○	○
勁	柄	○	病	命	○	○	○	○	敬	慶	競	迎	○	○	○	○	○	映	○	○	○	○	○
	拼	聘	偋	詺	○	○	○	○	勁	○	○	○	精	倩	淨	性	○	○	○	○	○	○	○
陌	○	○	○	○	○	○	○	○	○	○	○	○	○	○	○	○	○	○	○	○	○	○	○
	伯	拍	白	陌	磔	坼	宅	蹃	格	客	○	額	迮	柵	齰	索	○	啞	赫	垎	○	礐	○
昔	○	○	欂	○	䅥	○	○	○	戟	隙	劇	逆	○	○	○	○	○	○	○	○	○	○	○
	辟	僻	擗	○	○	剔	○	○	○	○	○	○	積	刺	籍	昔	席	益	○	○	繹	○	○

外轉第三十四合

	脣音清	脣音次清	脣音濁	脣音清濁	舌音清	舌音次清	舌音濁	舌音清濁	牙音清	牙音次清	牙音濁	牙音清濁	齒音清	齒音次清	齒音濁	齒音清	齒音濁	喉音清	喉音清	喉音濁	喉音清濁	舌音清濁	齒音清濁
庚清	○	○	○	○	○	○	○	○	○	○	○	○	○	○	○	○	○	○	○	○	○	○	○
	○	○	○	○	○	○	○	○	觥	○	○	○	○	○	○	○	○	○	諻	橫	○	○	○
	○	○	○	○	○	○	○	○	○	○	○	○	○	○	○	○	○	○	兄	○	營	○	○
	○	○	○	○	○	○	○	○	○	傾	瓊	○	○	○	○	觪	○	縈	眴	○	榮	○	○
梗靜	○	○	○	○	○	○	○	○	○	○	○	○	○	○	○	○	○	○	○	○	○	○	○
	○	○	○	○	○	○	○	○	礦	界	○	○	○	○	○	○	○	○	○	卝	○	○	○
	○	○	○	○	○	○	○	○	璟	憬	○	○	○	○	○	○	○	○	[illegible]	○	永	○	○
	○	○	○	○	○	○	○	○	○	頃	○	○	○	○	○	○	○	○	○	○	潁	○	○
敬勁	○	○	○	○	○	○	○	○	○	○	○	○	○	○	○	○	○	○	○	○	○	○	○
	○	○	○	○	○	○	○	○	○	○	○	○	○	○	○	○	○	䆨	○	蝗	○	○	○
	○	○	○	○	○	○	○	○	○	○	○	○	○	○	○	○	○	○	○	○	詠	○	○
	○	○	○	○	○	○	○	○	○	○	○	○	○	○	○	○	○	○	○	夐	○	○	○
陌昔	○	○	○	○	○	○	○	○	○	○	○	○	○	○	○	○	○	○	○	○	○	○	○
	○	○	○	○	○	○	○	○	虢	○	○	○	○	○	○	○	○	擭	砉	嚄	○	○	○
	○	○	○	○	○	○	○	○	○	○	○	○	○	○	○	○	○	韄	○	○	○	○	○
	○	○	○	○	○	○	○	○	鶪	[illegible]	○	○	萛	旻	○	○	○	○	瞁	○	役	○	○

外轉第三十五開

	脣音清	脣音次清	脣音濁	脣音清濁	舌音清	舌音次清	舌音濁	舌音清濁	牙音清	牙音次清	牙音濁	牙音清濁	齒音清	齒音次清	齒音濁	齒音清	齒音濁	喉音清	喉音清	喉音濁	喉音清濁	舌音清濁	齒音清濁
耕清青	○	○	○	○	○	○	○	○	○	○	○	○	○	○	○	○	○	○	○	○	○	○	○
	繃	怦	棚	甍	朾	橕	棖	儜	耕	鏗	○	娙	爭	琤	崢	○	○	甖	○	莖	○	○	○
	○	○	○	○	○	○	○	○	○	○	○	○	征	○	○	聲	成	○	○	○	○	跉	○
	○	竮	瓶	冥	丁	汀	庭	寧	經	輕	○	○	菁	青	○	星	○	○	馨	刑	○	靈	○
耿靜迥	○	○	○	○	○	○	○	○	○	○	○	○	○	○	○	○	○	○	○	○	○	○	○
	○	絣	倂	䁅	○	○	○	○	耿	○	○	○	○	○	○	○	○	○	○	幸	○	○	○
	○	○	○	○	○	逞	○	○	頸	○	痙	○	整	○	○	○	○	○	○	○	○	領	○
	鞞	頩	並	茗	頂	侹	挺	顁	剄	○	○	脛	○	○	汫	醒	○	巊	○	婞	○	笭	○
諍勁徑	○	○	○	○	○	○	○	○	○	○	○	○	○	○	○	○	○	○	○	○	○	○	○
	迸	○	倂	○	○	○	○	○	○	○	○	硬	諍	○	○	○	○	櫻	○	○	○	○	○
	○	○	○	○	○	遉	鄭	○	○	○	○	○	政	○	○	聖	盛	○	○	○	○	令	○
	跰	○	○	鼆	矴	聽	定	寗	俓	罄	○	○	○	靘	○	醒	○	○	○	脛	○	零	○
麥昔錫	○	○	○	○	○	○	○	○	○	○	○	○	○	○	○	○	○	○	○	○	○	○	○
	檗	擗	䌟	麥	摘	○	○	○	隔	礊	○	[illegible]	責	策	賾	梀	○	戹	○	覈	○	○	○
	碧	○	擗	○	[illegible]	○	擲	○	○	○	○	○	隻	尺	射	釋	石	○	○	○	○	[illegible]	○
	壁	劈	甓	覓	的	逖	狄	惄	激	燩	○	鷁	績	戚	寂	錫	○	○	赥	檄	○	靂	○

外轉第三十六合

	唇音				舌音				牙音				齒音					喉音				舌音	齒
	清	次清	濁	清濁	清	次清	濁	清濁	清	次清	濁	清濁	清	次清	濁	清	濁	清	清	濁	清濁	清濁	清濁
耕青	○	○	○	○	○	○	○	○	○	○	○	○	○	○	○	○	○	○	○	○	○	○	○
	繃	○	○	○	○	○	○	○	○	○	○	○	○	○	○	○	○	泓	轟	宏	○	○	○
	○	○	○	○	○	○	○	○	○	○	○	○	○	○	○	○	○	○	○	○	○	○	○
	○	○	○	○	○	○	○	○	扃	○	○	○	○	○	○	○	○	○	○	熒	○	○	○
耿迥	○	○	○	○	○	○	○	○	○	○	○	○	○	○	○	○	○	○	○	○	○	○	○
	○	○	○	○	○	○	○	○	○	○	○	○	○	○	○	○	○	○	○	○	○	○	○
	○	○	○	○	○	○	○	○	○	○	○	○	○	○	○	○	○	○	○	○	○	○	○
	○	○	○	○	○	○	○	○	熲	褧	○	○	○	○	○	○	○	濙	詗	迥	○	○	○
諍徑	○	○	○	○	○	○	○	○	○	○	○	○	○	○	○	○	○	○	○	○	○	○	○
	○	○	○	○	○	○	○	○	○	○	○	○	○	○	○	○	○	䆪	轟	○	○	○	○
	○	○	○	○	○	○	○	○	○	○	○	○	○	○	○	○	○	○	○	○	○	○	○
	○	○	○	○	○	○	○	○	○	○	○	○	○	○	○	○	○	鎣	詗	○	○	○	○
麥錫	○	○	○	○	○	○	○	○	○	○	○	○	○	○	○	○	○	○	○	○	○	○	○
	○	○	○	○	○	○	○	○	蟈	碅	趪	○	[illegible]	○	趀	摵	○	○	劃	獲	○	礰	○
	○	○	○	○	○	○	○	○	○	○	○	○	○	○	○	○	○	○	○	○	○	○	○
	○	○	○	○	○	歡	○	○	郥	闃	○	○	○	○	○	○	○	○	殈	○	○	○	○

关于混合三等韵清韵的部分外溢音节,需要说明。梗摄洪细相配的第二个系列耕韵二等、清韵三等、青韵四等相配,混合三等韵清韵和纯四等韵青韵共处一图,所以三等清韵的假四等喻四就被寄入庚韵图四等空位中,这是正常的排列。但清韵的唇牙喉音三等音节也一并被寄入了庚韵图四等中,其本图外转第三十五开(耕清青)中唇牙喉位除入声昔韵唇音三等有帮母(碧)、並母(欂)两个音节外,其他唇牙喉音位全部空缺。将本图空出,而将该入这些空位的音节寄入庚韵图中,这就有点费解。看昔韵列于本图的两个唇音字,《广韵》昔韵无“欂”字,有“碧”字。因此,清韵本图入声昔韵三等唇音帮母“碧”与寄入庚韵图中的入声昔韵唇音四等帮母“辟”成了重纽,但故宫本王韵昔韵有“辟”小韵,无“碧”小韵,这可能是历来学者论重纽韵一般不涉及清韵系的原因。重纽韵的主要特点就是在唇牙喉音下有重出小韵的对立,从《王三》看,昔韵当无此对立,是否重纽韵,此存疑。我们姑从众仍将清韵系当作混合三等韵(丑类)。

12.2　主元音:庚:ɐ,耕清:æ,青:ɛ

高本汉据庚耕清青四韵系在方言中的表现,确定庚韵主元音为ɐ,耕:æ,清:

ɛ,青: e。4 个韵系用了 4 个元音,稍显繁琐。李荣根据董同龢《上古音韵表稿》的意见,把耕韵的主元音改为: ɛ,既明确了耕与清两韵系的洪细相配,又"节省一个符号"。这个改动,将上古有相同来源的耕清两韵系,共用一个主元音,洪细相配,以-i-介音相区别。但我们由于将四等韵主元音定为 ɛ,则应当换过来,将清韵的主元音改为 æ,效果是同样的。

梗摄的主元音: 庚: ɐ,耕清: æ,青: ɛ。

12.3 韵母构拟

梗摄开合二、三、四等共 20 个韵母,构拟如下:

① 庚韵开口二等,如庚行,② 庚韵合口二等,如觥横,ɐŋ/uɐŋ

③ 陌韵开口二等,如陌格,④ 陌韵合口二等,如虢嚄,ɐk/uɐk

⑤ 庚韵开口三等,如兵京,⑥ 庚韵合口三等,如兄荣,iɐŋ/iuɐŋ

⑦ 陌韵开口三等,如碧戟,⑧ 陌韵合口三等,如韄〇,iɐk/iuɐk

⑨ 耕韵开口二等,如耕争,⑩ 耕韵合口二等,如宏轰,æŋ/æuŋ

⑪ 麦韵开口二等,如麦责,⑫ 麦韵合口二等,如蝈获,æk/uæk

⑬ 清韵开口三等,如清征,⑭ 清韵合口三等,如倾营,iæŋ/iuæŋ

⑮ 昔韵开口三等,如昔隻,⑯ 昔韵合口三等,如役瞁,iæk/iuæk

⑰ 青韵开口四等,如青经,⑱ 青韵合口四等,如扃荧,ɛŋ/uɛŋ

⑲ 锡韵开口四等,如锡激,⑳ 锡韵合口四等,如闃郥,ɛk/uɛk

十三、曾摄

13.1 韵母概况: 四组 7 个韵母

曾摄含蒸、登二韵系,韵图排开合两图,本摄没有二等韵,故内转。

内转第四十二开: 登一开、蒸三开,4 个韵母。

内转第四十三合: 登一合、职三合,3 个韵母。

曾摄的合口音节不成系统,合口一等仅平、入声有字,上、去声无字,但平、入全,还勉强凑合为舒入一组两个韵母;合口三等则仅入声有字,舒声韵无字,则合口三等只有一个入声韵母,所以合口图就只有 3 个韵母。

内轉第四十二開

韻	唇音清	唇音次清	唇音濁	唇音清濁	舌音清	舌音次清	舌音濁	舌音清濁	牙音清	牙音次清	牙音濁	牙音清濁	齒音清	齒音次清	齒音濁	齒音清	齒音濁	喉音清	喉音清	喉音濁	喉音清濁	舌音齒清濁	舌音齒清濁
登	崩	漰	朋	瞢	登	鼟	騰	能	縆	○	○	○	增	○	層	僧	○	○	○	恒	○	楞	○
	○	○	○	○	○	○	○	○	○	○	○	○	○	○	○	○	○	○	○	○	○	○	○
蒸	冰	砅	凭	○	徵	僜	澄	○	兢	硱	殑	凝	蒸	稱	繩	升	承	膺	興	○	蠅	陵	仍
	○	○	○	○	○	○	○	○	○	○	○	○	○	○	繒	○	○	○	○	○	○	○	○
等	○	倗	[illegible]	○	等	○	○	能	○	肯	○	○	噌	○	○	○	○	○	○	○	○	倰	○
	○	○	○	○	○	○	○	○	○	○	○	○	○	○	○	○	○	○	○	○	○	○	○
拯	○	○	○	○	○	庱	○	○	○	殑	○	○	拯	○	○	殊	○	○	○	○	○	○	○
	○	○	○	○	○	○	○	○	○	○	○	○	○	○	○	○	○	○	○	○	○	○	○
嶝	[illegible]	○	倗	懵	嶝	磴	鄧	○	亘	○	○	○	增	蹭	贈	[illegible]	○	○	○	○	○	○	○
	○	○	○	○	○	○	○	○	○	○	○	○	○	○	○	○	○	○	○	○	○	○	○
證	○	○	凭	○	○	覴	瞪	○	○	○	殑	凝	證	稱	乘	勝	剩	應	興	○	孕	餕	認
	○	○	○	○	○	○	○	○	○	○	○	○	甑	彰	○	○	○	○	○	○	○	○	○
德	北	○	蔔	墨	德	忒	特	螚	祴	刻	○	○	則	[illegible]	賊	塞	○	餩	黑	劾	○	勒	○
	○	○	○	○	○	○	○	○	○	○	○	○	稄	測	崱	色	○	○	○	○	○	○	○
職	逼	愊	愎	䁒	陟	敕	直	匿	殛	[illegible]	極	嶷	職	瀷	食	識	寔	憶	赩	○	○	力	○
	○	○	○	○	[illegible]	○	○	○	○	○	○	○	即	○	堲	息	○	○	○	○	弋	○	○

内轉第四十三合

韻	唇音清	唇音次清	唇音濁	唇音清濁	舌音清	舌音次清	舌音濁	舌音清濁	牙音清	牙音次清	牙音濁	牙音清濁	齒音清	齒音次清	齒音濁	齒音清	齒音濁	喉音清	喉音清	喉音濁	喉音清濁	舌音齒清濁	舌音齒清濁
登	○	○	○	○	○	○	○	○	肱	○	○	○	○	○	○	○	○	[illegible]	薨	弘	○	○	○
	○	○	○	○	○	○	○	○	○	○	○	○	○	○	○	○	○	○	○	○	○	○	○
	○	○	○	○	○	○	○	○	○	○	○	○	○	○	○	○	○	○	○	○	○	○	○
	○	○	○	○	○	○	○	○	○	○	○	○	○	○	○	○	○	○	○	○	○	○	○
	○	○	○	○	○	○	○	○	○	○	○	○	○	○	○	○	○	○	○	○	○	○	○
	○	○	○	○	○	○	○	○	○	○	○	○	○	○	○	○	○	○	○	○	○	○	○
	○	○	○	○	○	○	○	○	○	○	○	○	○	○	○	○	○	○	○	○	○	○	○
	○	○	○	○	○	○	○	○	○	○	○	○	○	○	○	○	○	○	○	○	○	○	○
	○	○	○	○	○	○	○	○	○	○	○	○	○	○	○	○	○	○	○	○	○	○	○
	○	○	○	○	○	○	○	○	○	○	○	○	○	○	○	○	○	○	○	○	○	○	○
	○	○	○	○	○	○	○	○	○	○	○	○	○	○	○	○	○	○	○	○	○	○	○
	○	○	○	○	○	○	○	○	○	○	○	○	○	○	○	○	○	○	○	○	○	○	○
德	○	○	○	○	○	○	○	○	國	○	○	○	○	○	○	○	○	○	○	或	○	○	○
	○	○	○	○	○	○	○	○	○	○	○	○	○	○	○	○	○	○	○	○	○	○	○
職	○	○	○	○	○	○	○	○	○	○	○	○	○	○	○	○	○	○	洫	○	域	○	○
	○	○	○	○	○	○	○	○	○	○	○	○	○	○	○	○	○	○	○	○	○	○	○

指微韻鑑卷終

13.2 主元音：ə

曾摄两个韵，登一等与蒸三等互配，所以，两个韵可以共用一个主元音。高本汉根据曾摄在现代方言中多读央元音的语音表现，确定本摄的主元音为：ə。这个构拟比较符合语音实际，李荣沿用。

13.3 韵母构拟

曾摄开合一、三等共有 7 个韵母，是因为曾摄合口三等缺一个阳声韵母。构拟如下：

① 登韵开口一等，如登增，② 登韵合口一等，如肱弘，əŋ/uəŋ

③ 德韵开口一等，如德则，④ 德韵合口一等，如或国，ək/uək

⑤ 蒸韵开口三等，如蒸凝，　　　　　　　　　　　iəŋ

⑥ 职韵开口三等，如职憶，⑦ 职韵合口三等，如洫域，iək/iuək

十四、流摄

14.1 韵母概况：3 个韵母

流摄含尤侯幽三个韵系，韵图将侯韵排一等，尤韵排三等，幽韵排四等，洪细相配。没有二等韵，故内转。本摄共 3 个韵母。

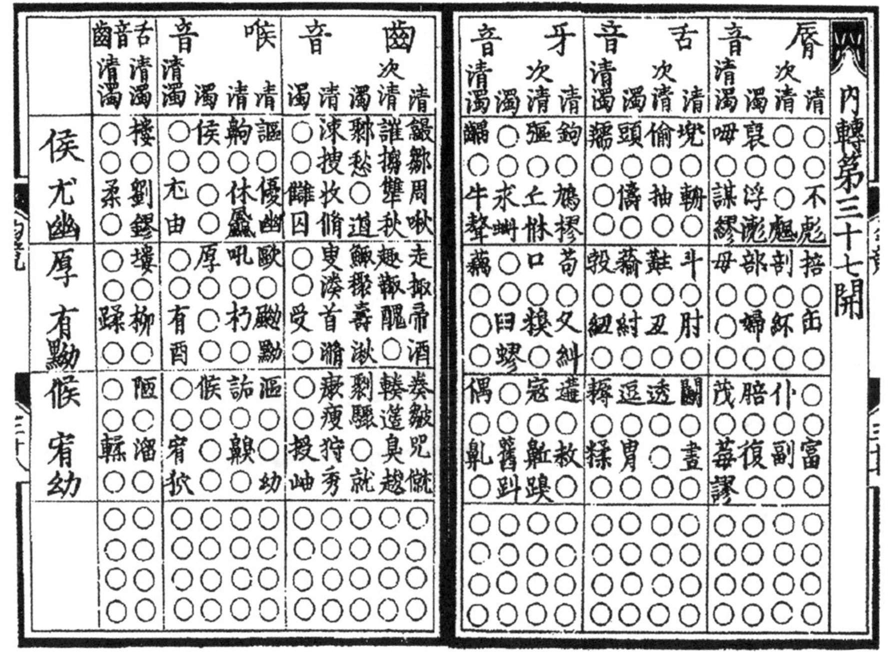

内轉第三十七開

韻	脣音 清	脣音 次清	脣音 濁	脣音 清濁	舌音 清	舌音 次清	舌音 濁	舌音 清濁	牙音 清	牙音 次清	牙音 濁	牙音 清濁	齒音 清	齒音 次清	齒音 濁	齒音 清	齒音 濁	喉音 清	喉音 清	喉音 濁	喉音 清濁	舌音 清濁	齒音 清濁
侯	○	○	裒	呣	兜	偷	頭	羺	鉤	彄	○	齵	鯫	誰	鄹	涑	○	謳	齁	侯	○	樓	○
	○	○	○	○	○	○	○	○	○	○	○	○	鄒	搊	愁	搜	○	○	○	○	○	○	○
尤	不	○	浮	謀	輈	抽	儔	○	鳩	丘	求	牛	周	犨	○	收	讎	優	休	○	尤	劉	柔
幽	彪	[illegible]	滮	繆	○	○	○	○	樛	惏	虯	聱	啾	秋	酋	脩	囚	幽	飍	○	由	鏐	○
厚	掊	剖	部	母	斗	黈	[illegible]	[illegible]	苟	口	○	藕	走	趣	鯫	叟	○	歐	吼	厚	○	塿	○
	○	○	○	○	○	○	○	○	○	○	○	○	掫	[illegible]	[illegible]	溲	○	○	○	○	○	○	○
有	缶	紑	婦	○	肘	丑	紂	紐	久	糗	臼	○	帚	醜	壽	首	受	[illegible]	朽	○	有	柳	蹂
黝	○	○	○	○	○	○	○	○	糾	○	蟉	○	酒	○	湫	滫	○	黝	○	○	酉	○	○
候	○	仆	[illegible]	茂	鬬	透	逗	耨	遘	寇	○	偶	奏	輳	[illegible]	瘶	○	漚	詬	候	○	陋	○
	○	○	○	○	○	○	○	○	○	○	○	○	皺	簉	驟	瘦	○	○	○	○	○	○	○
宥	富	副	復	苺	晝	○	胄	糅	救	[illegible]	舊	鼽	呪	臭	○	狩	授	○	齅	○	宥	溜	輮
幼	○	○	○	謬	○	○	○	○	○	[illegible]	[illegible]	○	僦	趥	就	秀	岫	幼	○	○	狖	○	○
	○	○	○	○	○	○	○	○	○	○	○	○	○	○	○	○	○	○	○	○	○	○	○
	○	○	○	○	○	○	○	○	○	○	○	○	○	○	○	○	○	○	○	○	○	○	○
	○	○	○	○	○	○	○	○	○	○	○	○	○	○	○	○	○	○	○	○	○	○	○
	○	○	○	○	○	○	○	○	○	○	○	○	○	○	○	○	○	○	○	○	○	○	○

幽韵列于四等,但许多学者认为,幽韵的性质当为三等韵。其理由有二:

一是,幽韵系反切上字全用三等字:居丘渠语香於伊甫皮武靡力子兹等,仅一个"犙,山幽切"的切上字属二等"山"字,然"犙"其实是一个误入之字(参刘晓南1996),其本音当为苏含切,属覃韵,流摄图中不当列该字。除犙外,幽韵系反切上字全为三等字。前文已指出,《切韵》中切语上字一、二、四等与三等有分组的倾向,一二四等韵中的反切偶然出现一两个三等切上字是可以的,但这样全韵的反切上字都用三等字,这就只在三等韵中才有。

二是,幽韵有群母字:平声虯、上声蟉、去声趴,群母在《切韵》音系中只出现于三等韵。即算"犙,山幽切"这样的反切,其切上字在《切韵》音系中也是只跟二、三等相拼的声母,不可能出现在四等韵中。

综上所述,幽韵列于四等,其语音性质是三等韵。董同龢(1948A,82页)说:"我以为幽韵跟尤韵的关系实际上是跟仙韵中'便缅绢娟'诸字(韵图列四等)与'卞免眷嬛'诸字(韵图列三等)的关系一样。"言下之意,幽韵的地位,类似尤韵三等的重纽四等韵。但重纽四等韵没有舌齿音字,幽韵是有齿音和半舌音音节的,如"稵,子幽切""镠,力幽切"等,且流摄图中幽韵的齿头音也没有列入。总之,将幽韵看作重纽韵有点勉强,还是把幽韵看作一般混合三等韵比较稳妥。

14.2　主元音:侯尤:u,幽:e

虽然只列一个图,但还是有两个三等韵并存,流摄如侯韵一等与尤韵三等洪细相配,可以拟一个主元音的话,那么另得给幽韵拟一个主元音,流摄应当拟两个主元音。

高本汉根据方言读音,把流摄尤侯韵系的韵基拟为:ǝ̆u,幽的韵基拟为ĕu。李荣根据中古汉梵对音,确定模虞韵的主元音为o,侯尤韵的主元音为u(详前文遇摄下说明)。幽韵主元音当与尤侯不同,其表现为幽韵的唇音与尤韵的唇音在后世的发展不同,尤韵唇音变轻唇,而幽韵的唇音仍为重唇。故此李荣将幽韵的主元音仍拟为ĕ。为什么要保留高氏的短元音?也是为了避免与四等韵主元音e冲突。我们已经将四等韵主元音改拟为ɛ,所以就不必保留短音符号了。

14.3　韵母构拟

流摄3个韵母,构拟如下:

① 侯韵开口一等,如侯头,u

② 尤韵开口三等,如尤秋,iu

③ 幽韵开口三等,如幽虯,ieu

按照这个构拟,流摄的开合出现矛盾,如果主元音是 u,则应当列于合口,幽韵的 e 为主元音,则又应当看作开口,如此,流摄就成为开合韵了,而且是没有开合对立的开合韵。但流摄历来就被看作开口独韵。李荣先生自己参订的《古今字音对照手册》也将流摄定为开口独韵,不应该有开合对立。这是构拟中的又一矛盾。该怎么看唐以前多以尤侯韵字对译梵文 u 元音呢? 邵荣芬(1982,130 页)说:“假若唐以前尤、侯是[əu]、[iəu],主元音是[ə],那时由于没有[u]韵,而用和[u]比较接近的[əu]或[iəu]去译梵文的 u 或 ū,也是可以讲得通的。”对于解决流摄构拟中的矛盾,这个意见是有道理的,姑存其说以备参。

十五、深摄

15.1 韵母概况:两组 4 个韵母

深摄为闭口韵摄,仅含侵韵系,韵图排三等,没有二等韵,是为内转。但侵韵系有重纽,见于牙喉音。《韵镜》将侵韵标作“合”,《七音略》作“重中重”,当为开,《韵镜》误标。侵韵系仅开口一组,阳-入相配,因其有重纽 A、B 两类,所以有 4 个韵母。

内轉第三十八合

	脣音 清	脣音 次清	脣音 濁	脣音 清濁	舌音 清	舌音 次清	舌音 濁	舌音 清濁	牙音 清	牙音 次清	牙音 濁	牙音 清濁	齒音 清	齒音 次清	齒音 濁	齒音 清	齒音 濁	喉音 清	喉音 清	喉音 濁	喉音 清濁	舌音 清濁	齒 清濁
侵	○	○	○	○	○	○	○	○	○	○	○	○	○	○	○	○	○	○	○	○	○	○	○
	○	○	○	○	○	○	○	○	○	○	○	○	簪	參	岑	森	○	○	○	○	○	○	○
	○	○	○	○	碪	琛	沈	[illegible]	金	欽	琴	吟	斟	覘	忱	深	諶	音	歆	○	○	林	任
	○	○	○	○	○	舚	○	○	○	○	○	○	祲	侵	鱏	心	尋	愔	○	○	淫	○	○
寑	○	○	○	○	○	○	○	○	○	○	○	○	○	○	○	○	○	○	○	○	○	○	○
	○	○	○	○	○	○	○	○	○	○	○	○	[illegible]	墋	[illegible]	[illegible]	○	○	○	○	○	○	○
	稟	品	○	○	戡	踸	朕	拰	錦	坅	噤	僸	枕	瀋	葚	沈	甚	飲	廞	○	○	廩	荏
	○	○	○	○	○	○	○	○	○	顩	○	○	[illegible]	寑	蕈	罧	○	○	○	○	○	○	○
沁	○	○	○	○	○	○	○	○	○	○	○	○	○	○	○	○	○	○	○	○	○	○	○
	○	○	○	○	○	○	○	○	○	○	○	○	譖	讖	○	滲	○	○	○	○	○	○	○
	○	○	○	○	揕	闖	鴆	賃	禁	○	紟	吟	枕	○	○	深	甚	蔭	○	○	[illegible]	臨	絍
	○	○	○	○	○	○	○	○	○	○	○	○	浸	沁	○	○	○	○	○	○	○	○	○
緝	○	○	○	○	○	○	○	○	○	○	○	○	○	○	○	○	○	○	○	○	○	○	○
	○	○	○	○	○	○	○	○	○	○	○	○	戢	[illegible]	霵	澀	○	○	○	○	○	○	○
	鵖	○	[illegible]	○	縶	湁	蟄	[illegible]	急	泣	及	岌	執	斟	褶	濕	十	邑	吸	○	煜	立	入
	○	○	○	○	○	○	○	○	○	○	○	○	[illegible]	緝	集	[illegible]	習	揖	○	○	熠	○	○

15.2 主元音:侵:ə

高本汉根据深摄字在方言中的表现,确定其主元音为:ə。后来学者对此没有异议。

15.3 韵母构拟

深摄4个韵母构拟如下:

① 侵韵开口三A,如侵森,iəm

② 侵韵开口三B,如音歆,jəm

③ 缉韵开口三A,如缉立,iəp

④ 缉韵开口二B,如邑吸,jəp

十六、咸摄

16.1 韵母概况:九组18个韵母

咸摄含覃谈盐添咸衔严凡八韵系,韵图列3图:

外转第三十九开:覃一开,咸二开,盐三开A、B,添四开,10个韵母。

外转第四十合(开):谈一开,衔二开,严三开,(盐重四、假四、喻四),6个韵母。

外转第四十一合: ○, ○, 凡三等,○,2个韵母。

咸摄共阳-入相配九组18个韵母。

外转第四十合图,杨军(2007)据诸本校为开,是也。外转第四十一合仅一个凡韵系。李荣(1945/1956)说:"严凡大体互补,就是上入两声溪母有对立。最保守的办法是严开凡合。"(144页)李先生确定凡韵系为合口,与韵图的处理相同,又说:"严凡的两组对立,都是有问题的。现在姑且保留旧说。"(132页)因为咸摄在十六摄中是开口独韵,若定凡韵为合口,则出现矛盾。十六摄中的独韵仅"严凡"一处存在着问题,李先生说:"除此以外,独韵是没有开合口对立的。"(132页)严凡两韵系,后来邵荣芬在《切韵研究》中将其合并为一个韵类。合并严凡,则减少2个合口韵母,同时亦取消了"外转第四十一合"图,这不符合据韵图确立韵母的精神。综合考察,我们仍依李荣的处置,保留严凡两韵系的开合区别。

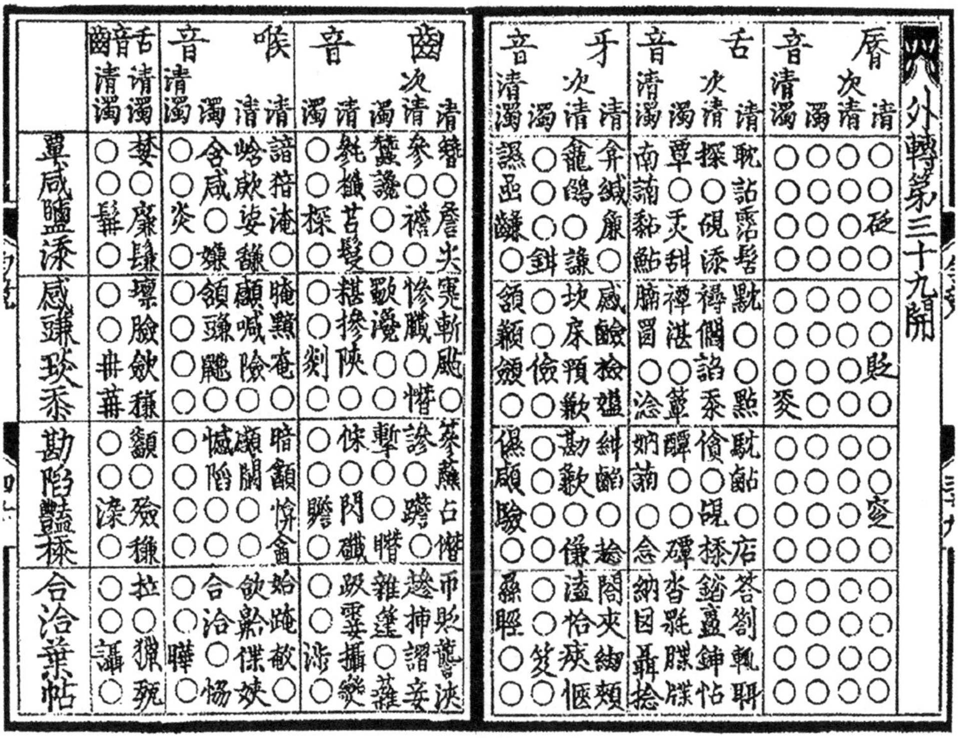

外轉第三十九開

韻	脣音清	脣音次清	脣音濁	脣音清濁	舌音清	舌音次清	舌音濁	舌音清濁	牙音清	牙音次清	牙音濁	牙音清濁	齒音清	齒音次清	齒音濁	齒音清	齒音濁	喉音清	喉音清	喉音濁	喉音清濁	舌音清濁	齒清濁
覃	○	○	○	○	耽	探	覃	南	弇	龕	○	諁	簪	參	蠶	毿	○	諳	蛿	含	○	婪	○
咸	○	○	○	○	詀	○	○	諵	緘	鵮	○	嵒	○	○	讒	攕	○	揞	歁	咸	○	○	○
鹽	砭	○	○	○	霑	覘	灵	黏	廉	○	○	𪘲	詹	襜	○	苫	棎	淹	娎	○	炎	廉	髯
添	○	○	○	○	髻	添	甜	鮎	○	謙	鉗	○	尖	○	○	銛	○	○	馦	嫌	○	鬑	○
感	○	○	○	○	黕	襑	禫	腩	感	坎	○	頷	寁	慘	歜	糝	○	晻	顣	頷	○	壈	○
豏	○	○	○	○	○	僴	湛	䎡	鹼	床	○	顲	斬	臢	瀺	摻	○	黯	喊	豏	○	臉	○
琰	貶	○	○	○	○	諂	○	○	檢	預	儉	顩	颭	○	○	陝	剡	奄	險	𪘲	○	斂	冉
忝	○	○	○	㚓	點	忝	簟	淰	蘕	歉	○	○	○	憯	○	○	○	○	○	○	○	稴	苒
勘	○	○	○	○	馾	僋	醰	妠	紺	勘	○	儑	篸	謲	暫	俕	○	暗	䫲	憾	○	顲	○
陷	○	○	○	○	鮎	○	○	諵	鑑	歉	○	顩	蘸	○	○	○	○	韽	闞	陷	○	○	○
豔	窆	○	○	○	○	覘	○	○	○	○	○	驗	占	蹭	○	閃	贍	悼	○	○	○	殮	染
㮇	○	○	○	○	店	㮇	磹	念	趝	傔	○	○	僭	○	曆	韱	○	㱌	○	○	○	稴	○
合	○	○	○	○	答	錔	沓	納	閤	溘	○	㵄	帀	趁	雜	趿	○	姶	欱	合	○	拉	○
洽	○	○	○	○	劄	盇	䨲	図	夾	恰	○	䶗	眨	插	箑	霎	○	𪑫	䶝	洽	○	○	○
葉	○	○	○	○	輒	鍤	牒	聶	紬	㽾	笈	○	讋	謵	○	攝	涉	敏	偞	○	曄	獵	讘
帖	○	○	○	○	聑	怗	牒	捻	頰	愜	○	○	浹	妾	蘘	燮	○	○	𢾛	協	○	甈	○

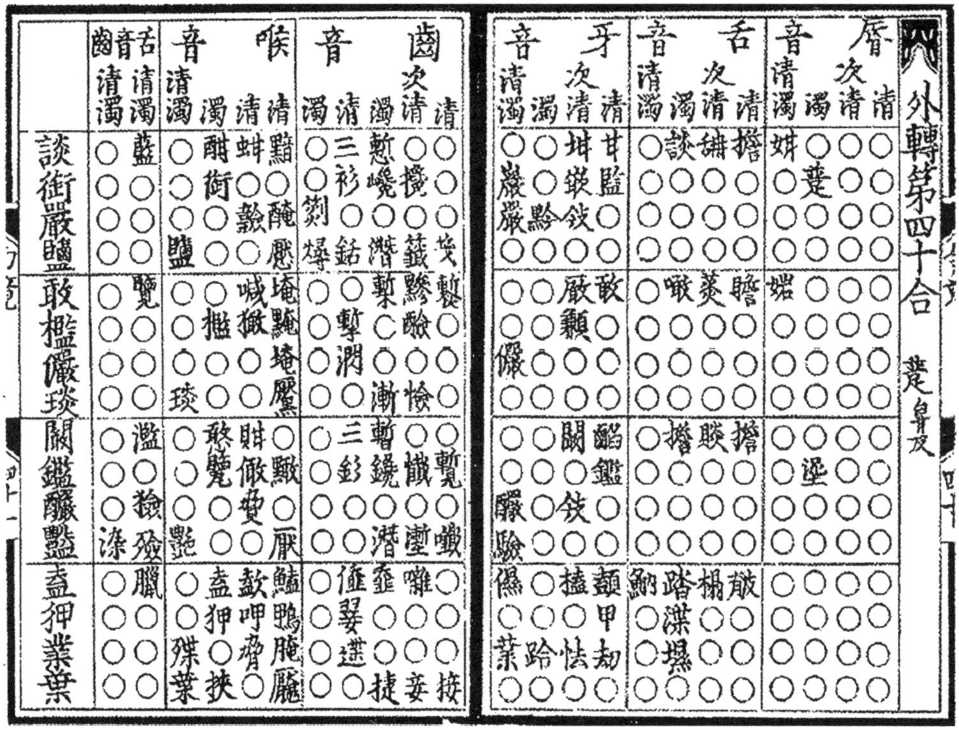

外轉第四十合

芝身及

韻	脣音清	脣音次清	脣音濁	脣音清濁	舌音清	舌音次清	舌音濁	舌音清濁	牙音清	牙音次清	牙音濁	牙音清濁	齒音清	齒音次清	齒音濁	齒音清	齒音濁	喉音清	喉音清	喉音濁	喉音清濁	舌音清濁	齒清濁
談	○	○	○	姏	擔	舑	談	○	甘	坩	○	○	○	○	慙	三	○	黯	蚶	酣	○	藍	○
銜	○	○	芝	○	○	○	○	○	監	嵌	○	巖	○	攙	巉	衫	○	○	○	銜	○	○	○
嚴	○	○	○	○	○	○	○	○	○	鈙	黔	嚴	○	○	○	○	剡	醃	𩑍	○	○	○	○
鹽	○	○	○	○	○	○	○	○	○	○	○	○	尖	籤	潛	銛	燖	懕	○	○	鹽	○	○
敢	○	○	○	媏	膽	菼	噉	○	敢	厰	○	○	鬖	黲	槧	○	○	埯	喊	○	○	覽	○
檻	○	○	○	○	○	○	○	○	○	𩔢	○	○	○	醶	○	摻	○	黤	㺝	檻	○	○	○
儼	○	○	○	○	○	○	○	○	○	○	○	儼	○	○	○	㶒	○	埯	○	○	○	○	○
琰	○	○	○	○	○	○	○	○	○	○	○	○	○	憸	漸	○	○	黶	○	○	琰	○	○
闞	○	○	○	○	擔	賧	憺	○	䫲	闞	○	○	○	○	暫	三	○	○	賘	憨	○	濫	○
鑑	○	○	梵	○	○	○	○	○	鑑	○	○	○	覽	懺	鑱	釤	○	𪐞	俿	𩒭	○	○	○
釅	○	○	○	○	○	○	○	○	○	欦	○	釅	○	○	○	○	○	○	脅	○	○	獫	○
豔	○	○	○	○	○	○	○	○	○	○	○	驗	㦰	壍	潛	○	○	厭	○	○	艷	殮	染
盍	○	○	○	○	皶	榻	蹹	䌈	頡	榼	○	儑	○	囃	雥	倕	○	鰪	欱	盍	○	臘	○
狎	○	○	○	○	○	○	渫	○	甲	○	○	○	○	○	○	翣	○	鴨	呷	狎	○	○	○
業	○	○	○	○	○	○	煠	○	劫	怯	跲	業	○	○	○	𨒬	○	腌	脅	○	殜	○	○
葉	○	○	○	○	○	○	○	○	○	○	○	○	接	妾	捷	○	○	魘	○	挾	葉	○	○

外轉第四十一合

	脣音				舌音				牙音				齒音					喉音				舌音齒	
	清	次清	濁	清濁	清	次清	濁	清濁	清	次清	濁	清濁	清	次清	濁	清	濁	清	清	濁	清濁	清濁	清濁
凡	○	○	○	○	○	○	○	○	○	○	○	○	○	○	○	○	○	○	○	○	○	○	○
	○	○	○	○	○	○	○	○	○	○	○	○	○	○	○	○	○	○	○	○	○	○	○
	訉	芝	凡	瑷	○	○	○	○	○	○	○	○	○	○	○	○	○	○	○	○	○	○	○
	○	○	○	○	○	○	○	○	○	○	○	○	○	○	○	○	○	○	○	○	○	○	○
范	○	○	○	○	○	○	○	○	○	○	○	○	○	○	○	○	○	○	○	○	○	○	○
	○	○	○	○	○	○	○	○	○	○	○	○	○	○	○	○	○	○	○	○	○	○	○
	腇	釩	范	鋄	○	僴	○	○	拑	凵	○	顩	○	○	○	○	○	○	○	○	○	○	○
	○	○	○	○	○	○	○	○	○	○	○	○	○	○	○	○	○	○	○	○	○	○	○
梵	○	○	○	○	○	○	○	○	○	○	○	○	○	○	○	○	○	○	○	○	○	○	○
	○	○	○	○	○	○	○	○	○	○	○	○	○	○	○	○	○	○	○	○	○	○	○
	○	汎	梵	菱	○	○	○	○	劒	欠	○	○	○	○	○	○	○	○	○	○	○	○	○
	○	○	○	○	○	○	○	○	○	○	○	○	○	○	○	○	○	○	○	○	○	○	○
乏	○	○	○	○	○	○	○	○	○	○	○	○	○	○	○	○	○	○	○	○	○	○	○
	○	○	○	○	○	○	○	○	○	○	○	○	○	○	○	○	○	○	○	○	○	○	○
	法	鉣	乏	○	猫	○	○	⿰犭風	○	猲	○	○	○	○	○	○	○	○	○	○	○	○	○
	○	○	○	○	○	○	○	○	○	○	○	○	○	○	○	○	○	○	○	○	○	○	○

⿰犭風芳法反 猲起法反

16.2 主元音：谈：ɑ，覃：ʌ，衔：a，盐：æ，咸严凡：ɐ，添：ɛ

咸摄跟山摄分布大致平行对应，外转、一二三四等齐全，都有重韵，也有重纽等等，高本汉仍然是采用后低元音与前低元音区别一二等，用长短元音区别重韵，一等主元音谈：ɑ，覃：ɑ̆，二等主元音衔：a，咸：ă，三等主元音盐：ɛ，严凡 ɐ，四等主元音添：e。李荣根据董同龢《上古音韵表稿》的意见，去掉长、短元音，采用央、后元音与前元音的差别区分一二等重韵，其他等元音取舌位的略高略低来区分。由于我们将 ɛ 元音定为四等韵的主元音，所以添韵的主元音改为 ɛ，盐韵的主元音相应调整为 æ。其他不变。改定之后为：

一等主元音　谈：ɑ，覃：ʌ，

二等主元音　衔：a，咸：ɐ，

三等主元音　盐：æ，严凡 ɐ，

四等主元音　添：ɛ。

二三等共用一个主元音 ɐ，以洪细介音相区别，三等严凡共一个主元音，以开合相区别，又凡韵系属于轻唇十韵，其唇音亦当拟为合口。

16.3 韵母构拟

咸摄八个韵系，合计有 18 个韵母，构拟为：

① 谈韵开口一等，如谈甘，② 盍韵开口一等，如盍蹋，ɑm/ɑp

③ 覃韵开口一等，如覃躭，④ 合韵开口一等，如合荅，ᴀm/ᴀp

⑤ 衔韵开口二等，如衔监，⑥ 狎韵开口二等，如狎甲，am/ap

⑦ 咸韵开口二等，如咸譀，⑧ 洽韵开口二等，如洽插，ɐm/ɐp

⑨ 盐韵开口三 A，如盐尖，⑩ 葉韵开口三 A，如葉接，iæm/iæp

⑪ 盐韵开口三 B，如淹箝，⑫ 葉韵开口三 B，如笈痰，jæm/jæp

⑬ 严韵开口三等，如严醃，⑭ 业韵开口三等，如业劫，iɐm/iɐp

⑮ 凡韵合口三等，如凡范，⑯ 乏韵合口三等，如乏法，iuɐm/iuɐp

⑰ 添韵开口四等，如添兼，⑱ 帖韵开口四等，如帖协，ɛm/ɛp

十七、《切韵》韵母表

凡例：

① 本表旨在展示本编构拟的《切韵》音系 154 个韵母。

② 以摄为单位，分一等韵、二等韵、三等韵、四等韵四栏，分列本摄韵系及韵母，分等对号入座。在四等栏之外再设“小计”栏，计数每摄韵母数量。

③ 三等韵结构复杂，其下又分子类韵即纯三等韵、丑类韵即混合三等韵、寅类韵即重纽三等韵三栏。

④ 凡同摄重韵均于同等栏下以横格分隔排列。

⑤ 凡开合分韵则于同一横格内分行排列。

⑥ 以韵系为单位列举韵母，各种韵系不同，列举韵母的方式略有不同。

⑦ 阴声韵如果开、合分韵，则单列其韵，如“咍 ᴀi”。如开合同韵则同列其开合韵母，如“泰 ɑi/uɑi”表示泰韵含有一开一合两个韵母。

⑧ 阳入声韵系代表字代表舒、入两个韵目，与之相对，拟音部分列出舒、入声韵母，如“冬 oŋ/ok”“冬”代表“冬/沃”两个韵母。如果开合同韵，则同一格内开、

合分行列出舒、入声的韵母，如“元 iɐn/iɐt、iuɐn/iuɐt”。

⑨ 重纽韵则分 A、B 类，依上述阴、阳入韵系列举韵母。

⑩ 本表可以读出《切韵》音系中任一韵母的名称以及其拟音。如：通摄东韵一等合口平声 uŋ，通摄屋韵一等合口入声 uk 等等。

<table>
<tr><th rowspan="2">摄</th><th rowspan="2">一等韵</th><th rowspan="2">二等韵</th><th colspan="3">三 等 韵</th><th rowspan="2">四等韵</th><th rowspan="2">小计</th></tr>
<tr><th>子类</th><th>丑类</th><th>寅类</th></tr>
<tr><td rowspan="2">通</td><td>东 uŋ/uk</td><td rowspan="2"></td><td></td><td>东 iuŋ/iuk</td><td></td><td rowspan="2"></td><td rowspan="2">8</td></tr>
<tr><td>冬 oŋ/ok</td><td></td><td>钟 ioŋ/iok</td><td></td></tr>
<tr><td>江</td><td></td><td>江 ɔŋ/ɔk</td><td></td><td></td><td></td><td></td><td>2</td></tr>
<tr><td rowspan="2">止</td><td rowspan="2"></td><td rowspan="2"></td><td>微 iəi/iuəi</td><td>之 iə</td><td>支 A ie/iue
支 B je/jue</td><td rowspan="2"></td><td rowspan="2">11</td></tr>
<tr><td></td><td></td><td>脂 A i/iui
脂 B ji/jui</td></tr>
<tr><td rowspan="2">遇</td><td rowspan="2">模 o</td><td rowspan="2"></td><td></td><td>虞 io</td><td></td><td rowspan="2"></td><td rowspan="2">3</td></tr>
<tr><td></td><td>鱼 iɔ</td><td></td></tr>
<tr><td rowspan="3">蟹</td><td>泰 ɑi/uɑi</td><td>夬 ai/uai</td><td>废 iɐi/iuɐi</td><td></td><td></td><td rowspan="3">齐 εi/uεi</td><td rowspan="3">18</td></tr>
<tr><td rowspan="2">咍 Ai
灰 uAi</td><td>佳 æ/uæ</td><td rowspan="2"></td><td rowspan="2"></td><td rowspan="2">祭 A iæi/iuæi
祭 B jæi/juæi</td></tr>
<tr><td>皆 æi/uæi</td></tr>
<tr><td>臻</td><td>痕 ən/ət
魂 uən/uət</td><td></td><td>欣 iən/iət
文 iuən/iuət</td><td></td><td>真臻 A ien/iet
真 B jen/jet
谆 A iuen/iuet
谆 B juen/juet</td><td></td><td>16</td></tr>
<tr><td rowspan="2">山</td><td rowspan="2">寒 ɑn/ɑt
桓 ɑn/uɑt</td><td>删 an/at
uan/uat</td><td rowspan="2">元 iɐn/iɐt
iuɐn/iuɐt</td><td rowspan="2"></td><td rowspan="2">仙 A iæn/iæt
iuæt/iuæn
仙 B jæn/jæt
juæt/juæn</td><td rowspan="2">先 εn/εt
uεn/uεt</td><td rowspan="2">28</td></tr>
<tr><td>山 æn/æt
uæn/uæt</td></tr>
<tr><td>效</td><td>豪 ɑu</td><td>肴 au</td><td></td><td></td><td>宵 A iæu
宵 B jæu</td><td>萧 εu</td><td>5</td></tr>
<tr><td>果</td><td>歌 ɑ
戈 uɑ</td><td></td><td></td><td>戈 iɑ/iuɑ</td><td></td><td></td><td>4</td></tr>
</table>

续 表

摄	一等韵	二等韵	三等韵			四等韵	小计
			子类	丑类	寅类		
假		麻 a/ua		麻 ia			3
宕	唐 ɑŋ/ɑk uɑŋ/uɑk			阳 iɑŋ/iɑk iuɑŋ/iuɑk			4
梗		庚 ɐŋ/ɐk uɐŋ/uɐk	庚 iɐŋ/iɐk iuɐŋ/iuɐk			青 ɛŋ/ɛk uɛŋ/uɛk	20
		耕 æŋ/æk æuŋ/uæk		清 iæŋ/iæk iuæŋ/iuæk			
曾	登 əŋ/ək uəŋ/uək			蒸 iəŋ/iək --/iuək			7
流	侯 u			尤 iu			3
				幽 ieu			
深					侵 A iəm/iəp 侵 B jəm/jəp		4
咸	谈 ɑm/ɑp	衔 am/ap	严 iɐm/iɐp		盐 A iæm/iæp 盐 B jæm/jæp	添 ɛm/ɛp	18
	覃 Am/Ap	咸 ɐm/ɐp	凡 iuɐm/iuɐp				

第五节 《切韵》的声调

一、《切韵》的声调系统

《切韵》的调类是四个,即:平声,上声,去声,入声。《切韵》以调类分卷,不同声调的字收在不同的卷,对调类的区别极严。除了部分字存在着一字异调外,任一字音都有一个确定的声调,也就是说属于这四种声调中的一个。

四声的调类是清晰的,但这四种声调具体读什么调值,却很难考定了。从现代方言的声调发音很难构拟《切韵》时代的调值。

李荣主三声四调说,他说:“可以有一个假设,就是《切韵》平上去入四声,论调值只有三个调位(toneme),平声是一类,上声是一类,去声入声是一类。去声入声的不同是韵尾的不同,去声收浊音,入声收清音,乐调是一样的。”(李荣 1945/1956,152 页)他以方言和借音等方面的语料证成此说。

许多学者发掘历史文献,从梵汉对音和《大正藏》中之《悉昙藏》一些资料考证,认为四声的调型大致可以确定,如:平声大致是平调,可能是中平调,上声可能是一个升调,去声可能是一个降调,入声则是一个促调。平上去三调是以音高为区别特征的,但入声除了音高的特征外,还有韵尾特征,这就是中古的入声韵都带有唯闭的塞音韵尾,是闭音节。这四种调型声调的具体音高是多少,各家却说法不一,这里不作介绍。

二、声调的发圈标记

由于声调的音值已经难以构拟,对于《切韵》音系声调的描写和记录,通常就记其调类。传统的四声调类标记是发圈标记。在字的四角用一个开口朝里的半圈标记声调,四角每一角代表一个调类,从左下方以顺时针方向,依次标记:平、上、去、入四个调类,如:

꜀平、꜂上、去꜄、入꜆

汉语声母的清浊对中古近代声调的变化有重大影响,所谓平分阴阳、浊上变去等等,都与字音声母的清浊有关。有时候需要详细标注字音声调的清浊,则采用半圈下加短横的方式标其浊调,而清调则仍旧。如“平上去入”中“平上入”三字是浊音,标其声调的清浊如下:

꜁平、꜃上、去꜄、入꜇

发圈标记是标记调类的方法。在音韵学和方言语音的研究中,我们运用它可以标记古音和方言的调类,并进行调类的比较研究。因此,发圈标记仍是一种重要的记调的方法。

第六节　音韵地位

一、何为音韵地位

我们已经分别考察了《切韵》的声母、韵母和声调系统。声韵调相拼合得出音节。韵图采取竖列七音、横列开合四等、四声相承的方式列成图表,表现声、韵、调相拼合的音节。宋代刊刻《韵镜》的三山张麟之在《韵镜·识语》中说:“(韵图)其制,以韵书自一东以下,各集四声,列为定位,实以《广韵》《玉篇》之字,配以五音清浊之属。”(1页)“列为定位”的“位”,就是指每个音节在韵图中都有一个确定的位置。这个位置是确定的,也是唯一的,它能准确地描写《广韵》中任一音节,而与别的音节相区别。所以,由此引出“音韵地位”的概念。音韵地位就是根据音节在韵图中所处的位置来描写中古音音节的声、韵、调的一种方式。

二、音韵地位的内容

综合声、韵、调三者,对一个音节的音韵地位完整地描写,需要包含六项内容,其中声一、韵四、调一。

声:在《切韵》三十六母中属于哪一声母。

韵:摄,韵(音节所属韵部),呼,等,这四项内容合起来表述音节所属韵类。

调:在《切韵》音系的哪一调。

如:“切韵音系”四字的音韵地位为:

切:清母、山摄、屑韵、开口、四等、入声——简写为:清山屑开四入

韵:匣母、臻摄、问韵、合口、三等、去声——简写为:匣臻问合三去

音:影母、深摄、侵韵、开口、寅B、平声——简写为:影深侵开寅B平

系:匣母、蟹摄、霁韵、开口、四等、去声——简写为:匣蟹霁开四去

三、音韵地位的作用

音韵地位除了标示字音的语音性质之外,还有提供字音构拟根据的作用。

根据音节的音韵地位,代入相关音类的中古音值,就可以构拟各个音节的中古音值。如“切韵音系”四字的中古音值可以根据其音韵地位,代入本编介绍的构拟,拟出如下音值:

切:tsʻɛt꜆,韵:ɣiuən꜄,音:꜀ʔjəm,系:ɣɛi꜄

有了这个构拟作为依托,我们就可以直观地从音值角度,讨论从中古到近、现代的发展演变,并说明现代方言之间的语音差异及各自的亲疏远近。

第三编

汉语语音史研究简介

本编简要介绍汉语语音史研究的历史和现状。汉语语音史的研究一开始就有“纵(历时的)”“横(共时的)”两个向度,但两个向度的研究并不同步。纵向方面,自宋儒开启古音学研究以来,经过数百年的发展,到20世纪初形成了汉语语音史的框架。随后上古音、中古音和近代音的研究全面展开,研究成果如雨后春笋般层出不穷,汇集整合拢来,以通语语音为主的历史音韵演变史已然成型。横的方面即不同时代共时层面的方言异音的研究却相对迟滞,自宋明以迄20世纪末,成果都不多见。直到改革开放以后,随着语音史研究的深入,历史方音的研究所占分量才越来越多、越来越重,越来越得到研究者的重视。“横向”研究愈益受到重视的结果就是,促使语音史的研究出现进一步拓展其空间、调整其框架的态势,一个以通语语音史为主、历史方音为辅的综合的新型语音史框架正在形成。

我们先概说语音史的萌生、发展与转型的历程,再简介通语语音史和历史方音的研究。通语语音史包含上古音、中古音、近代音和古今音变大势四章。历史方音仅有一章,这是因为学术界全面聚焦历史方音研究的时间并不长,这一领域尚处于成长期,理论和方法正处于探索之中,正在逐步完善的缘故。

第一章　语音史的萌生、发展与转型

第一节　语音发展观和语音史

音韵学研究古汉语语音，必然要在语音发展观的指导下，对不同历史时代的语音状况及其发展变化作出翔实的考证和科学的论述，以建构语音史的框架与体系。通常，思想是行动的指导，但语音史的研究却先有行动，后有思想。从学术史的角度来看，语音发展观的形成有一个从偶然涉及古音进而到有意识地揭示古音的漫长探索过程，随着古音材料愈益丰富，对古音的了解愈益深入，有关语音古今变化的思想越来越清晰，语音史才逐渐得以成型。

一、汉唐人偶说古音

戴震《声韵考》卷三云："古音之说，近日始明。然考之于汉，郑康成笺《毛诗》云，古声填寘塵同，及注他经，言古者声某某同，古读某为某之类，不一而足，是古音之说，汉儒明知之。非后人创议也。"（戴震 1957，卷三 3 页）戴氏所述郑笺，出于《豳风·东山》篇，以今所见文献，这的确是最早述及古音的材料。郑玄以后直至于宋代，偶及古音者，代有其人。如东汉末年刘熙《释名》说"古者车声如居"[①]，后来三国人韦昭又驳之曰古者车当声如舍即是，其后大概又有李季节、颜之推、王劭、陆德明、孔颖达、颜师古等等，不一而足。诸人之中颇有可称道者。

以颜之推为例。参与《切韵》纲纪讨论的杰出语言学家颜之推，在他的《颜氏家训》中曾提到古今音的问题。他主张语言文字当使用"正音"，为了正音，必须"参校方俗，考核古今"，这是他的原则。从《颜氏家训》可以看到，他所说"古今"的"古"，绝不是古文家为了骈俪而加的衬字，而是确有其事的。著名的一个例子就是《音辞》篇中的一段文字：

---

① 《释名疏证补》，上海古籍出版社 1984 年第 356 页。韦昭之驳见《经典释文》所引。

北人之音,多以举、莒为矩,唯李季节云:齐桓公与管仲于台上谋伐莒,东郭牙望见桓公口开而不闭,故知所言者莒也。然则莒、矩必不同呼。此为知音矣。(496 页)

李季节即李概,是颜氏同时代人,著《音韵决疑》,该书今已佚。颜氏所引当出自该书。这段材料说的是一件发生于先秦时代齐国的事。《管子·小问第五十一》记述齐桓公与管仲密谋伐莒,伐莒之令尚未下达,国中即已传言伐莒。传言自何而来?找到一个叫东郭邮(即东郭牙)的最初传言人。下面是齐桓公与东郭邮的对话:

问焉曰:"子言伐莒者乎?"东郭邮曰:"然,臣也。"桓公曰:"寡人不言伐莒而子言伐莒,其故何也?"东郭邮对曰:"臣闻之,君子善谋而小人善意。臣意之也。"桓公曰:"子奚以意之?"东郭邮曰:"夫欣然喜乐者,钟鼓之色也。夫渊然清静者,缞绖之色也。漻然丰满而手足拇动者,兵甲之色也。日者臣视二君之在台上也,口开而不阖是言莒也。举手而指势当莒也,且臣观小国诸侯之不服者,唯莒,于是臣故曰:伐莒。"桓公曰:"善哉。"①

"东郭牙事件"还见载于《吕氏春秋》《韩诗外传》等书。东郭牙(邮)根据齐桓公发音时的口型"口开而不阖",判断他说的是"莒"字。颜氏转引来说"莒"与"矩"古不同音。从《切韵》音看,"莒"属于鱼韵上声,"矩"属于虞韵上声,当时北人语音中,"多以举莒为矩",说明这两个韵的字多数人读混了,也可能有少数人没混。究竟这两韵当分还是当合?颜氏以为当分。他之所以审音从少数,理由就是这少数符合古音。他盛赞李季节确定"莒矩不同呼"为"知音"。后来陆法言《切韵》中,鱼、虞两韵也是分的。这应当是"颜外史、萧国子多所决定"②的一例。可见颜氏等人"考核古今",确有其事。

汉唐间虽有人提及古音,但并不等于古音学就此开始。李荣(1982,30 页)说:"汉朝人就知道古今音异,可是系统地研究上古音,是从宋朝人开始的。"因为汉唐的古音考核都是仅就某一特定之字,偶然提及,不成体系,更看不出是否萌生了古今语音演变的思想。

---

① 引文见《管子》,第三册第十六卷第 10 页,四部丛刊本。

② 此为《王韵》陆序语,见周祖谟《唐五代韵书集存》上册,中华书局 1983 年第 244 页、435 页。

二、宋人的古音研究实践

对古音认识的朦胧含混现象到宋代大为改观。宋儒考察古代文献中的特殊语音现象,揭示的古音现象越来越多,对古音的认识越来越清晰,古音学作为一个新兴学科于是逐渐成形。体现在三个方面:

一是古音学的基础理论和术语体系初步建立。宋人已经意识到,古音是一个与今音相对的学术概念,各有不同的内涵。这是因为宋人看到了诗骚用韵大面积与礼部韵不同,推想这是时代不同造成的,需要将他们视为古音的押韵,项安世所谓"《诗》韵皆用古音,不可胜举"[①]是也。由此建立了古音、今音这一组对立统一的语音史概念,从而奠定了古音学的学理基础。他们认为一个字有今音,也可以有其古音,而这些见于诗骚特殊用韵中的古音,往往被韵书、音义书所遗漏,所以,吴棫要作《毛诗补音》以补释文《毛诗音》之遗,著《韵补》以补《集韵》以及礼韵之遗。(参刘晓南 2020)

二是方音暗合古音的思想,即方音存古,方音证古说。以今所见,朱熹、项安世都有过明确的论述。且看朱熹的 3 条代表性言论。

(1) 大抵方言多有自来,亦有暗合古语者。[②]

(2) "诗音韵间有不可晓处。"因说:"如今所在方言,亦自有音韵与古合处。"[③]

(3) 雄,与凌叶,今闽人有谓雄为形者,正古之遗声也。[④]

第 1 条将方言的来源与"古语"挂钩,从现代语言学的角度来看,这是历时的阐述。第 2 条的"所在方言"指当时各地方言,明确指出各个不同方言的音韵中都有一些与古音相合的地方,这相当是从共时层面的考察。第 3 条告诉我们闽音中那些不合礼部韵系但与诗骚协韵相符的读音是"古之遗声",也就是说,方音中与古音相合的部分,是古音的遗留,因而可以证古音。一言以蔽之:当代活的方言语音中保留了古音,古音亦可利用当代活方言来诠释。在吴棫、朱熹的诗骚叶音中可以看到许多当时方言语音的影迹,即缘于此。

三是初具古音研究的方法体系。从吴棫、朱熹、程迥以及其他宋人的古音研究

---

① 引文见《项氏家说》,卷四,第 50 页,丛书集成初编本。

② 语见《晦庵先生朱文公文集》卷七十一《杂著·偶读漫记》,《朱子全书》第 24 册第 3420 页。

③ 语见《朱子语类》卷八十,中华书局 1986 年标点本第 6 册第 2081 页。

④ 语见《楚辞集注》之《楚辞辩证》,上海古籍出版社 1979 年第 190 页。

中，我们可以感知到他们的研究方法渐臻成熟，且已成体系，大致可以归纳为以下诸种。

（1）古诗用韵例推之法。

（2）声符相推之法。

（3）古音注相推之法。

（4）古音通转之法。

（5）方音证古之法。

总之，与汉唐的偶然一提不同，宋人对古音的研究是有思想指导、有理论依据的批量考察。他们强调古音、今音使用之时代差异，显示古音与今音各有不同的音类归属。他们考察古诗文中的古音，目的是要揭示古音与今音之差异，以帮助学者读懂和理解古代文献。故有宋一代，参加到古音研究中的学者较之前代大大增加，已悄然形成了一个研究群体，写过专著或有专题论著的，有吴棫、程迥、朱熹、项安世、郑庠等人。至于关注古音，或泛泛议论、或偶考古音者更是多见，如方崧卿、王质、蒋全甫、黄子厚、傅景仁，甚至大、小徐整理《说文》都可以看见他们时而提及某字之古音等等。有宋一代，古音学专著如春蕾初绽，颇为精彩。流传至今的重要著作有吴棫《韵补》、朱熹《诗集传》《楚辞集注》，至于见诸记载且对后代造成影响的还有吴棫《毛诗补音》、程迥《古音通式》、郑庠《古音辨》等等。

三、古今音变思想与语音史

3.1 宋人的古今音变思想萌芽

在语言学史上，最早涉及并曲折地表达了语音随时代变化思想的是“叶音”说。自明末以来，对吴棫、朱熹的“叶音”批评很多，可以说充分地批判了其消极的一面。但对其积极的一面关注不够，我们认为，正是在“叶音”的实践中萌生了宋儒的“古今音变”思想。

以今所见，最早显现“古今音变”思想的是吴棫。吴棫早期的古音学著作《毛诗补音》里其实就有了比较清晰的古今音变思想。因《毛诗补音》已佚，故而后世学者仅据其《韵补》来论其古音学。看到他的古音取证古今杂糅，字无定音，故而不为采信。如麻韵的一组从“叚”得声的字，《韵补》上平声九鱼洪孤切小韵收“騢瑕猳霞鰕”诸字、下平声七歌寒歌切小韵收“霞遐瑕蝦”诸字，一会儿入鱼部，一会儿入歌部，给人大道多歧之感，颇有疑惑。但在《毛诗补音》中，“瑕”等字的论说就大不相同，甚至可以说精彩：

《补音》不瑕，洪孤切。《史记·龟策传》：“日辰不全，故有孤虚，黄金有疵，白玉有瑕；事有所疾，亦有所徐。”《太元·众首》：“军或累车，文人摧孥，内蹈之瑕。”《礼记》引《诗》“瑕不谓矣”，郑云：“瑕之为言胡也。”秦晋以前凡从叚者，在平则读如胡，魏晋之间读如何，齐梁之后读为胡加切。《楚辞·远游》：“漱正阳而含朝霞，精神入而粗气除。”司马相如《大人赋》：“回车朅来兮会食幽都，呼吸沆瀣兮餐朝霞。”曹植《洛神赋》“升朝霞”与“出渌波”叶。左思《蜀都赋》“霞”与“峩峩”叶。此以霞为何也。又《魏都赋》“遐”与“罗”叶。陆机《应嘉赋》“遐”与“波”叶。此以遐为何也。韩愈《元和圣德诗》“瑕”与“拊”叶，又以遐为古。白居易效陶诗“暇”与“坐”叶。①

这段话中的点睛之笔就是：“秦晋以前凡从叚者，在平则读如胡，魏晋之间读如何，齐梁之后读为胡加切”。看到这段话，才明白《韵补》为什么要将这批字一会收入歌部，一会收入鱼部。原来他是要说，这些字在秦晋时归于鱼部，并引述先秦两汉的例据证之，到魏晋之间转归歌部，同时引魏晋时的例据证之，时代之音与例证若合符契。试将吴氏此意，以音标图示如下：

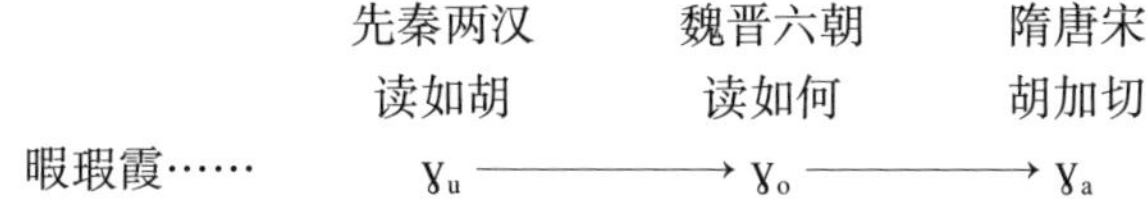

上图显示了一批字之入歌还是入鱼，不是一般的一字多音，而是一字之音在不同时代的不同表现，这是不折不扣的古今音变。至于引文后面的韩、柳押韵不在此列，他只是想说唐人有仿古之韵，韩诗仿先秦，柳诗仿魏晋。在这里，“音随时代而变”的意思是清晰的，说的是不同时代有不同的音，并非古音漫无定准。洞彻此义，你不得不佩服其高明。难怪王质要在《诗总闻》中大加赞叹：“善哉，吴氏之说！曰载籍所传，自三代而下，以至于今，一字之声无虑数变。”②吴棫这段精彩的古今音

① 见杨简《慈湖诗传》卷十《豳风·狼跋》“德音不瑕”下的引述。

② 王质《诗总闻》卷八，丛书集成初编本，中华书局 1985 年第 147 页。

变论说,在《韵补》中却受制于编辑体例而被分解、被简化,"秦晋以前……"这个点睛之笔不见了,尽管将从叚声的字分收于鱼、歌两韵、并与不同时代的例证相配合,仍隐然微露字音随时而不同的意思,但"音变"思想反而隐晦不显。实际上吴氏将很多字都兼入多个韵部,一般找不出其间的古今变化脉络,的确凸显了大道多歧的弊端。看来,吴棫并没意识到他的这个发现的重大意义,音变思想仍不甚明确。

王质说吴氏发现了"一字之声变",从引文看,吴棫并不仅仅指"一字",他从谐声的角度立说,应当指的是一个谐声系列的一组字。与"一字"相比,范围较大,可以看作一个音类,但还是没有达到音系的层面。跟宋代其他学者一样,他还没有古音系的思想(参刘晓南 2004A、2006、2020,张民权 2005)。从文献记载看,宋代也出现了有关古韵部的著作,即郑庠《古音辨》,但郑氏古韵六部,其实只是据时音六种韵尾合并礼部韵的大杂烩,并非真正的古韵部。后人从吴棫、朱熹叶音中归纳出古音韵部,也只能算是对宋人古音分部的一种推测(参刘晓南 2021B)。这都显示出宋人古音学的不足之处很多,但最大缺陷是没有真正归纳过古韵部,因而也没留下古今音系不同的学说。从学术史看,宋代古音学仍是以字音为主的研究。

3.2 明儒的古今音变观

古音系的建立当出于明儒陈第之后。在陈第、焦竑之后,音韵学研究古音,有了音系的观念,语音史的理论框架因而得以确立。

陈第和焦竑等人研究古音,是从批评宋儒的叶音开始的。陈第年少时受他父亲的影响,对叶音产生怀疑。他回忆道:"余少受诗家庭。先人木山公尝曰:'叶音之说,吾终不信。以近世律绝之诗,叶者且寡,乃举三百篇,尽谓之叶,岂理也哉?然所从来远,未易遽明尔。竖子他日有悟,毋忘吾所欲论著矣。'余于时默识教言,若介于胸臆。"(陈第 2008,253 页)少年父命的影响是大的,果然在成年后,陈第对"叶音"发动了讨伐。他说:"自唐以来,皆以今音读古之辞赋。一有不谐,则一曰叶,百有不谐,则百曰叶。借叶之一字,而尽该千百字之变,岂不至易而至简,然而古音亡矣。"(同上)与陈第同时代的另一位学者焦竑,不但持相同的观点,而且话说得更严厉:"如此则东亦可音西,南亦可音北,上亦可音下,前亦可音后,凡字皆无正呼，凡诗皆无正字矣，岂理也哉？”[①]这就是所谓“叶音乱改字音说”的来源。后来学者研究上古音，无一不秉承焦、陈之成说，一以“乱改字音”界定宋人叶音。大意是，宋人以时音读《诗经》《楚辞》等古韵文，遇到其韵不谐时，却浑然不知这是古今音变，反而为了谐韵，随意地将韵脚临时改读一个能谐韵的音来谐韵，称为叶音。以这个观点衡量，宋人对诗骚所作的叶音当然要被视为乱改字音。

平心而论，焦、陈对叶音的批评虽然对语音史的发展有重要意义，但难说严谨，至少存在两个漏洞。一是并未穷尽全部叶音材料，仅凭举例即予以全盘否定。二是没有考察过吴、朱叶音的来源，忽视了宋人叶音的语音根据。据研究（参刘晓南2003），宋人叶音并不是不要根据地乱改字音。朱熹叶音其实是特别注重根据的，如：

《诗集传·行露》第三章：墉讼叶祥容反从

“讼”是个多音字，有平、去二读，《广韵》钟韵“祥容切”、用韵“似用切”。宋代常用去声一读，而《诗经》该段韵文从声律上看，当取平声一读入韵方可和谐，朱子在“讼”字的平去二读之中选定非常用音平声一读入韵，故注为叶音。然而为了注释从简，朱熹在《诗集传》《楚辞集注》中一般都不给出自己叶音的根据，后人难以理解，甚至以为臆说。

陈第与焦竑等人批评叶音的正面意义，并不是反对前人提出的古音说，究其实只是反对叶音表现出来的纷歧繁芜，以及由此引出的主观臆断。强烈的怀疑使他们全盘否认了“叶音”的音注，进而确认了不但古代字有本音、而且字音随时而变的观点。陈第的名言：“时有古今，地有南北，字有更革，音有转移，亦势所必至。”（陈第2008，10页）将“古今音变”升华为一种势所必然的历史规律。学术思想的升华，引领并促成了他超迈前辈的学术成就。

3.3　语音史框架形成

陈第既然认识了古代字自有本音，就从《诗经》等先秦韵文考古音，作《毛诗古音考》和《屈宋古音义》（康瑞琮点校本，中华书局2008年，本书引述取该本），对先秦韵文中许多韵脚字的古音作了考定。用充足的证据证明了古音是确定的，力纠

① 语见《焦氏笔乘》卷三《古诗无叶音》，李剑雄点校本，上海古籍出版社1986年第83页。

“叶音”一字多叶的偏差,其中已经隐含了古音系统不同于今音的意涵。清初音韵学家顾炎武考证先秦古音,离析《唐韵》,得出古韵十部系统。顾炎武有浓厚的复古思想,他要摒弃今音,以返淳古,这是不对的。但他由此而进入到古韵系统,开始了古音系统的研究,这是他对古音学的重大贡献。后来的学者循此而进,随着古音系研究的愈益深入,语音史的观念和框架逐渐形成。

清朝乾隆年间编《四库全书》时,收集了一大批包含古音著作在内的音韵之书,依类编排,分别列为古音之书、今音之书和等韵之书三类。其中古音、今音之分,实际就是语音史的最初划分。自此之后,语音发展的思想深入人心,语音史的探索也逐渐深入。段玉裁《六书音均表·音韵随时代迁移说》云:“音韵之不同,必论其世。约而言之,唐虞夏商周秦汉初为一时,汉武帝后洎汉末为一时,魏晋宋齐梁陈隋为一时。古人之文具在。凡音转、音变、四声,其迁移之时代皆可寻究。”(段玉裁 1981,816 页)这些杰出的研究者不但关注周秦汉魏,还注意到了唐宋以下之音,如江永《古韵标准》说:“(三百篇之外)又可考屈宋辞赋,汉魏六朝、唐宋诸家有韵之文。审其流变,断其是非。”(江永 1982,3 页)

这些思想启迪来者,以迄 20 世纪初叶,结出硕果。1918 年钱玄同在《文字学音篇》首次提出语音史框架,分为六期:周秦、两汉、魏晋南北朝、隋唐宋、元明清、现代。从此以后,音韵学明确地把语音史作为自己的研究对象,不同时代的语音得到全面的研究。魏建功《古音系研究》(1935/1996,1 页)一书,《开宗明义(引言与总纲)》曰“凡是在今日国音以前的音韵的研究皆属于‘古音系’中”,因此“古音系的研究成为语音史的意味”;又说,“凡是中国语言文字所表示的音的内容都是古音系研究的东西”,因此“古音系的研究成为语言史的意味”。这说明在 20 世纪初中国新一代语言学家继承前人的语音发展观,已经树立了汉语语音史的自觉意识。

第二节　转型:时空结合的语音史

一、单线研究思路及其不足

1.1　单线模式的语音史

从宋儒开始古音研究以来,经过数百年发展,在语音发展观的指导下,语音史框架得以建立，之后，汉语语音史的上古音、中古音、近代音研究全面展开。1954年董同龢《中国语音史》问世（1968年修订补充改名为《汉语音韵学》），1957年王力《汉语史稿》出版，该书第二章即语音史。据何九盈（2003）统计，从20世纪50年代至21世纪初，陆续出版了9种汉语语音史著作。这些著作在表现形式上有所不同，多数按语音史分期来谈音系的发展，也有按声、韵、调分专题讨论各自的演变。但它们有一个共同点，这就是都以时间发展为线索，分期论述汉语语音的发展。与钱玄同分六期不同，后出著作大多将汉语语音史区分为四个历史时期：上古、中古、近代、现代。王力先生晚年所著《汉语语音史》（1985）将语音史划分为九个阶段。无论是六期、四期还是九段，这些语音史都采用了将从古至今不同历史阶段的音系相互衔接、串成一线的论述模式，可以名之曰单线模式。

单线模式继承了音韵学古音研究传统。前文我们已经看到，从吴棫到段玉裁逐渐形成的正是语音从一个时代到下一个时代连续不断演变的思路。瑞典汉学家高本汉的系列研究，强化了这个思维模式。高本汉以《切韵》研究的辉煌成就建立了中古音在语音史上的核心地位，他明确提出从《切韵》可以上推古音，下溯今音。有了中古音的立足点，有利于语音史单线发展模式的确立。

按照单线发展的思路，除王力先生晚年写的《汉语语音史》之外，其他语音史都将从《诗经》用韵和《说文》谐声系统考求的音系确立为上古音系，以《切韵》音系代表中古音系，以《中原音韵》音系为近代音的代表，三点确立，然后将三点之间的空隙填充补足，语音史的全景画卷就大功告成了。下文我们将会看到，这个三点一线的语音史经典模式，其实是时代音系亦即通语音系的历史架构，并非语音史的全部。

1.2　单线模式的困难

单线发展的语音史研究模式着力于每个时代建立一个音系，可以名之曰：时代音系。正因为一个时代只有一个音系，因此，时代音系也就被寄予了解决本时代的所有语音问题的殷切期望，但在实施中却遇到了许多困难，有时甚至左支右绌，可以概括为以下四点。

1.2.1　诗文押韵存在大量的跨部通押

通过归纳韵文押韵所得的每个时代的韵部系统，都无法全部解释本时代诗人的用韵现象。以《诗经》用韵为例，江有诰构建了古韵21部系统，后出转精，超越先贤,然美中不足的是,仍有很多出韵通押。他自己曾有一个统计,《诗经》韵段 1 112 个,跨部通押有 70 来个,约占总数的 6.2%。但细数其《诗经韵读》,实际上他的通押韵段多达 119 个,占总数的 10.7%。如此之多的跨韵部通押,对其古韵部系统的合理性、严谨性等无疑都是一个严重的挑战。我们需要特别指出的是,这绝对不是一个特例,古音学史上无论哪一家,无论其立韵是如何精严,都无可奈何地留下不少的跨韵部通押。推展开来,无论是从《诗经》等先秦文献中所得的上古韵部,还是从汉魏以下各个时代韵文获得的韵部系统,跨韵部通押都如影随形,无法消除。足以显示出在同一个时代的不同作者之间,押韵的差异有多大。这些都不是一个音系所能解释的。

1.2.2 音近通假大量存在

通假现象,是古代文献中的常例,几乎可以说没有哪一部历史文献不存在通假。但只要稍微有一点古文阅读常识,我们都会惊讶在时代音系的背景下,古音通假居然是以"音近通假"为多,而少见"音同通假"。我们常说,古通假类似于现代人写错别字。可是,现代人写别字都是同音别写,如"阴谋诡计"误写成"阴谋鬼计"之类,一般不会写成"阴谋贵计"或"阴谋归计"等等,说明两字读音不同而别写是很困难的,即算是读音差异很小的字之间写错也很少见。也就是说,音近字"通假"其实是极不自然的。然而,当我们采用"时代音系"来考察文献中的通假现象时,却正好与之相反,音近通假占绝大多数,成为自然现象,同音通假反而是少数,变得不自然了。很难理解为什么古人放着音同的不别写、专挑读音不完全相同的字来别写?恐怕更有可能的是,写别字的人所操语音并非标准的时代音系,他的同音别写,在时代音系看来,就不同音而是音近了。

1.2.3 古音注材料不合时代音系

先秦时代的谐声,汉代的读若譬况以及魏晋以下的音释,这些音注材料往往无比庞杂,跟当时的代表音系有许多地方并不吻合。以《说文》谐声为例,段玉裁的著名论断"凡同声必同部",其实并不能涵盖全体谐声字。他自己也说过"谐声偏旁分别部居,……间有不合者"(段玉裁 1981,832 页),《六书音均表》中列举了许多"不合"的字例。

看中古以来的各种古音注,其音系几乎各不相同。仅陆德明《经典释文》一书,就可以看出其所引述诸家之间有多大歧异。若将陆德明与同时代的陆法言相比,同样有同有异,并非同一系统。如果认定陆法言《切韵》是中古时代的代表音系,那陆德明的又算什么?

1.2.4　诸韵书音系往往不同

韵书是记录某一时代音系的专书。如果韵书所记都是时代的代表音系,那么同时代韵书所记之音一定相同,至少其音系主体相同,但实际情况并非如此。

早期韵书,即《切韵》以前的韵书大多不传,我们今已难知其详,但颜之推早有评述曰"自兹厥后,音韵锋出,各有土风,递相非笑"(颜之推 1980,473 页),亦可见其差异甚大,互不认同。

《切韵》一出,定于一尊,但数百年来的持续修订,也说明内中有所差异。元明以降,《蒙古字韵》与《中原音韵》几乎同时,但二书音系大为不同。因此,苏联汉学家龙果夫提出古官话有两套标准音系的观点,得到罗常培、杨耐思等先生响应(参罗常培、蔡美彪 2004,杨耐思 1996)。现在的问题是,如果两套标准音能够成立,那么,至少在近代这一历史时期语音的发展就不是单一模式的了。问题还不仅仅止于此。随着明清韵书研究的深入,学者们清楚看到,明清时期音韵学家编写的许多韵书、韵图,尽管大多标榜为中原雅音、正音等,但各自的音系并不相同,有的甚至差异很大。这又从一个侧面验证了明清官话音的内部差异以及近代方音的分歧。

综上种种,语音史上每个时代的语音的复杂性超乎想象,想要一个时代的语音仅凭一个音系概之既不符事实,也不便用来解释整个时代复杂的语音现象。

1.3　时间与空间、通语与方言

历史语音的高度复杂性向语音史研究的单线模式提出了严重的挑战。其凸显出来单线模式的重大弊端,就在于强调时间推移的同时,忽略了空间变化的差异。所谓空间变化,至少有两个内涵。

1.3.1　通语基础方言的变换

中华文明上下五千年,汉语从先秦到现代,有文献记载的历史约 3 000 年,一直存在一个全民通用的共同语,可以称之为通语。

通语必有其基础方言,通语语音必有其基础方音。上古时代邈远,孔子所说的"雅言",我们已经无法确指其基础方音。前汉的京城长安语音、后汉的京师洛阳语音,都有可能成为当时通语的基础音系。中古时代的基础方音,据颜之推(1980,473页)"共以帝王都邑,参校方俗,考核古今,为之折衷。榷而量之,独金陵与洛下耳"的表述,应当是洛阳音系,金陵音可以看作南迁的洛阳音。《切韵》若为中古标准音系,当以洛阳、金陵两地为基础语音。唐代以长安为首都,以长安音为通语基础音的可能性很大,玄应、慧琳等《一切经音义》都把《切韵》看作"吴音",注音用所谓"秦音"(即长安音)即是。到了宋代,首都移至汴京。宋诗词用韵反映出来的通语十八部韵系就是以汴洛中州音为基础的音系。元代首都在北京,明代初年首都在南京,虽然官话成为此时通行全国的通语,但元代官话的中原之音具体方位仍有争议,而明代官话的基础音系现在存在着两种观点:一为北京音,一为南京音。两说各有根据,暂无定论。这样看来,五千年来通语只有一个,但其基础音系却非常复杂,仅凭前文粗线条梳理,就可以看到通语基础音系发生了多次变换。这意味着,通语语音史的发展进程恐怕也不是基于一个基础方音形成的一条直线。

1.3.2 古方言语音的歧异

这种歧异最早表现在《诗经》用韵研究中的跨韵部通押的例外之上。处理这些例外,前修常作两种处理,一是目为合韵,看作临时从权的反常现象,如段玉裁;一是看作古方音差异,如顾炎武、江永等。后者由于缺乏充足的证据来加以证实,故而长期不被采信,而前者又难以圆满解释为什么临时合韵的数目如此之大,如江有诰韵谱的占总数百分之十以上。近年来,随着语音史研究的深入,新材料的拓展,人们越来越多地发现,不但《诗经》、先秦群经用韵有例外,汉赋乐府、魏晋古诗以至唐诗宋词元曲传奇等等用韵莫不如此。唐宋以下传世文献相对丰富,从中可以考得诗词用韵的例外属于方言的可信证据。证据确凿,完全可以肯定,大多数的用韵例外,正是使用当时方言的特异语音造成的,当然也有极少数可能是用韵偶疏。近代如此,中古、上古亦可类推。

这样看来,陈第"时有古今,地有南北"的名言应当要作新的诠解:"原则上大概地理上看得见的差别往往也代表历史演变上的阶段。所以横里头的差别往往就代表竖里头的差别。"[①]"方言的分布,是以地域区分于某时代中的。"[②]要之,纵向的

① 赵元任《语言问题》第104页。
② 魏建功《古音系研究》,中华书局1996年第54页。

史的研究亦必须进行横向的方言考索，横里头方言亦各有纵向的史，实是纵横交错，缺一不可。语音史单线发展模式只注重历史分期而忽略了空间分区，故而难以说明丰富的历史语音现象。对高本汉式古音研究的尖锐批评之一就是："高本汉的语言发展模式中，只有方言资料与中古汉语的纵向比较，几乎完全忽略了横向的比较。"[①]可见，进行语音史的研究，必须要有历史方音的考察与探求，否则，语音史难以完备。

二、两个研究层面

时至于今，通过文献研究汉语的历史语音，必须面对复杂的方音。毫无疑问，语音史的"一线制"框架有必要作出相应改造，要在时间维度之外，确认并引入空间维度，以改变长期以来仅关注时间推移之变异而忽略时代共时层面语音区域差异的传统研究范式，形成由时间、空间两个维度或通语、方言两个研究层面组合而成的新型语音史。在这个新的架构中，反映特殊语音现象的历史方音将与时代音系和谐共存，各司其职，时代音系只需要说明时代的代表语音，解释民族共同语语音的应用及表现，再也不必期望它去完成那个不可能完成的诠释纷繁复杂的方音现象的任务了。

因此，新型语音史构架必须确立两个研究层面：上位层是研究通语音系，下位层是研究历史方音。在这个二位层级结构中，由空间维度引入的历史方音研究，不但不会与传统的"时代音系"发生冲突，反之，恰恰由于有历史方音的介入，时代音系的性质与价值才得以清晰确认。

2.1　上位层的性质

所谓上位层研究是要聚焦于语音史的代表音系层面，其目的是获取某一历史时期文献中所有语音现象的共性成分，并将它们有机组合起来，做成一个时代的代表音系。这个音系是某一时代全民通用的共同语音，即通语语音。通语音系一般有强势的首都方言作为基础方音，在韵书产生以后，还有广泛通行的韵书详细记录，符合大多数文献语音的共同特征。如果基础方言尚不明朗，那么，通语音系就

① 罗杰瑞、柯蔚南《汉语历史语言学研究的新方法》，朱庆之译，《汉语史研究集刊》第一辑下，巴蜀书社 1998 年第 690 页。

应当由时代文献语音中的全部共性因素构成。所谓"共性因素"泛指不同地域的不同作者,都按照同一种音类规则使用文字,比如同样的押韵,同样的同音字组等等。造成文献语音具有共性因素的原因,是记写文献的汉字具有超方言性和"文言"用语有要求规避俚俗口语的传统。在传统文献的话语环境下,通语语音有足够的空间来展示自身。通语的共性可以通过文献的有意无意的记载,得到充分表现。这也就是为什么通过海量文献归纳的语音系统一般都属于通语音系的原因。要之,通语音系是时代广泛使用的、普遍认可的,有极大的共同性的成系统的语音。通语音系不但具有全民通用的共性,同时也提供了区域方音沟通的桥梁以及描写和说明方音差异的参照系。

在新型语音史构架中,通语音系作为全民共同语的语音,必然是研究的主体。上位层研究必然聚焦于时代通用的各种共性的语音现象,而不必囊括作为不同区域变异的特殊语音现象于一身,更不必寻求构建一个包打天下的超能音系。同一时代的地域性方音特征的研究将留待语音史的下位层来实施。

2.2　下位层的性质

新语音史下位层的研究对象是纷繁复杂的历史方音,这个研究必须要囊括所有文献中的特异语音现象,加以古今方俗的比较、考证,以论证其方音特征与属性。

汉语的方言自古而然,任一历史时代都广泛存在与通语相对的方言。方言的语音即"方音"虽然自成体系,但对于通语音系而言,绝不是异质的系统。方音与通语之异只是同质前提下的大同小异,有同有异。因其大同,故属于汉语大家庭,因其小异,故能有别于通语。任一时代的历史方音都以其有别于通语共性的特异语音为标志,在文献语言中表现为语音现象的个性成分、特异成分。它们在各个历史时代的社会生活中广泛存在,但在历史文献中却大多以特殊方式出现。因此,处于语音史下位层的历史方音研究有"细碎性""散点性"和"依附性"三大特点。

所谓细碎性,是指语音文献中的历史方音现象不显著、零碎而不成系统。这是因为受汉字文献超方言性以及文言排斥俚俗用语传统的制约,大多数方音在文献中被"磨损"、被"转化",成为一些隐而难显的遗迹,成为文献中的特异的、枝节的现象。虽然细碎,但绝不能轻视、更不能忽视它们,因为它们虽然细碎而独特,但并不少见，而是广布于文献之中，如点点繁星遍布昊天，在浩如烟海的文献中它们其实是一个不可忽视的量，足以对语音史的研究发生重大影响。

散点性略等于“散点多线”（详何九盈 2003），是指不同时代方音分布的“点”或“区”及其历史发展线索都有很大的不确定性。历史方言不能像现代方言那样，设立完备的方言区、方言点和次方言点的系统。从文献中考求古代方音，只能根据文献已有的语料设立“区”或“点”，文献阙如则“区、点”不立，越是古老的方音在文献中散点性程度越高，“点”的设立越加困难。还有，文献方音体现出来的方言区划，与现代方言不一定完全对应，其间常有断层或错位，比如宋代的四川方言与秦晋系方言相近，而现代四川话归属西南官话（参刘晓南 2012），就是由历史演变导致的时代断层或错位。但是，常见的断层却是因文献不足造成的。在一个个具体区域方言的历史考察中常因为缺乏足够多的历史文献而无法贯通为一条古今相连的线，虽然有的点也可能连缀成线，但线的长短不一，更多的是有点无线。“散点性”无疑极大地影响或阻滞了历史方音的系统揭示，但这不应当成为否认它的理由。我们的目的是要通过这些残存于文献中的遗迹来发掘曾经存在过的古代方言，以解释古代文献中的疑难问题和最大限度地说明现代方言的来龙去脉。从这个意义来看，历史方音的学术地位与通语语音史同样重要。

依附性是指汉语的大家庭中所有方言都对通语有不同程度的依附，尤以文献语言为然。表现有三：

一是需要凭借通语与不同方音沟通。作为区域变体的方言，只通行于有限区域，如果要与其他区域交流，最有效的途径就是依靠通语作为中介来实现沟通。

二是需要凭借通语作为正音的标准。通语不但是不同方言之间联系的桥梁纽带，而且给不同方言区的人们提供了现实语音的正音规范。人们常常通过与通语比较来论定土语之俚俗或讹误。这种比较对语音史研究的意义就是，它提供了确认方音特征的参照系。

三是需要凭借通语来确认方音现象。在语音史研究的下位层，我们必须凭通语音系来确认方言的特征，采取跨通语音类的“某与某读混”或“某与某通用”之类的方式来表述方音特征，舍此别无他途。这种通混，只是以通语为背景，指明某方音在某些字的归类上或音值上与通语有参差，正如孔广森所说：“所谓通者，非可全部混淆,间有数字借协而已。"(孔广森 1983,1 页)正是这些特殊的"借协",才鲜明地表现了异于通语的方言特征,才有可能凭借它们论定其方音属性。

三、新型语音史:两个层面的有机结合

语音史的研究设立通语、方言两个层面,这是从研究的方便立说的,绝不是要将语音史割裂为两个独立的部分。当然,研究中可以有所侧重,完全可以就某一具体对象或材料,侧重于通语的或方言的层面研究,无论是哪个层面,必然都是语音史研究的一个组成部分。

仅就某一时代的语音文献而言,完备的语音史研究既要进行通语语音的研究,又要进行方音的研究。两个层面的研究不可分离,侧重点不同,效能各异:前者是主体的、全面的,后者是辅助的、补充的;前者是共性的,是所有文献展示的共同语音现象,后者是个性的,只是某一区域文献中的特殊现象;前者是系统的,以建立音系为目标,有完整的韵部系统和声母系统等等,后者通常是特征式的,表现为某韵与某韵通押或某声母与某声母通用等等;研究的材料往往前者是多数的、大量的,后者总体数量虽然庞大,但落实到某具体方言来说却绝对是少数的、小部分的。最后,从史的角度来看,前者以时代音系为其主线,完全可以也必须通过前后时代的串联作纵向发展,形成不间断发展的通语语音史;后者散播于某一历史时代的广袤区域之中,星罗棋布,呈现散点多线的分布特征。它们游移于主线周围,以其绚烂多彩的语音表现,作为主线的补充成分,极大地丰富了一个时代的历史语音,也成为语音史纵向发展的原因或动力之一。因此,两个层面的研究相辅相成,缺一不可,只有两者全备,才是完备的语音史。

第二章　上　古　音

上古是语音史的起始期。前文已述，上古音历史异常久远，通常认为上古时代应当起于汉语或华夏语的诞生时期，直达两汉时代，绵延数万甚至数十万年。其间大概又可以划分为四个时代。

一是远古时代，即汉语或华夏语诞生的时代直至汉字诞生的时代。

二是谐声时代，即汉字诞生至甲骨金文成熟的时代。

三是《诗经》时代（约公元前 11 世纪—前 202 年），即西周初年至秦灭亡，约八百余年。

四是两汉时代（前 202—220 年），计四百余年。

前两个时代的起讫时间今天已无法确指，当时是否产生了通语，以及通语与方言的情况如何，都因为缺乏充足的文献而难明其详。虽有学者在作锲而不舍的研究，但终因文献盖缺，证据不足，观点歧异，尚欠成熟，仍处在探索阶段，故而暂不作介绍。

后两个时代相对重要。《诗经》时代又称为周秦时代。周秦时代已经有了比较准确的纪年，文献记载也显示通语已经形成。因为有诗骚押韵系统和《说文》谐声体系（按，《说文》虽然成于东汉，但其谐声体系总体上反映的是周秦语音）等语音文献，以至数千年之后尤可探其语音，归纳并构拟上古时代的语音系统，因而可以视为上古语音的核心时期。两汉时代已是上古时代的尾声，尤其是东汉的近 200 年，业已进入由上古音向中古音转移的时代，已非典型的上古音。所以，我们这里只讲上古音的核心时代即周秦时代的语音。

周秦语音代表音系的研究从宋代至今，绵延近千年，成就辉煌。尤其经过清儒和现代学者不懈努力，已经取得了丰硕的成果，其音系已经大致研究清楚，韵部与声母系统等重大问题已取得基本一致的看法。20 世纪初，由于西方历史语言学理论与方法的引入，上古音研究发生了很大的变化，表现为：此之前的上古音研究重在古韵部、古声组的考证与音系的建构；此之后的研究不但仍然继续对古韵、古声的系统作进一步精密的构建,更重要的是运用历史比较法,借助国际音标,对上古音系进行音值构拟。与前一时期相比,研究的侧重点大有不同,但这绝不是改弦更张、另成一系,其实质是在继承传统的基础上吸收西方语言学理论与方法对传统研究的推进与革新,体现了学术发展的延续与飞跃。如果把前者看作传统语言学时期的上古音研究,那么,20 世纪 20 年代以后可以看作现代语言学的研究时期。

第一节 材料与方法

一、基本研究材料

传统的周秦古音研究通过分析、考究《诗经》及其他先秦韵文的用韵系统和《说文解字》谐声系统中的语音成分来归纳语音系统。这就意味着上古音研究的主要材料是《诗经》中的用韵和《说文》中的声符和谐声字,此外,先秦两汉其他典籍中的韵文和文献中的异文、重文、通假、声训、古经传注释中的古音注等材料也是重要研究对象。《切韵》是中古时代的韵书,但它提供了一个上古后续时代的完整音系,可以用来作参照、对比。传统音韵学自顾炎武开始,《切韵》一直是作为上古音研究的参照系与立足点的。

现代音韵学向两个方向扩展研究材料:一是开发出土文献中的语音资料,诸如古文字中的异文、通假、谐声以及古韵文等等,这些都是没有遭受传抄变改上古语音文献的一手材料,尤其是大量两周金文中的韵文,堪称原汁原味的《诗经》续编,对于上古的音类研究有重大意义。二是开发利用现代方言和民族语尤其是古民族语言文献以及对音、译音,利用这批文献拟测上古音值,极大地提高了其可信度。

二、考古与审音

传统音韵学考求上古音系的方法,概而言之,即“考古”与“审音”两途。

考古是指通过一定的途径从先秦两汉文献的语音材料中考求上古音声类、韵类。具体做法很多,如,通过系联《诗经》韵脚字归纳上古音韵部,罗常培称之为“丝贯绳牵法”,这是清儒考求上古韵部常用的方法。又如,比较古文献中的重文、异文、声训、通假等材料，推断古音类。钱大昕考定古无轻唇音、古无舌上音，曾运乾考定喻三归匣、喻四归定都用此法（具详下文）。

审音是指利用等韵学的原理，从语音系统结构的平衡对称的角度，对上古音系作符合音理的推断或建构。审音常常立足于中古音系的阴声、阳声、入声韵的配合关系，洪细、弇侈的结构均衡等，比较由考古所得的上古音系的内部对称平衡，判断音类分立是否符合音理。然后在考古的基础上作出区分音类的调整、建构。如江永在顾炎武古韵十部基础上考察韵的弇侈而分上古韵为十三部即是（具详下文）。

三、历史比较与构拟

现代音韵学对周秦语音的研究，除了继续进行声、韵、调的音类分析与音系构建，使得传统音韵学的古音系更加精密外，其对音韵学由传统向现代的有力推进，就在于引进西方历史语言学的历史比较方法和标音工具国际音标，构拟上古音系的音值。现代音韵学对上古音值的构拟，通常立足于中古音系的拟音系统，比照中古、上古的音类对应关联，利用上古文献中的对音、译音以及谐声、通假等语料，参证现代方音与民族语言语音，对上古音值作出推测。以此说明上古音系的语音性质，并解释从上古到中古的语音演变。

第二节　上古韵部系统

上古韵系研究成果丰富，从清初顾炎武至今，三百余年间，著作蜂出，音系林立。这里只能选择对上古音研究有重要价值的学说加以简单介绍。为了节省篇幅，主要介绍这些学说的创新之处以及其对古音学的贡献与不足。各家的韵部系统，往往后出者除去创新部分之外即与其前作家相同，故此除几家地位重要的外，其他各家就简介其创新之处，而没有必要一一抄其谱目了。

前文已明，上古音的研究从宋代始，但宋人仅研究了单字或字类的古音，还没有古音系的研究，郑庠《古音辨》的六个所谓古韵部其实也只是依韵尾简单合并的系统，并不是真正的古音系。明代陈第是从字音研究进化到音系研究的关键人物。他遍考《诗经》《楚辞》中的所有发生古今音变的韵字，确认了这些字的古读，虽不一定妥当但相当全面。其中已经隐含了上古韵系,但还没有上升至音系研究的层面。音韵学的第一个真正的古音韵部系统是由顾炎武创立的。

一、顾炎武的古韵学说

顾炎武(1613—1682),字宁人,号亭林,江苏昆山人,明末清初思想家、文学家、语言学家。

1.1 古韵系统

顾炎武在语言学方面的主要著作是《音学五书》(音韵学丛书本,中华书局1982年),含《音论》《诗本音》《易音》《唐韵正》和《古音表》五种著作。其中《音论》可以看作音韵学的通论,另四种从不同角度考求古音,构成他的古音学说。《诗本音》和《易音》通过《诗经》和《周易》中的古韵文考证古音押韵,作成古音韵谱。《唐韵正》是他古音学的奠基之作。他主要以先秦两汉诗文用韵,对勘《广韵》的分韵归字,认为古韵某部的字,《唐韵》(按,实为《广韵》)误收入别韵,故需以古韵来纠正《唐韵》,如东韵三等“弓雄熊瞢鄸梦冯”等字应当入蒸韵,“芃风枫”等字应当入侵韵等。既然《唐韵》有误,归纳上古音系自然就不能简单合并其韵部,而应当打破《唐韵》韵部界限,另据古韵实况重新归部。所以,离析《唐韵》以归纳上古韵系,是顾炎武的一大贡献。《古音表》是他古音学的总结,在这个表中他提出了上古音十韵部的系统(举平以赅上去):

第一部:东冬钟江(习惯上称为“东部”)

第二部:脂之微齐佳皆灰咍祭泰夬废支半尤半,质术栉物迄没曷末黠辖月薛屑职德昔半锡半麦半屋半(习惯上称为“脂部”)

第三部:鱼虞模侯麻半,烛屋半沃半觉半药半铎半陌麦半昔半(习惯上称为“鱼部”)

第四部:真谆臻文欣元魂痕寒桓山删先仙(习惯上称为“真部”)

第五部:萧宵肴豪幽尤半,屋半沃半觉半药半铎半锡半(习惯上称为“宵部”)

第六部:歌戈麻半支半(习惯上称为“歌部”)

第七部:阳唐庚半(习惯上称为“阳部”)

第八部:耕清青庚半(习惯上称为“耕部”)

第九部：蒸登（习惯上称为“蒸部”）

第十部：侵覃谈盐添咸衔严凡，缉合盍叶怗洽狎业乏（习惯上称为“侵部”）

这个系统将《切韵》音系中的“支尤麻庚、昔锡麦屋沃觉药铎”等十二韵分析开来（不计小股字及个别字的分归别的韵部），分别归入不同的韵部。这个音系已经不是简单地合并《切韵》韵部，而是根据古韵文押韵的实际情况，打破《切韵》部居重新归韵的上古音系，因而是古音学史上第一个韵部系统。顾氏所定十部还比较粗糙，后人作了许多修订，但其中“第六部（歌部）、第七部（阳部）、第八部（耕部）、第九部（蒸部）”没有修改，是为定论。

1.2　学术贡献

顾炎武对古音学的贡献很大，具体表现在两个方面。

其一，研究方法上的贡献：根据古诗文用韵考定古韵，离析《唐韵》归纳古韵十部。

其二，根据押韵与谐声关系，确立除闭口韵外所有的入声配阴声。从其韵谱可以看到，“质……”等入声韵配脂之，“烛……”等配鱼模，“屋半……”等配萧尤，再加上“缉……”等配侵覃，整个中古入声韵被分为四个部分，隐然有分为四部的模样。

顾氏的失误之处较多，这也是开拓者常有的现象。从后人的批评来看，他昧于等韵学理，不能审音，使韵的分配失衡，如十个韵部中，收后鼻尾的韵部多达 4 个，而前鼻尾和闭口尾的韵部各仅一个等等。《唐韵正》的取材下及于南北朝，范围太宽，不能专一于先秦时代，羼有杂质。他相信古人韵缓之说，判断先秦韵文押韵时有失误，有时以非韵为韵，又误合韵、换韵等为同韵，致使考证欠精。这一切都使他的分部还有许多可议之处。后来江永、段玉裁直至江有诰等学者，在他的基础上作进一步探究，纠谬补缺，古音系的研究得以渐臻于成熟。

二、江永的古韵学说

江永，字慎修，安徽婺源（今属江西）人。著有《古韵标准》《音学辨微》《四声切韵表》等音韵学著作。其中，《古韵标准》（音韵学丛书本，中华书局 1982 年）是古音著作，另两种主要为等韵学著作，其中也涉及古音的内容。江永精通等韵学，运用等韵学理来审音,所以能超越顾炎武,取得新的成就。

2.1 古韵系统

江永非常佩服顾炎武"能上下古今,考其同异,订其是非",发前人所未发。同时又指出"《古音表》分十部,离合处尚有未精"。江氏认为其所以如此,"此亦考古之功多,审音之功浅"(4页),方法上只注重古诗用韵的分合,而忽视了语音的系统性与结构平衡。

江氏从韵部的洪细弇侈入手,认为顾炎武的第四部舒声(真部:真谆臻文欣元魂痕寒桓山删先仙)、第十部舒声(侵部:侵覃谈盐添咸衔严凡),其音各有弇侈,应当各分为两部。即原第四部"真部"所含的臻、山两摄舒声韵中,山摄的"寒桓山删元仙"以及"先"韵的一部分应当单立一部,江氏命名为第五部,后人称为元部。原第十部"侵部"所含的深、咸两摄舒声韵中,咸衔严凡添以及覃谈盐部分字应当分为一部,江氏称为第十三部,后人称为谈部,所以他从真部分出元部,从侵部分出谈部。又将顾氏第三部舒声(鱼部:鱼虞模侯麻半)的侯韵及部分虞韵字和第五部舒声(宵部:萧宵肴豪幽尤半)中的幽尤韵及萧宵肴豪中一部分字分出共同组成一个韵部,江氏称之为第十一部,后人称为幽(侯)部。这样,江氏在舒声韵方面比顾氏十部增加了三个韵部:元部(第五部)、谈部(第十三部)、幽部(第十一部)。

江氏又将入声独立分为八部,下面是每部名及所辖各韵(括号中是后人习惯称谓):

第一部:屋烛沃分觉分锡别收候别收(屋部)

第二部:质术栉物迄没屑分薛分职别收(质部)

第三部:月曷末黠辖屑分薛分(月部)

第四部:药铎沃分觉分陌分麦分锡分昔分御别收祃别收(药部)

第五部:麦分锡分昔分烛别收(锡部)

第六部:职德麦分屋别收志别收怪别收队别收代别收咍别收沃别收(职部)

第七部:缉合分叶分洽分(缉部)

第八部:盍帖业狎乏合分叶分洽分(盍部)

江氏古韵系实际分二十一部,其中舒声十三部,入声八部。

2.2 学术贡献

江永在诗骚用韵的基础上,用等韵学理来考察古韵洪细相配,用弇侈之说来分析韵部，从真部分出元部，相应的入声分开质、月，侵部分出谈部，相应的入声分开缉、盍，使得收舌（-n/-t）与收唇（-m/-p）两组平行韵，各有弇、侈二部，形成体系。元、谈两部之分符合音理亦合符诗骚用韵，是为定论。

他将入声独立，这也是一大贡献，对后世影响很大，戴震、黄侃等阴阳入三分，都是受他的影响。除将顾氏配脂部的入声中分出月部，将闭口韵入声分为缉、盍两部，使各自弇侈配合平行之外，又将收-k 尾的韵分出职、锡、药三部，这都精于顾氏。经这样一分合，原顾氏入声所分的四个准韵部被大调整，细分为八部。其中“缉、盍”两部，后世亦无异词，是为定论。其他各部仍未完善，尤以屋、质、药三部为甚，后人多有修订，其中甚至还有不如顾氏者，如江氏将顾氏已分的屋一（归古屋部者）、屋三（归古觉部者）又加以合并就是。

他主张异平同入，即一个入声韵可以与几个舒声韵相配，如东、侯同入，阳、鱼同入等，这些配合是合理的，能反映阴、阳、入声之间的通转关系，但又有三个舒声韵同一入声，如鱼、宵、阳同入，这就不合音理了。

三、段玉裁的古韵学说

段玉裁（1735—1815），字若膺，号懋堂，江苏金坛（今常州市金坛区）人。他是戴震的学生，精通小学以及经史。他的《说文解字注》（上海古籍出版社 1981 年）是清代《说文》学的扛鼎之作，被列为《说文》四大家之首。他之所以在《说文》学方面能取得巨大成功，跟他在古音学方面有高深的造诣是分不开的。他的古音学著作是《六书音均表》。他将《六书音均表》附于《说文解字注》（1981 年。按，本编引述《六书音均表》取此本，仅注页码）后面，为什么这样做，他说“音均明而六书明，六书明而古经传无不可通。玉裁之为是书，盖将使学者循是以知假借转注，而于古经传无疑义”（805 页），目的是以声音通训诂。

段玉裁的古音研究对古音学有重大贡献。可以从两个方面来谈。

3.1　古韵系框架基本确立

段玉裁的古韵分部更加精密，古音系框架大致确定。包含三个内容：一是在江永的十三部基础上增加四部，共十七部；二是重新排定平入相配；三是按古音远近排定古韵的顺序。

3.1.1 关于增加韵部

段玉裁在《寄戴东原先生书》中谈了他对顾、江古韵分部的修订:"丁亥自都门归,忆《古韵标准》所称元寒桓删山先仙七韵与真谆臻文欣魂痕七韵,三百篇内分用。不如(按,'不如'即不同的意思)顾亭林、李天生所云自真至仙古为一韵之说。与舍弟玉成取《毛诗》细绎之,果信。又细绎之,真臻二韵与谆文欣魂痕五韵,三百篇内分用,而江氏有未尽也。萧宵肴豪与尤侯幽分用矣。又细绎之,则侯与尤幽,三百篇分用,而江氏有未尽也。支脂之微齐佳皆灰咍九韵,自来言古韵者合为一韵,及细绎之,则支佳为一韵,脂微齐皆灰为一韵,之咍为一韵,而顾氏、江氏均未之知也。"(804页)这段话告诉我们,他以江永的十三部对照《诗经》"细绎之",同意江永的真、元分部,但又认为真部还可以再分为真、文两部,同意江永的萧、尤分部,但又认为尤部还可以再分为幽、侯两部。至于顾、江共同的支部(顾、江的第二部),段氏则认为要分为支、脂、之三部。支、脂、之三分堪称段氏的卓见,历来评价甚高。这样就在江永的十三部基础之上增加四部(从真部分出文部,幽部分出侯部,支部分出脂部、之部)为十七部。

3.1.2 关于重新排定平入相配

入声江氏分为八部,段氏虽然入声仍分八个部分,但与江氏有所不同,最大的不同乃从江氏的质分出术物等,却又与江氏的月曷末薛屑等合并,虽然质部分清楚了,但月部与物部又混淆了。段氏对江永的另一改动是取消入声韵独立,重新分配至舒声各部之下。他说:"又细绎其平入之分配,正二家之踳驳。"(805页)但其所配合,反而有不及前人之准确者,如将收舌"质栉屑"配真臻先,将入声配阳声韵,这更是倒退到顾炎武之前。

3.1.3 关于按古韵远近排序

古韵各部排列的顺序,顾、江二氏都是对应《切韵》韵序排列的。段氏在《六书音均表》第三表《古十七部合用类分表》中将古音十七部按古音的远近分六类依次排列。这样做是为了说明"古音分合之理"以"求今韵转移不同之故"。同时利用古音远近来解释"古合韵",所谓"古合韵"就是音近通押的意思。因为《诗经》用韵非常复杂,古韵分部总有例外,以前顾、江二氏有时处理为"无韵",有时又处理为"方音"。段氏以为应当处理为"合韵"。他说:"合韵以十七部次第分为六类求之,同类为近,异类为远,非同类而次第相附为近,次第相隔为远。”(831 页)他坚信古诗“合韵”的存在,他说:“谓之合而其分乃愈明,有权而经乃不废。”[①]就是说,只有承认古诗合韵,才有可能区分古韵,得其条理。

下面列出段玉裁古韵系六类十七部表,表中每部所含《广韵》韵目举平以赅上去,舒声与入声分列。

第一类　第一部: 之咍、职德

第二类　第二部: 萧宵肴豪

　　　　第三部: 尤幽、屋沃烛觉

　　　　第四部: 侯

　　　　第五部: 鱼虞模、药铎

第三类　第六部: 蒸登

　　　　第七部: 侵盐添、缉叶怗

　　　　第八部: 覃谈咸衔严凡、合盍洽狎业乏

第四类　第九部: 东冬钟江

　　　　第十部: 阳唐

　　　　第十一部: 庚耕清青

第五类　第十二部: 真臻先、质栉屑

　　　　第十三部: 谆文欣魂痕

　　　　第十四部: 元寒桓删山仙

第六类　第十五部: 脂微齐皆灰、祭泰夬废、术物迄月没曷末黠辖薛

　　　　第十六部: 支佳、陌麦昔锡

　　　　第十七部: 歌戈麻

3.2　确立“凡同声必同部”理论

段玉裁确立了“凡同声必同部”的原则,拓展了古音研究的空间。“同声”的“声”指谐声偏旁。利用谐声偏旁考古音,始于宋人。吴棫、朱熹都不同程度地利用谐声偏旁考察古音。宋代项安世在《项氏家说》中也提到谐声偏旁对考古音的

① 语见段玉裁《答江晋三论韵》,载江有诰《音学十书》卷首。

作用。顾炎武等说古音,也用到谐声偏旁材料。但明确作为一条古音研究原则提出,并系统地运用来考古音的是段玉裁。

《六书音均表》云:“一声可谐万字,万字而必同部,同声必同部。明乎此,而部分、音变、平入之相配、四声之今古不同,皆可得矣。”(817页)又说:“考周秦有韵之文,某声必在某部,至啧而不可乱。故视其偏旁以何字为声,而知其音在某部,易简而天下之理得也。”(818页)这里实际是论证了谐声对于古音研究的两大作用。其一,确定没有在押韵中出现过的字的古韵。《诗经》和先秦群经中入韵字毕竟不多,要确定所有先秦文献中出现过字的古音,就可以据其谐声偏旁来推。段氏举例说,如“某”声,所谐之字“媒腜”,“每”声,所谐之字“悔晦、敏、畮痗”等,都可以据其声符所在,推定其古音所属。段氏在《说文解字注》中对所有9 353个字都注上古音,大多是运用谐声偏旁推知的。其二,可以从谐声字系列中探寻古今音变的条理。比如他说:“一‘每’声,而‘悔晦’在队韵,‘敏’在轸韵,‘畮痗’在厚韵之类,参差不齐,承学多疑之。要其始,则同谐声者必同部也。”(818页)其意思是说,今韵中队韵、轸韵、厚韵所收的从每得声的字,上古都属于同一个韵部(之部),它们在后世归入不同韵,是古今音变的结果。

段玉裁的古音学在清代达到了一个高峰,其舒声韵后人仅作两个修订,即孔广森从东部分出冬部,王力从脂部分出微部。其入声区分还有可议之处,如屋觉不分、药铎不分、物月不分等,使得萧、侯、歌部没有入声相配。另外入声质栉屑配真部,与其他入声配阴声不同,更是不合系统。其中东冬二部孔广森分立后,段氏表示接受。屋觉、月物不分的问题,他晚年时接受江有诰的意见,同意分立,见《答江晋三论韵》中。如果将晚年的修订补入,十七部系统使古音韵部畛域大定。

四、戴震的古韵学说

戴震(1724—1777),字东原,安徽休宁人。他是江永的学生,段玉裁的老师。其古音学发表在段氏之后,故放在段玉裁之后述之。他的音学著作有《声韵考》《声类表》以及《答段若膺论韵》等。戴氏受段玉裁的影响很大,赞成支、脂、之分立。但师生之间仍有不同意见,往复论辩。

戴震对古音学的贡献主要有两条:其一,入声独立,并且以阳声韵、入声韵、阴声韵相配，阴阳对转。他的古韵系统为九类二十五部，每类以阳、阴、入相配排列。其二，祭部独立。将《切韵》去声韵祭泰夬废四韵独立成部与入声月曷末黠辖屑薛成阴、入相配，对于后人分出入声月部启发很大。戴震精通等韵学理，故能明确地以阴、阳、入三声相配，以此阐明古韵内部结构关系。

戴氏的缺点也是二条：其一，不接受段玉裁真文分部、幽侯分部，仍从江永真文混合，幽侯混合。尽管戴氏古韵系多达二十五部，但那是将入声独立为九个韵部之后的数目，若不计入声独立，则只有十六部，比段氏还少一部。段氏十七部较戴氏多文部、侯部，又比戴氏少祭部，故总共只差一部。其二，阳阴入配合不当。最大的错误就是"阿（歌）-乌（鱼）-垩（铎）"相配，把歌部误认作阳声韵。

五、孔广森的古韵学说

孔广森（1752—1786），字众仲，一字㧑约，曲阜人。著有《诗声类》。他对古音学的贡献有两点：一是东、冬分部。二是确立阴阳对转的理论。

孔广森的冬部包含《切韵》冬韵和东韵三等舒声字。这些字顾、江、段都属于东部，孔广森将其独立为一部，是因为在绝大多数情况下，冬部独用。在通转方面，冬部常与侵部通押，而东部不与侵部相通，这可以说明，两部古音不同。东、冬分部后来成为定论。孔广森的古韵系统是十八部。

阴阳对转说也是为了解说《诗经》一些特殊韵例提出来的。王力先生说："孔氏把阴阳对转看作方言的现象，尤其正确。这就说明了《诗》韵的阴阳对转并不是人为的，而是方言的实际读音。这就是说，《诗经》以'萎'韵'怨'并非歌部与元部通押，而是在诗人的方言里，'怨'字读入歌部去了。这是合理的解释。"[①]他把十八部按阴、阳相配排列为九组，每组都可以阴阳相转。

孔氏也有一些失误，其最大的失误是认为古音无入声。取消所有入声韵部，但为了与谈部对转，又不得不立一个"合部"，并把合部看作阴声韵。其阴阳对转中宵侵对转也很勉强。

---

① 语出《清代古音学》，见《王力文集》第十二卷，山东教育出版社 1990 年第 507—508 页。

六、王念孙、江有诰的古韵学说

王念孙（1744—1832）、江有诰（？—1851）两人都分古韵为二十一部，内容稍有不同。

6.1 王念孙的古韵系

王念孙，字怀祖，江苏高邮人，清代学术大师，精通文字、音韵、训诂之学。他的著作《广雅疏证》《读书杂志》以声音通训诂，剖析音义关系，解说名物源流，是正古籍讹误，是传统语言学的巅峰之作。他的古音学理论没有成书，梗概见于其子王引之《经义述闻》卷三十一《与李方伯书》。另外，罗振玉辑《高邮王氏遗书》收有《诗经群经楚辞韵谱》。

王氏古音二十一部，是在段玉裁十七部基础上，分出去入声四部（部名后数字为原序）：至第十二，祭第十四，盍第十五，缉第十八。其中盍、缉两部此前江永已分，不为创见。"祭部"尽管戴震已分，但戴氏祭部只含去声祭泰夬废，另将入声曷末月薛黠辖别立，而王氏则将去、入同收于祭部，这样先秦古韵的月部就被分出。"至部"则是王氏独创，包括至霁质栉和黠屑薛部分字。至部后来在王力的系统中叫作质部。在段氏十七部中，侯部无入声，王氏将原配尤幽部的入声屋沃烛觉中屋韵一等、烛与觉韵部分字分割出来配侯，实际上分出配侯部的入声，后来在王力的体系中叫屋部。王念孙晚年接受孔广森说，从东部分出冬部，则其古韵系为二十二部。

6.2 江有诰的古韵系

江有诰，字晋三，安徽歙县人。他的古音学著作为《音学十书》，但其中只含七种著作：《诗经韵读》《群经韵读》《楚辞韵读》《先秦韵读》《谐声表》《入声表》《唐韵四声正》另附《等韵丛说》。从这几种著作看，江氏对先秦韵文作了系统穷尽的研究，所以，他与王念孙一起达到了清代古音学考古派的高峰。《音学十书》中还收有他与段玉裁、王念孙等人论古韵的往返书信，这些都是重要的古音学文献。

江有诰的古韵二十一部，也是在段玉裁的十七部基础上增加了四部，第一吸收孔广森东、冬分部，增加冬部，他叫"中部第十六"；第二增加三个入声韵部：祭部第九，叶部第二十，缉部第二十一。与王念孙相比，他多一个中部，少一个至部，故总数二十一部与王氏相同。但江氏在入声分配上，比王氏要清晰得多。王氏韵表中侯部有入声相配，列出具体韵字。而在宵部、幽部只列出该部有入，没有列出所含入声字表。江有诰则明确地指出以烛屋一与觉半配侯，以沃觉药铎锡之半为宵入，以屋三沃半配幽。不但纠正了段氏侯部无入声的错误，还补充了宵部之入声。江氏实际上是分出了“屋部”（与侯部相配）、“药部”（与宵部相配）、“觉部”（与幽部相配）。

七、章炳麟的古韵学说

章炳麟（1869—1936），号太炎，浙江余杭（今杭州市余姚区）人。民国初年著名国学大师，在古音学方面也有贡献。他的古音学理论见于所著《文始》《国故论衡》。章氏分古韵二十三部，跟王念孙二十二部相比，就是将脂部的去入声字分出，独立为“队部”。段玉裁的脂部（第十五部）中原来包含“至未霁怪队、祭泰夬废、术物迄月没曷末黠辖薛”等去、入声字，王念孙、江有诰将其中“祭泰夬废、月曷末黠辖薛”分出为祭部（月部），王念孙又将“至霁”与“质栉”和部分“屑黠薛”分出为至部（质部），脂部还剩“队未怪、术物迄没”等去入声字，章氏认为这些去入声字在《诗经》里皆独用，所以把它们分出，称为队部。队部，是章氏的贡献，在王力的系统中称为物部。

八、黄侃的古韵学说

黄侃（1886—1935），字季刚，湖北蕲春人。他是章炳麟的学生，学富五车而不轻著述，故传世著作不多。其古音学著作有《音略》《声韵通例》《与友人论小学书》（均见《黄侃论学杂著》，上海古籍出版社 1980 年。按，本书引述均取该本仅注页码）等，此外还有黄焯整理的《文字声韵训诂笔记》（上海古籍出版社 1983 年）是他的课堂笔录，其中也有古音方面的内容。

黄侃在古韵分部方面没有建树，但他从《广韵》研究中悟出古本韵和古本纽，得出古韵二十八部、古音十九纽，因而建构了一个上古音的声、韵系统。这里先讲他的古韵二十八部，其古声纽学说在下文第三节另作介绍。古本韵是指《广韵》206 韵中一、四等的平、入声韵，共有三十二韵，其中“歌戈、寒桓、曷末、魂痕”均为开合相配，算作一部，故共为二十八部。二十八部均用《广韵》一、四等韵目字作代表，跟常见的部目代表字不同，下面列出黄侃二十八部韵目，旁加括号写出常用的韵部代表字。

阴声八部	入声十部	阳声十部
	屑(质)	先(真)
灰(脂、微)	没(物)	痕(文)
歌	曷(月)	寒(元)
齐(支)	锡	青(耕)
模(鱼)	铎	唐(阳)
侯	屋	东
萧(幽、觉)		
豪(宵)	沃(药)	冬
咍(之)	德(职)	登(蒸)
	合(缉)	覃(侵)
	帖	添(谈)

这个韵表最大的特点就是将所有的入声韵(除觉部外)都独立出来,与阴声、阳声韵相配排列,以展示阴阳入对转关系。二十八部每部都有来历,在《音略》(90页)一文中,黄氏历述二十八部立部的根据,如:齐(支)、模(鱼)、豪(宵)、先(真)、东、覃(侵)六部郑庠所立,歌、青(耕)、唐(阳)、登(蒸)四部顾炎武所立,萧(幽觉)、寒(元)、添(谈)三部乃江永所立,灰(脂微)、侯、咍(之)、痕(文)四部乃段玉裁所立,屑(质)、锡、铎、屋、沃(药)、德(职)、合(缉)、帖八部为戴震所立,冬部乃孔广森所立,曷(月)部乃王念孙所立,没(物)部乃章太炎所立。二十八部实在是集有宋以来古音研究之大成,故黄氏被学术界认作清代古音学的殿军,也是传统语言学古音研究的集大成者。二十八部两处地方稍有瑕疵:一是萧(幽觉)当分出入声觉部,黄氏没分,致使入声独立不彻底。不过,幽、觉二部在他的学生黄永镇《古韵学源流》(1934)一书中已分。二是冬部应当配萧(幽觉),不当配豪(宵)。至于灰(脂微)没有分出微部,使得"屑(质)、先(真)"两部没有阴声韵相配,这是不能苛求的。

古韵分部的工作,在黄侃之后,还有王力的脂微分部(详下文)。王力脂微分部之后,传统古韵分部的工作告一段落。现代音韵学对上古音韵系的研究在继承传统的基础上,运用历史比较法作音值的构拟。详第五节。

第三节　上古声母系统

相对韵系的研究而言，上古音声纽的研究起步很晚。传统音韵学对考证上古声母作出贡献的主要有钱大昕、章炳麟、曾运乾、黄侃数人。现代音韵学的上古声母研究在方法材料的开拓与音类的考定、音值拟测等方面又有新的发展。

一、钱大昕的古声母学说

钱大昕(1728—1804)，字晓徵，号辛楣，又号竹汀，江苏嘉定(今属上海)人。他是清代著名学者，精通经史、考据之学，在文字音韵之学方面造诣很深。在古音学方面，他的创见就是考定"古无轻唇音"和"古无舌上音"。他没有音韵学专著，其学说见于他的学术札记《十驾斋养新录》(上海书店1983年，按本书引述取此本，注其页码)卷五。另外，他的《潜研堂文集》第十五卷，也是讨论音韵学的。

1.1　古无轻唇音

钱大昕在《十驾斋养新录》卷五《古无轻唇音》说："凡轻唇之音，古读皆为重唇。"(101页)意思是说，等韵三十六字母中的轻唇音"非、敷、奉、微"，在上古分别读为重唇音"帮、滂、並、明"。他列出42条古文献中通假、声训、异文、重文、古注等语料以及方言材料，证明轻唇古读为重唇。下面各举一例，并附按语简说于后(下同)：

非母古同帮母："古读偾如奔。《礼·射仪》贲军之将。注：贲读为偾，覆败也。《诗·行苇》传引作奔军之将。"(105页)按：贲，帮母，"勇也"；偾，非母，"僵也"，"僵"本义是倒仆，故其义为"覆败"。该处"贲读为偾"，是说本为"偾"，礼文假借为"贲"，诗传引作"奔"。贲、偾、奔音同。

敷母古同滂母："敷亦读如铺。《诗》铺敦淮濆。释文：韩诗作'敷'。"(105页)按：毛诗的"铺"，韩诗作"敷"。"铺"，滂母；与"敷"为异文。

奉母古同並母："古读附如部。《左传》部娄无松柏。《说文》引作附娄，云：小土山也今人称培娄。"(103页)按："部娄"与"附娄"为异文，"部"为並母，"附"为奉母。

微母古同明母："古音勿如没。《礼记·祭义》：勿勿诸，其欲飨之也。注：勿勿，犹勉勉。《大戴礼·曾子立事篇》：君子终身守此勿勿。注：勿勿，犹勉勉。”（107 页）按：勿勿与勉勉为声训，“勿”为微母，“勉”为明母。

经钱氏论证，“古无轻唇音”证据充分，使人不得不信，是为定论。

1.2 古无舌上音

关于“古无舌上音”，钱氏在《十驾斋养新录》中列出的题目是《舌音类隔之说不可信》。这一条札记实际上讲述了上古舌音两个内容。

1.2.1 中古舌上音上古归舌头

钱氏说：“古无舌头舌上之分，知彻澄三母，以今音读之，与照穿床无别也，求之古音，则与端透定无异。”（111 页）于是又列出 21 条舌上音与舌头音“古读”相同条目作为证明。下面各举一例：

知母古同端母：“古音中如得。《周礼·师氏》：掌王中失之事。故书‘中’为‘得’。杜子春云：当为得，记君得失，若春秋是也。《三苍》云：中，得也。”（112 页）按：“中”为知母，“得”为端母；“中”训“得”也，是为声训。

澄母古同定母：“古音直如特。《诗》实维我特。《释文》韩诗作直。云：相当值也。”（112 页）按：毛诗的“特”，韩诗作“直”，两者为异文。“特”属定母，“直”属澄母。

彻母古同透母：“古读抽如掐。《诗》左旋右抽。《释文》云：抽，敕由反，《说文》作掐，他牢反。”（115 页）按：《诗经》的“抽”，《说文》引作“掐”，异文。“抽”为彻母，“掐”为透母。

1.2.2 中古正齿音声母上古也多与舌头相同

钱氏接着说：“古人多舌音，后代多变为齿音，不独知彻澄三母为然也。”（116 页）后代变为齿音的声母不限于“知彻澄”，言下之意就是还包括了“照穿床”等在内了。他列举 6 条例证：古音重读如童；舟、周读如彫；至、致古本同音；古读支如鞮；古读专如耑；象本舌音，椽从象声。六条中“椽从象声”条与正齿音无关，当删去。“重”是澄母，舌上音，为什么也拿来说齿音呢？钱氏是想说，“重”本身是舌上音，古读同舌头，从重得声的“穜”中古属照母，上古亦当读为端母。其他四条均是照母读同舌头音的例子。钱氏的意思是，中古照穿床诸母上古也多归于端透定。但举例仅照母几个字，例证太少。其次，钱氏当时还不知道庄组、章组的分别，上古音中庄组不通舌头,所以笼统地说照穿床诸母,是不妥当的。

钱大昕关于古无舌上音的两条意见,第一条证据充分,已为定论。第二条尽管对后世有一定影响,但并未被广泛接受。

二、章炳麟古音娘日二纽归泥说

钱大昕古无舌上音只讨论了"知彻澄"与"端透定"古音相同,舌上次浊音"娘"母如何,并未涉及。所以,章炳麟在《国故论衡》设立一条专论:古音娘日二纽归泥说。论证中古"娘母"并且还有"日母"在上古均归属于泥母。其论证方法与钱大昕相同,所引文献证据除了异文、重文、古注、声训等之外,还比较多地引用了谐声材料。下面各引一例。

日纽古归泥:"'入'之声今在日纽,古文以'入'为'内'。《释名》曰:'入,内也。内使还也。'是则'入'声同'内',在泥纽也。"(章太炎 2010 年,40 页)按:《广韵》"入,人执切",日母。《说文》第五篇:"入,内也","内,入也",入与内互训。又有《释名》同样的声训。《广韵》"内,奴对切",泥母。以泥母与日母互训或声训,是为古同纽。

娘纽古归泥:"今音泥、昵在泥纽,尼、昵在娘纽。仲尼,《三苍》作仲昵,《夏堪碑》曰仲泥何侘。足明'尼'声之字古音皆如昵、泥,有泥纽,无娘纽也。"(42 页)按:泥母的泥、昵与娘母的尼互为异文。

章氏花很多笔墨论证日纽古音归泥,娘纽归泥则简述几例,此乃娘纽古归泥较然易明,《切韵》是否娘母独立,都有疑问,何况上古?然日母古归泥,却有不同意见,至今未成定论。

三、曾运乾喻三归匣、喻四归定说

曾运乾,字星笠,湖南益阳人。他于 1928 年在《东北大学季刊》第 2 期发表著名论文《喻母古读考》(下文引述取于此),提出著名的"喻三归匣、喻四归定"说。

3.1 喻三归匣

喻三归匣,是指中古喻母三等位的声母在上古属于匣母。曾氏举出"古读营

(于倾切)如环”等42证,广引先秦文献,论证“于母古隶牙音匣母”,于母就是喻三。下面引其一例:

“古读羽(王矩、王遇二切)如扈。《周官·考工记·弓人》:‘弓而羽杀。’注:‘羽读为扈,缓也。’按:扈,侯古切,缓,胡管切,并匣母。”(59页)按:这是说“羽”借作“扈”,“扈”声训作“缓”。“羽”中古属喻三,“扈、缓”中古属匣母。上古两字通假。

3.2 喻四归定

喻四归定,是指中古喻母四等位的声母在上古属于定母。曾氏举出“古读夷(以脂切)如弟”等53证,广引文献古注、通假、异文等,论证“喻母古隶舌声定母”,这里所说“喻母”就是指喻四,曾氏的“定母”含“澄母”。下面各引一例:

“古读逸(夷质切)如迭。《书·洛诰》史迭,《逸周书·去殷篇》作史逸。按:迭,徒结切;定母。《左氏》:‘随侯逸。’杜注:‘逸,逃也。’《汉书·成帝纪》注:‘逸,遁也。’均举双声字为训。”(67页)按:这是说喻四“逸”与定母“迭”为异文,“逸”与定母“逃、遁”为双声。

“古读夷如稚。《史记·田完世家》:‘完生稚孟思’,《索隐》引《世本》作夷孟思。按:稚亦直利切,澄母,古读如定母也。”(65页)按:澄母“稚”字与喻四“夷”为异文,二字上古同音。

曾氏引述的例证非常充分,上古声母的这两个语言现象是客观存在的,谁也不会否认。但在解释这两个现象方面,后来学者并没有完全接受曾氏的归并。喻三归匣,在韵图上喻三与匣母互补,现代闽方言中古喻三字多读喉擦音也能印证,故而喻三作为上古匣母三等,得到广泛承认。而喻四是否归入定母,则有不同的看法。我们知道喻四所拼的韵实际上是三等韵,而舌上音澄母上古归定母,澄母是拼二等、三等韵的舌音,就是说的上古定母自有三等,不跟喻四互补。如果将上古喻四并入定母作其细音,那么,就意味着上古的定母细音到中古就会发生两种不同的演变,即一部分变读舌上音,一部分却变成零声母,其间道理不易说清。故王力先生认为喻四上古属于舌音类,与定母音近,但不能归入定母。此外,喻四在上古音中还跟邪母有牵连,这一点曾氏没有论及。

四、黄侃古音十九组及照二归精说

4.1 古音十九组

黄侃在上古声母方面的贡献就是提出古音十九组的上古声母系统。十九组是根据清代以来学者有关古声母的学说再加上黄氏自己的研究，以他自己所定《切韵》四十一组为背景，合并其中古通的声母得来的。下面列出黄氏十九组，并用括号列出各组所合并的声母。

喉音	影（喻于以）	晓	匣		
牙音	见	溪（群）		疑	
舌音	端（知章）	透（彻昌书）	定（澄神禅）	泥（娘日）	来
齿音	精（庄）	清（初）	从（崇）	心（邪生）	
唇音	帮（非）	滂（敷）	並（奉）	明（微）	

黄侃把十九组看作古本组，即上古声母，把括号里的看作古变组，即后来演变而来的声母。十九组合并了中古声母二十一组（喻母实为于、以两组）。他自述归并诸母的根据：“轻唇归重唇，舌上归舌头，娘日归泥，皆以师说证明。自余归并，皆基于陈氏所考，而愚加以证明者也。”（100 页）从表可以看出，他的轻唇并入重唇，舌上并入舌头以及章组并入舌头，都是取钱大昕之说。娘日并入泥母，取章太炎说。

4.2 黄侃的古组归并新说

体现在十九组中的黄侃自创的古声组归并学说有三个：一是喉音喻三（于）、喻四（以）并入影母；二是牙音中群母并入溪母；三是齿音中照二并入精组，邪母并入心母。下面分别论之。

4.2.1 喻母归入影母

十九组中，黄氏将中古喻三喻四并入影母，这是错误的，因为没有语言事实支持。曾运乾指出：“喉声影母独立，本世界制字审音之通则，喻、于二母（近人分喻母三等为于母），本非影母浊声。”又说：“喻母三等字，皆匣母轻音；喻母四等，皆舌声，古隶定母，与喉音影母，绝无关系。”[①]曾氏已辨明于、以两母不隶影。

① 引文均见曾运乾《音韵学讲义》第四节《喻母分隶牙舌音》，后段见该页注[二]，郭晋稀整理本，中华书局 1996 年第 147 页。

4.2.2　牙音、齿头音的归并

这里的牙音是指群母并入溪母，齿头音是指邪母并入心母，这两个归并都缺乏语言事实支持。牙音群母并入溪母，是从古本韵推出的。黄氏认定二、三等韵不是古本韵，属于古变韵，意思就是上古无此种韵，它们是从上古到中古演变而来的。因而在声母方面，与古本韵相拼的才为古本纽，不与古本韵相拼只与古变韵相拼的就只能是古变纽。群母只有三等，不能拼古本韵，故为古变纽，并入溪纽。这导致上古牙音没有浊音，五音之中喉、唇、舌、齿均有浊音，唯独牙音没有，这是不合理的。齿头音中将邪母并入心母，同样是从古变纽角度出发的，这样合并不合理，后人对此有修订（王力、李方桂的改订详后文）。

4.2.3　照二归精

照二归精，却是有根据的。黄氏之前湖南邹汉勋在他的《五均论》中根据古双声关系，归纳古声纽为二十纽，其中“从床”一组、“精菑”一组、“清初”一组、“心山”一组，就已经是照二归精的格局。黄氏可能受其影响，提出照二归精，但他自己没有作周详论证，仅在《音略》中讲古变声时略作说明，如精母古本声、变声的说明：

齿音　精　　本声

租则吾切。　古今同。

且子余切。　声同韵变，古亦读如租。

庄　此精之变

菹侧余切　声韵俱变，古亦读如租（74 页）

他给庄组每纽举一例说明照二归精：菹（侧余切）古亦读如租，初（楚吾切）古亦读如麤，鉏（士鱼切）古亦读如徂，疏（所菹切）古亦读如苏。其实，从古代文献和现代方言都可以找到两组同音的证据。现仅从类隔切、谐声和方言三个方面简述如下：

（1）类隔

据李荣（1945/1956，91 页）《切韵音系》提供的材料，故宫博物院影印宋跋本唐王仁昫《刊谬补缺切韵》中有 5 例精组与庄组的类隔切，其中 3 例，《广韵》改为音和，2 例没改。略作调整转录于下，并加以说明。

以照二切一等韵者 2 例：

宋跋本《王韵》箇韵一等：挫，侧臥反。切上字“侧”属庄母二等，在这里切一等韵，齿音类隔。《广韵》改作“则臥切”，“则”属精母一等，音和。

宋跋本《王韵》厚韵一等：鲰，士垢反。“士”属崇母二等，这里切一等韵，《广韵》厚韵照录，但厚韵中没有一等从母的反切与之对立，“士垢反”实在是以崇母类隔切从母。

以精组切二等韵者 3 例：

宋跋本《王韵》山韵二等：戱，昨闲反。以从母切二等韵，《广韵》改作“士山切”。

宋跋本《王韵》马韵二等：葰，苏寡反。以心母切二等韵，《广韵》改作“沙瓦切”。

宋跋本《王韵》鑑韵二等：覽，子鑑反。《广韵》鑑韵照录，但没有庄母的小韵与之对立，“子鑑反”其实是以精母类隔切庄母。

这些类隔切说明，古音精、庄二组曾经可以通用。精组没有二等，庄组没有一等，在洪音一、二等韵中精庄两组互补，可见两者关系密切。

（2）谐声

精、庄两组互谐的字很多，略举数例如下：

庄——精	**初——清**	**崇——从**	**生——心**
诈——作	创——仓	豺——才	瘦——叟
榛——臻	襯——親	乍——祚	霜——相
捉——足	衰——缞	在——茬	梢——肖

上列的谐声字，同一个声符，既可谐精组字又可谐庄组字，可证古音两组声母关系密切。

（3）方言

现代汉语方言中，精、庄两组读为同音的非常多，尤以长江以南广大地区方言、西南、西北的官话为多见。仅从上面谐声所举例字每组选一对代表，简示如下（按，若有文白读，则以“/”隔开，斜线前为文读，后为白读）：

	捉——足		创——仓		豺——才		霜——相	
太原	tsuəʔ꜆/tsuaʔ꜆	tɕyəʔ꜆	tsʻuɒ̃꜄	꜀tsʻɒ̃	꜀tsʻai	꜀tsʻai	꜀suɒ̃	꜀ɕiɒ̃
武汉	꜁tso	꜁tsou	tsʻaŋ꜄	꜀tsʻaŋ	꜁tsʻai	꜁tsʻai	꜀suaŋ	꜀ɕiaŋ
成都	꜁tso	꜁tsu	tsʻuaŋ꜄	꜀tsʻaŋ	꜁tsʻai	꜁tsʻai	꜀suaŋ	꜀ɕiaŋ
扬州	tsuaʔ꜆	tsɔʔ꜆	tsʻuaŋ꜄	꜀tsʻaŋ	꜁tsʻɛ	꜁tsʻɛ	꜀suaŋ	꜀ɕiaŋ
苏州	tsoʔ꜆	tsoʔ꜆	꜀tsʻɒŋ	꜀tsʻɒŋ	꜁zᴇ	꜁zᴇ	꜀sɒŋ	꜀siaŋ
长沙	tso꜆	tsəu꜆	tɕyan꜄	꜀tsʻan	꜁tsai	꜁tsai	꜀ɕyan	꜀ɕian
南昌	tsɔk꜆	tɕiuk꜆	꜀tsʻɔŋ	꜀tsʻɔŋ	꜁tsʻai	꜁tsʻai	꜀sɔŋ	꜀ɕiɔŋ

这些方言除个别因腭化而读舌面音外,庄组与精组声母读音完全相同。可见上古照二归精,是有很充足的根据的。不过,黄侃自己没有进行论证,加以照二归精也有一些可议之处,如王力认为中古庄组、精组都可拼三等韵,如果上古同属一系,又都是三等韵,在语音条件完全相同的情况下,中古分化为两组就没有音理根据了,故此王力不取照二归精说。

古音十九纽影响很大,在20世纪初曾广为使用。黄侃的老师章太炎最初定古声母为二十一纽,后来赞同黄氏十九纽,也改从黄说。曾运乾对黄氏十九纽仅作喻三归入匣母、喻四归入定母的更改,总体仍是十九纽(按,见曾著《音韵学讲义》第三部分)。可见关于上古音声母系统的学说,不像韵部系统那样作者众多,在20世纪前50年,上古音声母系统几乎只有古音十九纽。王力在《清代古音学》(20世纪60年代的讲义,1984年整理出版)的结语中分析其原因,乃在于"上古声纽的研究,比韵部的研究困难得多。人们往往只能从谐声偏旁和异文去猜测古纽。……因此,上古究竟有多少声纽至今没有定论"。①

五、现代音韵学的上古声母研究

随着现代音韵学上古音研究的崛起,上古音声母研究有了新的进展。

5.1 高本汉的发展

高本汉确定谐声系统是研究上古音声母的主要材料。其指导思想是,不同的

① 语见《王力文集》第十二卷,山东教育出版社1990年第619页。

谐声现象反映了不同的声类性质。在这种思想指导下,他在声类音值构拟的同时对声类的分合作新的调整。他的调整可以从两个方面说明。

5.1.1 据谐声关系确立上古声母

高本汉根据同一声类在上古表现出的不同谐声现象,再作相应划分。如喻四在上古谐声中多与定母相谐,高本汉认为这一批字的上古声母为: d,与上古定母d‘ 形成送气与不送气的对立。喻四又与邪母字互谐,高氏认为这一部分字的上古声母应当是: z。这样一来,喻四就被划归两个声母了。高本汉以这种方法共分出上古声母 34 个。这 34 母无法全部按传统的方法给它们命名,只得采用音标符号标示。

5.1.2 确立复辅音声母

高本汉依据一个声符能谐多种声母的复杂谐声现象,接受英国汉学家艾约瑟(Joseph Edkins, 1823—1905)的复辅音假说,提出上古音声母除了单辅音声母外,还存在着复辅音声母。在《中上古汉语音韵纲要》一书中,他列举 39 组来、泥、日、明母与别的塞音、塞擦音或擦音互谐的例子,如: 柬见/阑来。他认为这种谐声有三个可能:

① 柬 klan: 阑 glan

② 柬 kan: 阑 klan

③ 柬 klan: 阑 lan

无论取何种可能,都会有复辅音声母。这样一来,在他的上古声母中就出现了两个系列,单辅音 34 个,复辅音 17 个。

5.2 对高氏的批评与修订

王力批评了高氏越分越细的做法,尤为不取复辅音说,所以王力的上古音仅单声母三十三纽。董同龢、李方桂等人以谐声作主要依据,并参证其他语料,考定上古声母。董同龢著《上古音韵表稿》(1948A)、《中国语音史》,其中《中国语音史》(1954)后来增订改名为《汉语音韵学》(1968/2001)。在《汉语音韵学》的"上古音"一章中,董氏列出其上古音声母三十六纽,其中重要的内容是增加了清鼻音声母和舌面中塞音声母。李方桂早年写过系列论文讨论上古音问题,晚年著《上古音研究》(1980)集中表达他的上古音学说。在这本著作中,他列出上古音声母 31 纽,其中重要的内容是增列了一个圆唇牙喉音系列声母。董同龢、李方桂等都承认上古有复辅音,两家复辅音都对高本汉有修订。

上古声母系统中的复辅音学说,最早由英国传教士艾约瑟于19世纪末年提出,经由高本汉的论证,逐渐成为现代音韵学的上古声母研究的一个主要领域。但研究中的分歧很大,首先是上古有无复辅音声母尚未达成共识;其次是有关上古复辅音的各种理论差异颇大,并未形成统一认识,故在此不作专题介绍。我们将在下文古音构拟中重点介绍现代音韵学上古音两个代表音系:王力、李方桂的上古音系。在介绍李方桂的体系时,将介绍李氏的复辅音理论。

第四节 上古声调系统

上古音声调研究相对韵系来说,要困难得多。中古四声在上古用韵与谐声中,不同声调字之间的通押与通谐非常多,很难像韵部与声纽一样从中寻求演变的条理。所以,传统语言学关于声调的研究,目前仅有一些假说,很难说其中哪一说可以成为定论。

一、古音四声一贯说

顾炎武认为"古人四声一贯"。其意为,上古汉语有四声,但在诗歌用韵中不必限于同声调相押。他说:"四声之论,虽起于江左。然古人之诗已自有迟疾轻重之分。故平多韵平,仄多韵仄。亦有不尽然者,而上或转为平,去或转为平上,入或转为平上去,则在歌者之抑扬高下而已。故四声可以并用。"(顾炎武1982,39页)江永的看法与顾氏大致一样。

二、古无去声说

段玉裁最先从语音演变的角度提出他的声调学说。他说:"古平上为一类,去入为一类。上与平一也,去与入一也,上声备于三百篇,去声备于魏晋。"(段玉裁1981,815页)意思是说,在《诗经》时代之前的古音没有上、去二声,在《诗经》时代产生了上声,所以"周秦汉初之文有平上入而无去。洎乎魏晋,上入声多转而为去声,平声多转为仄声,于是乎四声大备"(815页)。这个结论来自《诗经》中去声与入声通押很多的事实。从这些论述中可以看出，他认为上古不同时代声调系统是不同的，远古时代汉语只有二声，即：平上为一类、去入为一类；到了《诗经》时代，上声从平声中分出，所以《诗经》时代汉语没有去声，去声起于魏晋六朝。后人因而将段氏声调学说简述为“古无去声说”。

三、古无入声说

孔广森提出古无入声。他说：“案周京之初，陈风制雅，吴越方言未入中国，其音皆江北人唇吻，略与《中原音韵》相似，故《诗》有三声而无入声。今之入声于古皆去声也。”（孔广森 1983，23 页）“夫六朝审音者于古去声之中别出入声，亦犹元北曲于平声之中又分阴平阳平耳。”（45 页）因此他的古韵十八部没有入声韵，只有阴声、阳声韵，中古入声字归入阴声韵。孔氏以《中原音韵》、元曲来比况《诗经》用韵，有以今律古的嫌疑。把入声看作六朝审音者从去声中别出，似乎是一种人为区别的结果，这是不妥的。

四、古有四声但归字有异于今四声说

江有诰起初认为古无四声之别，经过反复研究，最终认为古有四声，但古四声与后代不同。他在《再寄王石臞先生书》中说：“有诰初见，亦谓古无四声说，载初刻《凡例》。至今反复细绎，始知古人实有四声，特古人所读之声与后人不同。”（江有诰 1993，277 页）这里所说的不同，不是指四个调类不同，而是说上古音中，单字所读的声调与后人（主要指《切韵》）所读不同。如“庆”字，《切韵》读去声，江氏说：“古读平声，当入阳部。”（308 页）《切韵》“震”字去声，江氏说震字“古惟读平声，并无去声，当改入文部”（302 页）等等。为此，江氏作《唐韵四声正》，从先秦诗文用韵中考求古字声调归属。因为古诗文用韵异调通押复杂，考证的结果是，大多数字有一字多声调的读法，他认为这些字应当数韵并收，如代字“徒耐切。按，古有入声，当与德韵并收”（302 页）等等。

五、古平入二声说

黄侃提出上古只有平、入二声。他说：“古无去声，段君所说。今更知古无上声,惟有平入而已。”(黄侃 1980,62 页)这也是跟他的古本韵说相关联的,与二、三等韵为古变韵一样,上声、去声也属于古变调。如果只承认上古有平、入二声,则意味着上古音中其实没有声调。因为入声与平声的对立,主要是塞音韵尾与元音、鼻音韵尾的对立,不仅为音高的对立。

第五节 古音构拟

古音构拟是现代音韵学对语音史研究的重大发展。本节所说的“古音构拟”特指运用历史语言学的方法、利用历史语音文献和方音、民族语音等资料推测上古音类的音值。

其实,考证并归纳出来古声母韵母的音类之后,进一步说明它们在当时是怎么发音,也是传统音韵学家努力想要达到的理想境界。清代学者对上古音值鲜有涉及,并不是他们不愿意或遗漏了音值问题,相反他们在考证古音韵类与声类的时候,也努力想知道这些音类当时怎么发音。如段玉裁分出“支、脂、之”三部之后,就非常想知道这三部在上古是怎么读的,他晚年写信给江有诰说:“今足下……能确知所以支脂之分为三之本源乎?何以陈隋以前支韵必独用,千万中不一误乎?足下沉潜好学,当必能窥其机倪,仆老耄,倘得闻而死,岂非大幸也。”[①]这位学术大师以不知支、脂、之三分的“本源”为终身之恨,“本源”当中自然包含音值的差异。当然,江有诰只是沿用“叶某某音”的方式注明异于今音的古音,无法回答段氏之问。直到 1930 年林语堂刊发《支脂之三部古读考》(《历史语言研究所集刊》第二本第二分),想要解答段氏此一世纪之问,但林氏仍据音系内部的音转现象论音,尽管应用了音标符号,然其所拟音可议之处甚多。其实段氏对古音值拟测并非毫无想法,他在《古十七部音变说》中说“音之敛侈必适中,过敛而音变,过侈而音变矣。……大略古音多敛,今音多侈”(815 页),鲁国尧先生认为“古音多敛,今音多侈”,“应该被视作‘构拟’”,因为这八个字“从本质上说,旨在拟测‘古音’和‘今音’的元音开口度”,从中可见“段玉裁认为汉语上古音韵母的元音是‘敛’的即较

① 语见《答江晋三论韵》,中华书局影印音韵学丛书本《音学十书》卷首,1993 年第 10 页。

闭的，而往后的变音则‘侈’即较开的”①。后来章太炎撰《二十三部音准》（载《国故论衡》），用汉字来描述说明二十三部古韵音值，虽所述含糊不好理解，但可以算是传统音韵学第一次从系统的角度给古韵作出了音值假定。足见传统音韵学也曾努力想揭明古音的音值，但由于缺少有效的理论方法与工具，这个工作只有在现代音韵学引入西方历史语言学的理论与方法，引入国际音标等工具之后才正式展开。

1923年，汪荣宝写《歌戈鱼虞模古读考》，利用梵汉对音等材料考证歌戈鱼虞模的古音值，认为唐宋以上，歌戈韵字皆读a音，不读o音；魏晋以上，鱼虞模韵之字皆读a音，不读u或y音。该文在当时产生了很大的影响，其上古鱼虞模读a音的观点，得到后人的普遍认可。汪氏可以说是最早运用历史语言学的理论、方法构拟上古韵类的学者之一。

从音系构拟方面看，高本汉是最早采用音标符号给上古音的声、韵系统构拟音值的学者，其后，陆志韦、王力、李方桂、董同龢、周法高、郑张尚芳以及外国汉学家蒲立本、斯塔罗斯金（Sergei Anatolyevich Starostin）、白一平（William H. Baxter）、沙加尔（Laurent Sagart）等，述作迭兴，蔚然大观。然诸家学说差异颇大，许多问题尚无一致意见，甚至互相对立，并未形成共识。比如近年来起于西方的“上古六元音”学说，为了达到六个元音在韵系的分布均衡、没有空格，而将一个个传统韵部又再拆分为若干部类，越分越细、越分越多，甚至达到五六十部类。构拟的结果是一个传统韵部之内出现了多个主元音。众所周知，古韵部是据古诗押韵系联形成的，不押韵的字不能归入同一韵部。如果一个韵部之内拟有多个主元音，就意味着不同韵基的字可以押韵，跟归纳古韵部的原理冲突，如何解释古诗文用韵的和谐？所以这些“最新”学说难为中国音韵学人所信服，且其篇幅甚大，不可能一一详细介绍。因此本节只选择其中面世久、影响大的王力、李方桂两家作介绍。两家构拟各有特点，我们尽可能作客观介绍。

一、方法与材料

在介绍两家古音系之前先简单说一下古音构拟的材料与方法。构拟上古音与

① 引文见《语言学思想家段玉裁及〈六书音均表〉书谱》，《民俗典籍文字研究》2020年第二辑第116页。

构拟中古音的方法有所不同，高本汉直接利用现代方言语音进行历史比较以推测中古音，这是因为他认为《切韵》是现代诸方言（除闽方言外）的直接来源，所以可以从方言反推其音值。而上古音则不同，高本汉说："大致说来，现代方音不能揭示隋朝《切韵》以前的任何现象（只有闽方言所指的是更早些的音）。"（高本汉 1954/1987，91 页）既然不能直接从现代方言反推上古音，所以，高本汉以及后来的古音学家，大多是以自己认可的中古音构拟系统为基础，立足于中古音系反推上古音值。其操作程式有三：

其一，梳理上古音类与中古音类之间的对应关系，勾勒从上古到中古的音类分合变化流向，并据以确定上古韵部所包含的韵母与声母种类及数目。

其二，根据上古与中古的对应关系，从中古音的拟音反推上古音的音值。所推的上古音值既要符合音系结构的原则，系统中不存在矛盾冲突，还要符合一般音变规律，能很好地解释上古文献所表现的语音现象并说明从上古到中古的语音演变等等。

其三，运用古文献、方言、民族语文等作旁证，确定并检验假定的上古音值，在这个过程中，有时还需要对上古音类作出调整。第三个程式贯彻于整个构拟过程之中。

如高本汉上古"之部"[①]的构拟。首先，列出之部所含字对应的《切韵》韵部（举平以赅上去，以括号列出该类字的代表字，同时列出高本汉的中古韵母拟音）：

咍韵开口一等（"该"等字ɑ̆i）、灰韵合口一等（"灰梅"等字 uɑ̆i）

侯韵开口一等（"母"等字 ə̯u）

皆韵开口二等（"豺"等字ăi）、皆韵合口二等（"怪"等字 wăi）

之韵开口三等（"基"等字 i）、脂韵合口三等（"龟"等字 wi）

尤韵开口三等（"久"等字 i̯ə̯u）

然后分析上表，大致可以认为上古之部各个韵类发展演变到中古，分别进入一等咍灰侯、二等皆，三等之脂尤，各有开合。由此可以确定上古音之部含开合口一、二、三等共六或七个韵母。这可以作为上古韵母元音拟测的根据。

① 高本汉原以数字顺序表之，未立部名，"之部"为第二十部。我们依通常称呼定其部名，下同。

再根据六个韵母的中古音拟音，推测其元音形式。高本汉“之部”所含中古各韵拟音所含主元音（忽略长短区别）有：ɑ、a、i、ə，其中 ɑ、a 用作歌、鱼的主元音，i 作介音，于是高氏确定之部主元音主要为 ə，同时又给二等韵母主元音构拟了一个：æ，给三等变入中古尤韵的“久”类字构拟了元音 ĭŭ，以说明各自中古音的不同演变。关于韵尾，之部在《诗经》押韵以及谐声中均与入声职部（-k）有牵连，为了说明与入声之间的通押与通谐，他又给之部构拟了一个浊塞音韵尾-g，这样一来，之部的上古韵母就成为如下模样：

开口一等 əg、合口一等 wəg

开口二等 æg、合口二等 wæg

开口三等 i̯əg、合口三等 i̯wəg

合口三等 i̯ŭg

我们知道，在上古的押韵与谐声中，阴声字与入声字的牵连非常普遍，也与某些阳声韵字有牵连，为了说明这种关系，高本汉给所有上古阴入或阴阳通押、通谐的阴声字全都拟有浊辅音韵尾，并根据阴声韵是否与阳、入声韵有牵连作出再分类，包括两个内容。

其一，给阴声韵拟浊辅音韵尾，并分立为部。他把月（第 2 部）、质（第 10 部）、物（第 5 部）三部中的去声字祭（第 3 部）、至（第 11 部）、未（第 6 部）分立出来，构拟一个-d 韵尾，以说明去声与-t 尾字的通押与通谐。把之（第 20 部）、支（第 24 部）、宵（第 26 部）、幽（第 28 部）四部与鱼、侯两部各一部分（分别为第 18 部、第 31 部）全拟一个-g 尾，以说明阴声韵字与-k 尾的通押与通谐。把歌部一部分出来（第 8 部）与脂部（第 7 部）拟出一个-r 尾，以说明阴声韵字与-n 尾的通押、通谐。

其二，保留三个开尾韵部。把传统歌、侯、幽三部中不与入声通押、通谐的部分字分立出来，分别称为第 33 部（鱼）、第 34 部（侯）、第 35 部（歌）。这三部构拟为零韵尾，开音节。

这样一来，高氏的上古韵部有了 35 个，比传统 29 部多了 6 部，但这不是真正的分立新部，而是对上古同一韵部不同声调或不同通押通谐字类作不同的读音推定。上古音阴声韵有没有浊塞音韵尾，目前尚有不同意见，姑且存而不论。为了说明从上古到中古复杂的变化,高本汉给上古音一个韵部构拟出多个主元音。后来学者对此多持否定态度。

高本汉是构拟上古音系的第一人,虽然他的结论受到许多质疑与批评,但他使用的历史语言学研究方法以及从中古音推上古的研究思路仍被后来者继续沿用。此外,后来的学者们在构拟古音系同时,努力拓展古音研究的材料。大致有如下几种情况。

其一,先秦两汉文献中的外族语译音,如《汉书》中的匈奴名词、西域名词译音等,都不同程度地用于上古音值构拟的研究。不过这些材料利用起来难度很大,最大的困难是其所译音之原语言大多无考,其准确读音不易明确。

其二,利用中古对音借音材料作为研究辅助。其中重要的有梵汉对音、日本汉字音、朝鲜汉字音、汉越语等等。梵汉对音主要出于中古,但它的音值比较确定,对上古音构拟有帮助。日本、朝鲜和越南汉字音中可能有的是直接从上古借入的,但总体来说它们语音来源复杂,其时间层次区分困难,它们被外族语借入时又有语音折合及音变,故此在运用时须仔细审定。

其三,利用现代汉语方言和民族语文材料。方言和民族语等是可用于历史比较的系统语料。现代方言如闽语、客家话等都多少保留有上古音遗迹,可用于上古音的构拟。汉藏语系中各民族语尤其是古民族语文献,具有比较大的价值。从汉藏语的角度看,通常认为民族语与汉语有着发生学的同源关系,各民族语应当不同程度地保留汉藏语早期状态,可供拟测上古音的参考。此外,由于周边各民族语与汉语有着长期的互相接触历史,它们在不同历史时代从汉语借入的词语,至今犹清晰可辨,历历可考。这些历史借词或多或少保留了古代语音特征,是考求古音的宝贵语料。但民族语文也有古今演变,直接用现代民族语推汉语上古音多少有些危险,对此,高本汉(1928)说得比较谨慎,他说:"那些 T'ai 语(就是暹罗的语言)跟那些西藏缅甸语先得彻底地研究好了,用比较的方法把它最古的音考定了,然后拿他们来研究中国语言才有用处。"(345 页)这个要求很高但很合理,应当引起上古音研究的重视。

二、王力的上古音学说

王力(1900—1986),字了一,广西壮族自治区博白县人,现代著名语言学家。

他在音韵学、语法学、词汇学、训诂学诸方面都有重要论著，对中国现代语言学的发展作出了巨大贡献，是现代中国语言学代表人物。他的音韵学著作主要有《汉语音韵学》(1935/1956)、《汉语史稿》(语音部分 1957)、《汉语音韵》(1963)、《汉语语音史》(1985)以及一批重要论文，如《上古韵部系统研究》(1937)等。

王力先生的上古音构拟系统见于《汉语史稿》(语音部分 1957)、《汉语音韵》(1963)、《同源字典》(1982E)、《清代古音学》(1984)、《汉语语音史》(1985)等著作。不同时代著作的内容略有不同。关于这方面，王先生自己有说明，各种著作中凡是前后见解有不同的，“一律以后者为准”。诸种著作中，《同源字典》《汉语语音史》最为晚出，故以该两书为主要依据，适当涉及此之前的一些观点。

王力的上古音声母三十三组，韵部二十九部(战国三十部)。

2.1　声母系统

王力对黄侃古音十九纽系统并不完全相信。他认为从钱大昕到黄侃等人对上古音声母考证的“古无轻唇音、古无舌上音、古音娘日二纽归泥、喻三归匣、喻四归定、照二归精”等六大学说，都很有价值，但应当区别对待，因为它们的性质是不同的。六大发现中，有的可以看作上古同音，如轻唇归重唇、舌上归舌头、娘归泥、于三归匣。有的只能看作音近，如照三与端组、照二与精组、喻四与定母、日母与泥母等就是。判断其上古同音的根据，主要看它们在中古是否有互补关系。若在中古有互补关系，在上古它们就可能归为同类，也能很好地说明它们从上古发展到中古的分化条件。如：

轻唇音在中古音的部分三等中出现，与重唇一、二、四等和其他三等韵互补。

舌上音在中古舌音的二、三等出现，与舌头音一、四等互补。

喻三在中古只在喉音三等出现，与喉音匣母一、二、四等互补。

这种中古的互补分布可以看作上古同类，等的不同，表明它们原本就介音不同。它们因为介音不同而导致到中古发生声母分化演变。

但照三与端组、照二与精组、日母与泥娘母等等就不能看作古同音。章组在中古属于三等，知组在中古有二、三等。上古知组归端，则端组四等齐全。如果认为章组上古当并入端组为舌头音，那么上古端组的三等字中得增加一类章组音，端组就含有知三与章三两类三等字，也就是说知三与章组在上古就算同声母的字了。既然它们同是三等的舌头音,到中古却分为知组与章组两个系列,同一个声母分化出来两个不同的音类,其分化条件不好讲。故此王力先生认为上古音知三与章组只能算音近,但不同音。庄组之所以不并入精组,日母之所以不并入泥母都是出于同样考虑。因为中古精组与庄组、日母与娘母都拼三等韵,它们是对立的。王力先生认为:“语音的一切变化都是制约性的变化。这就是说,必须在完全相同的条件下,才能有同样的发展。反过来说,在完全相同的条件下,不可能有不同的发展,也就是不可能有分化。”[①]所以,对上古音声母系统“简单地用归并的办法……不是科学的方法”[②]。

对于高本汉的研究,王力不太相信谐声字可以作为考定古声母的主要依据。他认为谐声关系太复杂,从中古角度看,不同声母之间的互谐很多,难寻条例,不宜作主要依据,尤其不宜以此来确定复辅音。所以他对高本汉及其后一些学者以谐声为主的音类研究不予采纳。

王力在清人研究基础上考察上古音声母。他将轻唇并入重唇,舌上并入舌头,娘并入泥。对于三十六母来说,合并了 8 母。他承认章组与舌头端组音近、庄组与精组音近,但不取黄侃章组并入舌头的处理,仍将章组齿音 5 组和日母独立;也不取黄侃照二归精,仍将庄组独立,这相对等韵三十六母来说,又增加了 4 组。减去 8 组,增加 4 组,是 32 组。后来王力接受李荣“俟母独立”说,在照二组擦音全浊位增加一个“俟”母,是为 33 组。分为 5 大类、7 小类(括号内是小类或发音的说明):

喉　音(零声母)	影 Ø						
牙　音(舌根喉)	见 k	溪 k‘	群 g	疑 ŋ		晓 x	匣 ɣ
舌　音(舌　头)	端 t	透 t‘	定 d	泥 n	来 l		
(舌　上)	照 ȶ	穿 ȶ‘	神 ȡ	日 ȵ	喻 ʎ	审 ɕ	禅 ʑ
齿　音(正齿音)	庄 tʃ	初 tʃ‘	崇 dʒ			山 ʃ	俟 ʒ
(齿头音)	精 ts	清 ts	从 dz‘			心 s	邪 z
唇　音(双　唇)	帮 p	滂 p	並 b‘	明 m			

① 语见《汉语史稿》第二章,《王力文集》第九卷,山东教育出版社 1988 年第 91 页。

② 语见《清代古音学》,《王力文集》第十二卷,山东教育出版社 1990 年第 619 页。

这个声母表综合《汉语语音史》和《同源字典》两处有关上古声组的内容编成。

表中“照穿神审禅”实际上只指照三，即章昌神书禅。“喻”只指喻四。

该体系将章组与日母定为舌上音，拟为舌面前音，与端组同列为舌音，体现了章组与舌头音近；又将庄组列为正齿音，拟为舌叶塞擦音、擦音，与精组同列为齿音，体现了庄组与精组音近。以此来说明章组与端组、庄组与精组上古互谐与通假诸现象以及后来的演变。

喻四不归入定母，确定它为舌上音，构拟为舌面边音，以此解释与定母、邪母等的音近互谐。

影母定为零声母，与高本汉不同，这是因为王力在《汉语史稿》中取陆志韦说，将中古影母拟为了零声母，所以，从中古往上古推，上古影母自然就拟为零声母了。

2.2　韵部系统

在古韵分部方面，王力早年是考古派，分古韵为二十三部，-k 尾入声字归阴声韵。20 世纪 50 年代以后，王力接受审音派的主张，将阴声韵“之、幽、宵、侯、鱼、支”中的-k 尾入声字独立出来，确立“职、觉、药、屋、铎、锡”六部，为二十九部。整个韵系采取阴、入、阳三声相配构建，这与黄侃是一致的，但-k 尾入声，黄侃只分出 5 部，没有“觉”部。觉部入声字在黄侃二十八部中归阴声幽部（黄氏叫宵部）。王力批评黄侃局于古本韵限定，只在一、四等韵的范围内设立古韵部，致使江有诰已分出的觉部，因为它是二等韵，而在黄侃的体系中不能独立。

王力对古韵系的最大贡献是脂微分部。脂微分部受章太炎队部启发，王先生说：“章氏最大的贡献是队部独立。……队部独立是对的。最值得注意的是平上声也有队部字，如自声、隹声、靁声之类。这就启发我考证出一个微部来。”[①]章氏分出队部时指出“脂队相近”，因为“自、隹、靁……或与脂同用”[②]，章氏是把从自声、隹声、靁声的字归入队部的，后来黄侃又把这些平声字回归脂部。看来这些平上声字在归部时，归脂或队都觉不合适，说明有其独立性。王力先生又从南北朝诗人用韵得到线索，再细考《诗经》用韵，发现脂、微各自独用多于同用，因而确定应当从脂部中分出一个微部。这样补上了黄侃二十八部中与真（先）、质（屑）相配的阴声

① 语见《清代古音学》，《王力文集》第十二卷，山东教育出版社 1990 年第 597 页。
② 语见《文始》，《章太炎全集》（七），上海人民出版社 1999 年第 202 页。

韵的空缺。二十九部再加一“微部”,就有三十部。但王力并不认为冬部在整个周秦时代都是一个独立的韵部,他接受章太炎晚年冬侵合部的观点,认为冬部在春秋以前属侵部,这就是所谓“冬侵合部”;到战国时代冬部方从侵部分出而独立。冬部在整个周秦时代有一个发展过程,不能囫囵地看作一个时间平面产物。这样王力上古音韵系有二十九部(春秋及其以前的时代)、三十部(战国时代)两种。王力三十部,大致可以说是从考古和审音的角度划分上古韵部的总结性成果。

王力上古音韵部系统及其韵基构拟如下:

<table>
<tr><th colspan="2">阴　声</th><th colspan="2">入　声</th><th colspan="2">阳　声</th></tr>
<tr><td>无韵尾</td><td>之部 ə
支部 e
鱼部 a
侯部 ɔ
宵部 o
幽部 u</td><td>韵尾
-k</td><td>职部 ək
锡部 ek
铎部 ak
屋部 ɔk
沃部 ok
觉部 uk</td><td>韵尾
-ŋ</td><td>蒸部 əŋ
耕部 eŋ
阳部 aŋ
东部 ɔŋ

[冬部]uŋ</td></tr>
<tr><td>韵尾
-i</td><td>微部 əi
脂部 ei
歌部 ai</td><td>韵尾
-t</td><td>物部 ət
质部 et
月部 at</td><td>韵尾
-n</td><td>文部 ən
真部 en
元部 an</td></tr>
<tr><td></td><td></td><td>韵尾
-p</td><td>缉部 əp
盍部 ap</td><td>韵尾
-m</td><td>侵部 əm
谈部 am</td></tr>
</table>

其中冬部在春秋之前属于侵部,战国时方从侵部分出的,故加括号以示区别。

这个构拟有三条明显的特点:一是所有阴声韵都拟为开音节;二是每个韵部都只有一个主元音;三是阴、入、阳相配的韵部主元音相同,邻韵之间主元音接近。

在阴声韵构拟上,王力批评高本汉阴声韵浊塞尾-g、-d 和-r 尾的构拟。批评的要点有三:其一,汉语入声塞尾均为唯闭音,-k、-g 或-t、-d 等处于韵尾,由于它们实际发音不破裂,所以其读音无法分辨,构拟两个实际上无法分辨的音是没有意义的。其二,阴声浊塞尾构拟做得不彻底。高氏仅将歌、鱼、侯部分字拟为开尾,其理由是这部分字不与入声发生关系,但实际上高氏的鱼、侯部中还有许多字谐声与入声牵连。如鱼部的“圃浦”等从甫声,而入声“博薄”也从甫声。侯部的“数蒌”等字从娄声,“数”字却有去入两读等等。所以董同龢、陆志韦都批评高本汉处理阴、入关系不彻底。陆、董二人把高氏鱼、侯两部全拟为-g 尾。其三，若按高氏或陆、董等人的构拟，那么上古汉语将几乎是一个没有开音节的语言。王先生说："我们没有看见过只有闭音节的语言。如果把先秦古韵一律拟测成闭音节，那将是一种虚构的语言。"[①]所以，王先生不取阴声浊塞尾，仍将所有的阴声韵拟为开音节。

高本汉将一个韵部拟出几个主元音，使得他的构拟系统中元音复杂。前文我们指出，韵部的范围通常大于韵母，一个上古韵部往往包含若干组中古不同韵的字，根据这个对应关系可以确定一个上古韵部中包含了几个韵母。王力分析说，一个韵部中不同的韵母必然有不同，"或者是韵头不同，或者是主要元音不同。高本汉采用的是后一种方式"。[②] 就是说，高氏这样构拟的原因，是采用主元音不同的方式来说明一个韵部中所含的几个韵母之间的不同。这样做的结果，出现两个问题。其一，一个韵部之所以能确立，就是因为它们在《诗经》及其他先秦典籍中能和谐地押韵，如果它们之间主元音不同，押韵还能和谐吗？其二，阴阳对转是上古音中一条重要规律，但"阴阳对转"的条件是阴、入、阳相配的韵部之间主元音相同，高氏把一个韵部拟出不同的主元音，使得阴、阳相配的韵部之间关系模糊。如鱼部拟为 o（或 ag），铎、阳二部拟为 ak：aŋ，与阴阳对转并不完全吻合。所以，王力认为区别上古韵部中的不同韵母还得从韵头上进行，他认为上古无等呼之名，有等呼之实，故此为上古音构拟了一套介音系统：

一等开口：零介音，　二等开口：-e-，　三等开口：-i̯-，　四等开口：-i-
一等合口：-u-，　　　二等合口：-o-，　三等合口：-i̯u-，四等合口：-iu-

如高本汉之部六个韵母若按王力的体系构拟，则为：

开口一等 ə、合口一等 uə
开口二等 eə、合口二等 oə
开口三等 i̯ə、合口三等 i̯uə

2.3　声调学说

王力的声调学说，可以概括为两声四调说。两声是指舒声、促声；四调是指舒

① 语见《汉语语音史》第一章，《王力文集》第十卷，山东教育出版社 1987 年第 55 页。
② 语见《汉语语音史》，《王力文集》第十卷，山东教育出版社 1987 年第 58 页。

声又分平声、上声,促声又分长入、短入四调:

舒声{平声,高长调
上声,低短调　　促声{长入,高长调
短入,低短调

王力先生笃信段玉裁古无去声说,认为中古的去声有两个来源。一是阴声韵的去声来源于上古入声,王先生称为长入。因为上古用韵去、入经常通押,谐声中去声、入声字经常相谐,很多字都有声韵俱同或相近的入声、去声的异读。王力根据这些语言事实,推定上古阴声韵去声字读长入,用来解释上古去入关系密切的现象。二是阳声韵的去声,王先生认为来自上古的平、上声。①

王力上古音系统对现代中国语言学影响很大,是特别具有实用价值的拟音系统。可以通过上古韵部的归属,参考中古音韵地位给汉字推其上古音。如"中文系"三字的上古音,可以如下方式推得:

中:上古侵部、合口三等端纽平声,tiu̯əm(战国冬部:tiu̯ŋ)

文:上古文部、合口三等明纽平声,miu̯ən

系:上古锡部、开口四等匣纽长入,ɣiēt

目前根据王力古音系统编成的工具书有:唐作藩《上古音手册(增订本)》(中华书局 2013)和郭锡良《汉字古音手册(增订本)》(商务印书馆 2010),通过这两种工具书,可以查询古字的上古声、韵,后者还附有上古拟音。2020 年,郭锡良的新著《汉字古音表稿》由中华书局刊行。该书是目前最为详备的查询上古音的工具书。该表韵纽及拟音一依王力上古音系,以韵为纲列表,收编上古用字 12 000 余,可以查询这些字上古音节的声纽和古韵属,查其上古音值构拟,还可以查询这些字发展到中古归入哪一个韵,及其中古的拟音。

三、李方桂的上古音学说

李方桂(1902—1987),山西昔阳人,著名语言学家。他开拓汉藏语民族语言研究领域,成就辉煌,被誉为"非汉语语言学之父",在汉语上古音领域也有很大影

① 参王力《古无去声例证》,《王力文集》第十七卷。

响。他的古音学说主要见于《上古音研究》(1980)一书。

李方桂的上古音构拟采用高本汉中古音作为基础,但在声母方面取罗常培《知彻澄娘古读考》之说,将知组定为舌尖后塞音;又取马伯乐(Henri Maspero, 1883—1945)等人的意见,将全浊声母定为不送气。在韵母方面,将高氏没有区别的"之脂""佳夬"以及重纽等音类区别开来。他以这个中古音为基础上推上古音。李方桂继承了高本汉以来注重谐声偏旁的研究思路,吸取了当时海外汉学家对上古音构拟的成果,并引入了所谓"借字"即汉语外语之间的借词或对音、民族语文尤其是古民族语文的材料,使得他的上古拟音系统,新颖独特,颇有代表性。下面从介音、声母、韵母等方面简述其音类的设定和拟音。

3.1 介音

中古音系韵类有开合四等,高本汉构拟合口介音-w-或-u-,这两个介音没有音位对立,只用来区别合口独韵与开合对立韵,可以看作一个。三等韵拟有-j-介音,四等韵拟有-i-介音。高氏将这些介音引入上古音中。对这些介音,李氏分别进行了讨论。

关于中古合口介音。首先,李方桂考察了它们在《切韵》音系中的分布,指出有一批韵系开合对立只出现在牙喉音,它们是:微、废、齐、夬、佳、皆、元、先、文、唐、阳、登、庚、清、青。其他韵系要么就没有合口,要么就是合口独韵,只有少数韵系的开合对立超出牙喉音范围,它们是:歌(戈)、寒(桓)、咍(灰)、泰、祭、山、删、仙、痕(魂),但它们似乎限于韵尾为-n(-t)、-i 的韵中,是有限制的,可以另外讨论。除这些韵系外,中古的合口似乎只出现于牙喉音(唇音合口不与开口对立)。其次,从谐声关系来看,牙喉音开口、合口之间表现出开、合互不相谐的趋势,如觀:權,合口互谐;干:幹,开口互谐,罕见开、合互谐。而洪细则没有这种限制,如葛:揭。李方桂由此推测,在上古音中,"合口介音似乎跟三等的介音不同,应当算是声母的一部分"(李方桂 1980,16 页),并推断中古的合口介音是后起的,由开口变来。因此李氏将上古合口介音取消了。

至于三等的介音-j-,李氏认为上古与中古一样存在。而且,上古二等韵也应当存在着一个介音-r-。这两个介音在谐声方面不起主要作用,但对声母、韵母的古今演变作用很大。具体说,-j-介音对声母起腭化(palatalization)作用,对韵母主元音起前高的同化作用。-r-介音对声母起卷舌化作用,对韵母主元音起央化(centralization)作用,就是说,它能使前元音往后一点,后元音往前一点,低元音高一点,高元音低一点等等。而且-r-介音还可以出现在-j-之前,形成-rj-介音。这对于分别说明中古庄、章、知组的来源作用很大。

高本汉构拟的四等介音-i-,李方桂认为,四等的声母与一等的一样,说明四等介音对声母没发生影响,跟三等介音性质不同,所以,高氏拟定的四等-i-介音,应当看作韵母的元音,不能看作介音。李方桂上古音介音系统如下:

二等介音:-r-

三等介音:-j-、-rj-

3.2 声母系统

李方桂提出两条谐声原则,来判断谐声行为中声母的常例与例外。这两条原则是:

(一) 上古发音部位相同的塞音可以互谐。

(a) 舌根塞音可以互谐,也有与喉音(影及晓)互谐的例子,不常与鼻音(疑)谐。

(b) 舌尖塞音互谐,不常跟鼻音(泥)谐。也不跟舌尖的塞擦音或擦音相谐。

(c) 唇塞音互谐,不常跟鼻音(明) 相谐。

(二) 上古的舌尖塞擦音或擦音互谐,不跟舌尖塞音互谐。(10 页)

这就意味着牙喉舌齿唇五音中,牙喉、舌、齿、唇音分为四组,大致以发音方法相区别,各自塞音与塞音相谐,偶与擦音和鼻音相谐,塞擦音、擦音内部互谐。比如说,心母字与端母字谐声就是不合常例的。不合常例应当有另外的解释。

3.2.1 常例的解释

符合谐声原则的常例当分 5 组来谈。

(1) 舌音。知组、章组都与端组相谐,李氏上古音并为舌音一类,有 4 个声母(括号为合并的中古声母,下同):

端(知、章部分) 透(彻、昌部分) 定(澄、神禅部分) 泥(娘、日部分)

从上古到中古有知组、章组的分流变化。李方桂认为上古音端组的 t-(按,“t”代表该组声母辅音,下同),发展到中古知组 ţ-,原因是后所接的介音与端组不同,可简示于下：

二等 t+r>ʈ，舌尖前音在介音-r-的央化作用下，发生卷舌化音变，分化出知二组。

三等 t+rj>ʈj，舌尖前音在介音-rj-的央化作用下，发生卷舌化音变，分化出知三组。

章组与端组相谐的部分字归入上古音端组 t-，受介音-j-的影响变为中古章组：

三等 t+j>tɕj，舌尖前音在介音-j-的作用下，发生腭化，变为舌面前塞擦音，分化出章组。

不过，中古章组的"神禅审"三母的上古来源还要进一步说明。中古"床（按，即"神"母）禅"两母在《切韵》分立，但其分布大致互补，似无区别。同期材料中《守温韵学残卷》《经典释文》《原本玉篇》中都不分床禅，故李氏推断"《切韵》系统的分床禅两母"，"有收集方音材料而定为雅言的嫌疑"，"是方音的混杂现象"（16页），因此他在上古音构拟中"神禅"合一，拟为：dj-。至于审母，其谐声复杂，违背常例太多，详下"例外的解释"。

（2）齿音。庄组与精组相谐，这种谐声行为与舌音端组、知组相谐平行，可以类推，将中古正齿音庄组上古归于精组，有 4 母：

精（庄）、清（初）、从（崇）、心（生）

在介音的作用下，中古分化为精、庄两组。分化方式及条件于下：

二等：ts+r>tʂ，舌尖前塞擦音擦音在介音-r-的作用下，变舌尖后塞擦音擦音即庄组二等。

三等：ts+rj>tʂj，舌尖前塞擦音擦音在介音-rj-的作用下，变庄组三等。

它们都在-r-介音的作用下发生卷舌化音变，中古变成庄组声母 tʂ-。

（3）喻四。喻四属喉音，但较为特别需单独讨论。自曾运乾论证喻四归定之后，喻四归于舌音成为共识，但喻四还有部分与邪母相谐，前文已介绍高本汉把喻四分别拟为"d-""z-"。李方桂不同意高氏的拟测，认为喻四应当拟为 r-。他的根据有两个：一是古台语用 *r 来代替喻四"酉"（中古为 *jiŏu）字的声母，二是汉代用"乌弋山离"（见《汉书》）对译"Alexandria（按，今译为'亚历山大'）"，其中喻四"弋"

(中古*jiək)字对译“lek”。由此可以知道上古喻四的音色类似舌尖流音,李氏推断这是个舌尖闪音,用r-来代表,可以称之为喻母。上古喻母发展到中古变为喻四、邪母,分化的原因是后面介音不同:

上古r-演变为中古喻四:r->ji-,可以参考古缅甸语r-变成近代的j-的例子。

上古r-加三等介音演变为中古邪母:r+j->zj-

(4) 牙喉音。含三项内容,前两项合常例,第三项不合常例,但可以放在这里讨论。

其一,谐声方面有开口与开口相谐、合口与合口相谐的趋势,这说明声母牙喉音合口与开口的音色区别很大,李氏因而取消上古合口介音,另为上古牙喉音构拟一套圆唇声母:

kw-

用圆唇牙喉音声母表示中古牙喉音合口韵的来源。

其二,中古匣、群、于三母相谐,上古归属同一声母:g-,这个声母也可以称为匣母。上古匣母到中古演变为匣母、群母和于母,有如下演变规律:

从上古g到中古匣母:g-(开口一二四等)>ɣ-、gw-(合口一二四等)>ɣw-
从上古g到中古群母:gj-(开口三等)>gj- 、 gwji-(合口三等)>gjw-
从上古g到中古于母: gwj-(合口三等)>jw-

上古声母g-到中古的变化,大概以中古的等为条件,开合一二四等变为中古匣母ɣ-。三等的变化又有开、合口不同,三等开口到中古保持不变gj-。三等合口(或圆唇声母三等)则分别变为中古群、于二母,李氏给出的原因是介音后接成分不同,合口三等gwj-介音后再加i元音gjwi-,则i元音制约了声母的演变,中古仍为gjw-,是为群母。当gwj-没有后接i元音制约时,圆唇声母“gwj-”受介音-j-的作用,演变为于母jw-。不过,这里似乎出现了一个矛盾,圆唇舌根三等gwj-可以受介音-j-影响发生同化,为什么非圆唇三等的gj-中,“-j-”介音又不对“g”发生作用呢?

其三,中古章组部分字与见组谐声,虽不合其谐声原则,但可以放在牙喉音中来讨论。最早是董同龢(1948A)揭示章组字与牙喉音的谐声现象,如:支/技,区/枢,氏/祇,示/祁,鍼/咸。董同龢构拟了一组舌面中塞音:k̂-(其音值为[c])。李方桂认为还是用舌根塞音 k-比较合适，初拟时为了说明后来变为齿音，就在牙音声母前加上所谓词头 s-，企图用 skj-式的复辅音说明中古章组的来源。李氏后来又将 skj-修改为 krj-（91 页），这意味撤销了词头，将这批与见组谐声的章组字上古归入了牙音中，上古见组字有了下面括号所示的内涵：

见（章部分） 溪（昌部分） 匣（神禅部分） 晓（审部分）

括号中的部分中古分化为章组，分化方式及条件：

k+rj> tɕj，舌根音在介音-rj-的作用下变为舌面前塞擦音、擦音。

要注意的是，中古章组在上古音中分别归入了端组、见组，上古音中没有了章组声母。

（5）唇音。轻唇上古归重唇，上古唇音只有 4 母：

帮（非） 滂（敷） 並（奉） 明（微）

上古唇音三等中古分化出轻唇，分化方式及条件：

p+j>f，双唇音拼三等，在三等介音-j-的作用下，变为轻唇。

p+ji>p，双唇音拼三等，三等介音后又接元音 i，元音 i 制约了声母演变，保持重唇。

李氏的演变为轻唇音的条件，只提-j-介音，没有提合口，这与其他学者的提法不同。

3.2.2 例外的解释

例外就是“不跟它应该谐声的字谐声”，“我们是否可根据这种例外假想，这类字可能在上古时候有另外一套声母”（103 页）。李氏对其中三种情况作了解释并构拟。

（1）清鼻、边音。这是针对明、泥、疑、来母等与塞音或擦音相谐作出的构拟。他吸收了董同龢将明母与晓母互谐的字拟为清双唇鼻音：m̥ 的观点，并推想上古应当还有其他清鼻音声母。于是讨论了如下清鼻、边音声母：

明、晓母相谐，如：墨/黑，勿/忽。“黑忽”拟为 m̥-（或简写为 hm-），变为中古 x-。

疑、晓母相谐，如：午/许，化/讹。“许化”拟为 ŋ̊-（hŋ-）或 ŋ̊w-（hŋw-），变为中古 x-或 xu-。

泥、透彻母相谐，如：灘/難，丑/纽。“灘丑”拟为n̥-（hn-），变为中古 th-或 ʈh-。

来、透母相谐，如：赖/獭，龙/宠。“獭宠”拟为l̥-（hl-），变为中古 th-或 ʈh-。

这套构拟参考了民族语言中的清鼻音、边音的知识。如贵州黑苗“的清鼻音 n̥-听起来很像是 n̥th-”（19 页）。因此他设想“灘”从難得声，其上古的声母为 hn-，变成 hnth-，最后变成 th-。同样，“清的边音 hl-与吐气的 th-在语音上也很近。藏语的清边音，普通写作 lh-的，唐代译音多用透母来译，如 lhamthong 译作贪通”（20 页）等等。所以，李方桂构拟了 hm（m̥）、hn（n̥）、hŋ（ŋ̊）、hŋw（ŋ̊w）、hl（l̥）等 5 个上古清鼻、边音声母。

（2）词头 s-。中古审母、心母等擦音，常跟舌塞音、鼻音、边音等相谐，中古章组还与舌根音相谐，对于这些情况，李氏设想都有一个前加的音：s-。

审母与舌头塞音谐：深/探，诗/特，可拟：sthj-，变成中古的审母。

审母与鼻音相谐：如/恕，摄/聂，可拟：snj-，变成中古的审母。

章组与见组相谐：见上文“常例的解释”的“牙喉音”的第三部分。

心母与来母、泥母、明母、端组、见组等的相谐：心/来相谐：数/娄；心/泥相谐：絮/女、如；心/明相谐：丧/亡；心/端组相谐：赐/剔，綸/偷；修/條；心/见组相谐：楔/契，歲/劌，宣/桓，所/户。可分别拟为：sl-、sn-、sm-、st-、sk-，分别变为中古的心母或生母。

上述拟音可以抽象表述为“s+C”（C 代表辅音，下同）类复辅音，这个前加的 s-可以看成一个词头（prefix），亲属语言藏语中也有这样一个词头 s-。

（3）喻四与唇牙音相谐。

喻四与唇音相谐的例子：聿/筆

喻四与牙音相谐的例子：鹽/監

既然喻四是 r-或 rj-，那么与唇音相谐的“聿”的上古声母就是 *brj-，与牙音相谐的“鹽”的上古声母就是 *grj-。二者中古都变成 ji-。

3.2.3　关于复辅音

李方桂对复辅音抱谨慎的态度。他承认汉语上古音存在着复辅音，但又认为“现在我们仍没有满意的解决方法”（24 页）。在《上古音研究》中，他讨论了三种复辅音。

第一种是单辅音后面跟介音-r-、-j-、-rj-的形式，如 tr-、trj-、tj-等，可以简写为 Cr-或 Cj-的形式。但他又说，既然认-r-和-j-为介音，这一类也可以除外。

第二种是加词头 s-的形式，如 sthj-（中古审母的来源之一），可以简写为 sC-形式。

第三种就是来母与牙音、唇音相谐，大致采用高本汉的意见，拟为 kl-、bl 等。只不过将其中的二等字改作 kr-或 br-，如“客”的上古音写作 * khrak，“埋”的上古音写作 * mrəg 等等，可以简写为 Cl-形式。

3.2.4 李方桂的上古声母系统

现在我们可以做个小结，李方桂上古声母系统有单辅音与复辅音两个系列。复辅音约有三种形态，详上文，具体有多少个，不详。单辅音声母 31 组，按发音部位分七类，发音方法分三类。照录如下：

	塞音			鼻音		通音	
	清	次清	浊	清	浊	清	浊
唇音	p	ph	b	hm	m		
舌尖音	t	th	d	hn	n	hl	l,r
舌尖塞擦音	ts	tsh	dz			s	
舌根音	k	kh	g	hŋ	ŋ		
喉音	·					h	
圆唇舌根音	kw	khw	gw	hŋw	ŋw		
喉音	·w					hw	

如果将 7 个圆唇声母算作牙喉音的音位变体，与另 4 个清鼻音边音另成一类，我们就会看到这个声母表的声母只有二十纽，把这二十纽与传统声母体系对应，得下表：

唇音	帮 p	滂 ph	並 b	明 m			
舌音	端 t	透 th	定 d	泥 n	来 l	喻 r	
齿音	精 ts	清 tsh	从 dz				心 s
牙音	见 k	溪 kh	匣 g	疑 ng			
喉音	影 ·						晓 h

跟黄侃的古音十九纽相比,非常接近,仅多一个喻纽 r(含中古喻四和邪)。当然,其中许多声母的具体内容不同,如李氏的 g 包含中古"群匣于",而黄侃的匣母却不含"群于",黄氏中古群母归于溪纽,于母归于影纽。从声母大类来看,李氏实际上对中古音声母进行了类似于黄侃的归并,除了纠正了黄氏喻母、群母、邪母等归并错误外,李氏还提供了从上古声母发展到中古的语音条件,能说明其古今演变。

当然,李氏并没有提出一个完备的谐声字表,无法得知其所谓"特殊谐声"字的全貌,这对于根据其拟音系统推定上古音声母音值带来很大困难。

3.3 主元音、韵尾与声调、韵系

主元音分单元音、复元音两大类,单元音 4 个: a、i、ə、u,复元音三个: iə、ia、ua。

韵尾: 阳声韵尾为 m、-n、-ŋ。入声韵尾为-p、-t、-k。阴声韵尾拟为浊塞音-b、-d、-g、-r。

阴声韵尾-r 是接受高本汉的构拟,专给歌、微与前鼻尾通押、通谐而构拟的。-b 韵尾的字只见于与闭口韵声符谐声的少数去声字,如"位摯鷙、蓋芮荔"等,中古归于至寘、泰祭等韵,不见有平声、上声字,故平、上声打括号。李氏将它们分别归入上古缉、叶两部阴声韵。中古效、流二摄有-u 韵尾,李方桂认为来自上古的圆唇舌根韵尾,故又为上古幽、宵以及与幽部相配的阳声韵中部构拟了一组圆唇韵尾: -kw、-gw、-ŋw。

声调: 平声不作标记,上声标-x,去声标-h,所以,李方桂的韵尾与声调系统如下:

	平声	上声	去声	入声
阴:	(-b)-d、-r、-g、-gw	(-bx)-dx、-gx、-gwx	-bh、-dh、-gh、-gwh	
阳:	-m、-n、-ŋ、-ŋw	-mx、-nx、-ŋx、-ŋwx	-mh、-nh、-ŋh、-ŋwh	
入:				-p、-t、-k、-kw

李方桂在《上古音研究》中并没有列出韵系表,但我们按照这个基本设计,参考他每部举出的拟音例字,依其 4 个主元音,排出李氏上古韵部系统的 4 个系列的

韵基形式。他的上古韵系二十二部，大致是江有诰二十一部加上王力分立的微部，阴、阳相配。阴声韵部中包含入声字，所以我们列的表中每部先列出入声韵基再列阴声韵基，中间以顿号隔开。韵基旁附的括号就是含复元音的韵母，包含两个内容：其一，带 i 元音的韵母，这个 i 不是介音，而是韵母的元音，表示该韵基的中古四等韵以及重唇音三等韵等韵母的来源。其二，带 u 元音的韵母，仅出现于"祭、歌、元"部，用于解释这几个韵发展到中古舌齿音的合口音来源。祭、歌二部同配元部。

ə 元音系列

之部 ək（iək）、	əg（iəg）	蒸部 əŋ（iəŋ）
幽部 əkw（iəkw）、	əgw（iəgw）	中部 əŋw（iəŋw）
缉部 əp（iəp）、	əb（iəb）	侵部 əm（iəm）
微部 ət（iət）、	əd（iəd）	文部 ən（iən）
	ər	

a 元音系列

祭部 at（iat、uat）、	ad（iad、uad）	
歌部	ar（iar、uar）	元部 an（ian、uan）
叶部 ap（iap）、	ab（iab）	谈部 am（iam）
鱼部 ak（iak）、	ag（iag）	阳部 aŋ（iaŋ）
宵部 akw（iakw）、	agw（iagw）	

i 元音系列

脂部 it、	id	真部 in
佳部 ik、	ig	耕部 iŋ

u 元音系列

侯部 uk、	ug	东部 uŋ

根据这个构拟系统来拟测上古音，仅仅知道被拟测字的上古韵部等呼以及上古属于哪一声纽还是不够的，还须知晓该字在《说文》中的谐声情况，方可判断它是不是要拟作复辅音或别的什么声母。如上古之部三等开口"耻"字，其声母中古

属舌上次清彻母,按“古无舌上音”的规律,上古可类推为透母,但《说文》“耻(耻)”字从耳得声,“耳”字中古日母,上古为泥母,则该字是泥母与透母相谐,声母当拟为清送气鼻音,故“耻”字的上古音: * hnrjəgx。这长长一串符号中,声母: hn,介音: rj,韵基: əg,声调标志: x。

李方桂的拟音系统承认上古存在复辅音系统,但他的研究又还没有确定上古音中究竟有多少类、每类有多少个复辅音,留下了空白,运用李方桂系统构拟上古所有音节的音值,可能有一些细节还无法确定,只能得其大体。这可能是李方桂本人在《上古音研究》的每个韵部中,也只提出举例性的字拟音,没有提供完备的上古音字表的原因吧。

上述两家很有代表性的上古音构拟系统,看起来非常不同,但它们都有一个共同点,就是都在综合清儒研究成果的基础上作构拟。在声母方面都吸收“古无轻唇音、古无舌上音、娘日归泥、喻四归定(舌头音)、喻三归匣、照二归精”等成果。在韵系方面,都坚持一部一个主元音。王力三十部、李方桂二十二部,看起来分部差别很大,但实际上其差别只是有没有将入声独立,实质乃清儒审音与考古的差别而已。

第三章　中　古　音

中古是汉语语音史接续上古音的时代，其时段一般定于汉末至中晚唐，即从公元3世纪到9世纪约六百余年。该时段的语音发展又可以以隋朝（581—618）为界，分为前后两期。前期从汉末到隋，通语音系脱离上古向中古发展，直至以《切韵》为标志的中古通语标准音系成立。后期从隋至中晚唐，这几百年间，从诗文用韵、音释和对音等研究可知，其通语语音逐渐向近代靠拢。

第一节　中古音代表音系

一、《切韵》音系概貌

《切韵》音系历来被认作中古音的代表音系。我们在第二编已经详细地介绍了《切韵》音系的音类、音值研究，分别给出了《切韵》音系的三个下位子系统：声、韵、调系统，其中声母有36个，韵母154个，声调有4个。具体内容详第二编相关章节。

中古时代的这个代表音系被完整地记录于经典韵书《切韵》之中。但《切韵》在韵书发展史上并不仅仅是一种韵书，经唐宋间四百余年的反复修订，从《切韵》直到《广韵》形成了一系列的韵书，被统称为《切韵》系列韵书。在众多的《切韵》系列韵书中，今所见的足本只有两种：一是故宫旧藏的唐人王仁昫编的《刊谬补缺切韵》（成书于706年，简称《王韵》），一是宋人陈彭年、丘雍主编的《大宋重修广韵》（成书于1008年，简称《广韵》）。前者深藏禁宫人所少见，后者世所传承一直至今。两书成书的时代相差三百多年，各自编韵、收字、注音等多有不同，但其所记录的音系是相同的。其中《广韵》因代代流传，影响尤著。《切韵》音系的中古时代权威地位通过《广韵》的普遍使用表现出来。体现在两个方面：

一是《广韵》提供中古时代通语的全部音节的反切，奠定了中古音音韵地位的基础。《切韵》音系的声韵调拼合成的中古汉语全部音节，通过《广韵》所收约

3 800多个小韵表现出来。每个小韵代表一个音节,每个音节都给出一个注音,除个别特殊情况外,注音都用反切。反切上字与声母相关联,反切下字与韵母相关联,人们可以凭反切上、下字找到其所属声母、韵母,然后确认其在中古音的音韵地位。

二是通过声韵调系统提供全体汉字读音的正音。《广韵》收字多达两万多个,几乎可以涵盖中古时代的全部常用汉字。人们可以凭借《广韵》的韵调系统和反切上下字,确认整个中古时代汉字的标准读音。因此,该书的注音也长期以来作为汉字标准音读而起到正音的作用,以此行使汉语共同语标准音功用。

二、《切韵》音系的性质

语音史学家对《切韵》音系的研究始于清末的陈澧,陈澧以及之后高本汉的巨大成功,推动《切韵》音系成为音韵学研究的重点和热点。在对《切韵》的频繁研究中,学者们注意到了一个重要的问题,就是其音系的高度复杂性。《切韵》音系声、韵之复杂,唐人即有分韵苛细之责难。晚清以来,研究《切韵》音系诸家,无不思索,为什么会有这么复杂的一个音系在公元6世纪前后出现?如果真像陆法言《切韵序》所说的“古今通塞,南北是非”杂凑,那它就是一个拼凑古音和方音而成的音系,而不是一个纯一的实际语音系统了。对这个音系该怎么看,由此引出《切韵》音系性质的讨论。关于《切韵》音系的性质,学者们作了很多的探讨。在20世纪50年代,《中国语文》甚至辟有专栏,讨论《切韵》音系的性质,刊发了一系列的文章。综合前后学者们的意见,可以大致确定有三种观点。

2.1 综合音系说

综合音系说,是说《切韵》音不是一时一地之音,而是综合古今南北语音特点而形成的音系。持此说的学者有章太炎、罗常培、张琨及何九盈等。综合音系的主要论点:其一,《切韵序》有言:“因论古今通塞,南北是非”,这被认为是综合音的自述。其二,《切韵》音的复杂程度与整个语音史不相称。比方说,上古音韵部约三十个,近代音《中原音韵》只有十九个韵部,这些韵部都是忽略声调的,大致对应于《切韵》的“韵系”(入声问题稍复杂一点),但《广韵》却有六十一个韵系,数目远远超过上古和近代,因而在整个语音史的中古时段形成一个极不相称的纺锤形。这个不自然的膨胀正好说明其音系的综合特性。其三,古文献及古方言的证据。如罗常培曾遍考六朝文人用韵，得出《切韵》分立鱼、虞两韵是综合太湖周围的吴音而来，而当时大多数的北音鱼、虞都没有分别。可见《切韵》之分韵，大概就是采取了从分不从合的“最小公倍数的分类法”（罗常培1931，377页）。又如何九盈（1961）曾列出综合音系的六条内证，其中就有一条，即敦煌出土《王韵》的韵目下多注“某韵依某某分”之类，说明《切韵》音系的综合特征。

按综合音系说，《切韵》声、韵类并不表现一个中古实际存在的具体音系，乃人工拼凑而成，那它是否能作为中古音的代表也就值得重新考虑了。王力晚年著《汉语语音史》（1985），改变《汉语史稿》（1957）对整个语音史4期的划分，重新分期为9段。其中核心变化就是不以《切韵》为中古音的代表。他根据罗常培、陆志韦等人的说法，确定《切韵》不是一时一地之音，把《切韵》定位为整个汉语语音史的参照系统。在9段分期中，相当于以前中古音阶段的是“魏晋南北朝、隋-中唐”两段。他分别以诗文用韵、音释等文献语音材料为研究对象，重新构建了两个时段的语音系统。这个分期，改变了传统的做法，是一次新的尝试。

2.2　单一音系说

高本汉最初确定《切韵》音是隋代首都长安的语音，这其实就是确认《切韵》音是一时一地的单一音系，从这个意义上说，高本汉是最早的单一音系主张者。长安音说曾经产生了很大的影响，如起初周法高论玄应音都引以为据。但精通历史尤其是中华文化史的陈寅恪先生却不以为然，陈寅恪在《东晋南朝之吴语》（1936/1980参阅本编第六章）的基础上扩大范围，发掘大量史料，作《从史实论切韵》（1948/1980）一文，从文化传统、语言心理、语言社会交往、八位参与论韵者的生平履历以及编韵参考诸书特点等各个方面，论证《切韵》音这样的有深厚文化积淀的标准音只能是有着悠久文化传统的洛阳音而非长安音。他说“自史实言之，《切韵》所悬之标准音，乃东晋南渡以前，洛阳京畿旧音之系统，而非杨隋开皇、仁寿之世长安都城行用之方言也”（364页）。陈氏之说，证据充分，无可辩驳，有力地否定了长安音说，自此长安音之地位为洛阳音取代。虽然“长安音说”落败，但在《切韵》音的性质问题上仍未形成洛阳音的统一天下，单一音系还是综合音系的争论并未停息。

不同于综合音系说的人工拼凑音系的表述，单一音系说认为，《切韵》音系所描写的是中古时代一个具体的汉语音系，换句话说，《切韵》音系是有一个具体方言作为其基础音系的。它可能考虑到方言之间存在着差异,采撷某些方言的音类,但这也是在进行折合之后采入的,并没有出现音系上的音类综合。持单一音系说的学者主要有高本汉、陈寅恪、周法高、李荣、王显、邵荣芬、薛凤生等人。单一音系说的主要论点:其一,对于《切韵序》所说的"古今南北"不能过于认真,古人写文章骈四俪六,常有凑句增字,而没有什么实际意义。他们认为序所称"古今"的古,不可能指"古音",古音学研究是清代以后的事,六朝时不可能有古音研究。今按,古音系研究直到清代才有,当然不会在六朝出现。但若说偶一论及某字之古音,汉魏六朝却是有的。陆法言所说的"古今"可能即指这些零散偶然一提的古音。当然,在韵书中补入这些古音,并不会影响其音系的性质。其二,颜之推《颜氏家训·音辞》篇明确地说,"参校方俗,考核古今,为之折衷。榷而量之,独金陵与洛下耳"。颜氏是"长安论韵"的主要成员,许多有争议的语音现象,"颜外史、萧国子多所决定",他说了他的语音依据就是南朝的首都金陵或北朝的文化重镇洛阳,而金陵、洛下实为同一音系,其间仅略有差异而已。其三,同样也有古文献与古方言的语料说明《切韵》音的单一性。如周法高的《玄应音义考》,认为玄应反切系统所表现出来的语音特征与《切韵》音系进行比较,相同者竟达90%以上。邵荣芬拿唐天宝六载(747年)成书的洛阳处士何超所作《晋书音义》音系与《切韵》音系对比,发现两书几乎没有什么不同。得出"《切韵》音系和其同时期的洛阳音系简直吻合到了惊人程度"(邵荣芬1982,6页),并由此推论,《切韵》的语音基础是中古时代的洛阳音。其四,至于分韵苛细,是韵书要"赏知音"注重审音的缘故。可能把细微差别悉数表现出来,故分韵很多。但若是人工综合不同音系而成一个音系,这种可能不大。

2.3 读书音说

此说发自周祖谟先生。周先生写《切韵的性质和它的音系基础》一文,提出《切韵》音系是读书音的观点。周先生说:"《切韵》是根据刘臻、颜之推等八人论难的决定,并参考前代诸家音韵、古今字书编定而成的一部有正音意义的韵书。它的语音系统就是金陵、邺下的雅言,参酌行用的读书音而定的。既不专主南,亦不专主北,所以并不能认为就是一个地点的方音的记录。"(《问学集》上,445页)"《切韵》音系的基础应当是公元6世纪南北士人通用的雅言。"(471页)什么是"雅言"?就是文学语言。周先生的观点很有说服力,被许多学者所接受。我们在前面介绍《切韵》时，给它下的定义是中国历史上第一部记录汉语中古时代标准音的韵书。标准音就是指的通语雅言之音。

切韵音系有传统经典韵书《切韵》的完整记录，一直作为读书识字的正音标准使用，又有诗文押韵的支持，完全符合通语的共性，将它作为中古时代民族共同语的语音系统是合适的。

关于中古通语语音的研究，除《切韵》音系之外，还有许多成果。下面择要简介。

第二节　中古通语的其他研究

中古通语音的其他研究主要围绕《切韵》进行，为了了解《切韵》音系的真实性，证明它是否曾经实际存在，学者们发掘了《切韵》同时或稍有前后的语料，进行了一系列的外围研究。这些研究大致可归纳为：诗文用韵研究、音释研究、对音研究、唐五代韵书研究等几个领域。其中诗文用韵、音释和梵汉对音三项比较突出，略作介绍于下。

一、诗文用韵

1.1　综述

魏晋以及唐代，是中国诗歌从古体发展到近体逐渐成熟的时代，近六百年间，诗家辈出，作品丰富，留下了极有价值的用韵语料。清儒江永在研究《诗经》韵系时就设想利用这批语料考察语音流变，他说："试用治丝之法，分析其绪，比合其类，综以部居，纬以今韵，古音犁然。……又可考屈宋辞赋、汉魏六朝、唐宋诸家有韵之文。审其流变，断其是非。"（江永 1982，3 页）这大概是最早涉及从诗文用韵考中古韵系的论断，后来罗常培形象地称诗文考韵的方法为"丝贯绳牵法"[①]，其内涵跟江永"治丝之法"是相通的。然总体说，清代学者对《诗经》群经用韵有充分的研究，但中古及其以后的语音研究着力不够，虽有少数人作过研究，却多有可议之处。

① 见罗常培《北京俗曲摘韵》（天津古籍出版社 1986 年第 6 页），又严学窘《八十自述》（《语言研究》1993 年增刊）亦提及罗氏的这个研究法。

如清儒纪昀写《沈氏四声考》(丛书集成初编本)意在证明所谓“沈韵”早于《切韵》,王念孙、洪亮吉也曾将目光移向汉魏诗音,但只是做了若干材料的纂录、排比工作。

系统地以诗文用韵研究中古音的是现代音韵学家,尤以中古前期语音研究为突出。

王越《三国六朝支脂之三部东中二部演变总说》,是最早研究魏晋以来诗文用韵的论文。该文发表于 1933 年 2 月的《中山大学文史学研究所月刊》(一卷二期)。作者为解释汉代乐府韵脚,同年 11 月又刊发《汉代乐府释音》(《月刊》二卷一期)一文。一年两文,用力甚勤,然毕竟草创之初,容有未备,“大体都是承袭清人旧说,发明不多”。继作者是于海晏《汉魏六朝韵谱》(1936),该书资料“收罗之富,可以说是前所未有。但是全书的缺点还很多”。大概可归为两点:一是摘录韵脚不准确,有的读破句,有的不合韵例。二是仅标注韵脚字在《广韵》的韵属,集为韵部,不辨正例与混押,既看不出各部分类的界线,又看不到方音差异,虽分为三期,可无法看到音韵演变的趋向。[①] 看来其书正如其名,仅作韵谱而已,不作语音分析。然该书将汉魏六朝分为汉代、魏晋宋和齐梁陈隋三个时段,王力先生对此颇为赞赏云:“三期之分,尤见恰当。”[②]后来罗常培、周祖谟先生的研究沿用了这一时代划分。

几乎跟于海晏同时,王力先生(1936)写《南北朝诗人用韵考》,这是第一篇从语音演变的角度,讨论南北朝诗人用韵的论著。该文上联古音,下探《切韵》,系联韵脚,排比南北朝用韵实际韵部系统,得舒声韵 36 部、入声韵 18 部。所列韵部与《切韵》大同小异,因此得出“《切韵》大致仍以南北朝的实际语音为标准”的看法。四十多年后,作者(1982B)又有《范晔、刘勰用韵考》一文。

对中古时代《切韵》之前诗文用韵作全面系统研究的是罗常培、周祖谟两位先生。罗先生很早就想继清人之后,全面研究两汉魏晋南北朝的所有韵文资料,设想写出四大分册的《汉魏晋南北朝韵部演变研究》,四个分册为:(1) 两汉,(2) 魏晋

---

① 以上有关王越、于海晏论著的评述的引文及观点,均取自罗常培、周祖谟《汉魏晋南北朝韵部演变研究(第一分册)》,科学出版社 1958 年第 3—4 页。

② 语见《评〈汉魏六朝韵谱〉》,《王力文集》第二十卷,原载天津《大公报》1936 年 9 月 17 日。

宋,(3) 齐梁陈隋,(4) 结论。其目的在于填补从《诗经》韵脚归纳出的周秦音和自《广韵》及敦煌韵书等反切研究出的隋唐音之间近千年的一整片空白。然 1958 年以罗常培、周祖谟两人共同署名的第一分册出版之后,因罗先生在同年 12 月逝世,第二分册以下就搁置起来。直到"文革"结束之后,周祖谟先生继续研究,终于续成《魏晋南北朝韵部之演变》一书,于 1996 年由中国台湾东大图书公司出版。续作分上下两篇,上篇为《魏晋宋之部》,下篇为《齐梁陈隋之部》,显然此即原计划的第二分册(魏晋宋)、第三分册(齐梁陈隋)内容,每篇都有一章作该时期的韵部总说,可能就是原计划的第四分册内容。合罗、周二先生之力,近半个世纪成一系鸿篇巨著,无疑为一段学界佳话。两书历叙从两汉至隋代用韵的演变,基本观点是两汉为一期,魏晋宋为一期,魏接近汉代,宋接近齐梁,晋乃从魏至宋之中转。齐梁陈隋为一期,这一期诗人用韵更加接近《切韵》,甚至连一、二等重韵大多分用。"据此可知,《切韵》分韵很细,确实是有实际语音作根据的。"(《魏晋南北朝韵部之演变》704 页)两书学术价值极高,第一分册早就受到学术界"一致推许",被评为"方法谨严,结果最有价值"[①]之上品,这个评语当然也适用续作。

在周祖谟先生的续作出版之前,丁邦新先生于 20 世纪 70 年代,在于海晏《韵谱》的基础之上,系统研究魏晋诗人用韵,著《魏晋音韵研究》(1975)一书,原文为英文。该书归纳魏晋两代韵文的韵脚字成为若干魏晋韵部,根据各韵部中韵字的类别,并参照上古及中古音的已有拟音,给这些韵部拟音。上探两汉,下窥六朝,希望在上古音与中古音之间建起一座桥梁。该书的特点是对魏晋韵系作出了构拟。

隋代是《切韵》诞生的时代,齐梁陈隋四朝诗文用韵非常接近《切韵》,那和《切韵》同时代的隋代诗文用韵情况如何?李荣(1961、1962)《隋韵谱》可以回答这个问题。该文对隋代诗文包括墓志的用韵进行穷尽考察,"目的是罗列事实","供研究《切韵》的参考"(《音韵存稿》,135 页)。结果是隋代用韵四声分押,基本上没有跨摄通押(跨摄通押仅 14 例),同摄之中开合、洪细间有通押,四声相承之间通押完全对应。各种通押大多数符合《广韵》所附同用的规定。如遇摄虞模(举平以赅上

① 语见丁邦新《魏晋音韵研究》第 291 页。

去,下同)同用37次,而鱼虞通押11次,鱼虞模通押7次,后两种通押合起来18次,还不到虞模同用的一半。单独考察而得的隋代用韵,同样可以印证前述王力、罗常培、周祖谟诸人的观点。

至于中古后期,唐诗用韵的研究起步较晚,1944年,张世禄发表《杜甫诗的韵系》;1957年,鲍明炜《李白诗的韵系》发表,后来鲍明炜连续发表《白居易、元稹诗的韵系》(1980)、《初唐诗文的韵系》(1986)等文章,于1990年出版了《唐代诗文韵部研究》一书,该书是鲍明炜研究唐诗用韵阶段性成果,主要研究了初盛唐诗韵。鲍明炜之后,唐诗用韵研究还有一些学者继续进行,陆续发表了一些文章,这里就不一一介绍了。总之,唐代诗文用韵反映出《切韵》音系韵部同用的范围正在逐渐扩大,显露出某些向近代过渡的特征。

1.2 韵系

从魏到隋属于中古的前期,其诗文用韵大别为魏晋宋、齐梁陈隋两期。两期都在中古时代,但前期用韵近汉,后期接近《切韵》,故后期更有资格代表中古音系。现介绍周祖谟(1996)《魏晋南北朝韵部之演变》下篇所列的"齐梁陈隋韵系",与《切韵》韵系对照。所列韵表仍采用阳声韵、入声韵、阴声韵并排的方式,是为了方便观览,并不是说阴、入、阳三者相配。齐梁时代的韵部配合关系已经是与《切韵》四声相承相似的方式,即"阳-入"相配,阴声韵另成一系。表中阳-入相配的韵中间以横线联拢,打方括号的韵部在押韵中没有韵脚出现,是据系统推出的。韵部旁圆括号表示这些韵部在实际押韵中可以同用,实际上表示该部包含有《切韵》的哪些韵部,举平以赅上去。

阳声韵————————入声韵	阴声韵
东————————屋	脂(脂之)
钟(冬钟)————————烛(沃烛)	微
江————————觉	咍(咍灰)
阳(阳唐)————————药(药铎)	皆
庚(庚耕清青)————————陌(陌麦昔锡)	齐

续　表

阳声韵——————————入声韵	阴 声 韵
蒸——————————职	泰(泰废)
登——————————德	祭(祭霁)
真(真谆臻殷)—————— 质(质术栉迄)	支
文——————————物	佳
魂(元魂痕)—————— 月(月没)	歌(歌戈)
先(先仙)—————— 屑(屑薛)	麻
山——————————黠	鱼
删——————————[鎋]	模(模虞)
寒(寒桓)—————— 曷(曷末)	侯(尤侯幽)
侵——————————缉	豪
覃——————————合	肴
谈——————————[盍]	宵(萧宵)
盐(盐添)—————— 葉(葉怗)	
严(严凡)—————— 业(业乏)	

表中入声鎋、盍两韵的字押韵中没有出现，其阳声删、谈独立，推测入声也当独立，加方括号以示区别。又咸、衔两韵系仅出现一个咸韵系上声“脸”字，与盐韵通押，它们是否成为独立的韵部，看不出来，谱中没有列出。

齐梁陈隋时代诗人用韵具有如下特点：

(1) 二等韵独立：江、山、删、皆、佳、麻(含三等字)、肴、觉、黠诸韵均独用，仅庚二、耕、夬、咸、衔没有独立，其中咸、衔字太少，看不出来是否独立。

(2) “凡阳声韵中两韵通用的，其相承的入声韵亦必通用”(704 页)，阳入同用对应，表明阳入相配。

上两点跟《切韵》立部相同，尤其是重韵如一等“东、冬”“灰咍、泰”“覃、谈”，二等“佳、皆”“山、删”等都是分用，更是符合《切韵》分韵。“由此可知，齐梁人分韵

的类别与《切韵》编排是相应的。"(705 页)

有四点跟《切韵》不同:

(1) 同摄内洪细通押,如冬钟、阳唐等。

(2) 三、四等通押,如先仙、盐添等。

(3) 殷韵或跟真韵通押,或跟文韵押韵,没有独立。

(4) 真臻不分,庚耕清青多数不分,但青韵有很多人独用,陌麦昔锡不分,尤侯幽不分。

这些不同,大多是同韵、同摄内部的洪细、开合通押。参加《切韵》讨论的刘臻、颜之推、魏澹、卢思道、薛道衡诸家都有诗文流传,他们也都有这些同用。周祖谟先生由此推测:"从这一点我们可以了解《切韵》是专门注重审音的书,尽管文章里两韵通用,而韵书里必须严辨同异。所以陆法言《切韵序》说:'欲广文路,自可清浊皆通;若赏知音,既须轻重有异。'这就是陆法言著《切韵》的基本精神。"(705 页)显然,周先生将齐梁陈隋用韵的系统看作《切韵》音系"广文路"的韵系。

二、音释研究

音释(phonetic transcription)本指古代学者注释典籍时给疑难字加注读音的一种诠释行为,结果是产生了拼读字音的条目,这些条目也可以统称为音释。在汉语研究历史上,从汉末魏晋以至隋唐,经师注疏经传风气大兴,诠释学非常发达,出现了一大批音释著作,其中著名的有《经典释文》《博雅音》、玄应《一切经音义》、慧琳《一切经音义》等,都已辑为专书。还有附经而行的如李善《文选注》、颜师古《汉书注》,《史记》张守节、司马贞注等等。这些音释名著大都成书于隋唐时代,与《切韵》时代不相上下,它们音注反映的是中古语音,正可以与《切韵》相表里。从 20 世纪 20 年代以来,学者对几种重要的音释著作作了系统研究,提供了深入研究《切韵》的有价值资料,丰富了中古音的研究。

2.1 慧琳音义研究

早在 20 世纪 20 年代末,黄淬伯(1899—1970)系统地研究了唐代僧人慧琳(737—820)《一切经音义》(810 年前后成书)的音注反切系统,于 1930 年分别以《慧琳一切经音义反切声类考》(《历史语言研究所集刊》1 本 2 分)和《慧琳一切经音义反切考韵表》(《国学论丛》2 卷 2 期)发表,1931 年汇总为《慧琳一切经音义反切考》刊于《史语所专刊》之六。该书采用系联加比较的方法,考出慧琳音义的声类 67、韵类 132(按,黄氏称之为“韵部”,实为区分声调与洪细的韵类),132 韵类忽略声调与洪细差异得韵部 37 个、声调 4 个。这些类目跟《切韵》相较有许多不同。因为作者当时考其反切的主旨是明其音类,故这些复杂音类该如何解释,该如何定义慧琳音系的性质等等问题尚不遑俱论,仅于行文中偶尔论及其时、空之异,如卷三《韵类考》之尾论韵类归属的差异曰:“惟仙韵之三等字归并于元,四等字归并于先,尤韵轻唇音转虞,侯韵唇音字转模,麻韵音近佳皆,凡此数端,显然与众韵异派,是乃根据关中音著韵之特征者耶?”(70 页)诸如此类,可见作者早已想到音系可能是一个具体方言的音系。此后三十余年间,作者从时、空差异思考,其慧琳音乃一时一地之音的思想趋于明朗,终于定性慧琳音系为唐代关中语音。于是修订旧作,于 1970 年完成《唐代关中方言音系》(江苏古籍出版社 1998 年)一书。关于《唐代关中方言音系》,我们将在后文第六章历史方音中介绍。

黄淬伯是最早系统研究慧琳音义的学者,其后又有姚永铭、丁锋、金雪莱、李秀芹、张铉等人的研究,其成果各有千秋,但限于篇幅,恕难一一。

2.2 玄应音义研究

唐代另一部由僧人撰写的佛经音义玄应(? —约 661)《一切经音义》(约成书于 650 年),离《切韵》仅差半个世纪,与《切韵》音作比较当更为直接。20 世纪 30 年代后期,周法高在罗常培先生指导下,研究唐代玄应《一切经音义》反切,于 1941 年 7 月以《玄应音研究》论文获硕士学位。后来写成《玄应反切考》一文,刊于《历史语言研究所集刊》第二十本上册(1948A)。他在《玄应反切考》中采用反切系联法,考得玄应音系声类 33 个、韵类 268 个。将这个系统跟《切韵》比较,结果是百分之九十相合,周法高因此说:“玄应音和《切韵》音接近的程度,除了《切韵》系的韵书(如《唐韵》《广韵》)以外,没有一项材料赶得上它。声母方面,和《切韵》大体相同。……《切韵》的韵类一百左右(除去声调分别不计)和玄应相合的有九十类左右,约占百分之九十。”(374—375 页)周氏特别提到,就连《广韵》重纽这样长期令人不解的音类,在玄应《一切经音义》反切里都有分别。可见玄应音义与《切韵》的密合程度。周氏由此认定:“二书的作者有一个相同的,活的方言做蓝本,……所以他们系统之相近便是意中事了。"(376 页)他推断这个活方言就是长安音(按,关于长安音参后文第六章)。在这个基础上,作者又写《广韵重纽的研究》(1948B)、《从玄应音义考察唐初语音》(1948C)等论文,讨论初唐语音。

玄应音义在周法高之后,也有不少新的研究,如王力(1980)《玄应一切经音义反切考》。21 世纪以来,作玄应音义语音系统研究的又有黄仁瑄、李吉东、王曦等人。

2.3 经典释文研究

2.3.1 概说

陆德明(约 550—630)的《经典释文》成书于陈后主至德元年(583 年),是一部传统儒家经典的音义总集,收集中古音注资料之宏富,在隋唐时代无与伦比,其音释反映的语音现象纷繁复杂,是研究中古前期魏晋南北朝语音的宝贵语料。现代学者对它的研究也是多种多样,如罗常培(1939)《〈经典释文〉和原本〈玉篇〉反切中的匣于两组》对其中匣于两母的语音进行考论,闻宥(1931)《〈经典释文〉反语与〈广韵〉切语异同考》作同期语音材料的比较与考证,蒋希文(1999)《徐邈音切研究》是对《经典释文》所收古音注家语音的个案研究专著,葛信益(1993)《陆德明〈经典释文〉异读与〈广韵〉》考证其中又音异读,吴承仕(1984)《经典释文序录、疏证》对《经典释文》作文献的疏理与校勘辨析,黄焯(1980)《经典释文汇校》则是全面的整理与校勘。

对《经典释文》音系进行研究的主要有三家。王力(1982C)《〈经典释文〉反切考》,日本学者坂井健一(1975)《魏晋南北朝字音研究》和邵荣芬(1995A)《〈经典释文〉音系》,三家各有特点。王力以《切韵》音系为参照,分析了《释文》中声类、韵类之间的混切,归纳这些混切,合并音类,得到《释文》的声、韵系统。该文的不足有两点:一是考论混切论据多为举例性质,二是没有区别陆氏自注的首音与引述之音,语料杂糅。坂井健一从分析《经典释文》所引魏晋南北朝经师音切入手,跟《切韵》比较,考订声类和韵类的分合,探求字音的变化。然对陆氏本人的反切全然未予论及,是为遗漏。三家之中,邵荣芬之书最为晚出,因而能补二家之缺漏,后出转精。

2.3.2 邵荣芬的研究

邵荣芬区别《释文》每条音注的首音(含一字多音)与杂引诸家之音。"首音"

是陆氏在每条音注中“标之于首”的音，其特点是“典籍常用，会理合时”。至于杂引其他各家之音，大致分为两种：“苟有可取”的，即有参考意义的，照录而“各题姓氏，以相甄别”；如果是“出于浅近”没什么参考价值的音，也录下来以“示传闻见”。邵先生认为“典籍常用，会理合时”这八个字是陆德明判断正确与否的标准，符合这个标准的他就排在注首，与排在后面的杂引之音相区别。这意味着，排首位的音注是正确的读音，符合当时标准，因而是标准语音。所以，要研究《经典释文》的语音，必须以“首音”为研究对象。

邵氏运用系联法，对照《切韵》音类，对《经典释文》57 768 条首音进行研究，其中反切 41 670 条，切上字 768 个，下字 1 404 个；直音 16 098 条，直音用字 1 608 个。归纳《经典释文》音系声母 30 个，韵母 120 个。

跟《切韵》音系比较，陆氏 30 声母，比《切韵》少“知彻澄娘邪神俟”7 纽。即舌上舌头不分，从邪不分，神禅不分，崇俟不分。

韵母方面，邵氏提供的数据，120 韵母（不计重纽），比《切韵》音系少 19 母。其中舒声少 12 个，即：支三开合 2（数字表示韵母数，下同），之开三 1，齐开三 1，殷三 1，歌三 1，戈三 1，耕二开合 2，庚三开合 2，咸开二 1。入声少 7 个，即：迄开三 1，鎋合二 1，麦二开合 2，陌三开合 2，洽开二 1。这就意味着，《经典释文》音系韵的方面，止摄支脂之三韵系合并，殷韵系并入真韵系，山摄入声鎋韵并入黠韵，庚韵系开合二等并入耕韵，庚韵系开合三等并入清韵，咸衔两韵系合并。齐韵三等字《释文》未见，邵氏断为“陆德明的齐韵系没有三等一类”（169 页），另外，冬韵系上声，咍韵系三等平声，产韵合口上声，歌戈两韵三等平声都缺字，其韵母情况不明。

重纽是《切韵》的一个大问题，在《经典释文》中重纽八韵系 A、B 两类混切占有一定比例，有的高达 30%以上，如祭开口 A、B 混切 37.15%，艳韵 A、B 混切 36.66%。但也有祭合、准合、稕合、寝开、沁开五韵不混。邵先生举“駰”字的注音为例：

駰，《字林》乙巾反，郭央珍反，今人多作因音。（卷三十）

该音注中将“乙巾反”与“因”对比，意味着两音不同，而“乙巾反”与“因”正是《广韵》中的重纽，邵先生因此推论这里“明确地透露出至少在他的（按，“他”指陆德明）语言里这两个音是有区别的”（128 页）。因而邵荣芬估计《经典释文》音中大多数重纽有分别。他把这称为“估计性结论”,详细准确的结论还有待进一步研究。

从邵荣芬的研究看,《经典释文》的语音系统与《切韵》相同者十之八九,不同者占少数,但这些不同却很有特色。声母的“从邪不分”“神禅不分”,在颜之推《音辞》篇中就提及,且颜氏指为南方语音的讹变。这个南方应当是指魏晋时代由北方移民带来的南朝通语(参鲁国尧《颜之推谜题及其半解》),而陆德明《经典释文》竟完全与颜氏所说相同。所以,邵荣芬由此认定《经典释文》音系就是以金陵音为代表的南方标准语音,“因此被我们重建起来的这个反映金陵音系的陆德明音系,就其实质和重要性来说,简直就可以把它叫作《南切韵》”(253 页)。邵先生只研究了首音,不涉及杂引诸家之音,原因是诸家之音来源杂,不能代表陆德明的语音。诸家之音另有人研究,如蒋希文(1999)对徐邈音的研究。不过,邵荣芬对《释文》首音中一些零散不成条例的特别音切,概以变例目之,没多分析,有可能遗漏了某些古方音现象。

邵荣芬先生之后,做全面研究的又有万献初、沈建民、杨军等人,也有就某一方面语音进行研究的,如王怀中论释文的唇音、李秀芹论其重纽等。

2.4 其他研究

除两本《一切经音义》《经典释文》之外,隋唐其他音释也有研究,如隋曹宪《博雅音》有黄典诚(1986)《曹宪〈博雅音〉研究》,唐何超《晋书音义》有邵荣芬(1981A)《〈晋书音义〉反切的语音系统》,《史记》三家注音切有黄坤尧的系列论文,李善《文选注》有徐之明、张洁等人声类、韵类考的系列论文等等,就不一一介绍了。

三、梵汉对音研究

3.1 初期研究及方法大讨论

最早使用梵汉对音材料研究中古音的是法国汉学家马伯乐。马伯乐在 1920 年发表《唐代长安方音》(*Le dialecte de Tch'ang-ngan sous les T'ang*, BEFEO., XX, 2, 1920)一文,利用盛唐“开元三大士”之一的不空(Amogha Vajra)所译佛经中的音译词和密咒译音来构拟公元 8 世纪长安音声母的音值。

1923年，北大《国学季刊》创刊号刊发胡适翻译的俄国汉学家钢和泰（Alexander von Stael-Holstein，1877—1937）《音译梵书与中国古音》一文。该文依凭宋僧法天所译的梵咒与颂偈，旁证高本汉所拟的中古音。《国学季刊》在发刊词中特地指出："用梵文原本来对照汉文音译的文字，很可能帮助我们解决古音学上的许多困难问题。"虽然钢和泰所考的内容并不多，但却有方法论的重要意义，不但揭示了梵汉对音的研究方法，而且还从理论上确认了利用梵汉对音材料考证古音的重要性与可行性。

接下来汪荣宝（1878—1932）在《国学季刊》第一卷的第二期发表《歌戈鱼虞模古读考》（1923）一文。汪氏以日文假名、梵汉对音、西域古地名等材料，论证《广韵》中的歌、戈韵系在唐宋以前的韵母是a而不是o，鱼虞模韵系（即上古鱼部）在魏晋以前是a而不是u或y。尤其是确认上古鱼部的主元音是a，新观点石破天惊，在当时音韵学界掀起了一场大讨论。据魏建功的评述，当时学者对汪氏的研究方法及其结论，有三种态度：一是完全赞同汪说，如李思纯等人。二是以章炳麟为主的一批学者，根本否定汪说。三是钱玄同、林语堂等则在赞同的基础上有所修正和补充①。

这场讨论有力地推动了音韵学研究方法的进步，结果是此后的中古音研究中，梵汉对音成了一个重要的甚至是不可少的语料，研究成果渐见增加。后出诸成果中，有的利用梵汉对音材料对中古语音作专题研究，例如罗常培（1931）《知彻澄娘音值考》以对音语料证中古音系声母的舌上音知彻澄娘的音值为舌尖后音，但较多的是用来作研究《切韵》音系的旁证，如陆志韦（1947/1985）《古音说略》、李荣（1956）《切韵音系》、邵荣芬（1982）《切韵研究》等，都利用梵汉对音的材料来证《切韵》音系中某些音类的音值，如全浊声母为不送气浊音、四等韵的主元音为e等。这些成果都有效地修正了高本汉的研究。

3.2 俞敏的研究

俞敏（1916—1995）在20世纪70年代末发表的《后汉三国梵汉对音谱》（1984/1999）是一篇利用梵汉对音语料系统研究中古音的重要论文。该文利用后

---

① 详魏建功《古音学的大辩论——〈歌戈鱼虞模古读考〉引起的问题》，载《魏建功文集》，江苏教育出版社2001年第93—160页。

汉三国佛典里的梵汉对音语料,研究中古前期汉魏时代的语音,得声母25个(其中已经证明的21个,推知的4个),又得韵部21个。韵部数量较少是因为译音中很多古韵部的字没有出现,而无法归纳韵部的缘故。如有"鱼"部字,没有相配的"铎、阳"部字,有"清"部字,没有相配的"锡"部字等等。从拟音看,这个韵系的主元音有a、u、o、i、e、ɐ等六个。虽然不多,但分布组合相对复杂,有的韵部有2个主元音,如"去入韵"至部和相配的阳声韵真部都有i、e两个主元音。侵、缉两部,甚至因为主元音较多,而分为侵甲缉甲(主元音为i)、侵乙缉乙(主元音为u、o)两部。这个韵系的韵尾亦与常见的不大相同,阴声韵有-r、-l尾,入声或去入韵有-d、-s、-g、-b尾,其中-s尾是去声尾,阳声韵有-n、-ŋ、-m尾。这样一来,主元音与韵尾的组合就相当奇特,有的韵部构拟有两个甚至三个韵基,21个韵部构拟韵基达30个。作者自己说"这篇拙作净是'离经叛道之言'"(1999,50页),可见其不同一般。总之,俞敏的研究提供了一个非常独特的从上古向中古发展的音系。

3.3 改革开放以来的研究

改革开放以来,梵汉对音研究显著增加,研究对象遍布中古的魏晋六朝和隋唐时期。

魏晋六朝以及隋唐两段的梵汉对音研究主要有刘广和、施向东等人的系列论文,如刘广和的系列论文:《东晋译经对音的声母系统》(1991)、《东晋译经对音的韵母系统》(1996)、《西晋译经对音的声母系统》(2001)、《西晋译经对音的韵母系统》(2002)、《不空译咒梵汉对音研究》等,诸文初发时地不一,作者统一收入他的论文集《音韵比较研究》(2002,本章引文取自该书)。施向东的系列论文:《鸠摩罗什译经与后秦长安音》(1999)、《北朝译经反映的北方共同汉语音系》(2004)、《梵汉对音和两晋南北朝语音》(2012)等。

以刘广和西晋对音研究为例。刘广和取竺法护、法矩等十位译经师的对音材料,考其声、韵,得声母34个,其中29个有直接证据,5个推得。这个声母系统较《切韵》声母少娘、邪二纽。韵部33部(其中没有出现对音字的有之、沃、冬3部,可能存在的有东、泰两部)。跟《切韵》音比较,分部较粗。作者看作从上古发展至中古的一个阶段,所以"韵部有的还需要进一步分化,比如宵部隋唐音分裂成豪、肴、宵、萧"(203页)等等。

关于上述诸家的研究,可以参看施向东(2012)《梵汉对音和两晋南北朝语音》一文。该文分别从声母系统演变、韵母系统演变两个方面,介绍了自俞敏先生以来,多位学者据梵汉对音材料研究中古音,尤其是在沟通上古音到《切韵》音之间的变化方面的研究成果。

此外,储泰松(2014)《佛典语言学研究论集》一书中收集了他多篇研究对音的论文。以对音语料研究中古音的还有聂鸿音、孙伯君、李建强、陆辰叶、陈云龙、余柯君以及日本水谷真成(1917—1995)、加拿大蒲立本、美国柯蔚南(South Coblin, 1944—)、泰国顾雄伟(Chatuwit Keawsuwan)等。

第四章　近 代 音

第一节　近代通语音系

一般认为近代通语的代表音系是《中原音韵》音系，但是王力先生晚年所定《汉语语音史》（1985）却没有这样做，只是把《中原音韵》看作元代语音的代表。这一改变，充分照顾到近代语音的实际。因为整个近代时段从晚唐五代经宋元明到清末，大约从公元9世纪到19世纪，时间长达千年左右。其间语音不会一成不变。宋代通语不同于元，元以后明清官话的变化也非常突出，元代出现的描写当时实际语音的韵书只能是元代的语音，既不是宋，也不可能有明清的特点。如果细致地描写汉语语音在近代一千年中的发展，理所当然应该分别叙述。

但是，从总体看，近代语音史作为一个完整的历史阶段，是整个汉语语音发展史上一个组成部分。观察并讨论这一历史时代的语音，需要确立一个代表音系。如果要给整个近代语音史确立一个代表音系，还是以《中原音韵》最为适宜。前文已经提出了以《中原音韵》音系作为近代代表音系的理由，此不赘述。我们还要指出的是，跟《中原音韵》同一个时代的《蒙古字韵》也应当引起我们的充分注意。这本韵书不但使用八思巴字给每个音节注音，形成了最早的拼音文字注音系统，书中的音系也很有特色，跟《中原音韵》音系有重大差异，甚至不能归于同一系统。该如何看待这个音系，也是语音史应当面对的问题。

本章以《中原音韵》为近代语音的代表音系作重点介绍，同时还将简介《蒙古字韵》及其研究概况。

一、《中原音韵》音系

1.1　研究概况

元代曲学家周德清编写《中原音韵》的初衷是指导度曲取韵。所以，面世之后，长期被人们当曲韵工具书使用，从度曲取韵的角度研究它。其中的语音问题，历史上虽然也有过一些零星的研究，但从语音史角度对《中原音韵》的研究，开始于20世纪初。

早在20世纪初，钱玄同就在《文字学音篇》（1918/1988）中指出《中原音韵》为"此六百年之普通口语"（3页），是当时北方活语言之音。最早对《中原音韵》语音进行研究的是罗常培，他于1932年发表《中原音韵研究》，使用"归纳法"考出《中原音韵》声母20个。后来，随着近代语音研究的深入，《中原音韵》越来越受到音韵学界重视，论著蜂出，成就辉煌。除大量单篇论文外，仅研究专著就有（以发表时间为序）：赵荫棠《中原音韵研究》（1936）、陈新雄《中原音韵概要》（1976）、杨耐思《中原音韵音系》（1981）、李新魁《中原音韵音系研究》（1983B）、宁继福《中原音韵表稿》（1985）等几家。此外，还有美国司徒修（Hugh M. Stimson）、薛凤生（Hsueh F. S.），日本服部四郎、藤堂明保也有专著。另外，语音史著作一般都辟有《中原音韵》专章，如董同龢（1968/2001）《汉语音韵学》的第四章的前半部分即是。这些论著都对《中原音韵》的语音系统即其声母、韵母和声调系统进行了考证与构拟，各家的声母、韵母数及构拟，大同小异。

鉴于各家观点互有异同，不便一一介绍，我们将主要介绍杨耐思（1981）的研究成果。下面分别从声母、韵母和声调三个方面介绍杨耐思构拟的《中原音韵》音系，同时简述各家主要分歧。

1.2　声母系统

杨耐思考证《中原音韵》声母二十一个，原书直排一列，没有按五音分类，为便于把握与比较，今对照中古音的分类将它分六类排列。

唇音	崩 p	烹 pʻ	蒙 m	风 f	亡 v
舌音	东 t	通 tʻ	农 n		龙 l
齿头音	宗 ts	愡 tsʻ		嵩 s	
正齿音	支 tʃ	眵 tʃʻ		施 ʃ	戎 ʒ
牙音	工 k	空 kʻ	仰 ŋ	烘 x	
喉音	邕 Ø				

与杨耐思一样,宁继福、薛凤生、李新魁诸家都定为21母,但罗常培定为20母,赵荫棠25母,陆志韦24母。杨氏21母与罗常培以来各家所定声母进行比较,单个声母不同有一处,大类不同的分歧有两处。

单个声母不同,是罗常培声母表中没有疑母,中古疑母并入零声母,而杨耐思认为中古疑母在《中原音韵》某些韵部中仍与影母对立,还有残存,应当分立。赵荫棠、陆志韦同。

大类的分歧在正齿音、牙音方面。

赵荫棠认为《中原音韵》牙音细音已经腭化为一组新的声母,故“工空烘”要分出“姜腔香”拟为舌面前塞擦音、擦音:tɕ-。赵氏“工、姜”两组分立,大多学者不从,因为两组声母完全互补,可以归为一类。

正齿音方面,陆志韦认为正齿音知$_{三}$与照$_{三}$一类,知$_{二}$与照$_{二}$一类,除支思韵中照$_{三}$归于照$_{二}$外,其他韵中都取如此分类(仅东钟韵有一个小韵知章庄三组合用),即正齿音可分“支眵施”“章昌商”两类,支组拟作tʂ-,章组拟作tɕ-。杨耐思认为知章庄三组在《中原音韵》中已经合并,因为韵的洪细不同分为两组而互补,故为一类。陆氏所说的正齿音支组与章组在《中原音韵》中确有不同,但这个不同中含有韵的因素,支组拼的是洪音,没-i-介音,章组拼细音,有-i-介音。如果从韵的方面区别这两组音,则两组声类可以合并。如果不考虑韵的因素,则声母应当分立。目前这个问题还没有定论,但大多数学者倾向于两组声类合并。

1.3 韵母系统

我们列出杨耐思《中原音韵》音系韵母表(见下页表)。表分左中右三个竖栏,中栏为《中原音韵》十九韵。右边一栏列出杨先生考证出来并构拟的《中原音韵》每个韵部的韵母,左边一栏列出该韵部所收字在《广韵》中的归属,以便看出中古与近代韵的对应关系,可以显示从中古到《中原音韵》的大致发展流向。要说明一点,《中原音韵》将中古入声字统统派入阴声韵,其分派关系非常复杂,不便于列入表格中,故本表左栏不列入声韵目,入声韵归属见声调部分。

《广韵》韵目(举平赅上去)	《中原音韵》韵部	韵母及拟音
东冬钟	东钟	uŋ、iuŋ
江阳唐	江阳	aŋ、iaŋ、uaŋ
支脂之三韵系开口齿音日母	支思	ï
支脂之三韵系除开口齿音日母微齐灰泰合祭废	齐微	ei、i、uei
鱼虞模	鱼模	u、iu
咍佳皆夬泰开	皆来	ai、iai、uai
真谆臻文欣魂痕	真文	ən、iən、uən、iuən
寒山删元唇凡唇	寒山	an、ian、uan
桓	桓欢	on
先仙元牙喉	先天	iɛn、iuɛn
萧宵肴豪	萧豪	au、iau、iɛu
歌戈一等	歌戈	o、io、uo
麻二歌开三	家麻	a、ia、ua
麻三戈合三	车遮	iɛ、iuɛ
庚耕清青蒸登	庚青	əŋ、iəŋ、uəŋ、iuəŋ
尤侯幽	尤侯	əu、iəu
侵	侵寻	əm、iəm
覃谈咸衔	监咸	am、iam
盐严添凡非唇	廉纤	iɛm

表中显示《中原音韵》韵母共有46个，诸家大体一致，差异仅在具体音值的构拟上，如董同龢将-iu-介音拟为-y-，王力将侵寻拟作-im等。

中古入声韵全派入阴声韵，中古入声韵作为一个韵类已被取消。从韵类归属看，大多数入声字直接并入了各个阴声韵母之中，亦即曰入声字的韵母与阴声字韵母相混,仅齐微韵中的 ei、歌戈韵中的 io,这两个韵母不杂入原阴声韵的字,是由纯古入声韵字单独构成的韵母,但也不等于它们保留了入声韵。它们被归入阴声韵部中,本身就可以认定它们不会保留中古的入声韵尾,它们不杂入阴声韵母之中而抱团聚居,恐怕也只不过是给阴声韵增加了新的韵母而已。具体说,ei 韵母字来自中古德韵,io 韵母字来自中古觉药铎三韵。

1.4 声调系统

1.4.1 中古近代的声调异同

《中原音韵》明确标示的声调有四个:阴平、阳平、上声、去声,近代汉语声调仍是四声。但这个四声与中古四声"平、上、去、入"的不同是显而易见的。这意味着从中古到近代声调发生了很大的变化,通常归纳为三句话:平分阴阳,浊上归去,入派三声,略述于下。

平分阴阳是说《切韵》平声到《中原音韵》中分化为阴平、阳平两个声调,分化的条件是声母的清浊,原平声浊音字读阳平,清音字读阴平。

浊上归去是说中古全浊声母上声字变读为去声,同时其声母清化。但《中原音韵》并不是全体全浊上声字都归入了去声,只是大部分字浊上变为去声,仍有少数留在上声中与清上声字同调。浊上归去,严格地说,只是浊上(或阳上)调消失,原浊上字大部分归入去声,少数归入清上。

入派三声是说中古入声字发生舒声化音变,而分别归入阳平、上声、去声之中,具体可以从声、韵两个方面来谈。

从声母方面讲,入声字派入三声以声母清浊为条件,清声母字派入上声,全浊声母字派入阳平,次浊字派入去声,规律性很强。但派入三种声调的入声字并没与同韵调的原阴声字混排,而是单独排在某一声调之后,并特别注明"入声作某声",也就是说入声字虽派入阴声韵但有没有完全混同于阴声字,入声调是否已彻底消失或许还有疑问。

从韵的方面讲,《中原音韵》入声韵全部派入阴声韵。其归阴声韵的流向大致分为四组,对应于宋代通语十八部的四个入声韵部,具体为:

梗曾臻深四摄入声为一组,这一组对应于宋代通语入声质缉部,其派入阴声的趋势是,细音分别派入支思、齐微两韵,洪音派入皆来韵;

山咸两摄为一组，对应宋代通语入声月帖部，派入阴声韵的趋势是，细音入车遮韵，洪音入家麻韵；

通入为一组，对应宋代通语入声屋烛部，主要派入鱼模韵，部分派入尤侯韵；

江宕两摄入声为一组，对应宋代通语入声药铎部，分别派入萧豪韵、歌戈韵，有一些字出现萧豪、歌戈两读。

《中原音韵》音系声调的三大变化，前两个变化已成为学术界的共识，没有异议，第三个所含内容比较复杂，而周德清的描述也有含混之处，所以现代学者的解读存在较大的分歧。

1.4.2　入声的疑惑与分歧

除将原入声字归入阴声韵、又不与阴声韵字混列之外，周德清本人还对入派三声有一些解说，但他的解说并不一致。在《中原音韵・自序》中说："夫声分平仄者，谓无入声。以入声派入平上去三声也。作平声最为紧切，施于句中，不可不谨，派入三声者，广其韵耳。"在《正语作词起例》中说："平上去入四声，音韵无入声，派入平上去三声。"这都说"无入声"。但在《正语作词起例》又说："入声派入平上去三声者，以广其押韵，为作词而设耳。然呼吸言语之间，还有入声之别。"这里又说"有入声之别"，似乎实际口语中还有入声。

周德清对入声字的这种独特的排列与说明，使人疑惑。因而引出两种相反的意见：一种认为《中原音韵》中还有入声，入派三声是为押韵方便的从权之计。另一种认为《中原音韵》中没有入声，即入声已经消失，入派三声就是入变三声。现代学者对《中原音韵》入声问题进行了许多研究，发表了很多文章，其观点不出上述两大范围，各有证据，各有道理，目前这个问题还没有统一的意见。

杨耐思的观点是《中原音韵》还有入声，但只是一个跟河北赞皇、元氏等地方言一样的入声，"不带喉塞韵尾，也不是一个明显的短调，只保持一个独立的调位，跟平、上、去声区别开来"（56 页）。既然入声还是一个独立调位，那么为什么周德清要把它们分解为三部分，分别列入阳平、上声、去声之后？杨先生的解释是："在《中原音韵》时期，中古的全浊入声字实在有点近乎阳平声字；次浊入声字有点近乎去声字；而清入声字并不怎么近乎上声字。所谓'近乎'，可以是调型的相近。……当时的入声字内部调型上的差别远远不及入声字跟非入声字的差别那么大。”(62页)所以,虽派入三声,尤足以辨别阴、入。为什么说“清入声字并不怎么近乎上声字”?这是因为河北赞皇、元氏方言中的清入变调漫无规则,不符《中原音韵》的清入归上声。杨氏因而引述周德清讲入声派入阴声时说过的“或有未当”的话,推测“那是指清入派上声说的”,由此推断“清入声派上声不过是权宜之计”,其证据是元杂剧散曲里,“清入声字只有一小部分实在派入上声”(62页)。杨氏确认了《中原音韵》音系中还保留了入声调位,但没有作出调值的构拟或说明。按照杨氏的音类设置,则《中原音韵》的声调还是五个:阴平、阳平、上声、去声、入声。

1.5 《中原音韵》音系的性质

《中原音韵》记录了元代一个活语言的语音系统,钱玄同称之为“北方活语言之音”,董同龢称之为早期官话,无论怎样称呼,它都应当有一个活的语音系统做其基础方音。周德清在《自序》中涉及了基础方言问题,他说:“欲作乐府,必正言语,欲正言语,必宗中原之音。”“中原之音”既然为其“宗”,是其根本,那就是他的基础方音了。但“中原之音”四字意义含糊,“中原”是一个文化意义上的地名,其所指范围不定。中原之音究竟指哪个地方,学者们有不同的意见,主要有如下三种:

1.5.1 大都音说

元大都即今北京,所谓“中原”是指当时的首都大都。持此说的学者比较多,有赵荫棠、王力、赵遐秋、曾庆瑞、宁继福、薛凤生等人。如王力《汉语语音史》说:“周德清《中原音韵》应该代表大都(今北京)的语音系统。周氏虽是江西高安人,但是他在大都居住久,而且是搞戏曲的,他的《中原音韵》必然是根据大都音的。元曲用韵与《中原音韵》一致,足以证明《中原音韵》是大都音。”①

元代的大都音究竟是什么样,现代还没有看见清晰明确的考察或论证,但大都音的困难是现代北京音与《中原音韵》音系有诸多不同。

1.5.2 大北方音说

陆志韦、杨耐思持此说。陆志韦认为《中原音韵》有很多特征“比今国音变得更为积极”,所谓“积极”应当是“超前”的意思,既然这本古代的韵书比现代北京音演变还要超前,当然“《中原音韵》不能代表今国音的祖语”②。杨耐思(1981)认为

---

① 语见《王力文集》第十卷,山东教育出版社1987年第378页。

② 语见《释〈中原音韵〉》,《陆志韦近代汉语音韵论集》,商务印书馆1988年第31页。

“中原之音是当时中原地域通行的一种共同语音”（72 页），它包括元大都，但范围比大都要大，是“一种在北方广大地区通行的、应用于各种交际场合的共同语言”（69 页）。

大北方音说，虽然具体地点比较含糊，但其适应性比较强。

1.5.3　洛阳音说

主此说者为李新魁。李新魁最初在 1962 年发表《论〈中原音韵〉的性质及它所代表的音系》①一文，专论《中原音韵》音系的性质，提出洛阳音说。他首先从历史文化的角度说明洛阳音有成为当时通语音系的文化传统，如洛阳居天下之中，其音最正之类。他还提出了语音特征相近相同的证据，他认为：“事实上《中原音韵》和北京音之间还是有许多不相合的地方的。……洛阳音系比北京音系与《中原音韵》恰合之处更多。”（116 页）他从声、韵、调三个方面比较洛阳音、北京音跟《中原音韵》音，结果是《中原音韵》音都与今天洛阳音相同或相近，而与北京音不近等等。根据这些比较结果，李先生断定《中原音韵》的基础方音是洛阳音。

但李氏的结论，主要是用他对《中原音韵》的构拟与解释为根据的。如《中原音韵》音系的唇音有一个“亡”母，现代洛阳声母有 v 母，李新魁就认定亡母[v]与洛阳的 v 母相同，而现代北京没有这个声母，是洛阳音更符合《中原音韵》。但《中原音韵》亡母的音值[v]是构拟的，并非实录，虽然大多数学者都将亡母拟为[v]，但也有不这样拟的，如陆志韦就拟作[w]，若从陆拟就难说洛阳同于《中原音韵》音了。还有的拟音或解释前后不统一，如鱼模韵的“诸主注”等遇摄三等字的韵母，通常都拟为[iu]，李氏也同意，但这批字现代洛阳音的韵母为[ʮ]，为了说明与洛阳音的相近，李先生这样推断：“《中原音韵》中原[tʂ]系声母与[iu]（[y]）韵母相拼的字在现代洛阳音中变读为[ʮ]。两者极为接近。”（121 页）他在鱼模细音韵母的拟音[iu]旁加括号（[y]），应当是解释[iu]的实际音值为[y]，而今北京话这些字韵母为 u，洛阳话韵母为 ʮ，相较之下，洛阳话更近《中原音韵》。但在 20 年后，李新魁的专著《〈中原音韵〉音系研究》（中州书画社 1983 年）中，这个音值的说明又变了回来，说鱼模部细音韵母“那时候这个韵母的音值还是[iu]，没有发展到单

① 李文初载于《江汉学报》1962 年第 8 期，后收入《李新魁自选集》，河南教育出版社 1993 年，本章引文取自后者。

元音[y]的程度”(见其第四章,97 页)。如果依后说,《中原音韵》鱼模韵韵母为 iu,那就不一定是洛阳话近《中原音韵》了。

因为上述原因,三说之中,洛阳音说受到质疑比较多。

二、《蒙古字韵》研究简介

2.1 《蒙古字韵》及八思巴字

与《中原音韵》一同出于元代的《蒙古字韵》(按,下文或简称“《蒙韵》”),是全程采用蒙古字或八思巴字(“八思巴字”见第一编“八思巴字方案”)标注或译写汉语音节的汉语韵书。该书成书年代无考,原本已佚,现仅存朱宗文于元武宗至大元年(1308 年)校补的一个写本,四库总目将其列于存目。该本现藏于英国伦敦大英博物馆。

元朝时该书曾通行天下,有湖北本、浙东本等等诸多版本。元朝既灭,因无人传读旋即销声匿迹。朝鲜李朝汉学家崔世珍在他的《四声通解》中曾提及一本叫作《蒙古韵略》的书,他说:“《蒙古韵略》,元朝所撰也。胡元入主中国,乃以国字翻汉字之音,作韵书以教国人者也。其取音作字至精且切。”(引文见该书凡例)这里只见《蒙古韵略》(或《蒙古韵》《蒙韵》)之名。书中提及或引述《蒙韵》400 多处,无一写作《蒙古字韵》。韩国学者俞昌均据此认定崔氏所引《蒙韵》不同于《蒙古字韵》(详俞氏《校定蒙古韵略》1973),是另一本韵书。然所谓《蒙古韵略》今已无缘得见,无法与《蒙古字韵》比对异同,二者究竟是同书异名,还是两本书,尚无法判定。

《蒙古字韵》可谓是本土第一部以拼音文字拼写当时汉语语音的韵书,记录了与《中原音韵》同时的汉语音系,其重要性不言而喻。它与元代的代表音系有何异同,这是近代语音史需要关注的。

《蒙古字韵》采用以韵统调的方式编排,以韵为纲,韵下排列音节,音节下分四声列出同音字组。卷首列有 46 个字的八思巴“字母”表,其中元音字母 7 个,辅音字母 39 个。前者用于韵母元音的拼写,后者代表声母以及辅音韵尾,但实际声母并没有这么多,其中有虚位或重复,去除重复,约为 32 母[①]。全书共列 15 韵。每韵

① 参杨耐思《八思巴字汉语声类考》,见《近代汉语音论》,商务印书馆 1997 年第 181—187 页。

下收列若干韵母,每个韵母依次与声母相拼形成本韵母的全体音节。校订者朱宗文在序中说:"惟《古今韵会》于每字之首,必以四声释之,由是知见经坚为ꡂ,三十六字之母,备于《韵会》。"这是说,《韵会》的"字母韵"跟《蒙韵》的韵母互相对应,都与"始见终日"的 36 母周遍相拼得其音节。每个声韵相拼的音节之首注八思巴字拼音作为字头,以标明其声韵拼合之音读。今本有字头 818 个、译写汉字 9 118 个,但今本有残缺,照那斯图、杨耐思据《古今韵会举要》补字头 37 个,补译写汉字 302 个,则全书共有八思巴音节字头 855 个、译写汉字 9 420 个。字头下收列同声韵的字,又依声调平、上、去、入的不同分列同音字组。虽然全书排列有序,注音全面,但每一个八思巴字具体什么音值,其音系究竟有多少声母、多少韵母等等都还需要研究。迄今以来的研究包含两个内容:一是对八思巴字的整理研究,一是对《蒙古字韵》的整理研究。

2.2 八思巴字的整理研究

对八思巴字的整理研究开始得很早,大概要追溯到明清时代对八思巴字的收集记录,如明代赵崡及清代罗振玉、金毓黻等。外国汉学家有贾柏莲(H. C. von der Gabelentz, 1830)、朴节(G. Pauthier, 1862)、沙畹(E. Chavannes, 1894)等①。到 20 世纪初,苏联学者龙果夫(A. A. Драгунов, 1900—1955)发表《八思巴字和古官话》(*The phags-pa Script and Anciet Manderin*)一文。该文原载于 1930 年《苏联科学院通报·人文科学》。中文本由唐虞译,罗常培校订,初以《八思巴字与古汉语》为题,由科学出版社于 1959 年以单行本刊行。后来该译文由蔡美彪收入署名为罗常培、蔡美彪编著的《八思巴字与元代汉语(增订本)》(中国社会科学出版社 2004 年)中。龙果夫的文章从不同的八思巴文献中收集到 703 个八思巴字的 1 820 次汉字对音,利用它们来研究龙果夫称之为古官话的元代语音。资料显示,八思巴字译写汉语与《蒙古字韵》的译音相合,其语音性质跟《蒙韵》音系相同(详下文)。

2.3 《蒙古字韵》的整理研究

2.3.1 《蒙古字韵》的文本整理

罗常培先生于 20 世纪 30 年代末得到《蒙韵》的摄影照片,当即写《〈蒙古字

① 参杨耐思、照那思图《八思巴字研究概述》,见《近代汉语音论》,商务印书馆 1997 年第 238—251 页。

韵〉跋》(《北京图书馆图书季刊》第一卷第3期,1939年)最早向世人公布、介绍了《蒙古字韵》,并着手校订研究,打算编辑、刊发其文本,但因种种原因没能实现。现在看来,最早刊布《蒙古字韵》文本的是日本学者壶井正义,他编辑《大英博物馆藏旧钞本蒙古字韵二卷》(1956),由关西大学东西学术研究所刊行,此为英藏本的影印本。罗常培先生整理的部分资料,于1959年以《八思巴字与元代汉语(资料汇编)》为名由科学出版社刊发,署名为罗常培、蔡美彪。该书收有《蒙古字韵》影印照片,是个残本。2004年蔡美彪再出《八思巴字与元代汉语(增订本)》(中国社会科学出版社2004年),署名仍旧是罗常培、蔡美彪。增订本将《蒙古字韵》改为影抄本,原两页缩编为一页。20世纪80年代,照那斯图与杨耐思在关西本的基础上,校勘、补缺,转写音节,编成《蒙古字韵校本》由民族出版社1987年出版。这是之前诸种《蒙古字韵》本中内容最为丰富的一个版本。此外,还有续修四库本(关西本清晰版1995—1999)等。最近沈钟伟出版《蒙古字韵集校》(商务印书馆2015年),集校内容包括:前言(简介)、图版(下册缺第31页、32页、33半页,共缺5面)、字表(补31、32页麻韵字表)、韵表、勘误等。经过大半个世纪的整理,《蒙古字韵》已经有了较完备的版本,给音系研究提供了极大的方便。

2.3.2 《蒙古字韵》的音系研究

音系或语音研究方面,据杨耐思、照那斯图(1981/1997)的介绍,最早可能是日本的服部四郎《元朝秘史中蒙古语的汉字标音研究》(1946),他对15韵和36母有音值转写,认为这是南宋带入杭州的汴京音。后来中野美代子(1971)、桥本万太郎(1971)都对《蒙古字韵》语音有论著刊发。中国学者系统研究《蒙古字韵》音系的有李立成的博士论文《元代汉语音韵研究》(1992),该文2002年出版,改名为《元代汉语音系的比较研究》(外文出版社2002年)。又有中国台湾成功大学杨征祥硕士论文《〈蒙古字韵〉音系研究》(1996)。21世纪以来,有沈钟伟《蒙古字韵研究》(原文英文,台北"中研院"语言学研究所2008年)、宋洪民《八思巴字资料与蒙古字韵》(商务印书馆2017年)等。宋书最为后出,全书分为上下两篇,上篇研究《蒙古字韵》音系,下篇收集整理并研究八思巴文献58件,这是迄今首个对八思巴字韵书及传世文献的全面整理研究,煌煌大编。诸家成果,各有异同,但有一个共同点,都指出其音系跟《中原音韵》不同。我们不妨将《蒙古字韵》与《中原音韵》的韵组编排收字略作比对，看其究竟有何异同。

2.4 《蒙古字韵》与《中原音韵》的异同

比对《蒙古字韵》与《中原音韵》编排收字，大概可得八点差异。这里仅列举差异纲目，其具体表现和语音性质如何，暂不讨论。下面分别从声、韵调两个方面述之。

2.4.1 声母方面的异同

（1）《蒙韵》的声母保存中古全浊格局，至于其全浊音的实际音值是浊音还是表现为声调的阳调，目前尚不明朗，而《中原音韵》音系声母的全浊已经消失。

（2）《蒙韵》泥、娘分立，中原泥娘混并。

（3）《蒙韵》喉音诸母非常复杂，有匣合、影幺、喻鱼等三组 6 个声母，对应于《中原音韵》的烘、邕两母。

（4）声母其他细节的不同，如《蒙韵》疑母辖字较《中原音韵》要多等等。

2.4.2 韵母声调方面的异同

（1）《蒙韵》犹残存中古重纽及三四等分立，如四支、六佳、七真、九先、十萧、十一尤、十二覃、十三侵诸韵部中都有重纽或三四等分立遗迹，而《中原音韵》则无重纽、三四等的痕迹。

（2）《蒙韵》的八思巴“字母韵”与《中原音韵》对应的韵母收字（字类、单字）不同，互有参差，这意味着有许多字归韵不同。如《蒙韵》四支的 hi 母韵对应于《中原音韵》支思韵，两者都是后来舌尖元音韵母的来源，而两书收字却大不相同，至少可以概括两大差异：

其一，止开三章、知组分合不同。《蒙韵》hi 韵不收止开三章组（“枝”等字）和日组（“儿”等字）字，而《中原音韵》止摄开口章组“支、施、时、儿”等字类悉入支思韵部。《蒙韵》止开三章、知组合为一类，与日组字一同收于羈字母韵（对应《中原》的齐微部），《中原音韵》则知组入齐微（相当于羈字母韵）、章组日组入支思韵（相当于菑字母韵）。

其二，止开三庄组字的归属不同。《中原音韵》止开三庄组不独立，主要归并于章组，如“差”与“眵”、“师”与“诗”、“史”与“矢”、“侍”与“是”都同音；《蒙韵》止开三庄组独立，与精组同归 hi 韵，精、庄两组乃韵同声异。

此外还有一些特殊收字不同,如《蒙韵》hi 韵母收有《广韵》又读齐韵四等的“齎、徙”等字,《中原音韵》则将它们收入齐微部等等。又如《中原》的-n 尾韵收入中古-m 尾韵字:真文韵收“品”、寒山韵收“凡犯”等,而《蒙韵》则没有这个现象。

(3) 声调方面,《蒙韵》平声不分阴阳,全体全浊上声字几乎都仍归上声,不归去;《中原音韵》平声分阴、阳,全浊上声字几乎全归入去声。

(4)《蒙韵》的入声字虽然归入阴声韵部之中,但保持声调的独立,并不“入派三声”而且《蒙韵》的入声韵配阴声韵亦异于《中原音韵》。

2.5 两个标准音系说

综合声韵调八大差异,种种迹象显示《蒙韵》与《中原音韵》音系的确有重大差异,该怎么看待这个差异?

苏联汉学家龙果夫最早在研究八思巴字译音时提出古官话两个音系的观点。龙果夫说:“我们的这些材料使我们可以说有两个大方言(或是方言类)……一个我们叫作甲类,包括八思巴碑文、《洪武正韵》《切韵指南》;另一类我们叫作乙类——就是在各种外国名字的译音和波斯语译音里的。……一种是官派的,像是八思巴文所记载的;另一种是近代化的土话,像波斯语译音所记载的。”①所说“波斯语译音”指匣母清化读晓母等内容。从系统上看,八思巴译音有全浊音,有入声,符合《蒙古字韵》,而波斯音译等古官话无浊,无入声,符合《中原音韵》。

龙果夫的观点得到中国学者的支持。罗常培说:“我对于他这种解释相当地赞成,这两个系统一个是代表官话的,一个是代表方言的;也可以说一个是读书音,一个是说话音。”②

后来杨耐思受龙果夫、罗常培的启发而提出古官话有两个标准音系说:“有元一代,可以称为近代汉语语音的成熟期。这一时期汉语共同语俗称古官话、早期官话出现了两个标准音。一个是由《中原音韵》所代表的音系,一个是由《古今韵会举要》(简称《韵会》)和《蒙古字韵》、八思巴字汉语所代表的音系。这两个音系都是近代汉语语音的典型代表。”又说:“元代汉语存在着两个标准音,一个是书面语

① 语见《八思巴字和古官话》,罗常培、蔡美彪《八思巴字与元代汉语(增订本)》,中国社会科学出版社 2004 年第 197—198 页。

② 语见《八思巴字和古官话》第 175 页。

标准音，如《蒙古字韵》所记录的；一个是口语的标准音，如《中原音韵》所记录的。这两个标准音都具有超方言的性质，在当时并行不悖。”[①]

从各种表述来看，元代两个音系，似可看作传统雅音的通语语音（《蒙韵》《韵会》所代表）与通语口语语音（《中原音韵》所代表）的区别，最显著的特点就是前者还有全浊的表现、有重纽的区别，有入声，后者无浊、无重纽、入派三声。一个时代的通语，两个音系，这种现象在元代语音中出现，虽非常特殊，恐怕亦是传统使然。宋元间江西丰城人陈杰《登钟山憩定林》（《自堂存稿》卷二）诗云：

禾黍古离宫，荒畦屈曲通。语音京洛近，王气海潮东。
山色余萧寺，松声尚晋风。兴亡不可诘，太息定林翁。[②]

江西人在南京强烈感受到当时南京音与京洛近，而且有“晋风”，这可能就是属于《蒙韵》一系的存古较多的所谓雅音，与《中原音韵》一系的所谓北音之口语音不同，可以侧面反映宋末至元代通语音的雅言、口语之异及南北分歧。元代通语音音系的南、北差异，很有可能上与东晋南北朝时的南朝通语、北朝通语相关，下与明清南系、北系官话相连。不过，元代通语两个标准音的研究迄今主要仍停留于两系韵书差异之上，还需要广泛的证据，还有待进一步的研究方可定谳。

第二节　近代语音的其他研究

一、概述

语音发展史的各个时段研究中，近代语音的研究起步晚而且初期发展迟缓。尽管 20 世纪初就有人提出进行近代语音研究，当时称作“北音研究”，而且很早就开展了对《中原音韵》音系的探索，但与上古音、中古音比较，研究范围仍显得狭窄，力量相对薄弱。过了将近半个世纪，到 1955 年，罗常培等先生还认为要加强近代音的研究，说：“前人在汉语史方面做过的工作侧重在古代，我们现在要多用力量

① 两段引文，前段见杨耐思 2004 年第 350 页，后段见杨耐思 1996 年第 107 页。
② 影印文渊阁四库全书第 1189 分册第 754 页。

在近代,要首先弄清楚普通话形成的历史。”[①]这种现象,直到改革开放以后方得彻底改观,在短短四十余年里,近代语音研究队伍迅速扩大,研究成果层出不穷。据不完全统计(张渭毅2000年提供的目录),从1978年到2000年,近代语音史发表论著1 500余种。研究领域得到拓展,从过去主要针对《中原音韵》的研究,扩展到近代所有韵书以及其他语音文献。研究者发掘新材料,探讨新问题,研究的触角伸入到近代官话与方言的各个方面,逐渐形成四个很有特色的研究领域:诗文用韵、近代韵书、对音借音、注疏音释。

四个领域因研究材料不同而各具特色。其中诗文用韵与韵书研究两项最为突出。它们不但成果多,而且有许多新的发现与突破,对近代通语或官话研究意义重大。从研究重心来看,也很有时代特色。对近代诗文用韵的研究,主要集中于宋代,从中考定近代语音史前期的宋代通语韵系。而对近代韵书的研究则主要是明清韵书,其结果是对明清官话以及方音的了解日益深入。诗文用韵和韵书两种研究,一对准宋代,其时代在近代标准音系元代《中原音韵》之前;一对准明清,在《中原音韵》之后,二者恰恰在时间上与元代前后互相衔接,构成近代语音发展的粗线条轮廓。

至于对音借音,涉及梵汉对音、藏汉对音、夏汉对音,还有八思巴字译音与朝鲜谚文译音以及其他一些零散的中外对音等等,项目很多。对它们的研究步调则参差不齐。梵汉对音在近代因为材料稀少,已近尾声,成果较少。藏汉对音材料主要出于敦煌,反映的是唐五代时期西北语音,我们将在方言章里介绍。八思巴字研究元代语音,与《中原音韵》相表里,介绍见前文;谚文译音则对应明清语音,显然其重要性已不及本土的韵书了。

四个领域中注疏音释的研究起步最迟,也有通语与方音两个层面,目前亦有部分成果。下面主要介绍诗文用韵与近代韵书的研究,适当涉及音释与对音。

二、宋代通语音系的研究

宋代通语音系的韵系主要从诗词文用韵中来,声母系统主要从音释、韵书等材料考求。

---

① 语见罗常培、吕叔湘《现代汉语规范化问题》,1955年10月25日“现代汉语规范问题学术会议”开幕式上的大会报告。

2.1 宋代通语韵系研究

2.1.1 基础方音韵系的研究

利用宋诗词文用韵进行通语韵系的研究出现于20世纪40年代。1942年，周祖谟先生作《宋代汴洛语音考》(1942/1966)一文，是为宋代诗歌用韵研究的开山之作。周祖谟先生在文中首次提出了通过宋代诗人用韵考察“实际语音”的问题。周先生说：“近代马伯乐(H. Maspero)取域外方音及梵汉对音以考唐代长安方言，罗莘田先生取藏汉译音及《开蒙要训》以求唐五代西北方音，皆别辟蹊径，而能有所建树者……若乃论及宋代，则迄今尚无撰述见称于世。”(《问学集》581页)故取祖籍范阳久寓汴洛之邵雍《皇极经世书·声音唱和图》为主要语音资料，辅以宋代汴京畿辅诗人邵雍、程颐、程颢、尹洙、陈与义以及韩维、宋祁、宋庠的诗词用韵以校之，以考宋代首都圈汴洛地区的语音。宋代通语的基础方音通常被认为是汴洛语音，所以，宋代汴洛语音实际上就是宋代通语语音的基础方音。考察的结果得宋代汴洛声母24个，韵部22个，含58个韵母，其中阴声韵母16个、阳声韵母20个、入声韵母22个。诗词用韵与邵雍声音图的韵部分合一致，由此确定邵雍书音“不仅为洛阳之方音，亦即当时中州之恒言”(582页)，即首都圈内的常用语音，自然属于权威方音。这篇论文充分证明了宋代诗词用韵可以利用来研究宋代实际语音。在这以后的文章著述中，周先生一再申述这个观点，从而指出近代语音研究的一个新的方向。

朱晓农(1989)《北宋中原韵辙考》的中原词韵研究，选取中原地区29个州、军、府的93名词人，包括今整个河南、河北大部，同时还涉及周边鲁、苏、皖等地区，但河南和开封两府多达42人，也是以汴洛中州为核心，又向周边辐射，扩大了首都圈的范围。系联北宋“中原”文人用韵韵字得到词韵17辙(“辙”相当于韵部)，其中舒声韵14辙，含韵母30个，入声韵3辙(其中“百辙”又分两个小辙)，含韵母6个，17辙共有36个韵母。

上述两家韵数不同，分歧主要还是在入声的宽严方面。诗人用韵取材仅限于汴洛小圈子的几位代表作家，而词韵取材地域远远超出此限，这可能是诗韵较密的原因。尽管如此，二者在系统上的共性是非常明显的，14个舒声韵部，完全合于宋代通语。不符合通语音变的跨韵部通押只有两种：其一，个别通、宕、臻、深摄字押梗摄。其二，几例歌麻通押。对于个别不同阳声韵的通押，朱晓农倾向于是一种“听感上”“和谐”的近似相押。至于果假二摄的相混，周祖谟先生认为果假二摄“唐宋之际以其读音相近故通用不分”（606 页），“今则合用不分，与唐代语音相同”（604 页）。但陈与义“歌戈两韵不与麻韵相协，语音或已转变为 o，uo 矣”（605 页）。

2.1.2 通语韵系的论定

自周祖谟先生开启宋代诗词用韵研究，汴洛语音的研究已初步确定宋代通语的音韵系统。这个音系在宋代其他地方使用情况如何，或者说，中州汴洛韵系是不是通行全国的韵部系统？这个问题由鲁国尧先生的宋词用韵系列研究给予了圆满的回答。或者说，鲁国尧先生的宋词用韵系统的研究，最终论定了宋代通语韵部系统。

从 20 世纪 60 年代开始，鲁国尧先生以三十余年（“文革”中停顿）的宋词用韵研究，奠定了宋代实际语音研究的坚实基础，并逐渐形成了宋代断代语音史的研究领域。他采用按地域分专题研究的办法，分别对文士多、作品丰富地域的词人用韵作穷尽研究。他的第一篇论文《宋代辛弃疾等山东词人用韵考》发表于 1979 年，接着四川（1981）、福建（1980）、江西（1992）等词人用韵考相继面世。他的阶段性总结论文《论宋词韵及其与金元词韵的比较》发表于 1991 年的《中国语言学报》（第 4 期）。在这篇重要论文中，鲁先生总结了他历时三十年，遍考 2 万余首宋词之后，对宋词用韵的总体看法：“虽然有的词人（特别是闽、赣、吴地区词人）或以方音入韵，或有若干特殊用韵现象，但据其大体可分为 18 部。”为什么这个 18 部能通行天下，在没有官方约束的情况下，被不同方言区的人自觉遵守？“其所以如此，并非因为当时有一本大家遵循、人人翻检的词韵书，而是因为多数词人都是以当时的通语为准绳，……北宋时期，经济发达，文化繁荣，汴洛的中州之音当即通语的基础，南宋虽偏安江左，并不以吴语为通语，词人按照通语押韵，相从成风，相沿成习，于是造成了宋词用韵 18 部的模式。”[①]这就是宋代通语 18 部的韵部系统。18 部系统内含舒声 14 部，入声 4 部。舒声 14 部与周祖谟先生汴洛语音的舒声韵部完全相同，入声韵部数量略异，大概起因于宋词时间跨度大，空间分布广阔，考其用韵时需要舍弃细微差别而相对宽松的缘故，并不反映音系性质的不同。无论如何，从周祖谟先

① 语出鲁国尧《论宋词韵及其与金元词韵的比较》，见《鲁国尧自选集》第 138 页、152 页。

生的22部到鲁国尧先生的18部，一脉相承，通语韵系终成定论。通语韵系的揭示与论定，沟通了从中古《切韵》音系到近代《中原音韵》音系的演变脉络，连通了从隋到元八百年发展的中间环节，从而填补了语音史的空白。

以18部为中间节点，可以上连隋唐诗文用韵，下接元代，从中古韵系一步一步发展到近代的足迹开始清晰起来。

我们要特别指出的是，鲁先生系列论文所考的宋代诗词用韵主体都是18部韵系，但同时又出现一些跨韵部通押的特殊用韵。很多特殊用韵可以通过文献考证以及跟现代方音比较，确认为宋代作者笔下的方音现象。一篇用韵考的论文，既有作为主体的通语18部系统，又出现一些跨部通押的方音现象，清晰地体现出语音史的通语、方音两个层面的研究框架模式。在宋诗文用韵的其他研究中，如刘晓南《宋代闽音考》（岳麓书社1999）、《宋代四川语音研究》（北京大学出版社2012），丁治民《唐辽宋金北京地区韵部演变研究》（黄山书社2006A），钱毅《宋代江浙诗韵研究》（中国社会科学出版社2019）也都如此，有力地昭示了语音史的两个研究层面的客观存在。关于近代音方音层面的研究及其主要成果，我们将在第六章介绍。

2.2　宋代通语声母研究

诗文用韵只能考韵系，不能考声母。宋代实际语音的声母可以从音释、对音和韵书等材料考求。如周祖谟（1942）、李新魁（1994）等的《皇极经世书·声音唱和图》及《起数诀》的研究，王力（1982A）、许世瑛（1974）、刘晓南（2018A）等的朱熹叶音研究，鲁国尧《卢宗迈切韵法述评》（1992—1993），宁继福（1997）、竺家宁（1986）等的《古今韵会举要》研究等。概而言之，诸家宋代通语音系声母系统多为21母，具有如下音变特点：全浊清化、非敷合流、知照合流、影喻合流等。

关于宋代声、韵系统的具体情况，详下文第五章古今音变大势的“从中古到近代”部分。

三、明清韵书与近代官话研究

3.1　近代官话韵书及其研究概况

近代是韵书编纂的丰收期，据清谢启昆《小学考》，从唐代萧钧《韵旨》20卷到清戴震《转语》，共收近代韵书197种，但其中多佚。赵荫棠（1941/1957）《等韵源流》介绍宋到明清等韵学著作51种,李新魁(1983A)《汉语等韵学》介绍从《韵镜》到《李氏音鉴》107种,耿振生(1992)《明清等韵学通论》所记韵书主要是明清两代的韵图与等韵化的韵书,数量达167种。仅等韵一类即如此之多,可见其富。

近代韵书分布不均,元以前屈指可数,明清大量涌现,而且形式多样,内容丰富,涉及面广,尤其是出现了专门描写方言音系的韵书,是其特点。从宋到清的重要韵书如:两宋辽金时代有《集韵》《五音集韵》《四声等子》《切韵指掌图》《卢宗迈切韵法》以及准韵图《皇极经世书·声音唱和图》等,元代《中原音韵》《中州乐府音韵类编》《古今韵会举要》《蒙古字韵》等,明清两代有《洪武正韵》《中原雅音》《韵学集成》《韵略易通》《合并字学篇韵便览》《书文音义便考私编》《交泰韵》《西儒耳目资》《音韵集成》《韵略汇通》《五方元音》《字学元元》《音韵阐微》《拙庵韵悟》《李氏音鉴》《古今中外音韵通例》等等。

明清官话韵书中有很多已有专门研究,单篇论文不胜枚举,有许多已形成专著,如邵荣芬(1981A)《中原雅音研究》、竺家宁(1986)《古今韵会举要的语音系统》、宁继福(2003)《洪武正韵研究》、杨亦鸣(1992)《李氏音鉴音系研究》、陈贵麟(1996)《韵图与方言——清代胡垣〈古今中外音韵通例〉音系之研究》、张玉来(1999)《韵略易通研究》等等。

3.2 谚文对音文献及其研究

说到近代语音文献,还有必要特别提一下朝鲜谚文对音的韵书和其他谚文对音文献。明清两代的几百年间,我们的东北邻国朝鲜的汉学颇为发达,出现了一批用朝鲜拼音文字译写的汉语文献。

朝鲜在近代以前无本民族文字,在朝鲜李朝第四君世宗李祹(1418—1450年在位)时期,在李祹的主持下,汇集当时集贤殿学者成三问、郑麟趾、申叔舟等参考汉语音韵学原理,创制了一套表音文字,称训民正音,俗称为谚文。谚文主要有28个字母,初终声(即辅音)17个,中声(即元音)11个,主要用于记写朝鲜语。谚文还有一个重要用途,就是用来记写或对译汉语韵书以及其他汉语文献的语音以帮助当时朝鲜人学习汉语,由此形成了一批谚文对译的汉语文献,包含韵书和其他谚解汉语文献。韵书著名的有申叔舟(1417—1475)编《洪武正韵译训》(1451年)和《四声通考》(1455年,佚),崔世珍(1473—1542)编《四声通解》(1517年)等。其他汉语译注文献，如崔世珍的《翻译朴通事》《翻译老乞大》以及后人编的《老乞大谚解》《朴通事谚解》等多种谚解本。由于是用拼音文字谚文注记的汉文典籍，能反映当时的官话语音，因而也引起了近代音研究的重视。从 20 世纪末迄今，有不少研究成果面世。韩国学者的著作，如姜信沆《四声通解研究》（新雅社 1973）、李东林《洪武正韵译训与四声通解的比较研究》（《东国大学校论文集》第 5 集，1969）、蔡瑛纯《李朝朝汉对音研究》（北京大学出版社 2002），中国学者较早研究的有胡明杨、李德春、杨耐思等。形成的专著，有金基石《朝鲜韵书与明清音系》（黑龙江朝鲜民族出版社 2003）、张晓曼《四声通解研究》（齐鲁书社 2005）、孙建元《四声通解今俗音研究》（中华书局 2010）等。

3.3　官话音系的综合研究

叶宝奎（2001B）《明清官话研究》则是首部通过明清韵书综合研究近代官话的著作。该书将明清两代官话发展分为四期：明代前期以《洪武正韵》《韵略易通》为代表、明代后期以《西儒耳目资》《韵略汇通》为代表、清代前期以《五方元音》《音韵阐微》为代表、清代后期以《正音咀华》《正音通俗表》《官话新约全书》为代表。每期分析代表韵书的音系，列出该期的语音系统，并与同期或前后韵书进行比较，说明本期的语音特征。最后总论明清官话音的历史沿革，说明明清两代官话的发展演变。该书讨论近代各种韵书达 21 种，是迄今明清官话研究领域的一本重要论著。

综观明清官话的研究，有两个热点：一是官话基础方言标准音问题。二是官话语音演变问题。官话语音演变，我们在下章“音变大势”中讨论，这里说说基础方言标准音问题。

官话一般理解为广义的北方话，所谓大北方话，因为古代官场上办事、交际都使用北方话，故而称为官话，它实际上是明清汉语各方言区共同使用的交际语言。据现有资料，“官话”一词最早见于明代文献，是明清两代的术语，元以及元以前的文献中还没发现有“官话”的称谓，故而“官话”可以看作近代汉语通语明清阶段的特称。

这种广泛应用的共同交际语言，照常理推，就像现代汉语的普通话，应当有一个基础方言标准音系。传统看法以北京音为官话的标准音，又有洛阳音说与南京音说等等。明代以南京音为标准音的学说发自鲁国尧先生的论文《明代官话及其基础方言问题——读〈利玛窦中国札记〉》(1985)。南京音说得到张卫东等学者支持,发表了一系列论文。以上各说都有理据,仍在探索之中,目前并无定论。但其共同之处是都认为近代官话有基础方言标准音系。

与此一派不同的是否认近代官话有基础方言标准音的存在。这种观点起因在于近代官话韵书音系的内部不统一。研究显示,元明清各种以"中原之音""中原雅音"等名目为标榜的描写官话音的韵书,所得出的音系大都各不相同,有的还差别甚大。最早提出问题的是苏联汉学家龙果夫的"古官话"可分甲乙两类说,前文已述,此不赘。

20世纪90年代,耿振生研究明清韵书时,考察了百余种官话韵书,这些韵书之间的音系差异,使他产生了对官话是否存在过标准音系的怀疑。他说:"'官话'就是近代汉语的民族共同语,……历史上的官话没有形成一个规范的标准音系,不同的人对官话的理解各不相同,而这就意味着不同的地方所说的官话必然互有出入。……官话到了不同的地方,会在不同的程度上接近当地的方言,吸收一些当地的语音成分,这样就形成地区性的官话变体,在不同的地区、不同的社会集团中,讲的不是完全一致的官话。"(耿振生 1992,117、120、121 页)这个观点,在 2004 年的《音韵学概要》中得到强化,表述为:明清时期"官话系各韵图的音系并不完全一致,因为当时的官话未经规范,并没有形成严格的标准音系统"①。没有标准音的官话,其实质就是像旧时文人心目中的"正音"一样,"没有一定的语音实体和它对应",至少它没有一个基础方言的点,如果它有基础方言的话,也可能是"片"而不是"点"(耿振生 1992,126、122 页)。

叶宝奎不同意这种意见,他认为韵书表现出来的音系不同,只能说标准音规范化程度不同,不能以此否认标准音的存在。官话作为一种通行全国的交际语言,没有标准音似不可能,但究竟以何音为标准,目前尚无定论。

---

① 语见林焘、耿振生《音韵学概要》,商务印书馆 2004 年第 166 页。

第五章　古今音变大势

语音是演变的,但演变中存在着内因与外因差别、历时与共时的矛盾。从演变动力来说,有内因的也有外因的,音节或语流内部的矛盾运动引发音变是内因的,不同语言或方言间的接触、渗透、交融产生变化是外因的。某一音系发生了音变,旧的语音形式被新的语音形式取代,新旧发生交替这是历时现象,但旧的形式还可能在别的方言中留存,与新形式处于共时并存状态。可见演变的方式千差万别,这一点应当引起我们充分的注意。历代语音资料丰富,方言千差万别,音系复杂,不充分考虑到这些因素,我们就无法断定一种音变的发生与完成。尤其是历时交替语音现象的共时并存,极容易引起矛盾,产生误会。故此有人把"在历时演变中区别共时并存"称为"锥顶原则",把最先完成的某一音变比作一个刚冒出的"锥顶",认为"只须着眼于各项音变的锥顶产生的时代,而不必理会与它同时代或比它晚出的材料里的存古现象"①。

因此,在讨论语音的历史演变时,有必要认识到:其一,要明确所指对象,即共同语的演变(通语及官话),不是囫囵的整个汉语,不可能囊括所有方言语音,尽可能别开方音现象。其二,要适当处理量变、质变的度。影响音系的某一特征的变化是划时代的,可以目为质变点,它往往由量变即局部、个别的演变发展而来。所以,质变又有其阶段性。其三,对质变点作综合考察,质变点积聚了一定的量,即可以认为整个音系发生了变化。对一个时代的音变,大致可以区别为开始的始成期,发展到极致的成熟期,在成熟期时代语音特征最为集中,然后又逐渐出现新的发展,开始新的历史演变。一个音系,由同质到部分变异,再到异质,出现一个新时代的同质。图示如下(图中不同形式的线代表不同的语音特点):

① 引文出自郑再发《汉语音韵史的分期问题》,《历史语言研究所集刊》第36本,下册,1985年第642页。

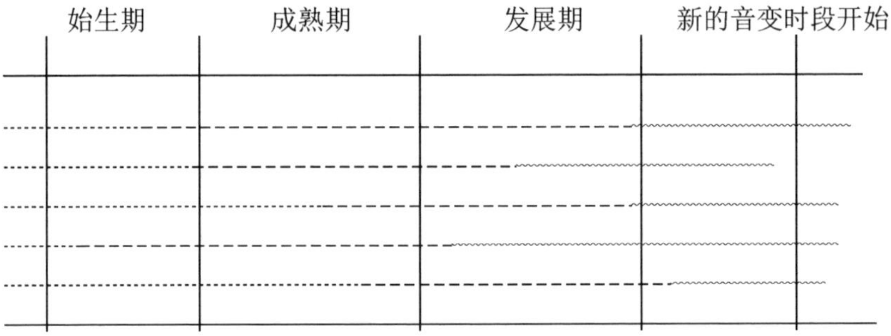

始生期	成熟期	发展期	新的音变时段开始

据此图示,我们简述汉语古今演变之大势,将以上古、中古和近代三个时代为坐标,粗线条叙述从上一时代到下一时代的各种质变点的展开状况。重在其变,从上一时代到下一时代,中间往往可以大别为几个过渡阶段,但不必每个过渡阶段都列出其音系,重点指出与上一阶段相比有什么变化。正是这些变化的不断累积而使上一时代音系逐渐质变成为新的时代的音系。

第一节　从上古到中古音变大势

我们确定上古音的核心为周秦时代,以《诗经》押韵、《说文》谐声系统所表现的音为其代表。周秦时代包括西周(约公元前11世纪—前771)、春秋(前770—前476)、战国(前475—前222)和秦(前221—前206),约八百余年,时间跨度仍然很长。《说文》谐声系统年代较难确定,但《诗经》成书年代据《论语》《史记》等所记,经孔子修订方广为流传,则其成书年代是为春秋时代。那么,可以确定上古时代的核心为春秋战国时代。从春秋战国时代到隋代,经历两汉、魏晋、南北朝等三个阶段。其语音演变大势可以简述为,两汉近上古,通常目为上古之余绪,东汉末过渡到中古,魏晋可看作中古的始生期,南北朝越来越接近《切韵》音系,齐梁陈隋可目为中古的成熟期。

一、声母的演变

1.1　概说

前文已述上古音声母系统目前有两大流派:一派以王力为代表,上古声母为单辅音33纽。一派以李方桂为代表,含单辅音与复辅音两个系列,李氏单辅音31纽(可看作20纽)、复辅音三类 Cr-、sC-、Cl-。两派相较差别很大,可归纳为如下几点:

(1)李氏有复辅音,王氏没有。

(2)单辅音中李氏有清鼻音、边音,王氏没有。

(3)李氏喻四邪母合一、神禅两母合一,王氏两组各自分立。

(4)李氏照二归精,照三归端,王氏照二、照三独立。

至于李氏牙喉音分立一套圆唇声母,是为了说明中古合口介音的,对声母的演变没有影响,可以不论。这4点不同该如何取舍?

先看复辅音问题。从谐声、异文、异读、通假、声训、连绵字、民族语文同源词及借字等材料来看,上古时代存在着复辅音应当可以成立。但复辅音有多少类,每类有多少个,每个下辖多少字,这些问题一直还没有取得满意的解答。李方桂讨论了三类复辅音,后来学者在此基础上又有一些新的进展,但还远没有达到理想的程度。由此而涉及复辅音的消失也不好具体讨论。我们只能从通假、声训、异文等材料窥伺其消变的踪迹。东汉刘熙《释名》中有些声训还像是复辅音的遗迹。如:

释床账:幕明,络来也。(按,以来母音训明母,可能有 ml-)

释言语:勒来,刻溪也。(按,以溪母音训来母,可能有 khl-)

但已经很少了,已属残迹,应当说,至迟东汉之时复辅音就消失了。

再看清鼻音、边音问题。这也是可以从谐声、异文、异读、通假、民族语文等材料加以证明的,甚至宋代闽方音中还有清送气鼻、边音声母残存(参刘晓南2004B),这一类声母似可成立。那么这类声母什么时候消失?西汉西北语音中,还可以看到这类声母,如:《史记》所记地名关中藜县“藜”读作“部”,来母字读为透母,透露了“l̥”母的可能存在。《史记·后戚世家》记载当时长安人把汉高祖邢夫人的名号“娙娥”,读为“娙何”。疑母“娥”读为匣母“何”,透露了“ŋ̊”母存在的可能。魏晋时代可能还有残存,颜之推批评魏李登《声类》“以系音羿”(颜之推1980,487页),用匣母字“系”给疑母字“羿”注音,匣疑相注,牙喉相混,在三国时可能是正音,但到了南北朝颜之推时代就不为典要了。可能通语清鼻音、边音的消失就在魏晋时代。

至于喻四与邪母、神禅两母、照二与照三,王力从分,李方桂从合,关键就在于这些声母上古关系密切,可以分也可以合。王氏为何从分,主要考虑到后世演变的条件不明,故分。李氏为何从合,因为李氏为它们在后世的分化设计了语音条件。

1.2　两大变化

既然李氏的上古到中古的演变基本思路已经在前文介绍,那么这里就取王说来讲从上古到中古的演变。如果以王力33母的系统来讲从上古到中古的声母变化,主要有两大变化,一属于音类,一属于音值。

音类的方面变化,从五音的角度说,出现了舌音的舌头、舌上的分化,即:从舌头音中分化出舌上音。这个变化发生在什么时代?从梵汉对音来看,东汉三国时还没有出现知组声母,西晋对音中端知二组还有牵混,端知两组完全分开的音变完成于东晋时期①。分化的条件是舌头音一、四等不变,二、三等在介音的影响下,逐渐演变成舌上音。

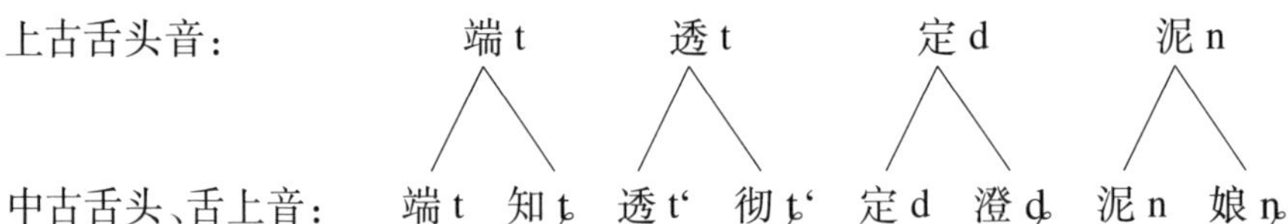

音值方面,由于舌头音分化出的舌上音音值是舌面前塞音,促使原来的舌面前塞音的舌上音“照穿神审禅”音值发生变化。具体是上古舌上音原擦音审 ɕ、禅 ʑ 不变,塞音及边音“照 ȶ、穿 ȶʻ、神 ȡ、日 ȵ、喻 ʎ”五组到中古读音发生改变。其中“照、穿、神”变为正齿音,由舌面前塞音变为塞擦音,“日”母变为半齿音,由原来的舌面前鼻音变为鼻塞擦音,喻母变为喉音,由原来的舌面前边音变为半元音。

上古:舌上音:照 ȶ　穿 ȶʻ　神 ȡ　审 ɕ　禅 ʑ　　日 ȵ　　喻 ʎ

中古:正齿音:章 tɕ　昌 tɕʻ　神 dʑ　书 ɕ　禅 ʑ　半齿音:日 ȵʑ　喉音:喻 j

这个音变的时间应当跟舌头分化出舌上音同步。

① 参刘广和《音韵比较研究》中有关东晋对音的论文,中国广播电视出版社2002年。

二、韵部的演变

上文介绍王力上古韵部30部，李方桂22部，但二人的差别仅在于-k尾入声是否独立。为便于叙述，我们取王力30部，作为从上古到中古韵部演变的起点。

根据罗常培、周祖谟两位先生关于汉魏晋南北朝诗文用韵的研究，参考其他研究成果，我们可以大致确定从上古到中古通语韵系的流变。按阴声韵、入声韵、阳声韵的顺序画出流变线路图，依两汉、魏晋、南北朝的顺序，列出韵部字类的时代走向，简略加以说明，以明其流变大势。为求简明，不涉及拟音。图中实线表示韵部之间的分合，虚线表示部分字的归属。从图上看，从上古往中古韵部的分合的趋势是愈益细密。下面分列各图，并于图下略述其演变。

2.1　阴声韵的演变

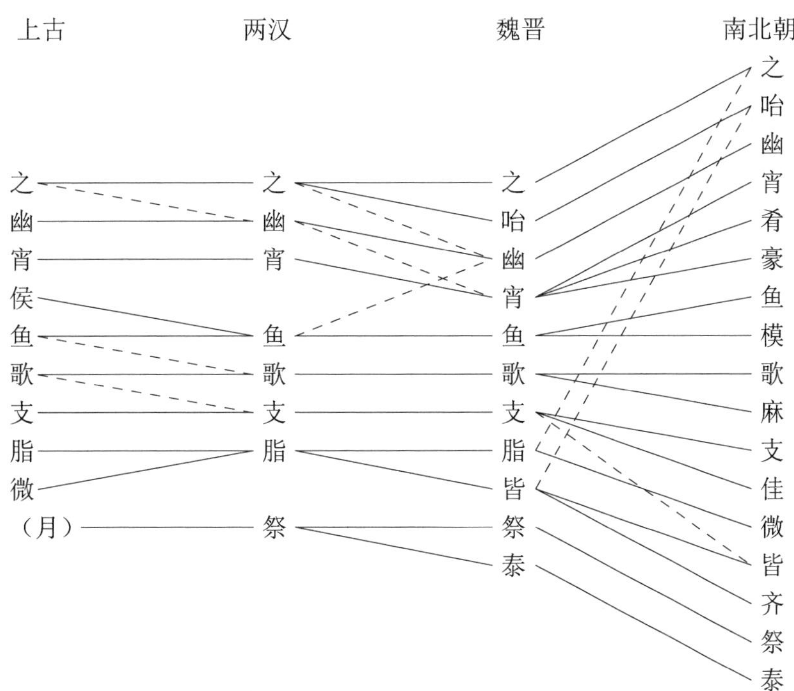

阴声韵的发展，从上古到两汉，侯部与鱼部、脂部与微部合并。之部少数属于中古尤韵的“牛丘旧”等字、属脂韵的“龟”字转入幽部。鱼部部分属于中古麻韵的字“华家芽瓜”等字转入歌部，歌部部分属于中古支韵的字“宜陂”等转入支部。入声月部的去声字分出独立为去声祭部，含中古祭泰夬废四韵。

从两汉经三国至魏晋时，三国时之部分化为之咍两部，之部包括中古之韵和脂韵部分字，咍部包括中古咍灰和皆少部分字。之部所含的全部中古尤韵字全部转入幽部，至此之部不含尤韵字。三国时幽、鱼、宵三部重新组合，鱼部所含中古侯韵字全转入幽部，鱼部相当于后来的遇摄。幽部原含的萧宵肴豪韵字转入宵部，又接收了来自之部的尤韵字，至此幽部相当于后来的流摄。宵部接收了来自幽部的部分字，其所含相当于中古的效摄。祭部分化为祭、泰两部。至于脂部分化为脂（脂微）、皆（皆及咍灰齐部分）两部，时间稍后，在魏晋时代。这新的脂部包括中古脂微两韵，皆部包括皆和咍灰齐部分字。

南北朝可分前后两期，前期变化不大，仅支部所含齐韵字转入皆部。后期变化较大，脂部进一步分化为脂、微两部，而脂部又跟之部合为一部，仅微部独立，相当于《切韵》的微韵系。皆部的灰咍韵字转入咍部，皆部齐韵字分出为齐部，仅留下皆韵字。支部分化为支、佳两部。歌部分化为歌（歌戈）、麻两部，鱼部分化为鱼、模（模虞）两部。宵部分化为宵（宵萧）、肴、豪三部。

2.2　入声韵的演变

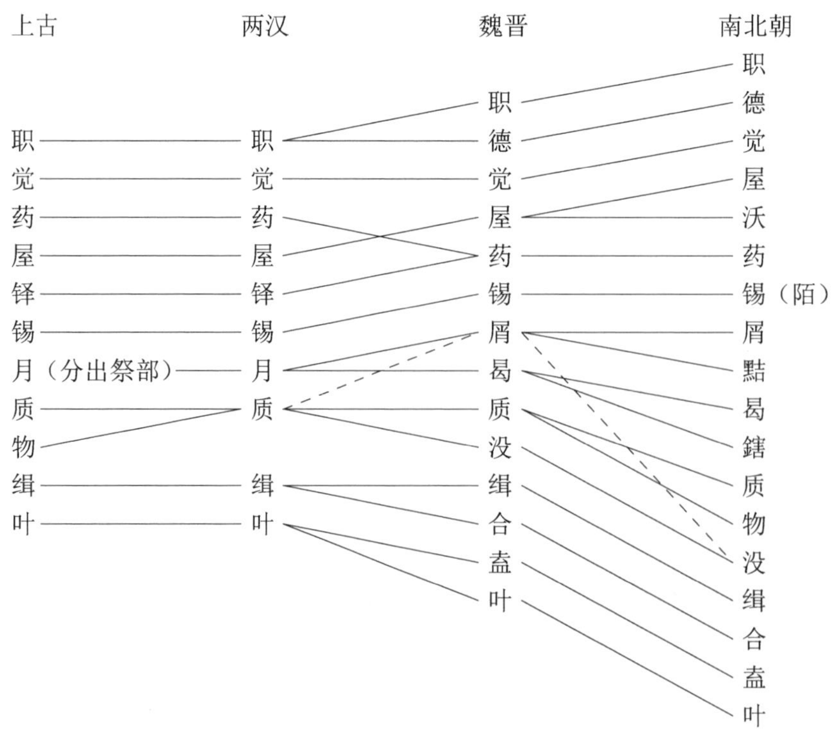

入声韵从上古到两汉，仅质部与物部合并，月部去声分出独立为祭部两项变化。

从两汉经三国到魏晋，变化很大。三国时，药、铎两部合并为一部。月部分化为屑（月屑薛黠）、曷（曷末鎋）两部。职部分化为职、德两部。缉部分化为缉、合（合洽）两部。叶部分化为盍（盍狎）、叶（叶贴业乏）两部。质部原含的中古屑韵“结节屑切铁”等字和黠韵“轧”字转入月部，后月部分化为曷、屑两部，则这些字入屑部。至于质部分化为质（质术栉迄物）、没两部，时间靠后，在魏晋时代。这些入声的分化都与相应的阳声韵部同步（详下阳声韵），可见这时入声韵已由上古的配阴声韵，转化为配阳声韵了。

南北朝，前期质部分化为质（质术栉）、物（物迄）两部。南北朝后期，屋部分化为屋、沃（沃烛）两部。屑部所含月韵字转入没部，屑部剩下的部分分化为屑（屑薛）、黠两部。当然其中还有一些细节不能尽显。要注意的是，南北朝锡部所含的“陌麦昔”与“锡”有分用的趋势。

2.3 阳声韵的演变

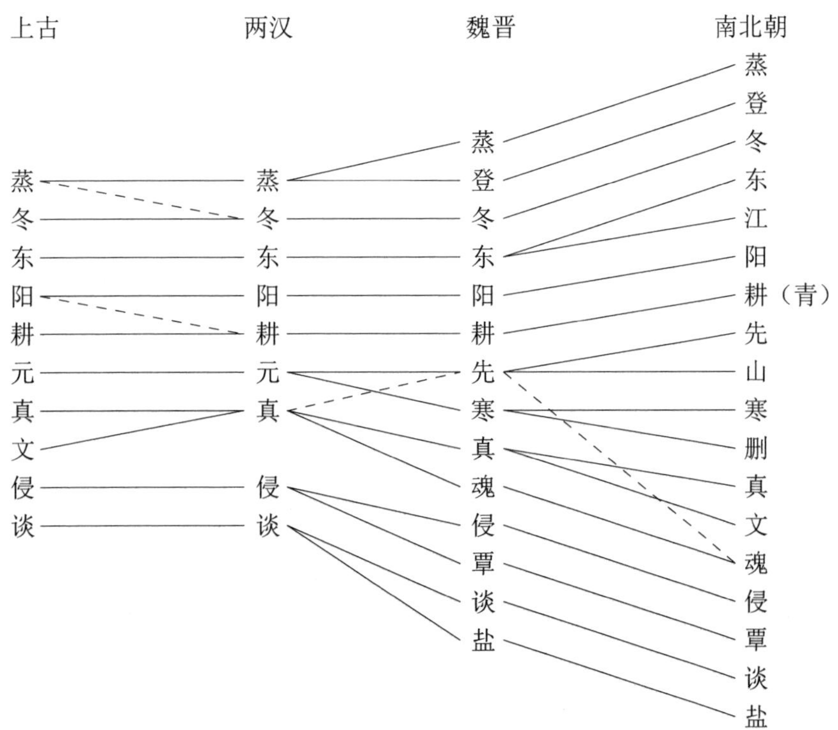

阳声韵从上古到两汉,真部与文部合并,这是跟入声质部与物部合并同步的。另外,阳部所含中古庚韵字如"庆明英京"等转入耕部。蒸部原含中古东韵的"雄梦弓"等字转入冬部。

从两汉经三国到魏晋,三国时,蒸部分化为蒸、登两部,与入声职部分化为职、德相应。真部原含中古先韵字"天田年千"等转入元部,后来元部分化为寒、先两部,则入先部。稍后,魏晋时,真部分化为真(真谆臻文欣)、魂(魂痕)两部。元部分化为寒(寒桓删)、先(先仙元山)两部。侵部分化为侵、覃(覃咸)两部,谈部分化为谈(谈衔)、盐(盐添严凡)两部。

从魏晋到南北朝,前期真部分化为真(真谆臻)、文(文欣)两部。先部所含元韵字转入魂部,剩下部分分化为先(先仙)、山两部。后期东部分化为东、江两部,寒部分化为寒(寒桓)、删两部。耕部所含庚耕清青四韵中,青韵有独用趋势,这是与入声韵相对应的。

经过这样一番演变,到南北朝,诗文用韵的韵部与《切韵》大同小异,正如前文所述,重韵分用,二等韵独用,这些现象都说明《切韵》音系是有实际语音的根据的。诗人用韵同用范围较宽,大多是洪细通同,开合通用而已。

韵部演变有一个很大的特征,就是上古阴、入、阳相配的结构关系,到中古发生了改变,变为阳、入相配,入声不再配阴声。判断上古阴、入相配的根据有两条:一是《诗经》及先秦文献韵文用韵中阴、入通押很多,如《诗经》第一首《关雎》就有"芼乐"押韵。二是谐声字中,阴、入声字通谐,如"之"声谐"寺","寺"声谐"特","之寺"为之部阴声,"特"为职部入声。判断中古阳入相配的根据也是两条:一是《切韵》四声相承的排列方式。二是从三国时开始,韵部的分化与合并的演变中,入声韵与阳声韵的发展总是平行对应的,而不与阴声韵对应。故此断定其间关系密切。

三、声调的演变

上古声调各家假说差异很大,至今没有一致的意见。我们暂时假定,《诗经》时代四声已经齐备,但有归字不同,可以套用中古四声名称"平、上、去、入"命之。那么,从上古到中古声调的调类没有变化,但有许多字调的归类却变化很大。清儒江有诰作《唐韵四声正》,据《诗经》用韵考定许多字声调归类上古不同于中古(按,江氏说是陆法言误收,不对),如中古去声“讼化震患”字上古归平声,中古上声“享飨颈颡”字上古归平声,中古平声字“偕”上古归上声,中古去声“狩”字上古归上声等等。那么这些字,可以说从上古到中古声调归类发生了改变。

第二节　从中古到近代音变大势

从中古到近代的演变,起点是《切韵》音,终点可以定于《中原音韵》,即公元 7 世纪到 14 世纪,历经唐五代两宋时代至元初,约 700 余年。我们先比较《切韵》音系与《中原音韵》音系的变化,然后再参考已有的研究成果,简述这些变化发生的时代。

一、声母的演变

从《切韵》36 声母,到《中原音韵》21 声母,中间经过了一个北宋韵图 36 母阶段。我们先述《切韵》36 母与韵图 36 母之间的发展,再比较韵图 36 母与《中原音韵》21 母的异同。

1.1　《切韵》36 母与韵图 36 母的异同

《切韵》36 母与韵图 36 母,两个音系声母之间的差别可以归纳为如下几条。

(1) 唇音分化。《切韵》唇音帮、滂、並、明分化出轻唇音非、敷、奉、微。唇音由一类变为两类,帮滂並明称为重唇音,非敷奉微称为轻唇音。

(2) 匣三归入喻母。《切韵》匣母三等从匣母中分离出来,成为于类,后来于类与以母一起合成韵图 36 母中的喻母,这时喻母就包含《切韵》的于(喻三)、以(喻四)两类。

(3) 照二、照三合流。此即庄组、章组合流:“庄章”合并为照母,“初昌”合并为穿母,“崇神”合为床母,“生书”合为审母,所谓照二、照三两组并为一组:照、穿、床、审、禅。完成这一步后,《切韵》36 母唇音增加 4 个轻唇音,齿音减少 4 个正齿音,“于类”一出一入,不增不减,仍是 36 母,这就是韵图 36 母,也是传统 36 母。

1.2　韵图 36 母与《中原音韵》21 母的异同

比较韵图 36 母与《中原音韵》21 母的异同,有如下不同。

(1) 非敷合流。轻唇音“非、敷”两母合并为一母。

(2) 知照合流。知照合流主要是指舌上音“知彻澄娘”消失,但知组并非全都并入照组声母,而是有两个流向:一是塞音“知彻澄”三母与正齿音“照穿床审禅”五母合流,最后演变成《中原音韵》的支眵施三母;二是鼻音“娘”母并入泥母。

(3) 全浊清化。韵图36母中全浊声母“並奉定澄群从邪床禅匣”10母,在《中原音韵》21母中全部并入同类清声母,就是说全浊声母变读相应的清声母,这被概述为全浊清化。其中塞音、塞擦音的清化后的送气与否与声调有关,其规律是,原全浊平声字归次清音,即清化为送气音。原全浊仄声字归全清音,即清化为不送气音。这个清化归向简称为“平透仄戛”。擦音没有全清、次清之别,清化为同类清音。

(4) 零声母扩大。36母的影母与喻母合并,成为零声母,又有疑母、微母部分字丢失辅音变为零声母。所以零声母扩大。

至此,传统36母去掉10个全浊声母,1个轻唇音,3个舌上音,1个喉音,一共减少15母,故为21母。

1.3 分合演变的时代

据上所述,从《切韵》36母到《中原音韵》21母要分两段:一是从唐到北宋,由《切韵》36母变为韵图36母,有三大变化。二是从韵图36母到《中原音韵》21母,有四大变化,这些变化集中于全浊音、唇音、舌齿音、喉音四个方面。

唇音的演变发生最早。轻重唇音分化在《切韵》唇音上字三等自成一系就已露端倪,初唐时玄奘(602或600—664)译音,对译梵文辅音p、ph、b、bh全用重唇,不用轻唇音字,说明轻、重唇音已分化,故不混用(参施向东1983)。张参《五经文字》(成书于大历十一年,776年)反切中除一两个例外,凡《切韵》轻重类隔切均改为音和,说明轻重唇音分立,并且非敷分立(参邵荣芬1964)。慧琳《一切经音义》(约810年)和不空译音都轻重分立,可见盛唐以后,轻重分立非常普遍了。“非敷”两母最初分立,但不久就混合以至于合并了。黄淬伯(1931)认为慧琳音义中“非敷”两母已混,周法高(1948)不同意,认为非、敷混切的比例太小,不构成合并,但无论如何,中唐两母已分不清楚,当无疑问。轻唇“非敷”合流,至迟亦当发生于晚唐。罗常培(1933A)《唐五代西北方音》、王力(1982D)《朱翱反切考》,都指出非、敷合流。宋代 36 母,非敷仍然分立,可能是照顾系统平衡及完整的安排。

舌上正齿音合流,包含两个内容:一是庄、章两组合为照穿床审禅,这一音变在韵图 36 字母得到体现,但它应当发生在晚唐。二是舌上音知彻澄并入照组,这个音变在晚唐亦已起步,在罗常培(1933A)《唐五代西北方音》、邵荣芬(1963)《敦煌俗文学中的别字异文和唐五代西北方音》中都能看到知照混用。然这个音变可能到宋代才最后完成。南宋卢宗迈《切韵法》(1179 年)表现出知照合一(参鲁国尧 1992—1993),与同时代朱熹的叶音相合(参刘晓南 2018A)。

全浊清化在晚唐时代出现音变的趋势,李涪《刊误》曾指责《切韵》曰:"然吴音乖舛,不亦甚乎! 上声为去,去声为上。……又恨怨之恨则在去声,佷(按,'佷'当作'很')戾之佷则在上声,又言辩之辩则在上声,冠弁之弁则在去声,又舅甥之舅则在上声,故旧之旧则在去声,又皓白之皓则在上声,号令之号则在去声,又以恐字苦字俱去声。今士君子于上声呼恨,去声呼恐,得不为有知之笑乎?"[①]这段话中指责将该读去声的"佷(很)、辩、舅、皓"都读为上声为吴音乖舛。其实这四个字都是全浊上声字,李涪说它们都要读去声,说明当时都已浊上变去,而浊上变去也意味着其浊音已经清化。晚唐五代(约 8—10 世纪)的敦煌俗文学中别字异文也反映浊声母消失(详邵荣芬 1963)。到了北宋邵雍《皇极经世书·声音唱和图》列二十三对声母,每对分清浊,表面上看浊声母还存在,但他的塞音、塞擦音浊声母与清音相配时露出破绽,其仄声配不送气清音,平声配送气清音,正反映了北音全浊声母清化"平透仄戛"的特点,故由此推邵雍时代全浊声母已经清化(参周祖谟 1942)。

零声母影喻合流。在初唐玄奘的对音中,影与喻(喻三无字)是分的。玄应、慧琳音义均如此。晚唐时代敦煌俗文学中就表现出影、喻不分,还有部分疑母字混入影母。北宋邵雍时代影喻完全合并,形成零声母。

二、韵部的演变

《切韵》206 韵是区别声调的,《中原音韵》19 韵不区别声调,两书"韵"的内涵不对等,不好直接比较。忽略《切韵》韵的声调,以四声相承的韵系为单位,得 61 韵

① 见《百川学海》甲集,中华再造善本丛书,第 5 册李涪《刊误》卷下"切韵"条,第 7 页。

系。从《切韵》的61韵系到《中原音韵》19韵,从数字的直观上也可以看出,演变的趋势是韵的合并简化。我们先比较《切韵》61韵系与《中原音韵》19韵及其音类的异同,归纳从《切韵》到《中原音韵》的发展大势,然后再参考诸家研究成果,简述这些演变的发生过程。

2.1 从《切韵》到《中原音韵》韵的演变

从《切韵》到《中原音韵》,韵的演变可以归纳为下列几点。

(1) 所有入声韵全部派入阴声韵,派入归向见前文"近代代表音系",这样一来,原阳声韵系不再包含入声字(本节下文所述阳声韵系不含入声字)。

(2) 以摄为单位合并或重新组合。含三种情况:

其一,以摄为单位合并各韵为一韵的有:通摄合为东钟韵,江宕两摄合并为江阳韵,臻摄合并为真文韵,效摄合并为萧豪韵,梗曾两摄合并为庚青韵,深摄合并为侵寻韵。

其二,以摄为主有小部分字流动,或出或进构成新的韵部:遇流两摄之间,遇摄接受来自流摄的部分唇音字合为鱼模韵,流摄除去部分唇音字,剩下的合为尤侯韵。果摄所有三等字都转入假摄,剩下的一等开、合口字并为歌戈韵。

其三,以摄为单位大合大分,形成新的韵部,共有止、蟹、山、咸、假五摄。止、蟹两摄重新组合分为三韵:一是止摄开口三等齿音半齿音字独立为支思韵,二是止摄余下部分加上蟹摄合口一等(灰与泰合)和三等祭废韵、四等齐韵系合为齐微韵,三是蟹摄开口一等(咍泰开)和二等韵(除佳夬韵小部分字转入假摄)合为皆来韵。山、咸、假三摄均以等呼为条件分为两或三韵,山摄开口一等寒、二等山删再加上元凡韵系的唇音字合为寒山韵,山摄合口一等桓韵系单独为桓欢韵,山摄三、四等元除唇音仙先三韵系合为先天韵。咸摄大致相似,一二等覃谈咸衔韵系合为监咸韵,三四等盐添严凡除唇音韵系合为廉纤韵。假摄二等加上果摄开口三等和部分蟹摄二等佳夬韵字合为家麻韵,假摄三等加上果摄合口三等合为车遮韵。

此外,还有一字两收的现象,梗摄部分合口及唇音字又收入东钟韵,还有入声派入阴声韵也有两收,如江宕摄部分入声字两收于歌戈、尤侯韵等。

重新组合的韵内部结构有很大调整,可归结为:一是重韵、重纽合并;二是三四等合并;三是一二等除部分开口二等外合并;四是蟹、山、效、假、咸五摄开口二等仍然与同韵其他韵母相区别；五是某些特殊的声韵组合发生音变，如唇音、正齿音的细音变洪音等。这几种变化表明，中古韵母的元音系统至此发生了变化，介音与主元音的一些细微差别已经或正在消失，将《切韵》与《中原音韵》韵母及拟音作一比较就可以看出这一点。

2.2　韵部分合的时代

以合韵为主的重新组合，有一个逐渐发展的过程。检验韵部的分合趋势及发展程度，唐宋诗文用韵是一个灵敏度很高的晴雨表，从近几十年学者对唐宋诗文用韵的研究中可以大致看出其演变轨迹。

初盛唐诗人用韵就表现出韵部合并的趋势。鲍明炜（1990）《唐代诗文韵部研究》对上至隋代、下到唐玄宗开元前，即公元618—712年之间约一个世纪诗人用韵作了穷尽研究。该书不立韵部，以摄为单位考初唐诗人用韵。今据其所述韵摄的通押关系，折合为韵部，得29部，胪列于下，括号为该部所含《广韵》韵目，举平以赅上去：

阴声9部：1鱼模（鱼虞模），2支微（支脂之微），3齐祭（祭废齐），4皆来（佳皆泰夬灰咍），5萧肴（肴宵萧），6豪涛（豪），7歌戈（歌戈），8家麻（麻），9尤侯（尤侯幽）。

阳声10部：1东钟（东冬钟），2江双（江），3真文（真谆臻文欣），4元魂（元魂痕），5寒先（寒桓山删先仙），6阳唐（阳唐），7庚青（庚耕清青），8蒸登（蒸登），9侵寻（侵），10监廉（覃谈咸衔盐严凡添）。

入声10部：1屋烛（屋沃烛），2觉握（觉），3质物（质述栉物迄），4月没（月没），5曷屑（曷末黠鎋屑薛），6药铎（药铎），7陌昔（陌麦昔锡），8职德（职德），9缉立（缉），10合叶（合盍狎洽叶业乏贴）。

这个韵表可以看出同摄之中不但洪细、开合互押，而且重韵、三四等韵之间也通押。但摄的界限犹存，不同韵尾的入声韵不通，说明入声韵尾犹存。

这种情况到晚唐五代就有所改观，据周祖谟（1980/1993）对变文押韵的研究，归纳其韵系为23部，原文称摄，实则等于韵部。周先生认为："现在大北方普通话的韵母系统就是在这23摄的基础上发展来的。要研究普通话语音发展的历史不能不注意变文的材料。"（354页）下面列举周先生的晚唐五代23部，原文无韵部名,据常例加入。括号表示与初盛唐29部不同的内容。

阴声7部:1歌戈(少数麻韵字押入),2家麻(含少数佳夬韵字和“打”字),3皆来,4支微(含蟹摄三四等,少数皆来、鱼模韵字押入),5鱼模(含尤侯唇音字),6尤侯(含唇音“浮”字),7萧豪(豪肴宵萧)。

阳声8部:1东钟,2江阳(江宕摄,少数庚青字押入),3庚青(少数蒸登、真文字押入),4蒸登,5真文(臻摄,少数元、侵韵字押入),6寒先(山摄,少数监廉字押入),7侵寻,8监廉。

入声8部:1屋烛,2药铎(江宕入),3陌锡(少数与药铎押,曲子词中陌锡与职德混并),4职德(少数与陌锡押),5质物(臻入,有与陌锡、职德、药铎押者),6月屑(山入),7缉立,8盍帖。

23部相对初唐29部来说,合并了6部。

阴声韵合并2部:支微与齐祭并为支微部,开启止、蟹两摄的重新组合;萧肴与豪涛合并为萧豪部,效摄各韵通押,元音简化。

阳声韵合并2部:江双与阳唐合并为江阳部,江、宕两摄合并,《中原音韵》的江阳韵形成;元魂部分解,其中原元韵归寒先部,魂痕韵归真文部,《中原音韵》的真文韵形成。阳声蒸登与庚青有通押,表现梗曾两摄正在混并,《中原音韵》的庚青韵正在形成。

入声韵合并2部:觉握与药铎合并为新的药铎部,原月没部分解,月韵归月屑部,没韵归质物部。其中梗曾臻摄入声多有混押,表明-k、-t两尾正在混并。

到宋代,混并继续扩大,从宋代词韵、诗韵以及韵文用韵归纳的韵系总体是18部(参鲁国尧1991)。下面开列宋代18部,括号表示与晚唐不同的内容:

阴声7部:1歌戈,2家麻,3皆来,4支微,5鱼模,6萧豪,7尤侯。

阳声7部:1东钟,2江阳,3庚青(合蒸登),4真文,5寒先,6侵寻,7监廉。

入声4部:1屋烛,2药铎,3质缉(原质物、职德、缉立三部合并),4月贴(原月屑、盍贴合并)。

从晚唐到宋代,阳声梗、曾两摄合为一部。变化大的是入声,梗曾臻深四摄入声合为一部,山咸两摄入声合为一部,这两部只能解释为原-k、-t、-p韵尾的区别不存在了,有两种可能:一种可能是还有喉塞尾,一种可能是没有喉塞尾了。我们倾向前一种解释,即这两部还保留喉塞尾。至于屋烛、药铎两部原属-k 尾入声韵,且不与其他尾的韵字通押(仅少数通押,可目为合韵),是不是仍存-k 尾呢? 当然这种可能性是有的,但入声发展的趋势是塞尾脱落,其他入声尾已弱化为喉塞音了,这两部即算还保留了-k 尾,也应当只是残迹。我们倾向它们也只存喉塞尾,至于它们不与别的入声韵通押,是主元音不同。

宋代 18 部中"歌戈""皆来""鱼模""萧豪""尤侯""东钟""江阳""庚青""真文""侵寻"等部,与《中原音韵》相同。从宋代 18 部到《中原音韵》19 部,有五大变化。

(1) 支微部分出止摄开口三等齿音、半齿音字,独立为支思韵,余下的为齐微韵。支思韵的确立,标志着现代汉语舌尖元音的产生。

(2) 家麻部分出假摄三等为车遮韵,假摄以洪细分韵,表明原三等韵的主元音已高化为前半低元音,与原来的前低元音音色不同。

(3) 寒先部以等呼为条件分立三部。原山摄合口一等桓韵分立为桓欢韵,山摄开口三四等分立为先天韵,剩下的山摄开口一等、二等独立为寒山韵。

(4) 监廉部以洪细为条件分立为两部。一二等立为监咸韵,三四等立为廉纤韵。

(5) 入声全部派入阴声韵。要指出的是,《中原音韵》的派入入声的四组组合方式与宋代通语入声韵部分野是相合的。即:梗曾臻深四摄入声合乎 18 部中的质缉部,山咸两摄入声合乎月贴部,通入合乎屋烛部,江宕入合乎药铎部。

三、声调的演变

从《切韵》到《中原音韵》,声调的演变历来有三句话来概括:平分阴阳,浊上归去,入派三声(具体内容见前文《中原音韵》音系)。但从《切韵》的平上去入四声发展到《中原音韵》的阴平阳平上声去声(或还有入声)的体系,并非一蹴而就,其间当经历了四声八调阶段。

3.1　四声八调

四声八调是指在《切韵》之后、唐代几百年间出现的声调因声母的清浊而引起的音高相对明亮或暗涩的变化。这个现象,唐代学者即已有关注与记述,如今本

《广韵》卷首所载《唐韵序》之末“论曰”一段中有“《切韵》者，本乎四声，纽以双声叠韵，……引字调音，各自有清浊”的话。所述之“调音各有清浊”是否关乎声调的阴阳，虽然当时本土文献有无记载，今已难明，但日本僧人安然《悉昙藏》中征引或转述的唐代声调表现可作旁证。《悉昙藏》成书于公元880年，时当晚唐僖宗广明元年。书中大量引述了隋唐文献。在该书卷五记载了当时日本所流传的4种汉语声调。其中留唐僧惟正（正法师）“初习洛阳，中听太原，终学长安，声势太奇。四声之中，各有轻重”。学者认为这里的四声各有轻重就是说的以声母清浊分阴阳。又有久住长安、亦游南北、熟知风音的聪法师所传声调亦“四声皆有轻重着力”[①]等表述。诸师所述都是四声各有轻重。现代学者因而认为，既然平、上、去、入各有轻有重，那就意味着各自分为阴阳两调，而阴阳的分调与声母的清浊有关，其情形如下：

平声：阴平（清声母）、阳平（浊声母），

上声：阴上（清声母）、阳上（浊声母），

去声：阴去（清声母）、阳去（浊声母），

入声：阴入（清声母）、阳入（浊声母）。

四声因其声母清浊分为八调，在声母清浊对立的时代，可能仅仅只是声母清浊的附带音变特征，本身并无语义区别的功能，但随着全浊声母的清化，就会导致原来由声母清浊相区别的语音特征，转化为声调阴阳的区别特征了。八调有没有独立成为声调的音位，目前尚不明朗，但从中古的平上去入发展到近代的阴平阳平上声去声的四声，其间演变过程，大致是清晰的。

3.2 平分阴阳

在唐代八调以来的文献中，能反映平分阴阳的材料很少，直到《中原音韵》才有直接的描述。周德清《中原音韵序》说：“字别阴阳者，阴阳字平声有之，上去俱无，上去各止一声，平声独有二声。……如东红二字之类，东字下平声属阴，红字上平声属阳。阴者即下平声，阳者即上平声。试以东字调平仄，又以红字调平仄，便可知平声阴阳字音。”这段话是最早明确提出平分阴阳的话。照理，在宋代随着全浊声母清化的完成，平分阴阳两调的音变就应当已经成熟，但晚唐五代直到南宋时

① 引自《悉昙藏》的引文均见《大正藏》第83卷第414页。

代的几百年间，除个别特殊现象外（参李无未 1998），也未见有什么能反映平分阴阳的语音文献。近时刘晓南（2018C）根据朱熹的叶音材料对这个问题有所讨论，或能从侧面了解一点情况。

3.3　浊上归去

据现有材料，这个音变至迟当出于中唐。据研究，白居易诗歌用韵中，浊上字跟去声通押比例很大（参赖江基 1982、国赫彤 1994）。又，前引晚唐李涪《刊误》里的“舅旧，佷（很）恨，辩弁，皓号”等字同音，其中“舅佷辩皓”为全浊上声字，“旧恨弁号”为全浊去声字，浊上读同浊去。到南宋时代，朱熹的音叶材料显示，浊上归去的变化已与《中原音韵》非常接近了（参刘晓南 2018B）。

3.4　入派三声

入派三声的变化，在宋代以来的诗文词用韵中逐渐得到显现。宋词用韵首现端倪，据鲁国尧先生（1986）的研究，在宋词中已出现入声字与阴声字通押韵段 69 例，其中 50 例入声字所押阴声韵与《中原音韵》的入派三声归韵相同。这应当反映了入声已处于消变过程之中。这种变化在诗文用韵中愈益浓厚，在宋代分地区穷尽的诗词用韵研究中，无论是福建、四川、大北京地区、河南、山东、江西、湖南等等，凡诗人作诗填词，其用韵都有入声与阴声韵通押，这都说明，在两宋三百来年间，中古入声韵正快速地向阴声韵靠拢，一步一步地变成《中原音韵》的入派三声。然入声直到《中原音韵》时代在通语中似乎并未完全消失，完全消失，可能是明代的事了。

3.5　近代通语声调模式

根据上述论述，中古通语的四声，到宋代以及《中原音韵》时代大致演变成为五个声调：阴平、阳平、上声、去声、入声。

阴平、阳平来自中古平声，是中古平声字根据声母的清浊演变而来，原清声母平声字变为阴平，原浊声母平声字变为阳平。

上声，唐代的上声阴阳两调，随着全浊清化而发生了浊上归去的演变，使原浊上声调消失以后，留下了原清上（阴上）一个调，成为近代通语新的上声。

去声，则是原阴去与阳去混同，又加入了来自全浊上声字而形成的一个声调。

入声，则是中古入声的阴、阳调，随着全浊清化，清浊入的区别消失，阴阳入同归于一调而形成的。

第三节　从近代到现代的音变大势

从近代到现代,即从14世纪到19世纪,时间约六百年,通常说的就是从《中原音韵》发展到现代汉语普通话。前文已指明,学界对《中原音韵》的语音性质的看法目前尚有分歧,它是不是现代普通话的直接源头,还没有把握。另外,现代普通话近代直接源头是谁,目前也没有明确的答案。为今之计,要论说从近代到现代的发展,姑且仍从旧说。

一、声母的演变

《中原音韵》声母21个,现代汉语声母也是21个,数目相同,内容不同。从《中原音韵》到现代汉语,其声母有两大变化。

1.1　微母v-、疑母ŋ-消失

微母v-、疑母ŋ-消失的途径是,原微母、疑母字大部分变为零声母,少数疑母字读n-,并入泥母。变化的时代略有差异。

疑母在明代兰茂《韵略易通》中就已消失。兰茂(1397—1471),字廷秀,号止庵,云南嵩明州杨林人,所著《韵略易通》成书于明正统七年(1442年),书中描写明代官话音系。作者以一首五绝《早梅诗》二十字代表当时官话声母,这可以说是第一个由官话韵书归纳的官话声母系统:

东t　风f　破pʻ　早ts　梅m,　向x　暖n　一Ø　枝tʃ　开kʻ。

冰p　雪s　无v　人ʒ　见k,　春tʃʻ　从tsʻ　天tʻ　上ʃ　来l。

二十声母中有微母(即:无v-),没有了疑母。可见,从1324年的《中原音韵》到1442年的《韵略易通》,一百年间,疑母字转归零声母,疑母消失。

微母在北音中消失晚于疑母,明后期徐孝所著《合并字学篇韵便览》所列声母有字之声19个,与早梅诗相较,正是没有了微母(无v-)。徐孝生卒不详,自署金台布衣韵轩居士,金台得名于战国时燕昭王所筑黄金台,通常泛指保定地区,一说指北京(参郭力2003、周赛华2005),徐孝是北京地区人当无疑义。《合并字学篇韵便

览》成书于明万历三十四年(1606 年),书中列了微母,但是虚设而不领字,韵书里面古微母字均读同影母,说明微母已变零声母了。

1.2　尖团合流

尖团合流的结果是现代汉语舌面前音声母“基、欺、溪”形成。尖团分别指中古精组与见组的细音,到近代,精组有精 ts-、清 ts‘-、心 s-三母,即《韵略易通》的“早从雪”三母,见组到近代不计疑母的话,也只三个:见 k-、溪 k‘-、晓 x-,即《韵略易通》的“见开向”三母,这两组声母的齐齿呼、撮口呼字,在近代后期发生腭化,与精组、见组的洪音分家单独为一系声母,变为舌面前塞擦音和擦音,合并为一组,即现代汉语的基 tɕ-、欺 tɕ‘-、溪 ɕ-三母。与此相应,正齿音支 tʃ-、眵 tʃ‘-、施 ʃ- 变读为卷舌音 tʂ-、tʂ‘-、ʂ-。

尖团合流成于何时,现在还没有很精确的考证。现传韵书中最早论及尖团音的是清代中期《圆音正考》(1743)。该书作者不详(一说名“存之堂”),书序称“试取三十六字母审之,隶见溪群晓匣五母者属团,隶精清从心邪五母者属尖”,给尖团音下了定义,但还须补充一句,无论尖团音,都是齐齿、撮口呼字,即细音。该书告诉人们如何分辨尖团音,可见当时北音尖团已混。稍后北京大兴人李汝珍(约 1763—1830)《李氏音鉴》(嘉庆十年,1805 年),卷四“问南北方音论”提出“枪羌将姜厢香六母,南音辨之细,而北有数郡,或合为三矣”,变成所谓“北音不分香厢、姜将、羌枪”(见卷首凡例)。这里列出的三对字,前者为团音,中古见组字;后者为尖音,中古精组字,北音不分而混同,这也是指的尖团合流了。可见,至迟在 18 世纪末 19 世纪初,尖团合流,基 tɕ-、欺 tɕ‘-、溪 ɕ-一组声母成型,现代汉语普通话的声母系统至此大备。

二、韵母与声调的演变

从《中原音韵》到现代汉语,韵母的变化比较大,有一些旧的韵母消失,新的韵母产生。声调变化不大,仅入派三声的模式有所改变。

2.1　前高圆唇 y 元音形成

兰茂《韵略易通》(1442)将《中原音韵》鱼模韵区分为呼模、居鱼二韵,学者认为这个区分表明当时居鱼部的主元音已经是 y,而不是原来的 iu 了(参张玉来

1999),汉语中撮口呼元音至此完成。但还要指出一点,居鱼部中所含音节除精组、见组外,还有枝 tʃ、春 tʃʻ、上 ʃ、人 ʒ,如“朱樗书如”等,这些音节在现代汉语中不读撮口呼。可见,居鱼部所辖范围并不等同现代普通话的 y 韵。后来与枝 tʃ、春 tʃʻ、上 ʃ、人 ʒ 相拼的音节,随着声母由舌叶音变为卷舌音,韵母由撮口变为合口,即卷舌音后的韵母由 y 变成 u。

2.2 介音：二呼四等演变为四呼

韵图告诉我们中古音系的介音是比较复杂的二呼四等系统,现代汉语的介音系统是相对简单的开齐合撮四呼。四呼的名称及比较准确的释义在清人潘耒的《类音》(1712)已经出现。

从中古的二呼四等演变为现代四呼,关键就是一、二、三、四等变为洪、细或上、下两等,这经过了一个漫长的发展。唐代诗文用韵出现三四等合并,应当是其始发,到《中原音韵》时代二等韵大部分并入一等,仅有蟹、效、假、山、咸五摄开口二等牙喉音还能独立成为一个韵母,没有并入一等。到了明代,这几个独立的二等韵母除假摄二、三等因主元音不同而分流外,其他均并入三等。明代袁子让《字学元元》(1603)将四等读为上下两等,他说:“《等子》虽列为四,细玩之,上二等开发相近,下二等收闭相近,须分上下等读之。读上等之字,无论牙舌唇齿喉,皆居口舌之中,盖开发之等其声似宏,故居口中。下等之字,无论牙舌唇齿喉,皆居口之杪,盖收闭之等,其声似敛,故居口杪,便是下等。”(见该书《读上下等法辩》)将上下两等配上相应的开、合,就有上等开、上等合,下等开、下等合,如:

上等开：根干　　上等合：昆官
下等合：巾坚　　下等合：军涓

上等无论开合,均为洪音,下等无论开合,均为细音。这实际上已经就是现代汉语所谓开口呼、合口呼、齐齿呼、撮口呼的规模了,现代合称为四呼。对应关系大致是:

中古开口一二等：现代开口呼,中古合口一二等：现代合口呼
中古开口三四等：现代齐齿呼,中古合口三四等：现代撮口呼

然而这只是个大概流向,其间有诸多例外,如前述蟹、效、假、山、咸五摄开口二等牙喉音如“佳交下间咸”等字读为齐齿呼,还有许多合口三等牙喉音并入合口

呼，如通摄合口三等“弓拱供”、宕摄合口三等“王匡旺”等字，又有原轻唇三等和正齿音三等字，均因声母的变化引起韵母的洪音化，最终读为了开口或合口呼，而没有变读为齐齿呼或撮口呼字。

2.3　闭口韵尾消失

闭口韵是指收-m/-p 的韵，《切韵》音系中有深、咸二摄，9 个韵系。入声-p 尾字的闭口韵尾首先消失，在宋代通语 18 部的入声质缉、月贴两部中，收-p 尾的字与原收-t、-k 的字通押无碍，这被认为是-p 尾与-t、-k 尾一起弱化为喉塞尾。-p 尾的消失与入声的消失同步。到《中原音韵》中，所有-p 尾荡然无存。但《中原音韵》里-m 尾韵犹存，即：侵寻、监咸、廉纤三韵。明代《洪武正韵》《韵略易通》都保留了闭口韵。明末北京人莫铨撰《音韵集成》（成书于 1615—1642 年间）分韵十六，合并《韵略易通》的侵寻入真文，合监咸入山寒，合廉纤入先全（参李子君 2003），表明闭口韵已并入前鼻尾，原闭口韵尾消失。但实际语音中，消失的时间比这要早。据朝鲜汉学家申叔舟等编《洪武正韵译训》（1455 年）所记，当时“俗音”已将-m 尾读为-n 尾，据此，则汉语北音实际语音在 15 世纪中叶，闭口韵即已消失。

2.4　舌尖元音、卷舌元音产生

现代汉语舌尖元音来自《中原音韵》支思韵。但支思韵所含范围与现代汉语舌尖元音韵母辖字不完全一样。一方面，《中原音韵》支思韵不含止摄开口三等舌上知组字（个别例外）和蟹摄开口三等舌齿音字，这些字归齐微韵，现代汉语舌尖元音则含有齐微韵中这些知章组字（即来自中古止蟹摄开口三等知章组的字），如：知鸱池迟耻制滞世势等，反映了支思部在元代以后又有“扩容”，从《中原音韵》到现代汉语舌尖元音扩大了范围。另一方面，现代汉语舌尖元音不计声调的七个音节“资、雌、思，支、眵、施、日”有两个来源：一是前六个音节来自《中原音韵》支思韵，并伴有“扩容”。二是“日 rì ［ʐʅ^{51}］”音节，来自中古质韵开口三等日母。日音节在《现代汉语词典》中仅收两个字：“日、驲”，在《中原音韵》中归齐微韵，当时主元音为［i］，现代汉语变读舌尖元音，当为近代个别字音变的特殊现象。

现代汉语舌尖元音的“日”音不是承自《中原音韵》支思部日母音节，而《中原音韵》支思部原有的日母“儿而耳二”等字，现代汉语全变读为卷舌元音，成为零声母，归入所谓儿化韵。儿化韵字从支思韵变为儿化韵，这是近代汉语到现代汉语之间的韵母一大变化。通常判断支思部日母字是否演变成为儿化韵，就看韵书是不是将该系字列入影母（零声母）。如果该组字读日母，当然没有变为卷舌元音，如果读为影母了，就可以看作读为儿化韵了。李思敬（1986）从曲韵和对音中考证"儿"等字读卷舌元音在明初（约15世纪），最早记录卷舌元音产生的韵书是明末金尼阁《西儒耳目资》（1626）和清初赵绍箕《拙庵韵悟》（1674）。

2.5 入声韵舒声化

《中原音韵》入派三声一直存在着争议，造成争议的另一原因就是《中原音韵》之后的官话韵书大多数都有入声存在，如《洪武正韵》《韵略易通》《韵略汇通》《西儒耳目资》等等。既然后出的官话韵书中都有成套的入声，那么早于它们的《中原音韵》更应当留存了入声。从元到明末清初没有入声的韵书很少，迄今发现有三种：一是《中原雅音》，该书已佚，成书年代不详，据邵荣芬（1981）考证当成于1398—1460年之间。二是徐孝《合并字学篇韵便览》（1606）。三是阿摩利谛（生卒里贯不详）《三教经书文字根本》，赵荫棠（1941/1957）考证该书出于1699—1701年间，是书与《康熙字典》附《字母切韵要法》有密切关系。赵荫棠对此书评价很高，他说："删入声者，自《中原音韵》以来，惟此书与前述之《重订司马温公等韵图经》而已。在此点论之，是书可以说是一部极有价值的书，盖其他各书均不脱因袭，而此书极富改革性也。"（《等韵源流》，238页）由此可以推论，入声的消失是不平衡发展的。韵书的表现，既有实际语音，也有存古的可能。从实际语音来看，入声在现代汉语官话的江淮官话中犹存，如果是编写表现江淮官话的韵书，就一定会保留入声。但其他官话的方言就不存在入声了。可见，即算在官话中，入声的消失也是逐渐进行的。因此，可以推论，明清韵书没有入声的大概是以古代官话的某一已消失入声的方言为依据的。如《中原雅音》的基础方言极可能是河北井陉地区（邵荣芬1981）。有入声的韵书有可能是依据了入声尚未消失的方言，当然也可能是存古。

有一点可以肯定，北京话的入声消失应当在明代中期，因为徐孝的《合并字学篇韵便览》（1606）是记北京音的，该书没有入声了。现代北京音的入派三声与《中原音韵》只有部分相同，如次浊归去声。最大的不同就是《中原音韵》清入派上声，现代北京音清入派入阴声韵中，四声齐全。古清入字在现代北京音中派入阴平阳平上声去声四声之中，没有规律，这可能是《中原音韵》之后的发展。

第六章　历史方音研究概述

前文已经阐明，历史方音是汉语语音史的一个不可或缺的组成部分。理论上我们完全可以说，无论哪一个历史时期的古音研究，都需要有完备的古方音内容，但是，由于受到细碎性、散点性和依附性（按，三个特性详本编第一章）等三重制约，历史方音的研究却大多做不出方言音系而难以达到完备的状态。其实，因为年代久远，文献缺失，即算是准确地设立一个历史方言点都不容易，更遑论对方言点前后时代连贯的音系或特征加以完备的考证与构拟。后文我们将看到，在语音史大框架下的历史方音研究，将更多地关注于考求不同时代的方音特征，以解释古文献中的方音现象并试图说明前后时代方音的对应与关联，虽然不排斥音系的探求，却并不以建立某一历史方言的语音系统并推衍其演变轨迹为唯一目的。况且，无论是否建构方言音系，历史方音都需要以有异于通语的个性特征展现其自身在语音史中的存在。这也是我们不把它称为方音史，而名之曰历史方音的原因。

关于历史方音，虽然早在清初的古音研究中就已经受到关注，并一直有学者尝试进行探索、考求，如顾炎武、江永、孔广森、章太炎乃至现代学者林语堂、罗常培等，其间亦有论著面世，但取得重大突破却是在改革开放以来的几十年中。新的研究不但研究范围已从上古音扩展至整个语音史，研究成果激增，更为重要的是通过一系列研究，确认了历史方音研究的必要性和可行性，初步建立了历史方音研究的理论框架，将历史方音研究从某种假设、试探性的学术行为确立为切实可行的学术研究领域。

本章将介绍历史方音研究的基础理论和方法，并对语音史上各个历史时期的方音研究及重要成果作简要的介绍。

第一节　理论与方法

一、研究对象与目的

1.1　古代文献中的方言、方音

早在一千多年前的南北朝时期，杰出的语言学家颜之推（531—约590以后）就

断言:“九州之人,言语不同,生民以来,固常然矣。”(颜之推 1980,473 页)颜氏凭什么如此肯定“九州之人,言语不同”,是“生民”以来之常态呢? 答曰:凭文献。虽然春秋时期孔子曾强调在教学或礼仪等庄重场合要使用“雅言”,现代学者大概都同意,这个“雅言”应当是处于周、郑、齐、楚诸地域语言之上的华夏通语(即汉语通语的早期形态),但对于后人奉为经典、其典雅程度备受推崇的某些先秦文献,颜之推一句“《春秋》标齐言之传,《离骚》目楚辞之经”(473 页)的评论,却石破天惊。他坚定地指认这些世所公推的经典大有不合雅言之处,其内含方言的浓度,甚至堪比方言之著述。这自然使我们想到,战国时孟子曾立足于通语,将南方的楚人言语贬为“南蛮鴃舌”,他还提到过处于“庄岳之间”的齐语。此外还有其他文献诸如《战国策》和《尸子》《尹文子》等书记载了周语、郑语等等差异。如此种种,均可证颜氏所言不差,春秋战国时的方言及方音,确曾见诸文献记录。

秦汉之间,秦始皇推行“书同文”,却无法做到“言同音”,也不可能完全统一方言词语的分歧。汉代的扬雄因而采用“通语”与“方言”两种术语来分别指称之,通语可通行天下,其性质应当是民族共同语(标准语,雅言),方言则囿于一隅、偏处一域,应当就是民族共同语的地方变体(按,扬雄所说的“方言”还包含有少量的民族语)。问题是,在秦汉之交“书同文”之后,古人著述中是否就消失了古方言或古方音的差异? 是否就像清初古音学家柴绍炳所推想的那样:“古者言虽殊域,书必同文,……同文之治,不囿方言。”[①]柴氏似乎没有注意到颜之推的名言“著述之人,楚夏各异”(545 页),断定无论古今著述都有方言差异存在。颜氏同时代的其他学者也看到了这一点,如晋代的葛洪曰:“古书之多隐,未必昔人故欲难晓,或世异语变,或方言不同,经荒历乱,埋藏积久,简编朽绝,亡失者多,或杂续残缺,或脱去章句,是以难知。”[②]明确提及“方言不同”是造成古书难晓的原因之一。训诂大师郭璞也把“释古今之异言,通方俗之殊语”[③]当作训诂主要内容。这都反映了中古时代语言学家注意到了“古今异言、方俗殊语”存留在文献之中。六朝时韵书兴起之初,“音韵锋出,各有土风”,更是方音充斥。

---

① 柴绍炳《古韵通》杂说卷一“古韵不系方言说”,续修四库全书第 244 册第 24—25 页。

② 《抱朴子》外篇卷三十(1 页)《钧世》(四部丛刊本)。

③ 《尔雅·释诂》下郭注(《十三经注疏》合订本,下册,中华书局 1980 年第 2568 页上)。

随着详辨“古今通塞、南北是非”的《切韵》面世，有效地削弱了韵书之中的满纸“土风”，风行一时的方言韵书渐次消失，然而文献上记写方音的传统并未中断。不同辞书韵书中仍时有方言词语或方音的记录。唐代训诂大师陆德明、颜师古、孔颖达、张守节、玄应、慧琳诸人注疏经传，无不引述方言方音。文人写作亦然，唐宋文人笔下不但偶然出现方俗词或音，宋人更是明言诗歌创作中使用方俗语，可以增加诗歌语言的表现力[①]。正所谓“五方之音各不同，自古文字，曷尝不随用之”[②]，这个诗文创作的传统承自上古，历唐宋而不衰。到了元代，新兴韵书《中原音韵》横空出世，重新开启了韵书记录实际语音的传统。接着，历史出现了螺旋式的前进，在《切韵》使方言韵书销声匿迹了近千年之后，明清时代再一次出现了主要描写某一地域语音（即方音）的韵书（参耿振生 1992）。这些韵书大多完好地保存至今，给我们留下了某些方言百余年前直至数百年前的语音材料。

通过上文粗略的梳理，我们已经可以充分感受到汉语的方言历史悠悠绵长、文献记载不绝如缕的言文互动历程，有力地表明了历史方音存在于历史文献之中的事实。文献中的“方言不同”既造成了文献理解的困难，又留给了后人认识、研究古方言的宝贵资料。

1.2　历史方音的时代属性

历史方音的研究对象是历史上的方言语音，通俗地说，就是古代的方音。但仅仅明确这一点还不够，还有必要强调这是后人对前代方音的研究。就是说，历史方音研究的对象应当是时代早于研究者的某一历史时期的方音，虽然被冠以“历史”二字，但并非纯动态的历时研究，而主要是针对某历史时代的共时层面方言语音的研究，主体属于共时研究的范畴。

之所以要特别强调历史方音研究的时代属性，主要是为了区分“历史方音”与“古人的方音”之间的不同。历史方音不能等同于一般意义上的古人的方音，是因为中国语言学的方言研究传统源远流长，许多历史时代都有学者对本时代的方言语音进行记录、描写甚至是研究。古人所论古方音，立足于今天来看都是古人的方

① 如宋释德洪《冷斋夜话》云：“句法欲老健有英气，当间用方俗语言为妙。如奇男子行人群中，自然有颖脱不可干之韵。”（中华书局 1988 年第 38 页）

② 语出胡仔《苕溪渔隐丛话·前集》卷二十一（人民文学出版社 1962 年第 139 页）。

音,但对当时的研究者而言却是现代方音。如朱熹描写南宋时代的方言语音,对于现代人来说是历史方音,但对于朱熹来说属于“现代方音”。因此,有必要确认历史方音研究不应当包含“古人研究其所处时代的方音”这一内涵。从这个意义上说,扬雄《方言》采用“标音字”记述汉代方言词语之音,就不属于历史方音的研究范畴。

同样,在古音研究中,我们经常可以看到研究者采用时行方音证古音,如果仅以方音证古音,而非明确地证古之方音,虽与方音有关,堪称历史方音研究之前奏,但仍不足以当历史方音研究,如朱熹利用宋代方音来旁证古音即是。只有类似于顾炎武那样直接指明、解说或论述诸如《诗经》特殊押韵中的古方音现象,才是历史方音的研究内容。

1.3 历史方音的研究目的

为什么要进行历史方音研究?就汉语言文字学来说,主要有两个目的,一是解释古代文献中的疑难问题,二是尝试给现代方言溯源。

1.3.1 关于文献释疑

历史方音是通解文献疑难问题的重要途径之一。最早表达这个意思的是西汉人扬雄,在《方言》卷一第12词条“大也”中,他作了说明:

敦,豐,厖鸱鷉,乔音介,幠海狐反,般般桓,嘏音贾,奕,戎,京,奘在朗反,将,大也。凡物之大貌曰豐。厖,深之大也。东齐海岱之间曰乔,或曰幠。宋鲁陈卫之间谓之嘏,或曰戎。秦晋之间凡物壮大谓之嘏,或曰夏。秦晋之间凡人之大谓之奘,或谓之壮。燕之北鄙齐楚之郊或曰京,或曰将,皆古今语也语声转耳,初别国不相往来之言也,今或同。而旧书雅记故俗语,不失其方皆本其言之所出也。雅,尔雅。而后人不知,故为之作释也释诂释言之属。①

细读上述引文的后几句,可以充分看出,扬雄是顾虑到那些“旧书雅记”中记述了“别国不相往来”的“故俗语”,将导致“后人不知”的不良后果,所以,他要著《方言》“为之作释”,明确地宣示了写作《方言》的主旨,点明了历史方言在通解文献疑难问题中的重要作用。当然,扬氏所记均为历史方言词语,既无专门的方音记

---

① 引自周祖谟《方言校笺》,中华书局1993年第4页。按,旁注小字是郭璞注。

述，也看不到扬雄专就历史方音有所论述，但无可否认的是，所记众多的方言词语之中必定包含有方音的成分，从这个意义上说，扬雄可谓是最早涉及利用方音解释文献疑难问题的学者之一。

站在今天的立场来看，历史方音造成文献疑难至少体现在两个方面，一是方言语词的特殊音读，二是方言音类的特殊表现。古代学者尤其是经传注释家，很早就关注到了这两个方面的问题，常用的破解之方是援引时行方音来释其疑难。

运用时行方音解说文献疑难的例子，如《礼记·檀弓下》："人喜则斯陶，陶斯咏，咏斯猶，猶斯舞。"这段文章中"咏期猶"何意？郑玄注曰："猶当为摇，摇谓身动摇也。秦人猶摇声相近。"郑玄以秦方音"猶、摇声近"来说明"猶"当训为"摇"，乃"身动摇"之意。这是典型的运用古方音解说文献疑难的例子。这个训解是如此有说服力，以至于陆德明也只好据之作音曰："猶，依注作摇，音遥。"[①]

至于文献中因方言音类不同而造成的疑难，最为常见的是方音押韵。以《楚辞》用韵为例。《楚辞》之用韵，上不类于《诗经》，下不侔于《切韵》，独标异类。现代学者往往指其为战国楚方音，并作出相关研究，但最早关注到《楚辞》特殊用韵现象的，恐怕要上溯到南北朝时期的刘勰。这位杰出的古代文论家，对《楚辞》的用韵，有"《楚辞》辞楚，故讹韵实繁"[②]的评说。他在讨论诗歌声律的时候，以"辞楚（运用楚语作辞）"作为《楚辞》声律上出现"讹韵"的原因，虽未明言《楚辞》用韵之不同于《诗经》，乃属于楚方音，但隐隐然若有意焉，实有遥启后人以《楚辞》研究战国楚音之功矣。

好比"解铃还得系铃人"，古文献中以方音造成的疑难问题，自当仍以方音来解之，这是历史方音研究的首要任务。

1.3.2　关于现代方言溯源

现代汉语拥有众多的方言，不言而喻，它们均形成并传承自前代，有着自己发展演变的历史。然这个无可辩驳的逻辑断案若要落实到一个个方言点之上，就必须有包含历史方音在内的所有证据加以证实。以吴语为例。吴语的历史悠久，早在扬雄《方言》中即有"吴越扬"诸地域语词的记载，现代学者多以为此即最早记录

① 《礼记》、郑注及释文均见《十三经注疏》，中华书局影印本1980年第1304页中栏。

② 语出《文心雕龙》卷七《声律篇》，范文澜《文心雕龙注》，人民文学出版社1958年第553页。

的吴越方言。姑不论扬雄所记的公元之初的吴地词语与今天的吴方言有没有血缘关系，但我们可以看到，确有一些古文献记载的吴音或吴语特殊字音，可以与后代吴音关联。

宋代名相李纲（1083—1140）有一首《戏为吴语》的诗，诗云："莫问侬家作底愁，细思今古事悠悠。""侬家"的"侬"即为典型的吴语人称代词，至今犹然。宋吴曾《能改斋漫录》（上海古籍出版社 1979 年）卷一"诗人用侬字"条引王观国《学林新编》云："江左人称我汝皆加侬字，诗人亦或用之。"吴氏因而引证东晋吴声歌《子夜歌》中句子，如"故使侬见郎""侬亦吐芳词"等证之，补充说："吴音称侬，其来甚久。"（6 页）到底有多久？《庄子·让王》曰"舜以天下让其友石户之农"，唐初成玄英疏云："农，人也，今江南唤人作农。"①庄子所说的"农"是不是文献中吴语"侬"字最早的记载，还需要证明。不过，该字晋代江南民歌有之，亦可见吴音"人"字读作"侬"之历史悠久了。

又如颜之推《颜氏家训·书证》有云：

吴人呼祠祀为鸱祀，故以祠代鸱字；呼绀为禁，故以糸傍作禁代绀字；呼盏为竹简反，故以木傍作展代盏字；呼镬字为霍字，故以金傍作霍代镬字；又金傍作患为镮字，木傍作鬼为魁字，火傍作庶为炙字，既下作毛为髻字；金花则金傍作华，窗扇则木傍作扇：诸如此类，专辄不少。（444 页）

这是颜氏批评吴人张敞有关吴音不正而说的一段话中的例证部分。颜氏在这里共举 10 个吴方言因语讹而生出的方言字。其中有"吴人呼祠祀为鸱祀"和"既下作毛为髻字"两条，亦大概可与后代吴语勾连。

先看读"既"（按，所谓"既下作毛"当为时行吴方音俗字，颜氏这里所讲当即"既"字之音）为"髻（吉）"，大概率是说吴音将通语去声的"既"读为了入声"吉"的音。宋叶梦德《石林燕语》卷八记载了类似的一件事，可资旁证："元丰五年，黄冕仲榜唱名。有暨陶者，主司初以'洎'音呼之，三呼不应。苏子容时为试官。神宗顾苏，苏曰：'当以入声呼之。'果出应。上曰：'卿何以知为入音？'苏言：'《三国志》吴有暨艳，陶恐其后。'"②

① 引文见郭庆藩《庄子集释》，中华书局 1961 年第 966 页。

② 《石林燕语》，历代史料笔记丛刊，中华书局 1984 年第 114 页。按，"洎"《广韵》几利切、具冀切两读，均去声。

暨艳是三国时吴国的尚书,《三国志》无传,其名主要见于《吴书·张温传》和《陆逊传》,裴注没给"暨"字注音。查"暨"字,《广韵》通常读至韵具冀切:"及也,至也,与也",该音与"洎"同。作为姓氏"暨",则读质、迄两韵音,《广韵》切语均为居乙切[①],《集韵》切语用字略异而音同。两书四处入声读音之处解释字义都是"姓也,吴尚书暨艳"之类的话,大同小异。可见作为吴人姓氏的"暨"要读为入声。从唱榜主司不知"暨"当念入声来看,这个姓氏肯定非常偏僻,鲜为人知。苏颂知道当念入声,自述的根据是"《三国志》吴有暨艳"。《三国志》"暨"字并无音注,苏氏凭什么断其读入声?似只有两个可能,或凭吴音,或凭韵书。前者的可能更大,因苏氏特举吴人姓氏为据,语气中含有"吴音暨姓当读入声"的意思。主司用入声读"暨"字后,被叫的人应声而出,可见这的确是个当时吴语实际读音。现在颜氏告诉我们,跟姓氏"暨"同声符的常用字"既"和"既下作毛"的方言字,吴语也读入声。这是六朝人所记的吴音在宋人那里得到印证。

至于吴人把"鸱尾"呼为"祠尾",宋黄朝英《靖康湘素杂记》有一段解说,云:"《颜氏家训》云:东宫旧事,呼鸱尾为祠尾。盖张敞不甚稽古,随宜记注,逐乡俗讹谬,取吴呼蚩为祠,遂为祠尾。"[②]照黄氏的解释,这是吴语区把正齿音昌母"鸱(蚩)"音读成齿头音邪母的"祠"音。所以,鸱尾也就误作"祠尾"。这种将正齿音读为齿头音的方音讹读,与现代吴音特征相符。

有了上述文献语例作证,我们大概可以推知,现代吴语不但可与宋人所述一脉相承,更可上溯至南北朝的颜之推、晋代的吴歌,或许上抵两汉先秦,其时代与扬雄所言之吴越方言相当贴近。吴语之渊源,尚矣。

二、基本研究思路

2.1　本体研究与特征归纳

跟现代方音的研究既有音系归纳又有特征描写一样,历史方音原则上也应当有这两个方面的内容。"音系"即方音研究的本体,以全面展示方言语音的音节组成成分和声母、韵母声调体系及内部结构关系;"特征"是方音异于通语音及其他

---

① 按,居两个韵均音居乙切,必有一误。迄韵的居乙切的"乙",周祖谟校改为"乞",是也。

② 《靖康湘素杂记》卷一,见明陈继儒编《宝颜堂秘笈》之《汇集》第二册,文明书局 1922 年。

方音之诸要素的综合汇集,凭特征以明确方音的性质与归属。现代方言研究两者并行,且尤重音系的调查归纳。跟现代方音研究不同,在历史方音研究中,则常常以特征研究为主。这与语音史的研究历史及文献语料的特殊性有关。

语音史的历史方音研究,大概始于清代古音学。罗常培指出:"清人考证周秦古韵,大体是以'雅言'为据的;然而对于古韵不能强合的地方,也不能不认为方音使然。"他举顾炎武《音论》、江永《古韵标准》、张行孚《说文发疑》等著作中所说古方音为例。从中可以看到,当时学者虽已注意到古方音问题,但大都仅拿古方音歧异来纾解古音系研究的内部矛盾,含混地说某某特殊现象乃古方音使然而已。这当然不能令人满意。罗常培由此提议:"假如材料够我们下判断,那就必须考证出古代方音来,然后才能窥见周秦古音的真相。"[①]所谓"考证出古代方音"应当包含两个意思,一是确证古方音的方域归属(详后文"时空定位");二是考明古方音音系。其前提是"材料够我们下判断"。然而实际情况往往是,能够全面考证出某一古方言音系的材料,除明清方言韵书之外,确实寥寥无几。绝大多数文献均以片言只语、零零散散的方式保存着古代方音,从中无法归纳某一方言的语音系统,致使汉语历史方音的研究迄今绝大多数都是"特征考证"与"特征归纳",而非"音系描写"。在本体与特征两个方面,历史方音的研究显示出强烈向"特征归纳"倾斜的趋势。这是历史方音研究有别于现代方音的一大特色。

2.2　音系与特征的关系

历史方音研究倾向于"特征"、淡于"音系",两者之间的失衡有没有削弱其学术价值?要回答这个问题,得从"音系"与"特征"的关系说起。"音系"指构成方言语音的声、韵、调的全体成员及其内在结构层次,"特征"指方言语音系统异于通语或其他方音的某一个方面或某一部分的特殊表现。方言语音的存在形式是本体的,即它必定具有一套自足的声母、韵母和声调系统等等,但方音与通语音或与其他方音的区别形式却是特征的。也就是说,凭借自己的独特语音因素而与通语或别的方音进行区别。借用哲学上"共性"与"个性"一对范畴示之,方音应当是通语语音共性与地域个性的统一体,可图示如下:

---

① 本段两段引文分别见《罗常培语言学论文选集》,中华书局1963年第150页、152页。

方音=共性(符合通语音的部分)+个性(地域语音变异的部分)

从音系的角度来看,方音的声、韵、调诸子系统中很多音素是跟通语相同或相类的。比方说,就音类而言,常常在方言中是同音字的,在通语中也是同音字,这就是音类相同。方言与通语之间音类相同现象占大多数,不同的总是少数。音类相同是构成语音对应的基础。如果这组同音字分别在方言和通语中发音也相同或某部分相同,这就构成不同程度的音值相同。通常方音与通语之间音类相同较多,不同较少。但方言语音之所以有别于通语,不在于它有一个完备的语音系统,也不仅仅在于它如何跟通语音类、音值相同,而恰恰在于具有这么一小部分与通语音不同的音类与音值特征。所以,描述方音与通语音或其他方音差异的最简明的办法就是罗列其语音系统中的个性成分,也就是说,列出其方音特征。这是现代汉语方言研究中区别不同方音的经典做法,舍此别无他途。同样,掌握了方言的语音特征,也就以简驭繁地掌握了该方言的语音表现。要说明一个方言的语音,不在于告诉人们这个方言的哪些音类的分类或发音跟通语一样,而在于揭示其不符通语的最有特色的一些音类与音值是什么。概括这些不同音类并形成条例,就形成了该方言语音系统的区别性特征,以别异于通语语音或其他方音。

由此又可以衍生出如下公式:

方音=同质(通语及其他方音的核心共性)+异相(自己的个性)

这个公式告诉我们,方音与通语音以及其他方言语音在逻辑关系上类似于一组不规则的同心圆,其交合部分是核心的“同质”部分,其离异部分是游移于外围的“异相”部分。同质的“质”指一门方言语音的本质结构,它是本方言与通语及其他方言间的共同核心部分,如音节结构形式,相同的音类与音值表现等等。核心部分在同一语言之诸方言中是大同小异的。异相即区别于通语音及其他方音的音类,都是自己方音的个性语音特征。地域广泛分布的口语之中必得具有某些个性特征才成其为区域方音,特征愈显豁,方音愈有个性。当然,要在某一方音中准确判别并计量“同质”“异相”两个部分却是一件非常艰难的工作,这涉及许多具体的技术问题,但并不妨碍我们采用这种方式对方音的本体与特征的关系作出说明。

2.3 特征研究的价值

明确了音系与特征的这种特殊关系,有利于我们正确理解以及处理历史方音研究与现代方音研究之间的差异,达到殊途而同归。

在现代方言研究中本体与特征并行不悖。一方面立足于本体研究,对方音的声、韵、调诸子系统进行全面的描写和归纳,以便为进一步获取全部方音特征打下坚实基础;另一方面立足于与通语音系及不同方音系统之间横向比较,考察方音系统中的"个性"成分,以提取属于本方音的"异相"。显然,本体研究是全面的描写、是基础,特征研究是异同的比较,是归纳、是提升。本体研究越全面越仔细,概括得出的方言特征就越具有独特性与排他性,更能全面地、准确地反映出方言之间的差异。

历史方音同样期待全面的本体研究,但当文献有限,缺乏方言韵书或类似的系统原材料时,本体的研究受限,无法实施音系归纳,这时该如何进行历史方音的研究?

试想,既然方音的音系(即本体研究)完成之后,还有必要通过各种比较,概括归纳它的方域性特征以便以简驭繁地描述和把握该方音;既然一个区域的方言语音之所以被确认为方音,是因为它具有这样一组区别于通语和其他方音的地域性语音特征;既然只有方音特征才是方音区别于通语或其他方音的关键等等,诸如此类,都充分地显示出认识或识别一个方言离不开方音特征。方音特征是如此关键,那么,历史方音研究可不可以跳过音系的本体,直接进行特征的研究呢? 或者说,缺乏音系基础的方音特征有没有历史方音的价值呢? 这就要看通过"个性"文献语料所考得的历史方音特征跟通过音系比较所得的特征有没有相同的功能,若具备相同的功能,能起到同等的作用,能证明古代方音的存在及其表现,则跳过音系直接作历史方音特征的研究将是可行的。

举一个例子,现代闽南、闽东方音有"歌-豪通韵"的方言特征,这是通过现代闽音与通语及其他方音充分比较得出的非常典型的闽音特征。在宋代闽音研究(刘晓南 1999)中,因缺乏闽音韵书及类似的材料,无法考求闽音韵系。但在宋代闽地的诗文用韵中,发现了 80 多个歌戈部与萧豪部通押的特殊韵段,其通押方式及所用通押的韵字与现代闽音中"歌-豪通韵"的规模基本相同。如果现代闽地口语的"歌-豪通韵"是闽音有别于通语和其他方音的一个重要特征,那么,宋代诗文用韵中的"歌-豪通押"亦将具有同等的价值。虽然宋代并无闽语音系以资比较,但同一地域方音特征的古今对应就足以证明二者具有同一性。由此可见,跳过音系本体直接进行特征的研究在历史方音是可行的。

事实上,宋代闽音研究中,通过文献个性语料研究共得出九大方音特征,每一个特征都与今天闽音特征相吻合,说明都具有历史方音特征的价值。这充分证明,跳过音系,直接从文献个性语料考证、归纳方音特征是合理的、有效的、具有历史方音价值的。

2.4 早期方言假说

对这些没有音系基础仅以特征出现的历史方音,该怎么定性,该如何称呼?

曾经有一种假说,将汉语方言的古老形式称为“原始方言”。原始方言是一种基于历史语言学历史比较研究的假说。这个仿自印欧语的研究模式,将汉语的方言类比于印欧语的亲属语言,以方言比语言,颇令人生疑。张琨曾批评说:“把原始汉语设想为一个语言,然后才分裂为方言群,——例如先分裂为原始吴语、原始闽语等等,然后再分裂为各个方言——这是荒谬的假设。”为什么?张琨继续说:“早期汉语方言必定比今天更为复杂,一个小的,相当孤立的部落必有它自己的语言。后来由于科技的进步,人口的繁殖,语言接触的机会增多,也越趋频繁,方言越来越加感受标准语统一的影响力。”①强调“标准语统一的影响力”的意思是,方言只是通语的地域变体并非异质的语言,其间的互动除了有分裂,还有回归与融合。可原始汉语与原始方言假说把方言当作只是从母语中不断分裂的实体,这与汉语的演变历史有本质的不同。另外,李方桂曾批评美国学者罗杰瑞的原始闽语假说有“能构拟词太少”“其历史到底有多久无从得知”的重大缺陷②,这也跟历史方音重视古方音特征的时空定位完全不同。所以,“原始方言”一语不能用来定性或指称历史方言。

历史方音研究从历史文献中考证方言音系与特征,综合古方音的全部特征形成一个特征集合,以确认其历史上曾经有过的地域方音变体的地位。如宋代闽音的九大方音特征,可以确立它的宋代东南区域方音的性质。有了这个时空明确的方音特征的集合,我们就可以宣称,我们考得了一个宋代闽方音。它与通过其他文

① 语出张琨《古汉语韵母系统与〈切韵〉》,见张琨《汉语音韵史论文集》,华中工学院出版社1987年第90页。

② 参《李方桂口述史》,清华大学出版社2003年第135页。

献语料考得的宋代四川方音、山东方音、吴方音等等,都属于宋代的方音,是早于现代约八百年的历史方音。理论上,历朝历代都会有类似的方音存在,有的年代更早,有的年代稍迟等等,因此,将这些早于现代的不同历史时代的方音统称为早期方音,是比较合适的。

"早期方音"的上位逻辑术语当是"早期方言"。在"早期方言"术语中,"方言"可认为是"方言特征"的省称,"早期"也是一个相对的时间概念,它只截取历史的某一横断面来考察该方言的共时特征,而不去试图说明在这个时代里这些特征是不是初次出现。只有在前后相连的两个或若干个横断面之间,我们才可以考察方音特征的初现与后续的发展演变。所有方音特征都在同一个时代出现,这是不可想象的,所以,历史方音是由许多历史上相连的共时层面(即早期方音)连缀而成的链条式组合,历史方音的实质就是一个个方言点语音的一系列互相连贯的早期方音的总和,涵盖了该方音整个发展历程。

我们认为,"早期方音"假说有两个特点。其一,因其具有文献强有力的证明而成为有比较准确年代和区域位置的历史存在。其二,因其注意方音发展的历史链接,理论上可以通过一个一个历史时代横断面的"环",连接起方音发展的整个链条,以显示其历史发展过程,并努力构成方言的历史。

历史方音既然努力要实现由不同时代方音的"环"构成的历史发展的"链",那么链条上的各个"环"完全可以具体化为某时代方言,如先秦某方音、两汉某方音、魏晋某方音、唐宋某方音等等的区分。这种区分不是绝对的,它必须根据语料实际情况具体分析。历史方音或方音史是整个链条,早期方音是链条上的每一个环。当各个"环"达到无缝连接之日,就是方音史的成功之时。目前,有太多的"环"需要我们去考证、去打造,早期方言的研究任重而道远。

三、历史方音的文献调查

历史方音既然是遗存在文献中的古音现象,研究它们,就需要对历史文献展开调查,以获取研究的原始资料。显而易见,这种调查跟现代方言研究的田野调查不同,这是一种在书斋中进行的文献调查,或可称为书斋调查。这是方言研究中的一种全新的研究方法,应当引起充分的关注。

3.1　主体材料与辅助材料

当然，进行历史方音的研究，其研究对象的范围并非仅限于文献。理论上说，凡能用于考证、说明历史方音的语言材料都将是研究对象，其涉及面是很大的。仅从汉语言文字学的角度考虑，历史方音研究的材料还应当有现代方言的参与，但要以历史文献材料为主，现代方言材料为辅。

3.1.1　历史文献的主体作用

文献语料在历史方音研究之中的主体性，可以从语音史研究框架的构成和历史文献本身的特性两个方面加以说明。

从语音史的研究框架来看，历史方音是汉语语音史的一个有机组成部分。我们从迄今已有的上古音、中古音和近代音的研究中都可以看出，无论什么时代的语音研究，其主要研究对象都是文献语料。语音史毫无疑问属于文献语言学的研究范畴。语音史既然是文献语言学，作为其组成部分的历史方音的研究当然也不能例外。确认历史文献为历史方音研究的主体材料，符合汉语语音史的研究框架。

从文献语料本身来说，作为一种有效的物质载体，历史文献将转瞬即逝的语音动态听觉形象转化为可视的静态视觉形象，提供了古音及古方音存留与传播的物理空间，实现了许慎所说的“前人所以垂后，后人所以识古”之理想。结果是汉语数千年连绵不断的无比丰富的传世文献以及地下出土文献，无不或多或少保有古音或古方音。虽然遗存其中的方音语料相对细碎，分布零散，难成体系，但终因古文献的数量巨大、体量恢宏而蕴藏了极大的开发潜力，使得有效地弥补这些缺陷成为可能。而且，不间断的世代传承使得大多数文献的生成年代确定，地域可明，能提供有相对准确的时空信息，可以确证古代方音存在的空间区域，可以考究历史方音的准确断代，可以考明历史上曾经存在过的方音现象，从而揭示方音特征的演变与消长。具备如此种种优势必然使得它们成为当之无愧的历史方音研究的主角。

3.1.2　现代方言的辅助作用

现代方言是活在今天人们口头的语言，其语音本身不是古音，不能直接当作历史方音对待。虽然从古迄今，口口相传，一定会或多或少遗存有历史方音，但我们不能过高估价它们，因为经过历史长河的冲刷、淘汰，能沉淀下来的历史语音已经有的磨损了，有的变异了，有的失真了，还有的消亡了。其含量之细碎、零散、不成系统恐怕丝毫不亚于历史文献,且不说从中判别哪些音素音类属于古方音的遗存并非易事,仅其不具备历史文献的时空定位功能这一点,就属于致命性的先天缺陷。如果抛开历史文献,仅从现代方言的内部差异去拟测古代方音,得到的只是一个缺乏时空定位的推测性假说,更不要说如果历史上曾经出现过的某一方音现象在现代方言中没有留下痕迹,则这种内部拟测更无从下手了。但是,如果利用现代方音的活语言身份,来确证历史文献特殊语音是否具有方音属性,以确认文献语言中的方音现象,那将是可行而且极有意义的。这就是现代方音对于历史方音的研究有非常重要辅证作用的原因。

3.2 历史方音语料的开掘

从汗牛充栋的传世文献中获取历史方音文献,最大的困难就在于文献调查的面太广,量太大。就像苍茫大地,随处可能蕴含矿藏一样,任何汉语文献,无论经史子集,都有可能蕴藏古方言语音史料。这就要求研究者,有着大海捞针的决心和锲而不舍的毅力,甘坐冷板凳,苦读先贤书,索隐钩沉,日积月累,方可集腋成裘。同时,还得对文献中方言语料的特殊表现有一定的了解,这可以从“方音信息”和“个性表现”两个方面来谈。

3.2.1 方音信息:直接或间接

历史文献中的方音现象原本出于口音“楚夏各异”的不同作者之手,其表现千差万别,各有异同。无论怎样不同,总体上大概可以归结为直接表现方音、间接表现方音两大类。

所谓直接表现方音,是指古人在文献中记载某一语音现象时,直接说明了该现象是属于某一地域流行的方俗语音,有的还特地说明其时间。除方言韵书外,这种直接材料,常见于笔记小说、诗话词话以及经传注疏等文献。如陆游《老学庵笔记》卷八:“陈师锡家享仪,谓冬至前一日为‘冬住’,与岁除夜为对,盖闽音也。予读《太平广记》三百四十卷有《卢顼传》云:‘是夕冬至除夜。’乃知唐人冬至前一日,亦谓之除夜。《诗唐风》‘日月其除’,除音直虑反,则所谓冬住者,冬除也,陈氏传其语,而失其字耳。”[①]宋代福建建阳人陈师锡家将“除”读作“住”,陆游明确地指明

① 《老学庵笔记》(历代史料笔记丛刊),中华书局1979年第104页。

是闽音。时代、地域非常明确。这条宋代闽北方音,现代闽北方音仍可印证。

间接表现方音者,虽不直接点明其方音属性,却在行文之中蕴含了或清晰或朦胧的辅助信息,可以帮助我们判断或确定其历史方音属性,如诗文特殊用韵、特殊音释古注、通假异文、韵书又音等等。这些语料往往有历史方音隐藏于其中,很有研究价值,若能有效地索隐钩沉,则可以获取历史方音研究资料。

3.2.2 间接语料即个性语料

间接语料比较隐晦,如何能够有效地开发并获取?获取间接方音语料的关键就是要对语料反映的语音现象有准确的"共性"或"个性"的判断。什么是共性、个性?简言之,大多数具有时代语音共同属性的语料可称为"共性语料",反之则是"个性语料"或"特殊语料"。共性一般属于通语语音,个性必有别于通语音,其中很有可能就是方音,也可能是别的特殊现象。判明是否个性语料,是获取间接方音语料的第一步。

判断个性语料的标准大致有两个:一是看它是否符合其时代的代表音系即通语音系,二是看其统计数据的大小。第一个标准的道理非常简单,通语音是时代民族共同语的代表音系,是共性的存在,如果不合通语音则必属个性语料。至于统计,就是要以数据说话,原则上将统计的多数断为共性,少数断为个性。但多数要多到何种程度即可视为共性,少数要少到何种程度才可定为个性?语料形态的千差万别,数据与表现各不相同,"众生"歧异,不必也不可能定于一尊,应当在实际运用中根据语料具体情况灵活处置。运用上述两个标准,可以比较客观、妥善地判定文献中的"个性"语料。只要找出了文献中的不符合通语的个性语音材料,也就是找到了历史方音研究的原始材料。

3.2.3 混杂语料的层位区隔

要对语料进行共性、个性的分析,本身已经表明历史文献语料存在一定的语音混杂性,或曰是通语、方言语音杂糅相混。可以说,大概除了某些描写单一音系的韵书外,几乎所有的文献语音材料都具有不同程度的杂糅性,尤以诗文用韵、字书注音、经传音释等等为著。这些材料中往往有不同性质的语音丛聚杂处,形成一种异质甚至是严重异质化了的复合型语音素材。不作分别地直接用它们来研究通语语音史或历史方音往往会坠入治丝益棼之陷阱,所谓"不是一家人,不进一家门",

对这种混杂的语料,必须作出相应调整以去除杂质。方法就是将不同质的材料尽可能地进行层位区隔,以最大限度地消除研究对象的异质性。

所谓“层位”,是指语音文献中的语料分别处于通语、方言等不同的语音层面。

所谓“区隔”,是指在材料的收集与整理过程中,根据其来源与语音特征,同时根据历史方音研究的需要作相应的过滤,滤去符合通语共性的语料另作研究,留下不合通语共性的个性语料,进行历史方音的考证与研究。过滤其实是将语料去杂提纯的一个运作过程。经过过滤之后,将会极大限度地降低语料的异质性,逐渐形成单一方音层面的同质语料,再根据其语音表现考究其语音。

3.3 历史方音文献的常见类型

虽然古代文献中丰富的历史方音语料,大体上可以区分为有方言标志的直接语料和没有方言标志的间接语料两大类,但在实际操作中,情况相当复杂。实践告诉我们,不同类型的文献,其原始语料的分布相应不同。下面略述几种常见的方音文献。

3.3.1 方言注疏

古代注释家利用方言注释经传,这是最为显著的古方言材料。如《礼记 · 中庸》:“武王缵大王王季文王之绪,壹戎衣而有天下。”句中的“壹戎衣”,郑注:“戎,兵也。衣读如殷,声之误也,齐人言殷声如衣。”[①]指明经文中“衣”是当时齐方言“殷”的读音。此可知,汉代齐方言中阳声韵文部中有部分字脱落-n 尾读入了阴声微部,林语堂引述为“燕齐鲁卫阳声转变”的证据。又如前文所述,唐人颜师古在《汉书》卷三十二《张耳陈余传》中注释地名“泜”,引述“土俗音”的异读;宋人王质《诗总闻 · 小雅 · 北山》“闻音曰:贤,下珍切,今东人犹有此音”[②]等等均属此类。

3.3.2 方音志异

在文章中记述某一地区特异语音现象,其所述往往是古方音,如梁任昉《述异记》云:“水际谓之步,……吴楚间谓浦为步,语之讹耳。”[③]这里的“步”是现代汉语中用作船码头的常用词,后来写作“埠”。“埠”字,《说文》《广韵》《集韵》都没有,

① 《十三经注疏》下册,第 1628 页中栏。

② 《诗总闻》,丛书集成初编第 1714 册第 218 页。

③ 明代汉魏丛书本,卷下,第 7 页。

大概始见于明代的《正字通》，可证“埠”字后起。照任昉的说法，“步”字最初起于吴楚间对“浦”字的讹读，即滂母“浦”字讹读为並母。这条语料记述了唐以前吴语的一个特殊的词语讹读，不但对于了解早期吴语很有意义，对于辨明“埠”字的语源也很有价值。

“方音志异”尤以笔记小说突出。早在 20 世纪 40 年代，周祖谟先生就指出：“宋人笔记中有论及当时四方语音者，惜皆零散不备，而所指方域亦不甚明确，但是可略知当时方音与今日方言之异同。……考音论史者不可以其零散而忽之也。”（《问学集》，656 页）循此思路，周先生开掘宋代笔记小说中的方音语料，著《宋代方音》一文。后来赵振铎先生进一步发掘“唐人笔记里面有一些方俗读音材料”，撰《唐人笔记里面的方俗读音》（载《汉语史研究集刊》第二辑，巴蜀书社 2000 年，引文见 346 页）。这都是发掘方音志异语料成功的范例。

3.3.3　方音韵书

今所见方音韵书均出于明清时代。这些书大多在书名或书中说明了其方言属性，如闽北方言韵书《建州八音》、湘方言韵书《湘音检字》等。但也有一些韵书，它们的编者并不告诉读者自己记述的是某一方言音系，也不以“某地之音”的方式命名，如闽南方音韵书叫《汇音妙悟》、湘方言韵书叫《训诂谐音》等等。所以，明清方言韵书的方音标志并不一定都显豁，大多数韵书的音系性质，还需要作进一步考证来加以确认。除了书名、作者自述等直接的标志性材料之外，还可以考查编者的里籍与仕履以及编书的动机与目的等等，作为旁证。但最可靠的还是通过音系所表现的语音特征与当时的以及后代的方音作比较，来确定其音系的归属，如明清韵书中若出现了全浊声母、匣喻合一、日母归禅等方音特征，大概率就可以断定为吴方音韵书（详耿振生 1992，156 页）。

3.3.4　方音证古

方音证古的“古”指“古音”，古音学家大多喜欢援引后代的方音来说上古语音。这种现象早在宋代就已出现，如王质《诗总闻·小雅·常棣》第四章注曰：“每有良朋，烝也无戎。朋作篷音，今北人多作此呼。”①这种语料是典型的方音证古，

① 语见丛书集成初编第 1713 册第 156 页。

其性质与“方言注疏”相通。有的方音证古大概是无意中出现的,可能作者本人都没有意识到,如陈第用闽音注其所谓古音可能就是无意为之。清儒江永批评他说:“陈第闽人,专为毛诗考古音,竟不能辨真、青,音天为汀、音年为宁、音贤为刑,岂不可哂乎?”[①]若陈第早知将被后人所哂,恐怕也会想法子回避的。无论如何,陈第的注音还是保留了很有价值的明末闽音资料,邵荣芬(1985、1994)即据此撰写系列论文,探讨明代福州语音。这个例子可以说明,乡音既成,老大难改,总是要寻找机会冒出来,就算是训练有素的音韵学家也难避免。自陈第以至章、黄,几百年来古音研究的成果,其间隐含之明清方音或间接古方音语料不容小视。这种注音语料往往表现出与当时通语不同的音类组合或归属,是价值不菲的历史方音资料。

3.3.5 方言词记音字

文献中记述方言是从记录方言词语开始的。从现有的材料来看,方言词的记述似当推《左传·宣公四年》的“楚人谓乳,穀;谓虎,於菟”为最早。文中“穀”与“於菟”显然不是“本字”,应当是当时楚语对中原雅语“乳”“虎”的方言异读记音字(或“标音字”)。根据陆德明《释文》:“穀”音“奴口切”与“乳”(《广韵》“而主切”)乃日母与泥母之异,“於菟”的首音影母(有人说是复辅音,今暂看作单音词长言之)与“虎”首音晓母不同,大概可以推知当时楚语与中原雅语两个词的差异主要是声母不同,连带有韵的差异。丁启阵(1991,61页)曾讨论扬雄《方言》中标音字的性质说:“标音字是代表音值的。”照他的推论,扬雄采用许多字给不同方言的词语标音,用于标音的字音却要以共同语的音去读,才是被标音字所标记的方言词的读音。如此看来,历代小学著作中记述方言词语的条目,只要能够确立它是属于标音字,那么其古方音的音类与音值就可以考求。

除上述五种类型语料的方音性质比较容易辨认外,大多数语音文献语料,如诗文用韵、通假、异文、音释、对音等都有异于通语共性的个性语料蕴含于中,可用于历史方音的研究。再扩大一点,五经三传、二十四史、各种文集、文学作品、应用文字等等,都有可能蕴藏了古方音语料。这些语料基本上没有直接的方音标志,需要运用各种方法来判断其个性特征、逐步考明其方音属性。一方面,已有的研究实践

① 《古韵标准》卷一,第29页上。又柴绍炳也有类似批评,见《柴氏古韵通》卷一。

已经证明,无方音标志的古方音语料很有研究价值;另一方面,由于研究难度比较大,迄今对它们的开发利用还很有限,待开发的处女地尚多。应当充分利用这一批古人留给我们的宝贵遗产。

四、历史方音研究方法论

4.1　新二重证据法

历史方音的研究首先要从历史文献中考明包含方音在内的特殊语音现象,这需要运用传统的历史文献考证的方法,又要将文献中考得的特殊语音现象进行横向、纵向的比较,以判明其方音的性质,这又有必要运用来自西方的历史语言学的历史比较法。无考证则历史文献中的方音现象不明,无比较则其方音性质无以确认,二者相互依托缺一不可。由此可见,历史方音的研究,必然要将传统的文献考证法和从西方引入的历史比较法有机结合起来,优势互补以形成合力,才能有效地确证历史方音的存在。

在改革开放以来的几十年研究实践中,学者们将传统的文献考证法与从西方引入的历史比较法结合起来进行研究,取得了巨大的成功,不但有力地推动了语音史特别是历史方音研究的进步,也更新了传统的研究方法,提升了研究的指导思想,逐渐生成了新的方法论。鲁国尧先生说:"我们认为,不可将'历史比较法'和'历史文献考证法'对立;我们主张,最好的办法是将二者结合,相得益彰。某些场合需要使用文献考证法或更依赖文献考证法;有些则更需要利用历史比较法。……在中国人文学术史上,王国维1915年《三代地理小记》提出'地下之新材料'补正'纸上之材料'的'二重证据法',是光辉的典范。[①] ……步武前修,我们在汉语史的研究中应该将'历史文献考证法'(按,'历史文献'含'纸上之材料'和'地下之材料')和'历史比较法'结合起来,甚至'融会',这是新的'二重证据法'。"[②]可以预见,在历史文献考证法和历史比较法相结合的"新二重证据法"的指导下,历史方音的研究将会进一步拓展发展空间,取得辉煌的成就。

---

① 鲁先生原注:一般说法,王国维在《古史新证》(1926年出版)中首次提出二重证据法,其实早在1915年就提出。此承周勋初教授指点。

② 详鲁国尧《论"历史文献考证法"与"历史比较法"的结合——兼论汉语研究中的"犬马——鬼魅法则"》,《古汉语研究》2003年第1期。

4.2 研究的视野

运用“新二重证据法”需要贯通古今,有开阔的学术视野,作全方位的历史方音研究。宏观上立足语言的生存与活动空间作社会历史的考察,如通过对语言的发展演变有影响的历史事件、历史人物活动、使用语言的人群及社会历史的考察,揭示语言演变的外部原因与动力。微观则立足语言本身,深入语言的内部,对语言内部各因素间的互动、消长的历史作客观的调查、考察、演绎与推论,说明语言内部诸因素的演变。因此,我们在语音本体内在的考察与描写之外,往往根据需要设立或引入一些独特的研究范式或思路。比如下面几种思路,都是已经出现且被使用过或正在使用的。

4.2.1 古今方音的异同比较

罗常培在研究唐五代西北方音时说:“我们如果要想知道这一系方音(按,指唐五代西北方音)演变的历程,最好再拿它直接与后代音作一番比较。”①具体做法是:“先拿这几种汉藏对音的材料同《切韵》比较去推溯它们的渊源,然后再同六种现代西北方音比较来探讨它们的流变。”(同上书,自序)六种方音分别是:兰州、平凉、西安、三水、文水、兴县。罗先生将汉藏对音材料中的西北语音与上述西北六县市的现代音进行比较,论述唐五代西北方音到现代西北方音的历史流变。这是通过文献语音史料与其后代以至现代方音相互比较以探索历史方音演变规律的研究思路。

4.2.2 方言地理的时空转化

“时有古今,地有南北”即时之有古今,犹地之有南北,这是明清古音学家对古音时空关系的认识,也是一条古音研究的思路。赵元任说:“原则上大概地理上看得见的差别往往也代表历史演变上的阶段。所以横里头的差别往往就代表竖里头的差别。一大部分的语言的历史往往在地理上的散布看得见。”②将时间与空间相互转化,时空差异互相印证,即通过历史方音在共时层面的投影,来推演古今发展演变的历史阶段与进程。

---

① 语见《唐五代西北方音》,科学出版社1961年第14页。

② 赵元任《语言问题》,商务印书馆1980年第104页。

4.2.3 文史语言学

文史语言学从社会历史的角度揭示语言变异的历史与社会原因。这是运用社会发展、历史人文的知识对语言历史发展的人文性的展示，即从语言使用群体的角度对方言语音演变作宏观的历史追踪。文史语言学方面的名文有陈寅恪（1948）《从史实论切韵》、周祖谟（1945/1966）《切韵的性质和它的音系基础》、鲁国尧（2002—2003）《颜之推谜题及其半解》等等。

4.3 时空定位

确认或论证文献中的特殊语音为历史方音的关键，就是要能给它们作出准确的时空定位。“时”与“空”二者之中，“时”的定位相对简明，除特殊情况外，大概只要通过考明文献的面世时间或作者的生平及著作时间等即可确认；“空”即空间定位，在历史方音研究中的“空间定位”并不是字面上所说的那样仅仅确定特殊语音出于什么地域那么简单，在这里，“空间”的准确意义应当是指方言区域，给文献中的特殊语音现象作出“空间定位”，实际上就是要确认它是历史上某一地区曾经存在过的方音。亦即曰，空间定位是要证明文献语料中的特殊语音属于某个地域的古方音。从这个意义上说，“空间定位”实际上就是历史方音的定性。

实施历史方音定性大概有三个途径，一是定性记载，二是语音对应，三是历史比较。

4.3.1 定性记载

这是针对有“直接时空信息”文献材料的认证与确认，根据文献记载的直接方言信息指明其方言属性，给出历史方言的定位。如宋无名氏《道山清话》有载：

东坡在雪堂，一日读杜牧之《阿房宫赋》凡数遍，每读彻一遍，即再三咨嗟叹息，至夜分犹不寐。有二老兵，皆陕人，给事左右，坐久甚苦之。一人长叹操西音曰：“知他有甚好处，夜久寒甚，不肯睡。”连作冤苦声。其一曰：“也有两句好西人皆作吼音。”其人大怒曰：“你又理会得甚底？”对曰：“我爱他道‘天下之人，不敢言而敢怒’。”叔党俄而闻之。明日以告，东坡大笑曰：“这汉子也有鉴识。”①

① 《说郛》一百卷之卷八十二，上海古籍出版社影印《说郛三种》本，1988 年第 1149 页。

操西音的“陕人”老兵,将“好”读为“吼”音。这是说川陕方言中,效摄豪韵开口一等部分牙喉音字读成了流摄开口一等。引文中的方音信息非常明确,其中略显含糊的是,地名“陕”在宋代有“陕县”“陕州”“陕西路”三个所指,究竟何指?落实到本段话中其实就是空间范围大一点还是小一点的区别,对于操西音来说并没有特别的不同,不影响对西部川陕方音的认定。

4.3.2 语音对应

现代方言之间存在语音对应,李荣说:“北京话和方言之间,方言和方言之间,语音常常有一定的关系,这种关系就叫语音对应。研究语音对应得出的规律叫语音对应规律。”[①]比方说,同一组字(词)的读音,如果在甲方言同读一个音,在乙方言同读为另一个音,这就形成语音对应。这种对应在现代方言之间存在,也可以出现在某一历史层面,更重要的是,可以出现于古今不同历史层面。比较古今方言的语音对应对于历史方音性质的确认,有重要的意义。如闽音的歌-豪同韵,就是一个从唐宋时代一直到现代一脉相承的闽音的音类(详刘晓南1999)。通过闽地古今语音的对应,确认宋代闽地文献中的歌-豪通押是为宋代的闽音。

4.3.3 历史比较

历史比较主要是将同一时代的诸方音进行异同比较,以示差异,探寻性质,梳理源流。这种比较可以在现代方言间进行,也可以在历史方言间进行。后者可以称为历史文献方音的横向比较,如董同龢关于《老子》《楚辞》《诗经》等用韵的比较研究即是。

董同龢的研究起因于高本汉的关于《老子》用韵的研究。高本汉于1932年发表《老子韵考》(The Poetical Parts in Lao-Tsï),指出老子用韵有三种不同一般的混押,定性为自由押韵(Rime Freedom),结论是散文中押韵不严。董同龢不同意高氏此说,写《与高本汉先生商榷自由押韵说兼论上古楚方音特色》(1936)一文,批评高氏对文献解读、取证有误,否认高氏“散文押韵不严”的观点。董氏运用“历史文献语音横向比较”的办法,引入《楚辞》的用韵,与《老子》比较,证明《老子》与《楚辞》两种同出于楚地的文献的用韵具有一致性,而与《诗经》等中原文献用韵不同,

① 李荣《音韵存稿》第10页。

得出老子用韵的所谓混押,实际上是上古楚方音的特殊押韵的观点。这种在某一历史横断面上的横向比较不但可以用来判断不同语料反映的方音是否同一方言,也可以看出不同语料之间所反映的方音的接近程度。对于某些无法直接援引后代方言材料作论证的古方言来说,尤具实用价值。

4.4　定量研究

时空定位运用各种证据论证文献中的特殊语音是不是历史方音,是作历史方音的定性工作,是对历史方音的一种静态的观察与描写,至于观察对象有没有发生变化,若有变化则到了一个什么程度,是音变初起的还是接近尾声,音变的分布范围、覆盖面有多大,音变的完整表现及在历史上有何作用与影响等等,这些动态的观察和研究,都不是时空定位能够完成的。要解决这个问题,除了必要的古今比较之外,还要有基于统计的定量研究。定量研究主要是利用统计数据对某一历史语音现象进行分布、变化与发展的动态描写与演绎,以确定这种语音现象在演变进程中的阶段特征及其演变规律。

定量研究有两个要点:

一是统计归纳:准确统计各种方音条例所辖语料的数量,得出一个一个方音音变条例的具体数据,如数量多少、占比多少等等,综合这些数据逐渐形成动态比较的基础。

二是描写解释:发掘、考求所有音变条例及其数据内部所隐含的历史演变信息,给出解释与说明。包括两个方面,一方面是语音演变的描写,另一方面是语音价值的确认,即通过定量统计数据给语音演变的过程进行描写之后,再进一步从共时层面、历时层面作语音价值的推论,说明其历史作用或影响。

如宋代四川方音“支-鱼通押”的条例(详刘晓南 2012,第四章),共收集到宋代四川文人笔下 105 个韵段。通押方式有三种:以鱼混押入支 31 例,以支混押入鱼 45 例,支鱼字数相同 29 例。观察混押方式及互相押入之字,可作出多种统计,取得不同数据。其中特别有意思的一种统计是:考察止摄精庄组字押入鱼模部的数据。基本数据是中古止摄开口三等精庄组字混押鱼模部,多达 32 字。这个来自中古止摄齿音的庞大字群,本该属于宋代诗词用韵的齐微部,但它们表现出来了脱离齐微部的趋向,这跟《中原音韵》中同样是来自中古止摄而脱离齐微部的支思部相似,且其分量约占《中原音韵》支思部171个字的1/5,堪称一个缩微版的《中原音韵》的支思部。虽然这组字脱离齐微部只是外押鱼模部,暂时还没有完全独立,但它们的价值就在于,在近代语音发展过程中显露了西部语音中止摄开口三等精庄组字正在发生从止摄分离出来的变化,而与由宋入元的百余年间通语音系中止摄开口三等齿音逐渐独立为支思部的音变遥相呼应。

概言之,历史方音研究的具体操作可能千差万别,但其根本方法是由传统的文献考证和引进的历史比较相结合的新二重证据法。在新二重证据的思想指导下,对千差万别的历史文献进行古方音的研究,其基本程序大概是先发掘文献蕴含的特殊语音材料,考证这些材料中隐含的历史语音现象,然后进行各种横向、纵向的比较研究,给历史文献中的特殊语音现象作出时空定位,以确认历史方音的属性,再通过准确的量化研究,获取历史方音演变的信息。

我们根据多年的研究经验,综合现有诸多已发表成果的研究思路,对历史方音研究的理论和方法作出阶段性的总结,提出诸说如上。需要说明的是,历史方音研究的基础理论尚处于发展之中,随着研究的深入,理论与方法将会得到进一步的发展与完善。

下面我们将简介历史方音的研究进程和研究动态。与前文通语语音史的介绍相呼应,研究动态的介绍同样分为上古、中古和近代三个阶段。我们尽可能全面展示各阶段的研究概况,重点介绍原始创新的成果及其基本观点,努力显示研究的发展进程。鉴于历史方音的研究正在蓬勃发展,研究面貌日新月异,在新的材料不断开发、研究成果不断刷新之时,简要的介绍很难做到精准而全面,况且囿于个人所见,挂一漏万恐亦在所难免,若有遗漏与讹误之处,祈请方家不吝批评指正。

第二节　上古方音研究

一、早期的历史方音研究

语音史对历史方音的关注是从上古音研究开始的。最早涉及历史方音的是推动以方音证古音的宋代学者,最早进行历史方音研究的是清代古音学家。

1.1　宋儒的方音证古

宋代古音学家吴棫、朱熹、项安世等人都曾论及用方音解读上古典籍中的古音问题。如项安世说："夫字之本声，不出于方俗之言，则出于制字者之说，舍是二者，无所得声矣。今参之二者，以读圣经，既无不合矣。而世之儒生，独以今《礼部韵略》不许通用，而遂以为诗人用韵，皆泛滥无准，而不信其为自然之本声也，不亦陋乎！"[①]所谓字之"本声"有出于方俗之言者以及以方俗之音"读圣经无不合"等等表述，明确传递了古经籍含有方俗之音的意思。三位宋代学者，都有类似思想，可惜他们都只想到或做到利用当时的方音来证古音，而没有明确地指出并考证在这些"圣经"中，有哪些"字之本音"是属于方音性质的。可见，他们的研究虽涉及历史方音，但仍属于一般的古音研究。

1.2　清儒的古方音假说

清儒比宋儒进了一步，他们认定这些出于《诗经》等文献的上古特殊押韵，本身就是当时的方音。顾炎武较早指出这一点，他说："然愚以古诗中间，有一二与正音不合者，如'兴'，蒸之属也，而《小戎》末章，与'音'为韵，《大明》七章与'林心'为韵，'戎'，东之属也，而《常棣》四章与'务'为韵，《常武》首章与'祖父'为韵，又如箕子《洪范》则以'平'与'偏'为韵，孔子系《易》于屯、于比、于恒，则以'禽'与'穷中终容凶功'为韵，于蒙、于泰则以'實'与'顺巽愿乱'为韵，此或出于方音之不同。今之读者，不得不改其本音而合之，虽谓之叶，亦可，然特百中之一二耳。"（顾炎武1982，37—38页）顾氏猜想《诗经》等典籍中"蒸侵通押"之类"与正音不合"的特殊押韵"或出于方音之不同"，有可能是古方音。语气虽略带犹疑，然而还是明确地表达了历史方音的思想。但顾氏的具体研究并未突破宋儒"方音证古"的樊篱，如顾氏证"俦""涛"二字古人同为一音，以"今吴人凡俦侣之俦，皆呼为桃"（313页）为据即是。《唐韵正》中引述吴音及其他方音证古音的例子很多，却几乎不见有考证古音中之方音者。在历史方音研究中，顾氏只是提出了古方音的设想，并未作过时空定位的工作，此乃其不足也。

江永继承了顾炎武的古方音说，并试图给古方音作时空定位。他在《古韵标

① 见《项氏家说》（丛书集成初编本，中华书局1985年）第48—49页。

准》卷一东部总论说:“案此部东冬钟三韵本分明,而方音唇吻稍转则音随而变,试以今证古,以近证远。如吾徽郡六邑有呼东韵似阳唐者,有呼东冬钟似真蒸侵者,皆水土风气使然。诗韵固已有之。《文王》以‘躬’韵‘天’,《桑柔》以‘东’韵‘殷辰瘠’,《召旻》以‘中躬’韵‘频’,似第四部之音矣。《小戎》以‘中’韵‘骖’,《七月》以‘冲’韵‘阴’,《云汉》以‘虫宫宗躬’韵‘临’,《荡》以‘终’韵‘谌’,似第十二部之音矣。其诗皆西周及秦豳,岂非关中有此音,诗偶假借用之乎?”(《古韵标准》,15页)江永特地指出,这些出自秦豳及西周的特殊押韵,有来自先秦关中方音的可能。可见,他已不像顾炎武那样泛泛而谈地说古方音,而是能够根据文献的出处,推测方音的所属地域,但他仍然只是推测,亦未进行时空定位之确证。

清儒的历史方音研究大概停留于假说层面,未见有“时空定位”的考证与论述,这种状况直到20世纪初林语堂的古音研究,才得到根本的改观。

二、林语堂的上古方音研究

林语堂(1895—1976),福建龙溪(今漳州)人,著名语言学家、文学家、翻译家。他早年留学美国、德国,在德国莱比锡大学获语言学博士学位。其博士论文《古汉语音韵学》(Altchinesische Lautlehre),被认为“是以方音为基础的”研究成果,“他的目的,实际上是为了建立一个《诗经》时期、秦汉时期的方言特征区域,并希望能够把这个线索贯穿于汉语史的始终”。[①] 因各种原因,他的博士论文终未出版。林氏将博士论文中的主要内容加以扩展,析为若干单篇论文,陆续刊出了几篇,后统一整合编入他的《语言学论丛》(1933)之中。《语言学论丛》共收入4篇历史方音的论文:《前汉方音史域考》《燕齐鲁卫阳声转变考》《周礼方音考》《〈左传〉真伪与上古方音》。另有一篇《陈宋淮楚歌寒对转考》因之前刊于《庆祝蔡元培六十五岁纪念专号(历史语言研究所集刊外编第一种上册)》(1933年1月),遵该刊五年内不能转载的规定,故未收入《语言学论丛》之中。林氏的历史方音学说主要见诸此5篇文章。

2.1 前提:“文言未结晶”

林语堂的上古方音研究是从批评传统古音学开始的,他说:“中国音韵之学,有

① 高永安等《林语堂古音学研究》,商务印书馆2021年第296页。

清以来，如顾、江、段、王等考古非不博，用工非不勤，但是所得的结果，实无甚足观。”出路何在？林氏的药方是“新的音韵学，非利用方言的调查以为佐证不可”（林语堂 1994，190 页）。

为什么非得利用方音才可以生成新的音韵学？他认为“上古用字不离方音，去方音亦无所谓古韵。故非从方音下手，古韵之学，永远不会精密”（同上，21 页）。林氏断定上古文献中遗存方音的理由：“语言不但有历史上时间上的不同，而且有地理上空间上的不同，在文言未结晶标准语未成立时期，一切的稿本都含着方音性质。时代愈古，方音的成分愈多。所谓古字通假，就是方音的遗迹。汉以来通假渐少，就是言文歧异，文字不能随方音改易的凭据。照这样讲，上古用字不离方音，古书的方音成分也最多。所考订古书的第一步基础工作，就是在可能的范围内考订它的方言出处。”（92 页）请注意“文言未结晶”这句话。“文言”，当属后世仿古的文言文，被普遍认为是一种脱离口语的僵化的书面语体。文言在林氏看来不能反映口语方音，而文言文未定型之前的“稿本”，大概都有“我手写我口”的成分，故方音存于其中，时代越早，越接近口语，就越能表现古方音。“言文未分离”是林氏断定先秦文献中存留方音的根据，也是他将古方音的研究聚焦于先秦的前提，随着“汉以来通假渐少”，文献中方音也就渐少，能作历史方音研究的对象也就渐少。汉代的文献因“言文歧异”（即文言与口语脱节），方音渐少，在他看来汉代能用于历史方音研究的系统材料恐怕也就只有扬雄的《方言》了。

2.2 林氏的上古方音学说

林语堂上古方音研究的 5 篇论文，从研究对象看，可以分为两组。一组为《前汉方音区域考》，以扬雄《方言》为研究对象，研究西汉时代的方言分区及其语音特征。另外四篇论文自成一组，以先秦文献《诗经》、《春秋》三传、《周礼》及其古注疏等为研究对象，探讨先秦时代的方音。关于扬雄《方言》研究，我们将在下文“上古方言分区”介绍。这里简介先秦经籍中的方音研究。

四篇论文据其研究对象，亦可分两组，一是《燕齐鲁卫阳声转变考》《陈宋淮楚歌寒对转考》两文，二是《周礼方音考》《〈左传〉真伪与上古方音》两文。

第一组两篇论文，主要根据《诗经》特殊用韵，同时广泛取用古经传注疏中的方音证据，论证其方域语音的性质。所考方音有两个地域：一是燕齐鲁卫，二是陈宋淮楚。燕齐鲁卫大致相当于今河北、山东、河南北部,地处春秋战国北偏东,这一区似可简称为东北部方音,林氏考定该区域的方音特征是部分前鼻尾阳声韵字脱落鼻尾转读为阴声韵字。陈宋淮楚区域在黄河中下游以南淮河流域,大致相当于今河南南部、安徽、江苏一带,这一区似可简称为东南部方音,该区域有歌、寒对转之方音特征。

考证的方法是从特异语料中获取其区域信息,证其方音特征。如北部的燕齐鲁卫方音,林氏取《诗经》中出于卫国的《邶风》《卫风》及部分《小雅》诗中阴声韵与阳声韵的特殊通押韵段共8段(按,其中含一例《周易》语料),如:文微通押(《北门》:敦/遗摧)、脂元通押(《新台》:泚瀰/鲜)、微元通押(《小雅·谷风》:嵬萎/怨)等。据其所出地域,断其为燕齐鲁卫方音。同时从其他文献中发掘10条古证证之。10条古证可分为两类。一类是经音家的音注证据4条。如:《诗经·小雅·瓠叶》:"有兔斯首,炮之燔之。"郑笺:"斯,白也。今俗语斯白之字作鲜,齐鲁之间声近斯。"郑氏此注清晰地告诉我们,当时口语有一个表达白色的俗语词:"鲜",齐鲁方音的发音是"声近斯",所以"有兔斯首"乃齐鲁之间方音"有兔鲜首(即白首之意)"的方音异写。"鲜"属上古元部,"斯"属上古支部,郑注说齐鲁方音"鲜"声近"斯",就是说部分元部字丢失鼻尾转读为阴声支部,这是一条完全对应于《诗经》特殊用韵的、有明确方音标志的语料。另一类是先秦地名的异写6例。如《春秋左氏传》中的"介根"即《汉书·地理志》的"计斤",杜预注则转其读为"计基"。林氏考明"计斤"之地在沂水,乃齐鲁之地名,其转读为"计基",实为阳声韵字齐鲁方音转读阴声韵。

8个通押韵段外加10条书证,林氏从中考得14条阳声韵字转读阴声韵字的上古方音字例,如"鲜声近斯(齐鲁)""计斤转计基(齐东南)""敦韵遗推(邶)"等等。

第二组两篇论文是从经师旧读、通假、异文等材料考古方音。如《周礼》注的经师旧读中有多条齐鲁方音阴声、阳声韵的转读例,林氏还指出有的经师还保有齐鲁鼻尾未脱落之前的-n尾之音等等。他的《〈左传〉真伪与上古方音》一文,考明并揭示《公羊传》《左传》异文互相对应的规则分布,从中推出了类似于格里姆定律的辅音大挪移音变。如《公羊》与《左氏》之间的异文有下列声母上的对应:

一是《公羊》清声母对应左氏浊声母,20条,如:

隐二年,《公羊》“纪子伯”——《左传》作“帛”,“伯”帮母,“帛”並母。

襄二十年,《公羊》“陈侯之弟光”——《左传》作“黄”,“光”见母,“黄”匣母。

昭十五年,《公羊》“蔡昭止遥切吴”——《左传》作“朝直遥切”,“昭”章母,“朝”澄母。

二是《公羊》重唇对应左氏轻唇6条,如:

隐八年,《公羊》“盟于包来”——《左传》作“盟于浮来”,“包”帮母,“浮”奉母。

林氏论曰:“《公羊》《左氏》在地名、人名中所显出的系统的声变,一条是《公羊》清母、《左氏》浊母的普通倾向,一条是闭母循环变例(如仿西洋语言学例,凡有此类变都可称为“格里姆公例”),概括地说是:《公羊》最清等于《左氏》次清,《公羊》次清等于《左氏》次浊(指‘群’‘定’‘並’,非江永所谓次浊),而《公羊》次浊又等于《左氏》最清。”(115页)林氏运用西方历史语言学格里姆定律来解释公、左异文在声母上所形成的“闭母循环变例”现象,得出结论:《公羊》语音比《左传》古老,更近齐音。再以《国语》之音与《左氏》近,确认二书同一方音而非齐音,其音某些近燕赵,某些近秦晋,究竟何属,还有待“将来的考证”(126页)。

2.3　林氏学说之简评

在顾炎武提出古方音假说二百余年后,林语堂宣称要“用适当的方法去考求”历史方音。通过广泛发掘材料,以“特异”与“地域”相结合,全面比对考证,他终于实现了方法上的突破,对这些特异语料实施了时空定位,跨越了他的前辈“或以为方音”猜想的局限,首次论证了历史方音的存在,在历史方音考证与研究方面作了导夫先路的开拓。但林氏的研究也存在明显的缺陷,大概可归为如下三点。

一是将上古文献之特殊押韵、异文、通假等等现象均视为方音之异,似有先入为主之嫌。

二是几乎没有涉及古今(或前后时代)方言的比较研究,削弱了时空定位的证据力。他给间接语料作时空定位,主要是在共时层面上进行,将文献的特殊用语直接联系其空间分布来作判断和立论。这样简单比对带来的不良结果,就是使某些论证或观点显得勉强。

三是强调研究对象为“言文歧异”之前的所谓“稿本”,将研究范围限于上古传世文献,忽略了出土文献和后来逐渐形成的“文言”传世文献。当然,他所在的时代出土文献用来作方音研究的条件尚不成熟，遗漏了出土文献不能苛责于他；但忽略上古后期以来中古、近代的传世文献，客观上却割裂了语音史的历史联系。他的历史方音研究仅限上古传世文献，这不能不严重地制约了历史方音研究的发展空间，降低甚至消解了持续发展的潜力。

这些问题的影响之大，足以阻滞学科的后续发展，使得林语堂式的上古方音研究在林语堂之后陷入长期的沉寂。比如，以今所见，在林语堂之后利用《诗经》作上古方音系统研究的，仅见王健庵（1992）《〈诗经〉用韵的两大方言韵系——上古方音初探》一文。该文用定量、定性法对《诗经》用韵作分析，推断《诗经》用韵有东土、西土两大方言分别。两系方音的用韵不同，韵系亦有区别等等。

事实上，林语堂之后上古方音研究不但没有消失，而且还有新的进展，主要体现在两个方面，一是将研究材料扩展到出土文献，二是将研究方向引向分区研究。

三、上古方言分区的研究

对历史方言进行分区的研究，必须要依托一个方言分区系统。但方言分区是现代语言学的研究理念，古人并无语言学意义的方言分区。虽然如此，先秦两汉文献中还是记载了少量有鲜明区域性特征的特殊词语或用语，隐约显示出当时人们语感上的对不同方言区域的认知或理解。到西汉末年，扬雄扩大范围，将当时可收集到的不同区域的特殊语词汇集于《方言》一书之中，透过扬雄的记载，现代学者可以窥见上古方言分区的大致状况。

3.1 基于语感的方言区域

在先秦两汉文献中，我们偶然可以看到一些针对不同方域的异言趣闻记载，这些基于特定语感的言语志异，客观上显示了当时人们心理上的方言区划意识。兹略述数例于下。

3.1.1 郑语、周语

《战国策・秦策三》："应侯曰：郑人谓玉未理者璞，周人谓鼠未腊者朴。周人怀璞[①]过郑贾曰：'欲买朴乎？'郑贾曰：'欲之。'出其朴，视之，乃鼠也。因谢不取。"

① 黄丕烈《战国策札记・卷上》校云"怀璞"当为"怀朴"，文繁不录。

这段话又见于《尹文子》“大道下”。这段话中的地名，“郑”对应于今之郑州一带，“周”当指东周王城，今之洛阳地区。“璞”“朴”两字的中古音都作匹角切，大概当时周、郑两地的口语也属同音，但语义不同，即所谓能指同、所指不同，反映了不同地域用词的差异。

3.1.2　齐语、楚语

《孟子·滕文公下》：“孟子谓戴不胜曰：‘……有楚大夫于此，欲其子之齐语也，则使齐人傅诸？使楚人傅诸？’曰：‘使齐人傅之。’曰：‘一齐人傅之，众楚人咻之，虽日挞而求其齐也，不可得矣。引而置之庄岳之间数年，虽日挞而求其楚，亦不可得矣。’”这段话中出现了“齐语”之名，与齐语相对的“楚”，当是楚语。

关于上古齐语，汉代史书仍有记载。《史记·齐悼惠世家》有云，汉初封皇子刘肥为齐王时，“诸民能齐语者”皆为之臣民。乱离之后，可以凭“能齐语”归为齐国之民，足以见得齐语之独特。《汉书》卷八十八：“孝文时，求能治《尚书》者，天下亡有。闻伏生治之，欲召。时伏生年九十余，老不能行。于是诏太常使掌故朝错（按，即晁错）往受之。”师古曰：“卫宏《定古文尚书序》云：伏生老，不能正言，言不可晓也。使其女传言教错。齐人语多与颍川异，错所不知者凡十二三，略以其意属读而已。”“不能正言”，大概是不会正常说话了，他的女儿大概也只会讲齐语，晁错听不明白的达百分之二三十。此皆可见当时齐语之独特。

当然，楚语之独特一点也不逊于齐。除《左传》中早有“楚人谓乳，穀；谓虎，於菟”的记述之外，还有《吕氏春秋·善学》所云：“戎人生乎戎，长乎戎，而戎言不知其所受之；楚人生乎楚，长乎楚，而楚言不知其所受之。今使楚人长乎戎，戎人长乎楚，则楚人戎言，戎人楚言矣。”将楚言与戎言并提，大概两者都有同样的难懂度吧。戎语，当属民族语。

3.1.3　吴越语

与齐楚语不相伯仲的还有吴越语。《荀子·荣辱》篇说：“越人安越，楚人安楚，君子安雅。”同样的意思在《儒效》篇说：“居楚而楚，居越而越，居夏而夏，是非天性也，积靡使然也。”将越、楚、雅或夏三种方域并举，乃隐指各自风俗语言之异。刘向《说苑·善说》篇记载楚国鄂君子皙听不懂《越人歌》，乃命人曰：“吾不知越歌，子试为我楚说之。”“于是乃召越译，乃楚说之”，方懂。楚人听不懂越语，须以楚方言转述之。这可能是越语见诸文献的最早记载,但学者倾向这时的越语属于百越民族语,并非华夏语之方言。吴语最早见于记载在《谷梁传》。谷梁春秋襄公五年经:“仲孙蔑、卫孙林父会吴于善稻。”传曰:“吴谓善,伊;谓稻,缓。”这段记载告诉我们,春秋时代,吴地把“善”叫作“伊”,把“稻”叫作“缓”。

3.1.4 蜀语

西边巴蜀大地在战国之前并非华夏文明。周慎王五年(前316年)秦惠文王灭蜀之后,巴蜀进入华夏版图。秦人多次组织了大规模的移民,持续移入华夏语言,才做到“是时蜀人始通中国,言语颇与华同”[①]。蜀地入华不早,上古文献对蜀语的记载亦迟。以今所见,最早有《周礼·冬官考工记·轮人》“(车轮)牙得则无槷而固”句下郑玄注云:“郑司农云,槷,椴也。蜀人言曰槷。玄谓槷读如涅,从木埶省声。”[②]先郑所述之蜀人言“槷”,后郑读如“涅”,这个蜀音至迟也出自东汉。虽然蜀方言见诸记载的时代较迟,但蜀人扬雄《方言》一书却对方言的分区和上古方言研究有重要意义。

3.1.5 扬雄《方言》的方言点与分区

西汉蜀人扬雄所作《方言》是专门记录方言词语的典籍。其所记方域语词有两大来源:一是蜀人严君平所得之古輶轩使者所集方言,有“千言”之众;一是扬雄亲自调查27年的所得。后者扬雄有自述,曰:“天下上计孝廉及内郡卫卒会者,雄常把三寸弱翰,赍油素四尺,以问其异语,归即以铅摘次之于椠,二十七岁于今矣。”[③]据刘君惠等统计,《方言》全书立699字条,收列2 300多个方言词。同一词语,诸方异域有不同表述者,均标其方域记之,涉及方言区域地名50余个。每次跟方言词语一同标出的地名都可代表一个方言点,可作为方言区划的依据。扬氏还记载了在诸方域言语之上的通用共同语,称之为“通语”(又名凡语、通名、凡通语等)。“通”之为名,早见于《荀子·正名》:“刑名从商,爵名从周,文名从礼,散名之加于万物者,则从诸夏之成俗曲期,远方异俗之乡,则因之而为通。”这段话告诉我们,无论刑、爵、文、散,凡从诸夏之共用,能通远方异俗者,可命为通。此为今所见最早用“通”以命共同语者。既有通语,则那些仅限于某方域之内而不能通用者是

---

① 《文选》卷四《蜀都赋》注引《地理志》之语,见李善注《文选》,中华书局缩印本1981年第75页。

② 《十三经注疏》阮元合刊本《周礼注疏》卷三十九《冬官考工记·轮人》第909页上。

③ 《方言》后附《至刘歆书》,见周祖谟《方言校笺》,中华书局1993年第93页。

为方言，审矣。然扬雄所记诸方域之名，实为繁杂，不合于现代语言学方言分区之义，所以又有现代语言学家的前汉方言分区研究。

3.2　基于《方言》的上古方言分区的研究

最早运用现代语言学方法，凭《方言》诸地名考定方言分区者是林语堂。林语堂（1927）著《前汉方言区域考》，专论《方言》诸地名所体现的方言分区。林氏的方法可概括为八个字：并举系联，独举分立。“如秦晋每同举则为一类，郑韩周常同举亦为一类。若东齐西秦每另表出，可明知其与齐秦之他部截然不同，故亦各成一类。”（林语堂 1994，19 页）林氏凭此法考得前汉方言区域为十四系。兹迻录如下：

（1）秦晋为一系

（2）梁及楚之西部为一系

（3）赵魏自河以北为一系（燕代之南并入此系）

（4）宋卫及魏之一部为一系（与第十系最近）

（5）郑韩周自为一系

（6）齐鲁为一系而鲁亦近第四系

（7）燕代为一系

（8）燕代北鄙朝鲜洌水为一系

（9）东齐海岱之间淮泗（亦名青徐）为一系（杂入夷语）

（10）陈汝颖江淮（楚）为一系（荆楚亦可另分为一系）

（11）南楚自为一系（杂入蛮语）

（12）吴扬越为一系而扬尤近淮楚

（13）西秦为一系（杂入羌语）

（14）秦晋北鄙为一系（杂入狄语）

十四区系表中多有括号补说，可见林氏对其考定的分区尚有一些犹疑或难以确定之处。其后又有不少学者进行研究，所得结论各有异同。如罗常培、周祖谟（1958）七大区，美国司礼义（一作司仁义）六大区九小区（Paul L-M Serruys：*The Chinese Dialect of Han Time According to Fang Yen*, University of California Press Berkeley and Los Angeles, 1959），丁启阵（1991）八区，刘君惠等十二区（《扬雄方言研究》巴蜀书社 1992 年),董达武十五区(《周秦两汉魏晋南北朝方言共同语初探》天津古籍出版社 1992 年)等。

虽然具体归为几区尚有争议,但从扬雄所记方言词中显示出来的、上古人们的语感上的方言点是确定的,这也是上古方音能够时空定位、进行分区研究的依据。迄今上古方音的分区研究主要在楚、齐、蜀等地区展开,其中楚语方音研究尤为突出。

四、上古楚语研究

4.1 董同龢的上古楚语研究

最早研究上古楚语的是董同龢(1936)。前文已介绍了董氏研究的缘起,这里简介他的方法和主要观点。为了弄清《老子》用韵与《诗经》等不同的真正原因,董氏引入《楚辞》及宋玉赋与《老子》用韵作异同比较,通过比对,他确认高本汉概括的《老子》特殊押韵与《楚辞》是相同的,不但高氏所述的东阳通押、之幽通押、侯鱼通押三种通押方式两书一样,而且连高氏漏落了的真耕通押也都一样。董氏又将《老子》《楚辞》的诸种用韵合为一个整体,与《易》《书》《管子》等 8 种先秦文献的用韵相比较,结果是"总没有一个全部相同的"。他由此推论说:"《老子》的用韵竟可以是与《楚辞》、宋玉赋一样的。……古代没有韵书,更没有人在提倡国语统一,老子要编韵文,自然只得依照他自己的方音。这是老子用韵异于《诗经》而同于《楚辞》、宋玉赋的最近于实在的理由。"(541 页)又说:"《老子》与《楚辞》用韵的四个共同的特色,就是我们从这些材料中所能寻出的上古楚方音的特色。……在没有反证以前,我们总可以确信《老子》与《楚辞》同有一个独特的方音。"(542 页)

因为长期未见有"反证"出现,董氏的观点展示了很大的说服力。直到半个多世纪以后,人们在古文字资料中发现了"反证",才对这个观点提出了质疑。喻遂生(1993)《两周金文韵文和先秦"楚音"》一文,利用两周 194 件铜器铭文用韵,指出董氏所认定的几种上古楚方音的现象,除"侯-鱼通押"因合韵字少难以判断外,其他几种合韵在金文中表现区域甚广,时间延续很长,在春秋各方国金文用韵中有很大的一致性,恐难以看作楚方音。持类似观点的还有罗江文(1999)《谈两周金文合韵的性质——兼及上古"楚音"》等。显然,出土文献的陆续整理、刊布,推动了上古楚方音研究，上古楚方音的成果渐见增多。除上引论文外，还有李玉(1991)、田宜超(1986)等。进入21世纪以后，随着楚系出土文献的大量刊布，研究空间进一步拓展，逐渐形成以出土文献为主的上古楚方音研究领域。

4.2　出土文献的古楚语研究

系统利用出土文献研究楚方音的首部重要成果是赵彤所著《战国楚方言音系》(2006)。该书原为作者在北京大学的博士论文，在2003年通过答辩之后，又经过3年的修订与充实，于2006年作为中国高校百部优秀社科专著文库刊出。该书引述出土文献郭店楚简18篇，上博馆楚简共四册22篇，外加屈、宋、庄和《淮南子》等楚地传世文献，综合运用系联法(系联韵脚)、统计法(判断韵的分合)、内部比较法(构拟音值)，考得战国楚方言的声、韵、调系统，及其拟音。赵著考得上古楚方音包含：

声调4个：平、上、去、入；

声母28个，均为单辅音，有圆唇舌根音，作者认为周秦共同语的复辅音到战国楚方言都变为单辅音了；

韵部5类31部，共有韵母103个，并作出构拟。

这个韵系与《诗经》韵系相比，有三个重大变化：

(1) 长入归去读阴声韵，

(2) 脂部部分字转入微，

(3) 真部部分字转入文。

这个音系与以《诗经》用韵、《说文》谐声为主形成的上古周秦音系有同有异，大同小异，显然是一种华夏语系统的地方性变体，作者据此给战国楚方言定义曰："战国时期楚国贵族所使用的汉语方言，……它的源头是华夏族共同语。"(5—6页)

赵彤的研究虽大量采用出土文献，但主要限于简牍，在古楚语出土文献的开掘方面犹有未尽。杨建忠另辟蹊径，开发利用楚系金文语料作秦汉楚方音的系统研究，于2004年在南京大学完成名为《秦汉楚方言韵部研究》的博士论文。通过答辩后，经过7年的打磨提高，2011年以《秦汉楚方言声韵研究》为名，由中华书局出版。几年后，杨建忠又出版《楚系出土文献语言文字考论》(浙江大学出版社2014年)，后者代表了作者最新的观点。

《楚系出土文献语言文字考论》以大型楚系金文文献《楚系金文汇编》（刘彬徽、刘长武编，湖北教育出版社2009年）为主要研究材料，整理楚系金文中的通假字，得290组，然后与甲金文、货币陶文、玺印、盟书、简牍帛书等等材料中的通假字比较以判定楚系文字通假的历时与共时层次，获取较为准确的语音信息，以确认哪些通假仅见于古楚文献，哪些为各地共有。结果获楚系独有的通假98组，与他系共有的通假192组，在此基础上进行上古楚语的音韵研究。该书不以归纳古楚语音系为目的，而是利用通假语料，对上古楚语的声、韵体系作了深入的讨论，如声母的清送气鼻音问题，韵母的-m尾并入-n尾的问题等等。在这个基础上，作者给楚方言的性质作出界定："楚之先人所操语言为华夏语，之后，……楚人已从中原迁至江汉而地处蛮夷，与当地方言融合亦为必然，故南迁后楚人之语言已非纯正的华夏语，……当以楚人所操之华夏语为主体，因而，可称之为'蛮化夏言'，其性质当是华夏语的方言。"（291页）

从董同龢至今，上古楚语的研究已近百年，除单篇论文外，已有若干大型的专著面世，成为上古方音研究中最为亮眼的研究领域。诸家研究均对上古楚方音的音系与语音特征作出考证与阐述，已有许多新的发现。但同时也出现了一些不同的意见与争议。从大的方面看，上古楚语的起源、发展和迁徙，楚语与雅语及其他上古方言的关系及异同，楚语不同时代或不同区域的变异，古楚音对楚文献的解释等等方面，犹存诸多的空白。在语料开掘方面，虽传世文献与出土文献并行，但对楚语文献的确认尚有改进的空间，出土文献中楚地文献的利用仍有未尽，如湖南里耶秦简迄今未见开发利用即是。这一些都是今后研究应当着力的地方。

五、其他研究

上古方音分区研究除楚语外，还有齐语、蜀语等。

5.1　上古齐语研究

罗常培、周祖谟（1958）《汉魏晋南北朝韵部演变研究（第一分册）》最早涉及上古齐语。该书第六章《汉代的方音》引述《公羊传》以及郑玄、高诱等汉注中的齐音语料，如《吕氏春秋·慎大篇》"夏民亲郼如夏"，高诱注："郼读如衣，今兖州人谓殷氏皆曰衣。"（73页）又在第七章《个别方言材料的考查》中认定北海刘熙《释名》之声训中有齐音。这是目前能看到的现代语言学家最早有关先秦两汉齐语的论述。

对上古齐语作系统研究的是汪启明(1998)《先秦两汉齐语研究》一书。在书中,作者确定齐语的范围为两汉时青、徐、兖诸州,即对应于今山东、江苏地域。研究材料有:《诗经》(其中齐、邶、鄘、卫风和鲁颂)、《周礼》《仪礼》《礼记》《春秋经》《左传》《公羊传》《谷梁传》《论语》《孟子》《管子》《晏子春秋》《孙子兵法》《孙膑兵法》、齐器铭文和汉代齐地经师经传注疏等等。作者运用背景分析法(即文史语言学的方法,通过人民迁移、历史、文化背景考察方言)、描述与解释相结合、例内与例外相结合的方法,并适当运用现代汉语方言的材料,考证齐语的形成、渊源,与雅语及越、楚语等方言的关系,齐语与齐文化等内容。该书之第三章《齐音钩沉》,专论上古齐方言语音,揭示:之支脂三部互通、脂微合部、真文合并、真元相近、耕真交替、耕元交替、月物音近、歌元对转、真元某些字脱落鼻尾读入阴声韵等等齐方音韵母特征,声母方面,存在复辅音遗迹、清鼻音、牙喉音之间塞音与擦音的交互等方音特征。书中展示了大量的上古齐音现象,内容丰富。这得益于对文献的穷尽搜索,搜罗经传注疏殆尽,堪称是对传世文献中齐语资料发掘最为全备的论著。

关于先秦两汉齐音,还有一些单篇论文,如胡先泽(1985)《诗经东汉齐音考》,虞万里(2001)《山东古方音与古史研究》等。俞敏(1991/1999)《东汉以前的姜语和西羌语》虽非专论齐音,但指出了上古齐音的一个特点,曰:“从《诗经》韵脚看,《齐风》的韵有一个特点:在 i、e 元音后头的-ŋ 经常变-n。”(185 页)

5.2　上古蜀语研究

上古蜀语的研究,以今所见,也是始于罗常培、周祖谟《汉魏晋南北朝韵部演变研究(第一分册)》,该书在讨论两汉诗文用韵时,涉及西蜀方音,且设立专门章节考察“司马相如、王褒、扬雄的韵文”(86—89 页),举例性地从他们的特殊用韵中提取出西汉蜀语的音韵特点。

对两汉巴蜀韵文作系统研究的是汪启明、赵振铎、伍宗文、赵静(2018)合著的专著《中上古蜀语考论》。全书分三编,第二编第一章专论两汉之蜀语音韵的韵部系统。该章取司马相如、王褒、扬雄等蜀人韵文 1 516 个韵段,考得两汉蜀语韵部为 28 部。同时指出两汉四百余年间,蜀语发生了鱼部麻韵字转歌部、歌部支韵字转支部、阳部庚韵字大半转入耕部的变化。书中还讨论了蜀方音的合韵现象。

此外,利用古文字资料研究上古秦音也有一些成果,如王相帅(2015)《睡虎地秦简〈为吏之道〉用韵现象探析》,叶玉英(2009)《古文字构形与上古音研究》等都论及上古秦音。

5.3 扬雄《方言》语音的探求

林语堂(1927)考《方言》的"方音区域"时,基于"方言材料,不仅仅是辞汇关系而已,而实含有语音关系于其间"(27 页)的设想,就有过"考证古方音"的想法。但他考完前汉方音区域分布之后,不知为何竟未见有考《方言》辞汇中的语音关系论著面世。半个多世纪后,丁启阵针对扬雄《方言》中的方言词语进行秦汉方音的专题研究,对林氏的这个设想作了一次研究的尝试。

丁启阵的研究成果是《秦汉方音》(1991)一书。该书是怎么解决从方言辞汇中提取方音的呢?丁氏设想,《方言》中那些用于标记同一词语的不同地域方音变异的所谓"转语"用字,它们既是方言词的转写,同时也应当看作方言词的标音字。亦即曰,这些方言字其实是标有方音的。该如何给这些标音字赋值?作者认为:"要把文字当作记音符号来使用,有个立足点的问题。也就是说,标音字是代表音值的,字与音之间是有固定关系的。这些标音字的音值即是公元前 30 年至公元初汉语共同语的读音。"(61 页)就是说,对于标音字而言,本身可目为一个类似于音标的存在,用该字的通语音读,读出来的就是被标定的那个方言词的方音。如(下引《方言》的词条根据需要略作删简):

《方言》一:哲,知也。齐宋之间谓之哲。

丁氏的意思,通语词"知"属上古支部端母,宋齐方言该词读作"哲",属上古月部端母,则可认为这是通语词读支部的"知(智)",齐宋之间转其音为月部的"哲",形成了一个方音字组。

作者通过三条途径获取"转语"字组,一是《方言》本身已注明转语者,二是郭璞注中注明为转语者,三用清人钱绎注明为转语者,共得 75 组转语。分析各组转语的语音异同,得到秦汉时代方音的一些特点。如秦晋方言精庄组合一(79 页),楚方言很可能照三(章)组、精组、端组读音相近(80 页)等等。虽然其"秦汉方音"的结论大多还有待确证,但对于扬雄《方言》中的语音研究而言,"标音字"的设想,仍不失为一条有价值的研究思路。

第三节　中古方音研究

一、概说

中古时代出现了记录音系的韵书，而且初出之时“各有土风”，记录一时一地之实际语音，这是非常有利于历史方音研究的。但《切韵》一出则画风丕变，由“各有土风”变为细辨“古今通塞，南北是非”而排斥俗音，逐渐形成“求正存雅”的记音传统，主导了后续数百年韵书的编制。随着《切韵》系列韵书的快速成长，早期“各有土风”的方音韵书渐趋式微，迤逦消失于历史长河之中，竟没有一部留传至今，以致今人研究中古方音，已无韵书可用。

由于中古韵书不能提供方音研究的系统语料，中古方音研究的材料跟上古一样，仍只能从其他文献中考求，但与上古不同的是中古的研究还从社会政治、历史事变、移民及人口迁徙等角度论其语音与方音，形成文史语言学的研究领域，此为中古方音研究的一大特色。

在语音文献开发方面，中古历史方音的研究主要聚焦于诗文用韵、音释、对音等三大类材料，此外还有一些零散的语料。三类语音文献形式各异，内容不同，各自表现方音的方式不同，研究所得结果也有不同，由此形成各自不同的研究领域。大而言之，诗文用韵和音释往往覆盖面较广，其历史方音的研究需要有全方位考察，对音则倾向于分区研究；小而言之，诗文用韵只能归纳韵部系统，而音释、对音则声、韵可以兼顾。

根据中古方音研究的特点，我们将分别从不同的研究领域介绍中古历史方音研究的主要成果与研究动态。

二、文史语言学的方音研究

最早利用历史文献宏观地研究历史方音的是陈寅恪。1936 年，陈先生发表《东晋南朝之吴语》一文，从《南史》《北史》《世说新语》《颜氏家训》等史籍中搜罗史料，考证并论述东晋南朝时吴语之使用状况及其相关问题。语言是人际之间的交际工具，离开了语言使用者则无所谓语言，所以语言的生存与演变均与语言使用者的社会活动密切相关。陈先生的研究正是利用历史资料,考述东晋南朝社会中语言使用群体的历史渊源、氏族迁徙及其社会活动等,以推论社会中不同阶层的语言状况。他的主要观点是东晋南朝时的官场(按,即所谓"士族"活动场所)与民间(庶族社会)语音有别,官场士族实操中原之音,持"洛生之咏",民间庶族则讲吴语操吴音。陈氏文中虽然没有记述具体的吴音,但以确凿的史实证明了江东吴语的历史存在以及吴音社会的特别表现,上与扬雄所记衔接,下与后代吴音勾连,不但之于吴语史的研究举足轻重,而且对于中古语音史甚至整个汉语语音史也意义重大。这个重大意义,不久后当陈先生从史实论《切韵》音性质的时候,就得到充分体现。他说:"洎乎永嘉乱起,人士南流,则东晋南朝之士族阶级,无分侨旧,皆用北音,自不足怪矣。寅恪昔年尝草就一文,以论其事,题曰《东晋南朝之吴语》,载《历史语言研究所集刊》第七本第一分,读者幸取而并观之。唯此一问题,实为解决陆法言《切韵》语音系统关键之所在。"(陈寅恪 1948/1980,383 页)《切韵》音系的性质问题,无疑是音韵学的核心之一,明确地将《东晋南朝之吴语》一文,列于解决问题的"关键之所在",可见其于音韵学、语音史之重要价值。

如果说陈寅恪先生的东晋南朝吴语研究专注于史实,那么在约半个多世纪之后,鲁国尧先生踵先贤之步武,接续论述东晋南朝吴语区南北语言的交融与变化,撰作《客、赣、通泰方言源于南朝通语说》(1992/1994),就是兼具史实与方音二重之证据。该文之于汉语史和语音史的重大贡献在于首次提出南朝通语、北朝通语的观点。通语之分南北,是因为东晋南北朝的 273 年分裂,中原板荡,北人避乱如潮南下带来了北音,导致了黄河流域的汉语北方方言伸展至江淮地区,即原吴语区及楚语区的北部。北音来到新的栖息地,与当地方言经历 200 余年的冲突与交融,逐渐形成以建康话为标准音的南朝通语,跟以洛阳话为标准音的北朝通语成为南北并立之态势。文章进一步考证现代江淮官话的东支通泰方言是南朝通语在原地的嫡系后裔,运用历史比较的方法,将客、赣方言与通泰方言进行比较,根据三个方言之间的两大共同语音特征:一是都有两个入声调,二是全浊声母之塞音塞擦音今音都送气,论证通泰、赣方言与客家方言有共同的来源。首次梳理了江南地区诸方言之传承渊源。南朝、北朝通语的同源异流传承关系的揭示,对于唐人所称的"关中""江南"、宋元之间早期官话的两个代表音系(按,"两个音系"详本编第四章

“近代音”）以及明清以来北系官话、南系官话的研究都有重要意义。与此相关，鲁先生还有《泰州方音史与通泰方言史研究》（1988/2003）、《颜之推谜题及其半解》（2002—2003）诸文，可以参看。

三、诗文用韵的方音研究

3.1　魏晋南北朝方音研究

最早从诗文用韵中研究魏晋六朝方音的是罗常培（1931）《切韵鱼虞之音值及其所据方音考——高本汉切韵音读商榷之一》一文。该文取吴语区19位文人诗文及当时流行的吴声歌曲中押模鱼虞韵系的诗共94首，考其鱼、虞两韵系的分混。结果是用鱼韵系的77首，没有一首羼入虞系字。另有17首完全用虞韵系相押没有一首羼入鱼系字。考这些作者的里贯，“拿金陵作中心，彭城作北极，余姚作南极，而画一圆周，恰好把这些鱼虞分用的地方都包括在内”（365页）。从里贯看其用韵倾向，“可以断定六朝时候沿着太湖周围的吴语区域能够分辨鱼虞两韵的不同”（367页）。北方则不然，取北方文人的用韵观察，结果是“对于鱼虞全都不能分辨”（368页）。作者的结论是：“《切韵》鱼虞两韵在六朝时候沿着太湖周围的吴音有别，在大多数的北音都没有分别。”（385页）该文还分析了陆法言为何要区分鱼、虞两韵，及两韵该如何拟音等问题。

罗常培先生这篇文章的写作，当与他的“汉魏晋南北朝诗文用韵研究”的宏大构想有关。前文已介绍他想通过两汉魏晋南北朝的诗文用韵的研究，以沟通从《诗经》时代到《切韵》时代的800多年间韵系的发展脉络。为此他与周祖谟先生合作共同研究。1958年出版《汉魏晋南北朝韵部演变研究（第一分册）》之后，因故暂时搁置。“文革”结束后，周祖谟先生继续研究。周先生在20世纪80年代开始刊发相关论文，如《魏晋时期的方音》（1989）等。他的大型学术专著《魏晋南北朝韵部之演变》于1991年完成，由台湾东大图书股份有限公司于1996年出版。

周祖谟先生的《魏晋南北朝韵部之演变》延续了第一分册的思路和方法，堪称是前者之续编。两书精神相通，可合于一起介绍。其基本思路：穷尽两汉魏晋南北朝韵文、系联韵脚、编定韵谱，“在编定韵谱的时候最主要的工作是分别韵部。……其他所有个别的例子只可作为‘合韵’看待，另外处理”，“有了韵谱以后，再就作家的籍贯或特有的押韵现象来看方音的问题”(《汉魏晋南北朝韵部演变研究》,7页)。书中设定专章讨论方音,有如“第一分册”专设两章论汉代的方音,周著也设立两个专章分别讨论魏晋、齐梁陈隋时期的方音。魏晋时代诗文材料相对丰富,所论方音范围颇广,豫州沛国、青州齐国、幽州、冀州、雍州、扬州吴郡、益州犍为等地的方音都有论列,自东徂西,靡国不到;齐梁陈时代则主要揭示吴音用韵特征。所揭示之方音如,魏晋时代东边豫州(河南)、青州(山东)脂质通押,西部益州犍为的-m尾与-n尾有混用、入声之间有混押等等。周先生主要据益州犍为武阳人杨戏的混押论定益州犍为方音,后来汪启明等人(2018)编魏晋蜀人韵谱,确认“把蜀郡江原人常璩及郤正的相关材料与杨戏相较,其特点毫无二致”(汪启明2018,323页),将这种混押的范围扩大到了蜀郡,而非仅限犍为,则该种方音亦当目为西蜀方音。

罗、周二位先生论证两汉魏晋南北朝这些类似于《诗经》合韵的“跨韵部通押”所具有的方音属性,并作了具体方域的定位描写。这是现代语言学家首次运用先秦之后的韵语以及声训、古音注等语料,对包括古方音在内的实际语音的研究。这两部论著对于历史方音研究的指导性意义就在于,成功地证实了浩如烟海的诗文用韵材料,无论是先秦《诗经》等文献,还是两汉以下的诗文用韵中都有方音存焉,可以也应当开发利用来进行历史方音的研究。

其后丁邦新(1975)《魏晋音韵研究》对方音亦有所涉及。丁著各章零星地讨论到了方音,作者总结魏晋时两支方音比较独特:一为江东方言,特点是支脂不分,幽宵通押,虞模与鱼分韵,阴声韵全无塞音尾,东冬不分。二为秦陇方音,特点是鼻音尾-n与-m有相混的现象,真与耕、耕与侵偶有通押。

3.2 隋唐方音研究

隋唐时代,随着基于经典韵书的用韵规范出现,近体诗的押韵逐渐定型,在诗文用韵中用口语方音押韵大大减少,致使今人有关隋唐诗文用韵的研究中罕见方音痕迹。如李荣《隋韵谱》(1961—1962)、鲍明炜《唐代诗文韵部研究》(1990)等隋唐诗文用韵研究中,几乎看不见方音的痕迹。尉迟治平曾主持国家社科基金“九五”重点规划项目“隋唐五代汉语语音史”(1996),其研究团队刊发隋唐五代韵文研究的系列论文,讨论各时期诗文用韵分部,亦罕见有方音现象。近年来汪启明等人(2018)所做的“隋唐五代时期蜀语韵考与韵谱”,收集利用隋唐时代蜀地诗人自陈子昂以下至花蕊夫人1 677首诗、242首词及50篇赋颂赞铭等韵文,考其韵谱,十六摄格局具在,除少数字略有出入,如佳韵部分字押麻韵,江摄个别字押钟冬韵等,整个韵谱依十六摄排列,基本符合诗韵同用独用框架。

这都说明唐人诗韵初立之时是有通语实际语音的基础的,并非如宋代礼韵一样脱离口语,且隋唐时代的用韵材料也不是只限于古近体诗而已。这个时期从诗文用韵或含有诗文用韵的材料研究隋唐方音的成果主要有周祖谟先生的《敦煌变文与唐代语音》(1980/1993)、《唐五代的北方语音》(1982/1993)等论文。《敦煌变文与唐代语音》未标明写作时间,该文为祝贺王力先生八十诞辰而作,当作于1980年。《唐五代的北方语音》则为第十五届国际汉藏语言学会议论文,当作于1982年。《敦煌变文与唐代语音》这篇文章利用变文用韵研究唐五代北方口语音,归纳变文用韵,得23部。这个韵系大异于唐代的诗韵,作者论证这是唐五代北方口语音的实际情况,其特点是重韵、同摄三四等多合并,许多韵字的归韵已不同于《切韵》。《唐五代的北方语音》(1982/1993)则是利用韵书、字书、音义书、北方文人所作诗歌、敦煌变文曲子词、汉藏对音等六类语音材料,对唐五代的北方语音的一个全面的研究。声母方面有轻重分化、非敷混同、知照不混、庄章相混、喻三喻四有别、全浊清化已经开始等音变。韵部则为23部,声调则出现了浊上归去等,较中古音系出现了较多语音变化。

周长楫(1994)《从义存的用韵看唐代闽南方言的某些特点》,则是一篇关于唐代闽方音研究的论文。该文通过唐代泉州僧人义存的诗歌用韵,考见歌豪通押等闽方音现象在唐代即已出现。这是能显示闽方音发展历史的时代最早的论文。

四、音释方音研究

中古音释的研究材料主要为唐代音释。前文已介绍,唐代大型音释书有三:一是《经典释文》,二是玄应《一切经音义》,三是慧琳《一切经音义》,此外还有一些专书音义如《博雅音》《晋书音义》《文选音义》、《史记》三家注音义、《汉书》师古注的音义以及佛经中的一些音义等。关于这些书中音释的研究概况见前文第二章中古通语研究。通语与方言不可分割,在通语研究中有许多涉及了方言问题。

邵荣芬(1995A)研究《经典释文》反切,归纳声韵系统。关于这个音系的性质,他提出"南切韵"观点,巧妙界定了《释文》音与《切韵》音的异同。这个《经典释文》语音的定性,其实就介乎方音与通语之间,具详前文介绍。

关于唐代两个《一切经音义》的语音研究,迄今以来有多家研究,但开创性的研究有黄淬伯、周法高两家,两家研究都含有方音的研究内容。下面主要介绍两家的研究,附及其他。

4.1 黄淬伯慧琳音义的方音研究

前文已介绍黄淬伯数十年来研究慧琳《一切经音义》的反切,遍考反切上下字、归纳音类之后,将音类整合成音系,形成最终成果。黄氏将该成果定名为《唐代关中方言音系》(1998),确认其为历史方音的论著。"关中音系"是黄淬伯对于慧琳音义反切所代表的音系的语音性质的判定。这个判定来于以下三个根据。

一是音注者西域疏勒人慧琳的生平履历显示,他学习汉语、制作音义长达二十余年都在长安。作为一个母语非汉语的西域人,他在内地的生活经历决定了他掌握的汉语语音当属长安方音,这也决定了他只能据关中音来作音。

二是慧琳音义的反切形式多样,即同一个字音在不同的地方出现时,往往注音切语上下字用字不同,出现多个异写,这些异写的音读相同。切语用字如此不统一,肯定不会是照抄韵书,而是根据自己的口音临时制作的。

三是慧琳所制反切改变了《切韵》的反切上字分组的模式。所谓反切上字分组是指《切韵》的反切上字用字中,一二四等成一组、三等成一组。慧琳音义则将一二四等一组改为一二等成为一组,四等单独成一组,从等的角度看,这是将原洪(一二等)、细(四等)合组的模式,改为洪细分组。黄先生称之为"反切上下字韵母的第一元音要求一致的规则"(6页),实际上是完成了体系性的切语上下字的介音和谐的转变,反映了《切韵》四等韵此时已滋生了细音介音的音变,同样也体现了慧琳不抄韵书,而是根据实际语音注音。黄先生认为慧琳的这些改造,"审音细致,定切有法,胜于《切韵》"(7页)。

出于以上原因,黄淬伯认定慧琳音义的反切系统不同于《切韵》的综合音系统,而是一个单一音系。联系慧琳的生平,则这个音系被认定为唐代的首都长安一带的语音系统,即关中音系(或秦音)。有了这个认识,他根据音位原则修订早年的说法，比如改变早年喻三独立说，确定关中声母喻三归匣、知组归入端组等（黄氏认为知、端两组声类《切韵》以及慧琳音义都没有分立），将原声类、韵类全部归纳为声母、韵母。修订之后的慧琳音系（即关中音系）声母 30，韵部 31 部，其中阴声韵 12 部、阳入声韵 19 部。这个音系与《切韵》音系相比，有以下一些变化。

声母，床禅合并、轻重唇分立、非敷合流。

韵部，重韵合并、三四等合并、外转诸摄（除臻摄外）开口二等牙喉唇音字有腭化现象。

声调，浊上归去音变萌生。

整体上看，慧琳音义的音系跟《切韵》音系仍有很大部分相同，由此可见，作为一个具体地点的音系，它跟中古通语音系实在是有同有异，大同小异。作者根据这些不同，将音系的性质定名为“关中方言音系”，企图从空间差异角度来说明跟《切韵》的不同，但其实也可以从时间的不同来解释，看成《切韵》音在 200 年后的变化，若果如此，则所谓“关中音系”与其说是一个秦音音系，不如说是《切韵》音系 200 年之后的唐代通语的基础方言音系。

储泰松（2005）对所谓秦音持不同看法。他说：“将秦音等同于关中音，认为从《慧琳音义》可考见唐代关中音，我们认为是不妥当的。”（21 页）在考察了唐人文献中提到的秦音与吴音之后，他认为“秦音不等于关中音，与吴音代表南方通语一样，它是指北方通语”（23 页）。就是说唐人所说“秦音”实指北方通语，“吴音”则指南方通语。在这个认识下，储泰松通过唐代关中诗人用韵、慧苑、窥基和云公音义等语料考唐代关中音，有许多与黄淬伯不同的意见。又有张铉（2010）对《慧琳音义》“吴音”问题进行再考证，提出不同于储泰松的观点，认为《慧琳音义》的“吴音”是唐代吴方言的实际读音。

4.2　周法高玄应音义的方音研究

周法高发表《玄应反切考》（1948A）和《从玄应音义考察唐初语音》（1948C）等论著，在研究玄应反切音系的同时，论及其中的方音。关于玄应音义的方音研究，有两个基本内容：一是根据玄应音系与《切韵》音、玄奘音的异同，推断“陆法言作《切韵》、玄奘译经和玄应作音都大体根据当时的长安音”（周法高 1948C，42 页）。二是从玄应音义的行文中考当时方音的分区。

4.2.1 关于长安音

显然,跟黄淬伯一样,周法高也将玄应音定性为长安音,而且《切韵》音跟玄奘音都是长安音。但自陈寅恪《从史实论切韵》面世以后,陈氏"《切韵》所悬之标准音,乃东晋南渡以前,洛阳京畿旧音之系统,而非杨隋开皇、仁寿之世长安都城行用之方言也"(陈寅恪 1948/1980,364 页)的新观点,以其不可辩驳的证据力,迅速成为主流观点,可谓是"洛阳音"之说出、而"长安音"之说熄,原有关于《切韵》音性质的普遍认识发生颠覆性改变,周法高也修正了其观点:"我们不妨说《切韵》音代表隋唐首都长安士大夫阶级所公认的标准音,此标准音可能渊源于'洛阳旧音'之系统。"[①]但对于玄应音的性质仍维持长安音说,不过,这个长安音还是要目为唐代通语基础方音,这一点跟黄淬伯相同。

4.2.2 关于方音分区

周法高真正考察唐代方言的部分是发掘玄应音义记录的方言词及地名对当时方言分区的考证与讨论。他指出玄应书中有类似扬雄《方言》一样的方言地名对举,或以"江南"和"北人"对举,或以"江南"与"关中"对举,或以"江北"和"江南"对举,或以"中国"和"江南"对举等等,可知江南与江北(关中、中国)实为两区。又有江北与关中互用(按,"互用"即相对为文之意),关中与中国互用,可知,"关中"代表"中国"等等。在概述所有的对举与互用之后,周氏得出结论:"大概当时江南的吴语和中原的方言。差别比较大,所以时常拿南北来对举。"(周法高 1948A,381 页)这是粗略的方言区划。"大概当时的方言,除了南北粗略的划分外,北方又可有关西(今陕西……)和山东(今山东,河南……)的区分。……此外蜀(今四川……)和幽冀(今河北……)也约略提到过。"(周法高 1948A,384 页)周氏钩稽的方言词,其中有不少是很好的方音资料,如"髯,而甘反,江南行此音。如廉反,关中行此音。(卷十九 P876·9)"(周法高 1948A,382 页),这条语料反映了江南与关中方音的某些字音有洪细之别。惜周氏文中只是罗列词例而已,对当时南北方音有何特征并无论说。

此外,关于佛典音义的方音研究,最近还有李华斌《唐代佛典音义中的方音研究》(2015)、《泥来不分和唐宋西北方音》(2021)等论著。

① 周法高《三等韵重唇音反切上字研究》,《历史语言研究所集刊》第 23 本下册,1952 年第 407 页。

五、对音方音研究

5.1　概说

中古对音材料主要集中于梵汉对音和藏汉对音，前者见于佛经文献，后者主要出于敦煌文书，其出现地域均集中于中西部与西北地区，相应地，对音材料所反映的语音，主要也集中于中西部与西北，这是对音的研究倾向于历史方音的主要原因。

前文已经介绍了最早利用对音材料研究中古音的法国汉学家马伯乐，其后陆续有罗常培、俞敏、高田时雄、刘广和、施向东、尉迟治平、水谷真成、蒲立本等人的研究，形成梵汉对音研究领域。藏汉对音唐代之前没有，今所见藏汉对音文献主要出于敦煌遗书。首先利用藏汉对音文献研究方音的是罗常培，后又有日本学者高田时雄等。宋代出现了西夏文与汉文的对音。夏汉对音虽然出于北宋时期，时代较后，但其所研究对象被定性为宋代西北方音，跟藏汉对音所研究的区域相同，时代相连，故此归于一起介绍。

5.2　梵汉对音的方音研究

虽然早期梵汉对音的研究者也提到过方音，但利用梵汉对音材料系统地研究方音是在改革开放之后。

5.2.1　魏晋梵汉对音

魏晋时代的梵汉对音的历史方音研究，有20世纪末刘广和的东晋对音研究系列论文。刘广和取东晋法显、佛驮跋陀罗等人的对音材料，考其声母36、韵部28部。作者认为这个音系是东晋时代南方流行的通语。刘氏的东晋对音系列论文见其文集《音韵比较研究》(2002)。

5.2.2　隋梵汉对音

隋代梵汉对音研究有尉迟治平的两篇讨论长安方音的论文。一为《周隋长安方音初探》(1982)讨论声母、韵母问题。该文采北周及隋代阇那崛多、阇那耶舍、耶舍崛多、达摩笈多四位经师所译42部178卷经中的对音语料研究周隋语音。四位译主都在长安学习华言、隋语，所作对音亦当反映长安音。研究结果，得声母35个。其语音特点有：轻重唇不分，匣母开口归晓、合口归喻三，喻三喻四有分。韵的部分仍存16摄梗概，跟《切韵》相似，但果假合摄、宕江合摄、曾梗合摄，共计韵母

85个,并拟其音值。二为《周隋长安方音再探》(1984)探讨声调问题。文章根据梵文的高调、低调和降调的对译用字不同。论定平声是高平长调,去声低降半长调,上声为次高升到最高的短调,入声为全降调。

5.2.3 唐梵汉对音

唐代梵汉对音研究主要集中于所谓"玄奘学派"和"不空学派"两大对音体系。前者有施向东的论文《玄奘译音中的梵汉对音和初唐中原方音》(1983),后者有刘广和的系列论文,如《试论唐代长安音重纽》(1987)、《唐代八世纪长安音的韵系和声调》(1991)、《唐代八世纪长安音声纽》(1991)、《大孔雀明王经咒语义净跟不空译音的比较研究》(1994)等,刘氏后来将诸论文收入论文集《音韵比较研究》(2002)时,将3篇有关长安音的论文,合为一篇《不空译咒梵汉对音研究》,此即研究不空学派对音中之方音的论文。

所谓"玄奘学派"对音以施向东的论文为例。施向东(1983)从玄奘的全部译著中取对音字619个,其中出自圆明字轮和密咒的188个,施文以后者为主要研究材料。作者认定玄奘以本人的方音即中原方音作对音,故其对音反映唐初中原方音。从玄奘对音中考出声母36个(其中有5个没有出现用字是推出来的),韵母75个。玄奘的中原方音在声母方面,有神禅分立、泥娘分立、匣母清化、影母音值为喉塞音、轻重唇分立、全浊不送气等特点。在韵母方面,阴阳入三尾分立、三等重纽有别等仍同于《切韵》,但又有重韵部分合并,如支脂之微不分、真臻殷不分、山删不分、庚耕不分、覃谈不分、咸衔不分、严凡不分、咍灰泰不分,以及入声韵尾已开始弱化等特点。声调则仍为四声,并据对音考得其调值为平声高长调,上声为中升短调,去声低长调,入声为中降短调。

5.3 藏汉对音的方音研究

藏汉对音,这里主要指敦煌遗书中的古藏文与汉文的对音资料。藏族为古羌人一支,古称吐蕃,很早就与中国有交往,第33任赞普松赞干布在位时(约唐太宗、高宗时)创立文字,是为古藏文。松赞干布仰慕中华文化,求娶唐宗室文成公主,留下一段汉藏交往的历史佳话。后来吐蕃东扩,占领敦煌,于是西北地区的敦煌在唐宋时代成为中西文化交汇之地。19世纪末,随着敦煌藏经洞的发现,大批古藏文文献重见天日。其中有一些当时吐蕃人为了学习汉文或汉人为了学习藏文的藏文与汉文的对音卷子,这就是藏汉对音研究的基本语料。

第一个深入研究藏汉对音文献中语音问题的是罗常培,他于 1933 年发表的《唐五代西北方音》(初刊于 1933 年,1961 年科学出版社重刊,本书引述取后者)是藏汉对音研究的名著。罗常培论著中利用的材料主要有如下六种:

(1) 汉藏对音《千字文》残卷

(2) 汉藏对音《大乘中宗见解》残卷

(3) 藏文译音《阿弥陀经》残卷

(4) 藏文译音《金刚经》残卷

(5) 注音材料《开蒙要训》(抄于后唐天成四年,929 年)

(6) 唐蕃会盟碑(拓本)

前 5 种均为写本,罗常培认为这几种写本"大概都是吐蕃占据陇西时代为学习汉语的方便而作的,所以应该是唐代宗宝应二年(A. D. 763)到唐宣宗大中五年(A. D. 875)之间的东西"(15 页)。地域为沙州一带方音。

除《开蒙要训》一种为注音材料外,5 种均为藏汉对音材料。5 种藏汉对音材料中有 152 个对音、1 种注音材料有 242 对"错综的"注音。罗氏的研究以对音为主,注音材料为辅,因为注音有误读半边类推的可能,如"幫:奉",有可能误将"幫"读成声符"封"音,才用"奉"给它注音的。对音材料覆盖了中古汉语所有声母,大部分韵母,206 韵中仅"幽废夬臻耕栉盍洽鎋迄"10 韵无字,"所以我们根据这些对音就可以把《切韵》音同唐五代西北方音的关系推想出十之七八来"(自序,2 页)。结果就是归纳出唐五代西北音音系:声母六组 29 类,韵母二十三摄 55 韵。55 韵其实就是 55 个韵母,29 声类中"'b、m""'d、n"两对 4 类,塞音与鼻音互补,如果合并为同一音位,则声母为 27 个。

在音系的基础上,罗常培上溯《切韵》音,下及现代西北方音,进行历史的纵向比较。罗氏的比较旨在梳理西北方音从唐五代至今都发生了什么变化?哪些现代方音还保留了古代方音?现代西北方音是来自古代哪一系列?都经历了一些什么样的演变?等等。以《切韵》为起点勾勒了西北方音从 6 世纪到 8 世纪、9 世纪、10 世纪、近代的演变脉络,归纳出若干后续音变特征。

罗先生在序中提出从藏文的写法可以看见唐五代西北方音与《切韵》音的声、韵差异有 14 条,大多体现了唐五代西北方音的特点,但其中也有“语音同而写法稍微不同的”现象。蒋绍愚《近代汉语研究概况》(北京大学出版社 1994 年第一版,2004 年第三次印刷)在介绍罗常培《唐五代西北方音》(50 页)时,归纳唐五代西北方音有七大变化:

(1) 轻唇音开始分化

(2) 浊音(首先是摩擦音的浊音)开始清化

(3) 明母、泥母有时候读作’b、’d

(4) 韵母系统简化,韵类合并

(5) 梗摄、宕摄的韵-ŋ 韵尾脱落

(6) 入声韵尾已出现弱化的现象

(7) 浊上变去已经形成

蒋绍愚由此提出一个问题:“这些资料反映出来的语音变化,是唐五代的西北方音特有的呢,还是唐五代整个北方方言所共同的呢?”(50 页)经过与其他唐代语音研究比较,他认为七点变化中,只有(3)(5)两点是唐五代西北方音所特有的,而其余五点是唐五代北方语音所共有的(参 51—52 页)。将罗著西北方音的特点,确立为“北方语音所共有的”以及“西北音特有”两个部分。这个区分的重要意义,就在于充分说明方音音变中也会有符合通语音变的部分,证明了方音与通语音具有个性与共性的关联。

罗先生自序又说:“我因为有几种期待中的材料还没完全采进去,总不免有点儿‘半折心始’的感觉。”(4 页)究竟是哪些期待中而又未采进的材料呢? 1961 年版的《唐五代西北方音》书尾周达甫的《附志》列出佛教材料 8 种,非佛教材料 3 种,共 11 种。周达甫接着说:“以上这些材料都只好留待后人研究,‘再作补编’了。”(226 页)1988 年日本学者高田时雄出版《敦煌资料的汉语史研究》[①](敦煌資料による中國語史の研究,日本东京创文社 1988 年 2 月),在罗著基础上大量的补

① 该书的标题曾在国内译作“依据敦煌文献的汉语史研究”,但作者并不认同,他建议改译为“敦煌资料的汉语史研究”,这个新译名尚未正式出现在国内公开的学术期刊或著作上。

充材料，增加汉藏对音材料 9 种，分别是：《天地八阳神咒经》、《法华经普门品（观音经）》（p.t.1239）、《南天竺国菩提禅师观门》、《道安法师念佛赞》、《般若波罗蜜多心经》、《法华经普门品（观音经）》（p.t.1262）、《寒食篇》、《杂钞》、《九九表》。增加了于阗文转写汉字资料 1 种，即《金刚经》，增加注音材料 4 种，分别是：《诸杂难字》、《难字音注》（S.840）、《佛书音注》、《难字音注》（P.ch.3270），以及一些有关别字异文、粟特文转写汉字的零散材料。其中多种是周达甫所提及的。由于研究资料的大量增加，高田时雄的研究结论亦有不同。一是高田氏的音系声母为 5 组 26 母，韵母共 15 摄 79 韵，仅看数字就跟罗先生的音系有较大的不同。二是语音特点方面。高田认为，相较于《切韵》音系而言，声母方面河西方言浊音清化、轻唇音非敷合流、知章庄三组合流、以云二母合流，并且次浊鼻音声母明疑娘泥是一套鼻冠塞音等等。韵母方面，重纽及三四等的差异已消失、一二等韵的差别趋于消失、宕梗二摄的阳声韵韵尾出现了弱化，且入声韵尾有趋于消失的倾向等等。高田的研究观点新颖，自成一家，不仅对汉语语音史有其价值，对敦煌学及中亚语言史研究也有意义。

5.4　宋代对音的方音研究

唐五代之后的宋代，通常被认为已脱离中古而进入近代或近古，但宋代对音无论是研究材料还是研究领域都与唐代密切相关，堪称是唐代对音的余绪，所以前移于此述之。宋代对音主要有两个研究领域，一是梵汉对音，二是夏汉对音。

5.4.1　关于梵汉对音

宋代的梵汉对音文献除了少数旧经重译之外，大多为晚唐以至于宋代东来梵典的新译。五代北宋间，西僧东来与东僧西行频繁进行，又有不少梵本入华。故此，唐末五代乱离平定之后，宋太宗太平兴国七年（982 年）设译经院再译梵经，历太宗、真宗、仁宗、英宗、神宗五朝，持续约一个世纪。不过，真宗天禧元年（1017 年）禁止翻译入藏《频那夜迦成就仪轨》类的经典后，密典的翻译受到很大限制，故后来密教译事不继。据统计，宋译经院主要译者有法天、施护、天息灾、法护、惟净等人，翻译经典总计 252 部、481 卷，其中密教经典有 126 部、240 卷[①]。这时的对音

① 据吕建福《中国密教史》，中国社会科学出版社 1995 年第 446 页。

已是宋音,可以开发用于宋代语音的研究。以今所见,宋代对音用于宋汴洛音或宋初语音的研究,主要有储泰松《施护译音研究》、张福平《天息灾译著的梵汉对音与宋初语音系统》[①]等。毕竟宋代译经已近尾声,且后期译经质量粗劣,亦不堪用,研究成果颇见凋零也是当然的。

5.4.2 关于夏汉对音

宋代对音研究另一领域是西夏文与汉文对音的研究领域。西夏乃党项族(又号唐古特)建立的割据政权,地处西北今宁夏、甘肃、青海、陕西、内蒙古一带。自党项首领李元昊于1038年立国,传十帝,1227年灭于蒙古,享国189年。立国之初,元昊即命大臣野利仁荣制作国书,西夏文字诞生。在夏境使用近二百年,形成了西夏文献。夏灭即逐渐废止而失传。西夏文与汉文一样同为表意文字,音读失传即无从释读。20世纪初在黑水城出土了一种夏汉对音文献:骨勒茂材所编《番汉合时掌中珠》,该书采用夏汉对音方式分别标注西夏文与汉字的音与义,音义之间双向标注,目的是为了便于西夏人学汉语及汉人学西夏语。该书给解读西夏语提供了一把钥匙,同时也给通过夏汉对音来研究宋代西北方音提供了方便。早期运用夏汉对音研究宋代汉语语音的学者有王静如(1903—1990),后来有龚煌城、李范文、聂鸿音、孙伯君等。尤以龚煌城、李范文自成系统。其中龚氏学说先出,且多有创获,应作特别介绍。

龚煌城自20世纪80年代开始西夏语文研究,其所研究成果汇编为论集《西夏语文研究论文集》(台湾“中研院”语言学研究所筹备处《语言暨语言学专刊》之二上 2002年),其中西夏音韵9篇、西夏文字4篇、汉夏对音及借词2篇。龚氏又运用夏汉对音文献研究宋代西北方音,成系列论文《十二世纪末汉语的西北方言(声母部分)》(1980/2002)、《十二世纪末汉语的西北方音(韵尾问题)》(1989/2002年)、《十二世纪末汉语西北方音韵母系统的构拟》(2002),后来作者将3篇论文统一收入他的文集《汉藏语研究论文集》(台湾“中研院”语言学研究所筹备处《语言暨语言学专刊》之二下 2002年)。龚氏这组论文,全面研究并构拟了宋代西北方音的声、韵系统。

① 两文均载于《薪火编》,山西高校联合出版社1996年。

龚氏归纳宋代西北方音的声母：20 纽，与中古声母相较，其特点是全浊清化，次浊音有鼻音、鼻化浊塞音（即鼻冠音）的音位变体、知照合流、轻唇分化且非敷奉合流。这个系统跟宋代通语的 21 纽非常接近，从龚氏提供的声母表看，表中没有出现零声母，原影喻以及微母合并后重新分立为 w-（微）、j-（喻）两母。这个系统一个非常突出之处，即原次浊音"明泥疑娘"都有鼻音与鼻冠塞音的音位变体。这个特点是与唐代西北方音一脉相承的。

龚氏的宋代西北方音韵母系统，相较于中古韵母系统，可谓是大开大合。龚氏文中以摄为单位叙述夏汉对音音节的音值，判断其音类归属。从所叙音值来看，摄之内与各摄之间出现太多的中古韵类合并，大大打乱了《切韵》音系的韵母体系。对音的韵母系统如何？龚氏文中并未总成韵表。根据文章附录的《由中古音到十二世纪末西北方音的历史发展》表中所构拟的西北方音韵母在各摄的表现，合同别异，一个一个数出，得其韵母约有 41 个，其中源自阳声韵的鼻化韵母 13 个，原阴声韵加上原入声韵（按原入声韵塞尾全部脱落并入阴声韵）及部分由阳声韵并入阴声韵的韵母 28 个。这个韵母表含元音 7 个，其中 4 个又有鼻化音色，以标示来自中古阳声韵的韵母。与中古音相较，除有重韵、三四等韵的合并之外，最为突出的变化就是辅音韵尾的大面积脱落。中古江宕梗三摄阳声韵脱落鼻尾归入阴声韵，其他中古阳声韵变为鼻化韵。中古入声塞音韵尾全部脱落，全体入声韵并入阴声韵中。由于龚氏没有作声调的研究，这些由入声韵并入阴声韵字的入声调是否保留，暂付阙如。

李范文对西夏文的研究是全方位的。1997 年，李氏的著作《夏汉字典》（中国社会科学出版社 1997 年）初版，2008 增补再出第二版，约 160 万余字，洋洋大著，被誉为破译西夏文字，打开西夏文献宝库的"金钥匙"。他的西北方音研究成果《宋代西北方音》于 1994 年由中国社会科学出版社出版。李氏的研究资料丰富，与龚煌城互有异同，尤其是韵母的研究差异颇大，自成一家，若要研讨宋代西北方音，宜当龚、李两家同观。

西夏文献中还有其他对音材料，如梵汉对音等，也有学者研究，如孙伯君《西夏译经的梵汉对音与汉语西北方音》（2007）、《西夏新译佛经陀罗尼对音研究》（2010）等。

宋代民族文字还有契丹、女真文字等,这些两宋三百年间出于东北地区的民族文字,均属仿汉字制作的方块文字,近百年间亦有学者进行研究,也有利用来研究北方汉语方言者。如沈钟伟《辽代北方汉语方言的语音特征》(2006)、《契丹小字韵文初探》(2009)等论文,就是利用契丹小字研究宋辽北方方音的论文。

第四节　近代方音研究

一、概说

语音史的近代阶段自9世纪到19世纪末20世纪初,时程千年左右,以近代音的代表韵书《中原音韵》面世时间为界,大概可分前、后两段。前段自晚唐五代至南宋末,9世纪到13世纪,约500年,后段从蒙元到民国,14世纪到20世纪初,约600年。前段可称近古,后段亦可称近代(按,此可目为狭义的近代),前后两段合称近代。

1.1　研究材料及其特色

近代历史方音研究的材料比上古、中古两个时代都要丰富,且前后两段各有特色。

1.1.1　前段研究的特色

前段研究材料主要为诗文用韵与音释。两宋时代,唐代的"诗韵"已升格为官方颁行的"礼部韵",随着诗韵的官方色彩由幕后走上前台而来的是对人为规定的韵律规则执行得更为严格,在官方主导或官方色彩浓厚的场合尤其如此,但在其他场合却有越来越多的诗歌押韵突破礼韵规则,返璞归真,回归自然口语。结果是宋诗采用方音口语入韵较之隋唐更为普遍。这种看似矛盾的现象其实有其深层的原因,即礼部韵已经大幅脱离口语。由于礼韵的音系已经远离口语,纯依口音押韵则易于落韵,为确保符合要求,在科举与官场应酬等庄重场合中必须加大规则的制约,严格执行规则,以维持所谓雅言传统。但一旦脱离了官方背景或跳出了所谓庄重文雅的场合,在民间及私人的交往中,尤其是有意展示个性的诗歌创作中,往往讲究念诵的和谐悦耳则无须斤斤于规则,方音口语就时见于押韵之中。结果是两宋诗文创作中方言异音入韵大幅增加。我们今天从宋代诗文用韵考察当时口语之音,可以清晰看到不同地域之间语音的差异,且大多可以下与现代方音相对应,隐然呈现出来数百年之前的方言区域轮廓或雏形。这是宋代诗文用韵方音研究的一大特色。

宋代音释是隋唐之后音释的又一个繁荣时期。宋代文人普遍重视整理前代经典,不但传统的九经三传、史籍诸子大都重新整理刊版,就连唐宋文集也得到了有效的整理,产生了一大批宋注刊本。宋人整理典籍,普遍都会给疑难字加注音释,其中有承用前人者,有抄于韵书者,亦有许多宋人新制。大凡难识字,前人本无音释或前人虽有音释但不能顺利拼出时音者,都有必要新制或改作,也有不少是抄撮前人旧音时受口音影响无意间改变切语用字造成的。这些变动都能反映时音尤其是方音,给近代前期的方音研究提供了丰富而有价值的语料。

1.1.2 后段研究的特色

近代后段明清时代的特点是出现了大批的方音韵书,这是韵书发展史上的重大事件。方言韵书的编纂传统自隋代中断以来,沉寂数百年,直到元代中期,富有革新精神的《中原音韵》异军突起,突破传统韵书的樊篱,开启新风尚,方音韵书的编制才乘势复兴,并迅速扩散开来,成为近代后期数量多、质量高、方音覆盖面广的语音文献。新编韵书的体制大致可归为三大类:第一类为《中原音韵》式的依韵编排的同音字表,大多每个同音字组有注音,有的有释义,有的没有释义。这类编排符合韵书的基本特征,仍可沿用“韵书”旧称。第二类为不列出同音字,仅依韵、纽顺序编排的单字音节图表。这些图表所表现的已经不是宋元切韵学的内容,而是明清等韵学的内容,所以可以将它们称为等韵图或等韵书。第三类是前两类的结合体,即把字音图表中的单字扩展为同音字组,形成完全依字音顺序编列的同音字组(字下注音释义则或有或无)组成的韵书。这类书可名之为等韵化韵书。我们要特别指出,随着明清等韵学的兴起,明清两代韵图和等韵化韵书数量大增,成为明清两代韵书的主流。

明清时代还有大量注音字书。这些字书无论依部首还是其他什么方式收字编排,一般每字都有注音,形成庞大的注音体系。这些旨在帮助人们读书识字而标注的字音当然是研究明清时代通语与方音的重要材料。以今所见,明清字书大概可分为四类。一类是大型字书,明代有《字汇》《正字通》,清代有《康熙字典》,都通行全国,影响很大。二类是始于金代、大行于明代的所谓"海篇类"字书,篇韵同帙,自成系列,数量也很多。三是民间流行的地方性字书。这类字书往往是某地通用的识字书和乡塾幼学之书,其注音一般都能反映当时地方流行之音。四是明清两代西方传教士编写的汉语注音文献,包含韵书、字书、语法书、注音的宗教读物等等,其共同特点就是采用拼音文字,主要是拉丁字母给汉字注音,形成了近代拼音文字注音的系列读物。当然,教士们编写此类书籍是为了传教,对中国民众实施思想文化渗透,其直接目的有两个:一是帮助西方传教士学习汉语,以便于在其工作的地方传教;一是便于传教地的中国教徒学习教义。这就决定了这些书都要采用传教士所在工作地区的方言著述,大多能比较客观地反映百年甚至几百年前的方音,故而具有历史方音研究价值。

至于其他文献,如笔记小说、史传文集、经传注疏、诗话词话等等,在近代历史方音的研究中也不会缺席,因为蕴含于其中的零散语音材料,也是学者们比较关注并以索隐钩沉的方式努力加以开掘的。这些材料广布于众书之中,比较零散,难成体系,在历史方音研究中,除了少数专论,如张鸿魁(1996)《金瓶梅语音研究》等用作主要研究对象外,大都作为辅助材料,用作历史方音研究的旁证。

1.2 近代方音研究动态

近代前后两段研究材料有所不同,研究的方法与内容也有所不同,形成了三个不同的研究领域,一为诗文用韵研究,二为韵书字书(包括传教士文献)研究,三为音释研究。近代前段以诗文用韵和音释研究为主,后段以韵书字书研究为主。

1.2.1 诗文用韵研究

诗文用韵研究主要是宋代诗词文用韵研究。自20世纪40年代周祖谟先生首开汴洛诗人用韵研究以来,经过几代学人的不懈努力,宋代有韵之文的研究已经普遍展开。宋词、宋诗和其他韵文的用韵大多已得到穷尽的考察与研究。宋代韵文研究的重大贡献是考明了宋代通语韵系十八部(详本编第四章)。在历史方音方面,通过分地区的穷尽研究,大致已考明宋代中原地区、山东、大北京地区、江浙、闽、赣、湘、蜀等地方音的韵的特征。

1.2.2　音释语音研究

音释研究则有两个方面，一是宋代叶音研究，二是宋代典籍音释的研究。两种研究结果略有不同。叶音的研究是古今音综合的研究，内含宋代的古音研究和宋代实际语音研究两个部分。宋代经籍音释的研究则着重于实际语音，包括宋代通语音和方音两个方面。

1.2.3　韵书字书研究

近代历史方音韵书的研究集中于明清时代。明清两代方音韵书的繁荣，给历史方音研究增加了一类全新的材料。明清方言韵书之多，延续时间之久，覆盖方言面之广，传播的范围之大，所含语音价值之高，都非常显著，卓然自成一系，但对它们的研究却出现比较迟，大概起始于20世纪后期。但其发展势头强健，几十年间，明清韵书的方音研究的论著蜂出，高潮迭起。从其研究对象或范式来看，可归为三种类型：一是通论性的研究，作方言韵书群体的音系考察与介绍，如耿振生(1992)《明清等韵学通论》。二是单本韵书的研究，如郭力(2003)《〈重订司马温公等韵图经〉研究》。三是一时一地方音的研究，如高永安(2007)《明清皖南方音研究》等。单本韵书与一时一地韵书的研究，我们将在下文各方言历史语音的研究中择要介绍，这里梗概地介绍一下通论性的研究。

耿振生(1992)《明清等韵学通论》是对明清韵书中方言音系普遍进行介绍的通论性著作。该书分别介绍了3种北京地区方言韵书，4种河北及天津方言韵书，东北、河南、云南方言的韵书各1种，山东方言韵书5种，江淮方言韵书6种，共21种官话系统的方言韵书及其音系，还对反映南方方言的吴方言8种韵书、闽方言的9种韵书作了介绍与音系构拟，虽然仅简介音系，叙述颇为简明，但已初具规模。

宁忌浮(2009)《汉语韵书史·明代卷》则是迄今对明代韵书的一次最为全面的展示和论述。全书共列举诗韵、曲韵、古今韵以及反映时音的韵书111种，重点介绍63种，其中有反映明代时音的韵书19种，含官话11种、吴语4种、赣语3种、闽语1种。每书都简介基本内容，然后再归纳韵书音系，并在音系的基础上归纳其音韵特征，准确清晰，要言不烦。附带说一下，宁先生《汉语韵书史》是一项鸟瞰汉语韵书发展历史的宏大工程，全书拟分四卷，即《魏晋南北朝隋唐宋卷》《金元卷》

《明代卷》《清代民国卷》,现已完成《金元卷》《明代卷》,殷切地期望在不久的将来能看到四卷出齐,成为完璧。

明清时代的西方传教士注音读物,应当引起我们重视。这类文献不仅仅是数量多,更重要的是全都是用拼音文字对某一具体活方言语音的注音或记音,可以直观地看到其音值描写,有很高的历史语音研究价值。惜其散见全球各图书馆及公私收藏,究竟有多少存量,并无任何记载。直到 2002 年,游汝杰《西洋传教士汉语方言学著作书目考述》一书面世,才有了首个传教士语音文献的目录。游氏克服重重困难、通过各种途径,实地调查了北京图书馆、东京东洋文库、美国纽约公共图书馆等国内、国外十余家著名图书馆和教会图书馆,目睹诸多刊本、稿本、抄本等等,获取第一手资料,据其目验作收录介绍。书中对调查到的方言《圣经》译本 600 多种、方言学著作(课本、会话、词典、词汇集、语法书)249 种,共 800 余种清末民国时期由传教士所写的方言文献作了繁简不一的编目提要,包含成书或刊发年代、作者、版本、编例等,有的还作出基本内容的介绍,涉及 18 世纪到 20 世纪初的某些方言现象。虽仍难说齐备,但已经是目前信息最为丰富的西洋传教士汉语方言学著作目录,具有很高的文献学和语言学价值。

对海篇类字书、地方性字书以及乡塾字书等等文献的语音研究,出现尤迟。这类字书在历史上流传都不久,如海篇类字书虽然明代数量繁多但到清代已近式微,况且地方性字书更是囿于一域,传播受限,满纸土风,难登大雅之堂,以至于公私目录通常少见或不予著录,大多潜藏于民间或图书馆的角落中,鲜为人知。大概在改革开放以来才有学者注意到了这类材料的学术价值,加以研究。我们必须指出,这一类字书往往是历史方音的最贴近原生态的记录,不可忽视,应当也必然是今后近代方音研究的一个新的学术增长点。

总之,近代历史方音无论是哪一领域的研究,绝大多数都可与现代方言相关联,无论从诗文用韵,或方音韵书,还是其他材料研究,所得到的历史方音往往都可以下联同一区域的现代方言,形成古今对应。现代十大方言尤其是官话及东南区域的吴闽赣客湘诸语,几乎都有其百年前或几百年前语音的材料,逐渐形成了各自纵向的近代发展历史线索。我们将以这些线索为依托,来介绍近代历史方音的研究概况。

二、近代官话方音研究

“官话”一名正式出现的时代是明代[①]，但明代以前的宋元时代，官话的一些重要特征已经初具雏形，所以龙果夫将元代通语称为古官话，董同龢则称为早期官话。以今所见，元代的早期官话来源于宋，其中许多特点宋代即已萌生，应当将早期官话的时代由元代上延至宋代。从这个意义上说，官话的历史同样需要分为前、后两期，前期为宋元，后期为明清民国。宋元时代是官话的早期时代，故称为早期官话。早期时代官话的音变刚刚开始，仍存较浓的中古特色。元以后随着北音音变的渐次完成，官话方言发展成熟，并一直延续到现代，成为现代汉语的最大方言。

官话是近代通语的基础方言，关于近代通语基础方言音系的研究，见前文第三章近代音部分。官话又是汉语中使用人数最多、分布面最广、内部结构颇为复杂的方言，一个通语音系自然不能涵盖官话语音的全部。明隆庆、万历间人张位《问奇集》云：“大约江以北入声多作平声，常有音无字，不能具载；江南多患齿音不清；然此亦官话中乡音耳。”[②]所谓“官话中乡音”大概就是指官话内部的地域差异。清人李汝珍《李氏音鉴》所记的北音、南音，用现代人眼光来看，其实就是指北京官话与江淮官话。现代汉语官话可分为八个次方言，每个次方言下面又可分若干个片与小片，形成一个庞大的体系。可见，官话内部的地域差异巨大，仍然需要有历史方音的探索与研究。然而，近代语音史对官话方音史的研究起步较迟，而且至今尚未形成全覆盖，研究得较为充分的大概为中原官话、山东官话、江淮官话、北京官话等。

2.1　中原官话方音研究

“中原”是个传统的文化意义上的地名，并无确定的地域范围，在宋代通常指以汴洛地区为中心的黄河流域中下游地区，与现代中原官话广阔的空间不同，近代中原官话的研究范围主要分布在河南，辐射至周边冀鲁苏皖等地区。从时代上看，近代前、后两期的中原官话的性质不同，前期的两宋时代，汴洛地区方言被确认为

---

① 以今所见，本土文献中，“官话”一语最早见于谢榛（1495—1517）《四溟诗话》卷三：“《古诗十九首》平平道出，且无用工字面，若秀才对朋友说家常话，略不作意。如‘客从远方来，寄我双鲤鱼。呼童烹鲤鱼，中有尺素书’是也。及登甲科，学说官话，便作腔子，昂然非复在家之时。若陈思王‘游鱼潜绿水，翔鸟薄天飞。始出严霜结，今来白露晞’是也。此作平仄妥帖，声调铿锵，诵之不免腔子出焉。魏晋诗家常话与官话相半，迨齐梁开口俱是官话。官话使力，家常话省力；官话勉然，家常话自然。夫学古不及，则流于浅俗矣。今之工于近体者，唯恐官话不专，腔子不大，此所以泥乎盛唐卒不能超越魏晋进而追两汉也。嗟夫！”（引自周维德集校《全明诗话》第二册，齐鲁书社 2005 年第 1338—1339 页）

② 明张位《问奇集》，明陈继儒辑《宝颜堂秘笈》之《汇集》第五，第 26 页。

通语的基础方言,对它的考察属于通语范畴(详前文第三章)。蒙元鼎革之后,原汴洛语音作为通语基础的地位被削弱以至取消,降为“官话中的方音”,成为官话或北方方言的一个次方言。所以,考察作为方言的中原官话语音,主要指近代后期的明清民国时代。

近代后段中原汴洛地区官话的研究,最早的有王力(1927)《三百年前河南宁陵方言考》。该文取河南宁陵(今河南商丘市宁陵县)人吕得胜《小儿语》、吕坤《续小儿语》为研究对象。吕氏父子的两篇小儿语,其实就是儿童歌谣,类似《增广贤文》式的小儿识字课本。王力先生说“他们做的是歌谣体,而且要叫小儿喜欢唱的,必定音韵和谐”,又说,“他们是河南宁陵人氏,我们读他们这两篇文章,便可考见当时宁陵的口音”[①]。王力先生从两篇小儿语中考出 9 条混押,如东冬韵字都混入庚青蒸,先(盐)韵字都混入寒删(覃咸)韵等。

关于中原方音的音系研究,主要集中在明代河南籍学者所做两本韵书:桑绍良《青郊杂著》、吕坤《交泰韵》的研究上面,对两书的研究大概始于 20 世纪后期,已有不少成果。

桑、吕二氏之书,最早是在通论性的等韵学著作中被提及并作音系介绍的。李新魁(1983)《汉语等韵学》曾设专章介绍“表现明清口语标准音的等韵图”,李氏所说的标准音是“中原地区即河南省洛阳一带为中心的语音”(283 页),这源于他的“在清代中叶以前,汉语共同语标准音是洛阳音(或中州音)”(参李新魁 1980)这一基本认识。李氏从通语音系的角度考韵书音系,认定 27 部明清韵图,都反映当时通语口语标准音,其中包含《青郊杂著》《交泰韵》。这两部韵图,在后来耿振生(1992)《明清等韵学通论》中都列为河南官话韵书。耿氏确认《青郊杂著》有 20 个声母、45 个韵母、6 个声调,《交泰韵》声母 20 个、韵部 21 个(未列出韵母数)、声调 6 个,二者音系大同小异,关键是都有保留微母、有入声且入声分阴阳两大特征,耿振生凭此两大特征认定桑、吕二书音系当属中原官话。但耿氏又认为《青郊杂著》“分韵迁就古音之处较多”(185 页),还不能说是纯河南官话音,终将该书归入混合类韵图之中。我们认为虽然桑绍良所建立的音系有古今混杂的因素,但其河南方

① 引自《王力文集》第十八卷第 588 页。

音的特征依然显著。若剥离古音部分，则仍可归入河南地区的中原官话。

宁继福（2009）则着重于从韵书发展的角度进行讨论，对《青郊杂著》《交泰韵》诸书的编例、术语、韵类、声类、声调、切语构造等各个方面作全盘的考察研究，提出新的观点。与耿振生最大的不同，在于声调。如《青郊杂著》的声调，宁氏根据原书将入声字安排到所有韵部之内，无论阴声、阳声韵都有入声字居之的编排方式，得出“到处都是古入声字，反而表明入声已不复存在，没有入声了”的观点（204页），这一观点大不同于耿振生。关于《交泰韵》音系，宁先生研究的结论是声母19个，韵母37个，声调4个：即阴平、阳平、上声、去声，同样没有入声。

此外，对《青郊杂著》和《交泰韵》作研究的还有台湾学者杨秀芳（1987）《论交泰韵所反映的一种明代方音》，白秀红（2003）《从〈交泰韵〉看吕坤之宫商观》，周傲生（2007）《吕坤的韵学思想与〈交泰韵〉的反切特征》，高龙奎（2010）《〈青郊杂著〉的声母》等单篇论文以及若干篇硕士论文。

近些年，学者们关注到另一本成书于康熙壬戌（1682年）的河南韵书《书学慎余》。《书学慎余》的作者李子金（1622—1701），明末清初柘城（今河南商丘市柘城县）黄集乡后罗李村人。该书以声介合母方式列举声母有67类，韵部15个含60韵，声调4个：阳平、上声、去声、阴平。2008年，周赛华考其音系，得声母20，韵母43。比较音系的特点，可以看出该音系较之《青郊杂著》《交泰韵》音系更接近现代中原官话，周赛华（2008）由此得出“《书学慎余》音系基本格局的产生标志着现代中原方音的大致形成”的观点。此外，研究《书学慎余》的还有段亚广（2013）、赵祎缺（2016）等人。

2.2 山东官话方音研究

现代山东地区分布着胶辽官话、中原官话和冀鲁官话等次方言，它们近代都属于北音的范围，但近代具体分区如何，尚不甚明了。因而，近代山东方音姑以地理区划论之，暂不细论其次方言分野。对于近代山东方音的研究，前段的研究仅有诗词用韵，后段则取材于韵书及其他语料。

2.2.1 近代前段的研究

两宋时代山东语音研究主要有鲁国尧先生（1979）《宋代辛弃疾等山东词人用韵考》、李爱平（1985）《金元山东词人用韵考》的山东诗词用韵的论文。两文取材宋金元山东词人（含北宋末南渡的山东人）36名，作品3 073首。系联韵字的结果，山东词人用韵为17部，舒声14部与通语的舒声吻合，入声3部：铎觉部、屋曲部、德业部。德业部包括通语的德质部、月帖部，但德-月通用在山东词人笔下并不普遍，仅以辛弃疾词作比较突出。这个17部，实际内容是18部，符合宋代通语韵系。出现3种跨韵部的特殊混押：（1）歌-麻通押12例，其中11例出自辛词，另一例出自李清照。辛李二人都是北宋末南渡的济南人。“此是否为辛（李）乡音——宋代济南话的现象，尚待研究”（鲁国尧1979）。（2）侵针、真欣、庚陵部之间以及谈咸、寒山部之间的通押。这种不同阳声韵尾间的通押，比例大于中原词韵。这是否反映宋元山东音阳声韵正在进行归并？但宋金元不同时期这种通押的数量和比例，情况似乎稍有不同。根据李爱平（1985）的统计，时间稍后的金元时期阳声韵部的分用比例大于宋，合用的比例北宋较大、金元呈缩小的趋势。时间越往后通押反而逐渐减少，似乎不符合语音演变的发展逻辑，还是看作“用韵较宽”比较合适。（3）辛词中有3例江韵“江窗”两字押入钟雄部，可能是仿古。

2.2.2　近代后段的研究

近代后段明清时代的山东方音研究，有两种取材，一为明清文学作品，一为韵书字书。

山东学者张鸿魁采用明代小说《金瓶梅》中的语料研究山东语音，取得了引人注目的成果。张氏最初于1987年发表《〈金瓶梅〉的方音特点》一文，揭示诸如-m尾韵并入-n尾韵等音变现象，认定“作者的方音更像今天的冀鲁官话，即河北和山东接界地区的方音”。在这个基础上，张氏锲而不舍，坚持数年，写成专著《金瓶梅语音研究》（1996）。张著全面发掘《金瓶梅》中谐声双关、诗文用韵、俗字等语料，整理同音、押韵关系，对照《切韵》《中原音韵》构拟其声韵调系统，讨论了明代山东方音的12种表现，颇具创意，在语料开拓上、方法更新上都有意义。此外，张鸿魁还有《聊斋俚曲集》的方言研究系列论文和《明清山东韵书研究》（2005）一书。该书介绍并评述山东人编写的《韵略汇通》等6种韵书，对明清山东方音多有揭示。

另一位山东学者张树铮对山东方音史的研究集中于清代，主要成果有专著《方言历史探索》（1999）、《清代山东方言语音研究》（2005）以及相关论文。在两本论著中，张树铮系统研究了《等韵简明指掌图》等5种清代山东方音韵书，又对蒲松龄

《聊斋俚曲集》所反映的山东方音作了全面考察，综合探讨了清代山东方音的声母、韵母、声调和轻声等语音现象及其历史演变。

2.3　北京官话方音研究

现代北京官话分布于北京、天津以及河北、内蒙古、辽宁部分地区，是普通话的基础方言。北京音是现代汉语最重要的方音系统，但历史上作为通语基础方音的时间并不太长，大约只占近代后段的部分时间，在整个近代近千年间北京音曾长期作为北方官话中一个次方言而存在。有关近代北京官话语音的研究领域，前段为诗文用韵研究，后段以方言韵书为主，后者的研究成果较为丰富。

2.3.1　前段的研究

近古时期能够反映北京音的成体系文献主要为诗文用韵，采用北京地区文士的诗文用韵研究早期北京音韵者，迄今仅见丁治民（2006A）的专著《唐辽宋金北京地区韵部演变研究》。该书将现存的唐初至金末的北京地区文人所作诗文的用韵进行了穷尽式的、系统而全面的研究，从而将北京话研究的历史从《中原音韵》时代前推了六七百年。这里所说的北京地区，"指以今北京为中心的广大地区"（9页），包括河北、山西、内蒙古、辽宁诸省相连地区，覆盖面大于现代北京官话范围，亦可概称为"大北京地区"。时间从 7 世纪到 13 世纪纵贯 600 余年，包括从唐朝建国到与南宋对峙的金朝灭亡，其中唐为一期、北宋辽为一期、金为一期，其音系从唐的 31 部发展到金代的 18 部，主流是通语韵系。不同韵部之间的通押，透露出这个地区的方音。一是歌-麻通押，这与宋代邵雍《声音倡和图》以及《四声等子》《经史正音切韵指南》等果假合摄一致。二是支-鱼通押，唐代多见，宋以后逐渐消失。三是真文-庚青-侵寻互叶，亦唐五代稍多，后代逐渐减少。四是德-屋通押，跟宋人赵彦卫所记"国、墨、北、惑字，北人呼作谷、木、卜、斛"①相应。值得注意的是，这些约 800 余年前的北京方音，部分在今山西话中能找到对应，而现代北京音均不可印证，其原因暂不明。

2.3.2　后段的研究

明清时代，出现了记录北京音的韵书。耿振生（1992）介绍 3 种，宁忌浮（2009

① 语见宋赵彦卫《云麓漫钞》卷十四，唐宋史料笔记丛刊，中华书局 1996 年第 248 页。

年)介绍2种,去其重复共有4种:张元善、徐孝《合并字学集韵》(包括《重订司马温公等韵图经》),莫铨《音韵集成》,裕恩《音韵逢源》,富善《官话萃珍》。然而,这些都是举例式的重点介绍,并未穷尽。明清时代北京官话究竟有多少韵书,目前尚无确数,可以肯定的是,远不止4种。

明清时代北京音的研究,若不计通论式的介绍,最早从语音角度作音系研究的,以今所见,是唐作藩(1980)的《正音捃言》研究。《正音捃言》是一本依韵编排韵语对句的韵书,出于明神宗万历年间,作者王荔是高阳(今河北保定高阳县)人,该书反映的当为明代北京官话语音。1980年,唐作藩在《中国语文》(第1期)发表论文《〈正音捃言〉的韵母系统》探讨该书的韵母,得韵部22部。与现代北京音对照,有许多不同,如正齿音保留-i-介音读齐齿呼等。

北京官话诸韵书中研究得最为充分的是徐孝《合并字学篇韵便览》中的《合并字学集韵》《重订司马温公等韵图经》两书。最早研究《重订司马温公等韵图经》的是陆志韦(1947)。陆志韦20世纪40年代在《燕京学报》刊发古官话的系列论文,其中《记徐孝〈重订司马温公等韵图经〉》(1947)即是。但陆先生仅仅是从北音的角度研究其音系,明其声韵,拟其音值,并未关注北京方音。20世纪80年代,郭力继陆志韦之后对《重订司马温公等韵图经》再作研究,写成硕士论文《重订司马温公等韵图经研究》,后收入作者《古汉语研究论稿》(2003)中。21世纪初,周赛华再次选定徐孝诸书作博士论文,研究范围由《图经》扩展至《合并字学集韵》,其成果后来形成专著《合并字学篇韵便览研究》(2005)出版。合郭、周两家研究,明代中期北京音系大明,入声字的分化、尖团音的合流、卷舌元音的形成等语音演变历历可考。

清代北京音研究,有杨亦鸣(1992)《李氏音鉴音系研究》,该书使用"透视分离法",将《李氏音鉴》中"南北方音兼列"的"南音"剥离出来,考证并构拟出18世纪的北京音系。俞敏(1983)《李汝珍〈音鉴〉里的入声字》则是一个专题研究,利用《音鉴》提供的语料,讨论了18世纪中叶以来至今160年间北京话入声字的语音变化,提供了近代北京语音入声字消变轨迹的具体实例。此外,张卫东对威妥玛《语言自迩集》的整理与研究也值得重视。他从威妥玛《语言自迩集》三个英文版中,收集到据称是最好的一个版本即1886年版,将其译为中文出版(《语言自迩集》北京大学出版社 2002），并展开研究，发表系列论文，探讨 19 世纪的北京语音。张卫东（1998）甚至根据《语言自迩集》提供的资料，考得北京音成为汉语官话标准音时间约在 1845 年前后。

2.4 江淮官话方音研究

2.4.1 江淮官话与南京音

现代江淮官话分布于江苏、安徽、湖北、江西等省，分为三片：洪巢片、通泰片、黄孝片。其中以南京音为代表的洪巢片，是典型的江淮官话。南京官话的历史比较复杂，其渊源与东晋南北朝时的南朝通语有关。前文已介绍，江南一带在东晋南北朝之前属吴语区，随着晋代衣冠南渡，北音南下，与当地吴语交融，年深月久形成了南朝通语。这应当是江淮官话的最初源头，南京地区无疑是其核心地带。进入近代以来，两宋时代江浙地区呈现出官话与吴语的交错状态。据钱毅（2019）的研究，宋代江浙诗人用韵的主流仍为通语 18 部。而体现方音的 20 条特殊混押，今江淮官话区出现很少，仅扬州、淮安有少数，且符合江淮官话特征（232 页），大概可以由此确认现代江淮官话在江浙地区的版图，至少在宋代已经疆界初定。

南京官话在明代数百年间，很可能随朱明王朝的建立而成为新的通语基础方音。这是鲁国尧先生（1985）运用历史文献，采取文史语言学的研究方法提出的观点。由于证据确凿，明代通语基础方音南京音说，已经引起广泛的注意，成为音韵学和方言学的研究热点。

2.4.2 明清韵书研究

明清时代有关江淮官话的韵书比较多，其中围绕南京官话被广泛研究的韵书大概有 4 种：明金尼阁《西儒耳目资》、李登《书文音义便考私编》、李世泽《韵法横图》和清胡垣《古今中外音韵通例》。诸论著主要围绕两个方面展开，一是考求这些韵书中的音系，二是论证这些韵书音系的语音性质。

其一，考证语音系统与语音特征。陆志韦在 20 世纪 40 年代的明清官话韵书系列研究中，有《金尼阁〈西儒耳目资〉所记的音》（1948）一文，是为目前所知最早研究《西儒耳目资》音系的论文。该文考明《西儒耳目资》声母 21 个（含零声母）；韵母 47 个：其中舒声韵母 41 个、入声韵母 6 个，声调 5 个。之后，对《西儒耳目资》音系进行研究的还有曾晓渝（1991、1992、1995）、张卫东（1991）、薛志霞

(2005)等。

晚明上元(今南京)人李登著《书文音义便考私编》、李世泽著《韵法横图》,两位作者是一对父子。父亲著韵书,儿子著韵图,父子合璧,图韵俱全。邵荣芬(1997)的《韵法横图与明末南京方音》是最早对李氏父子韵书研究的论著之一,该文对《横图》进行了详细的研究,主要从声母、声调、韵母和特别字音四个方面展开,对《横图》韵母和实际声母系统的音值作了构拟,并从混呼名称的承袭方面分析论断《横图》早于《直图》。关于两书音系的研究还有:宁继福(2008)、叶宝奎(2001A)、封传兵(2014、2018)等等。此外,对李氏二书的研究,还有几篇硕士论文。

对清代南京人胡垣《古今中外音韵通例》音系研究的有:陈贵麟(1996)《韵图与方言——〈古今中外音韵通例〉音系之研究》,方环海(1998)《〈古今中外音韵通例〉与十九世纪的江淮官话音系——兼论该韵书对汉语官话语音史研究的价值》等,都是考音系的研究。

其二,论证语音性质,即根据韵书著者的里籍和音系的结构与语音特征,论述这些韵书的音系属于哪一系方音。上述4种韵书中,《书文音义便考私编》《韵法横图》和《古今中外音韵通例》三种的作者都是南京人,其音系都能下与现代南京音相关联,反映南京方音,没有异议。《西儒耳目资》的语音性质却有较大争议。该书是比利时(一说法国)人金尼阁所著,作者籍贯对说明其语音性质没有任何帮助。根据书中语音特征判断其语音性质,大概有三说:一为山西音说、二为南京音说、三为北方音说,前两说影响较大,至于北方音说,是指一般意义上的北方音或带有南方方音特点的北方音等,其影响甚微故此不予介绍。山西音说出自最早的研究者陆志韦(1948),因其面世最早而影响较大。如李新魁(1982)《记表现山西方音的〈西儒耳目资〉》一文即取陆说。然而在后来的研究中,山西音说受到较多质疑,如金薰镐(1996)《〈西儒耳目资〉非山西方言辩》、乔全生(2004B)《〈西儒耳目资〉与山西方言及其音系基础》等,此后《西儒耳目资》非山西音,大概成为共识。南京音说,首发自鲁国尧先生(1985)《明代官话及其基础方言问题——读〈利玛窦中国札记〉》一文。鲁先生据利玛窦札记所记传教士向一名"南京童子"学"标准的中国话"的史实,推定南京音当为明代通语的标准音,进而论及作为《利玛窦中国札记》的整理者、利玛窦中国字注音字母的继承者金尼阁所撰《西儒耳目资》的音系性质亦当为官话，而非山西音。金氏所描写的音系既然属于官话，也应当以南京音为其语音基础。鲁先生的观点在海内外颇有影响，比如说，耿振生（1992）就依鲁先生的观点，把《西儒耳目资》归为江淮官话的韵书。支持这一观点的学者还有杨福绵、张卫东、曾晓渝和金薰镐等。

明清江淮官话韵书数量很多，除上述 4 种外，近年来还有一些也都有专书研究，如明代郝敬《五声谱》，有宁继福（2005，按，原文署名忌浮）、谢荣娥（2018）等研究；方以智《切韵声源》，有张小英（2002）、王松木（2011）、宋华强（2020）等研究；《四韵定本》有王曦、杨军（2014）、宋华强（2020）等研究；萧云从《韵通》，有孙俊涛（2007）等研究；清代许惠《等韵学》，有孙宜志（2006）等研究；徐石麒《坦菴天籁谱》，有周赛华（2016A）等研究；抄本《同音略解》有陈立中、余颂辉（2011）等研究；《字声便考》，有周赛华（2017C）等研究；《徐氏类音字汇》，有冯青青（2015、2016等）及冯青青、倪志佳（2021）等研究；《响答集》，有周赛华（2017D）、孙志波（2018）等研究；抄本《六音便览》，有王为民（2013）等研究。

2.5 其他官话研究

上文所述近代官话方音的研究，虽然涉及面很大，但相对于现代官话的八大次方言来说，仍没有做到全覆盖。八大官话次方言中完全没有涉及的有东北官话、兰银官话和西南官话。其中西南官话的主体湖北西南官话也有人研究，如王琪（2009），而四川西南官话，因其在近代语音史的独特表现，我们将在下文专题讨论。东北官话和兰银官话因其历史语音文献稀少，其历史语音研究相对薄弱，但也不是毫无建树。学者们从不同角度开掘文献，如利用东北人编的韵书（汪银峰 2010）研究近代辽宁语音，利用谚解文献（岳辉 2006）、满汉对音（刘宇 2021）、旧体小说中的语音资料（邸宏香 2011）等等研究近代东北官话语音及其与北京官话间的关系，利用民间文学河西宝卷的用韵（徐朝东 2020）研究明清甘肃河西一带的方音及其与兰银官话和中原官话的关系等等。

三、近代吴方音研究

现代吴方言主要分布在浙江、上海以及江苏、安徽南部、江西东北部等地区。

吴语的历史悠久,前文已有叙说。由于文献不足,上古、中古吴语的具体分布与特征不详。近代前、后期吴语的研究材料比较丰富,其研究领域遍及诗文用韵、韵书字书和其他文献等领域。

3.1 近代前期的研究

近代前期吴语研究主要有诗词用韵研究,先后有胡运飚(1987)《吴文英张炎等南宋浙江词人用韵考》、冯志白(1991、1994)《陆游诗的入声韵系》《陆游古体诗的用韵系统》、裴宰奭(1996)《临安词人用韵中所反映的宋代语音》、钱毅(2019)《宋代江浙诗韵研究》等论著。其中胡运飚、裴宰奭研究词韵,冯志白、钱毅研究诗韵。如裴宰奭(1996)调查临安词人32位、词作920首,将南宋首都所在地词人用韵一网打尽。钱毅(2019)的研究是对两宋时代江浙诗韵的一次全面考察。钱著将宋代江浙诗人诗歌搜罗殆尽,得诗人1 999家,诗作83 965首,韵段87 955个,从中获得能反映宋代吴方言的特殊押韵达20种之多,均可下与现代吴方音形成对应,如:皆来部韵段夹杂个别支微部韵字,65例,涉及韵字32个,大多是合口字,如:“垂衰锥壘归围巍睡萃秽喙谓邃”等,这些字,现代苏州音均念-ᴇ或-uᴇ韵母,与蟹摄洪音今读同韵可叶;又如支微部与鱼模部通押,其数多达262例,歌戈部与麻车部通押76例,现代吴语许多方言点都能印证。至于阳声韵部之间的通押,有11种条例,如江阳部与庚青部通押、江阳部与东钟部通押、寒先部与江阳部通押等等,从现代吴方言语音的角度看,都可找到支持。

宋元时代的吴音文献,还有浙江江山毛晃、毛居正《增修互注礼部韵略》和台州黄岩陶宗仪《南村辍耕录》等书。1992年鲁国尧先生讨论新发现的南宋韵学要籍《卢宗迈切韵法》时,曾指出宋人毛晃、毛居正父子《增修互注礼部韵略》中“吴音化的倾向很重”。5年后,宁忌浮先生(1997)研究《古今韵会举要》及相关韵书,在讨论毛氏父子对礼韵修订时,指出《增韵》中有4种吴音表现,19条语料。后来,刘晓南(2009)进一步穷尽考察毛氏《增韵》,细查其中吴音语料,作《毛氏父子吴音补证》,在宁先生的基础上,将《增韵》中的吴音语料扩展至41条,宋代吴语的语音特征扩展至9种,此可谓是迄今为止最早的一个有准确纪年的历史吴音样本。

元代台州黄岩人陶宗仪所著学术笔记《南村辍耕录》,记录了一个内含声母、韵部代表字的“击鼓射字”的游戏《射字法》,还记录了当时吴方言的一些语音、词汇现象。李新魁(1985)曾对“射字法”声母系统作过研究,并确认其反映的是吴方音,但没有确指属于吴语哪一具体地域之音。3年之后,鲁国尧先生(1988)穷尽研究了陶宗仪《南村辍耕录》的吴语史料,发表《〈南村辍耕录〉与元代吴方言》一文。文章根据史实,考明陶宗仪《南村辍耕录》当成书于他的中晚年寓居松江之时,确认“射字法”所反映吴音当属元代松江语音。鲁先生研究“射字法”中声母代表字,通过与前后时代韵书韵图比较,分析其特征,考明声母27纽,并构拟其音值。虽然“射字法”中韵母代表字太少,无法归纳韵系,但还是对元代吴语松江方言韵系作出说明,并考明其声调。毫无疑问,元代松江音系是今人所能见到的最早的吴语音系。文章还考释了陶宗仪书中所记其他元代吴方言语音和词汇现象。

元代吴人胡三省《资治通鉴音注》反映了一些吴音特征,如:知照组与精组混切、从邪、船禅混注、匣云以合流、禅日混同等声类混切现象,臻山摄合口韵相混、效流摄相混、止遇摄相混等韵母混切现象,江灏(1985)、马君花(2008)对此有所探讨。

3.2　近代后期的研究

近代后期出现了很多吴方言韵书字书,提供了充沛的研究材料。学术界对吴音韵书的研究,形式多样、丰富多彩,有通论性的介绍,有一组韵书的系列研究,还有单本韵书的专题研究等。

通论性著作对吴方音韵书的介绍,如耿振生(1992)介绍了王应电《声韵会通》、是奎《太古元音》等8部明清吴音韵书的声韵系统。宁忌浮(2009)则介绍了4部明代吴音韵书,其中朱光家《字学指南》是耿氏书中没有的。

对一组吴语韵书作系列研究的有高永安(2007)《明清皖南方音研究》。该书利用明清时代产生于皖南宣城和徽州两地的韵书:吴继仕《音声纪元》(1611)、《韵法直图》(1612年之前)、无名氏《徽州传朱子谱》(早于1614)、程元初《律古词曲赋叶韵统》(1614)、周赟《山门新语》(1863)(以上徽州)、濮阳涞《元声韵学大成》(1596)、孙耀《音韵正讹》(1644)、肖云从《韵通》(以上宣城)等,辅以当地明清字书、方志等其他语音资料,全面研究了明以及清代宣城方音和徽州方音。考释各音系声、韵、调并加以构拟,说明其语音特点,通过其内部比较下及现代方音,勾勒皖南地区方音的历史发展线索。作者态度审慎,对诸书语音径以“宣城方音”“徽州方音”称之,不对其归属定性轻下断语,但从所述的语音特点来看,无论宣、徽均有浓厚的吴语特性,尤其是宣城方音与现代宣州吴语一脉相承,有清晰的吴音史特征。

单本韵书研究的有丁锋(2001)的专著《〈同文备考〉音系研究》,描述了明代吴语读书音音系及其特征。单本字书注音研究的有张凯(2021)的专著《〈玉篇直音〉语音研究》,探讨了明代海盐吴音的语音系统。周赛华(2017A、2017B)则发掘新的材料,考明明末清初苏州韩洽《声韵表》、松江张吴曼《切法辨疑》这些书为反映当时吴语读书音的韵图。

清代吴音韵书韵图相对较多,如《荆音韵汇》《射声小谱》《二十三母土音表》《切音启蒙》《乡音字类》《幼学切音便读》《同音字类标韵》《因音求字》《瓯文音汇》《温州音识字捷法》等等。对这些韵书的研究正在展开,如黄河(2015、2016)对《荆音韵汇》音系进行了全面的探讨,并据此描绘清代宜兴方言的语音面貌,李军(2008)对《乡音字类》所反映的19世纪中叶苏州话读书音的研究等。

利用字书及其他材料研究吴音者,有日本学者古屋昭宏(1998)的专论《字汇与明代吴方音》,考察明代宣城人梅膺祚《字汇》音切,论证该书宣州吴语的方音特点。丁邦新(2003)《一百年前的苏州话》取陆基(1862—?)于1935年写的《注音符号·苏州同音常用字汇》作研究对象,根据书中所记同音字,归纳并展现了一个约100年前的苏州音系:33个声母,52个韵母,7个声调。比较现代苏州话,当时的声母有一套卷舌声母的差异,韵母也有一些不同。这是字书音切的研究。

明冯梦龙搜集整理的吴语民歌集《山歌》《挂枝儿》、笑话集《笑府》不同程度反映明代苏州语音,有学者用于苏州音研究。如胡明扬(1981)据明代冯梦龙《山歌》前9卷用韵,系联得9个韵部,考证为350多年前苏州一带吴音韵母系统。

此外,还有利用戏曲和曲韵研究吴音的论著。前者有游汝杰(1998)《明成化本南戏〈白兔记〉中的吴语成分》,利用成化本南戏《白兔记》的别字异文等语料考明北部吴语从、澄、禅三母相混等6项特点,南北吴语共有的添与先相混等3条特点。后者有马重奇(1998)《明末上海松江韵母系统研究——晚明施绍莘南曲用韵研究》,通过南曲用韵研究考证明代松江吴音的韵部特征。

清末传教士的吴音文献数量不菲,其中重要的有艾约瑟《上海方言语法》(*A Grammar of Colloquial Chinese as Exhibited in the Shanghai Dialect*, 1853)、睦礼逊

(W. T. Morrison)《宁波方言字语汇解》(*An Anglo-Chinese Vocabulary of the Ningpo Dialect*, 1876)、莫棱道夫(P. G. Von Mollendorf)《宁波方言音节》(*The Ningpo Syllabary*, 1901)等。开发利用这些吴音文献研究百年以来吴音,也有不少论著。徐通锵(1991)最早利用睦礼逊、莫棱道夫等多种传教士有关宁波方音的文献,比较考证并分析宁波话近百年来的语音演变的规律。又有丁锋(2005)、王福堂(2008)、阮咏梅(2020)等人利用《宁波方言音节》中所记录的绍兴、台州方言字音来探索该方言百年来的音变。游汝杰(1997)通过艾约瑟《上海方言语法》等 8 种传教士的上海方言著作,以大量的材料证实了上海话入声韵尾在 19 世纪还存在着与今天粤方言一样的-k 尾,推断上海-k 尾的最后消失并入喉塞尾是 19 世纪末 20 世纪初的事。钱乃荣(2003)《上海语言发展史》也利用了传教士语料,较全面地描写了 150 多年的上海话音系以及发展。

四、近代闽方音研究

现代闽方言分布于福建、台湾、广东、浙江、海南等省份,延展至东南亚地区,下面又分为闽北、闽南、闽东、闽中、莆仙五个次方言,每个次方言下又分若干片与小片。现代汉语诸方言中,闽方言的音系和语音结构最为复杂。闽音中的复杂白读被认为是汉魏晋六朝、隋唐、宋元以来不同历史时期语音的孑遗,可见其历史之悠久。传世文献对它的直接记载最早见于唐代,中唐诗人顾况《囝》诗中标明的有鲜明闽语特色的方言词“郎罢”“囝”即是,又有唐代闽南诗僧义存的诗歌用韵中出现了歌-豪通押等闽音用韵现象(详周长楫 1994)等等。然而这样的文献毕竟太少,由于文献不足,中古及中古以前闽方言的分布与特征如何,我们现今仍难知其详。现代学者的闽音史研究主要在近代时段。近代前期主要是诗文用韵研究和音释研究,近代后期则主要是韵书研究。

4.1　近代前段的研究

4.1.1　宋代福建诗文用韵研究

宋代福建诗词用韵的首篇论文是鲁国尧先生(1989)《宋代福建词人用韵考》,该文收集宋福建词人 85 家,作品 1 805 首,福建词坛主要作家作品均已齐备,归纳其韵部系统并掘发出一些宋代闽音特征。继作者刘晓南遵循鲁先生的研究思路,扩大研究范围至诗、文用韵,作全面系统的考察,刊发系列论文5篇,出版专著1部。系列论文除讨论福建诗人的韵部系统及跨韵部通押(1998A)问题之外,还分别讨论了阴入通押(1998C)问题,崇安(1998B)、邵武(2002B)文士的用韵特点及其在宋代的方言归属问题、吴语对闽语的影响(1997)等问题。专著《宋代闽音考》(1999)考察宋代福建文士400余家、诗词文作品16 000余篇(首),大致穷尽了20世纪末坊间可以找到的宋代闽人用韵材料。系联这些作品韵字,可以清晰地看到宋代福建文士用韵的主流依然是通语韵系18部,但又出现了大量不符合通语音系的韵段。除少量仿古或原因不明外,通过横向、纵向比较,有充足的证据可以证明这些奇特的押韵是宋代闽方言音韵现象,从中归纳9条闽音用韵特征和5条个别方音特点。这些方音特征特点在宋代福建路所辖八个州军中呈不均衡分布,并且与现代闽方言的下位次方言的特征大致对应,隐然暗示着宋代闽音的内部差异,据此将宋代闽方言划分闽北、闽南和闽中东三个次方言。本项研究提供了许多近代前期闽音的历史语料,充分证明了现代闽方言许多语音特点在800多年前的宋代就已经出现,将现代闽方言的历史前推至唐宋之际。

4.1.2 宋代福建音释研究

宋代福建文人所作音释较多,包括朱熹、吴棫所作的叶音在内,形成了一批闽音研究语料。邵荣芬(1995)最早开发利用这批语料探索闽音。他穷尽研究闽北人吴棫《韵补》反切,通过与中古音比较异同,考其声、韵的分合变化,考明宋代闽北音的声母为17纽,与晚明形成的闽语十五音非常接近。邵氏还在韵的方面考明了一些闽音特征。自20世纪末以来二十多年间,刘晓南穷尽收集另一位闽人朱熹《诗集传》《楚辞集注》中的所有注音与叶音以及其他的朱熹语音文献,考察包括闽方音在内的历史语音。在闽音方面,发表论文《朱熹与闽方言》(2001)、《朱熹诗经楚辞叶音中的闽音声母》(2002A),前者论韵,后者论声。声母方面,考得闽音声母18纽,与邵荣芬的17纽系统有同有异,韵的方面虽未能形成韵母系统,但发现宋代闽音的十余条韵母特征。此外,还有其他闽人音释文献也得到了研究,如王曦(2008、2001)分别研究了建阳熊刚大《性理群书句解》和建阳蔡沈《书经集传》中的音释,刘红花(2009)研究了邵武严粲《诗辑》的音释等。

4.2　近代后段的研究

4.2.1　闽方音韵书研究

闽方言韵书明代少见，虽然《戚林八音》中的"戚"顶着"戚继光"的大名，但该书今所见最早的刻本出于清乾隆年间，距明亡已有百年之遥，其成书年代是不是明代尚难确定。然而，21 世纪新发现了两个同名为《六音字典》的闽音韵书抄本，其中一个为明正德乙亥年（1515 年）闽北政和人陈相所抄，另一个为清光绪二十年（1894 年）陈家箎所抄。前者即使据其抄写年代论之，也是真正的明本韵书，毫无疑问是迄今为止时代最早的一部闽方言韵书。马重奇多年来对两本《六音字典》进行了系统的研究，发表系列论文，如《新发现闽北方言韵书〈六音字典〉音系研究》（2010）、《清光绪本〈六音字典〉"土音"研究》（2012）、《明正德本〈六音字典〉入声韵历史层次研究》（2014A）等等。诸文考明其音系，论证其语音性质均为闽北政和方音。马氏在系列论文的基础上，撰成《明清闽北方言韵书手抄本音系研究》（2014B）一书，系统论证了闽北"十五音"的声母系统和"三十四韵母"的韵母系统，全面展示了明清时代闽北政和方音的全貌。

闽音韵书虽然总体出现时代较迟，但数量却很多。据李如龙提供的数据，至 1990 年止，已知的明清以及民国闽方言韵书达 21 种之多（参李如龙 1990），还不包括传教士所著各种注音读物在内。闽方言韵书长期以来服务于当地人的读书识字，实用性很强，但对它们音系作研究却很迟。1957 年，黄典诚撰《建瓯方言初探》①一文，对闽北方言韵书《建州八音》②音系作了研究。针对当时方言学界将闽语分为闽北方言、闽南方言两区的观点，黄典诚在《建州八音》音系的基础上，比较了闽北音与闽东音的诸多差异，提出了闽北方言不当与闽东合为一体以福州音为其代表，而应当作为一个与闽东方言并立的闽语次方言：闽北方言，以建瓯话为代表的观点。新的观点对于后来将闽北、闽南合成一体称为闽语，同时又在闽语之下分五个次方言的划分有重要意义。大概在"文革"结束之后，闽方言韵书的研究逐年增加。黄典诚分别撰文介绍《汇音妙悟》（1980）、《漳州十五音》（1982）和《渡江书十五音》（1994）等闽音韵书并研究其音系。耿振生（1992）介绍了《戚参军八音

① 本节所提黄典诚诸文均见《黄典诚语言学论文集》，厦门大学出版社 2003 年。

② 文中又称为《建瓯八音》。此外，文章还列有一种上海圣公会出版的外文书，仅出书名，并无介绍与引述。

字义便览》等9种闽音韵书,其中两种给出了声、韵拟音。李如龙、周长楫、陈泽平、林宝卿、潘渭水等都撰有若干专文或在相关论著中介绍并研究闽方言韵书。马重奇则对一组闽南漳州十五音系列韵书作系统的比较研究,在系列论文基础上形成专著《清代三种漳州十五音韵书研究》(2004)。该书对《汇集雅俗通十五音》等三种漳州音韵书音系作出整理、描写与构拟,比较异同,揭示内部差别,说明历史演变。书中多有新见,尤其是对《渡江书十五音》的研究有所突破,因而在闽方言史研究具有重要意义。

4.2.2 其他研究

韵书以外的明代闽音史的研究,不能不提邵荣芬的系列论文:《明代末年福州话的声母系统》(1985)、《明代末年福州话的韵母和声调系统》(1994),这组论文通过明代闽人陈第有关诗骚古音的注音语料,考察陈第的乡音:明末福州话,考证并归纳了明代福州方言音系,声母15、韵母138(其中阴声韵36、阳声韵52、入声韵50)、声调7。与相传的描写福州音的古韵书《八音字义便览》大同小异,二者可以互证,为学界提供了一个300多年前的闽东音系。又有曾宪通(1991)选取7种明代潮州戏文本,考察其用字、词语、句式等,论定它们潮州方言的性质,展示500年前流行于潮汕一带的潮州方言词汇和句式,并注上潮音,提供了进一步考察数百年来闽南方言词汇及其语音传承与变化的材料。曾氏的研究对于历史方音研究的贡献,就是明确了从古戏曲文本中的俗字与方言词汇考其历史方音的可行性。

清代后期同样出现了一批传教士闽方言注音读物,如:英国传教士麦思都(walter Henry Medhust, 1796—1857)《福建方言字典》(*Dictionary of the Hok-keen of the Chinese language*, 1831),美国传教士罗啻(Rev, Elihu Doty, 1809—1864)《翻译英华厦腔语汇》(*Anglo-Chinese Manual with Romanized Colloquial in the Amoy Dialect*, 1853),建阳土白译本《马可福音》(1898)和《马太福音》(1900)[①]等等。利用这些资料研究历史闽音的,有马重奇的系列论文,如《19世纪初叶西方传教士漳州方言文献音系考》(2014C)、《美·罗啻(Elihu Doty)〈翻译英华厦腔语汇〉(1853)音系研究》(2014D)等。日本学者秋谷裕幸(1994)以建阳土白《马太福

① 参游汝杰《西洋传教士汉语方言学著作书目考述》,黑龙江教育出版社2002年第114页、115页。

音》为研究对象，构拟了百余年前的建阳方言的声、韵、调系统，同时还整理出了同音字表等等。

五、近代客赣方音研究

5.1　概说

客赣并提，是因为赣方言的家乡在江西，客家方言又与江西渊源颇深。从空间分布上看，江西的赣南地区是客家话的大本营之一，曾在客家迁徙史上起中转地的作用；从时间上看，客赣方言历史上曾经同源，至今其方音特征与赣方音多有相通之处，故其近代方音可以合在一处论之。

现代赣方言主要分布在江西以及湖南、湖北、安徽、福建等省份。客家方言则是汉语中一个不以地名命名的方言，主要分布于江西、广东、广西以及东南亚地区。客家方言形成时代较晚，一般认为客家历史上有过五次迁徙，其第三次迁徙发生在宋末明初，在这次客家人从赣南往两广的迁徙过程中逐渐形成了客家方言①。如此说来，近代前期客方言尚未成型，此时的江西语音中一定混合有早期客家方音。客方言形成之后，明代才有客方言的历史记载。两个方言形成年代不同，相应地，近代语音史对两个方言语音史的研究亦不同步。赣方音历史的研究从宋代诗词用韵即已开始，但此时可能赣客混沌难分，似乎更应当称为江西方音。明代客方言成型之后，客、赣方言分立，文献中已有客家词语的零散记载，直到清代后期才出现对客家方言历史的比较系统的研究，这造成近代语音史客、赣方言研究的代差。

近代客赣方音研究，前段主要是江西诗文用韵以及音释研究，后段主要是韵书字书研究。

5.2　近代前段江西方音研究

5.2.1　诗词用韵研究

有关宋代江西诗韵和词韵的研究，始于20世纪后期，迄今已有以江西文人诗词文用韵为研究对象的系列论文，依发表时间顺序排列：程朝晖（1986）《欧阳修诗词用韵研究》，罗德贞（1990）《王安石诗词用韵研究》，林亦（1991）《黄庭坚诗文用

---

① 参袁家骅《汉语方言概要》（第二版），文字改革出版社1980年第145—146页。

韵考》,鲁国尧(1992)《宋元江西词人用韵研究》,杜爱英曾刊发系列论文7篇,其中重要的有《"清江三孔"诗韵考》(1997)、《杨万里诗韵考》(1998A)等。上述论文中有诗人群体用韵的综合研究,也有个别诗人用韵个案的研究。此外,杜爱英的博士论文《宋代江西诗人用韵研究》(1998B)是对江西诗韵的一次大型综合研究。上述诸成果的研究范围很大,包括词人180家,词作4300首;诗人230家,作品21119首。诸论著所得韵部系统基本上都是宋代通语十八部,超佚通语的跨部押韵现象也特别突出,主要有:(1)萧豪部与尤侯部通押55例。数量很多,并且与现代江西方言非常吻合。(2)支微部与鱼模部通押,词人笔下36例、诗人24例。这也与现代赣方言相符。现代赣方言中支-鱼相混有两种表现:一是部分中古支微部字读-u、-y韵;二是部分中古鱼模字读-i韵,无论怎么读,它们都会造成部分支微部字与鱼模部字同韵母。如现代临川话:"梨驴"同音ti,"诗西须"同音si;高安老屋周家话:"租姿"同音tsu,"如余儿"同音y。(3)鱼模部与尤侯部通押诗韵4例,或许与江西音有关,在今江西余干话中还存鱼-尤同韵。如:"奴卢流留"同音,"猪诛周舟"同音,"除储球绸"同音等等。(4)皆来部洪音(蟹摄一、二等开口字)与支微部字相叶。词韵有8例,诗韵19例。(5)歌戈部与鱼模部相叶,词韵仅1例。(6)歌戈部与家麻部相叶,诗韵有12例。(7)不同阳声韵尾通押,诗词都有不少用例。

元代江西诗文用韵研究有李军(2010)的《元代江西文人诗文用韵所反映的入声韵演变及其分布特征》,通过对元代江西文人用韵研究,揭示了元代江西地区入声韵的特征及其分布与现代江西赣方言入声韵语音特征分布的一致性。

5.2.2 音释研究

宋代江西人做音释有多少,目前尚无确数。目前学界已知大概有董冲(一说董衡)、萧常、孙奕等。孙建元(1997)的博士论文《宋人音释研究》,研究了董衡、萧常以及其他两家,共四家音释。这是一个多家音释的综合研究。十年后,吕胜男取宋饶州人董冲《唐书音义》作专书音释研究,经过多年潜心研究,于2017年出版《〈唐书音释〉音切研究》一书。对董书的11927条注音穷尽研究后,得出其音系主体仍属通语,但其中许多特殊音切反映了宋代江西方音的观点。如声母方面有照二归精、齿音塞化等现象,韵母方面有灰咍混注、一三等混注等现象。这些现象有的跟现代赣方音仍能吻合。李无未则对庐陵(今吉安)人孙奕的《九经直音》反切以及孙奕所著《元儿编》中的语音资料作了系统的研究,发表系列论文。在这个基础上,李无未、李红进一步全面研究《九经直音》的直音材料,并结合庐陵诗文用韵研究成果,形成专著《宋元吉安方言研究》(李无未、李红,2008),较为全面地展示了宋元文献中江西吉安地区的方音。

5.3 近代后段赣音研究

5.3.1 明代赣方音研究

明代赣方音有李军(2006)的医籍歌诀用韵研究,通过明代江西名医龚廷贤汤头歌诀用韵,归纳明代赣方音 13 条语音特征。还有日本学者古屋昭弘(1992)通过江西袁州宜春人张自烈所编字书《正字通》的音注材料考求明末赣方音。

5.3.2 清代赣方音研究

清代赣方言语音文献相对丰富,有方言字书、韵图、启蒙教材等。利用这些材料研究清代赣方音,李军的成果颇丰,发表有系列论文,如讨论乾隆年间临江方音者,有《〈辨字摘要〉音系特征及其归属》(2009A);论南昌方音者,有《十九世纪中叶南昌话韵母与声调系统的特点》(与陈昌芳合作,2008),《两百年前南昌话精庄知章组字的读音及其演变》(2009B);论清末南丰方音者,有《〈翻切指掌空谷传声〉所反映的清末南丰方音》(与熊远航合作,2016)等等。李军的近代赣方音研究专著《江西赣方言历史文献与历史方音研究》(2015)则是对近代赣方音的一个鸟瞰式的全景研究。该书包含两大部分:一是通过清代民国江西地方字书和韵书,考明 4 个赣方言音系:18 世纪临江音系、19 世纪南昌音系和南丰音系、20 世纪高安音系。二是通过对宋元江西文人的用韵、音注,明代江西医籍歌诀的用韵、清代江西地区的方言字书、韵图、启蒙教材,民国时期的注音字母等等材料,探讨和揭示宋元以来江西赣方言地区不同历史阶段的语音特征、方音分布与语音演变的进程与规律。

5.4 客方音的研究

5.4.1 客方言的文献

客方言形成于近代后期,在近代后期的明清两代中,明代客方言文献罕见,迄今仅发现有祝允明《正德兴宁志》(正德十一年,1516 年)和黄国奎《嘉靖兴宁县志》(嘉靖三十年,1551 年),两志中简要记载了少量粤东兴宁县客方言语音及词汇。又有宁都人魏际瑞(1620—1677)所著韵书《正韵窃取》(崇祯十七年,1644年),其序称"于《正韵》则窃取其义,而按音以叙之",大概是用时音重新分合《洪武正韵》,反映作者家乡宁都客音,但欠完备。

清代客方言文献出现渐多。以今所见,成书于咸丰三年(1853年)①的嘉应州镇平(今蕉岭县)人黄钊(1787—1853)所编的客家人县志《石窟一征》,设立两卷(原书卷七、卷八)记述客家方言词汇,是清代最早的客方言成体系记录。此后又有《嘉应州志》(1899)和民国的《民国新修大埔县志》(1942)等方志中的方言卷。民国国学大师章太炎的《新方言》所附《岭外三州语》亦属于考释客方言词的著作。现今可见的第一部客方言专著是嘉应州(今梅县)人杨恭桓《客话本字》,该书成于光绪三十三年(1907年),虽说还是方言词书,但其序称"乃知客话之流传悉从韵书而来",可见杨恭桓特别注重音韵,该书颇有客音史研究价值。

民国时期,中国本土学者开始重视对客家方言历史的研究,其中江西学者对赣南客家方言进行研究的有邬荣治(1881—1949)的《赣南方音考》(1924)、《赣方言考》(1936),谢震孚《南康古语考》(1940)等,这些文献从考求古音的角度,采用类似章太炎《新方言》考释方言词汇的方式,对赣南地区的方言词汇进行了研究,同时以注音字母为工具,对赣南方言与国音的对应关系进行了比较。广东兴宁人罗翙云《客方言》十三卷(国立中山大学国学院丛书第一种,1932年)则是广东学者第一部比较系统的客家方言研究专著。

本土文献之外,来华传教士或外籍学者所编写和出版的客家方言文献甚多,有《圣经》译本、字典、词典、教科书、语法书等。《圣经》译本,如巴色会牧师黎力基(Rev. Rudolph Lechler)1860年于柏林出版的《客家俗话马太传福音书》(*Das Evangelium Des Matthaeus im Volksdialekte der Hakka-Chinesen*),当为最早的《圣经》土白译本。客家话与外语双语词典,如英国长老会牧师纪多纳(D. MacIver)、玛坚绣(M. C. Mackenzie)等编写的《客英词典》(*An English-Chinese Dictionary in the Vernacular of the Hakka People in the Kwangtung Province*)、法国巴黎外方传教会神父赖嘉禄(Charles Rey)编写的《客法词典》(*Dictionnaire Chinois-Français*,

① 此取温昌衍、王秋珺《〈石窟一征〉"方言"卷的学术价值》之说(《嘉应学院学报(哲学社会科学版)》2017年第35卷第9期)。

Dialecte Hac-ka，1901 年初版，1926 年增订）等。教科书如《启蒙浅学》（*First Book of Reading*，1879），语法书如《简明客家语法》（*Kleine Hakka-Grammatik*，1909）等。此外还有一些对客家方言的研究论著，如 1897 年荷兰学者商克（S. H. Schaank）的《陆丰方言》（*Het Loeh-Foeng Dialekt*），1913 年佛默尔（Johann Heinrich Vömel）在法国汉学杂志《通报》（*T'oung Pao*）上发表的《客家方言》（*Der Hakkadialekt*），后者是一篇博士论文，用德文撰写，分概述、文字、声韵、音节、声调、声韵调配合表六部分系统地记录并分析了客话语音。

上述明清民国客家话文献之中，本土文献以方言词汇记录与研究为主，且数量不多，传教士或西方人编写的文献，无论《圣经》土译还是词典教科书等，都有拼音文字记音。后者数量相当多，比如有人统计过现今存于瑞士巴色尔的巴色会图书馆有关客家方言文献多达百余种。① 从文献研究客家历史方音，这些文献都是很好的资料。但对这些文献开发研究大概却是近 21 世纪以来的事。

5.4.2　客话文献的研究

对本土文献的研究，有田志军（2009）《16 世纪的兴宁客家方言》，利用明代兴宁方志中的方言语料考察 16 世纪的兴宁客家方言的语音与词汇，认定当时兴宁方志所记已是一种成熟的客家方言。李军、梅娜（2020）《二十世纪初的三种赣南客家方言研究文献》一文，利用上文介绍的邬荣治、谢震孚编的三种客话文献考求近百年前的赣南客方言的音系。

对传教士等外籍人士文献的研究，有田志军、庄初升、刘镇发等人，如庄初升、刘镇发（2002）《巴色会传教士与客家方言研究》即是。田志军则发掘各种拼音文字客家话文献，作综合研究，发表论文多篇、专著一部。论文如：《五经富客话〈新约〉韵母系统及其特点》（2013）、《五经富客话罗马字〈新约全书〉所记音系及其百年演变》（与谢葆兰合作，2016）、《〈客法词典〉所记梅县音系及百年演变》（2019）；专著《近代晚期粤东客音研究》（2015）。田著取新安罗马字《新约》4 种，五经富罗马字《新约全书》1 种，《客英词典》和《客法词典》，经过严谨的考证，获取四个约 200 年前客家音系：一为香港深圳客家音系，二为揭西客家音系，三为五华客家音

① 数据取自庄初升《清末民初西洋人编写的客家方言文献》（《语言研究》2010 年第 1 期），庄氏数据源自汤泳诗《一个华南客家教会的研究：从巴色会到香港崇真会》（香港，基督教中国宗教文化研究社 2002 年）。

系,四为梅县客家音系。四个音系年代相近,地域毗邻,各自之间大同小异,当系出同源。田志军运用历史比较法,将四个音系进行历史上共时层面的比较研究,推得早期粤东客家方言音系。同时又将早期粤东音系下与罗马字所记四音系以及现代四地客家音系纵向比较,揭示200年来,粤东客家语音的历时演变的过程与规律。这种先考证历史音系,再横向、纵向比较的研究模式,是客家方言研究的一个创获,也是历史方音研究的一个可行的思路。

六、近代四川方音研究

6.1 概说

现代四川方言归属西南官话,但历史上可能不是这样。有研究显示,四川地区的方言在近代前段的两宋时代当归属西部方言,而且其方音特征与东南濒海的福建接近(参刘晓南2012),可知宋代四川方言原非北方方言(或早期官话)系统。近代四川方言由西部巴蜀语转为西南官话,这场历时两三百年的方言大转换,是在近代两次改朝换代的大战乱及社会大动荡推动下逐渐完成的。可见近代的前、后两段,四川方言系属和称谓并不相同。近代前段的四川方言,可以沿用古人已有的名称“巴蜀语”或“西语”(详下文),对宋代巴蜀语音研究的主要材料是诗文用韵及其他文献。近代后段,四川方言逐渐转变为西南官话,这个时代出现了一些方言韵书字书(包括传教士语音文献),对这些材料的开发、收集、整理与研究已经开始,但还有许多工作要做。

6.2 宋代四川语音研究

对宋代四川语音的研究主要集中于诗文用韵领域,首发者是鲁国尧先生(1981)的《宋代苏轼等四川词人用韵考》,稍后又有唐作藩先生(1990)的《苏轼诗韵考》。两篇宋代四川用韵论文,以大文豪苏轼为核心的20名词人共计869首词以及苏轼诗歌的用韵都被仔细地考察,系联韵脚,形成韵部系统。这个韵系同于宋代通语系统。超出通语范围的通押有:(1)歌-麻合用2次;(2)之韵系字“似事”两字押入鱼模部3例;(3)萧-尤合用2次;(4)歌-豪合用1次;(5)不同阳声韵尾的混押共计43例。这种混押很少能与现代四川话建立联系,显示出宋代跟现代,不同的时代之间四川方言有异源或方言异质的可能。

从21世纪初开始，刘晓南开始对宋代四川语音展开全方位的研究，研究材料有宋代四川文人文集、笔记小说、诗话词话、经史注疏、四川诗词文用韵（通过《全宋诗》《全宋词》《全宋文》收集）等等。从2004年起，前后刊发系列论文9篇，其中《从历史文献看宋代四川方言》（2008）是一篇文史语言学的论文。该文从一百余种宋代笔记小说，三十余种宋人文集，若干诗话词话以及宋人所作经传注释中钩稽有关四川语音的材料，分析这些语料，除得出宋代四川方言"歌豪通押"等10条语音特征之外，还考明宋人对四川方言的两种称谓，一为"西音"（或西语），二为巴语（或巴蜀语）。其中西语一说，兼含陕右，可知在宋人心目中，西北与西南是一个大的方言区。在系列论文的基础上，刘晓南（2012）完成专著《宋代四川语音研究》。作者穷尽研究宋代四川地区465位文人的诗文作品3万余篇（首）的用韵，结合其他文献语料，考证并归纳宋代四川地区的历史方音现象，首次论证并确立了宋代四川方音特征共计23条。将23条方音特征与已经研究过的宋代其他地区方言作横向比较，发现西部的巴蜀语音特征八成以上同于东南的闽音，由此仿宋人"闽蜀同风"之俗谚，提出"闽蜀相近"学说。再将宋代四川方音与现代四川方音进行纵向的比较，结果却是古今之间大面积不能对应，好似宋代及宋以前的四川方言在明清以后消失了、不见了，由此提出"宋末元初四川地区方音历史断层"说，并尝试从社会政治、历史事变、战火中的杀戮掳掠、移民迁徙等角度，探求为什么空间相距甚远的闽蜀两地的方音相近，而同一个四川地区，其方言却在宋代与现代之间大面积不能对应的原因。

"宋末历史断层说"与现代学者的四川西南官话形成于明清两次大移民的观点形成了时间上的前后对接。"断"的是宋元西语，"接"的是西南官话，其间的历史逻辑大致是清晰的。宋末元初近半个世纪的战乱，杀伐、掳掠与避乱外逃，使得蜀中人口锐减，终至凋零。人口的凋零，引发原语言的式微，语言的再次复兴必然以人居的再次兴旺为前提。但元代的几十年并未有效消弭四川的这种人口颓势，"由于原来人口基数过低，元代的移民对四川广阔区域而言不过是杯水车薪，因此，四川人口的大发展和全面开发还有待于明清的大移民"。[①] 有鉴于此，川中学者崔

① 吴松弟《中国人口史·辽宋金元时期》，见葛剑雄主编《中国人口史》，第三卷，复旦大学出版社2000年第551页。

荣昌(1985)从移民史的角度探讨现代四川西南官话的形成,指出“对四川人口来源有深远影响的还是元末明初和清朝前期的两次移民活动”,提出现代四川西南官话方言是由明清两次大的移民运动形成的观点。之后,崔氏扩大研究范围,广泛查考史书、方志、家谱、族谱等历史文献,考察明清时代几次大规模移民入蜀的人口迁徙路线,辅之以现代方言语料,梳理现代四川西南官话方言形成的复杂历程,撰作专著《四川方言与巴蜀文化》(1996),全面论证了四川西南官话的形成与移民之间的因果关联。该书被认为是“阐明了四川方言的形成与历史上中华民族几次大移民的关系以及兄弟民族之间的交往对四川境内语言的影响”(张永言序)。崔荣昌运用文史语言学的研究方法,从语言学、文化学、民俗学、社会学和历史学的角度作出观察与审视,给近代后段四川方言的历史变迁提供了新的诠解。“宋末历史断层”的学说结合崔氏的研究成果,展示了在经过巨大灾难和痛苦的历史断裂之后,四川方言浴火重生的艰难历程。

6.3 明清四川官话语音研究

明代四川方言资料甚少,大概遂宁人李实《蜀语》是我国现存第一部四川方言词语的历史文献,共收录四川方言词语563条,并分别给它们注音释义。学界对明代四川方音的研究主要围绕《蜀语》的方言词音注进行,如黄尚军(1995)《〈蜀语〉所反映的明代四川方音的两个特征》,彭金祥(2009)《从〈蜀语〉看明代西蜀方音》,周及徐、周岷(2017)《〈蜀语〉与今四川南路话音系》等等。

清代出现了四川方言韵书字书、语法书、教科书等,有的由本土文人所作,但多数出于西方传教士之手。本土韵书中,有反映成都话语音的韵书、彭州人杨得春《韵法全图》(1882)及《英文开路先锋》(1903),后者“将英文二十六字母,以川音注之”(序),又据周赛华(2013)的介绍,清朝后期还有射洪人杨志体《音韵画一》(1884?)、汪朝恩《五音集字》(1833)、骆成骧(1865—1926)《四音辨要》(1908)等四川方言韵书。

传教士的注音文献有法国外方传教会编写的《华西官话汉法词典》(*Dictionnaire Chinois-Français de La Langue Mandarine Parlée Dans L'Ouest de La Chine: Avec Un Vocabulaire Français- Chinois*, 1893),英籍中国内地会传教士钟秀芝(Adam Grainger, ?—1921)《西蜀方言》(*Western Mandarin of the Spoken*

Language of Westen China, 1900),加拿大卫斯理会启尔德(Omar L. Kilborm, 1867—1920)《华西初级汉语课程》(Chinese Lessons for First Year Students in West China, 1917)等等。

对这些韵书字书的研究,有陈伟(2019),倪博洋(2021),董冰华、倪梦雪(2022),曾晓渝(2018)等。

七、近代湖南方音研究

7.1 概说

现代湘方言的所在地湖南省中南部,宋代属荆湖南路(含广西全州),当时还没有"湘语"或"湘方言"之名。宋人称呼此地有诸多简称或俗称,如湖南、湖湘、湘楚、荆南等等,其中"湖南"既是行政区"荆湖南路"之简称,又与后代省名相同,所以我们借用来称其方言。

湖南方言区的一些地名早就见诸扬雄《方言》,如"沅""湘""湘潭""九嶷""苍梧"等等,林语堂将它们归为"南楚一系"方言,但汉以前的"南楚"方言是不是宋元湖南方言的源头,尚乏确凿的证据。近代前期的两宋时代,湖南方言常见文人论及,联系宋代荆湖南路诗人用韵来看,宋代的湖南方言应当就是现代湘方言的早期状态,或可称为古湘语。这个方言在近代后期发展成熟,成为湘方言,有韵书字书可证。

今人研究近代湖南方音的材料,宋元主要为历史文献和诗人用韵,明清主要为韵书字书。

7.2 宋元湖南方音研究

湖南地区,这个长江中游以南的广袤地域,其方言语音的特异表现,亦常见诸宋人笔端。陆游《老学庵笔记》卷十有一条笔记云:

绍圣、元符之间,有马从一者,监南京排岸司。适漕使至,随众迎谒。漕一见怒甚,即叱之曰:"闻汝不职,本欲按汝,何以不亟去,尚敢来见我耶!"从一皇恐,自陈湖湘人,迎亲窃禄,求哀不已。漕察其语南音也,乃稍霁威云:"湖南亦有司马氏乎?"从一答曰:"某姓马,监排岸司耳。"漕乃微笑曰:"然则勉力职事可也。"初盖误认为温公族人,故欲害之。自是从一刺谒,但称监南京排岸而已。传者皆以为笑。[①]

这个叫马从一的人“自陈”是“湖湘人”。“湖湘”一词,在“漕使”口中又称为“湖南”,凭其操“南音”断其为湖南人。此可知湖南的“南音”在当时已很有特色。做过荆湖南路潭州知府的朱熹也有同感,他说:“《离骚·九章》云:乘鄂渚而反顾兮,欸秋冬之绪风。《说文》欸,应也。亚改切,又焉开切。《史记》范增撞破玉斗曰:唉。《说文》唉,膺也。乌开切。二字音义并同。……其声则楚语也。故元次山有《欸乃曲》,而柳诗亦用此二字,皆湘楚间作。”[②]从诗歌押韵论及湖南语音之特异者有孙奕,他在《示儿编》卷二十三云:“荆南士人云吟雪诗,用先字韵,其末句云:十二峰前渐渐添。读添为天。”[③]这段话的意思是批评湖南诗人错将咸摄“添”字押山摄先韵,闭口韵混前鼻韵。

若论宋代荆湖南路的诗人诗词创作,则乏名家,作品稀少,其诗文不被注意,其用韵研究迟迟未行。2000 年田范芬始作研究,从《全宋诗》收集宋代荆湖南路文士 76 家,作品 1 854 首。考察其用韵,研究宋代湖南方音,发表论文《宋代湖南方言初探》(2000)。该文发现两条不同于通语韵系的混押:其一,阳声韵大混并,可分两组。第一组臻(-n)、梗(-ŋ)、曾(-ŋ)、深(-m)四摄之间,跨摄的混押达 78 例。第二组山(-n)、咸(-m)之间的通押有 10 例,后者与孙奕所述荆南士人的讹韵相通。这也是现代湘方言的一个特征。其二,尤侯部唇音字不押鱼模。宋代各地诗人用韵中,不管方言何等奇特,都或多或少出现尤侯部唇音字押入鱼模部现象,但湖南诗人用韵中,尤侯部唇音字“浮谋不眸缪亩妇否母”9 字共 10 人入韵 51 次,全部押尤侯部,无一例入鱼模部。今湘语区各地,“母亩牡浮拇”等字仍不读 u 韵,而读 o、əu、iəu 或 au。如长沙话中,母拇读 mo,亩牡读 məu,浮,文读念 fu,白读念 xəu。如此看来宋代湖南诗人用韵的方音特征仍能与今天湘音相符。

7.3 明清湘方言语音

明代湘方言的文献罕见,清代以迄民国期间,则已发现 6 种湘音韵书字书。

其一,星沙(今长沙)杨世树撰《声律易简编》,作者生平无考,撰写年代不明。

---

① 《老学庵笔记》,中华书局 1979 年第 133—134 页。

② 《朱子大全》卷八十四《跋程沙随帖》。

③ 丛书集成初编本《示儿编》第三册第 243 页。

从该书引述18世纪的衡阳人旷敏本(1700—1784)之语来看,成书时代上限不会早于18世纪中期,下限当不晚于19世纪的清末,很有可能出于18世纪后期。

其二,署名为星沙槐荫主人编撰、星沙淡云子校的《训诂谐音》(1882年之前),署名的二人生平事迹均无考,自称“星沙”,知其为长沙人。此书有多种刻本,流传颇广。

其三,《天籁新韵》(1886),清末衡阳萧承煊编,反映19世纪衡阳语音。

其四,《天籁字汇》(1911),清末邵阳人杨唐编,记录了一百多年前的邵阳方言。

其五,《声韵识解》(1923),民国祁阳人刘霆翰所编,反映百年前祁阳方音。

其六,《湘音检字》,全名《国音标准湘音检字》(1937),长沙人李旦冀编,是一部记录20世纪初长沙方言的韵书。

此外,还有一些湘人著作,涉及湘方言者,如明代郴州人袁子让《字学元元》、清代新化人邹汉勋《五韵论》。又有民国学者有关湘语之论著,如湘潭黎锦熙《湘音杂谈》(兰州版《国语周刊》1934),赵元任、黎锦熙《长沙方音字母》(《国语周刊》1936),长沙杨树达《长沙方言考》等。

现代学者对上述文献的研究,以今所见,有鲍厚星(2002)《〈湘音检字〉与长沙方言》、田范芬(2007)《〈湘音检字〉及其反映的三套语音系统》等,都是通过20世纪30年代的长沙方言韵书《湘音检字》考察100年前的长沙话。田范芬(2008)《近代长沙话声母特点及演变》,则是《训诂谐音》《湘音检字》两种长沙方言字书韵书的综合研究。此外,还有周赛华(2016B)通过《天籁字汇》研究100年前的邵阳方音等。

八、近代粤方音研究

8.1　概说

分布于两广港澳海南等地的现代粤方言,并非原生的汉语方言,通常认为是由历代中原移民带来的古汉语与当地百越语接触而逐渐形成的方言。这个历史进程耗时很长,生活在12世纪的大儒朱熹曾说:“却是广中人说得声音尚好,盖彼中地尚中正。自洛中脊来,只是太南边去,故有些热。”[①]南宋在广西钦州为官的周去非(1135—1189)告诉我们钦州有号称为“北人”的一批居民,他们“本西北流民,自五

① 语见黎靖德编《朱子语类》卷一百八十三,中华书局王星贤点校本,2020年第8册第3282页。

代之乱,占籍于钦者也”,这些“城郭居民语乃平易,自福建湖湘皆不及也”[1]等等。可见粤广语音之源自中原正音或北音,八九百年之前即有人关注并加以评说。粤语什么时候形成,准确年代尚难确定,至迟明清时代已经成型。由于“太南边去”,远离文化中心,所以,在近代语音史上,粤方言少见历史文献记载,直到清末才有较多记述与研究,这也是语音史上粤方音史的研究相对薄弱的原因之一。

近代粤方音的研究,主要在明清民国期间,研究对象为韵书字书,但粤地诗文用韵研究也应当受到重视。

8.2 诗文用韵研究

由于历史上粤广文人的诗歌作品长期以来收集编列不时,流通不畅,造成粤省辞章乏善可陈的错觉。给语音史带来的不良后果就是利用诗人用韵研究粤音之事,久未施行,直至21世纪初方偶有涉及者,如周赛红(2011)《明代莞籍诗人韵部研究》即是。该文考出明代莞籍诗人韵部系统为22个韵部,含9个阴声韵部、9个阳声韵部、4个入声韵部。这种韵部不同于礼韵,也不同于《中原音韵》《洪武正韵》,其用韵特色对于了解明代粤音是有意义的。近闻全国古委会立项编纂《全粤诗》,意在穷尽收编粤省范围内自先秦以至清末民国的诗歌作品。项目正在进行之中,可以期待,当《全粤诗》出齐之后,取其用韵以研究历代粤方言将迎来一个高潮。

8.3 韵书字书及其研究

8.3.1 粤音文献概况

清初到民国(1644—1949)的300年间出现了不少的粤语文献,包含韵书字书、速记快音书、粤音英语学习读物、传教士语音文献等等。

粤音韵书字书主要有如下数种。

《分韵撮要》,武溪温仪凤著,乾隆后期成书。该书有合刻本与单行本两种版本。合刻本是与《江湖尺牍》合刊的《江湖尺牍分韵撮要合集》,卷首有“花港主人”于乾隆四十七年(1782年)作的序,故此知其成书不晚于乾隆后期。这是今天可见的时代最早的粤音韵书。单行本无此序。两种版本都曾一再刊刻,有多种刊本面世,诸本的书名与编者署名互有异同,致使后人介绍其编者时有不同的说法(如称

[1] 两段引文分别见周去非《岭外代答》,上海远东出版社,屠友祥校注本,1996年第76页、88页。

编者为周冠山等)。此书在清代曾被两广文人推为粤语正统韵书,影响巨大,尤推崇合刻本,但据岑尧昊(2020)的研究,在描写广州音方面,单行本优于合刻本。

《字音通晓》,南海罗崧骏著,刊于光绪丙申年(1896 年)。罗氏在“凡例”中说:“是编字母字韵皆四十,悉以粤音切之。”“是编字母字韵不以正音读,而以粤音读者。以粤音能该正音,而正音不能该粤音也。且余,粤人也,以粤人操粤音,即以粤人传粤人,较易入手。”作者以粤音编韵的目的非常明确。全书由自序、凡例、切音法、切音捷法、字分四声十音、四十字母和字韵等部分组成。

《儒林音字贯通》,南海县九江镇吴达邦著,光绪丙午年(1906 年)刊于越南河内。该书是韵图式的韵书,体式类似方言调查字表,一个框即为一个音节,一个音节里收多个同音字,字下不释义,反映的是南海音。

《广东切音捷诀》(1921),民国东莞谭荣光著。谭氏“自序”曰:“得英文切音书多种,研究年余,中西汇而通之,卒得其理。故特根据广东方言,编就《切音捷诀》,以授子弟。”该书也是一本韵图式的粤音韵书,全书声母 21,韵母 35,声调 9,依韵列图,图中声韵交汇处列为音节,每个音节之下排列 9 调,有音无字则空缺。不像《儒林音字贯通》每框收列同音字,这里的韵图中一个框只收一个字,表一个音节。

《粤音韵汇》,民国黄锡凌著,上海中华书局 1941 年初版。这是一本同音字表式的粤音韵书,全书 53 个韵母,19 个声母,以韵为经,依韵编排,韵下依声,声下依调,形成粤音的同音字谱。此外,书首“绪言”还编入作者“广州标准音之研究”的研究成果。该书采用宽式的国际音标注音,是国内出版的第一部运用国际音标记音的研究粤音的著作,对现代粤方言研究影响很大。

韵书之外,还出现了记写粤音的拼音方案著作、粤音速记字书和用粤音编写的学习英语的读物等文献,充分体现了粤音文献的多元化,是粤音研究的一个特色。

粤音拼音方案有《拼音字谱》,东莞王炳耀著,刊于光绪二十三年(1897 年)。王炳耀是清末切音字倡导者之一,其拼音字主要采用速记符号,定粤音韵母 53 字、声母 22 字,合为 75 字拼写广州音,其中有部分拉丁字母的注音。20 世纪 50 年代该书曾收入拼音文字史料丛书影印出版。

粤音速记字书有如下几种。《传音快字》,东莞人张文龄编,这是光绪三十四年(1908 年)在广州刊刻的一本速记专书。《传音快字》,包括“南音”和“北音”两卷,南音为广州音,北音为北京音。《汉文快字全书》(1917),广东人张才所著,岭南石印书局出版。此书是讲解以音记字的速写之术的。“绪言”说:“此快字,现时系用粤音写出,以便粤省人士学习。”所谓粤音即广州音。

粤音英语读物,有两本值得一提。一是清末著名买办珠海人唐廷枢(1832—1892)编的《英语集全》(1862),这是一本用粤语编著的英语学习书,收集各种词汇句子,中英对译,既用英文字母拼音给汉字注音,也用粤音汉字给英文注音。二是莫文畅编的《唐字音英语》(按,书名又作《唐字调音英语》),该书当成于20世纪初,今所见本最早为1904年刊本,也是用粤音标注英语音供大众学习英语的读物。

传教士拉丁字注音的粤语材料在19世纪出现。今所见最早为英国传教士马士曼(Joshua Marshman, 1768—1837)在印度的塞兰坡(Serampore)出版的《孔子文集》(1809)(*The Works of Confucius*),该书将《论语》二十篇的前十篇中的每个汉字用拉丁字母注其粤音,所注粤音跟同时代传教士记录的广州话不同,因为马士曼的粤语老师是在澳门生长的亚美尼亚人乔安斯·拉萨(Joannes Lassar),大概这就是其译注有欠完备的原因吧。

英国传教士马礼逊(Robert Morrison, 1782—1834)刊于1828年的《广东省土话字汇》(*Vocabulary of the Canton Dialect*)是学界公认的最早的拉丁字粤音注音著作。这是一部中英文互注的方言词书。美国传教士裨治文(Elijah Coleman Bridgman, 1801—1861)《广东方言读本》(*A Chinese Chrestomathy in the Canton Dialect*, 1841),该书以中文译英文语句,以粤音给中文语句注音,粤音则以拉丁字母标写,正文696页,资料丰富。英国传教士湛约翰(John Chalmers, M. A.)《初学粤音切要》(*Cantonese Phonetic Vocabulary*, 1855)。其序曰:“余来中国有年,将温武溪所注粤东土音之三十三韵,揣而熟之,间有未精确切者,并参以《康熙字典》,于是探乎文墨中所必需之字,条分部类,次第点画,兼以英字确切其音,其法简而易学,其用变而无穷。于广东土音谅亦无能左右之者,故名其书曰《初学粤音切要》。”所谓“温武溪所注粤东土音”就是指温仪凤《分韵撮要》,此可见这本最早面世的粤音韵书在当时的影响之大。此外,还有美国传教士卫三畏(Samuel Wells Williams, 1812—1884)《英华分韵撮要》(*A Tonic Dictionary of the Chinese Language in the Canton Dialect*, 1856),波乃耶(James Dyer Ball)《简明粤语》(*Cantonese Made Easy*, 1883)等等。

8.3.2 清代民国粤方音研究

上述粤音文献均出于18世纪到20世纪的300年间，记录了清初以来到民国时代的粤方言语音，给近代粤方音的研究提供了宝贵的资料。现代学者对这些历史文献的语音展开研究，探讨百年或几百年前的粤语方音，取得了一批成果。

诸粤音韵书中研究得最为充分的当推《分韵撮要》。这本最早面世的粤方音韵书在其后200来年的粤音韵书字书的编著之中，曾起到很大的示范作用，甚至有以其为蓝本仿作者，如上文提及的湛约翰。然到20世纪40年代，该书受到了黄锡凌(1941)的批评。黄氏指出《分韵撮要》所记音不同于当时广州音，不能代表粤语标准音(参罗伟豪2008)。这个批评产生了负面效应，降低了该书的影响，加以当时粤方言的田野调查正在蓬勃进行，研究的重心不在历史文献。在这种情况下，这本200多年前出现且看似有毛病的"旧黄历"，自然就无人问津了。直到20世纪末，彭小川运用历史语言学的方法对《分韵撮要》作历史音系的考证与研究，这个状况才得到改变。彭小川利用其所调查的现代粤音资料，比对《分韵撮要》的声、韵结构，考证并构拟其声母、韵母系统，发表《粤语韵书〈分韵撮要〉的声母系统》(2004)和《粤语韵书〈分韵撮要〉的韵母系统》(1992)两篇论文，一论声一论韵，成功地揭示了200年前的粤音系统，并与今天广州话比对异同，指出两者之间的差异"反映了其间100多年语音发展变化的情况"。彭小川从历史音变的角度解释两个时代的语音差异，扭转了黄锡凌批评的负面影响，重新确认了《分韵撮要》的学术价值。《分韵撮要》再一次引起了学界关注，彭氏之后又有新的研究成果相继出现，如刘镇发、张显群(2003)，赵彤(2007)，罗伟豪(2008)等等。

其他粤音文献的研究也渐次展开。粤语英文学习读物《唐字音英语》中的粤音，有黄耀堃、丁国伟的研究。黄、丁二人在2001年发表论文，讨论书中所记声调。之后黄耀堃继续研究，发表探讨《唐字音英语》所记粤音的论文，如《20世纪初香山话、官话和"班本"的语音材料》(2007)等。数年后黄、丁二人合著的专著《〈唐字音英语〉与二十世纪初香港粤语的语音》(2009)出版，实现了对《唐字音英语》所记20世纪香港粤音的全面研究。

关于传教士粤音文献的研究也正在进行，如李焱、孟繁杰(2019)采用最早的传教士粤音注音文献《孔子著作》作研究对象，考出200年前澳门话声母18个，韵母

58个,比较现代澳门话多有不同,作者认为这些不同,“不是澳门话自身的演化,而是表现了原澳门从接近四邑片和香山片,转向接近广州话,是‘语言迁移’现象”。其他传教士文献的研究,有陈康宁(2019)对马礼逊《广东省土话字汇》的研究,张颖(2020)对美国汉学家卫三畏《英华分韵撮要》的粤语音系比较研究等等。

以上都是针对单种材料的研究,一书一音系,是历史上共时层面的语音研究,随着研究的推进,近年来,出现了多种材料的比较研究,即在单种材料研究的基础上,将多种粤语历史文献的音系进行综合的比较、考证,以描写近代数百年间粤方音的历史演变,将近代粤音史的研究引向了纵向的历史演变领域。这个方面的研究有余颂辉的系列论文。余颂辉运用文献考证和历史比较的新二重证据法,以唐廷枢的《英语集全》语料为主,综合《分韵撮要》以及传教士马礼逊《广东省土话字汇》、德国人欧德理《广州话词典》(1877)等中外粤音文献,进行横向、纵向的比较研究,以考察百年来粤音的演变与历史层次,刊发系列论文:《广府粤语覃谈分韵的历史层次》(2013)、《十九世纪后半叶广府粤语的啮音声母》(2015)等,在综合研究方面进行了有益的尝试。同类型的研究还有罗言发(2017)。罗氏将研究的范围进一步扩大,利用传统粤语韵书《分韵撮要》等2种和传教士资料《广东方言读本》等7种,共9种文献作历史比较的研究。9种文献的时代从乾隆后期(18世纪后期)直到黄锡凌(1941)跨越两个世纪。通过9个音系的异同比较,依时代先后排列广州话200多年来的语音变化,一是揭示8种历史音变,二是推定各种音变出现的时间。8种音变及其时间分别为:(1) ȵ声母跟j声母合流成j,1841年。(2) u韵母分化出ou,1841年。(3) i韵母分化出ei,在1855—1883年之间。(4) y、ui韵母各分化出ʊi,1883年。(5) om韵母和ɐm韵母合流成ɐm,1883年。(6) 变调出现,在1862—1883年间。(7) ts和tʃ合流成ts,1912年。(8) ɿ、i合流成i,1912年。罗氏认为,广州话发生的这些音变均是自然演变,受外来影响较少。虽然罗氏论文仅纲要性地列举8个音变条例,并未展开详细讨论,但这仍是一个有益的尝试。

九、近代晋、徽方音研究

9.1 概说

晋语和徽语是现代方言学新设立的方言区,近代语音史对它们的研究起步略迟。

9.1.1　关于新设立的方言区

在辽阔的中国语言版图上，复杂的现代汉语方言究竟要划分为多少个方言区才合适，一直是现代方言学探讨的重大问题，随着调查研究的深入，观点也在不断更新。早期的权威教材袁家骅(1960)《汉语方言概要》第一版，分汉语为八大方言区：北方方言、吴方言、湘方言、赣方言、客家方言、粤方言、闽南方言、闽北方言。到第二版(袁家骅1980)时，调整为七大方言，将原闽南、闽北方言合并为闽方言，下面再分五区十系。然七大方言的分区远非现代方言学的最后划分。教材第二版面世数年后，中国社会科学院和澳大利亚人文科学院合作编纂的，由李荣、熊正辉、张振兴(1987)主编的《中国语言地图集》面世，地图突破七大方言的构架，从原吴语区划出徽语，从原官话区(即北方方言)中析离晋语，从广西地区独立出来的一个方言区：平话，形成了一个新的十大方言区体系。后来曹志耘(2008)主编的《汉语方言地图集》采用了这个分区体系。然而，这个系统仍存争议，如侯精一(2001)主编的《现代汉语方言概论》就没有设立平话。

或许十大方言区的划分今后还会有变动，可以肯定的是，无论怎么变，都将是突破原七大方言区构架，设立新的方言分区。这样一来，无论取何种划分，从汉语史的角度来看，方言区的划分都可以归为两大部分：一是古人自有定名且多所记述的七大传统方言：官话、吴、闽、客、赣、湘、粤，二是现代方言学界根据方言特色新设立的方言：晋语、徽语、平话3个方言或晋语、徽语2个方言。传统分区与新设方言区在历史方音的记录、展示以至于研究等方面，有着很不相同的表现。

9.1.2　七大传统方言的研究

传统七大方言，是结合历史文化传统和方言特征划分的方言。所谓文化传统体现在历史文献的记载中，即历代文献中基于古人的语感、对这些方言的称名、表现及其特异语音等等不同程度的记录，有的记录甚至可以上溯至秦汉时代，可见其历史悠久。深厚的历史文化积淀，配合方音特征的采集与归纳，有力地赋予方言成立的历史逻辑的合理性。七个传统方言的一个共同点就是都在近代产生了本方言的韵书字书以及诗歌用韵等语音、词汇文献，无一例外，学者们也主要凭借这些文献来研究其历史方音。

9.1.3 新设立方言的研究

新设立的方言：晋语、徽语和平话等，是基于现代学术理念的划分，相对缺乏上述七大方言的历史文化传统。它们当然也有自己的发生、发展历程，但是否在历史上曾被确认为一个方言，暂未见有历史文献记述。近代文献中亦罕见有这些方言的韵书著录或报道，但这并不意味着这些方言在历史上没有出现过韵书及其他历史语音文献，近代语音史对它们的研究起步较晚，但也已经开始。

以今所见，新设立方言的近代语音史研究，主要在晋语、徽语两个方言中进行。

9.2 近代晋语方音研究

目前，从历史文献研究晋方言历史语音的主要有乔全生及其学术团队。乔全生(2008A)《晋方言语音史研究》是第一部专门探讨晋语语音史的著作。该书运用文献考证和历史比较的二重证据法，采用能反映晋方言语音的历史文献和现代晋方音资料综合研究晋方言历史语音。晋方言的历史文献，之前未见有记载与报道，乔全生索隐钩沉，发掘晋语历史语音文献，共有四种类型：一是山西地区方志所记方言资料；二为历代山西文士所记的零星方音语料；三是能够反映方言的韵书，目前仅发现一种，即清代山西浮山人贾存仁《等韵精要》(1775)；四是山西文士诗文用韵，充分发掘这些历史文献中的历史语音，结合现代晋方言调查的浩繁语料，乔著从声母、韵母、声调等三个方面，推导并论证晋方言语音的历史发展。同时结合唐五代藏汉对音和宋代夏汉对音的西北方音研究成果，全面梳理晋方音的历史演变轨迹，提出“现代晋方言是唐宋西北方言的嫡系支裔”和“晋方言与官话非同步发展”两大结论(参乔全生 2003、2004A)，填补了晋方言语音历史研究的空白。

同时，乔全生还对晋方言史的一些具体问题进行讨论，发表系列论文，如《晋方言古支微(灰)韵同韵史》(乔全生 2008B)一文从唐宋以来山西籍作家的用韵以及方志所记支微同韵的实例入手，对晋方言古支微(灰)韵同用的历史作了研究，认为晋方言中的支微(灰)韵同韵现象是唐以来该现象的传承。又如《研究晋方音史的资料准备及应遵循的原则》(乔全生 2006)指出研究晋方音史需要有晋语历史文献和现代晋方言语音资料，论述了晋语历史语音文献的特征和类型以及收集文献应当遵循的原则，等等。正是重视历史文献的发掘与收集，乔全生在研究了 20 世纪初高本汉调查的太原、呼和浩特等方音资料之后，认为这些都是 100 年前的晋方音的记录，对于晋方音史研究有其价值，于是策划并指导其团队成员余跃龙（2007）、原慧艳（2010）、王晓婷（乔全生、王晓婷 2016）等人以 20 世纪初高本汉所调查的太原、太谷、兴县、文水、大同、晋城、临汾和呼和浩特等八个晋方言点的方音资料，结合现代同一地点的语音现状，进行比较研究，撰写晋方言百年来的演变系列论文。在系列论文的基础上，乔全生与王为民合作研究晋方言语音的百年发展史，有《晋方言语音百年来的演变》（乔全生、王为民 2019）一书面世。

乔全生及其团队开启了晋方言语音史的研究领域，推动了晋语研究的深入。可以预期，随着研究的持续发展，新的历史文献不断被发掘出来，晋语史的研究将会有持续的提升。

9.3　近代徽语方音研究

9.3.1　徽语历史语音文献

现代方言学从吴语板块中分离出来的徽语，主要分布于安徽南部，及浙江淳安、遂安、建德、昌化县和江西的婺源、德兴、浮梁县等地区。其核心是旧徽州六邑：绩溪、歙县、休宁、黟县、祁门、婺源。作为新设方言区，与同为新设的晋语区罕见历史语音文献不同，徽语区在近代尤其是明清两代文化繁荣，学术昌盛，是清代的皖派朴学的发源地，大师辈出，著作如林。皖派朴学倡导的由文字音韵以通经义的思想，有力地推动了语言文字学的研究与著述。许多学术大师如江永、戴震、程瑶田、江有诰等，他们在研究上古音、《切韵》音以及其他语文问题时，常常提及或引述“吾徽郡”方音作为旁证，留下了明清徽语一鳞半爪的历史遗迹。与学术大师专注于上古音、《切韵》音这些大雅之音不同，活跃在乡间的文人或塾师则直接记述时行乡音，以为读书识字之基础，这样一来就产生了不少反映徽语的民间韵书字书。

罗常培（1933B）曾在《汉语方言研究小史》中指出：“有一种从前人认为‘不登大雅之堂’而我们现在必得另眼看待的东西，这就是流行于民间的方言韵书。”（178 页）罗先生随手列举福州、泉州、广州等地民间方言韵书若干种，其中就有来自安徽的“徽州的《乡音字义》，婺源的《新安乡音字义考证》，合肥的《同声韵学便览》，宣城的《音韵正讹》”（178 页）。当时并无徽语之名，罗先生也没有将这些出自安徽的韵书定义为徽语韵书，但其中必有徽语之韵。

平田昌司(1998)主编的《徽州方言研究》"前言"提示了 4 本清代徽语韵书:一为歙县黄宗羲《古歙方音集证》,二为休宁胡柏《海阳南乡土音音同字异音义》,三为黟县胡尚文《黟音便览》,四为伪托朱熹的《新安乡音字义考正》(2 页)。今按,歙县黄宗羲《古歙方音集证》、黟县胡尚文《黟音便览》二书是按方音编排的方言词汇集,并非韵书。两书以考释方言词语为主,但按照方音排列,对考证清代徽州方音也有价值。平田氏在书中特地指出,4 种韵书的前 2 种书出自《皖人书录》。今按,《皖人书录》是蒋元卿编的历代皖人著作目录,编于 20 世纪 60 年代,80 年代修订定稿,于 1989 年由黄山书社出版。全书收录历代皖籍学者 6 600 余人,所作著作 17 000 余部。如果 17 000 余部著作中仅有两部徽语韵书字书,当然不算多。然有清以来,民间学者所著之徽语韵书绝不止此数。随着徽语研究逐渐深入,原来流行于民间、常被人忽视的徽语韵书渐见重视,并陆续被收集、著录与报道。21 世纪以来,最早有胡松柏、钱文俊(2004)向学界介绍《乡音字义》《乡音字汇》两种徽语韵书,之后有关徽语韵书收集或著录的报道大概有三次。

一是丁治民(2006B)报道了安徽大学徽学研究中心收藏的 6 种徽语韵书,它们是:程仲庭著(或抄)《婺北乡音》三卷,清抄本;江湘岚编《婺北十二都东山乡音字汇》上下两册;胡义盛记《休邑土音》上下册,民国抄本;宋观成抄《乡韵集要音释》二册,光绪十二年抄本;无名氏《婺北麟清字汇》一册,清末民初抄本;王仲勋《环川乡音字义考证》一册,清抄本。

二是方光禄(2011)公布了其所藏或所见的清代徽语韵书 5 种抄本,清抄本《乡音释义》、抄本《新编乡音韵字法》,上两本藏于黄山学院徽学资料中心。清抄本《乡音字汇》(平声 39 部)、清抄本《乡音字汇》(平声 35 部)、清抄本《乡音集要音释》,上三部为方氏收藏。

三是朱蕾的收集与介绍。安徽师范大学的朱蕾多年来广泛收集徽语韵书,迄今已达 73 部之富。其中印本 2 个,抄本 71 个。诸书的品相不一,有全有残,计全本 29,其余为残本或暂不知其是否全本。虽已达 73 本之多,然而朱蕾认为这还不能算收集齐全,估计徽语韵书不下百部。朱蕾对这 73 部韵书作了较详细的收集记录,并对其著编抄者及其时代、编例、行款、内容结构等基本内容作综合介绍,形成了有关徽语韵书的目录著作《徽州乡音韵书形式述论　附:徽州乡音韵书书目提要》(稿本)。这是目前所见收集徽语韵书字书最为齐备的著作,对徽语历史语音的研究有重要价值。

此外,还有单本韵书和某类型韵书的介绍,前者如王娟(2016)介绍徽语方言韵书《新安乡音字义考正》,后者如江巧珍、孙海峰(2007)介绍了现存的数十种《乡音》类韵书。可以预期,徽语语音文献的持续发掘、公布,将有效地推动徽语语音史研究的发展。

9.3.2　徽语历史语音研究

对于近代徽语语音的研究,目前有两个领域,一是诗文用韵研究,二是韵书字书研究。

在诗文用韵方面,通过宋代徽州诗人用韵考宋代徽语语音的有丁治民(2007)《宋代徽语考》一文。文章选取宋代徽州籍诗人118位,诗歌9 619首,韵段10 721个,系联韵脚得韵部18个,与通语韵系相符。另有跨韵部通押4种:一是支微部与鱼模部通押72例,二是歌戈部与麻邪部通押2例,三是-m尾与-n尾通押共计44例,四是真文部与东钟部通押1例。丁文认为这些出于宋代徽籍诗人笔下的特殊用韵现象就是宋代徽语的语音特征,但有学者对这一观点有不同意见。杨曦、徐朝东(2020)从另一角度,取宋代徽籍词人46位,词作1 238首继续研究,所获取特殊用韵有阴声韵5条、阳声韵9条、入声韵4条,此外还有阴入通押4个韵段。作者认为这些特殊用韵有许多属于吴音特征,也有属于闽音特征的,因此宋代徽州地区语音与吴语的相同点比较多,认为"宋代徽州地区仍属吴语区"(177页)。这个分歧其实是反映了对宋代徽州地区的语音是否已经形成了徽语的体系有不同的看法。高永安(2017)研究同一地区语音史的新著《皖南方音史及〈字汇〉研究》,诗文用韵是其重点但又不限于诗文用韵。高著的研究对象从六朝时代世居当涂的周兴嗣,到唐五代的杜荀鹤、张乔、刘长卿、许棠,宋代的方岳以及明代宣州诗人的用韵,再加上明清徽宣二州的韵书、字书,时间跨越千年,希望借此探讨自公元5世纪的南北朝到明末清初的皖南地区的方言特点及其时代差异。虽然囿于文献不足,尚未形成连续不断的宣徽语音发展演变的历史链条,书中各章相对独立,显示出强烈的"散点式"特点,但还是揭示了自南北朝以至明末清初漫长时域中皖南地区的某些历史方音特点。秉持一贯的谨慎态度,高著仍立足于皖南地区论其历史语音,并不斤斤于确认其属于“徽语”还是吴语的方言定性,但其研究成果所显示的方音特点对于徽语语音史仍有积极意义。

在韵书字书研究方面,随着徽语韵书字书不断被发掘出来,有关徽语韵书的语音研究成果逐渐增多,现有的研究大多是针对某一韵书音系的研究。如熊桂芬、徐彬彬(2014)《清代徽州韵书〈乡音集要解释〉音系述略》,刘猛(2016)《〈古歙乡音集证〉述略》等论文。

针对一种韵书的研究,需要以韵书的声、韵、调系统为核心,从韵书的外在与内在的各个方面进行考证、比较与分析,以考明其语音系统并确定其语音性质。外在方面,有韵书的编者或抄者及其年里仕履、编制目的、成编或抄写的时代、该书出于什么地区以及其他信息等内容;内在方面包括韵书的框架结构、编写体例、韵纽的收字、韵纽的组合与数量、韵纽的内在关系等内容。全面考察韵书相关的内、外信息,归纳其音系,拟测其音值,根据其时代与出处,进行古今比较以确认其语音性质,可以朱蕾《乡音释义》音系研究为例。朱蕾所得《乡音释义》抄本一册,无封面,有扉页、正文、附录,书中有多个印章,书末有使用者题识。朱蕾通过收藏者使用者印记、书末题识等线索,查考相关文献与家谱,断定该书成书于乾隆嘉庆间,距今约200年,是一本出于婺源浙源乡岭脚村的抄本韵书。确定成书年代及其出处之后,朱蕾历数年的考证、研究,发表系列论文3篇,一篇论其韵母(朱蕾2013),一篇论其声母(朱蕾2016),一篇论其声调(朱蕾2014)。考明其音系:35个韵母,23个声母,声调6个。关于其音系特征有许多发现,概言之,韵母系统具有“入声韵全部转入阴声韵,入声韵尾消失;流摄一三等同音;舌尖元音还未形成”等12条显著的特点。6个声调来自中古平上去三声,是三声各分阴阳的结果,原入声全部归阳去。声母方面有8条特点,其中中古崇母清化为送气塞擦音、擦音的变化非常独特。文章联系周边方言进行比较研究,从历史演变层次的角度提出解释:崇母读清擦音与闽客方言的较早层次一致;读清送气塞擦音则是本方言后来的演变,应是古南方通语影响的层次。作者终于以自己的研究完成了对200多年前徽语区婺源的一个具体方音的全面展示。

参考文献

（以作者姓名音序为序）

本参考文献目录与书中的引述密切相关，互相呼应，为便于与本书配合使用，特作说明如下。

1. 本目录以文献作者姓名音序，再加文献出现的年代号方式排列。清以前的古人、外国人文献以括号列出时代或国别，如（清）、（日）等，括号不计入音序排列之内。

2. 一人若有多项文献，则依文献出现年代前后顺序排列。同一年有多篇文献则年号后以大写字母排序，如：董同龢 1948A、董同龢 1948B。

3. 有的文献形成时代与刊版时代不同，而且本书引述本不是初刊本，则采用人名加形成年代与本书引述本时代两个年号标之，如：董同龢 1968/2001，意为该文献初刊于 1968 年，后于 2001 年再版，本书引述取后者。

4. 古人文献，后代版本甚多，以本书引述本的年号列出，如：（明）陈第 2008，意为本书引述取其 2008 年的印本。

5. 有的文献跨年连载于杂志，则取连载的两个年号，中间以“—”相连，如：李荣 1961—1962。

6. 文献中有的是论文，有的是专著，凡论文均注明“载”于何种杂志，凡专著则说明出于何出版社，不用“载”字领起。

7. 有的文献形成过程比较复杂，则在年号之后，加按语略作说明。

8. 几种宋人编的韵书韵图列于首位，因为常用于引述，故特地标出之。

（宋）《广韵》，北京市中国书店 1982 年影印张士俊泽存堂本。

（宋）《韵镜》，古籍出版社 1955 年影印古逸丛书本。

（宋）《通志·七音略》，中华书局 1987 年影印万有文库十通本。

（宋）《宋本切韵指掌图》，原署名司马光，中华书局 1986 年影印宋绍定本。

B

白涤洲 1931/2011,《广韵声纽韵类之统计》,载《女师大学术季刊》1931 年第二卷第一期。后收入《音韵学读本》,上海交通大学出版社。本书引述取之。

白秀红 2003,《从〈交泰韵〉看吕坤之宫商观》,载《河南教育学院学报》第 4 期。

(日) 坂井建一 1975,《魏晋南北朝字音研究》,日本汲古书院。

鲍厚星 2002,《〈湘音检字〉与长沙方言》,载《湖南师范大学学报》第 4 期。

鲍明炜 1957,《李白诗的韵系》,载《南京大学学报(人文)》第 1 期。

鲍明炜 1980,《白居易、元稹诗的韵系》,载《南京大学学报(人文)》第 2 期。

鲍明炜 1986,《初唐诗文的韵系》,载《音韵学研究》第二辑,中华书局。

鲍明炜 1990,《唐代诗文韵部研究》,江苏古籍出版社。

C

曹志耘 2008,《汉语方言地图集》,商务印书馆。

岑尧昊 2020,《〈分韵撮要〉版本与音系新论》,载《中国语文通讯》第 1 期。

(明) 陈第 2008,《毛诗古音考 屈宋古音义》,康瑞琮点校本,中华书局。本书引述取此本,注其页码。

(清) 陈澧 2004,《切韵考》,罗伟豪点校本,广东高等教育出版社。本书引述取此本,注其页码。

陈鸿儒 2012,《朱熹〈诗〉韵研究》,社会科学文献出版社。

陈康宁 2019,《马礼逊〈广东省土话字汇〉:第一部粤方言字典》,载《五邑大学学报(社会科学版)》第 3 期。

陈贵麟 1996,《韵图与方言——〈古今中外音韵通例〉音系之研究》,台北沛革企业有限公司。

陈　伟 2019,《〈华西官话汉法词典〉同音字表》,载《曲靖师范学院学报》第 2 期。

陈新雄 1976,《中原音韵概要》,台北学海出版社。

陈寅恪 1936/1980,《东晋南朝之吴语》,载《历史语言研究所集刊》第七本第一分,商务印书馆 1936 年。后收入《金明馆丛稿二编》,上海古籍出版社 1980 年。本书引述取后者。

陈寅恪 1948/1980,《从史实论切韵》,初载于《北京大学五十周年纪念文集》文学院第十二种,1948 年;后刊于《岭南学报》第九卷第二期,1949 年;终收入论集《金明馆丛稿初编》,上海古籍出版社 1980 年。本书引述取后者。

储泰松 2005,《唐五代关中方音研究》,安徽大学出版社。

储泰松 2014,《佛典语言学研究论集》,安徽师范大学出版社。

崔荣昌 1985,《四川方言的形成》,载《方言》第 1 期。

崔荣昌 1996,《四川方言与巴蜀文化》,四川大学出版社。

陈立中、余颂辉 2011,《清代江淮官话抄本韵书〈同音略解〉》,载《文史博览》第 12 期。

程朝晖 1986,《欧阳修诗词用韵研究》,载《中国语文》第 4 期。

D

(清) 戴震 1957,《声韵考》,音韵学丛书本,四川人民出版社影印。本书引述取此本,注其页码。

邸宏香 2011,《明末清初山东方音与现代东北方音的继承关系——以〈醒世姻缘传〉为例》,载《东北师大学报(哲学社会版)》第 3 期。

丁邦新 1975,《魏晋音韵研究》,《"中研院"历史语言研究所专刊》第 65 号。

丁邦新 2003,《一百年前的苏州话》,上海教育出版社。

丁　锋 2001,《〈同文备考〉音系研究》,中国书店。

丁　锋 2005,《一百年来绍兴方言的语音演变》,载《吴语研究——第三届国际吴方言学术研讨会论文集》,上海教育出版社。

丁启阵 1991,《秦汉方音》,东方出版社。

丁治民 2006A,《唐辽宋金北京地区韵部演变研究》,黄山书社。

丁治民 2006B,《清末民初徽语韵书六种叙录》,载《方言》第 2 期。

丁治民 2007,《宋代徽语考》,载《古汉语研究》第 1 期。

杜爱英 1997,《"清江三孔"诗韵考》,载《古汉语研究》第 1 期。

杜爱英 1998A,《杨万里诗韵考》,载《中国韵文学刊》第 2 期。

杜爱英 1998B,《宋代江西诗人用韵研究》,南京大学博士学位论文。

董同龢 1936,《与高本汉先生商榷自由押韵说兼论上古楚方音特色》,载《历史语言研究所集刊》第七本第四分,商务印书馆。

董同龢 1948A,《上古音韵表稿》,载《历史语言研究所集刊》第十八本,商务印书馆。

董同龢 1948B,《广韵重纽试释》,载《历史语言研究所集刊》第十三本,商务印书馆。

董同龢 1968/2001,《汉语音韵学》,中华书局 2001 年。按,初以《中国语音史》之名刊于 1954 年,是为简本。后补充完整改名《汉语音韵学》出版,台北广文书局 1968 年。中华书局于 2001 年重印,本书引述取后者。

董冰华、倪梦雪 2022,《〈音韵画一〉声介合母考》,载《长春师范大学学报》第 3 期。

段亚广 2013,《〈书学慎余〉中知系合口字的两读现象》,载《语言科学》第 3 期。

(清) 段玉裁 1981,《六书音均表》,中华书局。按,该本附于中华书局 1981 年影印本《说文解字注》。本书引述取此本,注其页码。

F

方光禄 2011,《清末民初徽语韵书五种简介》,载《方言》第 3 期。

方环海 1998,《〈古今中外音韵通例〉与十九世纪的江淮官话音系——兼论该韵书对汉语官话语音史研究的价值》,载《徐州师范大学学报(哲学社会版)》第 3 期。

封传兵 2014,《明代南京官话的语音系统及其历史地位》,载《中南大学学报(社会科学版)》第 4 期。

封传兵 2018,《全本〈音义传考〉知庄章组声母读音的分合》,载《古汉语研究》第 4 期。

冯青青 2015,《古声调在〈徐氏类音字汇〉中的分合》,载《常熟理工学院学报》第 5 期。

冯青青 2016,《古知庄章组声母在〈徐氏类音字汇〉中的读音分合》,载《牡丹江大学学报》第 3 期。

冯青青、倪志佳 2021,《〈徐氏类音字汇〉咸山摄阳声韵与阴声韵读音混同现象》,载《方言》第 1 期。

冯志白 1991,《陆游诗的入声韵系》,载《南开学报》第 1 期。

冯志白 1994,《陆游古体诗的用韵系统》,载《语言研究》增刊。

G

(俄) 钢和泰 1923 年,《音译梵书与中国古音》,载《国学季刊》创刊号,胡适译。

(瑞典) 高本汉 1928,《上古中国音当中的几个问题》,赵元任译,载《历史语言研究所集刊》第一本第三分。

(瑞典) 高本汉 1940/1994,《中国音韵学研究》。按,高氏该书原文为法文,共四卷,从 1915 到 1926 年出齐,1940 年赵元任等将其译为中文,1994 年商务印书馆缩印第 1 版,1995 年第 1 次印刷。

(瑞典) 高本汉 1954/1987,《中上古汉语音韵纲要》,聂鸿音译,齐鲁书社 1987 年。按,该书初版于 1954 年。

高龙奎 2010,《〈青郊杂著〉的声母》,载《重庆交通大学学报》第 1 期。

高永安 2004,《〈山门新语〉与清末宁国徽语音系》,载《语言学论丛》第二十九辑,商务印书馆。

高永安 2007,《明清皖南方音研究》,商务印书馆。

高永安 2008A,《明末宣城诗人用韵考》,载《语言科学》第 3 期。

高永安 2008B,《谈明末徽州方音》,载《中国语文》第 3 期。

高永安 2013,《方岳诗词用韵考》,载《语言研究》第 3 期。

高永安 2017,《皖南方音史及〈字汇〉研究》,世界图书出版公司。

高永安等 2021,《林语堂古音学研究》,商务印书馆(全体作者为:高永安、朱玲、王洋、张峰梅、高尚、郑艺)。

葛信益 1993,《陆德明〈经典释文〉异读与〈广韵〉》,载《广韵丛考》,北京师范大学出版社。

耿振生 1991,《青郊杂著音系简析》,载《中国语文》第 5 期。

耿振生 1992,《明清等韵学通论》,语文出版社。

(日) 古屋昭弘 1992,《〈正字通〉和十七世纪的赣方音》,载《中国语文》第 2 期。

(日) 古屋昭宏 1998,《字汇与明代吴方音》,载《语言学论丛》第 20 辑,商务印书馆。

(清) 顾炎武 1982,音韵学丛书《音学五书》,中华书局。本书引述均取该本,注其页码。

郭　力 2003,《〈重订司马温公等韵图经〉研究》,载郭力《古汉语研究论稿》,北京语言大学出版社。

郭　力 2003,《古汉语研究论稿》,北京语言文化大学出版社。

国赫彤 1994,《从白居易诗文用韵看浊上变去》,载《语言研究》增刊。

龚煌城 1980/2002,《十二世纪末汉语的西北方言(声母部分)》,写成于 1980 年,原载《历史语言研究所集刊》52 册,1981 年,后收入作者《汉藏语研究论文集》,"中研院"语言学研究所筹备处《语言暨语言学专刊》之二下 2002 年。

龚煌城 1989/2002,《十二世纪末汉语的西北方音(韵尾问题)》,原刊于《"中研院"第二届国际汉学会议论文集(语言文字组)》1989 年,后收入《汉藏语研究论文集》2002 年。

龚煌城 2002,《十二世纪末汉语西北方音韵母系统的构拟》,载《汉藏语研究论文集》。

H

何九盈 1961,《切韵音系的性质及其他》,载《中国语文》第 9 期。

何九盈 2003,《汉语语音通史框架研究》,载《民俗典籍文字研究》第一辑,商务印书馆。

(日)弘法大师 1983,《文镜秘府论》,王利器《文镜秘府论校注》本,中国社会科学出版社。

侯精一 2001,《现代汉语方言概论》,上海教育出版社。

胡明扬 1981,《三百五十年前苏州一带吴语一斑》,载《语文研究》第 2 期。

胡松柏、钱文俊 2004,《反映 19 世纪中叶徽语婺源方音的韵书〈乡音字义〉〈乡音字汇〉》,载《音韵论丛》,齐鲁书社。

胡先泽 1985,《诗经东汉齐音考》,载《西南师范学院学报》第 2 期。

胡运飚 1987,《吴文英张炎等南宋浙江词人用韵考》,载《西南师范大学学报》第 4 期。

黄淬伯 1930A,《慧琳一切经音义反切声类考》,载《历史语言研究所集刊》1 本 2 分。

黄淬伯 1930B,《慧琳一切经音义反切考韵表》,载《国学论丛》第 2 卷第 2 期。

黄淬伯 1931,《慧琳一切经音义反切考》,《历史语言研究所专刊》之六。

黄淬伯 1998,《唐代关中方言音系》,江苏古籍出版社。按,该书于 1970 年完成。

黄典诚 1986,《曹宪〈博雅音〉研究》,载《音韵学研究》第二辑,中华书局。

黄　河 2015,《孤本方音韵书〈荆音韵汇〉述略》,载《中国典籍与文化》第 2 期。

黄　河 2016,《荆音韵汇——两百年前的宜兴话》,中西书局。

黄　侃 1980,《黄侃论学杂著》,上海古籍出版社。按,该书张世禄编,收集黄侃主要音韵学论文,本书引述取自该书。

黄尚军 1995,《〈蜀语〉所反映的明代四川方音的两个特征》,载《方言》第 4 期。

黄笑山 1995,《〈切韵〉和中唐五代音位系统》,台北文津出版社。

黄耀堃 2007,《20 世纪初香山话、官话和"班本"的语音材料》,载《第十届国际粤方言研讨会论文集》,中国社会科学出版社。

黄耀堃、丁国伟 2001,《〈唐字调音英语〉与二十世纪香港粤语的声调》,载《方言》第 3 期。

黄耀堃、丁国伟 2009,《〈唐字音英语〉与二十世纪初香港粤语的语音》,香港中文大学中国文化研究所吴多泰中国语文研究中心。

黄　焯 1980,《经典释文汇校》,中华书局。

J

江巧珍、孙海峰 2007,《徽州方言与〈乡音〉韵书》,载《黄山学院学报》第 4 期。
蒋希文 1999,《徐邈音切研究》,贵州教育出版社。
江　灏 1985,《〈资治通鉴音注〉反切考》,载《古汉语论集》,湖南教育出版社。
(清) 江　永 1982,《古韵标准》,音韵学丛书本,中华书局。本书引述取此本,注其页码。
(清) 江有诰 1993,《音学十书》,音韵学丛书本,中华书局。本书引述取此本,注其页码。
(韩) 金薰镐 1996,《〈西儒耳目资〉非山西方言辩》,载《语文研究》第 2 期。

K

(清) 孔广森 1983,《诗声类》,音韵学丛书本,中华书局。本书引述取之,仅注页码。

L

赖江基 1982,《从白居易诗用韵看浊上变去》,载《暨南学报》第 4 期。
赖江基 1986,《吴棫所分古韵考》,载《暨南学报》第 3 期。
李爱平 1985,《金元山东词人用韵考》,载《语言研究》第 2 期。
李范文 1994,《宋代西北方音》,中国社会科学出版社。
李方桂 1980,《上古音研究》,商务印书馆。
李　军 2006,《从龚廷贤医籍歌括用韵看明代赣方言的若干特点》,载《语言研究》第 1 期。
李　军 2008,《〈乡音字类〉所反映的十九世纪中叶苏州话读书音》,载《方言》第 1 期。
李　军 2009A,《〈辨字摘要〉音系特征及其归属》,载《民俗典籍文字研究》第 6 辑。
李　军 2009B,《两百年前南昌话精庄知章组字的读音及其演变》,载《语言科学》第 5 期。
李　军 2010,《元代江西文人诗文用韵所反映的入声韵演变及其分布特征》,载《语言科学》第 4 期。
李　军 2015,《江西赣方言历史文献与历史方音研究》,商务印书馆。
李军、陈昌芳 2008,《十九世纪中叶南昌话韵母与声调系统的特点》,载《广西师范大学学报》第 2 期。
李军、梅娜 2020,《二十世纪初的三种赣南客家方言研究文献》,载《方言》第 5 期。
李军、熊远航 2016,《〈翻切指掌空谷传声〉所反映的清末南丰方音》,载《汉语史学报》第十六辑,上海教育出版社。
李华斌 2015,《唐代佛典音义中的方音研究》,中国社会科学出版社。
李华斌 2021,《泥来不分和唐宋西北方音》,载《语言研究集刊》第 28 辑,上海辞书出版社。
李　荣 1945/1956,《切韵音系》,科学出版社。按,本书写成于 1945 年,初版于 1952 年,后于 1956 年修改重印。本书引述取 1956 年本。
李　荣 1961—1962,《隋韵谱》,初以"昌厚"之名刊于《中国语文》1961 年第 10、11 期合刊至 1962

年第 4 期，后收入《音韵存稿》，商务印书馆 1982 年，本书引述取之。

李　荣 1982，《音韵存稿》，商务印书馆。

李荣、熊正辉、张振兴主编 1987，《中国语言地图集》，朗文出版（远东）有限公司。

李如龙 1990，《闽方言的韵书》，载《文献史料研究丛刊》第二辑，福建地图出版社。

李思敬 1986，《汉语“儿”[ɚ]音史研究》，商务印书馆。

李新魁 1962，《论〈中原音韵〉的性质及它所代表的音系》，初载《江汉论坛》第 8 期，后收入《李新魁自选集》，河南教育出版社 1993 年。

李新魁 1980，《近代汉语共同语的标准音》，载《语文研究》第 1 期。

李新魁 1982，《记表现山西方音的〈西儒耳目资〉》，载《语文研究》第 1 期。

李新魁 1983A，《汉语等韵学》，中华书局。

李新魁 1983B，《中原音韵音系研究》，中州书画社。

李新魁 1985，《射字法声类考——元代吴语的声母系统》，载《古汉语论集》，湖南教育出版社。

李新魁 1994，《〈起数诀〉研究》，初载《音韵学研究》第三辑，中华书局 1994 年 4 月，后收入《李新魁语言学论集》，中华书局 1994 年 6 月。

李焱、孟繁杰 2019，《二百多年前澳门话的语音特点——基于马士曼〈孔子著作〉的研究》，载《方言》第 3 期。

李无未 1998，《南宋已“平分阴阳”证》，载《语言学论丛》第 21 辑，商务印书馆。

李无未、李红 2008，《宋元吉安方言研究》，中华书局。

李　玉 1991，《秦汉之际楚方言中的 * ml-复辅音声母》，载《语言研究》增刊。

李子君 2003，《〈音韵集成〉对〈韵略汇通〉的影响》，载《中国语文》第 3 期。

林　亦 1991，《黄庭坚诗文用韵考》，载《广西大学学报》第 4 期。

林语堂 1927，《前汉方言区域考》，原载《贡献》1927 年 12 月 6 日，后收入《语言学论丛》，上海开明书店，1933 年版。后编入《林语堂名著全集》第十九卷，1994 年，本书引述取之。

林语堂 1933/1994，《语言学论丛》，上海开明书店 1933 年。后编入《林语堂名著全集》，东北师范大学出版社 1994 年。本书引述取之。

林语堂 1933A，《陈宋淮楚歌寒对转考》，载《庆祝蔡元培六十五岁纪念专号（历史语言研究所集刊外编第一种上册）》。

刘广和 2002，《音韵比较研究》，中国广播电视出版社。

刘红花 2009，《〈诗缉〉音注泥娘分立》，载《艺术百家》第 7 期。

刘　猛 2016，《〈古歙乡音集证〉述略》，载《汉语史学报》第十六辑，上海教育出版社。

刘晓南 1996，《广韵又音考误》，载《古汉语研究》第 1 期。

刘晓南 1997，《从宋代福建诗人用韵看历史上吴语对闽语的影响》，载《古汉语研究》第 4 期。

刘晓南 1998A，《从宋代福建诗人用韵看十到十三世纪闽方言的若干特点》，载《语言研究》第 1 期。

刘晓南 1998B，《南宋崇安二刘诗文用韵与闽北方言》，载《中国语文》第 3 期。

刘晓南 1998C,《宋代福建诗人用韵中之阴入通押现象》,载《语言研究》增刊。
刘晓南 1999,《宋代闽音考》,岳麓书社。
刘晓南 2001,《朱熹与闽方音》,载《方言》第 1 期。
刘晓南 2002A,《朱熹诗经楚辞叶音中的闽音声母》,载《方言》第 4 期。
刘晓南 2002B,《从宋代绍武文士用韵看历史上绍武方言特点及其归属》,载《中国语文》第 3 期。
刘晓南 2003,《朱熹诗骚叶音的语音依据及其价值》,载《古汉语研究》第 4 期。
刘晓南 2004A,《朱熹叶音本意考》,载《古汉语研究》第 3 期。
刘晓南 2004B,《宋代闽音次浊声母清送气现象》,载《庆祝〈中国语文〉创刊 50 周年学术论文集》,商务印书馆。
刘晓南 2006,《重新认识宋人叶音》,载《语文研究》第 4 期。
刘晓南 2008,《从历史文献看宋代四川方言》,载《四川大学学报》第 2 期。
刘晓南 2009,《毛氏父子吴音补证》,载《山西大学学报》第 5 期。
刘晓南 2012,《宋代四川语音研究》,北京大学出版社。
刘晓南 2016,《程朱二氏四声互用说考源》,载《语文研究》第 4 期。
刘晓南 2018A,《从朱熹音叶看南宋通语声母》,载《薪火学刊》第五卷,复旦大学出版社。
刘晓南 2018B,《朱熹音叶中的平分阴阳取音倾向》,载《安徽大学学报(哲学社会科学版)》第 5 期。
刘晓南 2018/2021,《从朱熹音叶看南宋通语浊上归去的进程》,载《语音史考论》,上海教育出版社。该文为中国音韵学会 2018 年会论文。
刘晓南 2020,《朱熹的古音学》,载《西南交通大学学报(社会科学版)》第 2 期。
刘晓南 2021A,《宋儒叶音起源考略》,载《薪火学刊》第七卷,复旦大学出版社。
刘晓南 2021B,《朱熹古音学的古韵部雏型》,载《古汉语研究》第 4 期。
刘　宇 2021,《从〈三国志宗寮〉对音看东北官话尖团音合流的时间》,载《方言》第 2 期。
刘镇发、张显群 2003,《清初的粤语音系——〈分韵撮要〉的声韵系统》,载《第八届国际粤方言研讨会论文集》,中国社会科学出版社。
鲁国尧 1979,《宋代辛弃疾等山东词人用韵考》,载《南京大学学报(哲学社会版)》第 2 期。
鲁国尧 1981,《宋代苏轼等四川词人用韵考》,载《语言学论丛》第八辑,商务印书馆。
鲁国尧 1985/1994,《明代官话及其基础方言问题——读〈利玛窦中国札记〉》,载《南京大学学报》1985 年第 4 期。后收入《鲁国尧自选集》,河南教育出版社 1994 年。
鲁国尧 1986,《宋词阴入通押现象的考察》,载《音韵学研究》第二辑,中华书局。
鲁国尧 1988,《〈南村辍耕录〉与元代吴方言》,载《中国语言学报》第三辑,商务印书馆。
鲁国尧 1988/2003,《泰州方音史与通泰方言史研究》,本文写成于 1964 年,初载于日本亚非文化研究所《アジア・アフリカ語の計數研究》第 30 号,1988 年。后收入《鲁国尧语言学论文集》,江苏教育出版社 2003 年。
鲁国尧 1989,《宋代福建词人用韵考》,载《语言文字学术论文集》,知识出版社。

鲁国尧 1991,《论宋词韵及其与金元词韵的比较》,载《中国语言学报》第 4 期。

鲁国尧 1992,《宋元江西词人用韵研究》,载《近代汉语研究》,商务印书馆。

鲁国尧 1992—1993,《卢宗迈切韵法述评》,初连载于《中国语文》1992 年第 6 期、1993 年第 1 期,后经修改收入《鲁国尧自选集》,河南教育出版社 1994 年。

鲁国尧 1992/1994,《客、赣、通泰方言源于南朝通语说》,本文初名《客家方言源于南朝通语说》,载《中国客家民系研究》,中国工人出版社 1992 年;后改现名收入《鲁国尧自选集》,河南教育版社 1994 年。本书引述取后者。

鲁国尧 2002—2003,《颜之推谜题及其半解》,连载于《中国语文》2002 年第 6 期、2003 年第 2 期。后收入《鲁国尧语言学论文集》,江苏教育出版社 2003 年。

鲁国尧 2003,《论"历史文献考证法"与"历史比较法"的结合——兼论汉语研究中的"犬马——鬼魅法则"》,载《古汉语研究》第 1 期。

鲁国尧 2020,《语言学思想家段玉裁及〈六书音均表〉书谱》,载《民俗典籍文字研究》第二辑。按,该文初载于《汉语学报》2015 年第 4 期,后增补数十字载于《民俗典籍文字研究》,本书引述取后者。

陆志韦 1939,《证〈广韵〉五十一声类》,载《燕京学报》第 25 期。

陆志韦 1947,《记徐孝〈重订司马温公等韵图经〉》,载《燕京学报》第 32 期。

陆志韦 1947/1985,《古音说略》,初载 1947 年《燕京学报》专号之二十,后中华书局编为《陆志韦语言学著作集(一)》,于 1985 年重印,本书取重印本。

陆志韦 1948,《金尼阁〈西儒耳目资〉所记的音》,载《燕京学报》第 33 期。

罗常培、蔡美彪 2004,《八思巴字与元代汉语(增订本)》,中国社会科学出版社。

罗常培 1930/2004,《耶稣会士在音韵学上的贡献》,原载《"中研院"历史语言研究所集刊》第一本第三分 1930 年。后收入《罗常培语言学论文集》,商务印书馆 2004 年,本书引述取之。

罗常培 1931/2004,《知彻澄娘音值考》,原载《"中研院"历史语言研究所集刊》第三本第一分 1931 年。后收入《罗常培语言学论文集》,商务印书馆 2004 年。本书引述取之。

罗常培 1931,《切韵鱼虞之音值及其所据方音考——高本汉切韵音读商榷之一》,载《历史语言研究所集刊》第二本第三分。

罗常培 1932,《中原音韵研究》,载《"中研院"历史语言研究所集刊》第 2 本第 4 分。

罗常培 1933A,《唐五代西北方音》,初载《"中研院"历史语言研究所单刊》甲种之十二 1933 年,后有 1961 年科学出版社重刊本,此本今所常用,本书引述所取。

罗常培 1933B,《汉语方言研究小史》,原载《东方杂志》第三十七卷第七号 1933 年,1954 年重订于北京,后收入《罗常培语言学论文集》,商务印书馆 2004 年。本书引述取自后者。

罗常培 1939,《〈经典释文〉和原本〈玉篇〉反切中的匣于两纽》,载《历史语言研究所集刊》1939 年 8 本 1 分,又收入《罗常培语言学论文选集》,中华书局 1963 年。

罗常培 1949/1956,《汉语音韵学导论》,中华书局 1956 年,该书始于 1924 年,成于 1949 年,1956 年重印,本书引述即重印本。

罗常培、周祖谟 1958,《汉魏晋南北朝韵部演变研究(第一分册)》,科学出版社。
罗德贞 1990,《王安石诗词用韵研究》,载《南京师范大学学报》第 3 期。
罗江文 1999,《谈两周金文合韵的性质——兼及上古“楚音”》,载《楚雄师专学报》第 4 期。
罗伟豪 2008,《评黄锡凌〈粤音韵汇〉兼论广州话标准音》,载《广州大学学报(社科版)》第 11 期。
罗言发 2017,《广州话两百年来的语音变化节点》,载《励耘语言学刊》第 2 辑。
(美) 罗杰瑞 1988,《福建政和话的支脂之三韵》,载《中国语文》第 1 期。
吕胜男 2017,《〈唐书音释〉音切研究》,南京大学出版社。

M

(法) 马伯乐 1920,《唐代长安方音》,载《法国远东学院院刊》1920 年第 20 期,第 2 卷。中译本《唐代长安方言考》,聂鸿音译,中华书局 2005 年。
马重奇 1998,《明末上海松江韵母系统研究——晚明施绍莘南曲用韵研究》,载《福建师范大学学报(哲学社会版)》第 3 期。
马重奇 2004,《清代三种漳州十五音韵书研究》,福建人民出版社。
马重奇 2010,《新发现闽北方言韵书〈六音字典〉音系研究》,载《中国语文》第 5 期。
马重奇 2012,《清光绪本〈六音字典〉“土音”研究》,载《福建论坛 · 人文社会科学版》第 11 期。
马重奇 2014A,《明正德本〈六音字典〉入声韵历史层次研究》,载《天津师范大学学报(社会科学版)》第 1 期。
马重奇 2014B,《明清闽北方言韵书手抄本音系研究》,商务印书馆。
马重奇 2014C,《19 世纪初叶西方传教士漳州方言文献音系考》,载《福建师范大学学报(哲学社会版)》第 1 期。
马重奇 2014D,《美 · 罗啻(Elihu Doty)〈翻译英华厦腔语汇〉(1853)音系研究》,载《闽台文化研究》第 4 期。
马君花 2008,《〈资治通鉴音注〉音系研究》,首都师范大学博士论文。

N

倪博洋 2012,《清末四川韵书〈四音辨要〉的音系性质》,载《汉语史研究集刊》第 31 辑。
宁继福 1985,《中原音韵表稿》,吉林文史出版社。
宁继福 1997,《古今韵会举要及相关韵书》,中华书局。
宁继福 2003,《洪武正韵研究》,上海辞书出版社。
宁继福 2005,《明末湖北京山方言音系——读郝敬〈读书通〉》,载《语言研究》第 4 期(按,原署名为忌浮。)。
宁继福 2008,《李登与明末南京方音——读〈书文音义便考私编〉》,载《南大语言学》第三编,商务印书馆。
宁继福 2009,《汉语韵书史 · 明代卷》,上海人民出版社。

P

裴宰奭 1996,《临安词人用韵中所反映的宋代语音》,载《语言研究》增刊。

彭金祥 2009,《从〈蜀语〉看明代西蜀方音》,载《宜宾学院学报》第 9 期。

彭小川 1992/2004,《粤语韵书〈分韵撮要〉的韵母系统》,载《暨南学报》1992 年第 4 期,后收入《粤语论稿》,暨南大学出版社 2004 年。

彭小川 2004,《粤语韵书〈分韵撮要〉的声母系统》,载《粤语论稿》,暨南大学出版社。

(日) 平田昌司 1998,《徽州方言研究》,日本东京好文出版。

Q

钱乃荣 2003,《上海语言发展史》,上海人民出版社。

钱玄同 1918/1988,《文字学音篇》,北京大学出版组,1918 年。后收入《钱玄同音学论著选辑》,曹述敬选编,山西人民出版社 1988 年。本书引述取后者。

钱　毅 2019,《宋代江浙诗韵研究》,中国社会科学出版社。

乔全生 2003,《晋语与官话非同步发展(一)(二)》,载《方言》第 2 期、第 3 期。

乔全生 2004A,《晋方言与唐五代西北方言的亲缘关系》,载《中国语文》第 3 期。

乔全生 2004B,《〈西儒耳目资〉与山西方言及其音系基础》,载《音韵论丛》,齐鲁书社。

乔全生 2006,《研究晋方音史的资料准备及应遵循的原则》,载《山西大学学报》第 5 期。

乔全生 2008A,《晋方言语音史研究》,中华书局。

乔全生 2008B,《晋方言古支微(灰)韵同韵史》,载《晋中学院学报》第 1 期。

乔全生、王晓婷 2016,《高本汉〈中国音韵学研究方言字汇〉在晋语史研究中的价值》,载《语文研究》第 2 期。

乔全生、王为民 2019,《晋方言语音百年来的演变》,中华书局。

(日) 秋谷裕幸 1994,《建阳马太福音的音系》(*Gospel of Matthew*, *Kien-yang Colloquial* の音系),《爱媛大学教养部纪要(第 27 号)》,松山爱媛大学教养部。

R

阮咏梅 2020,《从西洋传教士文献看台州方言百余年来的演变》,中国社会科学出版社。

S

邵荣芬 1963/1997,《敦煌俗文学中的别字异文和唐五代西北方音》,初载《中国语文》1963 年第 3 期,后收入《邵荣芬音韵学论文集》,首都师范大学出版社 1997 年。

邵荣芬 1964/1997,《〈五经文字〉的直音和反切》,初载《中国语文》1964 年第 3 期,后收入《邵荣芬音韵学论集》,首都师范大学出版社 1997 年。

邵荣芬 1981A,《〈晋书音义〉反切的语音系统》,载《语言研究》创刊号。

邵荣芬 1981B,《中原雅音研究》,山东人民出版社。

邵荣芬 1982,《切韵研究》,中国社会科学出版社。

邵荣芬 1985,《明代末年福州话的声母系统》,载《中国语文》第 2 期。

邵荣芬 1994,《明代末年福州话的韵母和声调系统》,载《音韵学研究》第三辑,中华书局。

邵荣芬 1995A,《〈经典释文〉音系》,台北学海出版社。

邵荣芬 1995B,《吴棫〈韵补〉和宋代闽北建瓯方言》,载《中国语文》第 2 期。

邵荣芬 1997,《韵法横图与明末南京方音》,载《邵荣芬音韵学论文集》,首都师范大学出版社 1997 年。

施向东 1983,《玄奘译著中的梵汉对音和唐初的中原方音》,载《语言研究》第 1 期。

施向东 1999/2009,《鸠摩罗什译经与后秦长安音》,载《芝兰集》,人民教育出版社 1999 年。又收入《音史寻幽》,南开大学出版社 2009 年。

施向东 2004/2009,《北朝译经反映的北方共同汉语音系》,载《音韵论丛》,齐鲁书社 2004 年。又收入《音史寻幽》,南开大学出版社 2009 年。

施向东 2012,《梵汉对音和两晋南北朝语音》,载《语言研究》第 3 期。

沈钟伟 2006,《辽代北方汉语方言的语音特征》,载《中国语文》第 6 期。

沈钟伟 2009,《契丹小字韵文初探》,载《民族语文》第 3 期。

宋洪民 2017,《八思巴字资料与蒙古字韵》,商务印书馆。

宋华强 2021,《近代四百年来桐城地区方音研究——以方以智韵书为核心》,复旦大学博士学位论文。

孙伯君 2007,《西夏译经的梵汉对音与汉语西北方音》,载《语言研究》第 1 期。

孙伯君 2010,《西夏新译佛经陀罗尼的对音研究》,中国社会科学出版社。

孙建元 1997,《宋人音释研究》,南京大学博士学位论文。

孙俊涛 2007,《〈韵通〉音系研究》,载《东南传播》第 4 期。

孙宜志 2008,《许惠〈等韵学〉反映的语音现象及其性质》,载《古汉语研究》第 3 期。

孙志波 2018,《〈响答集〉音系:两百年前的枞阳话》,载《语言科学》第 6 期。

T

唐作藩 1980,《〈正音捃言〉的韵母系统》,载《中国语文》第 1 期。

唐作藩 1990,《苏轼诗韵考》,载《王力先生纪念论文集》,商务印书馆。

田范芬 2000,《宋代湖南方言初探》,载《古汉语研究》第 3 期。

田范芬 2007,《〈湘音检字〉及其反映的三套语音系统》,载《华南师范大学学报》第 1 期。

田范芬 2008,《近代长沙话声母特点及演变》,载《语言研究》第 3 期。

田宜超 1986,《〈老子〉帛书乙本"柽"字韵读考》,载《语言文字研究专辑》,《中华文史论丛》增刊。

田志军 2009,《16 世纪的兴宁客家方言》,载《江西教育学院学报(社会科学版)》第 2 期。

田志军 2013,《五经富客话〈新约〉韵母系统及其特点》,载《嘉应学院学报》第 7 期。

田志军 2015,《近代晚期粤东客音研究》,中国社会科学出版社。

田志军 2019,《〈客法词典〉所记梅县音系及百年演变》,载《方言》第 4 期。

田志军、谢葆兰 2016,《五经富客话罗马字〈新约全书〉所记音系及其百年演变》,载《宜春学院学报》第 7 期。

W

汪启明 1998,《先秦两汉齐语研究》,巴蜀书社。

汪启明、赵振铎、伍宗文、赵静 2018,《中上古蜀语考论》,中华书局。

汪荣宝 1923,《歌戈鱼虞模古读考》,载北京大学《国学季刊》第一卷第二期。

汪银峰 2010,《满族学者在近代语音研究的贡献之一〈黄钟通韵〉与辽宁语音研究》,载《满族研究》第 3 期。

汪业全 2009,《叶音研究》,岳麓书社。

王福堂 2008,《绍兴方言百年来的语音变化》,载《吴语研究——第四届国际吴方言学术研讨会论文集》,上海教育出版社。

王健庵 1992,《〈诗经〉用韵的两大方言韵系——上古方音初探》,载《中国语文》第 3 期。

王　越 1933,《三国六朝支脂之三部东中二部演变总说》,《中山大学文史学研究所月刊》第 1 卷第 2 期。

王　琪 2009,《明清以来湖北武天地区语音研究》,南京大学博士学位论文。

王　力 1927,《三百年前河南宁陵方言考》,初载《国学论丛》第 1 卷第 2 期,后收入《王力文集》第十八卷。

王　力 1935/1956,《汉语音韵学》,中华书局 1956。按,该书原名《中国音韵学》,最初由商务印书馆 1935 年印行,1956 年中华书局重印时,作者改名《汉语音韵学》。

王　力 1936/1991,《南北朝诗人用韵考》,初载《清华学报》第 11 卷第 3 期,1936 年。后收入《王力文集》第十八卷,山东教育出版社 1991 年。

王　力 1957/1980,《汉语史稿》,科学出版社 1957 年。中华书局新一版,1980 年。

王　力 1963,《汉语音韵》,中华书局。

王　力 1980/1982,《玄应一切经音义反切考》,初载《武汉师院学报(哲学社会版)》1980 年第 3 期,后收入《龙虫并雕斋文集》第 3 册,中华书局 1982 年 10 月。

王　力 1982A,《朱熹反切考》,初载《中华文史论丛》增刊,1982 年 2 月,又收入《龙虫并雕斋文集》第 3 册,中华书局 1982 年 10 月。

王　力 1982B/1991,《范晔、刘勰用韵考》,初载《龙虫并雕斋文集》第 3 集,中华书局 1982 年,后收入《王力文集》第十八卷,山东教育出版社 1991。

王　力 1982C/1991,《〈经典释文〉反切考》,初载《龙虫并雕斋文集》第 3 集,中华书局 1982 年 10 月,又收入《王力文集》第十八卷,山东教育出版社 1991 年。

王　力 1982D/1991,《朱翱反切考》初载《龙虫并雕斋文集》第 3 集,中华书局 1982 年 10 月,又收入《王力文集》第十八卷,山东教育出版社 1991 年。
王　力 1982E,《同源字典》,商务印书馆。
王　力 1984/1990,《清代古音学》,成于 1984 年,收入《王力文集》第十二卷,山东教育出版社 1990 年。
王　力 1985,《汉语语音史》,中国社会科学出版社。按,该书完成于 1980 年。
王松木 2011,《明代等韵之类型及其开展》,花木兰文化出版社。
王为民 2013,《新发现的民国抄本韵书〈六音便览〉与湖北麻城方音》,载《汉语学报》第 3 期。
王　曦 2001,《宋代福建音释研究》,湖南师范大学硕士学位论文。
王　曦 2008,《〈性理群书句解〉与南宋闽方言》,载《船山学刊》第 2 期。
王曦、杨军 2014,《〈四韵定本〉见晓组细音读同知照组现象考察》,载《东方语言学》第十四辑,上海教育出版社。
王相帅 2015,《睡虎地秦简〈为吏之道〉用韵现象探析》,载《殷都学刊》第 2 期。
王　越 1933,《三国六朝支脂之三部东中二部演变总说》,载《中山大学文史学研究所月刊》第 1 卷第 2 期。
王　娟 2016,《方言韵书〈新安乡音字义考正〉述略》,载《读天下》第 17 期。
魏建功 1935/1996,《古音系研究》,北京大学出版组,1935 年初版,1996 年中华书局重排印行,本书取用后者。
闻　宥 1931,《〈经典释文〉反语与〈广韵〉切语异同考》,载《中山大学文史研究所辑刊》第 1 卷第 1 期。
吴承仕 1984,《经典释文序录、疏证》,中华书局。

X

谢荣娥 2018,《郝敬〈五声谱〉与现代京山方音》,载《语言研究》第 3 期。
熊桂芬、徐彬彬 2014,《清代徽州韵书〈乡音集要解释〉音系述略》,载《武汉大学学报(人文科学版)》第 6 期。
薛志霞 2005,《〈西儒耳目资〉新探》,南京大学博士学位论文。
徐朝东 2020,《河西宝卷所见明清西北地区方音现象》,载《语言学论丛》第六十三辑,商务印书馆。
徐通锵 1991,《百年来宁波音系的演变》,载《语言学论丛》第十六辑。
许世瑛 1974,《诗集传叶韵之声母有与广韵相异者考》,载《许世瑛先生论文集》,台北弘道文化事业有限公司。

Y

(北齐) 颜之推 1980,《颜氏家训》,王利器《颜氏家训集解》本,上海古籍出版社。本书引述取此本。

杨　军 2007,《韵镜校笺》,浙江大学出版社。

杨耐思 1981,《中原音韵音系》,中国社会科学出版社。

杨耐思、照那斯图 1981/1997,《八思巴字研究概述》,初载《民族语文》1981 年第 1 期,后收入《近代汉语音论》,商务印书馆 1997 年。本书引述取后者。

杨耐思 1996,《元代汉语的标准音》,载《薪火编》,山西高校联合出版社。

杨耐思 1997,《近代汉语音论》,商务印书馆。

杨耐思 2004,《近代汉语语音史的分期》,载《音韵论丛》,齐鲁书社。

杨曦、徐朝东 2020,《宋代徽州词人特殊韵例之研究》,载《文献语言学》第十一辑,中华书局。

杨秀芳 1987,《论交泰韵所反映的一种明代方音》,载《汉学研究》。

杨亦鸣 1992,《李氏音鉴音系研究》,陕西人民教育出版社。

叶宝奎 2001A,《试论〈书文音义便考私编〉音系的性质》,载《古汉语研究》第 3 期。

叶宝奎 2001B,《明清官话研究》,厦门大学出版社。

叶玉英 2009,《古文字构形与上古音研究》,厦门大学出版社。

游汝杰 1997/2003,《古文献所见吴语的鼻音韵尾和塞音韵尾》,初载《桥本万太郎纪念中国语学论集》,日本东京内山书店 1997 年,后收入《著名中年语言学家自选集・游汝杰卷》,安徽教育出版社 2003 年。

游汝杰 1998,《明成化本南戏〈白兔记〉中的吴语成分》,载《杭州师范学院学报》第 3 期。

游汝杰 2002,《西洋传教士汉语方言学著作书目考述》,黑龙江教育出版社。按,其增订本 2021 年由上海教育出版社出版。

于海晏 1936,《汉魏六朝韵谱》,中华书局。

(韩) 俞昌均 1973,《校定蒙古韵略》,Chinese Materials and Research Aids Service Center, Inc.。

俞　敏 1983,《李汝珍〈音鉴〉里的入声字》,载《北京师范大学学报》第 4 期。

俞　敏 1984/1999,《后汉三国梵汉对音谱》,初载《中国语文学论文选》,日本光生馆 1984 年,后收于《俞敏语言学论文集》,商务印书馆 1999 年,本书引述取之。

俞　敏 1991/1999,《东汉以前的姜语和西羌语》,载《民族语文》1991 年第 1 期,后收入《俞敏语言学论文集》,商务印书馆 1999 年,本书引述取之。

余颂辉 2013,《广府粤语覃谈分韵的历史层次》,载《文化遗产》第 4 期。

余颂辉、陈立中 2014,《清代江淮官话抄本韵书〈同音略解〉所体现的方音性质》,载《丽水学院学报》第 6 期。

余颂辉 2015,《十九世纪后半叶广府粤语的踋音声母》,载《励耘语言学刊》第 1 期。

虞万里 2001,《山东古方音与古史研究》,载《榆枋斋学术论集》,江苏古籍出版社。

余跃龙 2007,《文水方音百年来的演变》,山西大学硕士学位论文。

喻遂生 1993,《两周金文韵文和先秦"楚音"》,载《西南师大学报》第 2 期。

尉迟治平 1982,《周隋长安方音初探》,载《语言研究》第 2 期。

尉迟治平 1984,《周隋长安方音再探》,载《语言研究》第 2 期。

岳　辉 2006,《〈华音启蒙谚解〉和〈你呢贵姓〉的语言基础》,载《吉林大学社会科学学报》第4期。

原慧艳 2010,《晋城方言百年来入声韵的演变》,载《长治学院学报》第6期。

袁家骅 1960,《汉语方言概要》,文字改革出版社。

袁家骅 1980,《汉语方言概要》(第二版),语文出版社。

Z

曾宪通 1991,《明本潮州戏文所见潮州方言述略》,载《方言》第1期。

曾晓渝 1991,《试论〈西儒耳目资〉的语音基础及明代官话的标准音》,载《西南师范学院学报》第1期。

曾晓渝 1992,《〈西儒耳目资〉的调值拟测》,载《语言研究》第2期。

曾晓渝 1995,《〈西儒耳目资〉声韵系统研究》,载《汉语史论文集》,西南师范大学出版社。

曾晓渝 2018,《〈西蜀方言〉的音系性质》,载《方言》第3期。

曾运乾 1927,《切韵五声五十一声纽考》,载《东北大学季刊》第一卷第一期。

曾运乾 1928,《喻母古读考》,载《东北大学季刊》第2期。

曾运乾 1996,《音韵学讲义》,郭晋稀整理,中华书局。

章炳麟 2010,《国故论衡》,中华现代学术名著丛书,商务印书馆。

张鸿魁 1987,《〈金瓶梅〉的方音特点》,载《中国语文》第2期。

张鸿魁 1996,《金瓶梅语音研究》,齐鲁书社。

张鸿魁 2005,《明清山东韵书研究》,齐鲁书社。

张　凯 2021,《〈玉篇直音〉语音研究》,科学出版社。

张民权 2005,《宋代古音学与吴棫〈诗补音〉研究》,商务印书馆。

张世禄 1944,《杜甫诗的韵系》,载《中央大学文史哲季刊》第2卷第1期。

张树铮 1999,《方言历史探索》,内蒙古人民出版社。

张树铮 2005,《清代山东方言语音研究》,山东大学出版社。

张文轩 1983,《试析陆德明的"叶韵"》,载《兰州大学学报(社会科学版)》第1期。

张卫东 1991,《论〈西儒耳目资〉的记音性质》,载《纪念王力先生九十诞辰文集》,山东教育出版社。

张卫东 1998,《北京音系何时成为汉语官话标准音》,载《深圳大学学报(人文社会科学版)》第4期。

张小英 2002,《〈切韵声原〉研究》,山东师范大学硕士学位论文。

张　铉 2010,《再论慧琳〈音义〉中的"吴音"》,载《语文学刊(高等教育版)》第4期。

张　颖 2020,《美国汉学家卫三畏〈英华分韵撮要〉的粤语音系比较研究》,载《文化学刊》第8期。

张玉来 1999,《韵略易通研究》,天津古籍出版社。

赵　彤 2006,《战国楚方言音系》,中国戏剧出版社。

赵　彤 2007,《〈分韵撮要〉的声母问题》,载《语文研究》第 1 期。

照那斯图、杨耐思 1987,《蒙古字韵校本》,民族出版社。

赵祎缺 2016,《近代后期汴洛语音研究》,复旦大学博士学位论文。

赵荫棠 1941/1957,《等韵源流》,商务印书馆 1957 年。是书最初作为"国立北京大学文学院国文系讲义"印行于 1941 年。1957 年商务印书馆第 1 版。

赵荫棠 1936,《中原音韵研究》,商务印书馆。

周傲生 2007,《吕坤的韵学思想与〈交泰韵〉的反切特征》,载《西南交通大学学报》第 4 期。

周长楫 1994,《从义存的用韵看唐代闽南方言的某些特点》,载《语言研究》增刊。

周法高 1948A,《玄应反切考》,载《历史语言研究所集刊》第二十本上册。

周法高 1948B,《广韵重纽的研究》,载《历史语言研究所集刊》第十三本。

周法高 1948C,《从玄应音义考察唐初语音》,载《学原》第 2 卷第 3 期。

周赛华 2005,《合并字学篇韵便览研究》,湖北人民出版社。

周赛华 2008,《从〈书学慎余〉看康熙年间的河南柘城话》,载《语言学论丛》第三十八辑,商务印书馆。

周赛华 2013,《清代几种巴蜀方言韵书述要》,载《长江学术》第 2 期。

周赛华 2016A,《清初江淮官话正音书〈坦菴天籁谱〉音系说略》,载《古汉语研究》第 1 期。

周赛华 2016B,《〈天籁字汇〉音系与邵阳方音》,载《历史语言学研究》第十辑,商务印书馆。

周赛华 2017A,《〈切法辨疑〉所反映的清初上海方音》,载《语言研究》第 2 期。

周赛华 2017B,《明末吴语正音书〈声韵表〉音系述要》,载《古汉语研究》第 2 期。

周赛华 2017C,《江淮官话韵书〈字声便考〉音系考》,载《民俗典籍文字研究》第 1 辑。

周赛华 2017D,《〈响答集〉音系与江淮官话》,载《中文论坛》第 2 辑。

周赛红 2011,《明代莞籍诗人韵部研究》,载《东莞理工学院学报》第 4 期。

周及徐、周岷 2017,《〈蜀语〉与今四川南路话音系》,载《语言研究》第 2 期。

周祖谟 1942/1966,《宋代汴洛语音考》,载《问学集》下册,中华书局 1966 年。按,该文作于 1942 年。

周祖谟 1945/1966,《吴棫的古音学》,载《问学集》上册,中华书局 1966 年。按,该文作于 1945 年。

周祖谟 1966,《切韵的性质和它的音系基础》,载《问学集》上,中华书局。

周祖谟 1980/1993,《敦煌变文与唐代语音》,载《周祖谟学术论著自选集》,北京师范学院出版社 1993 年。按,本文首页页脚自注:"本文为庆祝王力先生 80 寿辰而作",所以定为作于 1980 年。

周祖谟 1982/1993,《唐五代的北方语音》,载《周祖谟学术论著自选集》,北京师范学院出版社 1993 年。按,本文最初为第十五届国际汉藏语言学会会议论文,写成于 1982 年。

周祖谟 1989,《魏晋时期的方音》,载《中国语文》第 6 期。

周祖谟 1996,《魏晋南北朝韵部之演变》,台北东大图书公司。

朱　蕾 2013,《〈乡音释义〉的韵母系统》,载《语言学论丛》第四十七辑,商务印书馆。

朱　蕾 2014,《〈乡音释义〉的声调特点及其反映的过渡方言的语音性质》,载《语言科学》第4期。

朱　蕾 2016,《〈乡音释义〉的声母系统——兼从崇母读音看徽语与闽客方言的渊源》,载《方言》第2期。

朱晓农 1989,《北宋中原韵辙考》,语文出版社。

竺家宁 1986,《〈古今韵会举要〉的语音系统》,台北学生书局。

庄初升、刘镇发 2002,《巴色会传教士与客家方言研究》,载《韶关学院学报(社会科学版)》第7期。

后　记

本教程是在2007年版《汉语音韵研究教程》的基础之上增订而成的。我从1997年初开始教授大学中文系本科及研究生音韵学课程，至今已二十多年。执教伊始，就感到有编一部中文学科研究生音韵学教材的必要，虽然在大学中文系的课程体系中，音韵学历来就是古代汉语的一门必修课，但各种教材几乎都是为本科阶段学习而设定的，大致都是介绍音韵学的基础知识，简述中古音系及诗韵，以指导古诗文阅读，简介上古音知识以明古音通假等等，其教学内容与教学方法都有一定的局限性，并不适合进行音韵学研究的需要。随着研究生教育的深化，招生人数的扩大，感觉教材的需求愈益迫切。所以，我边教学边思考，边思考边着手编写工作，终于在2007年编成《汉语音韵研究教程》，这已是我执教本课程的第十个年头了。书名中特地加入了“研究”二字，就是意图用作中文系汉语言文字学科的研究生教材，以与一般知识性介绍的本科教材相区别。

我理解的“研究”主要是指通过学习本课程，做到掌握音韵学的基础理论、术语体系，了解学科研究概况及其前沿状态，通过系统而严格的研究方法训练，能够自主地运用音韵学知识开展音韵学或其他相关学科（如方言学）的科学研究。我认为要达到这个目的，新的教程需要具备三个特点，一是学科理论的系统性，二是内在结构逻辑的严密性，三是学科研究的前沿性。

为了达到学科理论的系统性和内在逻辑的严密性，全书设置基础理论及术语体系、《切韵》音系和语音史研究三大部分，从韵学初萌到学理成熟，从音节分析到音系归纳，从通语音到方音，从中古音到整个语音史，循序渐进地展示整个音韵学的理论体系和研究领域。显然，全书的三大部分中，最难写的就是语音史研究这一部分。语音史研究的对象，理论上说就是整个华夏民族语音的发展历史，体量无比宏大，通常说的“上下五千年、纵横数万里”恐怕还不足以概括其所涉及的时空域，信息量之巨大、之复杂，音韵学各个分支学科无过其右。要写好这个部分，必须做到有效地展示本学科研究的全部历史和学术前沿，这需要对整个语音史的研究领域有全面的了解、准确的把握和评价，能精准地展示诸研究领域的新发展和创新动态，揭示存在的问题等。况且自改革开放以来，音韵学研究大多聚焦于语音史，从上古音、中古音、近代音到各个时代的历史方音，其研究人员之多，研究范围之大，涉及问题之复杂，产生成果之丰富，都是前所未见，就我这种“初入职场”的新手来说，以一人之力在有限的时间之内要将资料收集完备就已觉力有不支，何况还要消化领会，作出准确的评述，以显示研究的最新动态，给研究者以有益启示！原计划的语音史部分从时、空两块展开，在介绍汉语语音历时发展的同时，介绍各时代的历史方音研究，以全方位地展示语音发展的进程及其研究动态。但终因受制于时间和精力不济，前期准备不足，初编本不得不临时舍弃了“历史方音”这一部分，致使语音史留下了一大空白。这不能不说是莫大的遗憾，然亦无时无刻不在思量如何补足完成之。

初编本刊行后，我即用作研究生音韵学课程的教材，在课堂上使用，亦闻有兄弟院校或用为教材，或用为参考。具体到我本人，在长期的教学实践中，师生互动，教学相长，一是逐渐发现了书中一些错讹和问题；二是教学实践中不时有新的发现，有新的领悟，历史方音研究的理论与方法酝酿渐见成熟；三是有了比较充足的时间搜集资料，历史方音研究的资料积累日益丰富，这无疑使我逐渐具备了撰作“历史方音研究”的条件。加之近年来工作所在地上海市大力支持高校科研，设立高峰学科建设项目，支持专著、教材等出版，在经费上提供了有力的支持，这才成就了本教程的增订。

本次增订工作主要有二。一是补足“历史方音”部分，实际补写了两章，即第三编的第一章、第六章。增补的主要内容是第三编第六章“历史方音研究概述”，与之相应，语音史的研究框架也得调整。原语音史单线发展的研究框架必须调整为历时、共时相结合的以通语语音史为主、历史方音为辅的两个层次组合的语音史研究框架，此即第三编第一章“语音史的萌生、发展与转型”的内容。补入的两章，第一章讨论语音史的研究框架由单线制转型为双层结构框架，是对研究范式或框架的探讨。第六章则具体阐述历史方音研究的理论、方法以及研究概况，帮助研究者了解研究动态，把握学科前沿，以便发掘新的论题，更新学科研究。这两章都是教程初编暂时舍弃的部分，终于得以补足，不敢说补得很好，难说没有缺失与不足，但毕竟理想中的语音史终成完璧,难道只是为了圆梦而已,更希望能推动学科的发展。

二是勘谬补缺、订讹正误。原编急就之时,遗留了诸多错讹及不足,自己在教学中核查检出了一些,然纵是目光如炬,终不如众目睽睽之明,使用中时有读者不吝赐教,获知良多。就这样边用边查,许多一时不易发现的问题或不足之处得以揭出,这才有了勘谬补缺、订讹正误的基础。这次增订,对历年使用中发现的问题逐一改订与增删,其数目究竟有多少,已难遽数。有一些增补,如近代语音史增加《蒙古字韵》研究一段,切韵音系章增加韵母表一段,都是非常必要的。至于刊误,纠正各种问题、讹误、错别字等,散见各章节,改正不下数十处。然校书如扫落叶,随扫随落,如果又有新的错讹缺失,敬请读者诸君随时指教。

感谢鲁国尧先生,他几乎是全程关注修订过程,时赐电邮表达关怀,予以鼓励。定稿之时,于百忙之中抽出时间,审读大部分稿件,特别是增补的两章,先生仔细推敲,指出其中的缺失与不足,提供新的资料与信息,帮助改进,不但避免了一些可能的错误,更是极大地提升了新编的质量。应编者之请,乔全生、杨建忠两位学长赐阅了增编中的相关章节,并提供信息,给本编增色添彩。李军、田范芬、王曦、余颂辉、朱蕾、余柯君诸位音韵学领域卓有成就的中青年学者,积极参与新编相关工作,读文稿,查文献,提供资料,可谓是有求必应,给增订工作提供了极大的帮助。还要感谢诸位友生:顾旖琳、但锐、李莹娜、田森、刘家佑、李维君、郭春霞、陈衍宏、陈楷森。他们分别帮助校阅文稿,查误补漏,为新编提供了力所能及的帮助。

最后,感谢上海教育出版社给予我增订旧编的机会,责编周典富先生更是为新编的高质量出版付出了辛勤的劳动,在他们的帮助与支持下,本编才得以顺利面世。